全国台湾研究会资助出版

台海情缘

一个家族的历史见证

徐博东 著

九州出版社
JIUZHOUPRESS

全国百佳图书出版单位

图书在版编目（CIP）数据

台海情缘 ：一个家族的历史见证 / 徐博东著. --
北京 ：九州出版社，2024.5
ISBN 978-7-5225-2895-3

Ⅰ．①台… Ⅱ．①徐… Ⅲ．①革命人物－列传－中国
Ⅳ．①K827=6

中国国家版本馆CIP数据核字(2024)第093766号

台海情缘：一个家族的历史见证

作　　者	徐博东　著
责任编辑	习　欣
出版发行	九州出版社
地　　址	北京市西城区阜外大街甲 35 号（100037）
发行电话	(010)68992190/3/5/6
网　　址	www.jiuzhoupress.com
印　　刷	北京捷迅佳彩印刷有限公司
开　　本	710 毫米 ×1000 毫米　16 开
印　　张	31.75
字　　数	484 千字
版　　次	2024 年 5 月第 1 版
印　　次	2024 年 5 月第 1 次印刷
书　　号	ISBN 978-7-5225-2895-3
定　　价	158.00 元

序一：苦难孕育辉煌

我多年好友徐博东教授的又一部大著《台海情缘》即将付梓，可喜可贺！博东是享誉两岸的知名台湾问题专家，笔耕不辍，见解精深，为对台工作建言献策，做出了积极贡献。他创立并领导北京联合大学台湾研究院多年，为该院发展成为大陆知名对台智库奠定基石，呕心沥血，功勋卓著。

博东退休后，方有时间一偿夙愿，将主要精力投入到家族史的写作上，历时数年，搜集了大量史料，走访相关历史现场，采访健在的当事人，奔波于海峡两岸、大江南北，不辞劳苦，终成正果。如此严谨的写作态度和丰富的真实史料，使这部著作超出了家族传记的范畴，成为一部从一个侧面反映两岸关系跌宕历程的信史。由于其父的特殊家庭背景和人生经历，包括与台湾抗日志士丘念台的家族情缘、参加东区服务队从事抗日救亡工作，以及台湾光复后在台从事地下工作等，这部家族史真实地再现了历史的原貌，一些内容还填补了这一领域的研究空白。此外，透过徐家的特殊经历，作者向我们还原了一个波澜壮阔的时代，再现了两岸同胞的悲欢离合。这既是一曲家族悲歌、时代悲歌，也是一曲中华民族和中国人民不屈抗争、寻求解放、追求国家统一的历史赞歌！

苦难孕育辉煌，昨天昭示今天。历史的悲歌、民族的苦难已经远去，中华民族迎来了从站起来富起来到强起来的伟大飞跃，伟大复兴的前景日益光明，一个新时代的大幕正徐徐拉开。祖国必须统一，也必然统一。我们坚信，

1

在新时代的舞台上，必将上演的是两岸统一、民族复兴、人民幸福的辉煌大剧。

是为序。

郑建邦

（全国人大常委会副委员长、民革中央主席）

序二：一曲催人泪下的悲歌

我与博东教授相识已近三十载，其祖籍广东梅州蕉岭县，但他的家族命运却因时局动荡而与宝岛台湾息息相关。因多年相交，我一直知道博东教授是一个有故事的人，也曾料想他的家庭必定也是一个有故事的家庭。但当他的新书书稿《台海情缘——一个家族的历史见证》送到我手上，迫不及待地连夜拜读之后，仍让我感到震撼、感慨和深思，一时间感情的潮水排山倒海而来。读毕掩卷，书中人物的经历所引发的对我心灵的绞杀与灵魂的震荡，让我潜然泪下，一连数日压抑着的情绪都无法平息，以至于当我在金门与厦门海域乘坐游轮时，面对茫茫大海，心中还感受着当年博东教授的三个弟弟当兵后，同一时间各自在对岸这两个岛屿上的那种"守望"与"煎熬"，回味着他们一家两代人的坚守，心情像眼前大海的波涛一样久久不能平静。这是一个家庭的悲怆，一个民族的悲壮写照，同时又凝聚折射了无数先辈们对信仰的忠诚和对理想的守望！

书中所写的，正是博东教授的家族史——徐父徐森源出生于蕉岭，青年时代投身于抗日救亡运动。抗战胜利后，又为中国人民的解放事业和国家的统一，接受组织安排，赴台从事极其危险的地下工作，一度官至国民党台中县党部书记长（主委）。后虽侥幸逃脱国民党特务的追杀，但仍在香港、大陆为对台工作继续努力奋斗，付出了毕生精力。在那"文革"特殊的年代，亦受了不小的委屈，直至辞世，始终与妻儿无缘团聚；徐母潘佩卿随夫赴台，后因形势所迫滞留台湾，含辛茹苦，独自抚养三个幼子长大成人，一道浅浅的海峡，却无法逾越，让她隔海相思，苦苦煎熬了 57 年，直到 2006 年过世后才魂归蕉岭故乡，与她日思夜梦的夫君灵骨合葬在一起；博东教授的三个弟弟生于台湾，自幼失去父爱，与寡母相依为命，艰难度日，始终与父亲无缘相见；博东教授则在大陆出生、成长，自幼失去母爱，历经磨难与奋斗，子承父志，终成台湾问题研究领域的领军人物、学术大家、有重要影响的智囊……仅这只言片语的简介，相信就已经足够引起读者探究这个特殊家庭的兴趣。

马克思说，人的本质是一切社会关系的总和。家庭是国家、民族和社会的细胞，家事、国事、天下事是难以分割的，无论什么样的家庭，其命运都是国家民族历史的组成部分，更何况对社会和时局有着影响力的名门。博东教授的家族、家庭就是其中一个典型，其命运与中国革命和两岸关系紧紧连在一起，跌宕起伏的家族史与国家民族的历史同步共振。这是书稿给我的第一个深刻印象。全书通篇放在大时代的历史背景下，写家庭人物的革命历程、思想变化、不朽功勋以及曲折人生、悲欢离合，从出生、就学，到革命、聚散、委屈、转机等等，都与国家民族的命运不无关系；所述虽是家史，又辟有专章集中写徐森源的11位革命战友钟浩东、张伯哲、方弢、徐新杰、陈仲豪、谢汉光等革命先烈、前辈，还有甲午台湾反割台抗日爱国志士丘逢甲后代丘念台等历史人物，彰显了徐氏家族的胸怀和品格，也是家与国同悲欢共命运的真实写照；更为可贵的是，该书记录了我党我军在台湾光复后一段时期的地下斗争情况，有较高的史料价值。阅读这些史料让我猛然感到，这个可谓一门忠烈的家庭，这个有着优良传承的家庭，这些人物其实离我们是这么近！

西班牙著名作家塞万提斯讲过，历史家的职责是要确切、真实、不感情用事；无论利诱威胁，无论憎恨爱好，都不能使他们背离事实。这部书给我的第二个深刻印象是强烈的真实感、现场感。据我所知，博东教授为了更好地创作完成这本书，在海峡两岸查阅考证了大量档案、历史资料，采访了众多当事人或其亲朋好友，也实地探察了有关历史现场、设施、文物等。写他的父亲，以其被迫害时写的《自传》及其战友的证明材料（实为交代材料）为依据，情真意切；写家庭的磨难，实事求是，不夹带任何意气偏见；写家庭的转机，就事论事，不带任何的虚浮。亲身所见所闻、亲朋好友的回忆，既有惊心动魄的地下斗争故事，也有百转千回的爱情叙事，他父亲的爱情、亲情、忠贞、爱国，朴实无华、鲜活真实，战友并肩，惊心动魄，用青春和生命谱写革命经历和谋求两岸统一之路，一个有血有肉的革命者形象跃然纸上，感人肺腑。他母亲的坚毅、执着、守望、责任，母兼父职，独自养家育儿，度日如年，用血和泪铸成了《卿梦思源——一个"共谍"太太在台湾的日记》(未刊稿)，以寄托思乡、思亲、思"源哥"的千思万念，一位聪慧无私的贤妻良母伟大身影立在了眼前，令人动容。书中饱怀感情，但不感情用事，一切建立在理智、冷静的客观事实基础之上；书中充满爱憎，但衡量的尺度客观真实，经得起历史的检验。书中细节处处体现着作者一以贯之的严谨治学态度，而严谨治学的最基本要求就是真实，实事求是、不加粉饰，亦不扭捏，任何粉饰或扭捏的历史都是对后人的误导。否则，那就不能称为历史了，历史不能成为"任人打扮的小姑娘"。

英国哲学家和历史学家科林伍德在《历史的观念》一书中说，历史事件乃是人类心灵活动的表现。这部书给我的第三个深刻印象是博东教授创作中汇聚之"心"。一是初心，就是充分体现了一个家庭为了中国人民的解放事业、中华民族的统一大业，一生奉献，无怨无悔的奋斗历程；二是信心，就是充分体现了一个家庭对革命胜利、两岸统一的必然性没有任何怀疑和动摇，一生奋斗、从不止息；三是用心，就是充分体现了一个家庭全身心致力于伟大的工作、伟大的斗争、伟大的事业的专注精神，他们对待每一项工作，都是那么的充满热情、饱含激情、无私奉献；四是苦心，就是充分体现了一个家庭对两岸和平统一、争取民心、对台大政方针的不懈探索和真知灼见，很多意见对当前的对台工作颇有启示，因为这是有传承的历史亲历者提出的真知灼见。

这部书给我的第四个深刻印象是强烈的艺术感染力。古人修史讲究艺术性、文学性，以让读者更细腻准确而又有兴趣、感情地去体会历史的场景、领悟历史的真谛、启发对未来的思考。我国历代史学大家往往也是文学大家，我们各级学校的语文教材、文学读物，很多经典篇章都出自史学著作，因为我们的民族自古有这个历史审美的传统。博东教授的这部书，文风清新、文字优美、文笔流畅而又朴实无华，引人入胜，读来令人荡气回肠，掩卷发人深思，不似时下某些类似著述，要么平铺直叙，要么晦涩艰深，故弄玄虚，可谓"岂无山歌与村笛，呕哑嘲哳难为听"。我欣赏博东教授这样有艺术性的文字，能让人耳目一新。

这部书还可以作为一部励志教材，给年轻人看。无论博东教授的亲属，还是他本人，人生曲曲折折、坎坷不断，有骨肉的分离、事业的挫折、组织的误解、旁人的冷眼；有国家的磨难、民族的悲欢、人生的曲折、心灵的拷问等等。面对各种不同的境遇，徐氏家族的每一位成员，都能始终秉持家国情怀，大爱超越小爱，满怀期望和憧憬地生活、工作、待人、接物，心灵始终充满阳光，对未来始终满怀期望。这是一个有文化、有教养、有担当的家族。这样的故事势必对当下的年轻人以深刻的启示，对一些浮华风气有伐经洗髓之助益。随着中国大陆的高速发展，年青一代在优渥的环境中长大，经历老一辈苦难的机会少之又少。如何才能培养出正确的人生观和价值观，如何才能勇敢地面对职场和人生的风风雨雨，如何才能战胜挫折、经得起委屈、忍受住这样那样的不如意，始终考验着每一个年轻人。物质条件的极大丰富不能决定人生经验的极大顺遂，人总要经历各种各样风雨而后才能从温室幼苗成长为参天大树。年轻人不妨把这部真实的家族、家庭、人生经历读物，作为另一种学习的范本。

高尔基说，"历史是用激情和痛苦创造的"，博东教授正是用激情和痛苦写这本书的。相信它的出版，必定会引起广大读者的强烈共鸣。

是为序。

王卫星

（全国政协委员、全国台湾研究会副会长、军事科学院原副政委、少将）

序三：荡气回肠、色彩斑斓的时代画卷

这是一部家族历史，波澜壮阔、荡气回肠。

这也是一部中国近现代史和台湾海峡两岸关系史，栩栩如生、细致入微。

博东教授的大作《台海情缘——一个家族的历史见证》详尽地记录了中国南方粤东蕉岭县一个世代耕读徐姓客家人家族的大时代印记。几代徐姓族人在甲午战争清政府战败、被迫向日本割让台湾，以及其后的抗日战争和解放战争（国共内战）等重大历史事件中，以每个个体坎坷曲折的人生经历，如溪水入河、百川归海般地融入了持续百余年的历史洪流。这翻江倒海的跨世纪历史巨澜，又经过新中国成立、"文化大革命"、改革开放、两岸对峙交流各时期，已然在徐姓家族成员生命过程中一一呈现，至今余波荡漾。

这部堪与国史可互为参照的家族传记，从反抗日本占据台湾的先驱丘逢甲之子丘念台、孙女丘应棠与作者父亲徐森源的情谊，到抗日战争国共合作时期徐森源参加东区服务队，开展战地政务与民众动员教育，与队友潘佩卿恋爱、结婚、生子、分离。从夫妻加入中共地下工作入岛迎接解放，到徐森源虎口脱险，转战香港，潘佩卿留在台湾含辛茹苦地拉扯三个儿子成长，望眼欲穿骨肉分离四十年。从海峡对峙隔绝、"文革"动乱、改革开放，到岛内政治变迁、两岸坚冰打破，这激荡起伏的历史进程和迟来的家庭团圆，深切昭示出中华民族艰难困苦、玉汝于成，不断走向伟大复兴与完全统一的历史大势。这百年沧桑里，无数亲人、战友、同学、同事们跌宕起伏的事迹，勾画成色彩斑斓的时代画卷。其中有义薄云天的民族气节，澄清天下的理想信念，朝闻道夕死可矣的大义凛然，更有恪守忠贞孝道的坚忍不拔和忍辱负重的牺牲奉献。春秋公羊学派在记录历史演进与重大事件中提出"所见世，所闻世，所传闻世"的时空概念。博东教授经历了"所见"和"所闻"的时代，他的见闻记录弥足珍贵，可使青年一代和后来者们，对"所传闻世"能够有更加真实生动地体验和了解，进而能够知晓我们这个民族、国家和每一个家庭从何而来，向何处去。

博东教授为人豪爽热情，正义感强，朋友遍及海内外，这位老北大历史系毕业生学养精湛又有着钻研韧劲。他开拓了对民进党的学术领域研究；在对台政策策略问题上为中央决策提供参考；长期参与对台宣传和两岸学术交流；培养大批年轻的涉台研究学者；近年来他又奔波于海峡两岸为在台牺牲的烈士扬名昭雪，他是真正的台湾问题专家。

我有幸结交博东教授父子两代人，1985年我从事对台工作伊始，曾为中央人民广播电台对台广播节目写稿，徐森源前辈是台播部离休多年的老领导，那年底在元旦迎新会上我见过他老人家。与博东教授交往则始于1988年8月接待台湾学者王晓波来访的研讨会，他早年出版《丘逢甲传》奠定了在台湾研究领域的学术地位。其后30多年里，我们共同参加过重大对台工作和文献起草，共同参加过两岸各类学术交流，接受海内外新闻媒体的采访。特别是他任北京联合大学台湾研究院院长时，我们一道组织了两岸客家高峰论坛。我们年龄相差17岁，但时代转动的齿轮竟然使我们有了许多共同人生经历，更在共同推动事业之中成了忘年之交。2011年开始，我与刘光典烈士之子刘玉平先生倡议并参与修建了西山无名英雄纪念广场，那些刻在碑墙上在台牺牲英烈名字当中，许多人是博东教授父亲徐森源的战友。冥冥之中，我们都在续写这一段无尽的历史，西山无名英雄纪念广场是对台地下工作的英烈们的安魂之所，如果把其落成慰藉英灵与徐森源、潘佩卿夫妇海峡隔绝近六十年灵骨合葬联系起来看，这不就是家国情怀的具体写照吗！这部家族史起首那段文字读来怎不令人涕泪交泗，长叹不已。"2007年夏从北京、台湾岛北南同时起飞，徐家四兄弟分乘两岸航班飞机护送父母灵骨归返蕉岭徐氏祖堂安放，隔绝六十年的夫妻生离逝合，叶落归根。"

2020年7月博东教授以餐叙方式昭告老朋友们，他与老伴张明华，也是他北大历史系同学，要回桑梓蕉岭定居。这不仅是延续徐姓家族的孝道和历史，更是回报祖母和家乡当年对他的抚养之恩情。记得那天聚会上，徐博东教授请海协会孙亚夫副会长和我代表在场老朋友们讲几句话。我说："这次博东教授定居蕉岭，心系叶落归根，但而今徐姓一支早已在历史进程中根脉繁衍华夏南北大地，自古客家人就有一个光荣传统，那就是客家非客、落地生根。"

现在读罢这部巨著，想再送博东教授两句话：

博览群书，记录家族曲折艰辛悲欢离合，故知岁月如歌皆唱大江东去。

东眺沧海，探究社稷长治久安万法归宗，期盼九州清晏再奏宝岛归来。

是为序。

辛　旗

（中华文化发展促进会原副会长）

序四：故事·历史·情怀

在 20 世纪中叶的中国，一段特殊的历史造就了海峡两岸的分隔，也造成一批骨肉分离的家庭。这些家庭，有着常人所难以想象的悲欢离合。大陆著名台湾问题专家徐博东教授的家庭就是这样一个家庭。

欣闻博东兄要写家史，我很高兴并表支持。承蒙他的信任，每写出一个章节就发给我提意见。刚开始我并不太在意，毕竟笔耕多年什么样的文章没见过！可没过多久，我发现"事情有点大了"，我被他写的家史"俘虏"了！由起初的一般看看挑挑毛病，到迫不及待地想看到下一篇的内容，我跟随着书中故事情节的跌宕起伏和博东兄的喜怒哀乐，经历了好几个寒来暑往。说来奇怪，不知为何，博东兄写家史，我也跟着牵肠挂肚。如今书稿大功告成，我终于也可以长舒一口气了！博东兄要我写序，一再推辞不允，序实不敢当，下面我从一个最早的读者的角度来谈谈这本家史的特点，就算是给博东兄有个交代。

一是有故事。博东兄是个讲故事的高手，他把自己家族的悲欢离合向我们娓娓道来，让人在不知不觉中沉浸其中。

这本家史里，故事比比皆是。博东兄本人的出生就是故事里套着故事。首先，博东兄既没出生在医院也没出生在家，而是抗日烽火中出生在粤东罗浮山的冲虚古观。其次，当时"豪华"的"接生婆"团队，均是台湾近代史上的名人之后：有"台湾孙中山"之誉的蒋渭水女儿蒋碧玉，有台湾抗日保台爱国志士丘逢甲的儿媳梁筠端，有著名的武装反割台抗日士绅萧光明的曾孙媳妇黄怡珍。第三，由于东区服务队（广东抗日救亡组织）的队员们约定，凡是队员生的孩子，男孩起名必须有个"东"，女孩必须有个"区"，以纪念东区服务队；又因为是在博罗县罗浮山冲虚观出生的，所以博东兄的父亲给他起名"博东"（而后来他在台湾出生的三个弟弟也分别起名基东、海东、思东）。最后，战争年代戎马倥偬，博东兄懂事后问父亲自己的出生年月日，父亲回答：好像是 1945 年的秋凉时节。博东兄为好记，干脆就蹭个国庆节，于是填的出生日为 1945 年 10 月 1 日。不料想四十几年过后，当博东兄与出生不久就分离的母亲在香港首次会面时，母亲竟说"你父亲乱讲，你是 1944 年10 月 12 日'双十节'后的两天出生的"。这让博东兄瞠目结舌，说："搞了半天，我竟然糊里糊涂地过了几十年的'假生日'！"

至于博东兄的父母所经历的惊险、巧遇更是数不胜数，几乎不用添油加醋就可以拍出几十集的电视剧——具体内容我就不在这里过多"剧透"了，请读者自己慢慢去看，去体味。

二是有历史。把过去真实的故事一个个地汇集在一起，就成了历史。本书可以让人感受到历史的厚重感。

博东兄把家庭与个人的命运，放在国家民族的宏大叙事当中。博东兄父母的青年时代，正逢 20 世纪 30 年代国家面临着民族危亡的关头，他们先是毅然投入到抗日的洪流中去，尔后又投入到解放台湾的事业之中。他们的经历象是历史长河中的浪花，也从一个侧面反映了那个伟大的年代。书中关于抗日烽火中的东区服务队的记述，和 1949 年前后中共在台湾地下工作的精彩讲述，披露了许多极其珍贵的史料。

20 世纪 40 年代末 50 年代初，中国人民解放军在解放全中国大陆之后，锋芒直指台湾。但随后发生的中共台湾地下党被国民党特务破获，几乎一网打尽的史实，一直为国人所关注并痛心。而博东兄的父亲，就是当年赴台从事中共地下工作的一员。博东兄通过父辈的回忆和父亲 11 位战友的小传，也包括引用台湾特务机关的档案，带我们穿越历史时空，拨开了事件的迷雾，让我们看到了这一切究竟是怎么发生的。鉴于博东兄父亲曾任职国民党台中县党部书记长（主委）这一高官，在党内又直接受中共台湾地下党核心成员领导，加上博东兄竭尽所能地采访了健在的当事人，故这部分的情节写得惊心动魄而又史料翔实。

博东兄是一位史学工作者，把握历史还原真实是他的老本行。阅读全书我们会发现这本家史许多页脚多有注释，或加以说明或注明出处，全书注释达 520 多处。这是写历史论著的标准体例，没办法，这就是一位接受过北大历史系正统训练的历史学者所写的家史。据我所知，博东兄写家史时，常为考证一处史实不惜往返数千里，多次找知情人核实细节，不少章节都经过本人或其后人审阅无误后才最终定稿，正由于用这种治史的严谨态度来写家史，所以这本家史名副其实是一部"信史"。

三是有情怀。读者将本书一眼看去，尽是故事与历史。但若细思品味之后，却不难发现全书无不渗透着浓烈的家国情怀，不能不令人动容！

1949 年的 10 月，是中国历史上一个重要的时间节点，毛泽东在天安门宣布新中国成立，中国从此发生了翻天覆地的变化。而博东兄一家却在这历史的节点上处在不同的位置：父亲由于中共台湾地下党被国民党调查局破获而出逃香港，并在港继续从事对台地下工作；母亲带着两个年幼的弟弟并怀着最小的弟弟，孤儿寡母在台湾惊恐的度日如年；叔叔徐亩元作为中央军委作战部的参谋，亲历了中央军委统帅部运筹帷幄解放全中国，尔后又跟随彭老总赴朝作战；而作者本人则在广东蕉岭农村老家与祖母相依为命，度过自己懵懂的童年。

也就是从此刻起，一个家庭的悲剧拉开了序幕，一家分成四地，开启了相互思念相互牵挂的模式。这当中最艰难的是博东兄的母亲：一个外乡的弱女子独自拉扯着三个幼小的孩子，在陌生的他乡担惊受怕，终日以泪洗面，一天一天在苦思中煎熬，不知何时才是尽头。据我所知，博东兄在写本书时，是饱含着感情流着泪水写的。当他写到父辈们为国家民族而奋斗牺牲，写到父母为祖国统一而分隔两岸的时候，我们可以感受到，那些家国情怀就很自然地流淌在字里行间。

博东兄写父亲由于台湾地下党被国民党特务破获而惊险出逃时写道：父亲冒名顶替乘坐飞机虎口脱险，但让他们感到无比痛心的是：有多少昔日战友已经血洒刑场，倒在敌人的屠刀之下；又有多少战友已身陷囹圄，惨遭摧残迫害；还有多少好战友此时正在四处躲藏，过着野人般的悲惨生活！而千千万万个骨肉同胞，包括自己和妻儿老小，都将分隔两岸，不知何时才能得以团聚？

在这本家史中，我仿佛看到有一根看不见的红线，一端系着博东兄的笔尖，另一端连着当年博东父亲在中共台湾地下党的生死暗战，连接着风华正茂的博东父母在抗日烽火中匆匆行走在罗浮山上。我和博东兄相识相知数十年，一直感受到他对台湾同胞爱得特别深，对"台独"分裂势力格外恨，对祖国统一大业充满了信心。看到博东兄的家史后，我忽然明白了，是家庭基因和家族传承，让他投入到台湾问题的研究和祖国统一大业之中来，这本是一脉相承。看了这部家史，我也终于理解了，为什么在中国大陆的这片土壤上会生长出一个台湾问题研究领域的"学霸"徐博东。

书中有一个场景感人至深：当年海峡两岸往来尚在隔绝时期，在父亲病危之时，举目无亲的博东兄走进中央人民广播电台对台广播部，通过空中电波，向着海峡对岸深情地呼唤，他是那么的渴望早已记不起容颜的母亲和三位弟弟来和父亲见最后一面："阿爸十分想见你们一面，见到了就是死了也瞑目。要是有可能的话，请你们设法尽快赶转来相见。"博东兄希望唤出那海峡隔不断的亲情，声声血字字泪，看到这里我忍不住潸然泪下……两年后，当博东兄与母亲终于在香港见面时，父亲却已经化成一匣骨灰。其实，当年那撕心裂肺的呼唤，岂止是博东兄向着海峡对岸的亲人，那也是祖国大陆亿万人民对着海峡那边亲人的呼唤！

滚滚长江东逝水，浪花淘尽英雄。作者父亲那一辈的英雄们大多已经故去。博东兄那样的两岸分离的家庭也将难以再现。但那个特殊年代的英雄们，那段不朽的历史和永恒故事，我们应该永远铭记。

我知道，至今博东兄还在为当年父亲的战友、在台湾牺牲的中共地下党人追认烈士而操劳奔走；我知道，博东兄还在时刻关注着祖国统一大业；我还知道，博东兄时时挂念着台湾岛内的一草一木，因为那里有他的亲人，有那他割不断的亲情。

相信这部充满传奇色彩的徐家家史的出版，必定会引起海峡两岸广大读者的强烈关注与共鸣。

吴彤（中国台湾网前副总编）

序五：历史长河中的一串绚丽浪花

老院长徐博东教授历时六个寒暑，写出了这部长达 40 余万字的家史。家史的完成，了却了他数十年的一桩夙愿。

老院长在悬车杖国之年以撰写家史为志业，或南下或东渡，穷尽所能搜集最真实最详尽的资料，或在家中埋头笔耕，多次受到病痛的打击，其中的苦乐艰辛，唯有老院长自知。在家史撰写过程中，老院长展现出的坚忍不拔的执着，令人敬佩；他一丝不苟的认真与细心，以及不隐不扬秉笔直书的史家性格，更使这部家史成为一部不折不扣的信史。正因如此，这部跨度长达百年的徐家家史，其中一段段精彩的故事将铭刻于历史，并将流传于世，感动一代又一代的后人。作为后学晚辈，我有幸成为这部家史策划、撰写过程中的见证者，也曾陪同老院长去查寻搜集档案史料。每一章节的新鲜出炉，我也总能先睹为快。真诚为这部著作的诞生感到高兴，也借此向老院长为家族史、两岸关系史乃至家国历史的研究所做出的贡献表示由衷的敬意。

徐氏家族既是 20 世纪中华民族千千万万普通家庭中的一员，同时也因主人公不平凡的经历和特殊的台海两岸情缘，注定成为中国 20 世纪历史中一段令人瞩目的画卷。这部家史讲述的一个个引人入胜的传奇故事，犹如历史长河中一串串绚丽的浪花，震撼人心，涤荡灵魂。这部家史特殊就特殊在，它是惊心动魄的革命英雄主义和妻离子散的跨海悲情元素，在台海动荡、两岸离合时代的一次独特的组合。

在 20 世纪三四十年代国难当头之际，本书的主人公之一——广东蕉岭徐氏开基祖探玄公派下第二十世裔孙徐森源，与那个时代大多数热血青年一样，投入到抗日救亡的伟大斗争之中。抗战胜利后，徐森源、潘佩卿夫妇为了国家民族和心中的理想，把尚在襁褓中的徐博东留在蕉岭老家，再次离乡远行，东渡台湾，开启了他们惊心动魄、悲壮凄美的新的人生旅程。作为中共地下党党员，徐森源的亲密战友钟浩东等，在台湾的城市乡村、深山密林，在马场町刑场，为人民解放事业和国家民族统一献出了自己的热血乃至宝贵生命。虽然徐森源侥幸躲过国民党当局的搜捕，在党组织的安排下最终虎口脱险，平安撤回大陆，但徐家却也由此而开始了一段长达数十年之久的骨肉分离、夫妻天人永隔的旷世悲情。

在这部家史中，我们看到了民族危亡、国难当头，徐家人勇敢地站立在历史的潮头，热血报国，成为时代的弄潮儿；看到了在长达数十年两岸分离的时代悲剧下，滞留台湾的娇妻幼子生活上的艰辛与无助，心灵上的孤独与无奈，以及对大陆亲人的望眼欲穿与绵绵深情；看到了大陆亲人如何想尽办法辗转汇款接济岛内亲人，盼望两岸统一家人早日团聚的意切情深；我们也看到了，失去父母呵护与祖母相依为命的童年时代的徐博东，如何在广东客家山乡磨难重重的成长过程；看到了他后来在学习、生活和工作中所经历的风风雨雨、沟沟坎坎。故事情节跌宕起伏，情到深处感人心魄。

时代制约着个人的前途命运，亦提供了个人挥洒的空间，家族史历来是国史的重要补充。徐氏家族既是近现代中国历史命运的见证者，也是这段历史的积极参与者和创造者。徐家家史从一个家庭的悲欢离合反映了20世纪后半叶中国历史发展的一个小小的侧面，犹如一叶扁舟，在中国近现代历史巨变的汪洋大海上，划出了一道反映时代脉动、优美靓丽的曲线，郑重地将20世纪两代人的故事和一段奇幻的跨海悲情镌刻铭记于史册之上。毫无疑问，这部颇具传奇色彩的徐家家史，将是人们研究近现代中国历史不可多得的宝贵资料。

有道是："一部悲喜徐家史，两岸情缘似海深；热血家国秉道义，江山一统待何人？"

李振广

（北京联合大学台湾研究院副院长、教授、长城学者）

目　录

开篇：魂归故里

2007 年 5 月 24 日早上八点半，天气晴朗，我们乘坐的航班从北京首都机场正点起飞，穿云破雾，径直南飞，目的地是广州白云机场。坐在我身边的是儿子晓东夫妇俩。望着舷窗外的蓝天白云，我神情凝重，不发一语，遥想着海峡的另一端，大弟基东 / 亦慧夫妇、二弟海东、三弟思东乘坐的航班，此刻也应该从桃园机场起飞，正在台湾海峡的上空向南飞行吧？

这是一次具有特殊意义的南行之旅——我们徐家四兄弟，分别从北京和台中启程，护送先父徐森源、先母潘佩卿的灵骨，回祖籍广东梅州蕉岭县家族墓地合葬。

中午约十一点半，飞机安抵白云机场。晓东小心翼翼地捧着装有他爷爷骨灰罐的提包，一行三人出了机场，很快便坐上了由琅玛小姐事先为我们准备好的车子。司机小李说，走高速路到蕉岭大约只需 5 个小时就可到达。

车子一上高速，我便迫不及待地打开手机与基东联系。得知他们一行四人也已顺利抵达香港，坐上了由海东在香港的朋友提供的商务车，即将通过罗湖海关。

下午五时半左右，当我们四兄弟千里迢迢先后抵达蕉岭老家的桂岭宾馆会合时，刚才还是风和日丽，这时却突然浓云密布，天色昏暗。车子刚刚开到城南长兴路与长潭圳的交叉处，伴随着骤然响起的迎接我们的喧天鼓乐和密集的鞭炮声，雨点也开始噼噼啪啪地落了下来。冥冥之中，难道就连上苍也因为二老灵骨的回乡感动落泪？——从不迷信的我，情不自禁地这样想。

天已一片漆黑，在昏黄的街灯下，黄田头墩背徐屋的众多乡亲，冒雨簇拥着远道归乡的我们，鼓乐队奏起了催人泪下的《招魂曲》，浩浩荡荡地向徐氏十三世祖堂缓缓前行。

1

我和基东分别紧抱着骨灰罐，海东和思东捧着大幅遗照走在我俩前面。走在最前面的是阿三，他怀抱着一只大红公鸡。这只鸡非同一般，俗称"领路鸡"，据说没有它，客死外乡的人灵魂会找不着回家的路。

进得徐氏十三世祖堂，大家浑身都已淋湿，却没有一人离去。远道归乡的我们，顾不得和久违的亲友们寒暄，来不及擦净脸上的汗水和雨水，随即在祖堂里举行简朴而隆重的灵骨安放仪式。

在族中耆老英中哥、阿仙伯、烈元叔、阿金华和好友黄志平教授等人一连数日的费心操持下，灵堂事先早已布置妥当。

祖堂的上堂中央以白布为背景，中间衬以四尺宽的黑布，上挂斗大一个白色"奠"字；"奠"字下方供桌上安放着刚刚送达的先父母灵骨、遗照；前置数盘生果、糕点；酒壶酒杯、茶壶茶杯一字排开；香炉中，五对大红蜡烛和大把线香冒着青烟，燃得正旺；供桌周围鲜花环绕；各部门、各单位、各级领导、家属和众多亲朋好友致送的数十个花圈，摆满了从上堂、中堂直至大门的两侧。其中，时任中共中央台办、国务院台办主任陈云林、副主任孙亚夫，国台办原副主任、海峡两岸关系协会常务副会长唐树备，海峡两岸关系协会副会长张铭清，以及北京市台办，蕉岭县委、县政府、县政协、县台办和台湾丘逢甲嫡孙女丘应棠女士等致送的花圈，摆放在上堂两侧的显要位置，格外引人注目。

上堂屋檐下，黑底白字的横幅写着："徐森源、潘佩卿夫妇灵骨迁葬仪式。"悬挂两侧，同是黑底白字的挽联则书写："生前为国奉献分隔两岸难归故里；逝后落叶归根合葬家乡含笑九泉。"

香烟缭绕，在明亮的灯光和摇曳的烛光、香火的映照下，二老的遗照熠熠生辉，炯炯有神，仿佛正在向在场的每一个人微笑，整个灵堂布置得格外庄重肃穆。

我、基东、海东、思东四兄弟站在前排，弟媳亦慧和晓东夫妇站在后排，族中亲友们个个神情严肃，分站两旁陪祭，把整个十三世祖堂挤得水泄不通。

祭典由英中哥主持，人人手擎馨香，面对遗像和灵骨，一鞠躬！二鞠躬！三鞠躬！随即，我以长子的身份宣读《祭文》。文曰：

皇天后土、列祖列宗在上：

蕉岭徐氏开基祖，探玄公派下第二十一世裔孙徐博东、徐基东、徐海东、徐思东，及基东媳王亦慧，率第二十二世裔孙徐晓东夫妇，奉先考姚、探玄公派下第二十世裔孙徐森源及媳潘佩卿之灵骨，分别自北京、台湾返归故里合葬。生离逝合，落叶归根，入土为安！祈列祖列宗地下有知、在天之灵，保佑我后代子孙事业兴旺！繁盛安康！

探玄公派下第二十一世裔孙：徐博东、徐基东、徐海东、徐思东 祭告。

公元二○○七年五月二十四日

灵堂

由左至右：徐思东、徐博东、
徐基东、徐海东

接下来是上香、斟酒、斟茶，再行三鞠躬礼，在震耳欲聋的鼓乐和鞭炮声中，祖堂简短的灵骨安放祭典圆满结束。

我们兄弟四人，远涉千山万水，跨过台湾海峡，终于把历尽人间沧桑、离散数十载的父母灵骨护送回家乡，入祀祖堂，择日合葬，聊尽人子之情，了却二老生前的遗愿，告慰二老的在天之灵。

魂兮归来，入土为安。然而，几十年的骨肉离散、悲欢离合、寒来暑往朝思暮想的牵挂、历尽生活与精神的磨难，难道盼来的竟是这一天？！……不知是悲？是喜？抑或悲喜交加？

透过袅袅升腾的青烟和闪烁的烛光，凝望着二老的遗照，想起刚才和基东把两尊骨灰罐并排安放在供桌上的一刹那，不由得鼻子发酸，欲哭无泪，历历往事一下子涌上心头……

第一章　时代召唤——家世与父亲求学时期

一、父亲出生

1918 年 6 月 10 日（旧历五月初二），我的父亲徐森源出生于广东省蕉岭县兴福乡（今蕉城镇）黄田头墩背村一个农民家庭。父亲叫徐乾生，母亲叫黄春招。50 年之后的"文革"中，父亲在"自传"中这样写道："在我出生以前，我家没有自己的土地，只耕了几亩'祖尝田'①。因为没法维持生活，我的祖母曾经以乞食为生。我祖母一共生了五个孩子，却出卖了三个半（我父亲卖去半个，我五叔没有卖）。我父亲年轻时就外出流浪谋生，当过号兵、杂役、茶房等，后来在汕头一家商店里当学徒，以后逐步提升为店员、副经理，后来还跟人家合伙做生意。这时候我家的境况才逐渐好转。同时由于我母亲学做裁缝，后来积蓄了一些钱。到我出生以后，我家已买了两亩多地，在人稠地少的我的家乡看来，已经算是'小康之家'了。"

父亲的祖母也就是我的阿太（客家人管曾祖母叫"阿太"），蕉岭县东山丘屋人，实际上她生有五男两女一共七个孩子，不是我父亲说的只有五个。除两个女儿招凤、添招长大出嫁外，五个儿子乾生、乾二、乾三、乾四、坤生，中间那三个儿子，打小就全都让我曾祖父卖给了人家，所以连名字都没起，而我的祖父乾生则卖给了人家半个。一是确实因为穷，养不活那么多孩子；二是因为曾祖父好赌，赌输了只好靠卖儿子还赌债。只有五叔公坤生（烈元叔的父亲）没有卖，"曹五嫂"是五叔公的继室（原配丘氏，早逝），姓

---

① "祖尝田"是由宗族集资购买的土地，租给本族没有田地的人耕种，收取田租，作为祭祀祖先、修缮祠堂及年底族中救助贫困之用，是旧时客家地区特有的一种民间地租形式。

4

曹，我从小喊她"五叔婆"。

天不假年，曾祖父早就去世了，那时候连我父亲都还没出生。阿太我却还有印象。记得我小时候，她已经很老了，总是蓬头垢面，每天都挂着根拐棍在村子里四处转悠，常因为偷人家菜园里的菜，被打得头破血流，可她还要去偷，怎么都改不了。我阿婆（客家人管祖母叫"阿婆"）很觉没面子，经常为这事生她的气。她俩婆媳关系不好，引得我小小年纪也跟着很瞧不起阿太，还时常跟在别家的小孩子后边，骂自己的阿太是"贼婆"。长大以后，我很后悔小时候少不更事，心想：或许是因为她老人家年岁大了，得了"老年痴呆症"？或是因为曾经"以乞食为生"，养成了随便拿别人家东西的坏习惯吧？

我的祖父徐乾生，是个很勤奋又绝顶聪明的人，虽然家里穷，只念过两年蒙馆，不到20岁就两手空空外出闯荡，从打工做起，吃尽了苦，几年后再回到蕉岭老家时，已经是汕头梅县人开的南生公司的副经理了。

祖父赖以发迹的南生公司非同寻常，可说是汕头百载商埠发展的一块里程碑。它全称叫"南生贸易公司"，初创于民国元年（1911年），当时叫"南生百货商号"，老铺在汕头市镇邦街。到1932年，由梅县籍的华侨李柏桓、李耀宗、李远波、李镜泉、李视棠等人集资50万大洋，在汕头小公园闹市区建成了一座七层高的营业大楼。一、二层为南生公司，经营百货，三、四层为中央酒楼，五至七层是中央旅社，集购物、餐饮、住宿、娱乐于一体，员工达300多人，与广发、平平、振源并列为汕头市新型大百货公司的"四大天王"。当时，小公园一带以南生贸易公司为中心，商贾云集，灯红酒绿，兴盛一时，成为20世纪三四十年代汕头市一处亮丽的风景线。后来几经变迁，1956年与汕头市国营百货公司合营，更名为"百货大楼"。南生公司的龙头地位一直延续到20世纪80年代初改革开放后，由于汕头市新区向东发展，商业重心东移，往日小公园一带的闹市区才逐渐萧条没落，繁华不再。

按照年代来估算，祖父在南生公司从当学徒、店员到当上副经理（父亲《自传》里说，祖父的月薪从几块大洋提升到几百块大洋），应当是在镇邦街老铺那个时期（20世纪20年代）。因为，祖父1931年底因病辞职返回蕉岭老家，那时汕头小公园闹市区南生贸易公司的营业大楼还没动工兴建。

　　我的祖母黄春招，是本县城西北霞黄村人，她排行第八，上有长兄七个，因为是家中的幺女又是独女，还没出嫁时，在黄家这个大家族里是最受父母、兄嫂宠爱的一个。记得我小时候阿婆常带我去霞黄"转妹家"（回娘家）。阿婆跟七舅婆年纪相仿，最谈得来，感情也最好，一去就在七舅婆家（也就是阿婆的七哥家）落脚、吃饭，然后才到别的亲戚家串门。

　　"阿博东来啦！又长高了！"七舅婆最喜欢我，边说边笑着向我怀里塞"利市"（拜年时大人们赏给小孩子用红纸包着的钞票），我赶紧给七舅婆拜年。

　　那时候，阿婆的亲戚们都住在围龙屋里①。蕉岭县霞黄黄姓的围龙屋很大，虽然只有两围，但两侧的横屋有四幢，里边住了几十户人家，跟着阿婆转一圈就要大半天。春节去拜年，光是阿婆的亲戚们送的"利市"就有二三十个，所以小时候的我，总是很乐意跟着阿婆去霞黄"转妹家"。

　　黄姓祖祠门前的池塘也很大。夏天，池塘的一角荷花盛开，蜻蜓飞舞，

---

　　① 围龙屋：粤东山区典型的客家民居，它的基本形态：正中是二进院落式宗祠，是逢年过节祭祀祖宗和平时婚丧喜庆的场所。门前有长方形的晒谷坪，又叫"禾坪"，坪前是半月形的池塘，既可养鱼、浇菜，一旦失火时又是灭火的水源。左右各建有横屋，幢数不一。宗祠背后筑有高出地面的半圆形的"化胎"。化胎的正中下方安置有"龙神伯公"。化胎上再盖房屋，并与左右两边的横屋相连，环绕成封闭状。围屋后背，大都种植龙眼树、荔枝树等高大乔木或竹子、香蕉等，俗称"风水林"。围龙屋一般是一围或两围，大的有三四围甚至多达五六围，房间有数百间之多，其中有卧室、厨房、杂间、牛猪栏、厕所、水井等。围龙屋的墙壁用粘土夯成，房屋之间有廊道相通，外面有门楼围封，既安全又方便进出。围龙屋内的一条条天井，晴天晒谷，雨天排水（直通门前的池塘），既可采光、通风，失火时又是隔火巷。从远处望去，层层叠叠相连在一起的围屋，就像一条条盘缠的巨龙，因此民间俗称"围龙屋"。客家围龙屋，不仅展示了客家先辈高超的建筑技艺，更蕴藏着丰富的文化内涵：整幢围龙屋的形状，就像个八卦图；化胎以"胎"命名，形若妇女怀孕时腹部隆起状，有庇护和孕育子孙后代的寓意。化胎表面用大小均匀的鹅卵石铺成，据说铺的鹅卵石越多，预示着子孙后代也会越多；"龙神伯公"由五个特定的石块组成，从左至右分别代表金、木、土、水、火"五行"，还特别把代表人类赖以生存的"土"的方形石块放在正中。每年除夕这一天，客家人都要在祠堂里祭拜祖先。同时，族人还要到"龙神伯公"神位前上香烧纸，祈求保佑。平时，谁家的儿媳妇怀孕了，做婆婆的都要去祭拜"龙神伯公"，祈求保佑儿媳妇平平安安生下儿孙。而谁家的媳妇多年不生孩子，做婆婆的就带她去祭拜"龙神伯公"，祈求保佑快快怀孕生子，好传宗接代，延续香火。其实，客家民居除了闽西的土楼（圆形或方形）和粤东的围龙屋之外，还有赣南一带的围屋（方形或长方形），这三种客家民居统称为"围屋"。客家围屋建筑形态上的变化，从一个侧面反映了客家人曲折南迁的历史进程：赣南地区作为"客家摇篮"，其方形或长方形的围屋，脱胎于中原的民宅建筑风格，体现了早期客家先民的建筑理念；"客家祖地"闽西，完全封闭式的土楼，防御匪患、保护家族安全是其主要功能；而地处粤东的梅州，临近海洋，是客家人走向世界的起点，被称为"世界客都"。梅州的围龙屋兴建较晚，它吸纳了闽、赣客家围屋的优点，显得更具开放性和包容性。但无论哪一个时期的围屋，都充分体现出客家人聚族而居、勤劳智慧、崇尚中华文化的精神内涵。

水鸟穿梭其间，蛙鸣声声入耳，鲤鱼不时跳出水面。池塘外连着菜园和大片绿油油的水稻田。从长潭流下来的石窟河水缓缓绕村而过，河堤上长着一丛丛高大的翠竹。隔河相望，是重峦叠嶂的青山，一派美丽的山区田园风光。

长大以后我才晓得，这霞黄的黄姓家族，历史上曾经出过一位鼎鼎大名的诗人叫黄香铁。据新编《蕉岭县志》记载："黄香铁（1788—1853），原名钊，字谷生，清乾隆五十二年生于苏州黄骊坊。幼聪敏，10岁能诗，嘉庆二十四年中式举人，充国史馆缮书，后授大挑知县。他淡于荣利，求改教职，先后掌教潮阳龙湖书院、潮州城南书院、潮阳儒学教谕，道光二十三年为翰林院待诏所待诏。他湛于学问，工于诗词，著有《读白华草堂诗集》凡数十卷。在京师，他与阳春谭敬昭、吴川林辛山、顺德吴秋航、黄小舟、番禺张维屏、香山黄香石等为文字之交，有'粤东七子'之称。

黄香铁在京师时，写有《落叶诗》四首。古往今来之咏落叶者，多意旨萧条，为词悲戚。独黄氏《落叶诗》充满生机，一反悲凉、颓废之传统。其中第一首云：'清晨鹿迹冷苍苔，残箨纷纷卷作堆。万点乌鸦盘阵起，四山风雨逼秋来。看如老将成功退，悟到高僧解脱回。删尽繁芜存质干，不应枯槁比寒灰。'香铁此诗一出，京城为之轰动，名公巨卿直呼其为'黄落叶'而不称其名。在嘉应州，黄香铁与宋湘、李甫平齐名，被誉为'梅诗三家'。"

黄香铁晚年回乡定居，在霞黄筑"识字耕田之舍"，他不顾年事已高，跋山涉水，多方搜集资料，编纂成内容丰富的地方志——《石窟一征》，纠正了官方县志的多处谬误，成为弘扬客家文化的一部重要文献，对了解我国清代社会的政治、经济、教育，也有参考价值。

我的阿婆黄春招，是黄香铁的嫡系后裔。黄香铁是霞黄黄姓第十八世，阿婆第二十二世，是黄香铁的玄孙女，喊黄香铁"公太"（高祖父）。

沧海桑田，时代变迁，现在霞黄的围龙屋已经十分残破，门前的水塘还在，鱼还照养，但早已不再种植荷花，蜻蜓和水鸟也不来光顾了。往日的大片稻田已被新盖的房屋分割成一小片一小片的。阿婆那些亲戚的后代们，年轻的大都外出谋生，没走的也都搬到自己另盖的新屋——霞黄村我已经不认得了！

二、田祖婆奶姑的故事

我的家乡蕉岭县地处粤东山区，山清水秀，历史悠久，人杰地灵，考古发掘证明，早在三四千年前的新石器晚期，这里就已经有人居住。

蕉岭古称石窟都，明置镇平县，民国三年（1914年）为有别于河南省先已设置镇平县，才改县名为蕉岭，文献上说："城跨蕉岭之上，县以岭名。"据说，旧时岭上遍植香蕉，故称"蕉岭"。

蕉岭县是个典型的纯"客家县"，在目前全县23万人口中，99.9%是古代从中原辗转南迁的汉族后裔。其中，钟姓和徐姓所占人口比率最高，有所谓"徐半城、钟半县"之说，人口较多的还有林、刘、陈、丘、赖、黄、邓等姓。这些姓氏绝大多数都是在元、明时期从福建或江西辗转迁徙而来的。

徐姓（东海堂）是蕉岭人口次多的姓氏。据《姓纂》载："徐氏，颛顼之后，嬴姓，伯益之子若木，夏时受封于徐，以国为氏。"徐国，位于现江苏徐州一带。望出东海，故以"东海"为堂名。东海，汉时郡名，在山东旧兖州府东南至江苏邳县川东之地。

宋朝末年，徐氏由江西石城县迁往福建上杭、连城。元、明之后，有徐二郎的后裔南迁广东，然后又陆续分迁到丰顺的汤坑、梅县松源、博罗等地，博罗县徐福田村的徐景山之子徐云崖（又名"探玄"），迁居镇平（蕉岭），是为镇平徐姓的开基祖。

探玄公娶妻田氏。这田氏嫁给徐氏开基祖探玄公后，生儿育女，勤俭持家，可说立下了大功！蕉岭徐氏宗族，世代口耳相传着一个颇具传奇色彩的故事：说是开基祖探玄公的妻室——祖婆田氏，体魄健壮，奶姑（乳房）足足有一尺多长。她十分杀猛（勤劳），整日忙里忙外，背着孩子还要干活。孩子背得时间久了、肚饥了就会哭，祖婆就把她长长的奶姑往后一搭，给孩子喂奶吃，孩子就不哭了。烧火做饭时，若是一不小心弯下腰，奶姑还会掉下来，被热水烫着或被柴火燎着……

几乎每次我回老家，族中耆老们都会眉飞色舞、活灵活现地讲述这个宗族中不知何时流传下来的故事。《蕉岭徐氏族谱》上说，探玄公育有三个儿子：长子元亨、次子元利、三子元贞。后来不断繁衍生息，至今探玄公派下的徐氏子孙，遍布世界各地，据说不下二、三十万人，岂非祖婆田氏之功劳乎？！

说田祖婆的"奶姑（乳房）足足有一尺多长"，或许有些夸张，但族中耆老们津津乐道，与其说是人们茶余饭后的调侃与消遣，我倒觉得，更确切地说这是对自己祖宗的崇拜，对先人恩泽的另类感念与褒扬！

现今蕉岭黄田墩背、洋桥的徐屋人，都是探玄公十三世裔孙匠园公的后代，传至我父亲这一代时，已经繁衍到第二十世了。

蕉岭徐氏开基祖探玄公春祭大典（2009 年 4 月清明节，徐博东摄）

三、从穷山沟到海滨邹鲁

1924 年，父亲 7 岁那年，开始到村里的初级小学——乐群小学读书。因为家中缺少劳力，小小年纪就开始分担阿婆的家务劳动。

"你阿爸从小就很乖，读书很用功，农忙的时候还会帮阿婆挑水、放牛、晒谷、灌田"，小时候阿婆常对我说。其实我听得出来，阿婆的言下之意是让我向阿爸学习，帮她干活。

光阴似箭，转眼父亲就初小四年毕业了。这一年（1928年）的夏天，祖父专程从汕头回到蕉岭，接父亲去汕头继续上学。阿婆虽然很不舍得，但还是含着眼泪送他们父子俩上路。

从交通不便、消息闭塞的蕉岭穷山沟，来到车水马龙、熙熙攘攘的海滨邹鲁汕头，对于那一年才刚刚11岁的父亲来说，真是眼界大开，一切都感到十分新奇。从此，父亲的人生道路开始了第一个转折。

初到汕头那年，因为在路上耽搁了时间，错过了学校的考期，父亲不得不在家闲住了一个学期。直到第二年（1929年），祖父才设法把父亲送进汕头市一家由客家人创办的正始小学去上学。

汕头正始小学可谓历史悠久，它始建于清光绪三十一年（1905年），初为满足旅汕客属人士的要求而创设的。

自19世纪中叶，汕头被辟为对外商埠之后，客属人士旅居汕头者与日俱增，他们的子女因语言不通，就学困难，乃有成立小学之议。经有心人士的多方奔走，悉心筹划，几经周折，遂告成功。校舍建于福平路今址，占地6000平方米，取名"正始学堂"[①]。

这所小学的校名起得很不错，寓意深远。"正始"是古代汉语，用现代语言来解释，"正"就是"正确"，"始"就是"开始"，即从正确的地方开始。文献上则说："正始"者，即"正其始"、合乎礼仪、法则之始，也就是做正派、有用之人的开始。

正始小学成立之初，曾经得到过同盟会客属著名人士谢逸桥、姚雨平、李次温等人的鼎力支持，后来南洋侨领胡文虎、胡文豹兄弟又捐献巨资，建造正始小学女校，并在原校址上修建图书馆和教学楼各一座。这所学校的教师水平很高，学校办得有声有色，招收学生向无潮、客之分，是当时在汕头教学设备最为完善、学生人数最多、声誉最好的小学。

父亲在"自传"中说："我在那里读了一学期初小和两年高小，各方面都

---

①　辛亥革命后，"正始学堂"更名为"正始小学"，后又在原址创办"正始中学"，1952年改为公办。此后校名多次更迭，如"正始岭海联合中学""汕头第六中学""汕头十二中学""汕头第十七中学"等。小学部亦于同一时期另迁校址，更名为"福平路第一小学"。20世纪70年代，学校增设高中部。1989年2月，经政府批准，恢复"正始"校名。

有显著的进步。那家小学的最大优点是教师循循善诱，不是单要学生死啃书本，而是经常引导学生参加各种课外活动和各种社会活动。那时候，我阅读了很多课外书刊，我是《儿童世界》《小朋友》《少年》等儿童少年杂志的热心读者。教师们则要我们读《爱的教育》《十五小豪杰》《鲁滨逊漂流记》等书籍。后来我又醉心于看中国的旧小说，尤其喜欢看《西游记》《水浒传》《七侠五义》《封神榜》《今古奇观》《薛仁贵征东》《薛丁山征西》《说岳》之类的武侠传奇小说。在那两年，我大概看了几十部旧小说。因此，无形中也受到宣扬帝王将相、才子佳人等封建思想的影响。"

在 20 世纪 60 年代"文化大革命"那个人妖颠倒的年头，读《西游记》《水浒传》这类所谓"旧小说"，也成了批判对象。特别是当时正在挨整的老干部，好像不把屎盆子往自己的头上扣就过不了关。其实呢，"旧小说"中固然有不少封建糟粕，但其中也蕴藏着许多中国的传统文化精华，理应得到很好的继承和发扬。

父亲在正始小学读书时进步很快，各科的学习成绩都很好，尤其擅长国文和演讲。他的作文常被老师拿去"贴堂"（在教室里张贴，供同学观摩），小小年纪就曾在当时的儿童读物上发表过好几篇"作品"，并曾经得到过三次汕头市全市学生演讲比赛的优胜奖。父亲后来曾对我说，当时他"野心勃勃，时常幻想着将来做个'文学家'"。

父亲一辈子没上过大学，但文化素养却一点儿也不差，这跟他中小学时代喜爱阅读课外书刊，包括那些"旧小说"，有很大关系。1956 年秋，我 12 岁小学四年级离开蕉岭老家到北京读书，父亲就鼓励和指导我阅读他小时候最喜欢看的那些"旧小说"。或许父亲是希望我长大后，能实现他小时候当文学家的"幻想"吧！可惜的是，我不是当文学家的料。

汕头是粤东的对外商埠，华侨的进出孔道，人文荟萃，消息灵通，各种政治、社会势力十分活跃。

20 世纪 30 年代初，是中国多灾多难的年代：1930 年夏，长江发生空前的大水灾，哀鸿遍野，两千多万灾民流离失所；1931 年 9 月 18 日，日本帝国主义发动"九一八事变"，侵占我国东北；1932 年 1 月 28 日，日寇发动"一·二八事变"，疯狂进攻上海，国民党十九路军奋起抵抗……

国难当头，民族危机日益深重，汕头和全国其他城市一样，掀起了抗日救亡运动的高潮。父亲回忆说："那时我们都是在教师的领导下，利用课余时间去向民众宣传和进行募捐、抵制日货等活动的。后来我被选为正始小学学生自治会的主席，更经常出席汕头市全市学生联合会的会议，在那些年龄较大的同学的领导下，发动全市学生请愿游行和示威游行等。……我开始抛弃入迷的旧小说，逐渐热心阅读报纸上和杂志上有关时局的文章。从那时候起，我经常阅读邹韬奋的《生活周刊》①等杂志"。

在风起云涌的抗日救亡运动和进步杂志的影响熏陶下，少年时代父亲的心田里，深深的埋下了痛恨日本帝国主义侵略的种子。他爱国热情很高，成为汕头市各种抗日救亡活动的积极参与者。所有这些，都对日后父亲的人生道路产生了积极的影响。

四、家庭变故

1932年5月的一天，父亲上完上午的第三节课刚刚走出教室，就被老师叫住了，让他快到门房去取蕉岭家乡拍来的电报。父亲三步并作两步，一溜小跑赶到校门口。拆开电报一看，是我阿公过身（去世）的丧报，我阿婆要他赶紧向学校请假，返乡奔丧。那年父亲才15岁。

阿公40多岁就病重不治，跟阿婆去汕头有很大关系。原来，祖父只身在汕头经商，孤独难耐，早就瞒着阿婆娶了小姜。父亲11岁那年被祖父接到汕头读书，才知道自己有了一个刚刚2岁才学会走路的小弟弟，起名叫"森源"。姨娘的一家子，包括她的父亲、母亲，全跟他们住在一起。不用祖父多说，父亲就是吃了豹子胆也不敢写信把这个"天大的秘密"告诉给蕉岭乡下我的阿婆。

可纸总是包不住火，没过多久，事情就败露了！

那些年和阿婆在一起生活的燕娇姑说："刚开始你阿婆当然不知道，后来

---

① 《生活周刊》，上海中华职业教育社的机关刊物。1925年10月11日创刊于上海，主要是对读者进行职业教育和传播职业消息，主编王志莘。1926年10月后由邹韬奋接任。"九一八事变"后，大力宣传抗日救亡，一跃而为著名的抗日救亡刊物，发行量达15·5万余份，创当时杂志发行的最高纪录。1933年7月，该刊脱离中华职业教育社独立出版。同年12月16日停刊。

发现不对劲，原先过年过节你阿公托人搭转来的海乌条（一种很好吃的海咸鱼），个头又大，质量又好，都是上等货。后来发现，怎么搭转来的海乌条越变越小？再有，你阿公回乡的次数、汇钱的次数和金额也越来越少。你阿婆精得很！猜想你阿公一定是在汕头娶了小。"

阿婆拿定主意，决定亲赴汕头探个究竟。她把家里的大小事情打点妥当后，托付五叔婆照顾年仅 10 岁的燕娇姑，又嘱咐燕娇姑好好看家，就只身启程，下梅城、走松口，再从松口坐船顺韩江而下，日夜兼程，直奔汕头。

阿婆打小在蕉岭山沟里生活，平生头一回出远门，来到汕头那么热闹的地方，就像刘姥姥进了大观园，东南西北都辨不清，她却凭着随身带来的信封上的地址，居然很快就找到了阿公的住处。果然发现阿公另外还有个家，气不打一处来，先是把阿公大骂了一顿，连阿公最宝贝的一对景德镇青花瓷大花瓶，也被阿婆给砸碎了，当天就把那女的一家子通通赶出了家门，气得阿公直发抖。

阿公原本就得了肺病，但那时并不很厉害，经阿婆这么大闹一场，情绪受到很大刺激，病情转趋严重，整日咳嗽不止，痰中带血，延医服药，拖了近一年的光景还不见好转，决定换个环境，回空气清新的蕉岭乡下调养。临行，把年仅 14 岁正在读高小二年级的父亲，托付给朋友帮忙照顾。

阿婆虽然动气，但并没有"赶尽杀绝"，她把年已 6 岁的森源叔留了下来，一起带回蕉岭老家，当作自己的亲生骨肉抚养长大，供他上学读书。不过，6 岁的孩子已经懂事，阿婆把森源叔从小朝夕相处的亲生母亲和外公、外婆赶出了家门，再怎么对他好，在他幼小的心灵里还是留下了难以磨灭的阴影，直到 20 世纪 50 年代中森源叔回老家把我和阿婆接到北京，一起生活了一年多，依我的观察，他们母子之间的芥蒂仍然很深，感情不是很好。

20 世纪 60 年代初，森源叔曾经趁出差汕头的机会，抽空去寻找自己的生母。后经汕头市公安局和民政部门的大力协助，多方查寻，终于找到了森源叔的生母我的姨婆陈氏，并随信寄来了她全家人的合照。

原来，姨婆被阿婆赶出家门后，不久便改嫁给了一个姓蔡的人家，后来又生育了好几个子女，家境并不富裕。森源叔喜出望外，专程去了趟汕头，母子相认，抱头痛哭，把数十年积压在心头的牵挂与思念之情，一股脑儿全

13

都宣泄了出来，为人一向极重情义的森源叔，此后逢年过节，总也不忘寄些钱接济蔡家，感念生母的养育之恩。这是后话。

父亲接到电报后，急匆匆从汕头赶回蕉岭老家奔丧。母子二人加上森源叔、燕娇姑，一起跪倒在祖父灵柩前失声痛哭，众亲友也不免伤心落泪。

祖父的葬礼依俗而行，旷时费日，十分隆重，花掉了祖父生前经商留下来的大半积蓄。记得我小时候，曾经看到过好几张挂在墙上的祖父丧礼的照片，虽然因受潮已经斑驳不清，但仍然可以看出当年丧礼场面之盛大。还记得，光是丧礼用过的杯、盘、碗、筷、碟就有好几箩筐，丧服好几箱，锁在楼上堆了半间屋子，村里哪家要办红白喜事，丧服、碗筷不够用都来找阿婆借。每借一次碗筷就少一批，阿婆心里不高兴，私下抱怨说："哼！以后不借了！"可下次有人再来借时，只要说几句好话，阿婆还是会很爽快地借给人家。所以，到我12岁离开蕉岭家乡去北京读书时，这些东西剩下的已经不多了。十年之后我再回家乡，只找到阿公用过的一套景德镇烧制的茶杯和几个碗、碟，当作家传的文物带回北京，至今还摆放在我家客厅的博物架上。

祖父病逝后，父亲已不可能再回汕头，只好留在蕉岭老家继续读书。所幸父亲在汕头读书时平时一向成绩优秀，老师们都很喜欢他，所以虽然没有参加高小毕业考试，暑期过后正始小学还是"网开一面"，"法外开恩"，给他寄来了毕业证书。

五、未能"圆房"的童养媳

我长大后，阿婆和燕娇姑多次跟我讲起她们母女俩最初相识的往事。

有一天恰逢蕉岭县城的大圩日，一大早阿婆就梳洗打扮，挎着菜篮子进县城去了。她在鱼市上先转了一圈，然后就在一个卖鲶鱼的摊位上停了下来。阿婆弯下腰，一边看着水盆里好几条约摸有二三斤重乌黑发亮的鲶鱼，一边跟卖鱼的大哥讨价还价。猛然间觉得有人在动她挂在腰带上的那串钥匙——旧时的门锁长长的，钥匙也长，特别是铜制的还挺好看。阿婆下意识地赶紧用手去抓自己腰间的钥匙，回头一看，抓住的竟是一个细妹子的小手。

阿婆转怒为笑——这个细妹子穿着一身打满补丁的花布衫，虽然瘦，但长得白白净净的，两只水灵灵的大眼睛，很讨人喜欢。一问才知道，原来，这卖鱼的大哥姓林，本县长潭人，细妹子是他堂弟的孩子，今年才 4 岁。堂弟的家境原本还算可以，在县城开一间卖杂货的铺面。不料去年夏天却因染上霍乱，几天之内全家四口人死了三口，只剩下这个孤苦伶仃年仅 3 岁的阿娇妹，由大伯抱去抚养。

大伯夫妇俩原本就有两个孩子，男孩 5 岁，女孩才 2 岁，现在又多了个小阿娇，全靠他在长潭里打鱼为生，勉强度日。可是"祸不单行"，两个月前他的老婆也得了急病过身了，丢下三个孩子没人管，"真把我愁死了，要不是看着三个孩子还这么小，有时真想干脆跳进长潭里死了算了！"卖鱼大哥唉声叹气地诉说着。

阿婆一向心地善良，听不得人家的苦，不免也跟着难过起来。忽然间，一个念头从她脑海里闪过，便直截了当地对卖鱼的林大哥说："你肯不肯让涯领她走，做涯的童养媳？"

就这样，"天上掉下个林妹妹"，我父亲刚满 7 岁那天，有了个 4 岁的"童养媳"，名字叫"林燕娇"，后来她就成了我的"燕娇姑"。

"涯跟你阿婆可能是前生有缘，从没见过面，可一点都不认生，竟然就很情愿地跟着她走了，记得阿婆当天还在圩上给涯买了一套新衫服（衣服）哩！"那年已经 92 岁高龄的燕娇姑，回忆着 88 年前阿婆收养她的往事，就像昨天才发生的一样，还不时地伸出手来抹她老眼上泛出的泪花。

旧时，客家人的婚嫁习俗，承袭中原汉族的封建礼俗，多为"父母之命，媒妁之言"的包办婚姻。除了所谓"明媒正娶"的形式之外，"童养媳"和"等郎妹"这两种婚制形式，普遍存在于粤东客家民间。

先说"等郎妹"：这是父母包办婚姻的一种。有些贫苦人家，自己还没有生儿子，先买个女孩子来抚养，等到生了男孩，即配为偶，长大后再行婚配（如没有男孩则将之作为女儿，再出嫁）。有的"媳妇"长到十七八岁了，"小丈夫"才几岁甚至还在吃奶，故有"十八娇妻三岁郎"的说法。这种"婚姻"形式很不人道，常常酿成人间悲剧。

再说"童养媳"：小户人家多采用这种方式联姻。即家中生有男孩以后，就向邻近外姓人家收养一个女孩，俗称"细心舅"。等到两个孩子都长大成人

15

作者与燕娇姑合影于蕉岭三圳张芳村
（2013年春节）

了，就在除夕夜让他俩儿正式同房成亲，俗称"婚床"，又称"圆房"（在台湾称为"送做堆"，很形象生动的说法）。

燕娇姑就属于"童养媳"这一种，但她和我的父亲长大后并没有"圆房"。原因很简单，长大后读书在外的父亲已另有所爱。

燕娇姑虽然始终没能和我父亲"圆房"，但她和从小把她抚养长大的阿婆感情一直很好，族中亲友们都这样说："她俩就跟亲母女一样样！"

俗话说，"人心换人心"。其实，阿婆对待燕娇姑就像亲生妹子一样疼爱，燕娇姑确也为我们徐家立下了人人啧啧称赞的"汗马功劳"！

祖父过身的那一年，燕娇姑才是个十二三岁的细妹子，却已经成为家中的"壮劳力"，挑水、种菜、放牛、捡柴、割草、喂鸡鸭……什么都要做。农忙时节，还要下田放水、担粪、插秧、割禾、挑谷，帮阿婆烧火做饭、喂猪等等，分担了阿婆大量繁重的家务和田间劳动。

也就是这一年的9月，父亲考进了蕉岭县立中学初中部，7岁的森源叔也进了村中的乐群小学开始读书。阿婆仔细盘算，我祖父死后留下的一笔钱，除了供兄弟俩儿上学之外，只要省着点儿用，还有能力盖栋房子，毕竟两兄弟长大后要成家，现在这几间祖上留下来的旧屋哪够住？

第二年开春，田里插完秧后，阿婆就请人帮着筹划开始盖新屋。这样，燕娇姑又成了"壮劳力"，下河挑沙、挑石是她的主要任务。"命都担死了哟！几个月下来，扁担就挑断了好几根，两个肩膀不知脱了几层皮，红肿了，磨破了，扁担上缠上布，还得接着挑！好多年过去了，涯的两个肩膀上还有当年盖屋时挑沙石留下的硬疙瘩。"燕娇姑说。

同阿婆合作一起盖新屋的是同宗的三伯公家。三伯公的儿子（隆森叔的长兄隆企）在南洋经商发了财，资金雄厚，顾得起小工，他家的劳力又多。

阿婆为了省钱，舍不得花钱顾小工，又要给请来盖屋的师傅烧火做饭，料理其他家务，做裁缝生计，不能老在工地上干活，燕娇姑就成了给师傅们打下手的主要劳力。森源叔还小，派不上用场，父亲平日要上学，只有星期天才能帮上忙。

天道酬勤，两家人整整累了大半年，坐北朝南、两幢紧紧相连的双层横屋终于顺利落成。楼上楼下每幢各有两厅十六间房，横屋内有两个天井，回廊环绕其间，前后门一关，就是两家封闭的空间。还请来了绘画师傅雕梁画栋，青瓦白墙，美轮美奂。站在大门口，向南放眼一望，门前溪峰河水潺潺流过，河对岸大片的稻田连着远处的青山，清风徐来，阵阵稻香，令人心旷神怡！

两家一合计，一致赞同给新居起名曰："同庆楼"，大门两侧书写对联："同登仁寿，庆洽春风"。

80多年过去了，历经风雨沧桑的"同庆楼"至今仍保存完好，屋檐下、墙面上的花鸟、人物彩绘，依然清晰可辨，十多年前全县文物普查时，被县文保部门列为蕉岭县的"古名楼"之一。2012年2月被县政府鉴定为"不可移动文物"；2019年1月正式挂牌。曾经居住过我们两家五代人、浸透着阿婆和燕娇姑的心血以及我童年记忆的同庆楼，应该能逃脱因县城改造被拆除的厄运了。

历经80多年风雨沧桑的同庆楼依然保存完好（2012年11月，徐博东摄）

六、从"蕉中"到"东中"

1932 年至 1935 年，父亲在蕉岭县立中学读初中。

蕉岭中学是由近代台湾反割台抗日爱国志士、爱国诗人和进步教育家丘逢甲先生一手创办起来的。1895 年，丘逢甲在台抗日事败返归大陆祖籍广东镇平（蕉岭）定居。他日夜思念故土台湾，矢志教育救国，"复台雪耻"，先是在潮汕地区创办新学，后来又回到故乡镇平创办族学和新式小学。1904 年夏，经丘逢甲多方奔走接洽，在县城的"桂岭书院"[①]旧址，倡办了一所专门培养新式小学师资的"镇平初级师范传习所"。1906 年，初级师范传习所的学生毕业，丘逢甲等人又将传习所改办为"镇平县立中学堂"。

1914 年，该学堂更名为"蕉岭中学"。迄今为止，蕉岭中学一直是蕉岭县最早亦是最好的中学，百年来为国家培养了大量人才。

父亲在蕉岭中学读初中的时期，正值中国政治史上一段非常沉闷的时期。这一时期，日本帝国主义愈加疯狂地侵略中国，而国民党政府却实行所谓"攘外必先安内"的反动政策，对日本的侵略一再妥协退让，对国内各地中国共产党建立的红色政权和红军不断发动大规模的"围剿"，同时，严厉镇压全国各地普遍兴起的爱国抗日救亡运动。

父亲在他的"自传"中回忆说："在那一段时期里，在国民党统治区，一切比较进步的书刊都几乎绝迹。国民党当局为了实行愚民政策，麻痹爱国青年的斗志，除拼命进行反共宣传外，同时放任黄色歌曲到处流行，什么《桃花江》《毛毛雨》等靡靡之音十分流行。当时我也中了毒，经常跟着唱黄色流行歌曲。过去习惯于阅读课外书籍的我，那时候又回到阅读旧小说中去找'精神寄托'。后来一直到开始接触鲁迅先生的一些精彩绝伦的杂感文以后，才暂时填补了精神上的空虚。那时候，由于年龄和各方面的限制，当然我对鲁迅先生的文章还不可能有很深刻的理解，但对他那泼辣犀利的文笔和对旧势力斗争时那种深刻的讽刺，真是佩服得五体投地。甚至在作文的时候也不

---

① 桂岭书院肇建于清康熙二十五年（1686 年），乾隆四十五年（1780 年），县令周克达将桂岭书院移建于镇山之麓。该建筑为三层宫殿式楼宇，长 25 米，宽 13 米，高 15 米，用沙灰砖砌墙，木梁架结构，建筑面积 1000 多平方米。1985 年经蕉岭县人民政府批准，被列为县级文物保护单位。

自量力地极力模仿，对时局也来冷嘲热讽一番。"

父亲说他对鲁迅先生"泼辣犀利的文笔和对旧势力斗争时那种深刻的讽刺"佩服得五体投地，甚至"在作文的时候也不自量力地极力模仿，对时局也来冷嘲热讽一番"，这说明，父亲在少年时代就已蕴蓄起来的朴素的爱国热情并没有被《毛毛雨》浇灭，他沉醉于"靡靡之音"，在旧小说中寻找"精神寄托"，正是对时局不满、精神苦闷的一种反映。

正如他在"自传"中所说："那时候我精神上很苦闷，当时由于年龄和认识上的限制以及反动政府的封锁，我对于中国共产党领导的艰苦伟大的斗争，对党的各项抗日救国政策，都不太了解。但心里总在想，在国难这样深重的时候，为什么中国人还要打中国人？为什么不团结起来抵抗我们的民族敌人——日本帝国主义者？"

1935 年夏天，父亲在蕉岭中学初中毕业，以优异成绩考进了他早已向往的梅县东山中学（报考东中时，为了书写方便，父亲将自己的名字改成"森元"），并在那里读完了高中。

客家人格外崇文重教，梅县又是著名的侨乡，海外华侨历来对捐资家乡办学热情很高，因此梅县的教育一向十分发达。1945 年 11 月 5 日，国民政府教育部报告全国普及教育情况，江苏武进县名列第一，广东梅县位居第二。抗战时期，全梅县共有 30 多所中学，仅县城就有梅州、东山、梅师、梅农、县中、学艺、广益、乐育等几间中学校。汕头、潮州、澄海沦陷后，大批难民拥向粤东山区，许多中学生也转来梅县就读，梅城的中学生数量激增。

梅县东山中学是由全国人大常委会原委员长、共和国开国元帅叶剑英参与创建的。1913 年春，广东军阀政府强行将县立梅州中学改为省办，并指派思想保守的黄道纯出任校长，此举激起了梅县各界人士的强烈不满。当时叶剑英正在梅州中学读书，并担任校学生自治会会长。于是在原梅州中学校长、部分教师和各界社会贤达、海外华侨的支持下，叶剑英愤然与梅州中学决裂，率领 100 多名学生冲出校门，在梅城状元桥畔的东山书院① 创办了一间私立学

---

① 东山书院是梅州古老的书院之一，始建于乾隆十一年（1746 年），为"三进二横"的建筑结构，由嘉应州知州王者辅所倡建。1904 年，因参与康梁维新被罢官返乡的清代著名外交家、爱国诗人黄遵宪，在东山书院旧址创办了兴梅地区历史上第一所培养小学师资的学堂——"东山初级师范学堂"。

校——"梅县私立东山中学"。这就是后来的"广东梅县东山中学"[①]的前身。

东山中学创办不久，便已远近闻名。它虽然是个私立学校，却生气勃勃，声誉很好。它的特点是：富于革命传统，师生关心国事，曾培养出不少革命人才，大革命后一度被国民党当局封闭；读书空气浓厚，师资一流，教学水平很高；华侨学生很多，他们性格活泼，思想活跃。这所学校的杰出校友，除了叶剑英元帅，还有中国人民解放军开国中将萧向荣，全国政协原副主席叶选平，原广东省委书记林若，中科院院士、著名医学病毒专家曾毅，全国人大常务委员、香港"金利来"（远东）公司董事长曾宪梓等，他们都曾先后就读于梅县东山中学。

父亲考入东山中学，可谓如鱼得水。他在汕头读过书，参加过抗日救亡运动，比一般打小在山沟里长大从没出过远门的孩子要见过世面，课外书籍又读得多，知识面较广，这使他进入东山中学后，很快就成了班级里学习成绩名列前茅的高才生和课外社会活动的活跃分子。父亲的作文尤其写得好。北平中国大学文科毕业的吴剑青先生，梅县客家人，时任东山中学高中国文和历史老师，最喜欢我父亲。多年后，经历过战乱流离的师生二人，在异乡台北街头偶然相遇，当时正在私立基隆中学当校长的吴剑青先生，欣喜莫名，力邀我的父亲——他当年的得意门生，去基隆中学任教并兼任事务主任，可见师徒俩人感情之深。

父亲不仅学习成绩优秀，且为人诚恳正直，性格开朗，关心时局，喜欢交朋结友，个头虽不高，人却长得蛮帅，男中音的嗓子很好，歌唱得颇为专业，演讲一流，演话剧之类更是少不了他，在同学中的威信很高，升入高中二年级时就高票当选为班级代表和全校学生自治会的文艺股长，成为东山中学的"风云人物"。

[①] 如今的广东梅县东山中学，是一所蜚声海内外的全国重点中学。学校占地 500 亩，分三个校区，可容纳 1 万名在校生。现有专任教师 248 人，其中高级教师 76 人，一级教师 72 人，先后有 9 人被评为特级教师。多年来高考升学率一直保持在 95％以上，位居全省前列。校园绿化覆盖率超过 70％。气势磅礴的教学楼、藏书丰富的图书馆、规范标准的体育场、设备齐全的实验楼、宽敞舒适的宿舍楼等各类现代化建筑与参天的古木相辉映。无论教学设施、校园环境、师资水平、教育质量，在全国所有的中学之中亦堪称一流。

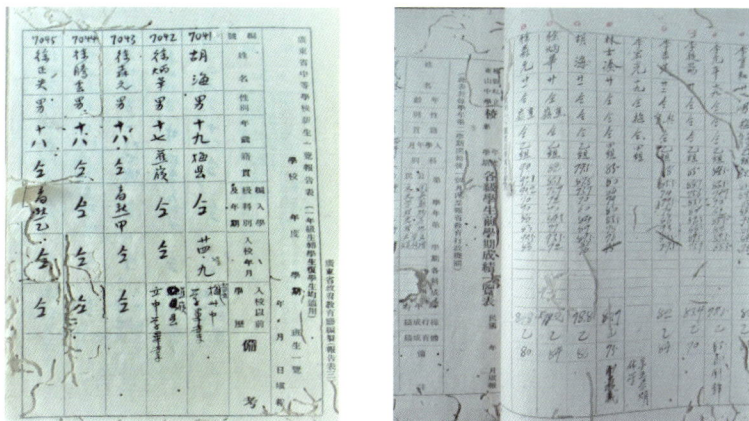

父亲东中读书时的学籍表（左）和成绩表（右）（徐博东摄）

2013年9月，为搜寻父亲的生平资料，在好友黄志平教授的陪同下，我专程到梅县东山中学造访。接待我们的一位副校长，听说我从北京来，是20世纪30年代东中校友的后代，很是热情，特地叫办公室主任带我们到校学生科，帮我查阅当年的学生档案。"功夫不负有心人"，原本以为希望渺茫、只是抱着"试试看"的心情而来的我们，竟然从30年代保存下来的、已经发黄变脆被虫蛀得很厉害的一大堆学生旧档案中，找到了我父亲当年在东山中学读高中时各个学期的学习成绩表、入学履历表和教师花名册，真是让我喜出望外、如获至宝！

七、操行"丙"等的学生

父亲在梅县东山中学读书的那三年时间里（1935—1938年），是中国政治史上一个极其重要的转折时期。

由1935年起，日本帝国主义对中国的侵略更加急迫，民族危机更加深重。与此同时，在中国共产党积极抗日主张的影响下，全国各地的爱国运动空前高涨。

"于无声处听惊雷"——日本帝国主义的加紧侵略和国民党政府的妥协退让政策，使身受亡国灭种威胁的中国人民再也无法忍耐。

"华北之大，已经安放不下一张平静的书桌！"——身处"华北事变"

中心区的北平学生，首先发出了悲愤的呼声。12 月 9 日，声势浩大的"一二·九"抗日爱国运动终于爆发。

梅县东山中学的老师和学生一向十分关心时局，当时父亲和他的同窗好友们，在紧张的学习生活之余，除了每天阅读报纸，最爱看的课外读物是《大众生活》[①]。

北平爆发"一二·九"学生大规模示威游行，遭到军警镇压，消息传到梅城，东中校园里沸腾了。教室里、校园里、操场上，同学们三五成群地聚在一起，你一言我一语，慷慨激昂，纷纷要求校学生自治会带领大家上街游行，罢课示威，声援北平学生。不少老师也表示支持学生们的正义呼声。

校学生自治会紧急开会研商，决议发动全校学生上街游行，声援北平学生，并连夜召集人手，紧锣密鼓地进行游行示威的各项准备工作。父亲的毛笔字写得好，也应召去写横幅、标语。

这时校方却接到上级的指令，严禁各校学生上街游行。压制青年学生的爱国热情只会激起更大的反抗，杭州、天津、南京、上海、武汉、广州等地相继爆发声援北平学生的大规模示威游行。消息传来，使东山中学的学生们受到很大鼓舞。12 月下旬，一百多名东中师生不顾当局的禁令，在校学生自治会的领导下，打起横幅，手持各色小旗冲出校门，浩浩荡荡地走上梅城街头，举行游行示威。

"打倒日本帝国主义！"

"反对华北自治！"

"声援北平学生！"

"反对内战，一致抗日！"

高亢激越的口号声此起彼伏。

"起来，不愿做奴隶的人们，把我们的血肉筑成我们新的长城，中华民族到了最危险的时候……"《义勇军进行曲》响彻山城。

许多市民驻足街道两旁热烈鼓掌，跟着一起呼喊口号，唱《义勇军进行

---

① 《大众生活》是一种周刊，1935 年 11 月由邹韬奋创刊于上海，邹亲任主编，其宗旨是着重进行抗日救亡宣传，尤其积极宣传中共提出的抗日民族统一战线主张，用大篇幅报道"一二·九"运动。发行量最高时达 20 万份，是当时全国影响最大、销量最多的政论刊物。

曲》。慑于这种强大声威，当局派来的警察也不敢造次。

紧接着，梅中、梅师、梅农等校的学生也纷纷走上街头举行示威，一时间在粤东地区产生了很好的社会影响。政府当局却"秋后算账"，游行过后不久，东中校方在当局的压力下，被迫处分了几名带领学生上街游行的进步教师和校学生自治会的学生。父亲虽说不是领头上街的，却因表现积极，格外活跃，高一学年结束时，操行成绩被评为"丙"等。——那时候，学校每一学年度结束时都要根据学生一年来的表现给学生评定"操行成绩"，共分甲、乙、丙三等。父亲操行被评为最差的"丙"等，这显然是对父亲的某种惩罚与警告。

"爱国有罪，卖国有功！"，正是那个黑暗年代的真实写照！

八、校学生自治会的"文艺股长"

1936年9月新学年开始，父亲升入高中二年级。各班的班代表和校学生自治会换届改选，操行成绩被评为"丙"等的父亲，却高票当选为班代表和新一届校学生自治会的"文艺股长"。

与父亲同在文艺股共事的有一位漂亮的小女生，是本校初中部三年级的学生，芳名叫"丘应棠"，是父亲的蕉岭同乡，她常穿一件紫红色毛衣，下着深蓝色长裙，年龄约摸十六七岁，面庞白皙清秀，一头油黑短发，中等个头，不胖不瘦，快言快语，很是活泼精神。这位丘小姐可非等闲之辈，近代台湾反割台爱国志士丘逢甲是她的阿公（祖父），外公（外祖父）梁诗五（名居实）曾任清廷驻日、德、比参赞和驻日长崎领事，其父丘琮（字"念台"）也因"九·一八"事变后"两度出关，三次出塞"援助抗日义勇军而名噪一时，时任广州中山大学教授。不料想，这位丘小姐日后跟我们老徐家结下了不解之缘。

"一二·九"运动后，全国的政治气氛愈加令人压抑。国民党政府不仅不改弦更张，反而变本加厉地镇压全国各地的爱国运动，迫害民主人士（如

"七君子事件"①），对于全国人民要求"停止内战，一致抗日"的强烈呼声置若罔闻，顽固坚持"攘外必先安内"的反动政策。

1936年10月下旬和12月初，蒋介石两次亲赴西安"督师"，逼迫张学良的东北军和杨虎城的西北军进攻陕甘红军。12月12日，张、杨联合发动"兵谏"，下令扣押了蒋介石，震惊中外的"西安事变"（即"双十二事变"）爆发。

西安事变的消息传到梅州时，父亲正在校园里领着文艺股的几个同学出壁报，他们当即重新调整了壁报的内容，西安事变成了最新一期也是以后十多天里校学生自治会主办的壁报主题。国文和历史老师吴剑青，是他们请来的指导老师。

晚饭过后，住校的同学大都没有心情像往常一样去教室上晚自习，宿舍里灯火通明，同学们自发开起了时事讨论会。父亲住的那间房里挤满了人，你一言我一语，有的主张杀了蒋介石，有的则担心因此而爆发内战。

由于身处远离大城市政治中心的粤东山区，消息闭塞，大家对时局的发展始终都不敢乐观。在以后十多天里，每天下午送报时间一到，校门口都会聚集一群老师和学生，他们焦急地等待汕头来的报纸，只要报上登有西安事变的消息，父亲他们马上就用粉笔把主要内容摘抄在黑板上，摆放在校门口的显要位置，让师生们随时观看，了解事态的最新发展。

一连几日都没有新的消息，正当大家心急如焚的时候，报上终于登出了两则重要新闻：一则说南京政府内有人极力主张武力讨伐张、杨，中央军已开赴陕西前线；一则说中共力主和平解决，已经应张、杨的邀请，派周恩来率代表团到达西安参加谈判。两条消息，一负一正，于是众说纷纭：有人忧心内战已在所难免，中共出面斡旋恐怕也无济于事；而有人则揣测，既然张、杨邀请中共去西安谈判，说明事情还有转圜余地，和平尚有一线希望。

过了几天，又是两则一负一正的消息：一则说中央军与东北军在潼关紧

---

①　1936年5月31日，沈钧儒等人在上海发起成立全国各界救国联合会，要求国民党政府停止内战，释放政治犯，促进了全国抗日民主运动的发展。蒋介石十分恐慌，下令以"扰乱社会治安、危害民国"为借口，于11月23日凌晨，由上海市公安局会同英、法租界捕房，分别非法秘密逮捕了沈钧儒、章乃器、邹韬奋、李公朴、王造时、沙千里、史良等七人，引起全国人民的强烈抗议和反对，史称"七君子事件"。

张对峙，大战一触即发，南京有人扬言要派飞机炸平西安；一则说宋子文、宋美龄兄妹已经飞往西安，代表蒋介石参加谈判。大家又是议论纷纷、忧喜参半。

12月24日，经过连续两天的艰苦谈判，各方终于达成六项协议，蒋介石被迫接受了包括改组南京国民政府、释放政治犯、停止"剿共"、联合红军抗日、召集救国会议等多项重要主张。25日下午3点半，张学良陪同蒋介石飞回南京。

西安事变和平解决的消息传到梅城，人们笑逐颜开，奔走相告，一扫十多天来笼罩在心头的浓重阴霾。父亲领着文艺股的同学，把校学生自治会的锣鼓、彩旗搬了出来，还派人上街买了好几大挂的鞭炮。一时间，校园里鞭炮、锣鼓、校钟齐鸣，几十面彩旗插满了校园各处，全校师生欢呼雀跃，喜不自禁——东山中学的校园好久没有这么欢快、这样热闹了！

从事变爆发到蒋介石平安脱险，在这将近半个月的时间里，东山中学的师生们虽然身处粤东偏僻山区，却和全国各地所有关心国事的人们一样，经历了一场心灵上的巨大冲击。

九、暑假抗日宣传队

西安事变的和平解决，成为时局转换的枢纽。

国民党政府停止了"剿共"，蒋介石"攘外必先安内"的反动政策基本改变；陆续释放了"七君子"和其他主张抗日的政治犯；开放抗日言论，不再压制抗日救亡运动；国、共两党经过谈判，决定将中共领导的陕北红军和江南游击队分别改编为"八路军"和"新四军"，纳入国民革命军序列，联合抗日；举国上下包括地方势力一致拥护蒋委员长为抗日领袖……全民族抗日统一战线初步形成，抗日救亡运动空前高涨。

面对这种不利局面，日本帝国主义决定改"蚕食"中国的政策为"鲸吞"政策，大量集结重兵于华北、台湾和东南沿海一带，准备发动全面侵华战争，妄图迅速灭亡中国。

1937年7月7日，"七七"事变（又称"卢沟桥事变"）的发生，标志着日本帝国主义的全面侵华战争正式爆发，从此，不愿做亡国奴的中国人民也开始了长达八年之久的艰苦卓绝的全民族抗日战争。

事变发生时，学校已经放暑假，乡下开始收割早稻。一天下午，回乡度假的父亲和森源叔正在田间帮着阿婆和燕娇姑收割稻子，同班同村的徐敏华急匆匆地跑来对他们喊道："卢沟桥出事了！二十九军和日本鬼子在卢沟桥打起来了！宛平县城已经被日本鬼子占领！"父亲和森源叔赶忙放下镰刀，顾不得擦掉满头的汗水，抢着看徐敏华拿来的报纸——在这之前，卢沟桥和宛平县在什么地方，他们并不知道。

事变发生后，日本持续发动进攻，驻守平、津的二十九军宋哲元部奋起抵抗，与装备精良的日军展开了空前激烈的战斗，伤亡惨重。到7月底，平、津地区相继沦陷。日本占领平、津后，接着于8月13日大举进攻上海（史称"八·一三"事变），中国守军在上海各界民众的支援下浴血奋战。全国人民义愤填膺，各地爱国分子和青年学生紧急行动起来，为抗日救亡奔走呼号。

平、津沦陷时，早稻已收割完毕，晚稻刚刚插上，暑假还没过一半，父亲就拉上徐敏华一起赶回学校，又把李庆梓、叶士聪这两个最要好的同学从乡间叫到学校来商量。他们决定成立临时宣传队，利用暑假做一些力所能及的抗日宣传工作。经研究，他们决定到抗日宣传比较薄弱的乡下——叶士聪、李庆梓的家乡雁洋和松口一带去贴抗日标语。

关于这次下乡贴抗日标语的自发活动，父亲在他晚年的回忆录（未刊稿）中有如下较为详细的记述：

主意既定，他们马上分头行动，有的负责去借单车，有的负责写标语、熬糯糊，忙活了一整天。次日一早，四个小伙子戴上草帽，精神抖擞地骑车上路了。

从梅城到雁洋叶士聪的村子约30公里，到松口乡下李庆梓的家不到50公里，那时全都是黄土路，坑坑洼洼的，骑单车并不好走。时值盛夏，天气炎热，一行四人骑行10多公里到达西阳镇时，汗水已经浸透了衣衫。停车稍事歇息，他们决定就从西阳镇开始张贴抗日标语。

"打倒日本帝国主义！"

"枪口对外，一致抗日！"

"光复平津，收复华北！"

"天下兴亡，匹夫有责！"

"有钱出钱，有力出力，支援抗日前线！"

"誓死抗战到底！"

"拥护蒋委员长领导抗战！"

……

标语简单明了，字迹苍劲有力，每条标语长约80公分、宽20公分，分红、黄、绿、白各种颜色，十分醒目。每当看到路人以赞许的目光驻足观望刚刚贴上的标语时，父亲他们都倍感欣慰，再苦再累也觉得值了！

走走停停，约摸又走了10公里的样子，他们到达了丙村。丙村是著名侨乡，人口密集的大镇，父亲他们在这里又忙活了一阵子。沿途不少在乡度假的学生，不论认不认得，都纷纷前来帮忙。过了一个岔路口到达雁洋叶士聪家的村子时，已经是晌午时分，出发时写好的一百多条标语和一桶糨糊也全都用光了。

叶士聪早已托熟人捎信回家，准备好了午饭。四个小伙子劳累了一上午，早已饥肠辘辘，不多一会儿，就像秋风扫落叶一般把一桌饭菜扫了个精光。

叶士聪是华侨子弟，阿公和阿爸都在南洋经商，常有侨批寄转家①。家中只有四口人，士聪是独子，比他大两岁的阿姐还没出嫁，高小毕业后没再读书，在家帮阿婆、阿妈种田、做家务活。在粤东客家地区，类似叶士聪这样的家庭很多。

叶士聪与叶剑英同宗，论辈分士聪要小两辈，两家仅隔二三公里。天气闷热，午饭过后，士聪领着大家去河里洗身子（游泳）。

叶士聪家所在的村子有五六十户人家，在山区来说算是个大村了，全村都姓叶，村中建有叶姓宗祠，一围两横，虽说不大但颇为精致小巧。村子四周开阔，它背靠阴那山，梅江绕村而过，在这里拐了个小弯。大片的水田在

---

① 侨批：简称为"批"。福建方言、潮州话和梅县客家话称"信"为"批"，俗称"番批""银信"，专指海外华侨通过海内外民间机构汇寄至国内的汇款暨家书，是一种信、汇合一的特殊邮传载体。广泛分布在福建、广东潮汕、梅县地区暨海南等地。

烈日下水光粼粼，刚刚插上的晚稻正在返青，好一派山清水秀的迷人风光！据说古时候雁洋一带多为湖洋（沼泽）和低洼水田，水草肥美，候鸟很多，大雁成群，常聚集在这片沼泽地过冬，故得名"雁洋"。

　　他们出了村子，前方不远处便见林木茂密郁郁苍苍的阴那山。这阴那山与罗浮山、南华山鼎峙齐名，并称"粤东三胜"，主峰高1298米，那如同五指并立的五座山峰叫"五指峰"，又叫"梅峰"，登主峰玉皇顶要攀3824级石阶，天气好的时候，玉皇顶上还可以看到潮州、梅州和汀州。有诗句云："五指峰巅极目舒，白云深处望三州"。五指峰半山腰有座始建于唐代的著名古刹"灵光寺"，是广东四大名寺之一。这灵光寺有"三绝"：一绝是"生死柏"，寺前左右两侧各有一棵1100多年树龄的古柏，一棵枝叶繁茂，另一棵枯死近300年了，至今仍然没有腐烂，屹立不倒；二绝是"菠萝顶"，寺内大殿的殿顶是用1000多块长方木拼成的螺旋形藻井，有自动抽烟的功能，殿内香火再旺，烟雾都会顺着殿顶盘旋而上，自然消散，十分科学。听说这种建筑全中国只有两处，另一处是北平天坛的祈年殿；三绝是，大殿四周绿树繁茂，可大殿的屋顶上从来不见一片落叶，原因是什么，至今还是个谜。

　　李庆梓说，"五指峰我登上过好几次，确实气势雄迈，泉石清奇，美不胜收！去年'双十二事变'老蒋被张学良扣押时，也不知道是谁出面组织动员的，我们松口一带的几十个村子、几千人三更半夜举着火把同登五指峰玉皇顶，进香祈求和平，那才真叫壮观！那天是星期六，我从学校回家刚巧赶上，也跟着去参加了，那场面着实令人感动！"大家听了，都啧啧赞叹。"看来，松口的民众还真是关心国家大事！吾辈学子更当努力才是！"父亲感慨地说，"不过，和平不能靠祈求神明，还得靠全国民众的共同努力！"父亲和徐敏华从没登过阴那山，"值此国难当头，我们哪有心思去游山玩水！"父亲说。

阴那山五指峰（徐博东摄）

灵光寺（徐博东摄）

洗过身子回到叶士聪家，这时士聪的姐姐已经帮他们从雁洋镇上买回来两大卷写标语的纸，还有墨汁和毛笔，糨糊也熬好了一大锅。姐姐还告诉他们，雁洋街上到处都贴上了抗日标语，不用他们去贴了——雁洋的学生们也已经行动起来了。

他们边写标语边商量，决定明天不再去雁洋街上，走乡间小路去松口李庆梓家。这样要多走2公里路程，还需坐渡船过梅江，但沿途要经过好几个村庄，父亲说，"到村子里去贴抗日标语岂不更有意义？"

这时，大门口突然热闹起来，好几个家在本村的中学生，听说叶士聪带了东中的同学回来搞抗日宣传，约好一起来帮忙。人手多了一倍，几个小时之后，二百多条标语就全都写好了。父亲还特意抄了一首他刚刚学会的抗日歌曲——《大刀进行曲》，打算晚上教村子里的人唱。天黑之前，叶士聪家所在的村子，就到处都贴上了红红绿绿各种颜色的抗日标语。

晚饭过后，天色渐渐暗了下来，士聪借来一盏汽灯，灌满了煤油，就在叶姓宗祠的天井里点燃了，挂起来，把贴在墙壁上的歌谱照得分外明亮，男女老少来了三四十人，围坐在一起学唱《大刀进行曲》。天气闷热，蚊虫很多，乡亲们的情绪却十分饱满，父亲教一句，众人唱一句：

大刀向鬼子们的头上砍去！

全国武装的弟兄们，

抗战的一天来到了，

抗战的一天来到了。

前面有东北的义勇军，

后面有全国的老百姓，

咱们中国军队勇敢前进，

看准那敌人，把他消灭！

把他消灭！（喊）冲啊！

大刀向鬼子们的头上砍去！

（喊）杀！

这首麦新创作的《大刀进行曲》①，通俗豪壮，易学易记，被时人誉之为"吹响了中华儿女浴血抗战的冲锋号角"，没过多久，大家就都学会了，个个唱得十分带劲。寂静的夜晚，星空闪烁，山岚如黛，村中传来阵阵歌声，听起来格外威武雄壮，直到夜深，大家才肯散去。

次日清晨，浓雾迷蒙，炊烟袅袅，笼罩了整个山村和田野。一行四人踏着露水重新上路，顺着河堤骑行了约十来分钟，便来到一个渡口。这时太阳出来了，浓雾渐渐消散，朝霞满天，金光四射，水波粼粼，煞是好看。

撑船摆渡的老伯，年近六十的模样，听说小伙子们要去松口张贴抗日标语，船到对岸时，说什么也不肯收他们的船资，说："你们年轻人这样爱国，我这把老骨头出一点力还不应该吗？"大家听了都很感动，只得遂了老伯的心愿，不再执意付给他船资。

沿着弯弯曲曲的小路，穿过一片竹林，拐过一个小山包，10分钟后，前面是一个散落着十几户人家的小山村。父亲他们见村中没贴标语，便下车忙了起来。"汪、汪、汪"……，突然从一户人家的院子里窜出一条大黑狗，龇牙咧嘴狂叫着扑向正在张贴标语的父亲。幸亏李庆梓眼疾手快，从地上抄起一根竹棍才把恶狗吓跑。

大约走了20公里的路程，沿途经过四五个大小村庄，接近晌午，他们终于来到松口乡下李庆梓的家。这时，标语也被他们贴得剩下不多了。

---

① 1949年后，《大刀进行曲》歌词略有改动。如将"全国武装的弟兄们"，改成"全国爱国的同胞们"。

松口是个依山傍水的小盆地，地处梅县东北部，距梅城约50公里，在客家母亲河梅江的下游。松口镇历史悠久，建制比梅州还早，是岭南四大古镇之一。松口港曾是广东内河的第二大港，旧时梅州数县人出洋谋生或到香港、广州等地，都是从松口

松口港曾是广东第二大内河港

码头坐船经汕头外出。松口港最多时每天有300多条来往船只停泊、6000多位旅客进出。因此，松口镇成了历史上华侨漂洋过海生离死别的第一站，商贾云集，十分繁华，有"不夜城""小香港"之称。

松口不仅是闻名中外的侨乡，更是文风鼎盛、人才辈出的客家山乡。明清两代出过4位翰林、9位进士、27名举人。明末皇宫侍读学士李二河、清代经史学家吴兰修、《光绪嘉应州志》总纂温仲和都是松口人。近百年间，松口更出了不少仁人志士、革命贤达，如同盟会骨干谢逸桥、谢良牧、梁密庵和黄花岗七十二烈士中的林修明、饶辅庭、周增等。1918年5月，孙中山曾亲自到松口考察，筹划在粤东发动武装起义，就住在谢逸桥、谢良牧兄弟的宅第——"爱春楼"。

客家山歌是中华艺术宝库中的一颗璀璨的明珠，而松口山歌则是客家山歌中一朵最艳丽的奇葩——"自古山歌松（从）口出""山歌之乡"是散居在世界各地的客家人对松口山歌最美的赞誉。

父亲说，"我小时候在汕头读书，曾数度往返于蕉岭—松口—汕头之间，这次来到松口虽说是故地重游，心情却迥然不同"。

李庆梓家离松口镇约三公里，村子不大，只有二三十户人家，杂姓。村中遍植柚子树和洋桃树。午饭后稍事休息，他们便到村中张贴剩下的标语。村中父老兄弟纷纷出力帮忙，不大工夫标语就全都贴完了。听说明天恰逢松口镇圩日，父亲他们决定次日赴圩去搞抗日演说、募捐。

当晚冲凉（洗澡）过后，父亲和李庆梓照例去给村里的乡亲们教唱《大刀进行曲》，叶士聪和徐敏华则留在家中准备明日赴圩演讲、募捐的事情。

　　次日清晨，他们骑车刚上通往松口镇的大路，只听见前面不远处锣鼓喧天，旗帜飘扬，一队人马浩浩荡荡呼喊着口号正缓缓地向松口街上行进。赶上前去方知，这是阴那山脚下一所乡村小学的学生队伍，约有三四十人，大的十二三岁，小的也就十来岁，由几个老师领着，说是要到松口圩上进行抗日义卖。走在队伍最前面的两个男学生打着一幅白布横幅，上书"援助抗日军义卖"七个大字。四名学生紧跟其后，正在"咚锵、咚锵、咚锵"的敲锣打鼓，其余的人各执一面三角小旗，上面写着"打倒日本帝国主义！""支援抗日前线！"……边走边举起小旗，高呼抗日口号。

　　队伍中，有人挑着箩筐、水桶，或挎着竹篮、提着鸡笼……，里边装着义卖的各种山产和农副产品，有的是学生从家里拿来的，有的则是小学生们这几天自己的劳动成果。其中最值钱的就要数"石拐"了，约有六七十只，用网网着装在两只水桶里。

　　"石拐"在我们蕉岭家乡又叫"石乱"，是生长在我国南方山涧石缝中的一种蛙类，比一般青蛙要大得多，和生长在稻田里的田鸡（也是一种蛙类）大小相仿，最大的有四五两重，背部灰黑色，肚皮又白又鼓，以山虾、昆虫为食，偶尔也会捕食小鸟。听说石拐捕捉小鸟时很有趣：口中含一条活的蚯蚓或小虫当诱饵，四脚朝天仰卧在石头上，一动不动地耐心等候。小鸟看到正在蠕动的蚯蚓或小虫，就会飞来啄食。石拐趁机一把抱住小鸟翻身跳进水里，于是"鸟为食亡"，成了石拐的美味佳肴。一般的青蛙都很怕蛇，见到蛇会吓得纹丝不动，眼睁睁地等着蛇来吞食。但很奇怪的是，同是蛙类，石拐和田鸡却不怕蛇，不但不怕蛇，还常与蛇住在同一个洞穴中和睦相处。记得小时候我在蕉岭家乡的亲身经历：一个夏天的傍晚，天气闷热，我回家路过一片水稻田，听见田埂上传来"咕咯、咕咯"田鸡的叫声。我"见猎心喜"，寻声蹑手蹑脚地扒开田埂上的荒草寻找。听得出是从一个巴掌大的洞穴中传出的叫声。我伸手进去一摸，抓到一条滑滑的东西，掏出来一看，竟然是一条长长的绿色的蛇！吓得我赶紧使劲上下用力一甩，这条蛇居然就瘫在田埂上不动了。过了不多一会儿，洞穴中又传出"咕咯、咕咯"的叫声。惊魂未定的我，这时再也没有捉田鸡的兴致了。石拐的肉质极其鲜美，营养价值极高，清蒸清炖皆可，只需放几片鲜姜，最特别的是骨头十分酥脆，咬几下就成了粉浆，可以和肉一同吞食。开春后，石拐刚刚从冬眠中醒来，还傻傻的比较好捉，可是到了夏天，石拐十分机敏就很难捉到了，所以产量很少，价钱昂贵。时值酷暑，这些小学生能捉到这么多的石拐，实属不易。

父亲见队伍后面有个男孩，约有十二三岁，手里提着个鸟笼，一只很漂亮的乌鹩哥在笼子里跳上跳下。这小男孩说，捉到它蓄了快两年了，已经教会它说"您好！""欢迎！""再见！"等等。

父亲心头一动，趋前跟李庆梓他们三个人商量了几句，随后来到带队老师的跟前自我介绍说："我们四个人是梅县东山中学的学生，打算今天到松口圩上搞抗日宣传，我们想帮你们义卖，你看好不好？"这位老师姓谢，也是东中毕业的学生，三年前高中毕业后回到家乡阴那山下教小学。双方一拍即合。

这天天气晴好，一早松口圩上已经是人头攒动。谢老师的同事领着几个学生，天还没亮时就已提前来到镇上最热闹的街口，占好了摆摊义卖的地段。

李庆梓拉着叶士聪，不知从什么地方借来两张长条桌，靠着墙壁搭了个演讲台。"援助抗日军义卖"的横幅竖立在墙壁上，分外显眼。演讲台前，箩筐、水桶、竹篮、鸡笼……，义卖的东西一字排开。谢老师留下一半学生负责义卖，另一半学生由老师领着，举着小旗呼着口号去沿街游行宣传。难得的是，这时来了两个警察，说是要帮助维持义卖现场的秩序。

赴圩的民众听到锣鼓声纷纷聚拢过来，父亲和李庆梓跳上讲台。"各位父老乡亲！"父亲手执昨晚临时用硬纸壳自制的话筒开始演讲，"自从'九一八'事变以来，日本东洋鬼子吞并了我国东三省，紧接着又侵略我华北，发动卢沟桥事变，我们中国的抗日军虽然浴血奋战，英勇杀敌，重创日寇，无奈日本鬼子武器精良，不久前北平、天津已经相继沦陷，华北五省即将全部落入敌手。日寇在沦陷区烧杀淫掠，无恶不作，每天报纸上都可以看到许多触目惊心的报道。现在日寇正在调兵遣将，集结重兵准备攻打上海，形势非常危急！父老乡亲们，大家说我们应该怎么办？"

"支援抗日前线！"

"援助抗日军！"

"打倒日本帝国主义！"

李庆梓领着围观的民众高声呼喊，引来更多的民众围观。

"对！我们要有钱出钱，有力出力，援助抗日军！支援抗日前线！大家不要以为我们梅州、我们松口离前线很远，日本鬼子打不到我们这里，抗战是别人家的事。如果这样想那就大错特错了！东洋鬼子口出狂言，说要在三个月内灭亡咱中国，中华民族已经到了生死存亡的紧要关头，抗战是我们全中国所有老百姓的事情。大家说对不对呀？"

"对！对！"围观民众齐声呼喊。

"各位，我们松口的父老乡亲，历来有光荣的爱国传统和强烈的国族观念，"李庆梓让父亲休息一下，接着往下讲，"辛亥革命时期，我们松口就出过好多革命志士，为推翻满清、肇建民国做出过重大贡献。大家都知道，孙中山先生的得力助手谢逸桥、谢良牧和黄花岗七十二烈士中的林修明、饶辅庭、周增等都是咱松口人，孙中山先生还来过松口从事革命活动，在松口中学做过讲演。现在，我们又面临亡国灭种的关键时刻，不愿意当亡国奴的松口老百姓，应当立即动员起来，支援抗日前线！援助抗日军！大家说对不对呀？"

"对！"

"支援抗日前线！"

"援助抗日军！"

"不当亡国奴！"

……呼声震天，群情激昂，围观的民众愈聚愈多。

"各位父老乡亲，现在全国各地都行动起来了，纷纷捐款捐物，支援抗日前线，我们松口的民众也不甘落后"，父亲指着台下义卖的小学生，"大家都看到了吧？今天，这些阴那山来的小同学，他们把自己劳动得来的山产和农副产品捐出来义卖，就是要支援抗日前线，援助抗日军，小孩子们都这样有心，这样爱国，阿公阿婆、叔伯阿姆、大哥大嫂们更不会落后，大家踊跃义买，就是用实际行动支援抗日前线！援助抗日军！"

说到这里，父亲让那个义卖乌鹩哥的男孩子把鸟笼递给他，提高嗓门说："这只乌鹩哥多靓啊！还会学人说话，是这个孩子蓄了快两年的好伙伴，今天也捐出来义卖，哪位喜欢，给一块现大洋就可以提走。"这只乌鹩哥也真是提气，父亲刚说到这儿，它就字正腔圆地说了一句："食朝了吗？"（吃早饭了吗）逗得大家直乐。

"我买了，我出两块大洋。"一位穿着体面的大哥从人群里站了出来，大声说道。

"不用两块，一块大洋就卖。"父亲说。

"多出的一块就算是我捐给抗日军支援前线的！"

大家热烈鼓掌。徐敏华跳上讲台，又领着围观的民众呼喊了一阵抗日口号。乡亲们纷纷拥上前来，各取所需掏钱购买，只有多给钱的，没有一个人讨价还价。

一位头发斑白、飘着白胡子的老伯，几天前才从南洋回到松口家乡，他在围观的人群中已经站了好一会儿了，边听演讲边落泪，掏出十块大洋要买五只石拐。卖石拐的同学对他说，"只需一块大洋就足够了"，老人家坚持要给十块，说是多出的请帮他捐给抗日军打日本。在场的老师和同学都感动得热泪盈眶，围观民众又是一阵鼓掌欢呼。

民众走了一批又来一批，父亲四个人轮番上阵演说。烈日当头，浑身大汗，嗓子很快就嘶哑了。这时，一个包着蓝色头帕的阿婆端来两大碗公的仙人板①，非要送给父亲他们吃，无论如何不肯收钱。

不到两个时辰，义卖的东西就全都卖光了，所得除了大洋还有法币、银角、铜板什么的，足足有一竹篮，孩子们一个个高兴得拍着巴掌，又蹦又跳。粗略清点了一下，至少卖得有一百多块大洋。随即到松口镇邮局，按照报纸上刊登的捐款地址，悉数汇往上海抗日前线。

父亲回忆说："短短几天时间，我们深入到乡下进行抗日宣传，真切地感受到蕴藏在民间的浓厚抗日爱国热情，对抗战胜利的信心更加坚定了"。

几天后，日寇疯狂进攻上海，"八·一三"上海抗战正式打响……

十、街头剧《放下你的鞭子》

转眼就到了9月，新学期开学，父亲升入高中三年级毕业班。校学生自治会再次换届改选。父亲因认真负责，工作出色，连任班级代表和校学生自

---

① 仙人板又叫"草板"，是客家地区有名的一种清热解暑饮料。制作方法是：将仙人草拌一定比例的土枧、清水熬煮后过滤，放入薯粉调煮再搅拌，呈现黑色，冷却凝结后再冷冻，加上白糖或蜂糖拌匀即可饮食，十分清凉爽口。若再滴上几滴香蕉露，味道更佳。

治会的文艺股长。这时，升入高中一年级的丘应棠，也再次被推举为校学生自治会文艺股干事，继续与父亲一起共事。

这个时候，上海抗战正处在白热化阶段。新一届的校学生自治会开会，做出以下三项决议：

一、大力开展募捐活动，支援上海前线。

二、各班成立农村宣传队，每天下午放学后到学校附近农村，通过贴标语、出壁报、演说、演街头戏等各种形式，向民众宣导抗日形势与意义；

三、为壮大力量，扩大影响，以东山中学学生自治会名义，发起组织全梅县学生联合会，统一领导全梅学生的抗日救亡运动。

父亲成立班级暑假宣传队，深入乡下进行抗日宣传，受到校学生自治会的高度肯定和表扬。校学生自治会决定推广他们的做法和经验。

按照会议精神，父亲召集文艺股的成员开会商量，决定调集各班文艺骨干，成立学校话剧队，下乡演街头剧，以民众喜闻乐见的形式进行抗日宣传。经讨论，大家一致赞同排演当时正在全国广为流传的一出独幕剧——《放下你的鞭子》。

有关这出街头剧的排演情况，父亲晚年的回忆录中也有较为详细的记述：

男主角"老汉"（爸爸）由我父亲扮演，女主角"香姐"（女儿）由谁来扮演呢？大家众口一词："非丘应棠莫属！"男女主角定下来了，又确定了三个饰演"青工"的角色，话剧队的其他成员也都分配好了各自的任务。大家分头准备道具。

经过几天紧张的筹备和排练，《放下你的鞭子》在东山中学礼堂试演，受到师生们的一致好评。

父亲说："首场正式演出选在离梅城十公里外的著名侨乡南口镇。这天是周日也是圩日，演出地点在镇外山脚下的一块晒谷场上，四周插着五颜六色的彩旗和抗日标语。剧还没开演，喧天的锣鼓就把赴圩的乡亲们陆续吸引来了，不多久，场地上已经黑压压地挤满了人，沸沸扬扬，好不热闹"。

离演出时间还有半个小时，李庆梓站在场地中间教乡亲们唱《大刀进行曲》，呼喊抗日口号，给即将开始的演出暖场。

此时，只见一位头上戴着秃毡帽的老汉，嘴上满是胡子，手上拿着铜锣，边敲打着、边引导着人们围成一个大圆场。他口中念念有词："老少爷儿们！有钱的，帮个钱场，没钱的，帮个人场！"。咣、咣、咣……

待人群逐渐安静下来以后，胡琴声响起，老汉招呼一个体形苗条、面貌俊俏的年轻姑娘上场："香姐呀，来！你伺候老少爷儿们唱上一段小曲儿！"

琴曲重新响起，似泣如诉，幽幽咽咽。姑娘应声唱道："高粱叶子青又青，九月十八来了日本兵。先占火药库，后占北大营，杀人放火真是凶。杀人放火真是凶，中国军队有几十万，恭恭敬敬让出了沈阳城！"……

忽然，姑娘剧烈咳嗽起来，上气不接下气，唱不下去了。老汉抱拳向四周观众哀求道："这姑娘是我亲生女儿，年方十八，我们是在东北沦陷后，逃亡到关内来的，没饭吃呀，她是饿的！"

观众一阵凄楚、一阵叹息，纷纷掏出些银角、铜钱往场地中间掷去。老汉赶忙连连作揖、打躬。道谢之后，琴声又起，老汉又要小姑娘唱下去。几声琴音，几句叙唱，依然是姑娘因饥饿过甚，不能成声。

老汉一再呵斥，小姑娘依然无法继续唱下去。他怒了，扬起手中长长的皮鞭向女儿狠狠抽打。女儿柔弱不支，躺倒在地。

忽听一声断喝："住手！放下你的鞭子！"只见观众中，有三个青年后生愤怒地站出来，冲向场内，冲向老汉，护住姑娘。其他观众特别是那些妇女，也都七嘴八舌大声指责老汉不该打骂卖唱的姑娘。

只见姑娘一边护住老父，一边哭诉着说："乡亲们啊，我们东北叫鬼子占领之后，可叫凄惨哪！无法生活，只有向关内逃亡、流浪，无处安身，没有饭吃，过着饥寒交迫的日子，可怜我娘又病又饿，死在逃亡的路上"

一时间，全场情绪鼎沸，观众中有人带头高呼起来：

"我们不当亡国奴！"

"团结起来，一致抗日！"

"打倒日本帝国主义！"

口号声震动群山，在高空回荡！"大刀向鬼子们的头上砍去……"在全场齐唱《大刀进行曲》的雄壮歌声中，演出达到了高潮。

许多赶圩的乡亲根本不知道这是一出戏，还以为是刚刚发生的一幕真人实事。

"父老乡亲们！"此时，扮演"老汉"的父亲手执话筒，跳上一把椅子开始演讲："日本鬼子发动'九一八'事变，吞并了我东北三省，接着又发动'卢沟桥事变'，侵占我华北五省。他们迫使我东北几百万同胞流离失所、家破人亡！在沦陷区，日本鬼子奸淫掳掠，无恶不作，欺凌蹂躏我国同胞。乡亲们，大家说日本鬼子可恨不可恨呀？！"

"可恨！可恨！可恨！"全场观众齐声呼喊。

"父老乡亲们，中国人民是不可辱的！日本鬼子扬言要在三个月内灭亡咱全中国，这是白日做梦！痴心妄想！现在，上海守军和各界民众正在与日寇浴血奋战，不久前我国空军大显神威，在吴淞口外重创日寇军舰。全国人民都行动起来了，有钱出钱，有力出力，用实际行动支援上海抗战，我们梅州的老百姓也不能落后，希望大家踊跃捐款捐物，支援抗日前线！"

"乡亲们，捐献的请到桌前来排好队，不在钱多钱少，重在表达你的爱国心意。"扮演"香姐"的丘应棠接过"老汉"手中的话筒大声说。

父亲说："很快，捐献的民众排成了一条长龙，其中妇女居多。有捐大洋、银角的，有捐铜钱、法币的。有的妇女把手上戴的金手镯、金戒指和耳朵上戴的金耳环当场摘下来捐献。有些人还特意跑回家，把家中的银酒壶、锡壶或含银的水烟壶也拿来捐献。有个乡下来赴圩的白发老阿婆，满脸皱纹，手里提着个鸡笼挤到桌子跟前，说是要捐出她鸡笼里的那只老母鸡。"父亲他们表示为难，老人家二话没说掉头挤出人群，过了好一阵子，老阿婆又倒转来把卖掉老母鸡所得的一元八毫钱捐了出来。

父亲又说："更让人感动的是，有些妇女连发髻上插着的银针也捐了出来。这种银针客家人俗称'救郎针'，旧时是每位已婚客家妇女必配的物件，据说夫妻房事时如遇男人泄精不止（俗称'马上风'），妻子趁丈夫不注意时用银针向丈夫的脊背上猛刺，即可止泄脱险。"

这一天，《放下你的鞭子》在梅县南口镇接连演出了三场，募捐也进行了三场，观众走了一拨又来一拨，不少乡亲连看了二、三场才肯离去，总计募得价值三百多块大洋的抗日捐款。

首场演出和募捐的成功，极大地鼓舞了父亲和丘应棠他们。街头剧《放下你的鞭子》，成了东山中学学生抗日宣传的知名"品牌"。随后，话剧队不辞辛苦四处巡回公演，几乎跑遍了梅城周围的各个乡镇，还应邀远赴丙村、雁洋、松口一带演出。

十一、山乡怒火——元宵登高火炬大游行

当年年底，上海、南京相继失陷，国民政府迁都重庆，日寇在南京制造了惨绝人寰的大屠杀。1938 年初，日寇酝酿进攻华南，广东的局势骤然紧张。新成立的三个抗日群众团体——全梅学生抗日后援会（简称"学抗会"）、全梅青年抗日后援会（简称"青抗会"）和全梅妇女抗日后援会（简称"妇抗会"）以时局严重，联合发动全梅中等学校高中以上的学生组织回乡工作团，利用寒假过春节回乡搞农村抗日宣传。当时，蕉岭在梅城各校读高中的学生有 40 多人，一致推举我的父亲担任回乡工作团团长。

依照全梅"三抗会"的统一部署，蕉岭回乡工作团寒假春节期间做了以下三件大事：

一是动员各乡镇、各家各户张贴抗日标语过春节。　蕉岭回乡工作团回到蕉岭后，很快与蕉岭的"三抗会"取得了联系，他们组织发动全县各个乡镇的中小学生，分片包干，负责动员和协助各家各户张贴抗日标语。于是除夕前，与往年不同，全县家家户户的大红纸门联全都换成了一幅幅鼓舞人心的标语口号，如"天下兴亡，匹夫有责""收复失地，还我河山""唤起民众卫国，警醒同胞保家""薄海欢腾迎新岁，万众一心保国家"……就连牛棚、猪栏原本千篇一律贴"六畜兴旺"，今年也改贴"努力生产，支援前线"之类的抗日标语，一派同仇敌忾迎新春的新鲜气象。

二是利用春节假期深入乡间演街头剧、演讲、募捐。《放下你的鞭子》是东山中学话剧队知名的抗日宣传品牌，而这出街头剧的男、女主角——我的父亲徐森元和丘应棠都是蕉岭籍的学生，拉胡琴的也是蕉岭籍（徐敏华）。于是父亲和丘应棠、徐敏华等人商量后，决定把《放下你的鞭子》改成"蕉岭版"的街头剧，也就是非蕉岭籍的二个配角——"青工"由蕉岭籍的学生来替代，演出用的道具是现成的，不必另外置办。主意既定，立马行动，几天后"蕉岭版"的街头剧《放下你的鞭子》就排练就绪。

　　首场演出选在年初三蕉城圩日那天，地点在南门外一块闲置的空地上。蕉岭的许多民众，早就听说东山中学话剧队演出的街头剧《放下你的鞭子》在梅县很出名，所以海报贴出后，大家都盼着这一天早日到来，一睹为快。初三圩日的首场演出，果然不负众望，大受欢迎。

　　演出过后，照例在现场发表抗日演说和动员募捐，蕉岭民众爱国热情之高涨，抗日捐款之踊跃，一点儿也不输给梅县的民众。许多前来看戏的小学生，把过年大人赏给的"利市"（压岁钱）全都倾囊捐献出来了。

　　蕉岭是"抗日三杰"丘逢甲、罗福星、谢晋元的故乡。当时，谢晋元将军率八百壮士坚守上海"四行仓库"浴血抗倭的英雄事迹，正在全国各地广为传颂，感动了亿万中国人；而街头剧《放下你的鞭子》的女主角——"香姐"的扮演者丘应棠，则是丘逢甲的嫡孙女。父亲在演讲中自然不会忘记加进这些十分难得的演说"元素"，所以蕉岭民众听起来格外感到亲切、真实，也就格外能打动人心。

丘逢甲（丘应棠提供）　　罗福星（罗秋昭提供）　　谢晋元（谢继民提供）

　　年初三——初五，《放下你的鞭子》在蕉岭县城连续上演了五场，随后又转场到文福（丘应棠家乡）、广福、三圳、新铺（谢晋元故乡）、蓝坊（罗福星故乡）等乡镇演出多场，所到之处，无不受到热烈欢迎。父亲说，"除了演出、演讲和募捐之外，我们还张贴抗日标语、出壁报、办妇女夜校教唱抗日歌曲，搞得十分起劲"，收到了很好的宣传效果。

　　三是发动民众参加元宵登高火炬大游行。元宵登高火炬大游行，是一场有十几万民众参加的抗日活动，由梅县、蕉岭、平远、兴宁、五华、丰顺、揭阳、大埔、永定、武平、上杭、安远、寻乌各界抗日团体串联共同举行，地跨闽粤赣三省交界处十多个县广大的客家人聚居地，可谓规模空前，声势浩大，史无前例。父亲的回乡工作团人数不多，力量有限，他们主要是利用下乡演出的机会，号召广大民众踊跃参加，协助蕉岭"三抗会"做了一些力所能及的动员工作。

沧海桑田，时过境迁，这场史无前例的抗日活动过去70多年了，知者已经寥寥，当年曾经亲身参加过这场活动的梅县松口人黎明华先生（已在台湾过世），在他的回忆录（未刊稿）中对此有十分详尽精彩的记叙与描述：

元宵登高火炬大游行，……我亲眼所见只有梅东、大埔、丰顺三县边界地区十几个乡的范围，并未窥见全貌，但气势也已够摄人心魄的了。

元宵节的黄昏，由灯笼、火把组成的一条条火龙，就从贵显头、大溪水、竹围祠、沙湖、石居楼、蟹形祠、石背坳等地出发，集中到柴子窝。他们都携带了孔明灯、竹筒炮、火箭、煤油等物。集中柴子窝之后，就变成了一条又长又大的火龙，向赤子岌、老茶亭、龙沟八和鹅公髻山蜿蜒前行；另一条大火龙是由半径、矿山顶、南福村组成的，他们登的是跌马排山；第三条大火龙是大坪塘背、雁洋的人组成，他们登的是五指峰。我参加的是第一条火龙。登上龙沟八至鹅公髻山的山脊后，就和溪南、圳头村民组成的另一支火龙会合，使十几里长的山岭顿时变成了一条巨大的活动火龙，十分壮观。登得高，望得远，这时极目四望，跌马排山的大火龙也已出现。这支火龙是由第二支火龙同黄沙、横山上来的火龙组成的，也有十几里长；再远望五指峰，火龙也已出现，因为距离有三十里远，晚间山影迷蒙，看起来就像真的有条长龙在夜空中飞舞，最令人为之神驰不已。这支"空中"火龙是由第三支火龙同英雅、大麻、石涧上来的火龙组成的；东方大埔县境、北方松源、尧塘、武平、嵩山、白渡等远方，也有七、八条火龙隐约出现；俯视松口平原、梅江两岸，也有四五支火龙自南而北、自北而南、自东往西、自西而东交错游动，构成山舞金蛇、原驰火龙的壮观奇景。大约九点钟，各个山头和松口平原，有成百上千的孔明灯①开始冉冉上升，使月明星稀的夜空，顿时增添数不清的游动闪亮火红的金星。

再下来是施放火箭和燃放鞭炮（挂在树枝上）、轰响竹筒炮、在沟火堆中加添煤油引发阵阵火光。这时已是火炬游行的最高潮：火箭拖着长长的红色尾巴冲入夜空爆炸，爆出红、蓝、绿、黄的闪光；竹筒炮沉雷似的轰鸣配合上沟火堆阵阵的红光，就像战场上出现的极激烈的战斗；鞭炮挂在树梢燃放，发出无数点点爆裂的蓝绿火光。这时，火龙发出了怒吼："枪口对外，齐步向前……"大地为之震动，山岳为之摇撼，连梅江水也像在翻腾。难忘啊！这一刻将永志万世千秋！我们自己这一边的盛景已足令人血脉偾张，如醉如狂，展眼四周环视，但见远近红光闪动，金蛇飞舞，还隐隐传来沉雷声响，别有一番气象。

游行队伍直到深夜才整队各自返回村中解散。

这场创意十足、地跨闽粤赣三省十多个县、十几万民众参与的元宵登高火炬大游行，是一场惊天地泣鬼神气势磅礴的山乡怒火。"这一年的新年，实际上演变成一项深入人心的巨大的抗日救亡的政治动员，民心士气受到无比的鼓舞。"黎明华老先生说。

黄田墩背靠近蕉岭县城，距离可登的高山较远，难以参加这场元宵登高火炬大游行，父亲他们就发动村中父老制作了十几盏大小不一的孔明灯，在元宵夜约定的时间九点钟一齐放飞，并燃放鞭炮、冲天炮、火箭等，也算是亲身参与了这场意义重大的抗日宣传活动。父亲和隆淼叔几个人制作的孔明

---

① 孔明灯又叫天灯，是利用热空气上升原理制成的一种能飞向空中的纸灯笼，相传由三国时的诸葛亮（字孔明）所发明。据说，当年诸葛孔明被司马懿围困于平阳，无法派兵出城求救，孔明就制作了一个会升空飘浮的纸灯笼，系上求救的信息，算准风向后将其放飞，果然得以脱险。于是后世就称这种灯笼为"孔明灯"。另有一种说法是，这种灯笼的形状很像戏曲中诸葛孔明戴的帽子，因而得名。孔明灯一般用白色宣纸糊制，底部用竹片或铁丝围成圆形，用两根铁丝在圆形竹片或铁丝之间架成十字形，燃料（用酒精、煤油浸过的棉球或其他可燃油脂）固定在十字形的交叉点上。糊扎孔明灯首重平衡，否则升上天空后即刻就会燃烧起来，化为乌有。孔明灯有大有小，一般都是在无风的夜间施放，冉冉升起后犹如一个大大小小的火球，随风飘向远方，与夜空中的繁星融为一体，妙不可言。人们相信，孔明灯飞得愈高，运气会愈好。传说，孔明灯怕鞭炮，所以放孔明灯时一定要大放鞭炮，炮声愈响，愈能把孔明灯吓得飞得更高更远。此俗在粤东、闽西和台湾古而有之。

灯很大,直径有一米、高约一米五,上书"天下兴亡,匹夫有责"八个大字。当晚天气晴好,没有风,在自家同庆楼大门口那块干涸的稻田里,五、六个人费了好大的劲才把它顺利放飞升空,接着又燃放了好几大挂的鞭炮,引来了不少同宗亲友的热烈围观,拍手欢呼叫好。

黎明华在他的回忆录中说:"元宵登高火炬大游行,是有十几万人参加的空前规模的抗日活动,是谁有这种能耐发起组织这个活动,我到现在还不清楚。"

其实,岂止这场元宵登高火炬大游行,前面提到的梅城学生声援"一二·九"运动大游行、松口几千乡民手执火把漏夜登五指峰反对内战祈求和平,以及组建学生寒假回乡工作团……,这些群众性抗日救亡活动,都是中共地下党在幕前幕后发挥着不可替代的组织领导作用。"三抗会"这些公开的抗日救亡团体,包括各个学校的"学生自治会",实际上都是中共地下党领导下的外围统战组织,其中都有隐姓埋名的共产党人在积极活动,努力工作。

父亲的老战友、抗战中后期曾先后担任过中共梅县中心县委青年部长、宣传部长、县委书记的王致远(王森泉),晚年在他的回忆录《虎口余生》(未刊稿)中写道:

抗日战争爆发以后,这里(梅县)的抗日救亡运动在党的领导下迅猛发展,抗敌救亡群众团体如学抗会、青抗会、妇抗会等像雨后春笋般建立起来。与潮汕地区并驾齐驱,同属中共闽西南潮梅特委领导下的重要地区。

1939年冬到1940年国民党掀起第一次反共高潮以后,这里也同潮汕地区一样,受到逆流的冲击,形势发生极大变化……在这种形势下,闽西南潮梅特委和梅县中心县委根据党中央方针政策和上级指示,紧急部署,开展了整顿组织和审查干部工作,对已经暴露了的党员和领导干部做了调整和转移……经过整党淘汰,党员由六七百减为三百多,少了近半,领导岗位空缺很多……青年部长出缺,就由我接任。

……当时特委青年部长徐扬给我介绍了有关情况,阐明了青年工作的方针和任务要求;中心县委属下的学生工作委员会(简称学委)负责人吴成斋(吴坚)向我汇报了梅城学生工作概况和组织概况……当时梅县中心县委青年部的工作,主要是梅县县城中学生的工作……中心县委管辖的地区不只梅县,还有兴宁、蕉岭、平远、武平等地，全称应是梅（县）兴（宁）蕉（岭）中心县委。……在学委工作方面，主要任务是团结进步同学，发展党的组织，揭露国民党顽固派消极抗日、积极反共的各种阴谋诡计，反对三青团对学生的控制，争取学生的民主、自由权利，等等。

那时候父亲也好，黎明华也好，都还没有入党，王致远说的这些情况，他们当然都不可能知道。东山中学百年校庆筹委会编辑出版的《百年东中》一书中记载，东山中学是梅县中学里建立中共党组织和开展活动最早的学校之一，早于1926年4月中共就已经在东山中学建立了支部，"到1939年夏，东山中学的中共党员已有52人，占全校学生的5%，党组织也由支部扩大到总支部"。在父亲所熟悉的、朝夕相处的老师和同学之中，有不少是中共地下党员，这一点是可以肯定的。

经过抗日救亡运动的锤炼，父亲的思想渐趋成熟。在《自传》中，他这样描述自己这一时期的思想状况："由于校外的影响和一些进步教师的推动，我们班中逐渐展开了马列主义进步理论的学习，那时候我阅读过艾思奇的《大众哲学》《从一个人看一个世界》（即《史大林传》——法国作家巴比塞著）、《西行漫记》，及其他不少阐述抗战政策的杂志和小册子。由那时候起，我开始接触了马列主义的进步学说，开始了我对马列主义理论认识的启蒙阶段。

当时我们班同学的思想情况也很复杂，但大体上可分为进步、中间、落后等三种类型。我和一些比较积极的同学一同搞全梅学抗会的组织。我们搞《秋阳文艺社》，在学生群众中进行抗日理论的宣传。晚上则时常辩论白天学习的马列主义问题，尤其喜欢好高骛远地谈哲学问题，由矛盾的统一谈到质量互变，又由质量互变谈到鸡蛋和鸡的问题，学习热情很高，大家都希望从理论中吸取行动的力量。那时候，我的思想认识已经建立了一些马列主义的基础。"

由于受进步书籍的影响和对时局的加深了解，父亲对中国共产党以往的艰苦斗争和它在抗日战争中的领导作用逐渐有了认识。他说，"其中史诺的《西行漫记》和他的爱人写的《续西行漫记》对我的影响很大。于是我和几位志同道合的同学打算到当时的革命圣地——延安去"。一切准备工作都做好了，不料阴差阳错，世事难料，临行前父亲得了一场病，误了行程，"后来，那位和我最要好的名叫李庆梓的同学，还将他去延安一路上的情况写信详细告诉我，当时真使我羡慕不已"。父亲说。

这位被父亲称为"我最要好的名叫李庆梓的同学"，是否顺利到达了延安？后来的命运如何？很可惜，在那个兵荒马乱的年代，不久父亲就和他失去了联系，后来的情况也就不得而知了。

东山中学三年的高中生活，重新点燃起了父亲的爱国热情，时代的疾风骤雨，陶冶了正处在青年时期的父亲的心灵，他积极投身于抗日救亡学生爱国运动，向往革命圣地延安，开始接触马克思主义进步理论，这为他日后的人生道路，打下了较为坚实的政治思想基础。父亲高中二年级时发表在东山中学校刊《东山月刊》第34期上的一首感怀诗——《秋海棠》，真实地记录了他那个时期忧国忧民、憎恨帝国主义侵略、企盼国家民族强盛的爱国情怀：

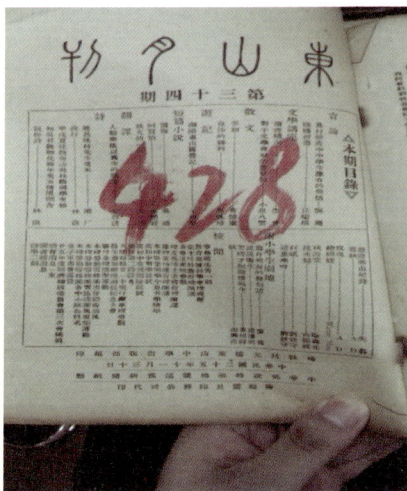

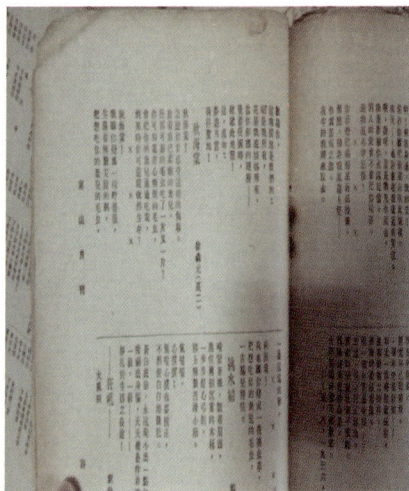

梅县东山中学校刊《东山月刊》第 34 期（1936 年 11 月 30 日，徐博东摄）

秋海棠

徐森元（高二）

秋海棠！

怎么你甘忍受这样的侮辱，

放着自己柔嫩的叶儿，

任那可恶的毛虫吃了一片又一片？

你可知道贪心无厌的毛虫，

会把你的叶儿通通吃完，
到那时你可还能依然生存？
秋海棠！
我愿你变为一株野蔷薇，
生满着无数尖锐的刺，
把想吃你的毛虫，
一通猛猛的刺！
秋海棠！
我也愿你变成一株捕虫草，
把想吃你的叶儿的毛虫，
一古脑儿卷住。

第二章　抗日救亡——战斗在罗浮山下

一、丘念台与东区服务队成立

距我家老屋同庆楼西边大约两华里的大坝里，是溪峰河与石窟河的交汇处，面积约摸有数百亩。这里常年生长着一丛丛高大茂密的刺竹、灌木丛和龙眼树、榉子树、楝树之类的植物，遮天蔽日。这里空气清新，风光秀丽，昆虫唧唧，是许多鸟类栖息和繁衍之所，也是我儿时和小伙伴们常去放牛、采蘑菇、掏鸟蛋玩耍的地方。

我家老屋同庆楼前的溪峰河（徐博东摄）　昔日的大坝现已成了县体育场（徐博东摄）

父亲与丘应棠在东山中学校学生自治会文艺股一起共事足足有两年时间，又都在《放下你的鞭子》这出街头剧中饰演男女主角，一起搞抗日宣传，朝夕相处，志趣相投，节假日又常常结伴返乡，难免日久生情，成了一对恋人。每到周末或假期，丘应棠常常来到同庆楼找我父亲，有时天晚了或下雨了，就住下不走，于是风景如画、人迹罕到的大坝里、石窟河边，就成了他俩谈情说爱常去的地方。

父亲在"自传"中说："1938年夏天，我在东山中学高中毕业。那时候，我心中有两个打算，一个是继续升学，另一个打算是上前线服务。但是，继续升学家庭经济不允许，想上前线又苦于没有机会，心里正在徘徊苦闷……"[1]

确实，那时候父亲想继续上大学深造，家庭经济条件已不允许：祖父汕头经商积攒下来的钱办丧事就用去了一半，剩下的一半盖新屋又用去大半，余下来的钱这几年供我父亲、森源叔两兄弟和燕娇姑读书又花费不少，如今眼看着森源叔要升中学，阿婆说就连只读了两年小学的燕娇姑都不再供她读了。上大学是没指望了，至于上前线为抗战服务，父亲心里虽然十分渴望，但一时又找不到门路。

正在徘徊苦闷之际，天无绝人之路，机会来了！

这一年12月的一天下午，父亲和隆森叔、徐敏华等几个人正在新厅下（尚未盖好因故停工的新祠堂）打篮球，玩得正欢，丘应棠骑了辆单车专程从淡定村家中赶来，满头大汗，气喘吁吁，一副兴冲冲的样子。

原来，事有凑巧！丘应棠的父亲丘念台，几天前刚刚风尘仆仆地从广州回到蕉岭，还带了一批从延安回来的知识青年。他们组成了一个抗日救亡团体——东区服务队，准备在蕉岭"招兵买马"。丘应棠急忙赶来"通风报信"，告诉父亲说，"过两天招募广告就要贴出来了，跟你阿妈商量一下，快去报名吧！"随后又兴奋地补了一句，"我也要参加，我俩又可以在一起了！"

"棠妹，你刚上高二，中学还没毕业呢，怎么，你不想读书了？"父亲赶忙问道。

"国难当头，哪还有心思读书！"丘应棠转而神情严肃地说："我阿爸昨晚跟我们丘家几兄弟姐妹谈了，就连比我年纪还小的两个堂妹申容和兰茝（chai）都不再读书，全都要跟我阿爸去前线服务！"

几十年后的2011年，已经73岁的丘兰茝回忆说："1938年，我在广州女子中学初中毕业。……琼伯（丘念台）从延安考察回来，仿效中共，建立东区服务队，在粤东地区招募爱国青年，参加抗战宣传慰问和中小学教育工作。

---

[1]　徐森源：《徐森源自传》，第3页，1968年9月27日，打印稿。

我当时才十五岁就参加了，是全队最小年龄的队员……琼伯说：'我们丘家子孙要遵守龙章公太（丘琼的祖父——引者）定的规矩，国家民族有难，满十六岁的孩子，不分男女，都要勇赴国难，做力所能及的工作，尽一份心力'。"[①]

没过几天，蕉岭县城果然贴出了东区服务队的招募广告。征得阿婆的同意，父亲马上就和徐敏华一起，去文福乡拜见丘念台，要求参加东区服务队。森源叔吵着也要跟着去，阿婆说他年纪还小，不让他去。

丘念台何许人也？说起来，他对我父母的一生乃至整个家族的命运都影响至巨，这里有必要多花点笔墨介绍一下：

丘念台（1894—1967），名琼，"念台"是其字也，生于台湾台中，长于广东蕉岭，日本东京帝国大学地质采矿专业毕业。其父丘逢甲，曾经在甲午中日战争清廷战败割让台湾给日本后，在台倡建抗日保台政权——台湾民主国，随后又组织义军武装抵抗日军的占领，兵败内渡返回祖籍广东蕉岭。此后，丘逢甲以"强祖国、复土雪耻"为职志，先后在潮、嘉、穗等地倡办主持过多所新式学堂，积极从事"教育救国"活动，为国家民族培养了大批人才。辛亥革命时期，岭东地区的许多著名革命党人如邹鲁、姚雨平、陈炯明、谢逸桥、林震等都是他的门生弟子。晚年他支持孙中山民主革命，为广东脱离清廷而独立做出过重大贡献，被军政府推举为教育部长，南京政府成立时被选举为临时参议院参议。丘逢甲不仅是著名的抗日爱国志士和进步教育家，还是一位杰出的爱国诗人。早年他在台湾，其诗名即已享誉全台。内渡后，丘逢甲有感于故土沦丧，报国无门，列强进逼，国是日非，创作了大量怀怀故土乡亲、抨击时弊和亟盼国家民族振兴富强、洋溢着强烈爱国主义思想激情的诗篇，倍受国人推崇。

丘念台自幼深受他父亲的影响（其字"念台"，即为表达不忘故土台湾由其父所命），青少年时代即怀有浓厚的反日思想。在东京帝国大学读书时曾经暗中组织了一个名为"东宁学会"的政治团体，积极联络、团结了一批台湾留日学生，引导他们认识祖国，进行反日活动。

丘念台回国后先是在东北开矿，随后应时任广东省主席的陈铭枢之邀，

---

① 黄志平：《采访丘兰芷记录》（未刊稿），2011年。

出任"省府高级顾问",并担任广东省立工业专门学校校长及中山大学教授;"九·一八"事变后,他积极联络南洋华侨募捐,支持东北义勇军。为此,他不辞辛劳,"二次出关,三次出塞";并曾协助广东省政府,在广州破获了当时日本领事馆的间谍组织;"一·二八"淞沪抗战时,他曾支援国民党十九路军抗日;"七七"事变全面抗战爆发后,他积极拥护国共合作抗日。当时,他看到全国各地的青年冲破重重封锁,跑到延安去学习。又见平型关战役八路军英勇神武,重创日军,全国军民为之振奋,于是他决定亲自到延安去考查,看看究竟。

1938 年 2 月,丘念台力排众议,以"中山大学教授"的名义动身去延安。途经武汉时,在汉口八路军办事处会见了周恩来、叶挺和叶剑英。因为叶剑英是丘念台的梅州大同乡,还给丘写了好几封介绍信。

丘念台遗像(丘应棠提供)

丘念台遗墨(丘应棠提供)

丘念台在延安考察了将近三个月的时间,其间得以会见毛泽东、张闻天、林伯渠等中共领导人。有关详情,当时陕甘宁边区政府交际处负责接待他的金城,后来写了一篇《记国民党抗日人士丘琮》,其中写道:

"他到延安后,不像某些访问者,走马观花地转一圈……,而是在我们交际科工作人员的陪同下,一个部门一个部门地深入调查研究。他观察问题很细,访问也不厌其烦,并把所了解到的情况详细地记在记事本上。……丘琮在陕甘宁边区一住两个多月,从政治、经济、军队建设、文化教育、生产计划、行政领导……各个方面都进行了认真考察。我们满足了他的要求,介绍他与毛主席、张闻天、林伯渠、张国焘、康生等谈了话。总的说来,我党、我军、我边区给他一个十分良好的印象。……他说，他们从上到下，各机关各部门，办事效率极高。我每次提什么问题和要求，他们的答复总是又快又干脆，上级没有官僚架子，下级负责办事，公务从未互相推诿，与国民党的腐败的衙门作风真是迥然不同啊！"[1]

丘念台在延安还经常到抗日军政大学及陕北公学听课，并应邀发表演讲。这趟延安之行，加深了他对中共的了解，思想认识有了很大的提高。在会见中共领导人时，丘念台自告奋勇地提出，回到广东后他要利用自己的社会关系，组织抗日团体，进行抗日工作，并希望得到中共的支持和帮助，派干部协助他工作。于是经党组织同意，最初随丘念台回广东时有陕北公学毕业的丘继英、林启周、魏良俊、杜声闻和卓扬等同志。随后，又有蔡子培、关其清、邓慧、黄炳辉、陶祖梅、萧昭声、丘时琬等从抗日军政大学或陕北公学毕业的闽粤客籍学员（全部是中共党员）先后加入，协助他开展抗日工作[2]。

对此，邓慧有如下详细回忆："我和他（指丘念台）认识是在1938年春，当时我在延安抗大学习，黄炳辉转知我中山大学教授丘琮，又名丘念台的来延安考察，要和广东籍的青年见见面，开个座谈会，我就跟着去。会是在延河滩上开的，参加的大约有四十人左右。他人长得高大，穿得很朴素，用笔记本把各人的名字记下，接着对我们鼓励了一番，表示回到广东去，大家一起干等等。是年秋我们毕业了，组织分派我回广东国民党统治区工作。抵广州后即带着文件到广州百子路八路军办事处报到。当时八路军办事处主任是云广英同志，接见后叫我和黄炳辉明天再回去。第二天早上见面时，他问我认不认识丘琮？我说在延安时认识过，接着他问我们去跟他行不行？我们说听从分配，每人还发了五元钱生活费。……我们会被介绍去跟他的原因，我一直认为是他在延安时把我们的名字记下，回到广东后交给八路军办事处，要求分配给他的。这次来广州和饶卫华同志（当时任陕公秘书长）谈起此事时，他说，恐怕不只是这样，拨你们给他做干部，是丘念台见毛主席时当面答应，并经组织部长陈云同意的。"[3]

---

[1]　金城：《延安交际处回忆录》，第15、20页。

[2]　卓扬、丘继英、蔡子培：《东区服务队》，《广东党史资料》第八辑，第212页。

[3]　丘晨波记录：《东区服务队队员邓慧回忆东队的工作和生活》，1983年6月1日，未刊稿。

丘念台从延安回到广州后，国民党第十二集团军总司令余汉谋接见了他①，并授以他"少将参议"的名衔，交给他的任务是负责惠、潮、梅属25县的民众组训工作，归由广东民众自卫团统率委员会指挥（后有变动），团体名称定名为"东区服务队"。丘念台即以上述十二位从延安回来的青年为骨干，组成核心小组，自兼队长，成立了抗日救亡团体"东区服务队"，向粤东出发——这就是"东区服务队"的由来。

二、父亲参加东服队

早于1938年9月7日，日军大本营即召开御前会议，决定进攻华南。国民党政府却错误地判断日军不敢轻易进犯广州。因此，当武汉会战开始后，第四战区抽调了4个师北上支援武汉，广州地区的防守愈加空虚，日军便乘虚而入。

10月12日，日军从广东大亚湾登陆，华南战争爆发。中国守军2万多人一触即溃，惠阳、增城、虎门、佛山、三水等地相继失陷。日军仅用了10天时间，就占领了广州、虎门等要地。

东区服务队出发时，已是广州弃守的前夕，形势十分紧张，没有车辆，交通困难，他们即从佛山、四会、翁源步行至清远，再由英德至兴宁到达梅县。一路晓行夜宿，跋山涉水，步行二千多里。年已45岁的丘念台也同大家一起步行，倍极艰辛。

梅县是粤东地区政治文化中心，东区服务队在这里工作了一段时间。他们到达梅城后，不顾长途跋涉的劳顿，征得当地政府的同意，首先召开了各界人士参加的座谈会。针对国民党消极抗日、限制民众运动的情况，大力宣传全民抗战的主张，号召各行各业，大敌当前要不分党派，团结一致，共同抗日。丘

---

① 余汉谋（1896—1981），广东肇庆人，保定陆军军官学校第六期步兵科毕业。1920年进入粤军供职。1936年6月，两广方面陈济棠、李宗仁等联合发动抗日反蒋运动，时任粤军第一军军长的余汉谋通电"拥护中央"，随即被南京委任为广东绥靖主任兼第四路军总司令。6月下旬，陈济棠被迫下野，余接手广东军政大权。同年底，西安事变发生，他是第一个通电反对张学良和杨虎城的非嫡系国民党将领。抗战爆发后，被任命为第四战区副司令长官兼第十二集团军总司令，率部参加过淞沪会战、南京保卫战等重要战役。随后率部驻防两广。1938年日军在大亚湾登陆，如入无人之境，惠州、广州半月内相继失守，余因作战不力，遭国人指责。但蒋介石因其拥蒋倒陈（济棠）有功，仅予记过处分。后又升任第七战区司令长官。1948年夏，曾一度出任陆军总司令，后又任广东绥靖公署主任。1950年初从海南岛逃台后，先后任"总统府"战略顾问、国民党中央评议委员。

念台和一部分队员还通过写文章、作报告，介绍陕北延安的见闻，指出必须发动民众才能形成抗战的坚强力量。特别是念台先生谈他访问延安的观感，颇获各界的好评，鼓舞和激发了许多进步爱国青年踊跃投身于抗日救亡活动。

东区服务队在梅江舟中设计了一个圆形的队徽——"黑红两线圈边，中间用斜线分开半圆。上黄下蓝，并绘山河线形，即显示祖国西北大陆和东南海洋的形象。它的涵意是：以铁血保卫祖国河山。"[1] 为鼓舞士气、明确奋斗目标，丘念台还亲自为东区服务队作了一首气势雄壮的队歌：

南海风波恶，

惠、博、增、从落，

白云山下倭兵着！

步行二千里，东区服务队，动员民众自卫！

团结、严厉、自省、奋斗、牺牲！

岭外三州作根据，除人民疾苦，善人民生计。

大家齐奋起，老幼男女，

必收复失地！[2]

从这首队歌可知，当时东区服务队的计划十分宏大，要在粤东地区组织发动民众，武装民众，建立游击根据地，收复失地。丘念台自陈："我们这首队歌，是从民国廿七年广州陷敌那年起，用到民国三十四年日寇投降，广州光复那一年为止。我们还把十月廿一日广州陷敌的那一天，作为东区服务队立队的纪念日。"[3]

为了建立根据地，他们决定从一个乡着手进行试点，取得经验后再扩大到其他地区。经过慎重研商，他们选定了丘念台的家乡——蕉岭县文福乡作为试点。文福乡是个闭塞的山乡，但他们认为，那里丘念台的父亲丘逢甲和他本人的声望都很高，群众基础好，有利于打开局面，开展工作。于是1938

① 丘念台：《岭海微飚》，第205、206页，海峡学术出版社，2002年10月。

② 丘念台：《岭海微飚》，第205、206页，海峡学术出版社，2002年10月。

③ 丘念台：《岭海微飚》，第205、206页，海峡学术出版社，2002年10月。

年的 12 月初，东区服务队结束了在梅城的工作，转移到了蕉岭县文福乡。

文福乡位于蕉岭县城北二十多华里，放眼望去，这里是一个宽约仅有东西二华里的狭长坝子，梅杭（福建上杭）公路贯穿南北。此时，公路两侧一片片的稻田早已收割完毕，一个个金黄色的稻草人矗立其间，煞是好看。坝子的东西两侧是绵延不绝的高山，山上生长着茂密的松柏、杉木、翠竹和各种不知名的杂树、灌木，虽然已是隆冬，仍是郁郁葱葱。山间林鸟啾啾，溪水潺潺，滋润着山下的田园。坝子土壤肥沃，风景秀丽。全乡十来个大小不一的村庄散落其间，乡民大多为丘姓。当年，丘琮的公太（高祖父）就是从这里东迁台湾谋生的。1895 年在台抗日事败，丘逢甲举家内渡迁回镇平（后改蕉岭）祖籍时，已历五代，老屋早已变成废墟，只得另择新址，筑庐淡定山居安置一家老小了。

这天一大早，父亲和徐敏华就身背行囊，满怀希望，兴致勃勃地步行出了县城，沿着公路迤逦北行。望着眼前的青山绿野，想着即将肩负的抗日救国重任，这两个刚出校门的年轻人不禁热血沸腾，扯着嗓子唱起了《义勇军进行曲》《大刀进行曲》等抗日歌曲，直奔文福乡而来。

从放牛的牧童嘴里打听到，东区服务队就驻扎在前面不远处的创兆学校里，父亲和徐敏华赶忙加快了脚步，远远看见丘应棠早已在路口等着他们了。丘应棠领着他们来到创兆学校，此时已近中午，见到丘念台后，他们提出了参加东区服务队的请求。

"你们为何要参加东区服务队呀？"丘念台问。

"报告丘先生，要跟着您抗日救亡，打败日本鬼子！"他俩异口同声回答。

接着，丘念台又详细询问了他俩的学历和家庭状况，听说他们与自己的宝贝女儿应棠是东山中学要好的同学，而且一同在校话剧队排演过《放下你的鞭子》，念台先生很高兴，对他们的回答很满意，当即吩咐下属安排他俩的住宿，要他们先参加即将开办的干部训练班。

当时，东区服务队为了培养干部，在文福乡开办了一个青年干部训练班，陆续招募了一百多名来自蕉岭、梅县、大埔、兴宁、平远等地的青年学生，打算加以一个月的培训后，再分派到各地去工作。干部训练班分研究组、高级组、初级组和妇女组。经过考试，父亲和徐敏华被分配到研究组，和东区服务队的队员一同学习。

父亲在"自传"中回忆说:"东区服务队开办的干部训练班完全是采用延安抗大和陕公的方式方法,主要是上政治课和小组讨论。政治课有'抗日理论''中国革命问题''哲学''游击战术'等课程,上完政治课后即举行小组讨论,加以吸收消化。当时东区服务队从广州带回来一批进步书籍。在这期间,我读过毛主席的《论持久战》《论新阶段》《辩证法讲义》《抗日游击战争的战略问题》等著作(后来在东区服务队期间还读了不少毛主席写的小册子),以及马列主义经典著作如《共产党宣言》《哥达纲领批判》《联共布党史》《列宁主义问题》等等。同时也系统地讨论了'中国抗日战争问题''中国革命问题''农民问题'以及国际时事等。后来干部训练班结束以后,曾经将小组讨论的结论编成小册子,书名叫《总动员》。由于当时学习热情很高,因而使我初步建立了马列主义革命理论的基础,进一步认识了我党的性质和我党过去的光荣历史。"[①]

除了学习政治、时事,干训班的重点是组织民众抗日救亡,并进行游击战演练等。一个月后,干部训练班结束,结业时丘念台发表了热情洋溢的演讲。他说:"现在我们的学习仅告一段落,只是结业,不是毕业。我们的目的是争取抗日战争的胜利,等到抗战胜利了,我们才真正毕业了!到那时我们再欢聚一堂,看谁为抗战贡献最大,那时我才为同学们出光荣榜!"[②]

作者与蓝博洲、黄志平摄于文福乡创兆学校

---

① 徐森源:《徐森源自传》,第 4 页,1968 年 9 月 27 日,打印稿。
② 丘晨波:《在广东战场为抗日贡献的几位台湾青年》,2006 年 7 月 14 日,《广州市政协》。

干部训练班结束后，一部分学员回原籍工作，大部分学员在东区服务队领导下，以文福乡为实验区搞发动群众的工作，同时进一步考查这些留下来的学员。他们主要是在文福乡各村开设青年"拳馆"，举办妇女夜校，召开各种座谈会，教唱抗日歌曲，公演话剧（由父亲和丘应棠主演的街头剧《放下你的鞭子》，成为日后东区服务队相当长一段时间里很受民众欢迎的"保留节目"）等，进行抗日宣传。在此基础上，1939年初举行了全乡的武术比赛，盛况空前。三八节又召开了妇女大会，还发动全乡妇女给抗日前线战士捐赠了2000双的布制军鞋。

由于东区服务队的活动，把偏僻闭塞的文福山乡搞得生气勃勃，一时间掀起了一股抗日救亡的爱国热潮，因而不久便远近闻名，被当时梅蕉一带的进步青年所向往，誉之为"小延安"，梅县学联的负责人及各界人士纷纷前来参访、联系。

当时，东区服务队负责接待工作的丘晨波回忆说："因我对当地人事较熟悉，在队里主要担任接待和联络工作（晚间也要到各村看望父老、青年），得以见过来参观、检查的不少军中要人，如辛亥革命时的国民革命北伐军总司令姚雨平、粤军中将丘誉（时任第四战区政治部主任）、师长涂思宗等。"[①]

父亲因为在东山中学读书时对抗日宣传和动员民众已有初步经验，加上在干训班学习刻苦，来到东队后进步很快，各方面表现都不错，于是不久之后就正式填表，被批准加入了东区服务队。而徐敏华则不知何因，并未参加东服队回乡去了，此后不知所踪，与父亲再无联系。

父亲入队后，把自己的名字改回了"森源"。从此，父亲从学校迈入社会，加入了抗日阵营，开始了他新的曲折的人生历程。

不用说，父亲顺利加入了东区服务队，除了父亲本人，最高兴最快乐的当数丘应棠。在往后的一段艰苦岁月里，他俩朝夕相处，共同为抗日救亡工作奋斗，感情更加浓烈。

东区服务队在文福乡组训了半年左右的时间，吸收了一批朝气蓬勃的年轻队员，队伍发展到三十多人，增加了新鲜血液。全队斗志昂扬，意气风发，

---

① 丘晨波：《在广东战场为抗日贡献的几位台湾青年》，2006年7月14日，《广州市政协》。

达到了它的全盛时期。当时，队里从延安回来的中共党员组织了秘密党支部，并与兴梅地区的中共组织取得了联系。等我长大成人后，父亲每次对我谈到东区服务队时，总会说："东区服务队表面上丘念台是队长，但实际上是由中共地下党在主导。"

对此，卓扬等人有如下记述："在梅县，我们与梅县中心县委取得联系。按县委的指示，成立东区服务队党支部。以后我们就在梅县地区活动，在中心县委的领导下进行工作。……梅县中心县委对青训班作过许多指示，并派陈载盘、熊振国、李赞森（莫平）组成学生党支部。何明、饶德安、李健光、邓抗益、何成陆、罗海萍、丘松学、丘静海、丘惠兰、丘世雄等人都是在这时候入党的。"①

根据卓扬等人的回忆，东区服务队在文福乡办青训班，以及后来开赴潮汕前线协助国民党军华振中独九旅做战地政治工作，都是经过梅县中心县委的同意和批准的。②

丘念台对于中共在东区服务队内部设立党的秘密支部是何态度？丘晨波说："东区服务队内部秘密设有中共的党支部，丘琼对此并不知道。念台赞成各党派的人参加东区服务队联合抗日，但反对在他的队里有党派组织。东队中的中共支部在队员及群众间宣传中共的政治主张，为中共吸收及培训了好些党员，陆续转输至其他部队。"③

至于国民党方面，由于那时候还是抗战初期，日寇正在疯狂进攻中国，国共两党合作共同抗日，国民党对中共还比较宽容，同时东区服务队在名义上又隶属于国民党"第四战区司令长官司令部"（后改成第七战区）管辖，又有丘琼国民党"少将参议"的身份做掩护，所以东区服务队还可以比较自由的活动。但是，当地的国民党顽固派还是不断造谣中伤，放出风声说"东区服务队是共产党团体"，企图阻碍东区服务队的抗日救亡活动。因而1939年5月，为了应付当时的政治环境，化解国民党顽固派的干扰破坏，在丘念台的创议下，并经党支部讨论做出决定，丘继英、蔡子培、卓扬等一部分东

① 卓扬、丘继英、蔡子培：《东区服务队》，《广东党史资料》第八辑，第214、215页。
② 卓扬、丘继英、蔡子培：《东区服务队》，《广东党史资料》第八辑，第214、215页。
③ 丘晨波：《丘念台传》，第9页，未刊稿。

服务队核心小组的成员，曾经填表申请参加国民党，但国民党蕉岭县党部怀疑丘念台是"第三党"的领导人，并未予以批准①。

尽管加入国民党最终并未成为事实，尽管在当时的政治环境下，采取这一行动也是为了顾全大局不得不为之的一种斗争手段，而且组织上也早已做出结论，然而几十年后在极"左"思潮泛滥的"文化大革命"中，"造反派"仍然揪住不放，丘继英、蔡子培、卓扬等人都为此事在各自的工作单位吃尽了苦头。

三、挺进潮汕

日军侵占潮州、汕头后，国民党华振中的独立第九旅退到潮安北部山区。第四战区司令长官张发奎指令东区服务队开往潮汕前线，受华振中指挥，参加战地工作。

华振中（1892—1979），字强素，广东始兴县隘子镇井下村围墩里人，广东黄埔陆军小学第八期、武昌陆军第二预备学校、保定陆军军官学校第六期步科及南京陆军大学将官班第六期毕业。原国民党十九路军的爱国将领，陆军中将，曾参加过1932年"一·二八"上海抗战。"七七"事变爆发后任一六〇师师长，曾在庐山金轮峰抗击日寇。"福建事变"失败后，十九路军被解散，华振中回粤任独九旅旅长，受张发奎节制。

面对日军的疯狂进攻、国民党军队节节败退的严峻形势，当时独九旅和其他大多数国民党军队一样，内部士气低落，从中下层军官到普通士兵，恐日思想和失败主义情绪迷漫全军，纪律涣散，兵无斗志。更由于士兵大多是广州地区的人，与当地群众语言不通，军民关系十分紧张，曾经发生过部队在前线作战，伤兵担架找不到人抬的现象。华振中见部队这般模样，内心不

---

① 卓扬、丘继英、蔡子培：《东区服务队》，《广东党史资料》第八辑，第214、215页。"第三党"：1930年8月，国民党左派领导人邓演达等为继续贯彻孙中山"联俄、联共、扶助农工"的三大政策，在上海创建中国国民党临时行动委员会，即农工党的前身，当时被称为第三党。1935年11月，改名为中华民族解放行动委员会。1941年3月，该会参与组织中国民主政团同盟。抗战胜利后，积极参加争取和平民主、反对内战独裁的斗争。1947年2月，改名为中国农工民主党。农工党历任领导是邓演达、黄琪翔、章伯钧、彭泽民、季方、周谷城、卢嘉锡、蒋正华、桑国卫，现任主席陈竺。

免焦虑，但又束手无策。

华振中是丘琮留学日本时的同窗好友，他知道丘念台刚从延安考查回来，从共产党人那里学了一套如何发动民众做政治工作的方法，并从延安带回来一批人组成了东区服务队，便通过张发奎力邀丘念台率部前往独九旅协助他训练部队。

接到张发奎的指令和华振中的邀请后，1939 年 6 月间，东区服务队结束了在文福乡的工作，打起背包，一路唱着队歌，步行开赴潮汕前线。

从此，东区服务队开始了它长达六年之久的抗日救亡征程。

东服队队员行军途中合照（蓝博洲提供）

东区服务队到达潮安后驻扎在西公寮，丘念台顾不得旅途劳顿，随即到独九旅驻地下汶田拜访华振中。

华振中见到刚刚远道而来的老同学，格外高兴，又是拥抱又是握手，连敬礼也免了。一番久别重逢的寒暄过后，便转入了正题。经过双方协商，很快达成共识，决定由独九旅每月拨给东区服务队 400 元经费，东区服务队负责部队的政治工作，协助华振中训练独九旅，工作计划和人员安排华振中概不过问。

根据华振中对独九旅现状的介绍，经核心小组研究，将东区服务队三十多名队员分成两个小组，针对不同对象对部队进行训练：一组协助旅政治部办青训班，专门训练刚从潮汕随军撤退出来的青年学生，培养他们成为部队和地方工作干部。青训班"主要是提高他们的政治水平与群众工作能力，特别是要坚定抗战必胜的信念，克服由于潮汕沦陷产生的悲观情绪，树立正确的人生观。于是在训练班中开展了什么是真理的讨论，有很大的收获。训练班结束后，这批学员编为战时工作队，派到军队中做政治工作和群众工作。"①

另一组则深入到部队基层，到独九旅特务营和三营做政治工作。以连为单位，全部下到排、班，从教士兵识字着手，"着重抓爱国主义思想教育，宣传抗战有利因素，军民团结合作就能取得胜利等。我们采取上政治课、开座谈会、演剧、出墙报、教唱抗日救亡歌曲等形式……"当时，独九旅有一首由华振中亲自作的旅歌："独九旅，当义节，官兵亲爱好团结。士气壮如虹，军纪坚如铁。对民众要亲切，对友军要提挈，保国卫民心热烈……"②通过讲解、发挥这首旅歌歌词的内容，对士兵进行爱国主义教育、纪律教育和军民团结合作的教育，收到了很好的效果。

东区服务队在蕉岭文福乡办培训班时的那一套，全都派上了用场。一时间，在下汶田独九旅的军营里，时而抗日歌声嘹亮，此起彼伏，振奋人心；时而寂静无声，树荫下、营房里，士兵们以班为单位或学识字，或召开时事讨论会、日寇暴行控诉会，一扫往日死气沉沉的涣散局面。随之，军纪肃然，军事训练也跟上来了，士兵们比平日训练刻苦了许多，纷纷要求上前线杀敌立功。

部队的政治工作走上正轨之后，东区服务队又派人到地方上开展群众工作，进行拥军宣传，把独九旅驻地村庄的民众组织起来，慰问部队和伤病员，并成立了担架队，上火线支援部队作战。父亲和魏凡、李赞森等东区服务队的队员，即曾亲自带着刚刚组建好的担架队上过枫溪（地名）火线，救护伤员。通过一系列工作，军民关系有了显著的改善。

眼见时间不长，部队的精神面貌、军事训练和军民关系都有了明显进步，华振中对东区服务队的工作成效十分满意，啧啧称赞。

四、转进惠州

东区服务队在潮汕前线初试啼声，协助独九旅训练部队成效显著，增强

---

① 卓扬、丘继英、蔡子培：《东区服务队》，《广东党史资料》第八辑，第215页。
② 卓扬、丘继英、蔡子培：《东区服务队》，《广东党史资料》第八辑，第216页。

了全队的工作信心。与此同时，丘念台为执行战区司令部分配给东区服务队的原定任务——负责惠、潮、梅属 25 县的民众组训工作，奉第四战区司令长官张发奎之命，专程到东江的东莞、宝安、惠阳、博罗等县视察了一段时间，随同前往的还有蔡子培、丘时婉等人。回到潮安后，东区服务队随即被调往东江地区工作。

1940 年 2 月，东区服务队结束了在潮汕前线的工作，全队由潮州步行到惠州，先是入住市内六角亭丘念台事先租好的房子里，后来才迁移到西湖畔的荔晴园，并在这里设立办事处，作为对外联络的据点。

这时候，全国形势发生了很大变化：日军攻占武汉、广州后，停止了正面战场的大规模进攻，对国民党改采政治诱降策略。在广东，日军退出惠阳、博罗后，东江区出现了暂时安全的局面。于是国民党开始制造国共两党摩擦，准备向共产党开刀，发动第一次反共高潮。卓扬等人回忆说："在国民党反共逆流下，我们的处境更加困难，斗争形势更加艰苦了。我们的活动受到国民党严密的监视和限制，东江特委对我们分析了当前的形势，要我们依靠进步力量，团结中间势力，积极开展工作。"

当时，国民党在惠州西湖设有"东江游击指挥所"（又称"惠淡指挥所"），香翰屏任主任。东区服务队在惠州期间，受香翰屏之命，主要做了以下四件事：

一是"审讯"东江华侨回乡服务团博罗队的被捕人员。

当时惠州一带有海外归国华侨、港九青年和惠州各县青年组织的抗日政治工作团体，名叫"东江华侨回乡服务团"（简称"东江服务团"）。因他们的思想行动有"共党嫌疑"，1940 年春节前后，国民党东江游击指挥所以"通匪"罪名，逮捕了东江服务团博罗队的全体队员。东区服务队刚刚到达惠州，丘念台便受命前往西湖指挥所监狱，负责对被捕的东江服务团队员"问话"。随行前往的有蔡子培、丘继英、林启周、黄炳辉、魏凡、丘松学、邓慧等人。

在指挥所大礼堂里，由狱警提出八、九个年仅二十多岁的青年人。

"你叫什么名字？是哪里回国的华侨？"丘念台和蔡子培坐在讲台的横桌中间，由丘念台主问，黄炳辉在侧做记录，其余的人坐在台下旁听。

"我叫 ×××，是泰国华侨。"那个操着不太熟练的客家口音的男青年回答说。

"你为什么被捕，知道吗？"

"不知道，我们是从海外回来参加祖国抗战救亡工作的，实在不知道犯了什么罪，要把我们抓起来！"

一连问了三四个，回答都大同小异。丘念台就不再问了，前后不到半个小时，"问话"便草草结束。

这批抱着满腔热情回国为抗战服务的爱国青年，只因为在战地工作中做了一些超出国民党容许范围的所谓"越轨"行为，便怀疑他们是"共党"，图谋不轨，无缘无故地被抓起来。其实，早于去年底丘念台和蔡子培、丘时宛等人来博罗视察时，就已经了解到这种情况，所以丘琮受命"审讯"他们，只不过是"应付差事"而已。后来，这批爱国华侨被押送到韶关第四战区，因为实在查不出什么"罪证"，两个月后，国民党不得不把他们释放了。①

二是协助香翰屏办"游击基干训练班"。

"游击基干训练班"又称"游击基干大队"。这个班的班主任兼大队长李一之，是中共党员。学员都是从各地的自卫队班、排长中抽调来的。国民党办这个训练班的本意是为自卫队培养骨干，以便控制自卫队，战时能更好地配合国民党军队作战。

东区服务队到达惠州后不久，受命协助培训"游击基干训练班"，但没过多久，国民党怀疑训练班中有共产党人在活动，于是这个训练班也被国民党下令解散。

卓扬等人回忆说："我们协助李一之办好这个班，丘琮和几个队员去上政治课，其余队员参加小组讨论和其他活动。我们大讲坚持抗战、反对妥协；坚持团结，反对分裂；坚持进步，反对倒退。国民党游击指挥所认为这个班的负责人左倾，怀疑学员中有共产党人进行活动，于是在一九四〇年四月下令解散了这个班。不久又软禁李一之。后来李一之由组织安排逃了出来，到东莞沦陷区策动伪军反正，不幸被敌人杀害。"②

三是调解国民党与曾生游击队的冲突。

当时，在东江地区活动的有中共领导的曾生"惠淡游击独立大队"（"东

---

① 卓扬、丘继英、蔡子培：《东区服务队》，《广东党史资料》第八辑，第216页。
② 卓扬、丘继英、蔡子培：《东区服务队》，《广东党史资料》第八辑，第216页。

江纵队"前身）①，名义上曾生独立大队隶属于"东江游击指挥所"指挥。东江华侨回乡服务团被解散后，国民党又企图消灭曾生游击队。1940年3月间，国民党以"整训"为名，下令曾生游击队调往惠州城，实际上是阴谋加以缴械。曾生是中山大学的学生，与丘念台有师生之谊。他听说东区服务队到了惠州，便专程来东服队住地拜访丘念台，托丘念台出面找香翰屏沟通，要求不要调他们来惠州"集训"，允许他们去前线打鬼子。但指挥所不同意，执意要曾生游击队执行命令，双方各不相让，战火一触即发。

为避免抗日部队自相残杀，遭受损失，丘念台"力劝双方顾全大局，并提出一个折衷方案，即先调一半人来整训，回去后另一半人再来整训"。②指挥所假意同意这一方案，委派丘念台前往曾生部队的驻地坪山进行调解。丘念台受命后，亲自带同蔡子培、丘继英、卓扬、林启周、魏凡、邓慧、丘应棠等人和另一位叫马毓青的参议前往坪山。双方正在会谈的时候，国民党部队突然分路包围进攻曾生部队。这时曾生才知上当，赶忙中止了会谈，率队火速撤出坪山。

邓慧对这次调解过程有如下详细记述："谈判地点在坪山旅社，曾生和他的参谋周伯明前来会谈。我记得当时曾生表示基本同意所提的折衷意见。但到那天黄昏时分，周伯明来说，参谋长杨幼敏已派兵包围他们了，前哨已发生冲突，正在应付危局。我们感到非常惊奇，随即到镇公所去打电话，问杨幼敏这是怎么一回事？杨听了哈哈大笑说，他们跑了呀……丘念台很生气，第二天清晨，他叫我一起去镇郊一座炮楼，即曾生的部队驻地，想打听究竟。那时炮楼附近战士走来走去全副戎装。我俩问及要见曾生时说，到前线指挥

---

①　曾生（1910—1995），广东惠阳人，中山大学毕业，曾参加爱国学生运动，1936年10月加入中国共产党，后任中共香港海员工委组织部部长、书记。抗日战争全面爆发后，1938年10月，根据中共中央的指示，由香港回到惠阳，任中共惠（阳）宝（安）工委书记，领导组建惠宝人民抗日游击队。1940年8月，任广东人民抗日游击队第三大队大队长，率部开进东莞县的大岭山区建立抗日根据地。1943年12月广东人民抗日游击队东江纵队成立，任司令员，与政治委员林平等率部在日伪军和国民党顽固派军队的夹击下，转战东江两岸，后挺进粤北山区，建立东江抗日根据地，坚持艰苦复杂的军事和政治斗争，为创建华南抗日根据地、发展壮大华南抗日武装做出了卓著贡献。解放战争时期，历任华东军政大学副校长、中共渤海区委员会副书记、渤海军区副司令员、人民解放军两广纵队司令员。中华人民共和国成立后，曾任广东军区副司令员、华南军区第一副参谋长、海军南海舰队第一副司令员，中共广州市委书记、市长，广东省副省长，交通部部长等职。1955年被授予少将军衔。

②　丘晨波记录：《东区服务队队员邓慧回忆东队的工作和生活》，1983年6月1日，未刊稿。

作战去了。炮楼里只存三人守住电话机，也说就要撤退了，我们只得离开。丘念台气愤地说，杨幼敏真坏透了！事后听说有人认为丘念台与杨幼敏合谋，企图消灭曾生部队，这是冤枉的。据我亲身参与的体会，当时调解是真诚的，随行的大都是共产党员，我们不过是受骗而已！"①

此后，余汉谋又特意安排丘念台率东服队队员蔡子培、卓扬等人，去"审讯"几名被俘的曾生部队的队员。后来"据了解，(此事)是经过东队党支部研究，并请示了东江特委书记林平同意后去的。当时的想法：一是为了应付'差事'不得不去；另一方面是想从中了解一点情况，设法营救被俘的同志。"②

当时，国共合作抗日的局面表面上虽早已形成，但国民党却在时刻防范共产党，不断制造两党两军的摩擦。共产党人在广东惠州地区的遭遇，只不过是从1939年12月开始的国民党在全国范围内发动的第一次反共高潮的一个小小的涟漪而已。而丘念台率领的由共产党人主导的东区服务队，夹在国共两党中间，处境极为艰难和尴尬。

对此，1973年6月"文革"中后期，中共博罗县委对东服队有个审批意见："经常委讨论认为，上述大量材料说明，伪东区服务队内，中共地下党支部是我们的支部。它与上级党委基本保持着联系，坚持斗争，为我党做了不少工作。虽然集体填表参加国民党问题，是有一定错误的。尽管事前国民党强迫，未经请示，是可以理解的，但事后仍未报告。至于该支部党员参与'东队'调解我曾生部队，审讯曾生、王作尧部队被俘人员和收集我党我军情报等问题，由于当时是在国民党工作，也是受指派和被迫的，不能不去。现经审查，未发现有危害党的工作。……"③

这份"审批意见"虽然对东区服务队内的地下党支部给予了肯定评价，但把国共合作时期隶属于国民党系统的抗日救亡团体——东区服务队称作"伪东区服务队"，仍不免暴露出在那个特殊年代里的极"左"尾巴。

曾生游击队摆脱国民党魔掌后，1943年12月与在东莞地区活动的王作尧游击队合并，正式组成东江纵队（即抗战胜利北撤烟台后"两广纵队"的

---

① 丘晨波记录：《东区服务队队员邓慧回忆东队的工作和生活》，1983年6月1日，未刊稿。
② 徐亩元：《关于东区服务队及其有关情况说明材料》，第2页，1975年10月，手写稿。
③ 中共博罗县委：《博罗县委对"东队"案件审批意见》，1973年6月28日。

基干），成为共产党领导的活跃在东（莞）、宝（安）、惠（州）、博（罗）地区的一支重要抗日力量。

四是"审问"、营救钟浩东等五位台籍爱国青年。（下文再加详述）

五、初上罗浮

东区服务队在惠州逗留了几个月的时间，1940 年 4 月间，按照预定的工作计划，全队从惠州出发，开赴博罗县罗浮山前线，打算在那里发动群众，组织动员增城、博罗一带靠近沦陷区的民众武装，抵抗日寇的侵略。

罗浮山是罗山与浮山的联合体，是广东的名山之一，向有"百粤群山之祖"之称。它西距广州二百余里，东至惠州约百多里。位于增城县之东，河源县之西，博罗县之北，龙门县之南，横跨四个县境，蜿蜒数百里。

罗浮山冲虚古观外景（徐博东拍摄）

罗浮山气势恢宏，仪态万千，有大小山峰 432 座，飞瀑流泉 980 多处，洞天美景 18 处，石室幽岩 72 个，山中景色如画。早于公元前 179 年（汉文帝元年），陆贾奉使南越，说服赵佗去帝号，称臣奉贡。陆贾回朝复命后撰《南越行纪》，称"罗浮山顶有湖，杨梅山桃绕其际"。这是罗浮山为中原人士所知之始。最早开辟罗浮而有实物遗存者，为汉代朱灵芝。他在朱明洞建有一庵一坛。公元 331 年（晋成帝咸和六年）葛洪到罗浮山，先后在山中建东、西、南、北四庵。葛洪及其妻——针灸名医鲍姑在山中炼丹、传道、行医。葛洪著述宏富，阐扬道教理论，为道教南宗灵宝派之祖，被尊为"葛仙翁"。此后，又有佛教徒单道开、天竺僧智药、头陀僧景泰禅师先后进入罗浮山，或面壁或结庵、建寺。道、佛两教派同时在罗浮山兴旺发达，这在全国名山中并不多见。① 除道、佛两教外，儒学在罗浮山也很兴盛。葛洪本人原本就是儒家。在罗浮山中，自南宋以降官立和私立的书院、私人讲学读书的精舍、书堂、专祀儒学大师的四贤祠等散落其间，随处可见。

一般所说的罗浮山胜地，是在增城县城东北及博罗县城西北的主山飞云顶（峰）之上，海拔 1296 公尺，远望浑圆如宝盖，瑰奇灵秀，林木苍郁，寺观古刹，雅丽堂皇，共有五观五寺之胜。居山僧道一千数百人，以道士为多。战前，庙观香火极盛，自远近各地前往礼仙拜佛或旅游者络绎不绝。

然而，这座超脱世俗的名山，自日寇入侵广东后，已陷于战火的包围圈里。周围的县区如增城、东莞已久沦敌手。博罗、惠阳、宝安等地，则成为敌我双方"拉锯"的地区，敌骑进退无常，沦陷数次，践踏蹂躏，民间饱尝兵燹流离之苦。所幸战火并未殃及罗浮山区，山中的寺观古迹仍完好无损，没有受到破坏。不过，香客却几近绝迹，居山的道僧也只有自食其力、耕作自给了。

罗浮山周围的乡村，则早已成了敌我双方都不管的半沦陷区，当地土匪又多，民众只有依靠自己的力量，维持社会秩序和战时自谋防卫的办法，所以当地民间差不多家家户户都拥有枪支，每逢圩日，男人们赴圩大都随身携带着枪支，成为一种十分奇特的社会现象。于是，东区服务队便选定罗浮山周围这些三不管的地区，作为敌前敌后政治工作的根据地。

丘念台回忆说："经过我们自己踏查研究，早和四战区长官张发奎与惠州指挥所主任香翰屏商量好了，所以队伍一到，便奉命开拔博罗县境的罗浮山南麓地区，从事御倭、防匪、安政、教民的工作。但由是一住六年，直至抗战胜利为止，则是我始料不及的。"②

东区服务队开赴罗浮山前线后，先是驻扎在离沦陷区较远的长宁乡神福岗村，不久后移到福田乡荔枝墩村，以后又转移到罗浮山脚下福田乡的徐福田村，在徐福田村的三星书室驻扎了好几年。说来也巧，地处罗浮山南麓的

---

① 博罗县地方志编纂委员会编：《博罗县志》，第 392 页，中华书局，2001 年 12 月。
② 丘念台：《岭海微飚》，第 207 页，海峡学术出版社，2002 年 10 月。

福田乡，是我的家乡蕉岭县徐姓的祖居地。当年，蕉岭徐氏开基祖探玄公，便是从博罗县福田乡迁徙到石窟都（即现今蕉岭县）的，至于迁徙的具体年代，已不可考矣。所以福田乡一带村庄，徐姓人家很多。三星书室原是间私塾，是徐氏子弟读书启蒙之所在，后来福田办了个中心小学，书室便空闲了下来，东区服务队来到这里之后，就借给了东服队当作驻地。

父亲随队到达福田乡徐福田村，倍感亲切，收拾停当后立马到村中拜访徐氏耆老，很快便结交了不少同宗朋友。这对他们尽快熟悉了解当地的政情、社情和民情，为日后打开工作局面，颇有助益。

东区服务队自建队始，即以延安中共组训青年为模式，学习生活以"自治、自觉、自省、自训、自立"这"五自"并重为精神原则。经过两年来艰苦工作生活的磨砺，他们逐渐形成了一套有条不紊的作息制度：每天"大致是早上五点半起床，整理内务、跑步、运动、歌唱练习。七点，开始课会及检讨会，分配值日伙头两人，负责买菜做饭。九点，开饭，饭后，或者外出工作，或者拜访，或者自习。下午五点晚餐，饭后自由活动，或者外出探访民众，或者办妇女夜间补习班。晚上八点起开会，会议有工作计划会、生活检讨会、时事讨论会以及学习讨论会。星期日晚上则开联欢会。晚上十点，准时就寝。"①

徐福田村三星书室（2013 年，徐博东摄）　　徐福田村（2013 年，徐博东拍摄）

此后，东区服务队在罗浮山先后工作了将近六年的时间。在这六年时间里，东区服务队可谓甘苦备尝，既要在十分艰苦的条件下开展抗日救亡教育

---

① 蓝博洲：《幌马车之歌》，第 65 页，台海出版社，2005 年 8 月。

宣传工作，还要应付来自国民党内部的种种明枪暗箭。

丘念台晚年在"自传"中回忆说："不过留驻罗浮山区的六年中，由于外间的中伤，和敌人的来犯以及转变工作等关系，曾经三次调回后方，三次进出罗浮山区，其中冤抑经过，说来是够伤心的。幸得两位战区长官张发奎、余汉谋和前惠州指挥所主任香翰屏，以及往后继任者陈骥、张光琼、叶勉予等，都能对我自试探而了解而信任，知道我的做法虽有些和共党相似，但精神则完全迥异。……所以虽有困苦冤抑，力量不能发展，但最后上级已经了解，队伍仍然保存，不致完全被解散消灭，那算是很侥幸的了。"①

丘念台的说法十分含蓄，但当年东区服务队的处境已可窥知一二。

东区服务队在罗浮山前线，"初期的工作方法是由联络拜访开始，主要是派出队员分别访问各乡村开明士绅和知识分子，向他们宣传抗日救亡、保家卫国的道理，并争取他们支持我们的工作。然后召开座谈会，号召他们组织起来抵抗日寇的侵扰。在这同时，东服队在驻地附近各乡村开办了青年、妇女夜校。在夜校里，除了教识字外，主要是宣传抗日救亡的道理，教唱抗日救亡歌曲。此外，东队队员还经常在驻地附近乡村演出抗日救亡话剧等，这些宣传鼓舞工作激起了广大群众对日本侵略者的仇恨。"②

东区服务队原本打算建立民间的抗日武装，但国民党政府不肯供应他们饷械，他们只好设法说服当地的乡间耆老和民众，各自提供平时用以防范日寇和盗匪的枪械，加以编组训练。当时，罗浮山区的民众抗日热情十分高涨，1940年春夏，博罗沦陷区菅下村遭到日寇的侵扰，民众自发起来跟日寇打了一整天，打死打伤日寇多人，该村民众也牺牲13人。③听到这个振奋人心的消息，东服队队员们大受鼓舞，念台先生亲自带队前往菅下村慰问，并由东服队出面，呈请有关当局奖给菅下村武装民众一万多发子弹。接着，东服队因势利导，加紧了建立抗日武装的工作，经过他们的积极奔走，努力联络，工作颇见成效，两个多月之后，经过登记造册，终于组成了一支三百多人的民间武装大队。他们"早晚鸣锣集训，讲习项目包括：民族精神讲话、各地

---

① 丘念台：《岭海微飚》，第207页，海峡学术出版社，2002年10月。
② 徐森源：《战斗在罗浮山下——东区服务队在罗浮山区坚持抗战史略》，第2页，未刊稿。
③ 丘继英：《关于东区服务队》，未刊稿。

抗战动态和游击战术等，尤其着重指导怎么配合当地环境去号召民众，参加抗敌的各种方法"。[①] 为此，东区服务队的队员们着实是忙碌了好一阵子。

东区服务队进驻福田乡荔枝墩村以后，由于这个村子更接近敌占区，东服队的活动范围又逐步深入到敌占区附近的沦陷区和半沦陷区，日寇在这些地区出没无常，东服队员随时都有可能发生意外。"于是由队长念台先生创议，东服队全体队员每人各写了一份《遗嘱》，以表示抗战到底，不惜牺牲一切的决心。当时东服队全体队员大有'慷慨悲歌上战场'的气概。"[②]

正当他们组建抗日武装的工作顺利开展之际，麻烦事来了。前述"东江服务团"因他们的思想行动有"共党嫌疑"，已被国民党当局整垮解散。而东区服务队不仅与东江服务团的名字相近，而且队员们埋头苦干、不怕艰苦、不计报酬的作风，也引起国民党当局的怀疑。甚至连队长丘琼本人的政治色彩，也引起了国民党有关当局的争论。东区服务队刚刚到达惠州时，惠州指挥所就让丘念台去"审问"被捕的东江服务团队员，后来又安排他们"审问"被俘的曾生部属，实际上都是对丘念台和东区服务队忠诚度的"考查"。此时，曾生、王作尧的东江纵队正在惠、博一带活动，与东区服务队毗邻而居，国民党政府对东服队愈加不放心。

不久后，余汉谋便召见丘念台，指令东服队不要再管领武装队伍。这支三百多人的民间武装大队，是东区服务队费尽了心血辛辛苦苦好不容易才组建起来的，长官一句话说不要就不要了，丘念台心里虽然十分不情愿，但也只好照办，忍痛把武装大队移交给了博罗县长黄仲榆指挥。那些自备饷械的村民队伍，岂是地方官可以随便节制？于是移交后没过多久，这三百多人的民众武装大队，也就等于无形中被解散了！

为了证明自己的清白，丘念台又要求队员们把原本发给他们自卫用的手榴弹和手枪也交了出来，悉数交还给惠淡指挥所。

鉴于这种情况，中共东江特委认为，东区服务队的工作已难以开展，决定调整工作重心，从东服队中撤出部分中共党员，加强地方工作。对此，蔡子培等人回忆说："东区服务队无一定编制，也无经常费用，队员除了吃饭，

---

① 丘继英:《关于东区服务队》，未刊稿。
② 徐森源:《战斗在罗浮山下——东区服务队在罗浮山区坚持抗战史略》，第3页，未刊稿。

连一点零用钱也没有，生活是很艰苦的。国民党虽然没有明文下令解散东区服务队，但不发给经费，限制活动，实际上迫使服务队自行解散。这时候，东江特委认为东区服务队的工作难以开展，指示从队里调出一批党员加强地方工作，蔡子培、关其清、卓扬、陶祖梅、魏良俊、李莫平、丘世雄就是在1940年夏季撤出东区服务队的。卓扬、蔡子培调离后，党支委作了调整，由萧道藩、丘继英、丘松学成立新支部，归博罗县委领导。"①

蔡子培、卓扬等老队员退出东区服务队后，中共地下党支部和东服队的实力都大为削弱。然而，经过近两年来实际工作的磨炼，父亲徐森源已经从一个不谙世事的青年学生，逐渐成长为有相当工作经验的东服队的一名"老队员"了。蔡子培、卓扬等老队员退出后，父亲更成为颇受丘念台信用的队里的"顶梁柱"，丘念台有事外出时，常常指定父亲为代理队长，全权处理队里的日常事务。

六、后撤横沥，再上罗浮

东区服务队被迫放弃了民间抗日武装，就连自卫用的武器也都悉数上交了，从延安回来的老队员也大都离开了东服队，但国民党军政当局依然对东服队很不放心。于是为了进一步试探和考察他们，就采取"调虎离山"之计。1940年冬天，余汉谋和陈骥下令把东服队调离罗浮山前线，转往距前线较远的惠州北部后方横沥镇驻扎。

国民党军政当局事事掣肘，工作难以开展，老队员纷纷离队，如今当局又一再严令要将他们调离罗浮山，就连前线也不让呆了，一时间队内怨声四起，队员们情绪极不安定，东区服务队面临着建队以来最严重的瓦解危机。所幸念台先生临危不乱，沉着应对，最终还是说服队员们服从大局，执行调命，将全队带住惠州横沥。丘念台在"自传"中谈及此事时说："我掩住内心的难过，沉着应付，决以事实来答复外间的误解，所以勉强地把全队调走了。我曾安慰全体队员说：我们虽然屡次接奉严令后撤横沥，但我相信绝对不会重演岳飞接奉十二金牌的历史悲剧；今后只要埋头苦干，一定可以调回罗浮

---

① 卓扬、丘继英、蔡子培：《东区服务队》，《广东党史资料》第八辑，第217页。

前线的。"①

东区服务队在惠州北部驻扎期间，工作比较慎重，主要是针对当地教育落后，文盲众多的实际情况，以"安政教民"为主要工作目标，经过一段时间的紧张筹备之后，推进一保一所小学的工作。他们以横沥为中心，积极向附近县区发展，先后创办了四十多所战时小学。这一时期，是东区服务队队员们工作最繁重、最忙碌的时期。他们在惠阳、博罗、紫金、河源等四五个县区往返奔波，备极辛劳。当时由于受战事的影响，"各县的县府搬迁频仍，无法兼顾乡教工作，我们等于做了各县综合的教育科长，所有呈请立案、等款、聘师、招生，都是由我们替其包办。男队员分担各校日间功课，女队员则主持各校妇女夜班，大家忙个不亦乐乎！"② 父亲及大部分的东队队员都充当了无薪水的临时教师。他们除了教孩子们识字，还教唱抗日歌曲，并通过绘画、书法、演戏等形式，宣传抗日救国的道理，一时间风生水起，民风大开。

东区服务队在横沥工作了大约六个月的时间，他们的工作作风和成绩受到各方面的肯定和赞扬，国民党军政当局对他们也有了较多的了解，逐步解除了对他们的怀疑。后来经过丘念台到韶关等地的积极奔走争取，1941年春，东区服务队终于被重新调回了罗浮山前线。

东区服务队重回罗浮山前线后的当年三月，中共博罗县委给东区服务队党支部一个任务：在博西发展地方党员，建立博西党组织。于是党支部研究后决定，以东队名义在罗浮山冲虚观办一个"博西青年进修班③"，由丘念台出任"进修班"主任，尚未入党的父亲徐森源，被委以负责教学工作。参加学习的知识青年有百余人，党支部意图通过进修班的教育、培养积极分子作为建党对象，条件成熟的吸收入党。

"四月间，进修班学习开始了，学员大部分是被国民党解散了的青抗会会

---

① 　丘念台：《岭海微飚》，第210页，海峡学术出版社，2002年10月。
② 　丘念台：《岭海微飚》，第210页，海峡学术出版社，2002年10月。
③ 　罗浮山冲虚观，又称"冲虚古观"，道教谓为"第七洞天，第三十四福地"。东晋咸和初(326年)，葛洪弃官为罗浮山中结庐炼仙丹，庵名"都虚观"。葛洪"登仙"后，晋安帝义熙初（405年）改建"都虚观"为"葛洪祠"，唐玄宗天宝年间（742—756年）扩建为"葛仙祠"，宋哲宗元祐二年（1087年），赐名"冲虚古观"。以后历代均有修葺，至今保持完整。冲虚观掩映在苍松古柏之中，环境清幽静谧。抗日战争时期，冲虚观曾先后成为东区服务队和东江纵队司令部的驻地。

员，……学习课程有中国近代史、抗日战争前途（论持久战）、青年思想和修养、游击战争的战略与战术等，由李乃兴、徐文、何成陆成立党小组，领导学习班工作。"①

此后，进修班内先后秘密发展了叶祝香、李回等近 10 名学员加入中共。在此基础上，1941 年 4 月，成立起了"博西特别支部委员会"，郭勉任书记，徐文为组织委员，徐博航为宣传委员。接着，各地逐步建立起基层党支部或党小组，博西地区中共党组织建设走上了新的发展阶段。②

博西青年进修班快结束的时候，以进修班学员为骨干，成立"博西青年自修会"，选举陈鹏举为主任（后被国民党杀害），徐兆平（又名徐闻、徐文）、陈贵荣为副主任。会址设在福田中心小学，组织青年学习政治时事，办夜校、演话剧等，领导博西青年开展抗日救亡工作。③

这个"进修班"虽然只办了十多天时间，结业后大部分学员都回到他们的家乡去当小学教师了，"但是他们对东区服务队开展敌前敌后政治工作，起了很好的配合作用，其中徐兆平（党员）、刘邹炽（党员）等参加了东区服务队，后来徐兆平转往东江纵队，坚持在罗浮山区打游击，一直到罗浮山解放，担任了增城县长。"④

东区服务队的新队员逐渐增加，然而，当时队员们的工作生活条件都十分艰苦。不久之后加入东服队的蒋碧玉，回忆当时东服队的生活情况时说："所有的队员都打地铺，每人分发一床军毯和一条三、四尺见方的包袱巾。这包袱巾用处可大了，睡觉时把它铺在地上，可以稍稍挡挡潮气；一旦行动时，则用它来包衣服、书籍等，叠成长方形，然后用绳子扎好，背到背上就可以了。冬天，天气冷，我们就向老百姓要来稻草，垫在包袱巾下面。另外，只盖一床军毯不够暖和，我们便把装米的麻袋洗净、晾干，然而把两个麻袋缝成一条来盖。除此之外，每人还分发到一双筷子和一个漱口杯。漱口杯当然也是万能的，既可以用来漱口、洗脸，又可以用来喝开水、吃饭。每人每个

① 卓扬、丘继英、蔡子培：《东区服务队》，《广东党史资料》第八辑，第 217—218 页。
② 卓扬、丘继英、蔡子培：《东区服务队》，《广东党史资料》第八辑，第 217—218 页。
③ 卓扬、丘继英、蔡子培：《东区服务队》，《广东党史资料》第八辑，第 217—218 页。
④ 徐森源：《战斗在罗浮山下——东区服务队在罗浮山区抗战史略》，第 5 页，未刊稿。

月虽然只有 3 元零用钱，却只能买到一块肥皂。"[①]

由于经费拮据，生活艰苦，缺医少药，东区服务队驻扎在荔枝墩村和徐福田村时，队员丘镇英、陈锡洲俩人先后因患急病，不幸英年早逝。

七、"好男好女"

东区服务队重返罗浮山前线后不久，出了一件被丘念台认为是自东服队立队以来"最感痛快的事"[②]——有五位台湾籍的爱国青年加入了东区服务队。他们是钟浩东／蒋碧玉夫妇、李南峰（钟的表弟）和萧道应／黄怡珍夫妇。而他们能够加入东区服务队，可谓历经艰险与曲折，充满了传奇色彩。台湾著名导演侯孝贤在 20 世纪 90 年代曾执导过名为《悲情城市》和《好男好女》两部影片，这两部影片便是以蓝博洲撰写的钟浩东等五人的传奇故事为蓝本拍摄的。

钟浩东，本名和鸣，台湾屏东（祖籍广东梅县）客家人，高雄中学毕业后，到台北高等学校读书。因病入住台北医院（今台大医院），与护士蒋碧玉（又名蕴瑜）相识相知，建立了恋爱关系。蒋碧玉系日据时代台湾著名反日社会活动家蒋渭水的女儿（蒋碧玉本姓戴，蒋渭水的外甥女）。后来钟浩东到日本明治大学攻读政治经济学，回台湾后与蒋碧玉结婚。钟浩东自少年时代即倾慕祖国大陆，怀有强烈的反日情绪，抗战爆发后他决心回大陆参加抗日。

萧道应，又名济寰，屏东佳冬客家人，著名的武装反割台抗日士绅萧光明的曾孙，钟浩东读高雄一中和台北高校时的同学，后考入帝国大学（今台北大学）医学部就读。萧道应自幼受抗日世家的影响，具强烈反日爱国意识。其妻黄怡珍（本名素贞），孤儿出身，养父台北汐止人，打小随在福州经商的养父在大陆长大，是钟浩东、萧道应、蒋碧玉等人学讲"北京话"的老师，后与萧成婚。

1940 年 1 月，钟浩东夫妇邀同志同道合的李南峰和萧道应／黄怡珍夫妇，五人先后秘密潜往上海，后辗转经香港到达广东惠州，打算去重庆投奔国民

---

① 蓝博洲：《幌马车之歌》，第 67 页，台海出版社，2005 年 8 月。
② 丘念台：《岭海微飚》，第 210 页，海峡学术出版社，2002 年 10 月。

党，参加抗日阵营。当他们进入广东惠阳境内时，眼见日思夜梦的祖国大陆的村庄田野，心情格外愉快，便兴奋地唱起歌来。但那时他们只会唱日本军歌，又都拿不出任何身份证件，当地国民党防军怀疑他们是日本派入内地刺探军情的汉奸特务，便不由分说地把他们抓了起来，严加审讯。而他们只能表达效劳祖国的热忱，却提不出任何证据来。军方指其嫌疑重大，准备全体予以枪决，免贻后患。幸亏当时惠州指挥所有一位姓陈的军法官，觉得该案全判死刑，有欠慎重。

凑巧的是，此时丘念台率东区服务队正在惠州驻扎，陈军法官知道丘念台和台湾关系很深，便请丘念台再审问一次。丘念台跟他们见面后，"他们都坚决表示不是替日本工作，并各自述说爱慕祖国的热忱挚意，而且他们的父兄亲友，有些我都知名，所以容易了解其实情"。丘念台认定他们是真心回祖国参加抗日的爱国青年，不可能是日本间谍。"于是我叫他们各写陈情书一份呈送上级，并替他们请求暂免执行枪决，解往后方察看侦审。"[1] 当时，蒋碧玉和黄怡珍都已有孕在身，这样，丘念台实际上就救了钟浩东他们五个人的七条性命。

临别，丘念台特别勉励钟浩东等人说："你们贸然回国参加抗战的热情，虽然可嘉。但你们有几点要好好考虑的：第一，入国手续不清楚；第二，不谙国情，不认识任何人；第三，虽然你们的家长，我都认识，却不认识你们，又怎么能替你们担保呢？虽然我不能完全保你们，至少，你们目前已没有生命的危险了。我将请求政府给你们表现的机会，你们也必须以行动来证明，你们的确是来参加抗战的。"[2]

丘念台走后，钟浩东五人在惠州又被关押了一个多月，随后被押往广西桂林军事委员会。一路上，他们有时坐船，有时坐货车，大多数时间靠两条腿走路。晚上在当地监牢里过夜，有时候和普通犯人关在一起，有时把他们关在同一个房间，地上偶尔铺些稻草，就算是最优待的了。吃的都是拌有很多沙石的糙米饭，蒋碧玉回忆说："对已怀孕的我们来说，这饭实在是难以下咽呀！"[3]

---

① 丘念台：《岭海微飚》，第 210、211 页，海峡学术出版社，2002 年 10 月。
② 蓝博洲：《幌马车之歌》，第 50、51 页，台海出版社，2005 年 8 月。
③ 蓝博洲：《幌马车之歌》，第 50、51 页，台海出版社，2005 年 8 月。

就这样，他们足足走了半年的时间，直到当年 11 月才被押送到桂林军事委员会。

在桂林他们被监管了一个月。其间，他们认识了一个南洋的华侨青年，他也是因为回国参加抗战，却被误认为是共产党而被关了起来。

一个月后，他们经再审后被调往广东曲江（韶关）全体释放了。钟浩东和李南峰被送到民运队受训，有护士和医生资历的蒋碧玉和萧道应夫妇，则被安排到南雄陆军医院工作。

丘念台得知钟浩东他们获释的消息后，十分高兴。1941 年 9 月，由丘念台出面请准上级，将他们 5 人全部转到东区服务队来工作。从此，东区服务队有了五位台湾籍的爱国青年参加前线的抗日战地工作，更增添了东区服务队的实力和特色。

然而，这五位台籍爱国青年下决心来东区服务队工作，并非易事！

当时，他们面临着两条路可以选择：一条是应谢南光之邀[1]，去大后方重庆工作；另一条则是追随丘念台，参加东区服务队，到罗浮山前线做战地工作。稍加讨论后他们一致认为，"我们原本就是要回来参加抗战的，如果到后方的话就没什么意思了。"[2] 于是决定选择去罗浮山东区服务队工作。可是他们马上又面对一个更大的难题，那就是因为到前线工作的需要，丘念台在来信中明确要求他们五个人必须一起行动，并且要他们切断母子亲情，把孩子送人抚养——那时，钟浩东/蒋碧玉夫妇和萧道应/黄怡珍夫妇，已分别育有七、八个月大的男孩——继坚和继诚。

俗话说："孩子是母亲的心头肉"，特别是萧太太，在台湾时已经堕过一次胎，心里总是舍不得再扔掉这个白白胖胖可爱的孩子，所以一直在犹豫着。两位年轻妈妈整整痛哭了两天三夜，才下定决心把孩子送人。几十年之后，

---

[1] 谢南光（1902—1969），原名谢春木，台湾彰化二林人。日本东京师范高等师范学校毕业。1927 年与蒋渭水等人共组台湾民众党，任秘书长兼机关报《台湾民报》主笔。1931 年被日本殖民当局列为"要犯"逃往上海。1932 年参与筹组上海华侨联合会，募捐支持十九路军抗日。"七七事变"后他全力投入抗日战争，1940 年在重庆参与筹组和领导"台湾革命团体联合会"，致力于光复台湾的事业。抗战胜利后，任国民政府驻日代表团专员、政治组副组长。后参与策划驻日代表团起义"投共"未成被开除职务。1952 年 5 月前往中国大陆，先后任全国政协委员、全国人大常委会委员。

[2] 蓝博洲：《幌马车之歌》，第 50、51、55 页，台海出版社，2005 年 8 月。

黄怡珍回忆当时自己痛苦挣扎的心路历程说：

"我原先想，他们四个人去就好了，我一个人留下来照顾小孩吧。在那段犹豫期间，老萧就劝我说：'当初，我们既然愿意放弃家庭，牺牲一切，回到国内参加抗战，如今怎能为了小孩而前功尽弃呢？'他希望我能好好考虑，自己决定。对我来讲，这个决定的确是非常困难，因为我实在很舍不得小孩。可我又想到，我们五个人原本就是为了抗战而一起回到祖国，若是为了我一个人而耽误大家到前线工作，也是不对的。既然工作上需要，我也只能切断母子之情，把孩子送人抚养了。虽然心中痛苦，却不得不如此。想到这里，我于是下决心把孩子送人……"①

孩子送走的当晚，萧太太又伤心痛哭了好一阵子。住在客栈隔壁的钟浩东听到哭声后，劝慰自己的太太说，"你比较坚强，不可以哭，你要是哭，她会哭得更伤心！"②

按照当地的风俗，人家领养了你的孩子，你就要和孩子切断关系。由于孩子是送到委托人（第四战区司令长官张发奎的妹妹张三姑）家中再转送的，所以他们只知道领养孩子的人家姓什么，至于叫什么名字？家住哪里？则是一无所知。"这次离别，不知何时母子才能见面？想起来，真是痛苦。"蒋碧玉说。③

世事难料，人生无常，直到47年之后的1988年，历经磨难的蒋碧玉经过一番曲折，才终于把长子钟继坚寻找回来。然而令人痛惜的是，萧太太的儿子萧继诚，却早已夭折不在人世矣。

孩子送走了，他们强压住内心的痛楚，背起包袱，踏上征程，前往罗浮山东区服务队。

蒋碧玉回忆说："9月的天气很爽朗，我们每天徒步赶个五六十公里路，还不算什么难事。天黑时，就找个小旅社过夜。我们一路走得非常辛苦。到后来，鞋子破了，脚也起泡了；路，越来越难走了。还好，到了东江下游就有船可坐了。这样，熬过了十二天的水、陆行程，终于在天就要黑的黄昏时分，到达位于罗浮山山脚的东区服务队驻地——博罗县福田乡徐福田村。丘

---

① 蓝博洲：《幌马车之歌》，第50、51、55页，台海出版社，2005年8月。
② 蓝博洲：《幌马车之歌》，第50、51、55页，台海出版社，2005年8月。
③ 蓝博洲：《幌马车之歌》，第50、51、55页，台海出版社，2005年8月。

先生并且替我们取了化名，和鸣叫浩东，我则改称蕴瑜。"①

　　钟浩东五人加入东区服务队后，集体的学习生活使他们进步很快。由于在台湾所受的是日本奴化教育，他们中文和普通话都不太通，入队后通过自觉地学习，一段时间后已经能讲、能写，也能够阅读队部里数量不少的各种中文藏书了。

　　他们入队后的主要工作，是协助审问日本俘虏。由于他们通晓日语，兼用温和态度对待日俘，所以常常能够问出许多有价值的情报来，提供给军方参考。除此之外，他们也和其他队员一样，充当战时小学和妇女夜校的义务教员，并经常深入到罗浮山周围半沦陷区各个村镇，从事街头宣传，组织民众，做敌前敌后的群众政治工作。很快，钟浩东等五人便都成为东队中的骨干。特别是学医的萧道应和护士出身的蒋碧玉，更是成了东区服务队不可或缺的"宝贝"，他们除了要完成队里交给的日常工作之外，还要充当医务人员。

　　当时，罗浮山区疟疾横行，当地百姓普遍都有面黄肌瘦、肝脾肿大、手脚溃烂的后遗症。萧道应了解到这种情况后，赶忙采取措施加以医治。

　　黄怡珍回忆说："老萧于是要我和碧玉用灰锰氧帮他们消毒，然后用黄药水涂抹患处，并劝导村民不要喝生水。渐渐地，患者手脚的溃烂都长出新细胞而愈合，抵抗力也增强。老肖同时考虑到不让疟疾'周而复始'的最好办法，就是让患者服用奎宁。他于是建议东服队所有队员，每个月每人省下零用金（3元），到沦陷区购买奎宁、阿托品和黄药片（雷佛奴尔等药品）……然而，自从零用钱节省下来买药后，队员们却没有钱买肥皂了。老萧于是又教大家自制肥皂。他用铲子把烧洗澡水用的稻草堆（不用捣散）铲出来，放在桶里，再注入开水。这样，碱水就出来了。我们于是用碱水洗头、洗澡、洗衣服、洗厨房用具，结果，不但洗得很干净，而且也不伤皮肤。"②

　　这一年，罗浮山区恰好闹旱灾，米粮缺少，正是"米贵猪肉便宜"的年头。每天，东区服务队只开两顿饭，大家的饭量都很大，可没过多久肚子又饿了。萧道应考虑到大家的体力经常透支，营养又不够，于是他从专业立场出发，

①　蓝博洲：《幌马车之歌》，第57页，台海出版社，2005年8月。

②　蓝博洲：《幌马车之歌》，第57页，台海出版社，2005年8月。

向队里提出建议，拿大米跟当地农民换猪肉。他说，多吃猪肉不但可以补充营养，而且可以减少大家的饭量。"果然，大家吃了猪肉后，因为肚子里有了油水，大家的米饭也就少吃多了。"[①]

八、棒打三对鸳鸯

1941 年的初冬，就父亲个人来说，经历了一次感情上的巨大挫折和考验。

据蒋碧玉回忆说，钟浩东他们五人到达罗浮山加入东区服务队时，队内人数"已增加到 20 多人，其中，女队员有 5 人"。[②] 这五位女队员中，除了刚入队的蒋碧玉、黄怡珍之外，其余三人是早在蕉岭文福乡时就已入队的丘应棠和她的两个堂妹丘申容、丘兰茝。

丘氏三姐妹加入东区服务队后，没有丝毫大家闺秀的骄娇二气，她们继承了客家妇女的传统美德，特别能吃苦耐劳，为了抗日救国的神圣使命，四年来她们克服了数不清的困难，和男队员们一起辗转潮汕、惠阳、博罗等地，历尽艰辛。他们一起学习，一起工作，一起生活，一起背着背包跋山涉水，徒步行军，摸爬滚打，同甘共苦，培养起了深厚的战友情谊。丘氏三姐妹，更是得到大家的敬重和喜爱。青年男女朝夕相处，不免日久生情，正值妙龄的丘氏三姐妹，除了丘应棠的芳心早有归属，正在和我父亲徐森源热恋中之外，此时申容、兰茝两姐妹，也已经是名花有主，分别有了自己的意中人——林启周和何成陆。

在东区服务队里，徐森源 / 丘应棠、林启周 / 丘兰茝、何成陆 / 丘申容，这三对恋人经常出双入对，一有空闲时间就单独外出散步，吃饭在一起，河边洗衣在一起，外出工作时也要求能安排在一起，虽然并未影响工作，但在作为长辈又是一队之长的丘念台看来，如今国难当头，青年人应该一心为抗战奉献心力，年纪轻轻就谈恋爱，影响实在不好。他忍耐了好长一段时间，也分别找她们三姐妹单独谈过话，但热恋中的青年男女，哪里听得进去？于是 1941 年初冬，丘念台考虑再三，下定决心，采取断然措施，亲自护送三姐

[①] 蓝博洲:《红色客家人》，第 138 页，台海出版社，2005 年 8 月。

[②] 蓝博洲:《红色客家人》，第 138 页，台海出版社，2005 年 8 月。

妹离开罗浮山，返回蕉岭家乡，另作安排。丘氏三姐妹虽然恋情难舍，一百个不愿意，但丘家家教一向极严，又岂敢违拗？只得乖乖跟着丘念台回了蕉岭老家。呜呼！这三对鸳鸯，就此各奔东西，活生生地被拆散了。

父亲和应棠阿姨青年时代的这段恋情，直到晚年他们两人也不否认和回避。

记得我长大成人后，父亲曾几次跟我提及这件事。他还向我透露，当时他还为此专门去找丘念台的太太梁筠端，对她大发脾气，大吵了一场。父亲始终认为，拆散他们的始作俑者必定是丘念台的太太，"她嫌咱徐家穷，门不当户不对"父亲说。

父亲和应棠阿姨当年谈恋爱的事，村里老一辈的人都知道，等我长大些懂事后，有好几个长辈告诉过我。我却对他们说："哈哈，好在他俩儿没成，要是成了，那就没我了！"真是童言无忌，听得他们直乐。其实，再往下想，父亲和应棠阿姨当年要是真的成了，岂止没有我了而已？历史真是微妙，人生无常，走着走着它就突然会拐弯，走到另一条路上去，人们只能顺势而为，事先是无法设计好的！

20世纪80年代中期，海峡两岸隔绝近四十年的坚冰开始解冻。1988年6月，我偕同妻儿一家三口到香港与母亲首度相会，没料想应棠阿姨也专程从台湾赶到香港来看我们，并到金店专门选购了一个雕有"一帆风顺"图案的金戒指送我。见面后，她一再对我和黄志平教授合作撰写她祖父丘逢甲的传记表示赞赏和感谢。我则特别告诉她："《丘逢甲传》的写作得到过父亲的很大帮助和鼓励，30多万字的初稿草就后，父亲带病审稿，提了很多宝贵的修改意见，这是他老人家生前审阅过的最后一部书稿。"应棠阿姨听闻后，神情激动，眼含泪花，当着我母亲的面，声音微颤地只说了一句话："看来我没交错这个朋友！"——应棠阿姨口中所说的"朋友"，真实意涵是什么？是指一般的朋友，还是指有恋爱关系的男女朋友？

其实，丘念台对我父亲一向十分欣赏和信用，后来我才知道，他之所以狠心拆散自己宝贝女儿的美好姻缘，是有他不得已的苦衷的。

20世纪90年代，黄志平教授曾经为此事专门询问过了解实情的念台先生的侄子丘晨波先生，以下是黄教授对这次谈话的回忆记录："有一次我问晨波先生，既然应棠姐与博东的父亲徐森源谈过恋爱，为什么没有结合，却嫁给了王致远呢？他说，这事说来话长，也是当时环境使然。他们年青时代在梅州东山中学读书，徐森源读高中时十分活跃，做过学生会的文艺股长，热心抗日宣传工作。应棠比他小几岁，正在读初中，两人相交相知，后来发展到谈情说爱。琼伯有些担心，认为青少年应专心读书，关心国事，那时日本已占领了东北。更主要的是，他们发展到恋爱关系之后，整个丘家都不以为然，四叔公（瑞甲）、五叔公（兆甲）等都表示反对。历史上蕉岭丘、徐两姓本有历史恩怨纠葛。蕉岭县城内徐族居多，城外东、西则丘姓为多，本有夙怨嫌隙，现在丘逢甲的孙女要嫁到城内徐家，丘姓族人大都反对。"①

蕉岭丘、徐两姓历史上的所谓"夙怨嫌隙"，据丘晨波先生说，是指城西的徐翰俦曾与梅县黄遵楷（黄遵宪胞弟）等联名向清廷密告丘逢甲是孙文（孙中山先生）的党徒，图谋"造反"，清廷派凤山将军到粤就任总督前，拟到任后即缉拿"革命大绅"丘逢甲到案严办。丘的许多学生挚友都是孙中山思想学说的信仰者、同盟会员。可是凤山刚到广州，便被革命党人温生才炸死于仓前街，丘逢甲才得以幸免于难。1911年10月，武昌首义成功，11月9日，在丘逢甲等人的运作策划之下，广东和平光复，胡汉民出任都督，宣布脱离清廷而独立。丘逢甲的五弟丘兆甲（1882—1956）在蕉岭乘机夺权，迫使清吏作鸟兽散，于是丘兆甲成了民国初年的第一任蕉岭县长。

丘兆甲走马上任当上县长后，下令拘捕曾经参与密告、迫害过他哥哥丘逢甲的徐翰俦。广东革命军政府指令将徐翰俦解押到省城待审。丘兆甲奉命执行。要知道，那个年代粤东北山区交通十分不便，从蕉岭到省城广州，相距近五百公里，那时梅穗公路尚未完全修通，只能由梅县松口坐船，沿韩江南下到潮州，再转赴广州。丘姓人得知徐姓人正设法营救，拟请潮汕铁路策划、资助人张榕轩等出面，向广东军政府陈情赦免徐翰俦。丘姓人怕途中生变，便密商"半路解决"。于是押解徐翰俦到河堤附近时，便枪杀了徐翰俦。随后向广东军政府报告，谎称徐某意欲逃跑，不得已才开枪击毙云云。徐姓人对此愤愤不平，丘、徐两族就此积怨加深。②

① 黄志平:《关于丘、徐两姓交恶往事的若干情况》，手写稿。
② 黄志平:《关于丘、徐两姓交恶往事的若干情况》，手写稿。

　　由此可见，蕉岭丘、徐两姓的历史恩怨纠葛累积多年，在这种社会历史背景下，家族姓氏之间的婚恋当然也不免受到影响。丘念台尽管对先父并无恶感，甚至颇为信任与欣赏，但受到丘家长辈乃至整个家族的很大压力，也不能不忍心拆散父亲和应棠阿姨两人的姻缘了。"其次，也可能丘家自视是书香宦家之后，而徐森源与徐翰俦虽无直接关系，但徐森源家只是靠他父亲营商管理有成才发迹起来的小康之家，这些门户观念，可能也是影响他们这对有情人未能'终成眷属'的次要原因。"丘晨波补充说。①

　　不过，据我所看到的资料，事实上徐翰俦并未参与具名"密告"丘逢甲。1985 年底，为撰写《丘逢甲传》，我到北京中国第一历史档案馆搜集有关史料时，有幸查阅到一宗清末珍贵档案，题为:《广东举人黄遵楷等揭告在籍工部主事丘逢甲等与革命党人通声气禀》。从这篇禀文的标题、内容和写作时间来看，这无疑就是当年黄遵楷等一批梅州乡绅"密告"、陷害丘逢甲的铁证。具名者共计五人，领衔者为"广东嘉应州举人黄遵楷"，其余四人分别为:"兴宁县举人罗翙云、长乐县举人陈元烽、平远县拔贡生韩宗琦、镇平县举人陈展麒。"②嘉应州即梅州，镇平县即蕉岭县，镇平县乡绅参与具名"密告"丘逢甲的只有"举人陈展麒"一人，徐翰俦并未参与具名。看来，徐翰俦是代人受过，被冤枉的。正所谓"城门失火，殃及池鱼"，徐翰俦既被冤枉，连带着父亲与应棠阿姨的美好姻缘，也因此而被拆散了。

　　当然，徐翰俦未参与具名，并不能完全排除他参与过谋划"密告"丘逢甲，或许因为他不具有"举人"或"拔贡生"的功名身份，社会地位不够，不便参与具名。俗话说"无风不起浪"，丘姓族人手中握有徐某参与密谋的事证也未可知。但不管怎么说，至少徐翰俦不是"密告"丘逢甲的核心人物，则是确定无疑的。

　　徐翰俦曾任职于江西等地，爱好诗文，也算得上是清末的一位地方文士。乙未年丘逢甲在台抗日事败，携家小内渡大陆，返归祖籍镇平（蕉岭），筑庐淡定山居。有资料显示，其时丘逢甲与家住镇平城西的徐翰俦曾有过交往，

---

①　黄志平:《关于丘、徐两姓交恶往事的若干情况》，手写稿。
②　徐博东:《史海拾贝——徐博东历史文集》，第 211 页。

两人互有唱酬。① 但此后却因政见不合，加之丘逢甲又远赴省城任职，常住广州，很少返乡，两人关系逐渐疏远，徐某参与谋划"密告"丘逢甲亦不无可能。而丘逢甲的胞弟丘兆甲，在手握大权后寻机报复，这也从一个侧面反映了清末民初新、旧两种社会政治力量的消长和蕉岭城乡姓氏之间的矛盾与纷争。

丘应棠被迫离开罗浮山回到蕉岭后，不久就考进了梅县南华大学读书。毕业后先后在平远县石正中学、梅县畲坑中学任教，后与时任中共地下党梅县中心县委书记的王致远恋爱结婚②，育有二子一女。抗战胜利台湾光复后，他们夫妇二人和我的父母亲，又都不约而同地双双去了台湾，而且成为经常见面的好朋友，我的大弟基东还认应棠阿姨为干妈。更加传奇的是，1949年10月，王致远叔叔和我父亲，这两个同在台湾从事中共地下工作但相互并没有直接组织关系的好战友，因同时受到"基隆中学事件"的影响，在地下党组织的安排下，同乘一架飞机，撤往香港，尔后又返回大陆。从此两家人都隔海相望，妻离子散几十年，同病相怜，成了难兄难弟。

自左至右：徐晓东（博东子）、丘秀强（丘应棠族弟）、徐思东（博东三弟）、潘佩卿、丘应棠、丘燕明（应棠侄女）、王致远、徐博东（1997年1月24日，罗浮山冲虚观）

和基东与应棠阿姨合影于台北

---

① 黄志平：《关于丘、徐两姓交恶往事的若干情况》，手写稿。

② 王致远（1918—2010），原名王森泉，出生于广东省潮安县城，抗战爆发后，参加普宁县青年抗日救亡同志会，1938年4月加入中共，1941年春任中共梅县县委书记，1942年夏任潮澄饶特派员。抗战胜利后，被派往台湾从事地下工作，1949年返回大陆，先后任广东省政法委员会办公室主任、广东省司法厅副厅长、华南师范大学政治系主任、院党委宣传部长、广东省哲学社会科学学会联合会秘书长、广东省社会科学研究所副所长、广东省社会科学院院长等职。

九、再撤横沥，母亲和淼叔加入东服队

丘氏三姐妹离开罗浮山不久，1942 年夏，因受战事影响，东区服务队被迫再次后撤横沥，在那里继续做"安政教民"的工作。

东区服务队这次在横沥待的时间不长，大约只有三个月的光景，但对父亲乃至我的整个家族而言，却意义非凡。正是在这一年的下半年，我的母亲潘佩卿以及叔叔徐淼源（亩元），先后加入了东区服务队。

潘佩卿（1921—2006），广东惠阳淡水镇山子头客家人。先祖自闽迁粤，先定居顺德，后迁淡水。潘家世代为官宦书香门第，祖上曾先后任广东教谕、刺史、奉政大夫、奉直大夫、修戬郎等多种官职，获得过列贡生、附贡生、监生、廪贡生、郡廪生等功名[①]。母亲说，她小时候潘家祖屋大门的门楣上，悬挂有一块不知哪个年代留下来的字迹斑驳的"文魁"匾。母亲的父亲潘逢修育有三子二女，大哥齐秭、二哥齐平、大姐佩琛都比母亲岁数大很多，唯有小弟齐钧年岁跟她相近，常在一起读书玩耍，所以感情最好。潘家子女自幼深受世代传承的家风所熏陶，多长于书画。母亲也不例外，每有得意的作品，即挂在祖屋厅堂中供大家鉴赏。晚年母亲常说，她有个快乐的童年。

然而这种平静、快乐的生活并没能长久维持下去，日寇入侵中国后，千千万万个像潘家这样的小康之家遭到空前浩劫，妻离子散、家破人亡者所在皆有。1938 年 10 月 12 日，日军从广东大亚湾登陆，华南战争爆发。次日，日军出动多架飞机，对惠阳市狂轰滥炸，大批房屋倒塌，火光冲天，百姓死伤惨重。近在咫尺的淡水镇自然也难逃厄运，山子头潘屋不幸中了一颗炸弹，老屋全毁，家产被大火烧了个精光。飞机轰炸过后不久，日军一路杀向淡水、坪山、惠州、东莞、博罗、增城，直扑广州，沿途烧杀奸淫，淡水几乎被夷为平地。

"这是当年日本鬼子炸弹炸的，老屋只剩下这堵墙留了下来。幸亏当时全家都逃出来了，不然……"——四十多年后的 1984 年，我为撰写《丘逢甲传》到汕头搜集资料，事后专程到惠阳淡水镇拜见小舅潘齐钧。甫进家门，年逾半百的小舅，领着我参观后来重新修复起来的潘屋，他指着房间里一堵

---

① 参见《惠阳淡水山子头潘氏族谱》，打印稿。

黑乎乎的老墙，对我说，"修复老屋时特意留下这堵老墙，以警示潘家后代子孙不忘日寇的暴行！"日军飞机轰炸惠阳淡水时，母亲 17 岁，正在读高中，她目睹了日寇的暴行，义愤填膺，站在仅剩下断壁残垣的自家老屋前，对日寇的仇恨从心底油然而生。

从此，她和许多爱国热血青年一样，决心投身抗日前线，保家卫国。1942 年夏，母亲甫从广州大学计政专科班毕业，此时，恰逢丘念台率领东区服务队从罗浮山撤退到横沥。母亲对东区服务队在横沥、罗浮山一带的抗日活动早有耳闻。她得到消息后，兴奋莫名，急不可耐的约了几个要好的同学，一同步行到离横沥镇十二华里的小楼村，加入了东区服务队。这时，母亲芳龄 21 岁。

母亲平日话语不多，性格沉静温柔，不仅年轻漂亮，而且能歌善舞，又画得一手好画。参加东区服务队后，母亲被安排到乡下战时小学当义务教员。她的特长得到了很好的发挥，教孩子们识字、画画、唱抗日歌曲，与队员们一起编演抗日街头剧等等，东奔西跑，乐此不疲。因为她是学会计专业出身，不久念台先生又委派她担任会计工作，参与队里的财务管理。没过多久，聪慧能干的母亲就成了东服队里的骨干队员。

母亲潘佩卿加入东区服务队后不久，我的叔叔徐森源也追随父亲，从蕉岭老家来到横沥，加入了东区服务队。

前面讲到，早在 1938 年冬，父亲离开墩背老家去文福乡参加东区服务队时，森源叔就闹着要跟去，只因他当时年仅 12 岁，小学都还没毕业，阿婆无论如何也不肯让他去。转眼四年过去了，森源叔从初中肄业，是 16 岁的准小伙子了。

我长大以后隆森叔常跟我说："你阿爸比我大一岁，你森源叔比我小六、七岁，那时候你阿爸在梅县东山中学读书，不常在家，所以你森源叔总喜欢跟在我屁股后边。他从小就很讲义气，人很聪明，但不喜欢读书，性格倔强，又好赌博，常常把家里的东西偷偷拿去赌，你阿婆拿他一点办法也没有"。

1942 年夏秋，森源叔从初中肄业后被村中的乐群小学聘为代课教师，可是开学没过多久，他就被学校解聘了，原因是他根本无心任教，常常不按时去上课，一心想去罗浮山前线找我阿爸，参加抗日。那时隆森叔已经离开家乡，考进了黄埔军校七期，去了贵州独山。阿婆拗不过森源叔，在他一番软磨硬泡之后，是年冬，只好答应他去找我阿爸。

森源叔这一走，家里就只剩下我阿婆、燕娇姑，还有我那已经疯疯癫癫的阿太三个妇人家了。

"那时候家里穷，上路时阿婆只给了我很少一点路费。"——几十年后，森源叔曾亲口对我说："长大后我第一次离家出远门，也不知道哪儿来的一股闯劲。那时候客用汽车大都是老爷车，不但很老旧，而且为了节省汽油，车屁股上还加装了一个烧木炭作燃料的土制煤气发生炉，马力不足，再加上碎石泥土路常年失修，坑坑洼洼，所以车子开得很慢而且颠得要死，从蕉岭到梅县车子就整整跳了半天时间。第二天天蒙蒙亮，再坐这种老爷车从梅县出发，经兴宁到老隆（今龙川），直到天都黑了才到。这时候路费已经用光了。从老隆到惠州要坐船，没钱买船票，只好靠两条腿走路。肚饥了，就跑到番薯地里偷挖人家的番薯来充饥；口渴了，拿出茶盅来舀点小溪里的水喝；天黑了，就在人家屋檐下过夜；过河要坐摆渡船，没钱给船家，我不敢吭声，船到了对岸，只好拿块肥皂给人家当船资……"

从老隆到横沥，年仅十六岁第一次出远门的森源叔，足足走了好几天，双脚打了好几个血泡，鞋都磨破了，又累又饿，终于在一个月黑风高的半夜里，摸到了横沥镇小楼村东区服务队驻地。"这时候已是夜深人静，他只知道我在这个村子里，却不晓得我住在什么地方，他就绕着村子扯着嗓子喊我的名字：'徐森源'、'徐森源'地乱喊，嗓子都喊哑了，终于把我给找到了。乍一看我都快认不得了，头发长长的，蓬头垢面，又黑又瘦，就跟要饭的乞丐差不多！"父亲在一旁心痛的补充说。

就这样，森源叔成了东区服务队里年纪最小的队员。

森源叔加入东服队后，先是被分配到队部的文牍组工作，后被调到内务组，东区服务队重回罗浮山前线后，又被安排到附近村庄当小学教员。

东区服务队两次驻扎横沥，为横沥周边地区战时教育事业的发展做出了重大贡献，当时队员们除了分散到各校担任义务教员（如，黄怡珍即在离横沥镇半个多钟头步程的里东小学教书）之外，还替这些小学到梅州去招聘了一批思想进步的知识青年充当校长和教师。黎明华、吴平、林源（陈枫）、钟国员、陈开宗（陈扬）、巫鄂（李密）、王中砥、张展铨、张光仓、徐新杰等二三十人，都是在这个时候应聘担任教师工作的。当时，主持招聘工作的就是我的父亲徐森源。

家在梅县松口沙湖村的黎明华，晚年曾在"自传"中详细谈到他当年应聘的经过："上午我们去找了报社的刘编辑，……他说可先给我介绍，要我去找徐森源先生，他们是东中同学。于是当即偕同去报名，见了徐先生，约略介绍了我的经历。徐先生那时大约二十六、七岁，是丘念台的得力干部，中等身材，目光炯炯。他说要三天后才考试，考试后三天放榜。……（我）在码头告别母亲、外婆、九舅和表弟锦生，乘一艘小火轮离开松口。……第二天才到东服指定的集合地点凌风东路附近的梅江桥畔候车出发。上了车开车以前，丘念台先生对大家说：'欢迎大家到接近前线的地方去服务教育工作，那里因为直接或间接受过战争的破坏或威胁，许多学校停办，儿童失学，需要后方的支援。我们这批人前去服务，具有特殊意义，不单纯是一项教育工作，也是战地政治工作的一部分，是抗日战争的一环。'他嘉勉我们能够应征应聘，足见我们鼓了很大信心和勇气，为国家民族尽一份心力。"[①]

随后，黎明华这批新应聘的教师由丘念台亲自带队出发，一路或坐车，或乘船，或步行，晓行夜宿，艰苦跋涉了好几天才到达横沥。

黎明华回忆说："当晚东区服务队给我们举行了欢迎会，丘念台先生作了简短的欢迎致辞，然后由森源介绍队史，钟浩东作了招聘的经过和准备分发的概略，再来就是自我介绍姓名。完毕以后就进行余兴节目。余兴节目进行得很精彩。首先由东服队员齐唱队歌：'南海风波恶，惠博增从落，白云山下倭兵着……'歌声沉痛、慷慨、激昂，由念台先生亲自撰词，队员林鋆作曲。队员中有位作曲家，真是藏龙卧虎；李伟英唱《送郎上前线》；潘佩卿唱《黄河怨》；李南锋、□□□唱《河边对口曲》：'张老三，我问你，你的家乡在哪里？'，不禁使人为之震动……李伟英、蒋碧玉、潘佩卿、黄怡珍、徐森源、古观今又唱又跳新疆民歌《青春舞曲》，获得满场掌声。最后我们齐唱《太行山上》，再合唱《保卫黄河》。激昂慷慨雄伟的歌声，远远在村外的田野

---

① 黎明华：《黎明华回忆录》，第304—305页，未刊稿。

山岗上回响。在小楼东服队住了三天等待分发，每天一早全体应聘教师都偕同东服队员到驻地后面的山坡早操，练唱新歌曲。这三天练唱的是江南三部曲中《烟雨漫江南》《清樟河》和陈开宗带来的《再会吧！香港》……"①

当时，东区服务队生活条件的艰苦，给黎明华留下了深刻的印象："东区服务队同当时所有军队一样，一天吃两餐，上午九时，下午四时，第一天当真是不习惯，下午二、三点钟就觉得饿了。吃的是军糙米，不但是糙米，还带有许多砂粒，而且差不多都被虫蛀过。应聘教师无不替东队队员感到委屈，但他们倒好像习惯成自然了。森源说，'如果一切都如意，还谈什么改造社会？'炊事由队员轮流担任，所以他们每个人都学会煮大锅饭，炒菜。他们的副食费很少，平日就只是青菜、豆腐、咸菜、出名的惠州梅菜。一个礼拜加菜一次，才见得到肉、鱼、蛋之类。吃饭并没有用碗，每人都用自己漱口盅。几日的共同生活，使我们深深体会到他们生活的艰苦。丘念台先生也同大家一样生活。当时他大概近五十岁，他们都叫他'老头子'，其实他除有长者之风外，精神矍铄，一点也不显得老，只是牙齿坏了很多，吃起饭来慢吞吞的，看得出在这方面他倒是很辛苦的。"②

东区服务队这批满怀抗日激情的年轻人，就是在生活条件如此艰苦的情况下仍然意气风发，保持着高昂的士气，这令刚刚来到东服队的黎明华十分感佩。不过，最让他惊奇的还不是这些，他说："另外，东区服务队使我更讶异的是：队里有许多书刊，半数以上是左派的作品。毛泽东的《论持久战》《论新阶段》《新民主主义》，陈伯达的《新三民主义》，还有艾思奇、沈志远等左派理论作品如《大众哲学》《新经济学》及翻译作品如《政治经济学教程》《辩证法唯物论》《唯物辩证法》《历史唯物论》《联共（布）党史简明教程》，以及肖洛霍夫、高尔基的文学著作，甚至还有重庆《新华日报》的旧报纸。据我所知，抗战初起一二年，共党左派书刊固然许多地方都公开贩售，部队政治工作队也有左派书刊，但皖南新四军事件后，就渐渐消失了，而东服却仍然如故，不单如此，东服的同志们，几乎个个都属当时所谓的'前进份子'，言论观点与我松口几位朋友有过之无不及。丘念台先生以个人声望吸

---

① 黎明华：《黎明华回忆录》，第304—306 页，未刊稿。
② 黎明华：《黎明华回忆录》，第304—306 页，未刊稿。

引这批年青人，而他又能容忍这批年青人的思想形态，倒是一件异数，这也许就是当时人们所称的开明人士的属性吧。"[①]

黎明华的上述回忆，印证了卓扬、我父亲徐森源等东服队老队员的说法确实不虚。和黎明华一起从梅县招聘来的这二三十位小学教员，后来有相当一部分人（如黎明华、梁世堉、王中砥、巫鄂[李默]、李荒、陈开宗、张展铨、张光仑、徐新杰等）先后正式加入了东区服务队。

十、三上罗浮，创办罗浮中学和博西补校

1942年秋，东队离开横沥，三上罗浮。

那个时候，丘念台时常离队到后方去活动。丘离队期间，经常代理队长的父亲回忆说："东区服务队调回罗浮山前线以后，经费越来越困难。国民党发的一些经费（包括丘琮'少将参议'薪津在内），由于通货膨胀，愈来愈不值钱。国民党原来拨给的一些'军米'，也时有时无，经常接济不上，迫得我们不得不经常向驻地附近民众借米下锅。东队队员原来就没有工资，现在甚至连吃饭也成了问题了。在这种情况下，东队队员不但要自己轮流做饭，还要自己种菜、砍柴，以渡难关。俗话说'巧妇难为无米之炊'，东队到这种地步，如果不另谋出路是很难维持下去了。"[②]

后来几经商议，东区服务队决定在冲虚观创办"罗浮中学"，在白鹤观创办"博西补习学校"，同时准备把东队一部分队员安插到罗浮山附近各乡村小学去当教员，以作长久之计。

黎明华在其"自传"中较为详尽地记叙了当时东队筹办罗浮中学和博西补校的过程："在长宁再停留了一个白天，钟浩东、古培灵、萧道应各自来到长宁，向老先生报告筹设罗浮中学和白鹤补校的经过。我没事也在旁听，知道他们是分头到接近前线的各个大村庄去寻求当地士绅支持办学，据说都获得很热烈的支持，不少人当场还认了捐款。念台先生的构想，是在冲虚观设立罗浮中学，在白鹤观设立补习学校。博罗、增城、东莞都曾受战火蹂躏，

---

① 黎明华：《黎明华回忆录》，第304—306页，未刊稿。
② 徐森源：《战斗在罗浮山下——东区服务队在罗浮山区坚持抗战史略》，第8页，未刊稿。

一所中学也没有，罗浮山是一个最适当的办校地点。念台先生此议一出，即刻获得当地许多人的支持，博罗县长曾宪直和陈洁也极赞成。念台先生听过报告后，即刻指定由徐森源负责筹备事宜，钟、萧、古则继续负责对外联络工作。"①

正当他们紧锣密鼓地积极筹办罗浮中学和博西补校的时候，一天上午突然有人急匆匆跑来三星书室报告，说是徐福田村的徐姓与荔枝墩的曾姓，正在酝酿械斗，若不赶紧调解，怕是很快就会打起来了。

众所周知，旧时广东农村械斗频繁，全国闻名，村与村之间，不同姓氏之间，或因土地、水源的争夺，或因家族矛盾、圩场上的市场分配（如酒楼、茶馆、烟馆、赌场、当铺……）等等利益纠纷，动辄刀枪相向，拼个你死我活，严重影响社会的稳定。罗浮山周围的村庄更不遑多让，散落在民间的枪支原本就多，一旦有火花点燃，愈发不可收拾，即便在日寇强敌入侵之际，也未能止息。东区服务队进驻罗浮山后，其中的一个重要工作，就是协助当地政府调解地方械斗，引导民间武装顾全大局，团结抗日，保卫家乡。

于是队里召开核心小组紧急会议研商，大家一致认为，必须尽快找双方沟通，制止这场械斗，否则办学将无从谈起，但办学的筹备工作仍可同时进行，不能停摆。遂决定：（一）由念台先生亲自出马，就近先同徐姓沟通，再到荔枝墩曾屋与曾姓沟通，以图尽快化解徐、曾两姓的纠纷。丘念台并当场指定徐森源和黎明华陪同他去荔枝墩。（二）至于办学方面，则由古培灵、李南锋等人去找长宁、烂石乡长同去冲虚、白鹤两道观，找负责人洽商借用观场作校舍之事。另外钟浩东、萧道应等人继续与各乡士绅洽商经费支援事宜。徐森源则着手筹备建校开学事项，诸如宿舍、食堂、教室、桌椅、课本、教学用具之类。②

当日下午，丘念台即独自去徐福田村找徐氏宗族的族长阿楼伯和徐少鹏等沟通，徐森源则带同黎明华去找福田乡长，请他会同丘老同去曾屋沟通。乡长答应由他先去知会曾姓族长曾育中，约好时间再见面。

不料事态却急转直下，还没等福田乡长去找曾育中，这时曾屋的人已经

---

①　黎明华：《黎明华回忆录》，第 310 页，未刊稿。
②　黎明华：《黎明华回忆录》，第 345—346 页，未刊稿。

89

决定大干一场了。

次日清晨，天刚刚亮，东区服务队的队员们照例跑到村外约二百公尺的草地上，排成数行做早操，然后是唱队歌。刚唱到"南海风波恶"，右侧方约五百公尺的山头上突然"砰、砰、砰"枪声大作。队员们一阵紧张，一开始还以为是日寇突袭，赶紧各自往驻地奔跑。跑到中途，听到三星书室后面的山上也响起了枪声，这时候大家才意识到，徐、曾两姓的械斗已经开始了。

待回到队部，徐福田村才有人来通知说曾屋的人来偷袭，要他们不要外出，徐屋的人正在山上还击。这时山上又是枪声大作，大约过了一个小时，枪声才止息，传来消息说曾屋的人已经撤走了。事后清查双方都无人伤亡，算是不幸中之大幸。

此后，双方就在两村交界处对峙，每日都有枪战，时紧时松，徐福田到福田圩的道路因双方对阵而被封锁，使得东区服务队无法到圩场买菜，只好吃了两天的咸菜和萝卜干。后来徐福田的村民才带他们绕山路到福田圩，路程增加了两倍不说，还要上山下坡，让他们无端多吃了许多苦头。

械斗延续了一个礼拜，不仅当地其他姓氏的许多耆老及念台先生出面调解均告无效，而且双方还请了外村同姓氏的宗亲前来助阵：九子潭的徐屋宣布参战，派人攻击荔枝墩曾屋的侧背；而九子潭东边的曾家庄也出面增援荔枝墩的曾屋，攻击九子潭徐屋的正面。战线逐渐延长，并且周围许多村庄也酝酿要参战，情况危急。

国民党惠淡指挥所得悉械斗正如燎原之火不可收拾，赶忙派了一个团的兵马前来弹压，并声称如不停止械斗，将要入村收缴枪械。当地人最怕枪械被收缴，双方这才偃旗息鼓，各自撤兵并把枪械收藏起来，械斗方得平息。从开始械斗到结束，前后整整折腾了十天的时间。[1]

徐、曾两姓的械斗结束之后，按照原定计划，徐森源、钟浩东等东队的几位核心干部继续外出奔走，加紧筹办罗浮中学和博西补校。

经过一段时间的筹备之后，1942年仲秋，罗浮中学在冲虚观成立，由丘念台兼任校长，古培灵兼教务主任，徐森源兼训导主任，萧道应兼事务主任。

---

[1] 黎明华:《黎明华回忆录》，第345—346页，未刊稿。

与此同时，博西补习学校也在白鹤观成立，钟浩东兼任校务主任。教师方面则暂由东服队队员充任。由此，东区服务队的工作重心转向创办罗浮中学和博西补校。为方便就近处理办学的具体事务，不久之后，东服队的队部也从三星书室迁移到了冲虚观，但继续借用三星书室，作为东服队在山下的活动基地。

父亲回忆说："罗浮中学和博西补习学校既是正规学校，又有战地学校的特点，办学宗旨是培养热爱祖国坚持抗战的人才。学校领导方面除要求学生完成一般正规学校课业外，特别侧重对学生进行爱国主义精神教育。教员经常向学生报告时事，并结合上历史课向学生讲述中国历史上各个时期涌现的民族英雄的光辉事迹，结合上地理课向学生讲解抗日战争的形势等等。罗浮中学还组织学生进行野营、打猎等活动……"[1]

也就是在这个时候，过去曾经离开东区服务队的老队员黄炳辉、邓惠（云龙）、林鎏等人，先后回到东服队，加强了两校的教学和领导力量。

除了东区服务队队歌，念台先生还给博西补习学校作了一首校歌，作曲也是林鎏。歌词如下：

　　自修、自治、自卫、自强，
　　博西青年同此立场。
　　罗浮山苍，东江水长，
　　这里是我们的家乡，
　　有我们的田园祖堂，
　　断不容日本鬼子这般猖狂。
　　刻苦自省，奋斗团结，
　　要保家必保乡，
　　把它踢落珠江，
　　把它打回东洋。
　　自修、自治、自卫、自强，

---

①　徐森源：《战斗在罗浮山下——东区服务队在罗浮山区坚持抗战史略》，第9页，未刊稿。

发扬我们五千载民族荣光。[1]

由于政府不给经费补助，为了解决经费困难，罗浮中学和博西补习学校采取"取之于民，用之于民"的办学原则，"把学生缴交的米谷先粜出去，然后把粜谷所得的利润用来维持学校的各项开支"。[2] 当时，罗浮中学有学生二百多人，博西补习学校的干部也有一百多人，两校的教职员经常利用假日和星期天到罗浮山各村庄进行家庭访问，与学生家长建立感情，并趁机宣传抗日救国的道理，收到很好的效果。"借由这些学生和干部与其家长的接触交往，再加上分配到附近乡村小学当教员的队员骨干，东区服务队与罗浮山周围的民众建立起了相当紧密的联系。"父亲徐森源在"自传"中说。

黎明华的以下记述，证明了父亲的说法并非虚言：

"我们经过小店门前时，有一位中年男子问我们要到哪儿去，说天都黑了，不好赶路。我就把森源给我的通行证出示，并说明我们是丘念台东区服务队的人。那位先生自我介绍他叫陈为通，本地的甲长，他一再要我们留下住宿明天再走，他说此去长宁还有三十多里，摸黑难走。经他热情挽留，我们也就恭敬不如从命，随他到他家去。他让我们坐下休息，命他太太做饭煮菜，他自己去烧热水让我们洗澡。吃过饭后和我们聊了一会儿天。他表示十分钦仰念台先生，一位忠厚长者，有学问有地位的还那样吃苦耐劳。他告诉我们他有位侄子在罗浮中学，有位表弟在白鹤补校。我告诉他我也在补校兼课，姓黎。他'啊'了一声，说'你就是黎先生了，久仰！久仰！志明说过你上课很风趣，很会比喻，你用一枝竹管装水，压住一头，水管不出水，手松了水就出来。志明还表演给我们看呢，他还满得意哩！说什么空气也有什么压力呢。'以后他就改口叫我黎老师，聊了一会就让我们休息。次日一早，给我们准备了早饭。吃过饭后亲送我们出发，我要把食宿费算给他，怎么也不肯收，说在家靠父母，出外靠朋友，一粥一饭算得什么？走了一程以后我们再三请他止步，他才挥手跟我们道别。到东队以后我写了封感谢信给他，森源

---

[1]　由原东服队队员张展铨老先生提供。

[2]　蓝博洲：《红色客家人》，第140页，台海出版社，2005年8月。

还用东队信笺以念台先生名义附了一纸道谢函。"①

罗浮中学和博西补习学校在十分困难的条件下维持办学将近两年的时间，为罗浮山周围地区培养教育了一批有知识有文化的爱国热血青年，其中有不少人后来走上了革命道路。此后数十年来，虽因时代变迁，罗浮中学的校址几经搬迁，校名也是改来改去，但却从未停办，发展至今，成为远近闻名的博罗县最好的中学之一，为国家培养了一批又一批的优秀人才。

1997年1月，应棠阿姨约同母亲从台湾回大陆，专门打电话把我从北京叫到广州会合，随后一行数人驱车重返罗浮。车到罗浮山下的长宁镇，下车休息，见一约摸六十多岁的老翁坐在轮椅上正在街边晒太阳。我们上前搭讪，方知他是"离休老同志"，再一细问，竟然还在罗浮中学读过书，对念台先生和东区服务队印象深刻，真是"无巧不成书"！不过，他说他读罗中时东区服务队已经撤离罗浮山。后来他参加了东江纵队，和日本鬼子打仗时负了伤，东纵北撤时回到家乡长宁。当他听说念台先生就是应棠阿姨的父亲，她和我母亲都是当年东服队的队员，而且我的父母亲还是罗浮中学的创建者和老师，异常高兴，倍感亲切，无论如何一定要我们到离这里不远的他家里去坐坐，请我们吃完午饭后再走。

十一、演出白话剧《保卫黄河》

当时，东区服务队在罗浮山前线虽然经费困难，生活艰苦，但是队员们精神饱满，工作还是比较顺利的。

父亲回忆说："一方面，东队队员分散安插在罗浮山附近福田、长宁、烂石、横河等乡当小学教员的，他们既坚持了白天的教学工作，晚上又创办了很多青年、妇女夜校作为宣传据点，展开宣传教育工作；另方面，经过东队举办的博西青年讲习会培训的学员回乡后也配合工作。再加上罗浮中学、博西补习学校学生家长的同情和协助，当时，东区服务队在罗浮山地区形成了以东队队员为骨干和核心的工作网，坚持了罗浮山前线地区的抗日救亡宣传

---

① 黎明华：《黎明华回忆录》，第365—366页，未刊稿。

教育工作，鼓舞了半沦陷区的民心，打击了日寇扩大沦陷区的蚕食政策。"①

东区服务队将工作重心转向创办罗浮中学和博西补习学校后，抗日宣传工作并未因此懈怠。1942 年冬，为庆祝中国军队从日寇手中收复横河镇四周年，鼓舞军民的抗日士气，东队决定应横河乡民的请求，演出一场大型的白话剧。

念台先生对排演这出白话剧十分重视，亲自在三星书室召开队会研商，并指定由黎明华、陈扬和林枫三人负责策划，演出的具体日期，则定在当年 12 月初的头一个礼拜六。

黎明华等几个队员领受任务后，"决定排演《保卫黄河》，以冼星海的《黄河大合唱》为主轴，编成又演又唱的歌剧形式。第一场：《黄河颂》，徐森源主唱，其他人幕后伴唱，李荒胡琴伴奏；第二场：《黄河怨》，潘佩卿主唱，李荒胡琴伴奏，其他人演日军攻掠奸杀暴行；第三场：《逃亡》，李南锋、陈开宗主唱《河边对口曲》，其他人演逃亡难民，幕后伴唱《松花江上》；第四场：《上前线》，全体人员合唱《怒吼吧！黄河》《保卫黄河》，并扮成拿枪带刀上战场杀敌的队伍和群众。"②

策划既定，接着他们又商议演出的具体细节。随后，黎明华、李荒两人还专程去了趟横河，会同当地乡公所人员，一起选择演出的场地，现场商量场地的布置等问题。

东区服务队几乎是全队总动员，队员们利用课余时间，热情洋溢、全神贯注地投入排练工作，因陋就简、因地制宜地制作道具，准备化妆材料、布景等等，大家献计献策，真是煞费了苦心。

黎明华在其"自传"中，颇为详尽地记叙了东服队这次演出的过程：

我们几乎没有经费可办演出，所以道具、化妆都差不多全用队里和私人现有的东西改造。譬如布幕，我们竟使用许多被单拆开来合缝起来代替，背景幕则利用队里的白布缝起来充数，舞台则请横河乡公所负责收集木板搭成，灯光采用民间当时办红白喜事常用的煤油汽灯（谦信洋行出品），这在乡村可

---

① 徐森源：《战斗在罗浮山下——东区服务队在罗浮山区坚持抗战史略》，第 10 页，未刊稿。
② 黎明华：《黎明华回忆录》，第 374、375 页，未刊稿。

以借到，观众席请乡公所动员民众搬来长板凳、矮椅，前低后高排列，不同场景的布景都用硬纸画上山水剪成，嵌在后幕上，还加上一些刚割下来的草或树枝。《黄河怨》因在"晚上"，我们用硬纸剪了个新月形的洞置于幕后，再用灯光照射，在幕前看来就有一个月亮在山头上方。依法还做了几颗星星。为了表现夜景，还把汽灯用黑布包起来（仍可透光）。总之，我们用尽了一切土办法来克服物资困难，倒也发挥了"群众"的创造性。[①]

演出地点选在横河镇的一座某姓的宗祠。这座宗祠的正堂被炮火毁了一半，破垣残瓦，左右厢房倒还完好，舞台设在侧厢房天井，左厢房和左右回廊为观众席，可容纳五六百观众。

演出那一天上午，参加演出的全体人员都到了横河，大家七手八脚忙着布置舞台。早在一个礼拜之前，海报就已经贴出去了，但他们还是敲锣打鼓在街上宣传了好一阵子，下午又在已经搭好的舞台上作了最后一次排演。一切准备就绪，就等晚饭后的正式演出了。

天还未黑我们就点上了煤油汽灯，顿时光芒四射，照亮了横河上空。随即有许多小孩子拥来，占座到舞台前的矮板凳上，慢慢的人越聚越多。这时钟国员指挥罗中、补校的学生在幕后唱《黄水谣》《太行山上》《松花江上》等歌曲，六点半人已爆满，座无虚席，四周还站满了人，粗略估计有二千人挤进这古老的祠堂，而门外还有许多人不得其门而入。[②]

当然，并不是因为东区服务队这个临时拼凑起来的"剧团"有什么号召力，而是横河这个属于"战地"的乡下人太久没有"看热闹"了！自从鬼子打过来又退走了之后，这里就没有演过大戏，连傀儡戏也没演过一出。这次知道东区服务队要来演出话剧，又见到许多地方贴着红红绿绿的海报，乡下人都无不翘首以待，企盼上演的日子早日到来。好不容易等到今天，许多人下午三四点钟就从周围的村庄赶到圩场上来，比赴圩（赶集）还要热闹。等

---

① 黎明华：《黎明华回忆录》，第 374、375 页，未刊稿。

② 黎明华：《黎明华回忆录》，第 375 页，未刊稿。

到舞台上的灯光一亮，许多人很快就挤上来了。

原本打算七点整才开场，黎明华等人一看这种情况，决定提早在六点半开幕。

此时，舞台上灯火辉煌，台下人头攒动，李开宗走到台前，高声宣布"演出开始"，顿时，刚才还是熙熙攘攘的祠堂，很快就安静下来。

"——幕开，远山——太行山，近水——黄河，舞台上有三五个荷锄农民在耕耘。幕后胡琴伴奏齐唱《黄水谣》，唱到'男女老少喜洋洋'止，徐森源扮成粗犷的歌者唱《黄河颂》出场，李荒幕后胡琴独奏。唱到'啊，黄河，你一泻万丈，浩浩荡荡'时，幕后齐声伴唱：'我们祖国的英雄儿女，将要学习你的榜样，像你一样伟大坚强！像你一样伟大坚强！'。

——幕落，幕后再响起歌声，唱《黄水谣》下段：'自从鬼子来，奸淫烧杀一片凄凉，扶老携幼四处逃亡，丢掉了爹娘，回不了故乡，黄河奔流日夜忙，妻离子散天各一方！'。

——幕徐启后，幕后大鼓小鼓拟机枪声、炸弹炮弹爆炸声急促响起，配上真实的鞭炮声，舞台背景出现浓烟，红色闪光（用多支三节手电筒去盖，裹上红布作成），夜景（汽灯用黑布包起），远山上出现上弦月。

男女老幼难民奔过舞台，经过特殊夸张化妆的'鬼子兵'在后追逐，难民的哀号声、鬼子的狂叫声和枪炮声交织，有难民当场倒下，有妇女被鬼子拉扯到幕后（暗示遭强暴）。

难民与鬼子离开舞台，一片寂静。幕后徐徐奏出《黄河怨》的胡琴声。潘佩卿满面泪痕出场，唱《黄河怨》。哀伤的乐曲、凄楚的歌声，把观众带入静默无声的肃穆中，当唱到：'丈夫哟，在天边，地下啊，再团圆，你要想想妻子儿女，死得这样惨，你要替我把这笔血债清偿！你要替我把这笔血债清偿！'时，潘佩卿纵身跳入河中，溅起了一片水花（背对观众跳下预先搬开的舞台下方，并随即用人工把水花溅起）。

观众席上的唏嘘声四起，有少数人竟举手喊'报仇'！

——幕落，胡琴再奏起《黄水谣》。

舞台空空荡荡，幕后徐徐传出《流亡三部曲·松花江上》第二首《离家》。

当唱到开头几句：'泣别了白山黑水，走遍了黄河长江，流浪逃亡，逃亡流浪，流浪到哪年？逃亡到何方？……'时，随着抑扬顿挫的哀歌，舞台上出现三三两两背着背包、拄着拐杖、背着小孩、挑着担子的男男女女、青年、老人和小孩，蹒跚经过舞台，又隐没在幕后。

——幕后歌声渐渐隐没。两位乡下人（李南锋、陈开宗扮演）先后出场，互打手势寒暄，对唱《河边对口曲》：李唱：'张老三，我问你，你的家乡在哪里？'陈唱：'我的家在山西，过河还有三百里'……

舞台上，黄河边，逃亡者越聚越多（东队演员男男女女全出场），围观两人对唱。当唱到：'这么说，我和你，都是有家不能回'时，全体齐唱：'仇和恨，在心里，奔腾如同黄河水。黄河边，定主意，咱们一同打回去。为国家，当兵去，齐心敌后打游击。从今后，我和你，一同打回老家去！'。

全体高举双手挥舞高喊'打回老家去！打回老家去！'随即边唱边分向舞台左右侧退下……

——幕落。

——幕重启，全体演员带枪带刀雄赳赳气昂昂，分由两侧踏步进入舞台，列成前后两排，陈开宗指挥合唱《怒吼吧，黄河》，再唱《保卫黄河》（黄与横客语相近）时，陈开宗报出曲名，或许听众把它误听为'保卫横河'，竟鼓掌欢呼同声呼喊：'保卫横河'！

歌声扬起，有如万马奔腾，一泻千里：'风在吼，马在哮，黄河在咆哮，黄河在咆哮'……"[1]

全场群情激昂、热血沸腾。此时，父亲徐森源站到舞台前向观众喊话，宣布戏已演完，请全场起立，齐唱《义勇军进行曲》。

观众纷纷起立，罗中和补校的学生、乡公所的职员，在父亲徐森源的指挥下，都站到舞台下方，面对观众，陈开宗也跑下舞台去指挥，齐声高唱《义勇军进行曲》。雄壮的歌声响彻了整个祠堂，飘向夜空，飘向远方——让东队队员们没想到的是，观众中竟也有这么多的人会唱这首歌曲。"唱毕，台上台下同时爆发出雷鸣似的掌声和欢呼声，历久不绝，令我内心奔腾感动不已，拥抱群众竟是那么令人血脉偾张，无以自持，这种感受令我没齿难忘！"[2]

---

① 黎明华：《黎明华回忆录》，第380—381页，未刊稿。
② 黎明华：《黎明华回忆录》，第380—381页，未刊稿。

几十年后，黎明华仍然很动情地回忆说。

岁月如歌，人的生命虽然短暂，但只要与国家民族同呼吸、共命运，便可以奏响时代的最强音！

横河演出圆满成功，队员们兴奋不已，他们唱着队歌，连夜赶回冲虚观队部住宿。横河镇演出后仅三天，黎明华、陈开宗、李荒等人便都离开东区服务队，投奔了东江纵队，再加上罗中和补校刚刚创办不久，队员们教学教务工作繁忙，很可惜，大型白话剧《保卫黄河》只在横河镇演出了一场，就难以为继了。

十二、东服队与东江纵队

前文讲到，1940年3月东区服务队在惠阳驻扎期间，曾出面调解国民党与东江纵队的前身——曾生部队的矛盾，并在余汉谋的特意安排下，参与"审讯"被俘的曾生部队的战士，这是东区服务队首次与中共领导的抗日武装打交道。此后，由曾生、王作尧领导的东江纵队开赴前线，活跃在东（莞）、宝（安）、惠（阳）、博（罗）地区，成为华南的一支重要抗日力量。而在惠阳、博罗地区活动的由阮海天任大队长的东江纵队独立第二大队，恰好与东区服务队的活动区域相重叠，于是双方便有了进一步的直接交往与接触。

父亲回忆说："在东区服务队筹办罗浮中学和博西补习学校期间，东队和东江纵队开始有直接的接触。大概是在1943年春（引者注：应是1942年秋冬），东江纵队所属增城、博罗独立大队由大队长阮海天率领已经在罗浮山边联和乡一带秘密活动。当时东队队员徐森源、徐兆平两人曾秘密到联和乡鸡公坑村会见阮海天等人，主要是商谈互通声气的问题。后来有一天黄昏，阮海天大队的政委李少峰（后来改名何伟）又特地到福田乡徐福田村东队驻地三星书室来访问丘琼，并送给丘琼一套从伪军那里缴获的青色军服。过了几天，丘琼又带队员徐森源在黄昏时候去联和圩鸡公坑回访李少峰。这两次都是丘琼和李少峰单独会谈。据丘琼后来对徐森源说，谈话内容主要是希望游击队向沦陷区发展。"[1]

---

[1] 徐森源：《战斗在罗浮山下——东区服务队在罗浮山区坚持抗战史略》，第10页，未刊稿。

　　黎明华也在"自传"中回忆说："有一天，我们正在三星书室商议演出（注：指演出白话剧《保卫黄河》）的细节，诸如化妆、道具、演出场地的布置等等，突见徐兆鹏（平？）偕同福田圩西侧下花园的徐展鹏来访问念台先生。我带他们引见，他们在念台先生书房内谈话，讲了大约一小时才走。过了几日，徐兆鹏带了二位客人来访，念台先生在客厅接见他们，森源特地赶回来作陪，我也敬陪末座。原来客人竟是东江纵队独二大队的政治委员李少峰（何伟），另一位是他的警卫员。谈话内容大致是：李表示他们希望合作抗日，不致侵扰地方。念台先生表示要他们不要太靠近罗浮山活动，以免发生冲突。念台先生留他们吃了晚饭他们才离去。后来我知道这次会见念台先生事先曾得到惠淡守备区的默许，目的一方面是深入了解他们，另一方面也想藉由谈判减少他们的影响力，希望他们最好能到增城、河源以北敌后去活动。李少峰方面则是例行的统战工作，藉经由上层的接触，减少他们的活动阻力。李政委来时带了几份《前进报》来，是刻钢板油印的，每份一大张四版，《前进报》三字用红色套印，标题一律粗黑字体，大小不一，内容则用仿宋字体，写得工工整整，除了字体较大以外，与一般铅印报纸无分轩轾，令人惊叹不止。"①

　　后来参加了东纵的先叔徐森源也说："东队驻扎博罗县徐福田村、荔枝墩等地时，丘琼等人常与东江纵队独二大队（即阮海天大队）来往联系，交流工作经验。大队长阮海天、政委何伟，曾赠送过东洋马刀、军呢大衣等战利品给'东队'留念。丘琼等人亦曾到过联和乡、鸡公坑等我游击区一带，回访阮海天大队。"②

　　此后，因为东区服务队经费困难，前途未卜，随时都有可能被国民党解散，而东江纵队又急需补充有文化的爱国知识青年入伍，于是中共地下党就秘密安排一部分东服队队员转移到东江纵队去（如丘松学、钟国辉、丘惠兰、徐兆平、陈扬、刘煌等），还有些队员则是自己设法寻找地下党联系，投奔到他们早已心仪的东江纵队去的（如黎明华、李荒、梁世埕、李开宗、王中砥、巫鄂［李默］等）。据后来的粗略统计，不算罗中和补校的学生，光是东服队

---

① 黎明华：《黎明华回忆录》，第371—372 页，未刊稿。
② 徐苗元：《关于东区服务队及其有关情况说明材料》，第 2 页，1975 年 10 月，手写稿。

队员先后参加东江纵队的就不下二十多人，这些人后来大都成为东江纵队的得力干部，东区服务队客观上俨然成了东江纵队的"干部培训班"。

黎明华在"自传"中详尽地记叙了他和梁世堉、李荒等人投奔东江纵队的经过和心路历程：

……李政委（注：即李少峰）的来访，终于使我和世堉、焕棠三人多年的夙愿得偿有了眉目了。显然，徐兆鹏能直接给李政委引见念台先生，他当然是一个关系人，这点李政委当场给过我肯定证实。过后几天，同徐谈了我们的心愿，他答应随时跟他联络就得。

有一天，我藉同李荒去横河勘察演出（注：即白话剧《保卫黄河》）场地之便，到冲虚观罗浮中学找了世堉，三人密商，一致同意抓住机会投入，不能拖延。问题是要用什么方式，提出了两个方案：其一是辞职，请假回家，到博罗城后才折返投入，这样可以与东服脱净干系，减少念台先生的困难；其二是直接从东区服务队秘密离开，留书给念台先生辞职并表示歉意，也不说明去处，他也就没有责任。①

他们思前想后，权衡利弊，最终决定采取第二个方案，并决定一定要完成了横河的演出任务后再走。返回徐福田后，黎明华找到徐兆鹏，确定了他们秘密离队的日期——横河演出返回徐福田后第三天，礼拜二。

横河演出圆满结束的当晚，他们刚刚回到冲虚观，父亲徐森源就偕同黎明华一起，向念台先生汇报演出盛况。丘念台听过报告后甚表嘉许，并指示今后东队要多做这种宣慰民众的事情。

黎明华说："听了（念台先生的话）我心里有些歉然，我们就要离开东队了，念台先生是老好人，如果他领导的东区服务队能肩负起改变中国社会的任务，我是不会离开的，但东队无法改变的体质，使我无法不离开，这不单是我一个人如此，也不单是我和世堉、李荒（焕棠）三个人如此，也不是两天后跟我们一起走的陈开宗、王中砥、巫鄂几个人如此，后来东区服务队大

---

① 黎明华:《黎明华回忆录》，第372、373页，未刊稿。

部分队员都走上了同一条道路，更扩大些来说，四十年代数以万计、十万计、百万计的青年，广大人民都走上了我所选择的路，绝不是偶然的。

世堉向念台先生请了两天假，第二日我们一起回到三星书室，当晚约见了徐兆鹏，约好次日晚上十一点在门口接我们，并告知另有三人要跟我们一起走，由萧姆联络并掩护我们离开，我们因为住在楼上，背包得用绳索吊下去。第二天萧姆跟我们联络说好了'出走'的办法，不过还没讲明哪三个人同我们一起去。晚饭以后，大家照例唱唱歌，看看书，就上床睡觉了。睡觉以前，把必备的衣物及用品打好包，十点熄灯，一片漆黑，不久就听到鼾声四起。我们三个都没有睡，只是躺在床上一秒一秒的等待，这段时间真是度'秒'如年。终于听到轻微的开门声，是萧姆起来开的门。我们随即也起来，先把背包吊下去，随后轻声下楼梯，出得门来，见到徐兆鹏、萧姆、陈开宗、王中砥、巫鄂，彼此都没有讲话，大伙跟萧姆摆摆手，就随徐兆鹏出发……"①

黎明华等六人加入阮海天领导的东江纵队独二大队之后，该大队很快就组建起了由黎明华、李荒、陈开宗、王中砥、巫鄂等五人组成的"政工队"，由黎明华负责，加强部队的教育工作和群众工作。梁世堉则被分配到连队当文化教员。他们六个人全部以排级任用。而先于他们加入东纵的东服队老队员徐兆平、丘松学等，后来都分别被提升为大队长（团级）和中队长（连级）。这些原属东区服务队的队员，参加东江纵后大都表现很好，成长很快，后来有的光荣牺牲，有的转入地方工作，有的抗战胜利后北撤山东烟台，有的则去了光复后的台湾，从事党的地下工作……命运虽各不相同，但都为党和革命事业做出了突出贡献。

1944年3月，东区服务队已被解散，但队员们仍分散在各校当教员。叔父徐森源所在的福田小学刚刚开学不久，此时，东江纵队独二大队及四支队开进罗浮山区活动，森源叔巧遇黎明华，早就有意参加东江纵队的森源叔，便在黎明华的介绍下在联和乡加入了东江纵队独二大队，当时年仅18岁。

入伍后森源叔更名为"亩元"，先是当宣传队员，随后奉调北上先遣大队任连队文化教员、政治服务员。亩元叔入伍后进步很快，同年八月即加入了

---

① 黎明华：《黎明华回忆录》，第372、373页，未刊稿。

中国共产党。当年秋，因部队北上接应王震南下大军未成，部队由粤北撤回东江休整。随后，亩元叔被调往大鹏半岛的华南军政干校学习了三个月，返回部队后先后任支队副指导员、指导员、组织干事等职。抗战胜利后，国民党新一军围攻罗浮山，妄图消灭东江纵队，亩元叔率所在支队单独活动，转战增城、龙门一带山区，坚持斗争，在一次突出重围的激烈战斗中，他身先士卒，带队冲锋，左脚脚踝负伤。直到1945年10月间，《双十协定》签署、东江纵队整编后，叔父徐亩元才随部队北撤山东烟台。

至于我的父母亲及钟浩东等数名原东区服务队队员，则是在1944年夏秋东服队解散后，经横沥到梅县返回蕉岭老家，由组织安排，原本是要去罗浮山参加东江纵队的，但很可惜，由于日本投降，国民党新一军进攻罗浮山，东江纵队转移他处，阴差阳错，未能去成。

东区服务队与中共领导的抗日武装东江纵队，确实有不解之缘。

十三、喜事连连

再说东服队。由于钟浩东／蒋碧玉夫妇、萧道应／黄怡珍夫妇、李南锋等五位台籍爱国青年以及潘佩卿、黎明华、梁世堉、陈开宗、巫鄂、王中砥等一大批新队员加入东服队，再加上黄炳辉、邓惠（云龙）、林启周等老队员的重新归队，到1942年夏秋，东区服务队队员激增至四五十人，实力大增，达到了它的又一个全盛时期。而罗浮中学和博西补习学校的创办、大型白话剧《保卫黄河》在横河的成功演出，则是东服队这一全盛时期的重要标志。

新队员入队后，继承了东服队的优良传统，经过学习，在实际工作中进步很快，逐渐成长为队内各项工作的骨干力量。然而好景不长，随着黎明华、梁世堉、李荒、陈开宗、巫鄂、王中砥等一批人的相继离队，东服队人心浮动，活动再次转入低潮。为了维系人心，丘念台专程跑了一趟韶关，去找国民党第七战区的司令长官余汉谋活动，希望给东区服务队队员颁授军衔，结果却碰了一鼻子灰回来。念台先生思来想去，后来搞了个假封官——私颁军衔的把戏。他以"东区服务队"的名义，用信笺给每一个队员写了一张"派令"，"军衔"由"少尉"直至"中校"。我的父亲徐森源被封为"中校队员"，这在东区服务队里除了丘念台之外，算是最大的"官"了。其实呢，当时谁都晓得，国民党的军官都是由国民党国防部正式委任的，丘念台这种私颁军衔假封官的把戏，当然不可能有什么实际价值："因此既没有发'军装'，更不可能发'军饷'，队员们仍然过着艰苦的生活。当时大家都知道这是丘耍的骗局，所以后来都把发的'派令'给撕掉了。"① 不过，念台先生为稳定人心、坚持抗日，也算是煞费苦心了！

这个不经意的陈年往事，却在几十年后的"文革"中给父亲他们找了很大的麻烦，因为父亲过去一直没把它当作一回事，没有写在"自传"中，所以"文革"中被冠以"隐瞒历史问题"的罪名，遭到造反派的严厉批判。

然而，从1943年秋到1945年春的一年半时间里，单就我们徐氏家族而言，却是好事不断，喜事连连。

头一件喜事，是1943年10月父亲徐森源秘密加入了中国共产党。

由于那个时候，原来的老队员大都已经离开了东区服务队，经常代理队长并兼任罗浮中学训导主任的父亲徐森源，倍感责任重大，力不从心，迫切希望加入中共地下组织，从中吸取力量，把工作做好。根据自己对平日工作中接触过的周遭人员的长期观察，他判断家在徐福田村的徐文必定是中共地下党员。于是在那段时间里，急于加入地下党的父亲，一有空闲时间就去离三星书室近在咫尺的徐福田村拜访徐文，希望通过徐文跟地下党组织取得联系。

徐文证实："徐森源也来过我家几次，我当时不知道他的政治面目，只和他谈一些应酬的闲话。他也就和我谈他们在惠阳横沥见到的风俗习惯等。有一次，他对我说：他很想参加共产党，希望在党的领导下工作。我和他说：一个求进步的青年，能够参加共产党当然很好，没有参加共产党而能够按共产党的路线去工作，按共产党员的标准要求自己，也算是进步的。我当时不知道他谈这个问题的用意，以为他想参党。以后我将他的谈话情况告诉了丘松学。"②

其实，当时地下党也正急于在东区服务队内部发展党员，并且早就在

①　徐森源：《徐森源自传》，第6页，1968年9月27日，打印稿。

②　徐文：《我所知道的东区服务队的情况》，第4页，手写稿。

暗中考查和培养我父亲入党了。据当时介绍父亲入党的丘继英回忆："我是1943年4月或5月间，奉当时中共地下党博罗县特派员黄慈宽（曾用王世英的姓名在博西以中山日报记者名义活动过，与东区服务队人员有过接触）的派遣，从沦陷区东莞石龙镇（当时我在该镇做地下联络工作）专门去福田发展东区服务队的徐森源参加中国共产党的。地点在福田乡荔枝墩村丘屋。我在离开石龙到福田乡去发展徐森源时，黄特派员在他的住所（博西石湾湖山村）跟我商谈，决定由我去找徐谈话，启发他写书面申请，即批准他入党，举行宣誓、安排任务。所以，我到了荔枝墩村丘屋，就叫丘屋的农民带字条去徐福田村东区服务队，通知徐森源来谈话。一经启发，徐就立即要求参加中共，并写了书面申请。当时我就按照黄慈宽特派员的决定办理，代表上级党的领导宣布批准他加入中国共产党为地下党员，候补期一年。介绍人是我，并作监誓人，为徐举行宣誓。给他的任务是在东区服务队做地下工作，把东区服务队的活动情况向当地党组织反映，并按照当地党组织的指示去活动。"[①]

而父亲则在"文革"时写的"自传"中说："1943年秋，我通过东队旧队员丘继英的关系（那时他在罗浮山附近搞地下工作）要求参加组织，我的要求得到了组织的批准。于是1943年10月12日在罗浮山下长宁乡农民出身的朱佛祥同志（听说后来参加东江纵队英勇牺牲）家里，由丘继英同志监誓参加了伟大光荣正确的中国共产党。我入党以后，直接和我联系的是宋郭芬同志（宋同志是博罗县长宁乡大岗村人，曾参加过我们办的博西青年训练班）。后来宋郭芬同志因肺病严重，又转由在长宁乡石下屯小学当教师的徐明之领导。当时组织给我的任务是：（一）继续以东区服务队为据点，培养教育青年积极分子；（二）争取丘念台，并利用其社会地位开展革命活动。"[②]

几十年过去了，关于父亲的入党时间、地点，虽然父亲的说法和介绍人丘继英的回忆有些许出入，但有一点却是确凿无疑的——在时代风云的激荡熏陶下，在党的影响培养教育下，1943年父亲光荣地加入了中国共产党，在他的人生道路上迈出了极其重要的具有决定意义的一大步！

[①] 丘继英：《关于徐森元的证明材料》，第1页，1969年12月1日，手写稿。

[②] 徐森源：《徐森源自传》，第6页，1968年9月27日，打印稿。

1943 年秋冬，刚刚加入中共地下党的父亲，按照党组织的指示，秘密吸收了钟浩东、蒋碧玉、李南峰、李伟英、徐新杰、叶捷新、刘炎曾等多名东区服务队队员，加入了中共的外围组织——民主抗日同盟。这些人后来大部分都去了台湾（如钟浩东、蒋碧玉、李南峰、徐新杰、叶捷新）或参加了东江纵队（如李伟英），加入了中共，有的牺牲（如钟浩东、徐新杰），有的坐牢（如蒋碧玉、李南峰），为党做了大量工作。①

第二件喜事，是 1944 年元旦父亲徐森源和母亲潘佩卿喜结良缘。

1941 年秋冬，父亲和应棠阿姨这对热恋中的"鸳鸯"被打散后，在一段时间里，父亲愤愤不平，情绪受到很大影响。但当时他们身处罗浮山前线，敌我双方斗争剧烈，工作任务繁重，形势复杂，无论何人都容不得三心二意，否则就将大浪淘沙，被革命洪流所淘汰。父亲顾全大局，经住了考验，很快就从失恋的沮丧情绪中摆脱出来，全身心地投入到工作中去。

正所谓"天涯何处无芳草"！ 1942 年夏天，天上又掉下个"林妹妹"—— 正值芳龄、温柔漂亮的潘佩卿来到横沥，加入了东区服务队。起初，跟她一同入队的她的同学，一个姓梁的富家子弟，对她很有意思，一有闲空就到队部或她任教的乡间小学去找她。不过，母亲潘佩卿对他的态度不冷不热，显然对这位梁姓小生不感兴趣。不久，姓梁的后生经不住东区服务队艰苦生活工作条件的考验，自行离队出走了。

此后，由于母亲潘佩卿被念台先生委以管理队中财务工作的重任，便开始与常常代理队长职责的父亲徐森源有了比较多的直接接触。接触一多，自然也就逐渐加深了互相之间的了解。

当年秋天，东区服务队重返罗浮山前线后，开始紧锣密鼓地筹办罗浮中学和博西补习学校。父亲是筹办工作的主要负责人之一，两校开学后，父亲又兼任罗浮中学的训导主任。于是，父亲与负责财务工作的潘佩卿有了更加频繁的往来和接触。彼此朝夕相处，相互信任，相互吸引，产生好感，不知不觉之中，俩人由相识相知到相爱，萌生了爱的胚芽，碰撞出了爱情的火花。

东区服务队集全队之力花了大约个把月的时间排演大型白话剧《保卫黄

---

① 徐森源:《徐森源自传》，第 6 页，1968 年 9 月 27 日，打印稿。

河》，一个主唱《黄河颂》（徐森源），另一个主唱《黄河怨》（潘佩卿），于是唱着唱着，俩人就唱成了一对知心恋人了——这和当年在东山中学读书时，父亲与应棠阿姨一同在校学生会文艺股共事，共同排演抗日街头剧《放下你的鞭子》，演着演着，就演成了一对恋人，何其相似！

没过多久，俩人的感情便进入了谈婚论嫁的阶段。但此后由于工作繁忙，聚少离多，婚期一拖再拖，直到1943年年底，在念台先生的一再关切催促和队友们的操持之下，父母亲才在东区服务队的队部冲虚观，举行了简朴而又隆重的婚礼。这一年，父亲徐森源26岁，母亲潘佩卿23岁。

第三件喜事，是1944年3月亩元叔加入东江纵队，当年8月加入中国共产党。

前面讲到，亩元叔参加东江纵队特别是入党以后，进步很快，入伍不到一年，年仅19岁的亩元叔，先是入党，不久又提干，已经成为连队的政治指导员了。他在1953年写的"自传"中，总结自己入伍后在罗浮山地区坚持三年游击战争时这样说："三年的敌后斗争，在当时敌、伪、顽三方面势力的夹击和自己力量较小、局面尚未打开的情况下，斗争是异常尖锐和残酷的。总的来说，经过此一时期武装斗争的锻炼和考验，使自己坚定了革命立场。尤其是由粤北撤回东江和日本投降前后坚持罗浮山地区的斗争，以及华南部队北撤山东时突破国民党军重围等历次不利的战斗及自己负伤的情况下，均能表现坚定、沉着，对斗争前途有信心，不悲观不动摇。工作上是积极负责的，在与上级经常失去联络的困难情况下，能果敢、大胆的想办法克服困难，坚持原地区的斗争；公差勤务及行军、作战均能带头起模范作用，深入下层较好，能关心同志们的困难，对同级干部团结，做到互相尊重。在这一时期，做出了一定的工作成绩和取得了一些连队实际工作经验。"[1]

还有一件事跟我们家族有关，有必要记载下来：记得我长大后亩元叔曾跟我说，他在东江纵队时曾经有过一段恋情，可惜那个女同志后来牺牲了，但详情并没有告诉我。20世纪80年代初亩元叔去世后，蕉岭县县志办要写亩元叔的生平简介，委托我在北京帮他们搜集相关资料，并负责"简介"的

----

[1]　徐亩元：《自传草稿》，第10—11页，1953年8月，手写稿。

起草工作，我这才从亩元叔写的"自传"中得知，那个"女同志"姓彭，叫彭志坚（很男性化的名字），负责部队的民运工作，很能干。可是正当他们在热恋之中，尚未来得及打报告向上级申请结婚之际，接获上级通知，部队要集中整训，准备北撤山东烟台。也就是在这个时候，彭志坚不幸被捕，她拒不出卖组织，出卖同志，不久便被国民党残忍杀害，牺牲时年仅20岁。当时，国共两党已经在重庆签订了"停战协议"，可是国民党背信弃义，视"协议"为废纸，仍然在全国各地抓紧时间围剿中共领导下的人民军队。

亩元叔加入东江纵队后便与我父亲失去了联系。由于战斗频繁，部队三天两头转移，日本投降内战爆发后，东江纵队被数倍于己的国民党军队层层围困，而当时蕉岭又属于国统区，亩元叔不可能也不敢给蕉岭老家我的阿婆写信报平安。"那几年真是急死人了！我和你阿爸都以为你亩元叔已经不在人世了！"等我长大以后，阿婆跟我说"嘿！没想到过了好多年，那时刚刚解放，突然有一天接到你亩元叔的信，说他在北京工作。可把我高兴坏了，就好像突然从天上掉下个儿子似的！"

20世纪50年代初，那时我还在蕉岭老家，亩元叔从朝鲜战场回国后，在北京中央军委工作，曾两次趁出差广东的机会，顺便返回蕉岭家乡探望阿婆和我，每次都是大包小包带回好多东西孝敬阿婆。即使没有返乡，平日里也常常会从北京寄些吃的用的东西来给阿婆和我。记得有一次亩元叔又寄包裹来了，打开一看，居然是一包十分珍贵的高丽参，阿婆自己不舍得吃，炖参汤给我喝我还嫌苦，不肯喝。有一次阿婆对我说："你亩元叔小时候可蛮（客家话，'调皮捣蛋'的意思）可不听话了，还是共产党的队伍有办法，把他教育得那么好！"

第四件喜事，是1944年10月12日我在冲虚观出生。

父母亲结婚后没过多久，母亲就怀孕了。那时候东区服务队的工作和生活条件仍然十分艰苦，母亲的妊娠反应很大，还照常要从冲虚观步行十多里的山间小路到山下的妇女夜校去上课。而我阿爸则经常外出联系接洽工作，跑跑颠颠的，实在无暇照顾怀孕的母亲。我长大后亩元叔曾对我说："那时候我还没有参加东江纵队，时常要下山去接你妈回来，怕她有什么闪失，出什么意外。"

日子过得很快，转眼就到了 1944 年的秋天。这时原东服队的大部分队员都跟着丘念台撤离罗浮山，去了惠阳，只留下父亲徐森源、钟浩东、萧道应等少数干部，负责罗浮中学的移交以及其他一些杂七杂八的善后工作。母亲挺着个大肚子，宜静不宜动，自然也就留在冲虚观待产。

1944 年 10 月 12 日夜，月朗星稀，深秋的罗浮山依然那样葱茏碧绿，只听得林中秋虫唧唧，山间溪水潺潺，秋风吹来，稍觉有些许凉意。

"哇、哇、哇"……，此时，从冲虚古观左侧的一排禅房里，传出了一串婴儿的啼哭声，声音微弱无力—— 一个小生命诞生了！

"哇！好棒哦！是个小公子！"一个说。

"怎么这么小啊？像个小猫似的！"另一个说。

屋子里的三个妇人七手八脚，忙而不乱，在一个少妇的指挥下，又是剪脐带，又是用温水给产妇、婴儿擦拭身上的污物，……

过了不一会儿，大家都以为完事了，可我母亲仍在喊肚子疼。

"不对！不对！还有一个没生下来！"那个少妇喊道："徐太太，再使把劲！再使把劲！还有一个！还有一个！是双胞胎！"大家又惊又喜，又都七手八脚的重新忙碌起来。

"哇、哇、哇"……，声音更加微弱。果然，大约半个钟头的样子，又一个小生命诞生了，也是个带棒的！大家又是一阵忙碌。过秤一秤，先生下来的那一个才三斤六两，后生的那一个更小，才三斤二两多一点，两个加起来还没有一般刚生下来的婴儿重。放在手上，一只手就能托起一个——几十年后跟母亲相见时，她老人家向我讲述当年我出生时的情况，似乎就在昨天。

大家忙到大半夜才算消停下来，各自回房休息。三个接生婆都是谁？那个指挥接生的少妇，不是别人，正是护士出身的钟浩东的太太蒋碧玉；年纪比较大的妇人，是念台先生的夫人梁筠端；另外一个是萧道应的太太黄怡珍。她们都是大名鼎鼎的历史名人之后——蒋碧玉，是有"台湾孙中山"之誉的蒋渭水的女儿；梁筠端，其父梁诗五曾任清廷驻日、德、比利时等国参赞、领事多年；黄怡珍，则是台湾南部佳冬客家人、著名的武装反割台抗日士绅萧光明的曾孙媳妇。

初为人母的母亲疲惫地躺在床上，却兴奋得怎么也难以入眠，一会儿侧头看看左边那个大的，一会儿又瞧瞧右边那个小的，心里美滋滋的，别提有多高兴了！可是没想到，第二天天亮后，弟弟就夭折了。"我觉得不对劲呀，右边那个小的怎么没动静了？我伸手一摸，孩子都凉了，好像死了。我赶紧叫人来，可不是真的死了吗！"母亲伤心地对我说。

我出生之后，按照原东区服务队队员们的约定：凡是东服队队员生的孩子，男孩起名必须有个"东"，女孩必须有个"区"，以示纪念东区服务队。又因为我是在博罗县罗浮山冲虚观出生的，所以父亲给我起名"博东"。

我出生的那一天，父亲恰巧不在冲虚观，到惠阳去向念台先生汇报工作还没回来。当父亲的往往都有些粗心，我长大后问他我的出生年月日，他说他也记不太清楚了，"好像是 1945 年的秋天，当时天气已经比较凉了"云云。长大后我被接到北京上学，有一年派出所清查户口，在填写我的出生年月日时，为了好记，我就写我的出生年月日是"1945 年 10 月 1 日"。不想全然不对，几十年后我到香港会亲时见到母亲，母亲告诉我："你爸乱说，你的生日是 1944 年 10 月 12 日，双十节后的两天！"搞了半天，我糊里糊涂地过了好几十年的"假生日"。

东服队部分在台第二代（新北市，2013 年 5 月）

1997 年 1 月，母亲和应棠阿姨从台湾回到大陆，专程带我重返罗浮山出生地探访。旧地重游，两个老太太格外兴奋，平日里话语不多的母亲，那天却十分健谈。我们一行数人在冲虚古观的门前拍了好多张照片，随后又绕着古观前前后后转了一大圈，流连忘返，久久舍不得走。母亲指着古观左侧的一块空地对我说："这个地方原来有好几排道士住的禅房，当年我们东区服务队来到这里后，就腾出来给我们住宿和办公了，罗浮中学也是在这里上课，你就是在最边上的那排禅房中间的房子里生的,可惜现在全都被拆掉了!"

沧海桑田,岁月催人老!几十年很快过去了,当年在冲虚古观禅房里呱呱坠地来到人世间的我,转眼间已经是50多岁的壮年人了。而当年风华正茂、充满青春活力的母亲和应棠阿姨,也已经是满头银发,一脸皱纹,经历了太多太多的人间冷暖、世事沧桑。徜徉在冬色正浓、香烟缭绕的冲虚古观,抚今追昔,我不禁心潮澎湃,感慨万千!

第五件喜事,1944年夏燕娇姑在老家结婚,次年春生下一个女孩。

父亲到梅县东山中学读书后,和应棠阿姨相爱,一直没有和燕娇姑"圆房"。俗话说"男大当婚,女大当嫁",转眼间燕娇姑已经长成了二十来岁亭亭玉立的大姑娘了,婚事还没个着落,不免让阿婆心急火燎!后来听说丘家"棒打鸳鸯"把阿爸和应棠阿姨给拆散了,阿婆又以为有了一线希望。所以,对于燕娇姑的婚事阿婆一拖再拖,始终犹豫不决。

阿婆左等右等,盼着阿爸哪一天能回心转意,回家乡来和燕娇姑"圆房"。1944年元旦过后没几天,我阿爸一封家书寄到蕉岭,告诉阿婆,他在罗浮山冲虚观已经结婚,并随信寄来了一张他和我阿妈的结婚照,信中还没忘记一再嘱咐阿婆:"尽快给燕娇妹妹找个好人家!"

阿婆终于死了心,这才托村里的媒婆帮她给燕娇姑物色一个好人家。春节过后,媒婆有了回话,说"县城里有名的数一数二的林家商铺,有个叫刘谦的总经理,人很老实又能干,而且有文化,写得一手好字,刚从军队里退下来,尚未娶妻,年龄跟阿燕娇也般配,才26岁,属相也合,燕娇要是能嫁给他,那是再合适不过了!"阿婆一听,自然一百个愿意,赶紧让媒婆去说合。

又过了一段时间,果然刘家就来相亲了,结果双方都中意,于是一拍即合,很快就确定了婚期。几个月之后,大概是在1944年的7月间——早稻已经收割完毕,农事告一段落,同庆楼披红挂彩,鞭炮炸响,燕娇姑嫁到了离黄田墩背十多华里的三圳张芳村刘家大屋。这一年,燕娇姑已经23岁,和我阿妈一般大。

燕娇姑出嫁那天早上,阿婆和燕娇姑双双落泪,接着抱头痛哭,难舍难分。她们娘俩虽然没有血缘关系,但同甘共苦、相依为命二十年,实在比亲母女还要亲。

光阴荏苒，燕娇姑出嫁后没过多久，就回娘家来报喜，说她已经怀孕了。这真是双喜临门，好事要来谁都挡不住——早在半年前，我阿爸就已经写信告诉阿婆，说她的儿媳妇怀孕了，今年秋天她就要当"阿婆"了。乐得我阿婆好几天都合不拢嘴，没事就掰着手指头给她未来的"孙子"和"外孙子"掐算出生的日子。还专门提着香纸蜡烛、糕点水果，跑去庙里好几趟，祈求观音菩萨保佑母子平平安安、顺顺利利。

燕娇姑过门后只过了三个月——当年的十月下旬，阿婆就接到了我在冲虚观平安出生的喜讯（当然，双胞胎只存活了一个，我阿爸信中并没敢告诉她）。又过了大约半年的时间——1945年的4月间，燕娇姑也在三圳张芳村刘家平安生下了一个女孩。就这样，半年之内，阿婆连得一个孙子、一个外孙女！

从1943年秋到1945年春，一年半左右的时间里，徐家真是好事不断、喜事连连！

十四、三撤横沥，东服队解散

国民党当局对东区服务队一直不放心，有怀疑，但碍于丘念台的社会影响，再加上国民党内部对丘念台的看法也不一致，所以东区服务队才能生存下来。国民党顽固派先后采用过"非武装化"（解散东服队控制的民间抗日武装，收缴东服队队员的枪支）、"调虎离山"（调离罗浮山前线）、"釜底抽薪"（不发给经费，不发给"军米"）等招数来限制东区服务队的发展壮大，企图让东区服务队自生自灭，但都没能达到目的。最后，国民党当局干脆使出了最后一招——于1944年初宣布解散东区服务队。但是东区服务队并未真正解散，还是变换各种方式方法，坚持在罗浮山区敌前敌后的工作。

1943年冬，在东区服务队被解散之前，丘念台突然接到重庆国民党中央辗转发来的派令，委任他担任国民党台湾直属党部执行委员，并要他从速到福建永安的党部赴任。接到派令后，丘念台敏锐地预感到东区服务队很快会被解散。于是1943年底，他在罗浮山冲虚观召集全体队员开会，宣布成立

"民众抗战建国社"。丘念台在成立会上公开宣布:"所以成立'民建社',是准备东队被解散后,继续在罗浮山地区坚持抗日救国宣传教育工作。它不隶属于国民党任何机关,纯粹是民间组织。"①

据父亲徐森源回忆:"记得当时参加'民建社'的东队队员计有黄炳辉、徐森源、钟浩东、萧济寰、古培灵、李南锋、张展铨、刘邹炽、叶捷新、刘炎曾、蒋蕴瑜、黄怡珍、李伟英、张俊明、钟国员、潘佩卿、许博斋、徐新杰、徐昭、古观今、赖仪昭、古柏卿、何光祖、黎鸥等人。会上大家一致推举丘琮当'社长',下面不再另设机构,大家都是'社员'。因为当时东队尚未解散,所以对外仍用东区服务队名称。"②

"民建社"成立后并没有任何活动,也没有对外公开打出名号,大家又都回到各自的学校当教员,继续以"东区服务队"的名义坚持罗浮山前线的抗日救国宣教工作。

转眼过了1944年的元旦,丘念台由钟浩东、李南峰、萧道应等三位台籍队员陪同,从惠州出发,步行前往福建永安赴任。他笑着对人说:"我不是国民党党员,居然做起党委来了,这次去还要补办入党手续呢!"③到达永安后,丘念台又给钟浩东、李南峰、萧道应三人在直属党部各谋了个"干事"的职缺。

当年6、7月间,丘念台等四人从福建回到惠州驻地,随即结束了东区服务队的办学工作,罗浮中学转交给本地人接办。尔后,又将东服队的二十多名骨干队员陆续从罗浮山前线调回惠州,成立"国民党台湾直属党部粤东工作团",丘兼任团长,并以他个人在直属党部领取的薪水作为粤东工作团的活动经费和大家的生活费。自此,东区服务队正式解散。

对东区服务队如何评价?父亲在他晚年所写的《战斗在罗浮山下——东区服务队在罗浮山区坚持抗战史略》一文中说:

东区服务队是一个爱国的抗日救亡团体,是中共地下党领导的统一战线组织。抗战期间由于当时的历史条件,东队在罗浮山前线坚持了将近六年的

---

① 徐森源:《战斗在罗浮山下——东区服务队在罗浮山区坚持抗战史略》,第12页,未刊稿。
② 徐森源:《战斗在罗浮山下——东区服务队在罗浮山区坚持抗战史略》,第12页,未刊稿。
③ 丘晨波记录:《东区服务队队员邓慧回忆东队的工作和生活》,第11页,1983年6月1日,未刊稿。

抗日工作，作出了一定的贡献。

东队曾经计划组训民众武装，打击日本侵略者，虽然因种种原因没有达成目的，但是由于东队在罗浮山前线长期坚持抗日救国宣传教育工作，鼓舞了半沦陷区和沦陷区民心，打击了敌伪企图扩大占领区的蚕食政策。

东队团结了一批又一批从后方来的和罗浮山当地的知识青年，培养了一批积极分子。据统计，先后参加东队的一百多人中，当时就是中共地下党员或者后来参加地下党的大约有四十多人，他们后来的表现都不错。

东队为我党直接领导的东江纵队输送了一批干部。据统计，东队队员参加东江纵队的先后有二十多人，他们的表现都很好。

由于东队长期在罗浮山地区坚持抗日救国宣传教育工作，为东江纵队后来开辟罗浮山抗日根据地，开展游击战争奠定了民众基础，准备了有利条件。东队教育过的"博西青年讲习会"会员，以及"罗浮中学"、"博西补习学校"学生和各乡村青年、妇女夜校的学生，很多人参加了东江纵队，走上了抗日武装斗争的行列。

回想起来，东区服务队能在罗浮山下坚持将近六年敌前敌后政治工作，主要有下列几个原因：

首先，是由于东队有地下党的坚强领导。东队不仅在蕉岭文福乡时期、潮州时期以及罗浮山初期有中共地下党支部的坚强领导，而且在罗浮山后期也有中共地下党员在队内起核心作用。当时，当地地下党交给队内党员的任务就是：以东区服务队作据点，团结教育知识青年，培养积极分子，同时争取丘琮并利用其政治地位掩护革命活动。有中共地下党的坚强领导，有地下党员起核心作用，坚决执行党的统一战线政策，政治方向明确，自然能够维系队员，团结队员，长期坚持有意义的抗日救国工作。

其次，由于东队有抗日爱国进步团体的优良传统。东队从创立初期直到解散前后，队内一直坚持学习进步理论，而且更重视理论联系实际，尽量做到学用结合。东队队员坚持学习进步理论，武装自己的头脑，在实际工作中就加以运用和发挥。例如东队队员在向群众宣传时，在"博西青年讲习会"会员，以及"罗浮中学""博西补习学校"讲抗日战争形势和中国前途问题时，主要就是根据毛主席的《论持久战》《新民主主义论》里面阐述的观点加以发挥的。

再次是，东队坚持一套进步的组织制度。队内的组织除了队长的职务始终由丘琮担任外，其他组织机构的负责人都是根据民主集中制的原则选举出来的，他们都是中共地下党员和党外积极分子。此外，不论工作、学习、生活等方面都实行一套固定的会议制度：工作方面，定期召开工作计划总结会，拟定工作计划、总结工作的优缺点等；每天早上还有"晨计会"，主要是汇报前一天的工作情况，计划当天要做的工作。学习方面，定期举行时事讨论会，主要是结合学习，研究、讨论抗日战争形势和国际上反法西斯战争形势；定期举行专题讨论会，主要是结合学习，研究讨论中国革命问题和中国前途问题等。生活方面，定期举行生活检讨会，主要是对队员遵守纪律和生活作风等问题进行批评与自我批评。坚持上述一整套进步制度，就能让队员始终保持朝气蓬勃的精神状态，并且加强了队员间的思想沟通，提高了队伍的战斗力。

此外，东队队员还坚持团结友爱、爱队如家的优良传统。东队队员来自各个方面，各个地区，队员有广东人、福建人、台湾人，但是为了抗日救国的共同目标参加了东队，就像加入了革命大家庭，因此不论男女老少亲如家人。平时互相勉励，互相帮助，共同进步。遇到困难或危险时更能发挥友爱精神，互相关照。例如台湾省籍队员李南锋被派往广州沦陷区做台湾同胞的工作，因不慎被汉奸警察局扣留，同去的同志也不顾危险，设法把他营救出来。东队队员亲如家人的另一例子是，队员互相约定，凡是队员生了男孩，名字都要取一"东"字，生女孩名字则要取"区"字。因此东队队员的第二代大都叫"博东""惠东""惠区"等名字。

正是因为有上述的各种因素，所以东队才能够长期坚持战斗在罗浮山下。正是由于上述因素在起作用，所以即使东队在解散以后，队员还能保持战友情谊，互相关心，互通声气，亲密无间。①

证诸东区服务队的全部历史，父亲的总结是客观中肯、符合历史事实的。不过还需再补充一句：东区服务队是国共两党合作抗日的产物，是海峡两岸

---

① 徐森源：《战斗在罗浮山下——东区服务队在罗浮山区坚持抗战史略》，第14—18页，未刊稿。

同胞同呼吸共命运、共同抗日救亡的典范与缩影。然而令人遗憾的是，对于曾经在粤东地区坚持抗日救亡工作长达八年之久、做出过突出贡献的东区服务队，有关方面至今甚少重视研究，至于保存和维护东区服务队的纪念物，更无从谈起。2018 年 10 月，全国台联在广州隆重举行《纪念台湾光复 73 周年暨东区服务队建队 80 周年座谈会》，会后海峡两岸学者千里迢迢，前往探访位于博罗县福田镇徐福田村东服队驻扎多年的队部遗址三星书室（后来也是东江纵队《前进报》的社址），这座具有重要历史价值的革命遗址，竟然已被夷为平地，不复存在了，令人不胜唏嘘！

十五、粤东工作团成立，转向对台工作

东区服务队解散后，新成立的"粤东工作团"活动重心转向对台工作方面。

在一年多的时间里，他们主要做了以下几件重要工作：

一是三次派人潜入广州收集情报和做台胞的策反工作。

当时，居留广州的台胞大约有两万人，他们大都在广州经商，一部分则是被日军征来充当"军夫"的。做这些台胞的工作，争取他们，不论对瓦解敌人还是准备光复台湾，无疑都有重要意义。

这三次派人潜入广州活动，可说是自 1938 年 10 月东区服务队成立以来的七年间，所经历的最为惊险、传奇的事情。

第一次是在 1944 年初夏。据黄怡珍回忆，当时丘念台带同钟浩东、萧道应、李南锋去福建永安还没回来，粤东工作团为了发展沦陷区台胞的联络渗透工作，通过古培灵的安排，黄怡珍把自己打扮成乡下人的模样，带着刚出生不久的大女儿惠区乘船潜入广州，任务是搜集在广东的台湾人名册，为日后做策反台湾人的工作创造条件，打下基础。

黄怡珍回忆说："到了广州，我就到白云酒店找老萧的叔父，他们在这里做囤米的生意。住在八楼、管理白云酒店的三叔萧秀贞不跟我见面；住在九楼的四叔萧秀淮恰巧不在，叔母及其 3 个儿女仍然抱着久别重逢的热情招待我。听她们说我才知道，就在我抵达广州的三天前，日本领事馆曾经派人到

白云酒店查问我和老萧的行踪。他们接获密报说，失踪五年的老萧和我可能在广东，是积极的抗日份子……所以我一到广州白云酒店，怕受连累的三叔萧秀贞，随即向日本领事馆报告。这样，我便带着大女儿惠区，到中华路日本领事馆接受审问、调查。恰巧，问话的郑上尉是我在福州时同学（他父亲过去是福州日本领事馆馆员）。他可以不用翻译，直接用福州话和我交谈。后来，老萧的四叔花了点钱来保我。他编了故事说：我和老萧回国观光留学时，误入梅县萧家，就在那边生活了几年。因为生意失败，需要资金周转，老萧又一时走不开，于是就先由我这个妇人家出来广州，向叔父借钱，回去还债。也许是基于同学之谊吧，郑上尉也就顺水推舟地采信了。他只嘱咐我，要写信给老萧，收到钱就尽快到广州来销案。后来，我又被叫去问了二次话。可能是时局紧张的缘故，日本人已无暇管台湾人的闲事了，结果也没怎么逼问我。……那时，我已经怀有好几个月的身孕，于是就在叔父家安静地待产。……那段时期，古培灵又再出来一次，我让他带回广州台胞的名录等材料。"①

这次派黄怡珍去广州，虽然出了点险情，但应该说基本上完成了任务。

第二次派人去广州，则是在1945年的元旦前后，当时国民党方面得到一条线索：有一个叫陈明（国良）的人，约摸有二十四五岁，通过石龙日军检查站时，人人都要接受严格检查，只有他和检查人员唧唧咕咕悄悄说了几句话之后，便很快被放行了。这种反常的情况立即引起在场的国民党情报人员的密切注意与跟踪。随后，陈明潜入我方控制的惠州，经过情报人员的调查了解，知道他是台湾人，名叫陈明，随即以"敌嫌"受到严密监视。随即国民党当局指令丘念台协助调查。于是念台先生就派钟浩东、李南峰、萧道应这三位会讲闽南话的台籍队员去和陈明认同乡，拉关系。混熟之后，陈明承认他是奉广州日军情报机关之命，前来刺探英军服务团情况的。香港沦陷后，当时有一个英军服务团撤退到惠州郊区驻扎。于是丘念台再出面约陈明面谈，晓以大义，要他认清形势，服务祖国。在念台先生的感召下，陈明幡然醒悟，表示愿为祖国效劳。于是丘又提出，他要的有关英军服务团的情报，由我方

负责给他提供，以便他回广州后应付日军，而我方所要的广州日军的情报和策动台胞起义的事，则请他帮忙。陈明满口答应。①

这次去广州，让陈明先行两天，随后丘念台派钟浩东、李南峰、邓惠（云龙）和我父亲四人前往。钟浩东为组长，邓惠则以丘念台秘书的身份随行。

据邓惠回忆说："丘采取封官赐爵的方式去笼络台侨，如任命某某为起义军的司令，某某为台湾某县市长等等，但名字却空着，还用他印有官衔的名片写介绍去接头。丘把这些文件交给我带，我知道这些文件是危险的，想来想去想出一个办法，从惠州邮局买来包邮票的薄膜，又到市场上买来八斤腊肠和五斤罗浮山菜干，然后用筷子在腊肠上捅一个洞，将文件扭成一条，用薄膜包好塞在里边，做好记号。我身穿香檬纱衣服，头戴一顶毡帽，我记得徐森源也是带罗浮山菜干和梅菜、乌榄之类。"②

他们从惠州乘船到石龙登岸，约定在一家兴宁人开的店里住宿。但登岸后必须经过一个由日本宪兵和汪伪军把守的检查站，每一个人都要接受检查。钟浩东、李南峰和我父亲三个人被随便检查了一下就放行了，唯独把邓惠扣住不放。日本宪兵叫伪军认真检查邓惠，从头到脚搜了个遍，并没有查出什么东西来。这时候，日本宪兵瞪着双眼，对着邓惠虎视眈眈了好几分钟，好在邓惠临危不乱，没有露出惊慌的神情，鬼子这才把邓惠给放了。③

钟浩东和我父亲三人先行到达那家兴宁人开的店铺后，左等右等都不见邓惠来，以为必定是出事了。他们在店铺里商量，想通过一个当日本翻译的兴宁人去打听并设法营救。正在这时，邓惠突然赶到店里，压在大家心头的那块大石，才算落了下来！

"老邓啊，你知道他们为什么要扣你吗？"钟浩东问邓惠。

"我不知道，我也觉得奇怪！"邓惠答。

"你一登岸，日本宪兵就指着你说，这个人既不像乡巴佬，也不像做生意

① 丘晨波记录：《东区服务队队员邓慧回忆东队的工作和生活》，第 12 页，1983 年 6 月 1 日，未刊稿。

② 丘晨波记录：《东区服务队队员邓慧回忆东队的工作和生活》，第 12、13 页，1983 年 6 月 1 日，未刊稿。

③ 丘晨波记录：《东区服务队队员邓慧回忆东队的工作和生活》，第 12、13 页，1983 年 6 月 1 日，未刊稿。

的，值得怀疑，好好查查！"钟浩东懂日语。

邓惠这才恍然大悟，原来是他自己化妆不好，引起日本宪兵的怀疑，害得大家虚惊一场。①

次日凌晨，他们又乘日轮去广州，登岸后又要受海关检查，好在检查员都是中国人，没有太过为难他们。不过，这几个家伙一看到邓惠带的腊肠就乱抓乱扯，邓惠担心有记号的腊肠被扯去，急忙说："朋友，请不要给我扯乱了不好卖！"每人送了十条腊肠，这几个家伙才高高兴兴地把邓惠放了，还叫他快走。又是一场虚惊！

到广州与陈明取得联系后，陈明把钟浩东和邓惠安排在惠爱路愚山旅社住宿，而李南锋和我父亲则被安排在河南的一家理发铺的楼上。次日晚上，美军飞机轰炸广州，全城实行灯火管制。大约一个钟头后，日本宪兵突然出现在钟浩东和邓惠下榻的旅社的房门口，老板说要检查。这时邓惠才想起白天出去找人时念台先生的名片还有一张在衣袋里，他赶紧表示接受检查，假装到床底下取行李袋，乘机把名片丢进床底的暗处。日本宪兵没查到什么，也就走了。又是虚惊一场！②

第二天一大早，陈明赶紧把钟浩东和邓惠两人换到太平南路口日本人开的大酒店去住。当天，陈明召集了三四十位台湾人，就在太平南路口一家日本人开的咖啡馆厅房里开了个座谈会。邓惠以丘念台秘书的身份出面讲话，"鼓励他们认清形势，组织起来起义，如有愿意到内地去的也很欢迎等等"。他们在广州住了十多天，把文件交给了陈明，随后又布置了一些具体工作，就回到惠州来了。

在广州秘密活动期间，有一天李南峰由于疏忽大意，在戒严开始后还通过海珠桥，结果被扣留在广州河南的伪警察局里了。我父亲得到消息后，赶忙找到一位在日军中服役的台湾籍同胞，设法前往伪警察局营救。这位台湾籍日本"军夫"自称是日本人，用日语和伪警察局长交涉。当时沦陷区的伪

---

① 丘晨波记录：《东区服务队队员邓慧回忆东队的工作和生活》，第12、13页，1983年6月1日，未刊稿。

② 丘晨波记录：《东区服务队队员邓慧回忆东队的工作和生活》，第12、13页，1983年6月1日，未刊稿。

警察都很怕日本人，所以很顺利的就把李南锋给营救出来了。①

第三次去广州，是派古培灵、叶捷新和徐新杰三个人去的。这次去广州很不顺利，不但策反工作受到重大挫折，而且古培灵不幸牺牲，只有叶、徐两人平安回到惠州。邓惠回忆说："据说我们走后不久，事情就败露了，台侨害怕不敢接触，估计是前次来听报告的人中有人去告密。据台侨说，陈明被带到香港去处死，尸首浮在海边。回来的人说，古培灵在广州买了几本进步书刊藏在背包里，在增城通过检查站时被查获而遭枪杀的。"②

不过，关于古培灵的牺牲，据邓惠说，还有另外一种说法："去年刘国勇和李伟英夫妇返乡探亲，张展铨和他谈起这件事时却说，他在东纵时知道这件事，古培灵经过东纵防区时被扣押，当时搞不清楚，怀疑他是国民党特务把他枪毙的，到底哪一说对？我也搞不清楚。当时古培灵的爱人赖宜昭生一女儿才一个多月，看她心情不好，只好让她回淡水家乡了！"③

关于陈明的遇害，丘念台则说："粤工团香港工作站的主持人，是台省高雄人陈国良，二十多岁。他原被日本宪兵派到惠州刺探消息的，给我发现了秘密，便把他吸收过来做我们的同志，以后任事很忠诚。这一件事，使我对台湾工作发生更大的信心，可惜在抗战胜利前一个月，他已给香港日本宪兵淹杀了，没有看到台湾光复。"④

粤东工作团的这两次行动，虽然成功地策反了陈明转向抗日阵营，但其后策反广州台胞不仅以失败告终，而且还白白失去了东服队的一名老队员古培灵，和一个刚刚反正过来的抗日志士陈明，突显出他们在这方面工作中的简单幼稚，缺乏经验。

二是协助盟军（美）兴宁第十四航空队工作。

策反广州台胞的工作失败后，1945 年春夏，粤东工作团旋接时任闽赣粤边区总司令的香翰屏来电，说他奉上级指示，要丘念台去兴宁和美军第十四

---

① 徐森源：《战斗在罗浮山下——东区服务队在罗浮山区坚持抗战史略》，第 12 页，未刊稿。

② 丘晨波记录：《东区服务队队员邓慧回忆东队的工作和生活》，第 12—14 页，1983 年 6 月 1 日，未刊稿。

③ 丘晨波记录：《东区服务队队员邓慧回忆东队的工作和生活》，第 12—14 页，1983 年 6 月 1 日，未刊稿。

④ 丘念台：《岭海微飚》，第 229、210 页，海峡学术出版社，2002 年 10 月。

航空队接头，领受任务。此时，恰逢日寇为了打通大陆交通线，作战败前的垂死挣扎，占领了惠州、博罗及附近的一些城镇，粤东工作团已于当年 2 月 24 日从惠阳后撤到梅县。①

其后，丘念台先是带了几个人从梅县赶到横沥附近的一个破庙里和美方的情报机关接头，随后又徒步到兴宁去找美第十四航空队。丘念台在"自传"中说："当时美国十四航空队兴宁办事处的负责人，是一位少校军官名叫圣佛尔，我和他面谈过后，才知道他要我协助他召募台籍人士作登陆台湾的向导。取录标准是：离台不要超过十五年而熟识地形环境者，尤其最需要住过台湾东部的人，因为美军是准备用潜艇载人在台湾东部登岸的。……不久后，我便带他到福建龙岩县，秘密召募了八位去过台东的青年。后来我又在梅县协助圣少校召募了另八位台人，共计十六位，他们都紧张候命集训出发。"②

有关此事，邓惠则说："我们分头到蕉、梅各处乡间去搜集，得三十人左右去应征，美方派员看了后说，这些人要经过技术训练才能用，一部分人要用潜艇先送入台湾内部去活动，配合美军登陆，要我们听候处理。"③

关于此事，我父亲徐森源也说："大约是在 1945 年 5、6 月间，有一天，丘念台突然叫人到我家里通知我，要我到兴宁县城去见他。我到兴宁县城后，丘念台说要我帮助他到日本占领区去搞一、两个台湾籍人回来，加以训练后派到台湾去，准备点火为号，策应美军进攻台湾。据丘念台说，因为美国准备进攻台湾，所以美第十四航空队向国民党当局提出这个要求。国民党当局找丘念台想办法，因此丘念台找我们'老同志'帮忙。"④

不过，后来因为美军在琉球登陆成功，已经没有在台湾登陆作战的必要，所以招募来的台籍人，都一律资遣解散了。

三是在潮汕地区设站，做"安抚"台胞的工作。

1945 年春夏，日本战败已成定局，潮汕一带的台湾人人心惶惶。5 月间，丘念台亲赴潮汕地区，安排粤东工作团的工作。

---

① 见《中山日报》，1945 年 2 月 26 日报道。

② 丘念台：《岭海微飚》，第 229、210 页，海峡学术出版社，2002 年 10 月。

③ 丘晨波记录：《东区服务队队员邓慧回忆东队的工作和生活》，第 14 页，1983 年 6 月 1 日，未刊稿。

④ 徐森源：《徐森源自传》，第 6 页，1968 年 9 月 27 日，打印稿。

据黄炳辉回忆："在意溪由丘琮与该地方国民党党部负责人开过一次会议，丘琮和该国民党部负责人讲话，号召大家同负起建设台湾的事。我、丘继英、徐森源都参加了会议。到会有该地的中学老师、青年等二三十人，后来吸收该中学英文教员郑某为'工作团'团员。"①

日本投降后，丘念台又委派丘继英为粤东工作团潮汕站站长，黄克顺为副站长，取道意溪同郑某去汕头设站，做"安抚"台湾人的工作，并派黄炳辉做汕头和广州之间的联络员。但由于种种原因，这个工作站的工作没能真正开展起来就很快结束了。②

四是日本投降后，在广州为保护、训练台胞做了大量工作。

1945 年 8 月 15 日，日本无条件投降。9 月，丘念台率领粤东工作团一行六人，由梅县经兴宁、五华、紫金、惠州进入广州。当时，侨居广州的台胞约有二万人，包括隶属日本军籍者一千六百人。他们身份特殊，处境十分困难。丘念台到达广州后，很快在广州设立了粤东工作团的两个工作站和两个游动站，经过调查，详细了解了上述情况，向国民党政府提出申请，建议对广州台胞进行"收容处理"。"结果两万台籍侨民得以进入政府开设的十六个收容所，陆续被遣返回台湾。至于台籍官兵一千六百人（包括女护士五百人），则设立台湾籍官兵训练所加以训练，丘念台本人担任顾问，粤东工作团成员充任教官。为期两个月的训练主要是要使台胞明了台湾的历史，及台湾归还中国后台湾人重建台湾、复兴中国的责任。台籍官兵受训后也都得以释放，回归故土台湾。"③萧道应被丘念台任命为训练总队的中校政训主任，黄怡贞则是少校教官兼女子大队副大队长。

台湾省受降典礼会场（蓝博洲提供）

---

① 黄炳辉："交代材料"，第 5、6 页，手写稿。
② 黄炳辉："交代材料"，第 5、6 页，手写稿。
③ 丘晨波：《丘念台传》，第 11 页，打印稿。

与此同时，丘念台还主持公道，积极奔走，为保护广州台胞做了大量卓有成效的工作。此外，丘念台还以"慰劳抗日将士"的名义，出面向在广州的台籍人士为政府募捐（约有十几亿汪币），以表示台胞对祖国的认同。值得一提的还有，1945 年 12 月，丘念台曾经派粤东工作团成员张展铨等人专程回到梅县，在《中山日报》上连续刊出一个月的广告，招聘了一百多名小学教师赴台任教。[①] 这一举措，对恢复发展战后台湾的基础教育，传播中华文化，发挥了积极作用。

除了丘念台率领的粤东工作团之外，此后不久，我的父母、钟浩东 / 蒋碧玉夫妇，以及丘继英、刘邹炽、李南锋、徐新杰等原东区服务队的另一批队员也来到广州，参与了训练、遣返台胞的工作。

1945 年 12 月，还在重庆为解决大陆台胞的事情积极奔走的丘念台，在国民党元老于右任和邹鲁俩人的推荐下，出任监察院的台湾省籍委员。1946 年 1 月，丘念台乘飞机自重庆经上海返抵光复后的台湾，结束了粤东工作团的工作。

自此，历史翻开了新的一页。

---

① 见《中山日报》，1945 年 12 月 17 日—1946 年 1 月 11 日，及丘晨波：《丘念台传》（打印稿），第 11 页。

第三章 "白皮红心"——党的地下工作战士

一、抛家别子，投奔东纵未果

父亲和钟浩东等四人从广州返回惠州后没过多久，1945年2月，日寇进攻惠州、博罗一带，丘念台遂率领粤东工作团撤离惠州，经河源、老隆、兴宁，长途跋涉，于2月24日回到梅县。当时，蒋碧玉在头年3月生下的男孩——惠东还不足一周岁，而我则尚在襁褓之中，也由父母亲背着随队行军，天气寒冷，一路十分艰苦。

到达梅城后，这群"疲惫之师"先是落脚在城东广益中学，后又借宿乐育中学，后来才迁移到南口镇现今侨乡村五杠楼潘屋驻扎。

早在从惠州撤出之前，我的父母以及钟浩东夫妇、刘邹炽、李南锋、徐新杰等人，就已经接到地下党的指示，要他们离开粤东工作团去罗浮山投奔东江纵队。父亲回忆说："1944年底，有一次我和徐明之接头的时候，徐明之对我说，丘念台是一个资产阶级民族主义者，跟着他工作没有前途。组织上决定要我和钟浩东等一批人（主要是民主抗日同盟盟员）准备去参加'东江纵队'。但是，当时徐明之还没联系好我们什么时候去和怎样去参加'东江纵队'。他说要等下一次接头的时候再告诉我。"[1]

要去东江纵队，就必须先把孩子安顿好，于是到达梅城后不久，父母亲他们几个人便辞别了念台先生，离开粤东工作团返回了蕉岭家乡，打算把两个孩子留在蕉岭交给我阿婆哺养，然后再动身去罗浮山。

3月上旬的一天傍晚，天还没黑，阿婆正在灶房里准备做晚饭，突然间

---

[1] 徐森源:《交代材料》，1969年6月29日。

同庆楼里人声嘈杂起来，只听得对门的三伯婆高声喊："黄大嫂，阿源转来哩，还带了好几个人，快出来呀！"阿婆赶忙从灶房里出来，"不用问，阿源手里抱着的一定是阿博东，我的宝贝小孙孙！"阿婆心里想着，一通小跑，一边用围裙擦拭着双手，一边乐呵呵地上前迎接。

介绍之后，阿婆这才第一次见到了自己的儿媳妇和另外几个我阿爸的朋友钟浩东等人。三伯婆、阿黄妹等几个人又是搬椅子，又是端茶倒水。大家在天井里坐定之后，阿婆抱着小孙子不肯放手，逗个不停，还不时斜着眼睛悄悄打量刚进门的儿媳，那股劲头似乎比吃了蜜还甜！直到我阿爸发话说："阿姆，我们饿了大半天了，还没吃饭哩！"阿婆这才把孩子交还给我妈，张罗着去烧火做饭。

晚饭过后，三伯公、五叔婆、烈元叔、阿旺嫂、阿仙伯的阿姆、阿仙伯、森东哥等一大堆同宗亲友，听说后都纷纷前来相见道贺，同庆楼里一片喜气洋洋！

第二天，得到消息的燕娇姑也挺着怀孕七八个月快生的大肚子，在她丈夫刘谦的陪同下回到娘家——同庆楼还从来没这么兴旺热闹过。

孩子安顿好了，按说休息几天就可以出发去罗浮山了，可是蕉岭距罗浮山数百里，此时沿途不仅有国民党军警的层层设卡盘查，而且这时日寇已经占领了惠州、博罗及附近城镇，没有通行证，想去罗浮山找东江纵队，谈何容易！父亲他们商量再三，决定由刘邹炽一人先行秘密潜回罗浮山（刘是罗浮山脚下长宁乡人），打探一下虚实，并设法与设在冲虚观的东纵司令部取得联系；另派钟浩东、李南锋两人就近去福建龙岩找李友邦[①]，想办法搞到通行

---

① 李友邦（1906—1952），台湾嘉义人，生于台北，1918年考入台北师范学校，期间加入蒋渭水领导的台湾文化协会，积极参加反日活动。1924年3月，与林木顺、林添进等人袭击台北警察派出所，遭日本殖民当局通缉，连夜逃往大陆，同年9月考入黄埔军校第二期。其间结识了孙中山、廖仲恺等，形成革命思想。1932年，李友邦在杭州国立艺术专科学校担任日语教师期间，因宣传爱国救国，同情热血青年，被国民党特务机关逮捕，关进杭州陆军监狱。同年，二弟李友先被日本特务枪杀。三弟李友烈，也在1934年死在日本特务的刑讯室里。全面抗战战争爆发后，李友邦指出：欲救台湾，必先救祖国，1939年在浙江金华组建台湾义勇队及台湾少年团。同年10月，国民政府正式委任李友邦担任台湾义勇队队长并晋阶为陆军少将。后台湾义勇队扩编为台湾义勇总队，李友邦升任中将总队长，下设四个支队，工作层面涉及前线、后方、敌后与沦陷区。战后于1945年，出任三民主义青年团中央直属台湾区团主任，后为三民主义青年团台湾省支部团干事长。抗战胜利、台湾光复后，台湾义勇队成员返回台湾。1948年李友邦出任国民党台湾省党部副主委、主委。1951年11月30日，台湾当局根据蔡孝乾等人的"供词"，认定李友邦"包庇匪谍"罪成立，判处死刑，终年仅46岁。

证——去年春，钟浩东、李南锋跟随念台先生去福建永安赴任，途经龙岩时曾一起拜访过李友邦，与李有一面之缘。而徐新杰则先回他的生父家洋桥和养家塈垣村寨上与家人团聚。

主意既定，刘邹炽和钟浩东、李南锋三人分头上路，我的父母和蒋碧玉母子则留在蕉岭等待消息。

我生下来时，我阿妈的奶水本就不足，这时我已经长到四五个月大，食量不断增加，经常吃不饱。"那时候，你好可怜哦，吃不饱就乱咬你阿妈的奶头，然后就哇哇地哭个不停，急得你阿妈直说'这可怎么好！这可怎么好！'我就打些米羹来喂你，后来又设法找些鲜羊奶来给你充饥。"——小时候阿婆总跟我说。那年头，蕉岭没有人养奶牛，更没有什么婴儿奶粉之类的卖。

也算我命大福大！这种挨饿的日子没过多久，到了4月间，燕娇姑平安生下个女婴。燕娇姑身子骨好，奶水吃不完，这样，燕娇姑成了我的"兼职奶妈"。

回到蕉岭老家的这几个月里，算是父母亲这几年来难得的最舒适安逸的时光了。除了应丘念台之召，短暂去了一趟兴宁、潮汕地区之外，其余时间我阿爸没事就带着我阿妈和碧玉阿姨到处游山逛水，长潭、一线天、高台庵、石窟河、燕子岩、仙人飞渡……蕉岭的名胜古迹游了个遍。

然而，这种悠闲安逸的日子并没有过多久。

有一天，父亲去蕉岭县城拜访同宗乡亲徐昶寿——一个从台湾回来的医生，他在城北开了一家诊所。当时，徐昶寿是蕉岭台湾同乡会会长，父亲进门时，他恰好要出门去"民众教育馆"（设在王家祠）开同乡会，便邀约父亲一起去参加。父亲应邀同往，会开完后，一个国民党中央直属台湾党部的工作人员，动员大家集体签名参加国民党。父亲回忆说："那时，我正要找掩护，取得保护色去东纵，因此就用'徐海山'的假名字签了名。当时参加开会的大都是农民，所以既没有'宣誓'也没有'填表'就取得了一张国民党的党证。"[1]

踏破铁鞋无觅处，得来毫不费工夫。无意间父亲就拿到了当年很吃香的、

---

[1] 徐森源:《徐森源自传》，第7页，1968年9月27日，未刊稿。

满可以当通行证用的国民党党证。可是也正是因为拿了这个"党证",几十年后父亲在"文革"中吃尽了苦头。

时间过得很快,转眼就到了当年的8月下旬。这一天,钟浩东和李南锋从福建龙岩回来了,他俩很顺利地在李友邦那里搞了个"三青团中央直属台湾区第三分团"的名义——那时,李友邦是"台湾义勇队队长"和"三青团中央直属台湾区团主委"。没过几天,刘邹炽也从罗浮山回来了,他传达了地下党和东江纵队要他们去罗浮山的指示,东纵政治部主任饶璜湘还交给刘邹炽两个金戒指,作为他们几个人去罗浮山的旅费[1]。父亲说:"那时,日寇已经宣告投降,于是我们一批人,包括钟浩东、蒋蕴瑜(钟浩东的爱人)、李南锋、徐新杰、刘邹炽、潘佩卿(我的爱人)等,表面上挂着'三青团中央直属台湾区第三分团'的名义(钟浩东、李南锋两同志是李友邦的正式委派,其他人均无委派),实际上是去罗浮山参加东江纵队"。[2]

1945年9月13日,只差一个月就是我一周岁的生日,父母亲等人一大早就忙碌起来,打点行装出发去罗浮山。这一天秋高气爽,早起已经有些凉意,早餐过后,一行数人出了墩背村,过了桦九树下、乐群小学,又过了湖洋桥上了大路,阿婆抱着我,送了一程又一程,阿爸无论如何不让再送了。出门时,阿妈和阿婆的双眼就已经开始红润,此时眼泪更禁不住在眼眶里打转。阿妈从我阿婆怀里把我接过来,轻轻地在我的小脸蛋上亲了又亲,两行热泪终于忍不住像断了线的珠子掉了下来,赶忙又把我交还给了阿婆。这时,不谙世事的我不干了,"哇、哇、哇"突然开始大声哭叫,两手乱抓,双脚乱蹬,非要阿妈再抱抱——仿佛小家伙这个时候才醒过味来,知道阿妈要出远门,不晓得什么时候才会回来!阿妈转过身去,再也没有勇气回过头来看一眼自己的宝贝儿子,在阿爸的搀扶下紧走了几步,用衣襟擦拭着脸庞上止不住的泪水,追上了队伍,而我则哭闹得更加厉害了——等我长大懂事后,阿婆、五叔婆、燕娇姑和其他村里的长辈们,一遍又一遍地向我绘声绘色地讲述当年我们母子离别时的情景。

---

[1] 徐森源:《徐森源自传》,第7页,1968年9月27日,未刊稿。
[2] 徐森源:《徐森源自传》,第7页,1968年9月27日,未刊稿。

父母亲离开家乡前夕与博东合影

为了国家民族，为了心中的理想，就这样，父母亲忍痛抛家别子，再次离乡远行。阿妈绝对没有想到，她这一去，再见面时我已经是 40 多岁的壮年人了，而她自己也已经是 60 多岁两鬓斑白青春不再的退休老人矣！

由于碧玉阿姨抗战时期已经失去了大儿子继坚，这次她舍不得再把老二惠东留在蕉岭；再加上她眼见我阿婆一个小孙子还有一个更小的外孙女在身边，从早到晚里里外外忙个不停，哪还好意思再把自己的孩子留给她老人家哺养？于是此时已经一岁半的惠东，也就跟随着大人们离开了蕉岭，他们打算到罗浮山后再另想办法。后来惠东被带回台湾，但很不幸，生下来就跟着父母颠沛流离的小惠东，到台湾后不久就病逝夭折了。

那时候，国共两党重庆和谈正在进行，但粤东地区却风声鹤唳，战云密布，看不到一丝和平的气象。父亲说："我们到达预定接头地点石龙镇后，原来预定接我们去罗浮山的刘邹标同志（刘邹炽的哥哥）告诉我们，由于国民党新一军包围罗浮山，东江纵队已经离开罗浮山转移他处。迫不得已，我们只好暂时放弃去参加东纵的计划，前往光复后的广州市另想办法"。①

于是，阴差阳错，罗浮山没能去成，与东江纵队失之交臂，父母亲的人生经历，在这里再一次拐了个弯。

① 徐森源:《悼念战友钟浩东烈士——台湾省籍共产党员钟浩东同志生平事迹》，第 7 页，未刊稿。

二、三青团的"分团书记"

早在东区服务队时期，父亲就兼任《中山日报》（梅州版）的特派记者，写了大量报道前线战地新闻的稿件。此次从东江出发去广州，父亲也写了多篇沿途见闻，刊登在《中山日报》（梅州版）上，2013 年我和黄志平教授专程到梅城剑英图书馆查找有关资料，功夫不负有心人，我们果然从一大堆旧报纸中发现这些珍贵的文章。限于篇幅，这里仅选刊两篇。

当时日本刚刚投降，父亲撰写的这组文章，较为详细地报道了他们一行数人从石龙经河源、惠州到广州，沿途所看到的东江地区的水陆交通、市井面貌、百姓生活、省府机关搬回广州以及广州生活等方面的情况，对于了解抗战胜利初期广东城乡的社会面貌、政治经济状况，具有相当的史料价值。

父亲毕生勤于写作，无论在何时何地，从事何种工作，从未放下过手中的笔，用过的笔名计有：徐海山、韩云桦、云桦、彭思博、潘思东、张机寿、杨春土等。在东区服务队时他是《中山日报》（梅州版）的特派记者，进入广州后又成了该报驻广州的特邀记者，后来又当过广州《建国日报》驻台湾记者和香港《大公报》"台湾专页"主要撰稿人，中晚年更是中央人民广播电台对台部专门撰写重要评论文章的笔杆子，终其一生写了数不清的稿件，为党的宣传工作和新中国的新闻事业做出了突出贡献。

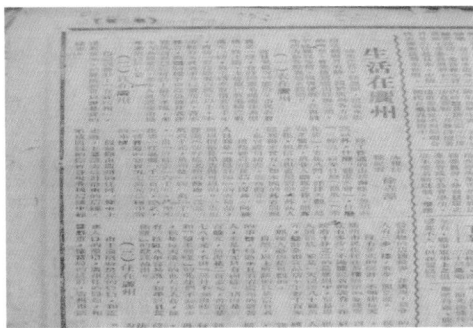

《中山日报》（梅州版）刊头（徐博东摄）《生活在广州》，（1945 年 9 月 19 日，徐博东摄）

《海角见闻》，（1945年9月16日，徐博东摄）

1945年9月下旬，父母亲和钟浩东等人到达广州后，在惠爱路（今中山四路）宝善里借了一间台湾人的店铺做办公地址，挂起了"三青团中央直属台湾区第三分团"的招牌，开始和旅居广州的一些台湾青年接触。李友邦还派了一个叫李忠明（中共党员）的来协助他们。日本投降后，出于对日本占领期间欺压中国人的仇恨，有少数广州人不分青红皂白地要殴打台湾人，在广州的台湾人为了自身的安全，急需寻求保护，所以也愿意和打着"台湾三青团"旗号的父亲他们接触。

他们几个人商量了一下，钟浩东自封为"分团主任"，父亲被推举为"分团书记"，其他几个人也互相推举，挂了个名号。由于没有活动经费和生活费，钟浩东就出面向旅居广州的台湾商人筹集。当时，支持他们出力最多的是一个叫林新喜（万国烟厂副经理）的台湾新竹人。经费有了，他们就在广州借用省教育厅礼拜堂，举办了一期为期两天的"训练班"，约有八九十人参加。父亲说："表面上这个'训练班'主要是讲述抗战理论，但暗中却个别向他们说明中国的实际情况，并个别进行革命理论宣传，那时候国民党的反动官僚们正在忙于发'劫收'财，对这些情况他们还来不及顾到。"[1]

"训练班"只举办了一期就办不下去了，因为他们在广州的活动，不久就引起了国民党当局的注意，"三青团广州区团"派了四五个人找上门来了，声

---

[1] 徐森源：《徐森源自传》，第6页，1953年4月7日，未刊稿。

称"台湾区的三青团，无权跑到广州来活动"，抢了他们的地盘，限他们两天时间，把门口那块牌牌给摘了。

俗话说："强龙压不过地头蛇"，钟浩东和父亲他们初来乍到，在广州无根无蒂，为避免发生冲突，他们只好摘下了"三青团"这块招牌。这时已经到了1945年的年底。

"三青团"被迫停止活动后，生活又没了着落，连住的地方都成了问题，于是，"我和我的爱人潘佩卿被钟浩东介绍到林新喜家里做了好几个月的'食客'，直到1946年4月去台湾为止"。父亲说。①

抗战胜利后，从1945年冬到1946年春，华南地区中共领导的革命武装正遭受国民党军队的疯狂"围剿"，罗浮山一带的不少中共地方干部及武装干部都被迫疏散出来。以前我父亲的党内联络人宋郭芬和部分原东区服务队的队员如钟国辉、丘继英、萧志明、萧道应、黄怡珍、叶捷新、徐昭、徐博航等人也都疏散到了广州。父亲从宋郭芬那里得知，党组织正处于隐蔽疏散状态，暂时还联系不上。② 于是，他们这批人就像是断了线的风筝，只能各自为战，单打独斗。

钟浩东和父亲在"三青团"被迫停止活动后，他们又协助广州台胞组织同乡会，后来又帮助台胞解决返乡的船只问题，做了许多力所能及的工作。为了解决台胞返乡的经费问题，钟浩东专门打电报给台湾的家人，"要家里给他汇三千银元过去，说是要租船让当地的台胞返乡"。③ 钟家接到电报后，一时凑不齐那么多钱，只好卖掉一幢屋子，紧急汇款给他。蒋碧玉回忆说："当时，旅居广州及其近郊的台胞约有二万人，其中包括原属日本部队正规军一千六百人。他们都是被日本殖民政府强征到大陆和国民党军作战的；日本战败投降后，就把这批人移交广东军方，其中三百名是护士。他们对自己所处的地位与未来的前途，都感到非常迷惘；尤其是护士们，初接收时有许多人还因为惶惑不安而自杀。我和其他女性工作人员于是用闽南语或日语，同她们解释台湾历史的演变，以及回归祖国怀抱后所有台胞均恢复为中国国民的

① 徐森源：《交代材料》，1968年12月19日。
② 徐森源：《徐森源自传》，第7页，1953年4月7日，手写稿。
③ 蓝博洲：《幌马车之歌》，第85、76—83页，台海出版社，2005年8月。

事实。这样，才渐渐把她们的情绪安定下来。1946 年 4 月，浩东向广东省政府租了一条货轮——沙班轮，把这些台胞分成了三批送回台湾。"[1]

抗战胜利之初，国民党的各级"接收"大员大都忙着"五子登科"：位子、房子、票子、车子、女子（汉奸的妻妾），巧取豪夺，大发"劫收"横财，无所不用其极，搞得民怨沸腾，民心丧尽。而钟浩东却急台湾同胞之所急，卖掉自家的房产，筹款租船送他们返回故乡与亲人团聚——那时，钟浩东还不是中共党员，只是地下党着意培养的党外积极分子。

当时，父亲他们在广州既无职业，生活无着，跟党组织又失去了联系，心中不免着急，后来他们几经商量，决定去台湾发展。那时他们得知，丘念台和李友邦都已经返回了台湾，有这两个老关系在，他们认为比较容易找到合适的工作，而且台湾刚刚光复，党的工作比较薄弱，正是急需用人之时。父亲说："于是我们几个人（包括钟国辉、丘继英、钟浩东等）就商量到台湾去开辟新区工作。我们商量的结果，决定先请示组织，然后行动。于是由钟国辉、钟浩东代表我们特地到香港请示组织。结果组织负责人蒲特同志（名饶彰风，解放后任中共广东省委统战部长）同意我们去台湾工作，并说以后把我们的组织关系由华南局转到华东局，再转到台湾去。"[2]

后来饶彰风（蒲特）对我父亲的上述说法证明如下："徐森源同志所提供的情况，在我的印象中，基本是符合的。他们去台湾之前，是有派人先来香港和我联系。经研究后，认为他们可以利用丘琼（即丘念台）的关系进行工作，那时候台湾还是国民党统治比较薄弱的地区。据我估计，他们会接上组织关系。那时，在香港有一个机构专门管理台湾工作的，负责人与我有联系（姓名一时记不起来了），当他们找到了职业，有了联系地址给我之后，我就会转给工作组去。"[3]

关于此事，丘继英在"文革"中也写有如下证明材料："1946 年 1 月，我到广州找组织关系，那时徐森源、钟浩东、徐新杰等人都在广州搞对台工作。徐也在找组织关系。钟国辉是台湾青年，约在二月间由北江支队撤退到广州。

---

[1] 蓝博洲：《幌马车之歌》，第 85、76—83 页，台海出版社，2005 年 8 月。
[2] 徐森源：《徐森源自传》，第 8 页，1968 年 9 月 27 日，手写稿。
[3] 饶彰风：《徐森源同志证明材料》，1962 年。

徐森源、钟浩东先认识钟国辉，钟国辉住在广州同乡会。徐森源、钟浩东等经常与钟国辉在一块。我听徐森源讲，钟国辉是中共地下党员，在北江支队打游击，撤退来广州的。约在三月间，钟国辉去香港找到党的负责人，联系上了回来对我们讲。我和徐森源就托钟国辉向香港党的负责人汇报请示我们打算去台湾搞地下工作。钟国辉答应去联系，回来后对我们说，上级同意我们去台湾，利用旧有的社会关系找职业掩护下来，进行地下工作。于是我们就决定去台湾了。"[①]

征得了组织的同意，父亲他们信心倍增。1946 年 4 月 4 日，清明节的前一天，我的父母亲徐森源、潘佩卿，偕同蒋碧玉母子、李南锋、丘继英、徐新杰等一行数人由广州乘坐沙班轮，与首批撤离广州的台胞一起离开大陆，启程去台湾。

"呜……呜……"随着几声汽笛的长鸣，沙班轮驶离了广州天字码头，驶出了珠江口，乘载着满船的旅客，更乘载着父母亲他们对新工作、新生活的憧憬与希望，驶向茫茫无际的大海，驶往他们向往的光复后的台湾。

三、基隆中学的"训导主任"

船到台南安平港，"上岸后，触目所见，战后的台湾只能用'满目凄凉'四个字来形容。日据以来台湾老百姓的困苦是不难理解的"。李南锋说。[②]

父母亲到达台湾以后，先是到台北拜访丘念台。念台先生看到有那么多原东区服务队的队员都来到了台湾，十分高兴。父母亲他们在台北住了一个多月，最初丘念台要他们去新竹、苗栗一带搞民运工作，他是想以苗栗作为民运工作的实验区，取得经验后再逐渐扩大影响全台湾。可是那时父亲他们认为这种改良主义的做法行不通，所以兴趣缺乏，不同意搞，希望丘念台给他们每个人介绍个稳定的职业，以便从事革命活动。[③]

---

① 丘继英：《关于徐森源同志的证明材料》，第 1 页，1969 年 3 月 24 日。
② 蓝博洲：《幌马车之歌》，第 83 页，台海出版社，2005 年 8 月。
③ 徐森源：《徐森源自传》，第 8 页，1968 年 9 月 27 日，未刊稿。

前排左一为先父徐森源，中坐者为吴剑青校长（1946 年 6 月）

基东一周岁时与父母摄于基隆中学（1947 年 8 月）

一时工作还没个着落，带的盘缠却快用光了，生活逐渐成了问题，这时我阿妈已经有了六个多月的身孕。一天下午，父亲正在台北街头行走，迎面碰上在东山中学读高中时他最敬佩、最仰慕的国文老师——吴剑青。光阴似箭，自从 1938 年夏我父亲从东山中学毕业后，一晃八年过去了，兵荒马乱的年头，各自都在忙碌，师生二人失去了联系，"他乡遇故知"，如今竟在台北街头偶然相遇，真是欣喜莫名！

他们在附近找了个小茶馆坐了下来，泡了壶茶，边饮茶边畅叙别后各自

133

的经历。父亲这才知道，剑青先生战后应聘来到台湾，现在是私立基隆中学的校长。他听说我父亲刚来到台湾，还没找到工作，便极力邀请父亲到基隆中学任职。父亲在"自传"中说："1946年5月，我接受基隆中学校长吴剑青（吴是我过去在梅县东山中学念书时的国文教师）的邀请，去基隆中学担任事务主任，同时我的爱人潘佩卿（现在台中育幼院）及徐新杰（党员，在台湾情况不明）也和我一道去基隆中学工作"。[①]

三个月过后的当年8月，吴剑青校长辞职返乡。真是无巧不成书，父母亲的老战友钟浩东，在李友邦和丘念台的推荐下接任已由私立转为"国立"的基隆中学校长。校领导班子重组，父亲改任"训导主任"、方弢（泽豪）为"教导主任"、钟国辉为"事务主任"。另外，参加过东区服务队的李南锋、萧志明、蒋蕴瑜、黄怡珍、黎明华、钟国员、徐新杰、陈明等也都先后来到基隆中学任职。另外，钟浩东又陆续物色了一批有教学经验的进步知识分子，其中不少是从香港和广东兴梅地区来的，如杨奎章、张奕明、曾绿枝、汪叶舒、谢绿秀、钟森祥、曾庆廉、孟柯、杨丰、苏沛。后来还聘请有复旦大学毕业的陈仲豪、杜月邨、萧太初、陈其人等，其中有不少中共地下党员。陈仲豪说："这么多进步教师聚集在一起，恰似《水浒传》里的'聚义堂'，使学校不知不觉成为台湾北部地区一所中共地下党活动的重要据点。"[②]

父亲回忆说："从1946年5月到1947年11月，我在基隆中学工作了一年半左右的时间。那时候，在校内外搞了一些革命活动。一方面，我们在学校里团结了一批进步同事，包括钟浩东、钟国辉、方弢、张奕明、潘佩卿、徐新杰、杨奎章、钟逢甲、蒋蕴瑜、萧志明、李南锋、蓝芷芳、林献秀、钟里志等十余人成立了学习小组，经常讨论时事和中国革命问题，积累了不少进步书籍杂志（后来'二二八'事件时由钟国辉、徐新杰烧掉了）。另一方面，我们对学生开展民主教育，指导学生开展课外活动和社会活动，成立了学生自治会及班会，给图书馆买了不少进步书籍让学生阅读，并逐步进行学生中间积极分子的个别教育，同时通过学生和家长和社会发生广泛联系。当

---

① 徐森源：《徐森源自传》，第8页，1968年9月27日，未刊稿。

② 陈仲豪：《缅怀英烈忆浩东——献给〈钟浩东、蒋碧玉纪念特展〉》，2015年4月20日，未刊稿。

时,北平发生'沈崇事件'和东京'涩谷事件'①,我们曾指导学生秘密油印反对美帝的宣传品,由邮局散发到台湾各地。后来,我去台中以后,基中地下党曾经在教师和学生中间发展了一批党员。在校外,我们团结了一批在台北等地工作的进步朋友(包括原东区服务队的一些老同志和一批新认识的民盟的朋友),经常讨论如何在台湾搞革命工作的问题。1946年冬,我们一批人,包括吴京(民盟)、黄华(民盟,东队老队员)、钟国辉、钟浩东、丘继英、黄德维(民盟)、杨奎章(民盟,现在广州文化局)、陈明(民盟,曾参加东队)等在台北成立了'中国民主同盟台湾省临时工作委员会',推选吴金做主任委员,钟国辉、丘继英和我当常务委员,准备在台湾搞秘密革命工作。"②

台湾光复后,中国民主同盟的一批盟员也先后来到台湾,与中共地下党员并肩战斗,从事革命活动。最早来到台湾的民盟盟员是广东蕉岭人黄德维,他通过当时接管台湾的国民党六十一军军长黄涛(也是蕉岭人)的关系来到台北工作。同年夏天,另一位民盟盟员杨奎章(梅县人)也被委派来到台湾。他们以黄德维在台北的住家作为据点开展活动。于是有了1946年冬"中国民主同盟台湾省临时工作委员会"的成立。③丘继英后来回忆说:"至于1946年参加民主同盟,是由钟浩东与民盟盟员陈伯麟相来往邀请参加的。当时找不到组织关系,认为民盟也是革命的政团,参加了可以和更多的进步份子来往,更易找寻组织关系。"④

那个时候,原东区服务队的老队员钟浩东夫妇、萧道应夫妇、李南锋、徐新杰等一批人,都已在台湾分别秘密加入了中共地下组织。但我父亲、丘继英、钟国辉等几个人却都还没有接上组织关系,心中不免着急。

---

① 沈崇事件:沈崇,北京大学先修班女生。1946年12月24日圣诞夜八时左右,沈崇离开八面槽南口她表姐的家,准备到平安影院去看电影(新中国成立后的儿童电影院)。当她由王府井北口走到东长安街时,突然被美国海军陆战队伍长威廉斯·皮尔逊和下士普利查德绑架到美国兵营东侧的东单操场施行强奸。路过的北平工人孟昭杰两次救助未成,便跑到北平警察局内七分局报案,主犯威廉斯·皮尔逊当场被逮获,下士普利查得逃跑。消息传出,立刻引起了人们的愤怒,并由此引发了随后全国各地学生的抗议美军暴行的示威活动。涩谷事件:是1946年3月发生由日本警察与台裔日侨之间的大规模武装冲突及美军法庭草率判决的事件,本次事件共造成台裔日侨5人死亡、18人轻重伤,另有36人遭拘禁。这两件事在台湾反响很大,引发当地学潮。

② 徐森源:《徐森源自传》,第8—9页,1968年9月27日,未刊稿。

③ 蓝博洲:《幌马车之歌》,第108页,台海出版社,2005年8月。

④ 丘继英:《关于徐森源同志的证明材料》,第1页,1955年7月21日。

　　大概是在 1946 年底或 1947 年初，丘念台在台北第一商业学校召开"民主建国社"的社员大会。据父亲回忆："参加的有几十个人，除了一部分是原东区服务队的老队员外，还有不少是和丘念台有关系的人。当时选丘念台为'社长'，选丘继英、黄华、王致远（党员，丘念台女婿，参加过东队）、钟浩东和我（这五个人都是党员）等几个人协助丘念台领导社务。"[①]

　　丘念台到了台湾继续搞"民建社"，目的无非是想维系和培养自己的私人班底，以便进一步扩展他的政治势力，施展他建设台湾的抱负。而父亲他们这些中共地下党员之所以还愿意跟着他干，目的则是想利用丘念台的政治地位取得公开合法的职业，以掩护革命工作。此后，除了基隆中学外，通过丘念台的关系，地下党又先后建立了台北第一女子中学（王超筠、黄怡珍、蒋碧玉等）、新竹商业专科学校（林启周等）、苗栗区署（丘继英等）、国民党台中县党部（徐森源、叶捷新、丘世雄等）、国民党彰化市党部（萧道藩等）、台湾大学法医学院（萧道应）、台南民众教育馆（黄华，即黄炳辉）等多处活动据点。

　　1947 年 2 月 28 日，"二二八"事件在台北爆发。这是一场台湾人民自发性的声势浩大的反抗国民党专制统治的爱国民主运动。其导火线是由台北专卖局武装缉私人员殴打女烟贩林江迈事件点燃起来的。日本殖民统治时期，日本人在台湾实行烟酒专卖制度，不准私人生产、贩卖烟酒。国民党接收台湾后延续了这种政策。但有些贫苦小贩迫于生计，常自制香烟私自销售，于是专卖局就组织缉私队，查缉取缔这些烟贩。2 月 27 日晚，国民党专卖局武装缉私人员在台北延平路蛮横没收贩烟妇女林江迈的货款，并用枪托将其击昏在地，引起过路行人的愤愤不平，将缉私人员团团包围，继而武装缉私人员和前来解围的警察在逃跑时，又开枪打死了路人陈文溪，更激起了民众的愤怒。民众群起烧毁缉私车，彻夜包围警察局宪兵团，强烈要求严惩凶手。28 日，事态进一步扩大，台北市爆发了大规模的群众示威游行，工人罢工，学生罢课，商人罢市。既而群众袭击派出所、包围行政长官公署、占领电台……，全省各地群起响应。行政长官陈仪宣布全省戒严，动用军队进行镇

[①]　徐森源:《徐森源自传》，第 8—9 页，1968 年 9 月 27 日，未刊稿。

压，打死打伤多人，事态严重恶化。

当晚，基隆也发生暴动，李南锋说，"我在街上看到一队队三四个人一组的群众，徒手袭击各处的警察派出所，把派出所的枪缴下了一部分，各处欺压人民甚久的贪官污吏的宿舍，也都被民众捣毁。街头巷尾的亭仔脚或十字路口，到处都看得到有人在打'阿山'（当年台湾人管大陆来的人叫'阿山'），尤其在高砂戏院及中央戏院看戏的所有'阿山'，几乎无一幸免。"① 没过多久，就有"一群本省民众到学校，要求我们打开军械库，让他们把那些教学用的军训步枪拿走。当时校长不在。总务主任钟国辉又因为罹患肺病，已经回高雄的家乡养病。另外两名主任又都是外省人，不能出面。我只好出面处理"。蒋碧玉说。

"把门打开！"那帮民众喝道。

"我不能给你们打开！"蒋碧玉答复得也很坚决。

"你也是本省人，为什么不开！"

"要枪，你们自己去开，可是我不能把钥匙给你们。"那帮民众就破门而入，搬走了所有的枪支。②

事件发生时，钟浩东正好在台北，直到第四天（3月4日）才从台北赶回基隆，他立即紧急召开基隆中学全体师生员工大会，表达对台湾人民的同情和支持。

父亲说："但是，因为起义初期带有排斥外省人性质（殴打外省人），一切活动多由钟浩东、钟国辉等台湾同志出头，后来钟等曾到台北参加过几次大会，号召台湾人民坚持斗争。当时，我们估计起义可能旷日持久，所以决定将家属疏散到台湾南部钟浩东家乡去，我们在必要时上山去打游击。"③

商议既定，事不宜迟，3月4日当晚，头年8月在基隆中学出生的我的大弟徐基东，当时还不到七个月大，便由我阿妈抱着，另有几个外省籍教师和家属，在会讲日语的事务课长邱连球（钟浩东表兄）和李南锋两人的护送下，从基隆搭火车南下，被安排住进了屏东乡下邱连球的家里。

---

① 蓝博洲：《幌马车之歌》，第108—109页，台海出版社，2005年8月。"阿山"是当时台湾部分本省人对外省人的蔑称，"打阿山"就是打外省人之意。

② 蓝博洲：《幌马车之歌》，第108—109页，台海出版社，2005年8月。

③ 徐森源：《徐森源自传》，第9页，1968年9月27日，未刊稿。

"唉！在火车上我们一路都不敢讲话，生怕会露出外省人的破绽，那可就麻烦了！"几十年后我妈跟我说起这事还心有余悸。当时，火车上有带日本武士刀的台湾人盘查身份。

与邱连球三个堂侄合影于屏东仑下村（2013 年 5 月）　如今的屏东长治乡仑下村（2013 年 5 月）

2013 年 5 月，我和基东在老友蓝博洲的陪同引导下，专程到屏东长治乡仑下村，探访当年我阿妈和基东他们避难的地方，感谢乡亲们当年的收留保护之恩。

"二二八"事件后不久转变为武装起义，3 月 8 日，国民党从大陆调派军队来台残酷镇压，起义很快归于失败。

1947 年春夏，大陆正在进行的国共内战已经进入了第二个年头。这时形势已经发生了根本变化，人民解放军由战略防御转入战略反攻，战场逐渐由解放区推向国统区。在这种形势下，中共中央加紧进行解放台湾的工作部署。

早于 1945 年 8 月，日本战败投降，台湾回归祖国怀抱，原属日本共产党支部的台湾共产党（旧台共）并入中共，中共中央即指派参加过长征的台籍干部蔡孝乾为"台湾省工作委员会书记"①。蔡于当年 9 月由延安出发，间道潜行三个月，于 12 月到达江苏淮安，向中共华东局（原称华中局）书记张鼎丞、组织部长曾山报到，洽调赴台干部。次年 2 月，蔡率干部张志忠等分批

——————————
① 蔡孝乾 (1908—1982)，台湾省彰化县花坛乡人，曾用名蔡乾、蔡前、杨明山。原中共台湾省工委书记，叛徒，台湾地下党被全面破坏的元凶。1982 年在台湾病逝，终年 74 岁。详见第四章，此处从略。

到达上海[①]，与华东局驻沪人员会商。同年4月，首批干部在张志忠率领下由沪搭船潜入台湾，开始在基隆、台北活动。而蔡孝乾则于同年7月潜入台湾，并正式成立"台湾省工作委员会"，"由蔡本人任书记，直接领导'台湾学生工委会'、'基隆市工委会'、'台湾省山地工委会'、'台湾邮电职工工委会'、'兰阳地区工委会'、'台北市工委会'、'北峰地区工委会'等机构工作（后交由徐懋德统一领导）。先后并以陈泽民任副书记兼组织部长，领导台南、高雄、屏东等地区工作。洪幼樵任委员兼宣传部长，领导台中、南投等地区工作（后交由张伯哲领导）。张志忠任委员兼武工部长，领导海山、桃园、新竹等地区的工作（后交由陈福星领导）。"[②]

也正是在这个时候（1946年7月），钟浩东由刚刚加入地下组织的吴克泰介绍入党[③]。次年9月，基隆中学党支部成立，由蔡孝乾直接领导。钟浩东受蔡之命，将大陆赴台人员陆续安置在基隆中学任职。

与此同时，民盟也加紧了在台湾的秘密活动。"二二八"起义失败后不久，南京民盟总部派吴京赴台正式成立民盟"台湾省工作委员会"，吴任主任委员，钟国辉、何子陵（兴宁人）为组织委员，徐森源、黄德维为宣传委员。同年9月，台湾省民盟工委在基隆中学召开会议，讨论如何开展工作。何子陵、徐森源、钟浩东、钟国辉、黄德维等均出席了会议。会议还补选刚从民盟总部派来的黄若天为副主任委员，并指定由黄负责与南京总部联系。10月，杨奎章转到基隆中学任教。

就这样，基隆中学实际上成了中共地下党和民盟共同的秘密活动据点。党、盟同志并肩作战，患难与共，经常在一起学习，共同讨论革命形势，研

---

① 张志忠（1910—1954），本名张梗，化名老钟，台湾嘉义新港人。蔡孝乾被捕叛变奉命进行组织重整，同年5月被捕。张志忠坚持革命气节，拒不出卖组织和同志，1954年3月16日，张志忠同志在台北市川端町刑场英勇就义，年仅45岁。

② 《安全局机密文件——历年办理匪案汇编》（上），第12页，李敖出版社，1991年12月。

③ 吴克泰（1925—2004），原名詹世平，台湾省宜兰县人。1946年加入中国共产党，曾任中共台北市工委委员、台北学委会书记。1947年参加"二二八"起义。1949年5月4日，率台湾省五四青年代表团到北京参加第一届全国青年代表大会。新中国成立后，历任中国国际广播电台日语组组长、亚洲部副主任、国内部主任，中国国际信托投资公司业务部副总经理、联络部主任、信息中心副主任。1983年后，长期担任台湾民主自治同盟的重要领导职务，历任台盟总部常务理事、组织部长，台盟第四届中央委员会主席团委员，第五届中央委员会常务委员。他一生致力于祖国统一大业，坚决反对"台湾独立"，反对"两个中国""一中一台"，为促进海峡两岸的往来与合作做出了积极的贡献。2004年3月1日在北京逝世，享年79岁。

究如何对学生进行爱国主义教育，发展进步势力，与反动势力做斗争。

四、国民党的"县党部书记长"

1948年秋，由于地下党员人数逐渐增加，基隆中学的中共党支部划分为校内、校外两个支部，分别活动。次年5月，又正式成立"基隆市工作委员会"，钟浩东任书记，李苍降、蓝明谷为工委，下辖造船厂、汐止、妇女等多个支部，并领导基隆要塞司令部、基隆卫生院、水产公司等部门内的个别党员和外围群众。积极从事搜集情报、兵运等方面的秘密工作，十分活跃[①]。此外，从1948年秋开始，基隆中学党支部还负责印制、发行省工委编辑的地下刊物——《光明报》，产生了很大的影响。很可惜，后来也正是因为这份《光明报》出了事，台湾地下党遭受到空前的大破坏。

1947年10月，钟国辉和丘继英告诉我父亲，说他们的组织关系已经接上了，你的组织关系估计很快也会接上。父亲听了很高兴！渴望早日接上关系，好在党的直接领导下开展工作。没过几天，原东区服务队的老队员丘世雄（地下党员）突然到基隆中学来找我父亲，说丘念台叫他到"国民党台湾省党部"去一趟，有要事相商。当时，丘念台刚刚被国民党中央委派为"台湾省党部主任委员"，在台北市南阳街省党部机关上班。

父亲回忆说："我见到丘后，丘要我到台中去担任'国民党台中县党部书记长'。据丘说，因为台中是他的出生地，希望我去建立和巩固那里的群众关系。当时我未取得组织上的同意，不敢贸然答应。只得对丘念台说：'如果有更适当的人选，最好另派人去，否则让我考虑一个星期后再答复。'我回基隆中学后，把这情况向钟国辉同志作了汇报，组织上研究后，极力赞成我去，并说'我们不去有别人去，我们去占住茅坑不拉屎也好'。后来，我又到苗栗征求丘继英同志（那时候他在苗栗当'区长'）的意见，他也极力赞成我去。"[②]

关于这件事，丘继英有如下回忆："徐在丘念台接任'国民党台湾省党部

---

① 蓝博洲：《幌马车之歌》，第102、123—125页，台海出版社，2005年8月。

② 徐森源：《徐森源自传》，第9页，1968年9月27日，未刊稿。台湾光复后，国民党在台设省党部，负责人称"主任委员"，简称"主委"；向各县市派"巡视员"；各县市正式建党部后，负责人称"秘书长"，后改称"主任委员"，简称"主委"。

主委'时，是和钟国辉等同志商谈过如何利用它来掩护多开辟工作据点，以便接回组织关系时展开地下革命活动。当时我们都还没有正式接回组织关系，钟国辉可能接回了。自台湾发生'二二八'事件后，我们大家都觉得集中在基隆、台北两地，活动范围狭窄，要尽量利用丘琮关系，多开辟几个立脚点，以便接触多些进步青年，建立地下活动基地。"①

于是，父亲决定接受念台先生的委派。从苗栗回到基隆后，我父亲就和钟国辉商量，决定带叶捷新去当县党部"秘书"，带丘世雄去当"干事"。父亲说："后来，(钟国辉) 又将我到台中后组织上和我取得联系的暗号告诉我 (我叫'海水'，组织来的人叫'糖厂')。在征得组织同意以后，我答复了丘念台，并于 1947 年 11 月和叶捷新、丘世雄同志到台中去'走马上任'，搞白皮红心的工作。"②

1947 年 11 月，父亲携家小到台中市"走马上任"(当时，台中县、市尚未分家，国民党县党部设在台中市)，我阿妈则被安排在省立台中市育幼院会计室当会计。没过几天，地下党就派了个叫刘志敬的人到县党部来和父亲接头。后来父亲撤到香港后才知道，刘志敬本名洪幼樵，当时是台湾省工委委员兼宣传部长，分管台湾中部工作。于是从那时起，父亲正式恢复了与党组织的联系。

洪幼樵，时年 32 岁，广东揭阳白塔镇人。曾就读于广州中山大学，后入抗日军政大学第五分校高干班。1933 年参加共产主义青年团。1937 年正式加入中国共产党，开始从事地下工作。抗战时期，曾任党的区委、县委书记、特委，并公开做青年运动，曾任广东省岭东十县市"青抗会"总会组织部长，及该会主办的《青报》和《抗敌导报》编辑。1941 年任中共苏北涟东县委组织部长。次年兼任中共苏北军分区涟东总队政治部主任。1945 年任中共滨海县委书记，军分区独立团政委。1946 年被中共华东局调派来台湾工作。

---

① 丘继英：《关于徐森源同志的证明材料》，第 3 页，1955 年 7 月 21 日。
② 徐森源：《徐森源自传》，第 9 页，1968 年 9 月 27 日，未刊稿。

中国国民党台中县党部成立暨首届执监委就职典礼合影纪念
（1948 年 2 月 18 日，前排中坐者为先父）

刘志敬（洪幼樵）被捕后的"供述笔录"，证明父亲所说不虚。刘志敬说："徐森源——广东人，系台中县党部书记长，请假返广东原籍，因地方沦陷未能返台，惟家眷仍住台中市的县党部宿舍。他是新竹县苗栗区署邱区长介绍参加组织，后由老蔡转交给我领导。我用他作为战略干部，不让他发展，备为将来之用，惟曾通过他以了解政府党政社会上层的情况。"[①]

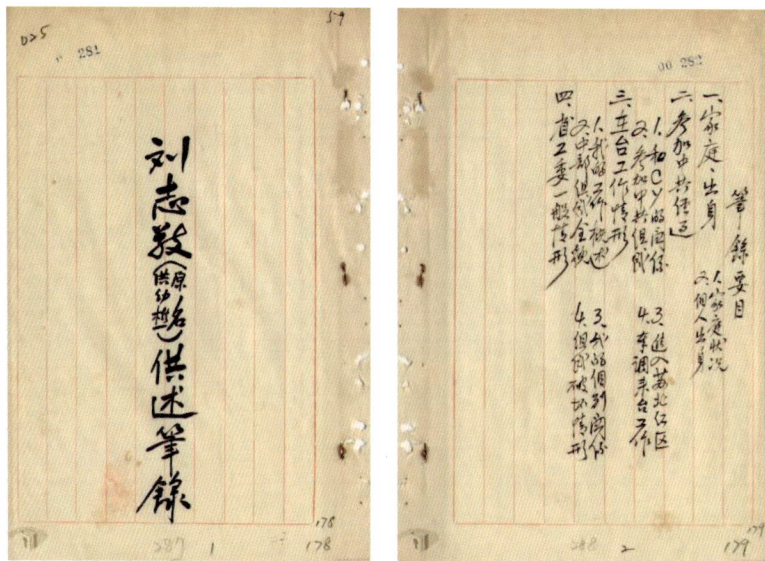

刘志敬供述笔录（一）

---

① 刘志敬：《刘志敬（原名洪幼樵）供述笔录》，第 13 页，台湾"国防部军事情报局"。

刘志敬供述笔录（二）

父亲说："那时候组织上给我的任务是：利用丘念台及'国民党县党部书记长'的名义长期埋伏，利用机会搜集蒋匪帮军政情报，及进行对敌调研工作等。后来，刘志敬因掩护身份和便于工作，曾经于1948年搬到我家住了几个月，以后刘另外找到住地，才从我家搬走。我在台中将近两年，都是刘志敬和我单线联系。"①

自此，像是孙悟空钻进铁扇公主的肚皮里，父亲在"国民党台中县党部书记长"任上干了整整两年的时间，利用这一公开身份和得天独厚的有利条件，做了以下五个方面的工作：

（一）搜集台中地区国民党军队的驻扎情况，为我人民解放军渡海作战做准备。

据父亲回忆："由于'国民党台中县党部书记长'职务上的关系，我的接触面很广，所以搜集国民党军政情况也比较方便。当时，我在刘志敬的直接领导下，除了搜集国民党一般军政动态外，着重搜集国民党台中地区的驻军情况。举凡国民党驻军番号、负责人姓名、属何派系等等，都是调查的内容。1949 年秋，我还曾假借'劳军'的名义和伪'台中县参议会'，组织'高山族歌舞团'到台中地区各乡镇，进入戒备森严的国民党军营演出，实地调查当地驻军的兵力布置情况，并曾调查国民党军台中飞机、空军修配厂等情况，向刘志敬汇报"。②

（二）搜集台中地区的军政动态，给地下党及时提供准确的内部情报，应付敌人的可能搜捕。

父亲说："当时，国民党规定在台中地区每季度召开一次'党政军联席会议'，由当地驻军头目主持。会议内容主要是谈'治安问题'，我大概参加过四次。每次开会以后，我都将会议内容向刘志敬汇报。有一次，伪'台中市警察局长'在会上谈及在'台中师范学校'天花板上发现枪支，可能该校有共党嫌疑份子，正在调查中。会后我立即向刘志敬作了汇报。又有一次，伪'台中市警察局长'在会上谈及台中二林山上发现嫌疑份子开会，但未抓到。会后我又将情况向刘志敬汇报，刘志敬要我去伪'台中市警察局'进一步了解情况。第二天，我找到伪'警察局'的一个秘书向他了解，才知道他们只检到一本油印的《共产党员读本》，并没有抓到人。另外，在调研方面，由组织拟定提纲，做了一些台中县的农村情况调查。"③

---

① 徐森源：《徐森源自传》，第 9 页，1968 年 9 月 27 日，未刊稿。
② 徐森源：《徐森源自传》，第 9 页，1968 年 9 月 27 日，未刊稿。
③ 徐森源：《徐森源自传》，第 9 页，1968 年 9 月 27 日，未刊稿。

（三）与另一位潜伏在国民党"彰化县党部书记长"位子上的地下党员萧道藩联手，成功营救出被拘捕的地下党员黄炳辉。

黄炳辉，广东大埔县客家人，延安抗大毕业，中共党员，是最早参加东区服务队的 12 名从延安回来的老队员之一，向为丘念台所倚重，丘念台外出活动不在队里时，常常被丘指定为代理队长的有两个人：一个是我父亲徐森源，另一个就是黄炳辉。抗战胜利后，丘念台去重庆活动，说服蒋介石国民党妥善处理滞留在大陆的台籍人士，黄炳辉是丘的主要随行人员。随后黄炳辉跟随丘念台来到台湾，丘安排他到台南民众教育馆当馆长，该馆遂成为地下党的活动据点之一。1948 年秋，有人指认黄炳辉为"第三党"（中国农工民主党）成员，黄这时恰好因事返回广东家乡，人不在台湾，于是被台北警备司令部通缉。不久黄炳辉返台，为了不牵累丘念台，只好硬着头皮主动去台北警备司令部投案自首。

据萧道藩回忆："有一天上午，徐森源通知我说：据王致远通知，我们两人要立即去台北，保释黄炳辉出狱。于是我和徐森源即乘火车到台北市。我们先到丘琮公馆（当时，丘琮在南京）见到了王致远。他说：'接苏泰楷通知，黄炳辉可以保释，但要丘琮的干部来保。'我们乃从王致远手里拿到丘琮的私章和丘琮的名片，然后我们两人去到台北市某地集中营（地点忘记了），我们站在门外，先把丘琮和我们两人的名片交给守门人，转交给郭某某（郭是台北市某地集中营的负责人之一）。于是我们两人进到郭某某的办公室，郭是大埔人，与黄炳辉是同乡。他先谈了他多方解救黄炳辉的功劳以后，他拿出担保书，首先盖了丘琮的私章，然后盖了我和徐森源的私章。其担保书的原文我回忆不起来了，但其大意是：黄炳辉行为不轨，如有再犯，担保人负连坐责任等语。盖了私章后，我们两人在郭某某的办公室里坐了一个钟头左右，郭才把黄炳辉带出来……"[1]

（四）按照地下党的指示，争取说服丘念台脱离国民党，向人民靠拢。

早在抗战时期，中共方面就一直想争取丘念台，希望他能脱离国民党向人民靠拢。我父亲和王致远虽然在地下党内属于不同系统，但却有一个共同

---

[1] 萧道藩：《交代材料》，第 10—11 页，1969 年 2 月 7 日。

的任务：设法争取丘念台。在这方面，他们两人也确实做过许多努力，但都效果不彰。

据父亲回忆："大概在1943年底，我曾经和丘念台谈过一次话，谈的内容是关于他的政治前途问题，当时他对我表示不愿意抛弃旧关系（指与国民党的旧关系）。1946年，我到台湾去以后，曾经问他对'联合政府'的看法，他表示主张国共两党建立'联合政府'。"①

父亲还说，1949年10月广州解放前夕，叶剑英曾派人去找过丘念台，希望他不要去台湾；一直到1962年，我父亲已经调到北京工作，中央调查部还派人来找过我父亲，商谈做丘念台工作的问题②。

其实，蒋介石国民党败退到台湾后，虽然任命丘念台出任国民党"台湾省党部主委"，想利用他的声望笼络台湾人民，但对丘念台并不十分信任，尤其是在人事上对丘一再掣肘。上任前国民党中央组织部长陈立夫在南京曾当面答应他，任命他的好友华振中出任省党部秘书长，但等他回台上任后，陈立夫立即变了卦，另派他CC系的人任秘书长，把华振中改任为没有实权的设计委员③。省党部的主要干部，仍然大部分是丘的前任CC系李翼中的爪牙，各县市党部书记长也大多数是李翼中的人马，丘念台上任后只派过三个"书记长"，即台中县我父亲徐森源、彰化县萧道藩（东区服务队老队员）和台东县林宪（丘返台初期曾任丘的秘书，台湾本省人）。另外，还有一出十分"有趣"的人事安排：丘念台上任后让自己的女婿王致远（中共地下党员）到主任室当秘书，专门掌管他的私章；而南京方面CC系也派了一个叫陈炎生的人来当主任室的秘书。王致远回忆说："主任室是两个大房子的套间（隔壁还有一宽敞的会客厅），主任委员办公室在里间，我和陈炎生两人在门口小间，每人一张办公桌，相对而坐，签发公文，一个是中共地下党员，一个是CC系特务分子，坐在一起干着同一样的工作，这确实是一幕滑稽戏！陈立夫派陈炎生来当主任室秘书，既监视着丘念台，也监视着我。我清楚他的意图、底细，但我想他未必能看清我的真面目。因而我们可以相安无事，没有公文

---

① 徐森源：《徐森源自传》，第10页，1968年9月27日，未刊稿。
② 徐森源：《交代材料》，第5、4页，1968年11月29日。
③ 王致远：《虎口余生》（回忆录），第95页，未刊稿。

来时，还可以坐在办公桌旁聊聊天。"①

后来李翼中勾结彭孟缉（台湾省警备司令），借口台中"东宁学会事件"②打击丘念台，说丘提倡"大台湾主义"云云，使得丘无法施展建设台湾的抱负，心情十分郁闷。恰好在这个时候，南京召开监察院院会，于是1948年5月，丘念台借口到南京开会，长期滞留大陆，拒绝返台任事。一直到1949年的4月，人民解放军渡江作战，解放南京，蒋介石下野，由李宗仁代理总统，国民党准备逃往台湾，必须大力经营台湾。于是，国民党中央才正式批准丘念台辞职，改派陈诚接任台湾省党部主任委员，陈诚则安排他的部属李友邦当副主任委员，负责管理省党部的日常事务。陈诚到省党部就职时，当众宣布：全体职员一律留任。这样，王致远继续留在省党部主任室，帮李友邦处理秘书事务。③

据王致远回忆：1948年冬，丘念台还在大陆滞留期间，台湾省工委通知他：党中央正在组织全国新的政治协商会议，给台湾一个名额，省工委认为，丘念台作为台湾代表去参加新政协，很合适，叫他去联络丘的部属，讨论这个问题，并派出代表去和丘面谈，争取他同意参加，站到人民这方面来。王致远说："我说：丘的部属不少，这是机密问题，应同哪些人讨论？工委领导同志说，可先找钟浩东、徐森源、丘继英三人谈谈，就到台中徐森源家里去谈，钟、丘二人，可由省工委分头通知。我们约好利用春节放假期间，分头到徐森源家里去。我们四人对丘念台的情况比较了解，商谈的结果认为：他个性刚强，政治立场不明朗，对党派关系，有他自己的一套见解，不容易接受别人意见，不愿意跟着别人走。中共和各党派都争取过他，但他都没接受，

---

① 王致远:《虎口余生》（回忆录），第95页，未刊稿。

② 所谓"东宁学会事件"，缘起于1948年春，台湾各地进行伪国民大会代表选举，分配给台中一个名额，当地士绅组成竞选班子，推丘念台出马竞选。后有一本地企业家也出来参选，原本无意参选的丘趁机宣布退选。选举过后，竞选班子也将不再存在，但丘念台认为这帮人热情可嘉，既已组织起来，解散了未免可惜，于是建议成立"东宁学会"让它继续存在。"东宁"是台湾的别称，丘在日本读书时就曾在台湾留学生中组织过名为"东宁学会"的反日团体，意思就是"台湾人的组织"。该组织建立后，主要是请一些名人举办演讲会。后来，丘因在处理"二二八"事件善后问题上向国民党中央建言得罪了彭孟缉，于是李翼中便勾结彭孟缉取缔"东宁学会"予以报复，罪名是该会曾邀请从上海来的台湾人杨肇嘉在台中公开演讲攻击国民党，散布不满言论，为法纪所不容，宣布解散该会。

③ 王致远:《虎口余生》（回忆录），第95页，未刊稿。

现在让他靠拢我们党，看来可能性不大。不过既然党作出这样的决定，我们当尽力去争取。会议结果推举我和徐森源两人去找他面谈。"[①]

可是会后打听到，丘念台最近已经离开广州，不知到哪里去了，一时无法做他的工作。过了一段时间，丘继英要回广东，王致远和父亲他们就让他回到广东后设法找到丘念台，代表大家跟他谈。为此，王致远还专门写了一封信由他带去，说明这是他们四个人的一致意见。可是丘继英走后好几个月都没什么消息，后来听说，丘果然没有答应。

我父亲从1938年底参加东区服务队就开始追随丘念台，赴台从事党的地下工作几年间也一直没有离开过他，两人之间可谓惺惺相惜，情同父子。父亲对丘念台始终极为敬重，对他的爱国情怀、艰苦朴素、大公无私和爱护提携进步青年的道德操守赞佩有加，但父亲认为："丘念台毕竟是一个资产阶级民族主义者，政治上主张资产阶级改良主义。资产阶级民族主义者在民族敌人疯狂侵略、民族危机日益严重的时候，有抵抗民族敌人侵略的积极性；但当民族战争取得胜利的时候，就开始向右转了。资产阶级改良主义只主张政治上的局部改革，而不赞成触动反动统治的基础。"[②]

因此，尽管按照地下党的指示，我父亲和王致远都花了不少功夫做争取丘念台的工作，希望他能站到人民阵营里来，但最终还是功败垂成。

（五）掩护地下党同志。

中共台湾省工委负责人之一的刘志敬（洪幼樵），因掩护身份和便于工作的需要，1948年曾经搬到我父亲家里住过几个月。南来北往的地下党人，也常把我父亲在台中的家当作联络站或落脚点。王致远就说："有一次我去台中找洪（幼樵），是由他（徐森源）带路到洪寓所的。"[③] 另据黎明华讲，1949年8月，他和徐新杰在逃亡期间就曾在我父亲家里住过一个晚上。他说："林（启周）校长被捕后，新竹商校的其他地下工作人员，立即在组织安排下，分头转移。徐新杰也在钟浩东的安排下，转移到屏东长治乡的邱连球老家。8月中旬，……我和徐新杰就到台中找徐森源，在他家过夜。……我们因为和

---

① 王致远：《虎口余生》（回忆录），第102—103页，未刊稿。
② 徐森源：《徐森源自传》，第10页，1968年9月27日，未刊稿。
③ 王致远：《关于徐森源同志的证明材料》，第2页，1955年7月21日。

徐森源没有直接的组织关系，彼此都心照不宣。第二天一早，我又把徐新杰带到杨梅山上暂住。"①

父亲在"自传"中说："当然，作为一个'国民党县党部书记长'，在公开的场合，是要弹弹反共滥调的。那时候，我曾经开玩笑地把'书记长'的工作概括为六个字：'开会、演讲、宴会'。有时候，自己觉得一个共产党员要这样做很矛盾也很痛苦，但是，组织上总是鼓励我说：'由我们的人占领这个岗位是很好的，否则也会有别的人来这样做'。同时还说：'我们打入蒋匪军中的同志，跟我们打仗的时候也打得很狠呢，不到时机是要这样做的，否则便不能得到反动派的信任'。"②

1949年4月，丘念台从国民党台湾省党部卸任后，父亲徐森源失去了"后台老板"，趁这个机会，父亲本想辞去"台中县党部书记长"之职不干了。但请示党组织的结果，却要他继续干下去，除非被国民党免职。

父亲虽然平日里如履薄冰，格外谨慎小心，但与狼共舞的"双面人"身份，时间长了，也不免会露出蛛丝马迹。据黄炳辉回忆："1948年3月间，我由台南到台北见丘琮，告诉他，民教馆辅导主任查绪祺被捕，现在不知道关在哪里？他没说什么。他即告诉我说，他在联席会议上有人提出你、丘继英、徐森源、钟浩东、杨国礼五人的黑名单。我在会议上说：'这些都是我用的人'，他们就不出声了。"③

可见，父亲他们几个人早就被国民党特务盯上了，要不是丘念台出手保护，恐怕早已被捕入狱矣。后来，丘念台去南京出席伪总统选举时，特意要我父亲随行，并专门嘱咐我父亲写了一篇记叙南京总统大选盛况空前的捧蒋文章，刊登在台湾报纸上，以此麻痹国民党特务人员。

父亲一生都不爱写日记，奇怪的是，却单单在担任国民党台中县党部书记长期间记了一个多月（1949年3月7日—4月15日）的日记。我曾一遍又一遍地反复翻看父亲这一段弥足珍贵的日记，揣摩他明明是中共地下党人却偏偏在干着反共角色的复杂心境；想从他那平淡无奇的叙述中，寻找隐藏

---

① 蓝博洲：《幌马车之歌》，第155页，台海出版社，2005年8月。
② 徐森源：《徐森源自传》，第10页，1968年9月27日，未刊稿。
③ 黄炳辉：《交代材料》，第8页，1969年3月11日。

在其中的不为人知的故事；从他表面平静的字里行间，去体味父亲内心深处这一时期艰难人生的感受。

父亲的日记（一）

父亲的日记（二）

看了父亲的日记，不由得让我想起了他的"难兄难弟"王致远。王叔叔在他写的回忆录《虎口余生》中说："钻入敌营首脑部做秘密工作，这是一项有重大意义的工作，一个难得的机会，也是危险性十分高的事情。这叫'白皮红心'地下工作，用'白皮'来掩盖'红心'，掩盖不住，露出马脚，就会有杀身之祸。用白皮掩盖红心，首先要使人们看到你的皮，相信你确实是白的。……我经过考虑，脸谱应该这样画：要让人们认为你是一个靠裙带关系做官的人；是个碌碌的庸才；是个胸无大志的小职员，做了小官就心满意足了。当然，被人看成这样的庸人，内心是痛苦的，不服气的；但只有装成这样的人，你没有官样、官气，才是说得通的，合情合理的。为了装成这样的人，我在内心暗暗告诫自己：（1）要韬光养晦，不露头角；（2）不利用权位，谋取私利；（3）不利用权位，为自己的同志办事；（4）要时时事事小心谨慎，但也不能失态。演这样的戏，扮这样的角色，是很不容易的，内心是痛苦的，但为了完成党所给予的任务，我只能硬着头皮这样扮下去。"[1]

就这样，父亲徐森源和王致远一样，一名中共党员，从1947年11月始到1949年10月离开台湾撤往香港为止，"白皮红心"，忍辱含垢，冒着生命危险，当了足足两年的国民党"台中县党部书记长"，为党做了大量的工作。

关于我父亲历史上曾经参加过国民党、担任过三青团书记和国民党县党部书记长以及与丘念台的关系等问题，1949年之后党组织曾经作过多次严格的审查，并且都有明确的组织结论。

在1958年的审查结论中说："……据以上材料分析，徐森源参加反动党团，并担任一定负责职务，主要是以此掩护进行革命工作。从其任'国民党台中县党部书记长'不久台工委即对他进行审查恢复了党的关系来看，当时并未发现徐在政治上有其它问题。根据现有材料审查，此问题可以相信本人的交代；关于和丘念台相处数年，关系较好，并得丘念台的重用问题，据王致远（党员，现任广东省司法厅副厅长）和丘继英材料证明，丘念台在抗战初期表现积极进步，曾到延安考查数月，谒见了毛主席并带回抗大、陕公干部十余名骨干组织了东区服务队。丘等因未得到国民党的信任，该组织后被解散。据徐称，在台湾时丘念台知道他的部下如王致远、钟浩东、丘继英等是共产党员，但他还是掩护的。此次审干中本台其他几名在台湾做过地下工

---

[1]　王致远：《虎口余生》（回忆录），第96—97页，未刊稿。

作的同志，也曾和丘有过往来，同样利用其做掩护并对他进行争取工作。据此徐与丘念台的关系交代，尚合情理。徐与丘之间的关系也未发现有其它问题"。①

至于父亲与党组织失去联系那段时间的表现，1963 年经过补充审查，也有如下组织结论："……根据上述情况分析，徐森源同志在 1946 年 1 月到 5 月与党失掉关系这段期间，一直和原东区服务队的进步青年一起工作和生活，寻找组织关系。经当时东江纵队疏散到香港时我党地下组织的负责人饶彰风同志的同意，于 1946 年 4 月由广州去台湾，到台湾后经台湾省工委审查，恢复了党的关系。……这一系列的行程中的情况，旁证与本人交代相符。……经研究，我们认为这段历史可以相信本人交代。"②

父亲的上述"历史问题"虽然早有明确的组织结论，可是在人妖颠倒、极"左"思潮泛滥的"文化大革命"中，父亲尽管一再写"交代材料"，做深刻检查和解释，但造反派仍然不依不饶，直到最后父亲违心地给自己头上扣上了"叛党""反革命罪行"的政治大帽子，才算勉强过了关。

---

① 中央人民广播电台审干办公室：《对徐森源的审查结论》，第 2—3 页，1958 年 7 月 8 日。
② 中央人民广播电台对外部审干办公室：《对徐森源同志的历史审查结论》，第 2 页，1963 年 5 月 20 日。

第四章　祸起萧墙——台湾地下党遭破坏

一、形势大好，潜藏危机

1949 年 1 月，人民解放战争形势一片大好，经过辽沈、淮海、平津三大战役的战略决战，国民党败局已定。这时，中共中央已经预见到国民党势必退踞台湾，遂加紧对解放台湾的战略部署。

此时，美国政府业已对蒋介石及其国民党政府失去了信心，"弃蒋论"在美国政府内占据了上风。

当年 2 月，美国驻华使馆参赞莫成德飞往台北，代表美国政府企图游说刚刚上任不久的台湾省主席陈诚和在台负责新军训练的陆军副总司令孙立人联手，脱离蒋介石在台湾另立新政权，以阻止人民解放军乘胜挥师东渡，解放台湾。但遭到陈、孙两人的拒绝。[①]

此后直至次年 6 月朝鲜战争爆发前，美国政府停止了对国民党政府的所有财政援助。更有甚者，1950 年 5 月，美国国务院一方面密令驻台"大使馆"准备"在紧急情况下应有秩序地撤出台湾"，另方面又与菲律宾政府秘密磋商，要求菲律宾政府允许蒋介石及其政府要员在必要时到菲"政治避难"。但得到的回复是："菲律宾总统不欢迎蒋介石""如果蒋介石到菲律宾，他必须在 24 小时内离境。"[②]

3 月 15 日，新华社发表时评，首次公开提出"解放台湾"的口号。明确表示："中国人民解放斗争的任务，就是解放全中国，直到解放台湾、海南岛

---

① 王晓波：《台湾前途论集》，第 135 页，台湾帕米尔书店，1989 年版。
② 李世安：《1945 年至 1954 年间美国对台政策的变化》，《中国社会科学》，1994 年第 5 期。

和属于中国的最后一寸土地为止。"

4月20日，国民党政府拒绝在《国内和平协定》上签字。

4月21日，毛泽东、朱德发布向全国进军的命令，人民解放军百万雄师横渡长江。此后，在几个月的时间里，人民解放军犹如秋风扫落叶一般横扫全中国。国民党军队兵败如山倒，节节败退，望风而逃。

4月23日，南京解放，南京"总统府"和"行政院"迁往广州，"代总统"李宗仁逃往桂林。

4月24日，太原解放。

5月1日，山西全省解放。

5月16日，武汉解放。

5月20日，西安解放。

5月27日，上海解放。

6月2日，青岛解放，山东省解放。

6月4日，江苏全省解放。

7月19日，浙江全省解放。

…………

当年七月，刘少奇访问苏联，在同斯大林商谈建国问题时，首次披露了武力解放台湾的时间表。他说："人民解放军在1949年夏秋两季，可以基本上结束对国民党的战争。剩下台湾、海南岛、新疆和西藏。西藏用政治方式解决，台湾、海南岛与新疆待明年解放。"[①] 这说明，此时中共中央已经拟订了武力解放台湾、统一全中国的战略部署。

10月1日中华人民共和国成立后，中共中央更抓紧了解放台湾的军事部署，成立了由粟裕任总指挥的前线指挥部。

12月31日，中共中央发表了《为祝贺新年告前线将士和全国同胞书》，提出：中国人民解放军和中国人民在1950年的战斗任务，就是"解放海南岛、台湾和西藏，全歼蒋介石集团的最后残余势力。"次日，《人民日报》发

---

① 杨宪村、徐博东：《世纪交锋——民进党如何与共产党打交道》，第89页，台湾时报出版社，2002年5月。

表元旦社论，重申了上述方针。[①]

随着战争向东南沿海的顺利推进，到1950年5、6月间，人民解放军渡海攻台已经是箭在弦上、蓄势待发了。

与此同时，在台湾岛内，按照中共华东局的部署，台湾省工委一方面采用统一战线的路线，积极发展组织，壮大队伍；另方面又在各地建立起了"武装工作队"，派员勘察西部沿海地形、潮汐水文资料、侦察军事部署情况，随时准备配合人民解放军渡海攻台。当时，台湾地下党除了华东局系统的"台湾省工作委员会"之外，中共中央社会部、中共福建省委会、闽粤边区闽南特委以及军方等单位和部门，也曾先后派遣干部，秘密潜入台湾，建立支部。有资料显示，自"二二八"起义被国民党残酷镇压下去后，中共地下组织迅速发展，人数激增到数千人，此外还有为数众多的党外"同情者"。并且已经将组织渗透到台湾党、政、军、学、商、农各机关团体和各个阶层，利用台湾民众对国民党的不满情绪，积极鼓动工潮、学潮和农运。

1949年春，中共台湾省工委向各级地下党组织下达了工作方针："各级党的组织，必须将每个党员、积极分子动员起来，在一切为了配合解放军作战的总口号下，立即转入战时体制，建立必要的战时机构。"[②] 与此同时，省工委向中共中央提出《攻台建议书》："如果我们的攻台计划，需要考虑季节风势的话，则攻台日期应以明年（1950）4月最为适当。"[③]

然而，在一片大好形势下，事实上中共台湾地下党正潜藏着严重的危机。

1949年1月间，三大战役即将结束，蒋介石已经预感到其蒋家王朝在大陆的统治行将崩溃，一方面调兵遣将，企图固守长江防线，做垂死挣扎；另方面又假惺惺地宣布"下野"，由李宗仁出任有名无实的"代总统"，并幕后操控赴北平的和谈代表，进行假"和谈"，争取喘息时间；在此之前，还改组了台湾省政府，任命陈诚为省政府主席，加紧经营台湾，并加强对岛内中共地下党及其他进步势力的清剿与镇压，为败逃台湾预做准备。

[①] 杨宪村、徐博东：《世纪交锋——民进党如何与共产党打交道》，第90页，台湾时报出版社，2002年5月。

[②] 蓝博洲：《红色客家人》，第55页，台海出版社，2005年8月。

[③] 佚名：《台湾共产党书记蔡孝乾：与14岁小姨子同居》，搜狐、原载于《同舟共进》2013年第2期。

5月20日，陈诚发布"戒严令"，宣布台湾全省戒严，规定戒严期间禁止罢工、张贴标语、散布"非法"言论、携带和藏匿武器，严格出入境管理，实行宵禁，外出携带身份证等，违者以军法惩处。从此开始了长达38年之久的戒严时期。

8月30日，台湾省政府宣布将台湾划为5市、15县，奠定了后来的行政区划基础，加强了国民党在岛内的统治。

12月7日，伪"行政院"迁往台北。

12月10日，蒋介石由成都逃往台北。11日，国民党中央党部迁往台北。

1950年3月1日，蒋介石在台北复任"总统"。

随之，国民党的两大特务机关——毛人凤主持的"国防部保密局"（前身为"军统"），和陈立夫、陈果夫为首的党务谍报机构CC系国民党中央调查统计局（即"中统"），数以万计训练有素、侦案经验丰富的国民党特务，也撤退到了台湾。再加上台湾省政府原有的保安司令部，总共有三大穷凶极恶的特务机关。如此众多的国民党特务遍布台湾全岛各个角落，形成了密如蛛网的特务统治网络。

面对这种局面，中共台湾省工委并未意识到形势的严峻性。1949年8月，国民党当局以基隆中学《光明报》案"为突破口，已经开始了对中共地下组织和进步势力的大清剿、大整肃，台湾省工委仍于当年12月对内发出了题为《怎样配合解放军作战》的指示："台湾的解放更接近了，台湾的解放是肯定的，而且为期是不远的。台湾的解放主要依靠人民解放军从外面打进来……台湾组织的任务是很迅速很切实地来准备力量配合解放军作战。"①

二、风云突变，《光明报》案"爆发

1949年9月的一天清早，台中下起了蒙蒙细雨。父亲打着伞有事要坐火车去台北，刚走到月台上，迎面就碰上了刚刚下车的基隆中学老师陈仲豪——两年前，陈仲豪从大陆来台湾，到基隆中学任教，曾与我父亲一起共事近两

---

① 佚名：《台湾共产党书记蔡孝乾：与14岁小姨子同居》，搜狐、原载于《同舟共进》2013年第2期。

个月，我父亲离开基中后，接任训导主任的正是陈仲豪。而陈多次来台中找他的潮州同乡战友张伯哲、洪幼樵等，也曾和我父亲碰过面，一起吃过饭，所以彼此熟稔，他俩在党内虽不属同一系统，但都心照不宣。

陈仲豪连伞都没打，淋得一身湿，一见我父亲，也顾不得下雨，赶忙快走了几步，把他拉到一个人比较少的拐角处，悄声对我父亲说："你哪儿都不要去了，基隆中学出事了，今晚你务必要到老刘家里去一趟！"说完，很快就匆匆消失在人流中了。

陈仲豪说得如此神秘，父亲不知基隆中学出了什么事，台北是不能去了，赶忙打道回府。当晚，父亲如约来到刘志敬家中，刘志敬这才向他简要介绍了一下基隆中学地下党被破坏的情况，至于我父亲要不要转移，刘说等观察一下情况的发展，然后再作决定。[①]

基隆中学地下党遭破坏，还得从《光明报》出事说起。

据当年曾经亲身参与过编辑、印制《光明报》的陈仲豪（时任基隆中学地下党支部书记）说："《光明报》始创于'二二八'事件后，是一群台湾热血青年自发组织的读书会，在学习研究马列主义著作和研讨台湾时势中，自发自印的一份刊物。……1948年由中共台湾省工委做了新的部署。1949年初转移到基隆中学来。据我亲历，这时省工委成立了一个三人编辑组，让林英杰领导在台北地区工作的李絜（徐懋德）和我，负责《光明报》的编辑和印刷任务。林英杰或者李絜，把在台北秘密收听到的延安新华社电讯，连同其他稿件。带到基隆中学，交我审稿、改稿、排版、插图，再交校内地下党员教师钟国员刻钢版，刻成蜡纸后与另一地下党员张奕明协同印刷。印刷地点经常是在后操场山坡宿舍或山旁一个洞穴里。有时我也到那里帮忙印刷和清理'后事'，譬如点清份数，烧毁蜡纸稿和清洗印刷工具等。印刷工作常在夜间，山洞里点亮船灯，有时燃着蜡烛。外边一片漆黑，一片寂静。印刷完毕，还有一个极为艰险的任务，就是把这一期约两三百份地下党报递送到台北另一个秘密据点，交给他们按照省工委指示分发出去。"[②]

---

①　徐森源:《徐森源自传》，第10页，1968年9月27日，未刊稿。

②　陈仲豪:《怀念英烈忆浩东》，第6页，2016年4月20日，打印稿。

当年基隆中学全景（1947 年，陈仲豪提供）

《光明报》（蓝博洲提供）

如今的基中校园（2013 年，徐博东摄）

后山当年有印制《光明报》的山洞
（徐博东摄）

　　《光明报》转移到基隆后发行量不断增加，在全岛各地广为流传，影响愈来愈大。很自然的，《光明报》便成了台湾特务机关的眼中钉、肉中刺，必欲早日拔除而后快。

　　面对人民解放战争的一片大好形势，1949 年 6 月底，《光明报》刊载了《纪念中国共产党诞辰二十八周年》的社论，与此同时，全岛各地出现了《人民解放军布告》《告台湾人民书》等大大小小的传单。台湾省工委发动的这场宣传攻势，震撼全岛，也惊动了陈诚和蒋介石，蒋介石严令限期破案。但虽经国民党特务机关多方侦查，仍苦无头绪。

　　机会终于来了。1949 年 8 月下旬，台大商学院有个毕业生叫王明德，毕业后在台北某公司任职。王某追求一女友，因女方无意于他，他便将一份《光明报》邮寄给女方，向对方表明自己地下党员的身份，幻想着女方能因此回心转意。岂料女方一看十分害怕，便向基隆宪兵队告密，王明德于是被捕。

王明德被秘密逮捕后经不住拷问，如实"供出了他的组织关系原隶属于省工委以下的成功中学支部。于是这一组织的破获，就如散珠有串，顺利开展"。①

根据王明德的供述，不久，又陆续抓捕了成功中学毕业的姚清泽、台大法学院的学生戴传李（蒋碧玉的弟弟）、林荣勋等10多人。于是顺藤摸瓜，案情逐渐扩大。

根据戴传李等人的供述，国民党特务机关掌握了《光明报》印制、发行的源头就在基隆中学。于是先是秘密逮捕了校长钟浩东，其后才采取公开的搜捕行动。

8月27日凌晨3点多钟，天色黑鸦鸦一片，伸手不见五指，特务头子谷正文亲率大批荷枪实弹的特务，突然闯进基隆中学校园，大肆搜捕，搜出了印报器材，带走了钟浩东的太太蒋碧玉和妻姨戴芷芳。其后，校医和一名基中老师（都不是地下党员）也被捕。9月9日上午，国民党特务大白天第三次闯进基中校园，抓走了正在学校的张奕明、钟国员、罗卓才、连世贵、廖为卿、张源爵等师生共9人。9月24日，方弢也被捕。此外，先后被捕的学生还有江德龙、吴鹤松等多人。此后不久，所有涉案的外省籍教师和职工大部先后被判处死刑，本省籍学生大多数被判处"感化教育"。②

百密总有一疏。当谷正文率领国民党特务大肆抓捕基隆中学中共地下党员的时候，陈仲豪、蓝明谷、陈少麟等少数党员，因当时不在学校，侥幸脱逃③，于是，才有了前述父亲在台中火车站月台上巧遇陈仲豪的一幕。

此后，基隆中学"《光明报》案"的案情进一步扩大。不久，已经辞职在乡的李南锋、邱连球和正在家乡养病的钟国辉等人，也在南部相继被捕。父亲说："于是组织决定我撤离台湾。最初，组织上想叫我在台湾潜伏下来，等待解放。研究结果觉得不妥，因为我在台没有可靠关系可以掩护。后来组织上叫我转移到国民党空军宿舍去住一个时期，然后乘军用飞机撤往重庆或海

---

① 蓝博洲：《幌马车之歌》，第149页，台海出版社，2005年8月。
② 陈仲豪：《怀念英烈忆浩东》，第7页，2016年4月20日，打印稿。
③ 陈仲豪：《怀念英烈忆浩东》，第7页，2016年4月20日，打印稿。

南岛。研究结果也觉得不妥，因为重庆和海南岛我人地生疏。最后才决定我撤往香港。当时刘志敬对我说：'你这次撤退是对革命的一种损失，但为了保存革命力量，不得不这样做，反正台湾很快就会解放，你很快就会回来。组织上还决定我的家属不撤，等待台湾解放。'"①

世事难料，人生无常，这"很快就会解放"，竟然整整等了68年，至今都还没"解放"！这"很快就会回来"，更变成了天人永隔，永远也不能再回来了！

三、虎口逃生，父亲惊险撤离台湾

形势日趋严峻，直到10月中旬，党组织再三权衡，才决定让我父亲撤离台湾，并通知他到台北去找王致远，和王致远一起撤离。

父亲和王致远是老朋友，尽管如此，王致远说："当时在台湾我和他（徐森源）没有直接关系，我当时也不知道他是党员。在台湾党组织叫我联同徐等争取丘念台靠拢人民时，心里明白他的政治面目，但仍未有直接关系，一直到要离开台湾时同他要用同一个办法离台，才由组织正式介绍了关系，一同到香港接上关系。"②

父亲接到组织通知他撤离台湾的决定后，10月13日，先是向秘书叶捷新交代好工作，14日一大早③，只简单收拾了几件日常换洗的衣服和洗漱用具，装进一个小皮箱，身着平日出门常穿的西装，先是吻别了两个孩子（那时我的二弟海东已经出生，才一岁半；大弟基东也才三岁多），再和阿妈深情拥抱（我妈那时肚子里已经有了第四胎，就是次年2月28日才出生的思东），随后登上北行的火车，离开台中去台北。行前的那天晚上，父亲骗我妈说："阿妈托人捎话来，说她病重，要我赶紧回去相见，我必须回蕉岭老家一趟，很快就会回来！"谁知，父亲这一去竟成了永别！

到达台北后，已经有相当秘密工作经验的父亲，并没有径直去找王致远，

---

① 徐森源：《徐森源自传》，第11页，1968年9月27日，未刊稿。
② 王致远：《关于徐森源同志的证明材料》，第1页，1955年7月21日。
③ 先母潘佩卿在1953年10月14日的日记中写道："源（哥），你足足回去四周年，你记得吗？……"可知先父徐森源于1949年10月14日离开台中去台北。

而首先到省党部拜访徐白光。

徐白光，广东蕉岭县城西人，于公，徐白光时任国民党省党部组训处长，是父亲的顶头上司；于私，是我父亲的同乡同宗。父亲要回蕉岭家乡，于公于私向徐白光告假辞行，名正言顺，合乎常理。

其实，父亲自从接任国民党台中县党部书记长后，就已经开始有意识地下功夫和徐白光"拉关系"了。每次到台北，父亲必定带着礼物到他府上登门拜访，喝茶聊天拉家常，打打麻将，有时就在徐白光家中住宿，跟他全家混得很熟。当然，父亲跟徐白光打得热火，也不免引起不明就里的人甚至个别老朋友的误解与侧目。黄炳辉"文革"中的证明材料里就说："至于徐森源与徐白光来往的情况，我知道的不多。一次，我经过徐白光门口去丘琼家时，看见他与徐白光的女儿（我猜的）几人在院子里。又有一次像是由台中县来台北，手里拿有礼物（两瓶东西）到徐白光家里去。这两次印象比较深些。"[1]

父亲与徐白光的这层特殊关系，关键时刻真的就派上了用场。得知我父亲要回蕉岭老家探望母病，徐白光不但立即准假，难得的是还送上若干"银两"，并满口答应我父亲："在台北等候航班期间，住在我家里不成问题！"此后几天，父亲不敢随便出门，没事就跟徐白光家人打打麻将。就这样，父亲在他顶头上司徐白光的眼皮子底下，神不知鬼不觉地潜伏了下来。

父亲表面平静，实则心急火燎，在台北安顿下来后，当晚便到王致远家——南昌街122巷1号造访，商量出逃的具体细节。

"基隆中学案"发生后，白色恐怖在全台继续蔓延，并且逐步牵涉到王致远。一天，王致远正在省党部上班，台北第二女子中学的教师方乔然（原名方倚华，地下党员，陈少麟的太太，抗战初期曾是王致远的初恋情人）突然找上门来，把他叫到室外，悄声对他说："你因受基隆中学案件的影响及上回被佘某撞见，现在处境已很危险，被监视了。林英杰让我来转告你，要准备走，不可麻痹大意！"[2]

方乔然口中所说的"佘某"，抗战初期曾在大陆潮汕地区参加过"青年抗日同志会"（简称"青抗会"），和王致远（当时叫王森泉）一起搞抗日救亡工

---

[1]　黄炳辉：《关于徐森源的证明材料》，第16页，1969年3月11日。

[2]　王致远：《虎口余生》（回忆录），第106页，未刊稿。

作，与许多共产党员都有来往，他对王致远的政治面目一清二楚。后来佘某参加了三青团，在江西受训，成为蒋经国的部下。台湾光复后被派到台湾，跟随李友邦，成为三青团台湾省团的骨干分子。"二二八"事件后佘某弃官从商，往来于港台之间做生意。这一天，他来找李友邦，请李给介绍到台湾工矿公司洽谈商务，李友邦就让王致远给佘某写介绍信，王写好后拿到主委办公室去给他时，恰好与佘碰个照面，彼此都感到十分意外和惊讶，显得极为尴尬。佘某没想到王致远居然会在台湾省党部任职，王致远更没想到会在省党部碰上他。但是，双方都不作声，都没跟对方打招呼，眼光对视片刻后立即移开，都装作互不认识。王致远说："可是后来据陈少麟、佘纲舜（都是佘在三青团的同事，也是潮州同乡人）转告我，他与我碰面后曾对李友邦说：'这个人十几年前就已经是共产党员，怎么搞的，竟让他打进这样高层的机构来！'陈少麟是共产党员，与我是同乡，关系密切，他听了佘这样讲，内心感到吃惊。为了保护我，他就联同佘纲舜劝告佘：'两个同乡人，不要做绝情的事！你现在转做生意，政治上的事就不要去多管了。这件事就不要再同别人说，留点情面以后在潮汕大家还可以见面'"。①

听了陈少麟和佘纲舜的话，王致远感到事情很不妙，得赶紧向跟他单线联系的省工委负责人张志忠汇报，请示处置办法，自己是不能擅自做主、擅自行动的。可是，左等右等张志忠就是不来，急得王致远那几天是食不甘味，睡不安寝，就像热锅上的蚂蚁，可每天还得像个没事人似的照常去省党部上班。不过，几天过去了，"我观察到李友邦对我的态度并没有什么明显的变化，我这才逐渐安下心来"。王致远说。②

方乔然到省党部找过王致远后，又过了几天张志忠终于来了，王致远赶紧把情况向他汇报，并转告林英杰托方乔然说的话。张志忠说："基隆中学案件发生后，不少党员被捕，他要应付这局面，疲于奔命，忙得很！现在要做全盘考虑。台湾党员干部少，现在一些被捕了，一些跑了，更短缺，能够不走的，要尽可能留下来，你的情况是很危险，我们再考虑能否在别的地方隐

---

① 王致远：《虎口余生》（回忆录），第106页，未刊稿。

② 王致远：《虎口余生》（回忆录），第106页，未刊稿。

蔽下来？不行，就走。你现在要做两手准备，正式决定了再通知你"。①

按照党组织的指示，王致远开始做"两手准备"。他说："如不走，倒是较简单，听候安排就是了；如要走，应加考虑和准备的事情就比较多。因为我在省党部任职，不能公开说要离开台湾，说出来，特务就会先下手；秘密走，要通过什么途径？如何走？从哪里走？都要做出周详的计划，秘密准备，绝对不能泄露丝毫信息"。②

王致远考虑再三，首先去基隆找他负责联系的地下党员，问他能否通过海路航运逃出去？这位党员为难地说，港口特务很多，监视极严，很难混得过去。

海路既然走不通，那就只能坐飞机了。于是，王致远又去找当时在"美援"机构"农村复兴委员会"（简称"农复会"）任职的地下党员张××想办法，他的交际很广，朋友很多。找到他一问，果然他有办法。张××说："他有个朋友在国民党空军中任职，据说，经常有走私者和贪污舞弊被查获的人要逃离台湾，来找他们帮忙，用重金贿赂，买通机师，若机师答应了，就把他驾驶飞机的时间告知，要走的人依期到嘉义机场，机师就把一套机场人员的服装让他穿上，冒充为机场地勤人员，随机到广州。如果是走私者，他会由广州去香港办货，再跟着原机飞回台湾。③

王致远听他这么一说，觉得这个办法太好了！神不知鬼不觉，既可靠又安全，因为谁都知道，就连国民党特务也不能进驻空军机场。于是乎，王致远就托他尽快去找熟悉的空军机师洽谈，并嘱咐他花费尽可能减省。

过没几天，张××回话说，和机师已经谈妥，而且这个机师还很够朋友，说："既然是要好的穷朋友，当予帮助，给一张到广州机票的代价就行了。"④

逃生之路有了着落，王致远十分高兴。可是几天过去了，张志忠还没来，不知道省工委做何决定？急得王致远日思夜盼，焦虑万分。又过了两天，张志忠终于来了，告诉他省工委考虑的结果，决定还是让他走，"因为台湾没有

① 王致远：《虎口余生》（回忆录），第103页，未刊稿。
② 王致远：《虎口余生》（回忆录），第106页，未刊稿。
③ 王致远：《虎口余生》（回忆录），第103页，未刊稿。
④ 王致远：《虎口余生》（回忆录），第103页，未刊稿。

大陆那样的武装根据地；高山族聚居的山区自日据时代以来户籍管理很严，外人进去容易暴露，难以隐蔽下去"。①

于是，王致远就把乘空军飞机离台的方案向张志忠报告，张志中听了也觉得这个办法好，就同意了，并叫他让我父亲也用同样的办法一起走。

得到组织的批准后，王致远赶紧去找张××，要他通知机师：可以立即走；同时又通知我父亲，随时做好出发的准备。

然而，天有不测风云，还是迟了一步！10月中上旬，人民解放军已经逼近广州，形势急转直下，嘉义机场的飞机已经停飞广州，走不了啦，这可怎么办？

王致远只好另想他法，几个人凑在一起冥思苦想，苦无良策。这个时候，张××的弟弟（中航公司的高级职员，地下党员）献策说："可以改搭中国航空公司的飞机去香港，因为飞机票不贴照片，可找两个可靠的朋友出面填表，申请乘机到香港（包括填表交三张照片和缴验证件等）。乘机时，我们几个人扮作送客的亲友，等他俩经过查验身份证、检查过磅行李之后，登飞机之前，再悄悄地把机票递给你们，你们即可凭票进入停机坪登上飞机。"②

大家听了，觉得此策虽有一定风险，但在没有别的更好更稳妥办法的情况之下，也只能冒这个险了。于是，当下就照计行事，决定由张××负责去"同情小组"（地下党的外围组织）找两个可靠的同情者，出面去购买中航公司的机票。

王致远回到家里，随即通知14日已经到达台北、住在徐白光家里的我父亲做好准备，然后又告诉夫人丘应棠说："有家人从高雄来台北，告知我母亲病危，要我立即回家，我必须立即回去，因值星期六下午，立即要跟他从高雄乘船返汕头，来不及请准假再走，你代我补办请假手续。"③临行前，王致远和我父亲骗自己夫人说的话，都相差不多。交代完后，随即王致远先到张××家中暂住。这天是10月15日，星期六。

10月17日（星期一）上午，天色阴沉沉的，天空不见一丝阳光。王致

---

① 王致远：《虎口余生》（回忆录），第103页，未刊稿。
② 王致远：《虎口余生》（回忆录），第106、103页，未刊稿。
③ 王致远：《有关我在台湾及徐森源、黄炳辉的一些情况》，第3页，1969年3月7日。

远、我父亲徐森源、张××兄弟俩和两个代购机票的"同情者"（一个叫作奚××，替我父亲买机票；另一个姓黄，替王致远买机票），一行共六人，由张××亲自驾驶一辆"农复会"的美国中型吉普车，直奔松山机场而来（"美援"机构的汽车上贴有机场通行证，可以自由进出机场）①。可是没料想——王致远后来回忆说："这天飞香港的是一架小飞机，乘客也寥寥可数，候机室里冷冷清清，没有多少人来。我们觉得不理想，等了好一会，还不见通知飞机起飞的时间。可走进去查询，主管的人说，因为乘客中有一位台湾大学的学生还在审查。我们听了这消息觉得今天情形不妙，候机室人太少，不好混，现在还在审查名单中，恐引发什么问题。临时紧急商量了一下，决定改时间再走，就去办理退票，改乘19日的航班。因为十九日的航班是'空中霸王号'，大飞机，可坐比较多的人，情况比较理想。"②

父亲他们只好"打道回府"。多年后，父亲谈起当年这段惊险往事，还心有余悸地说："10月17号那天，好在我们当机立断，没有去坐那架只有八、九个乘客的小飞机，不然很可能蒙混不过去。你想啊，乘客那么少，在场的海关人员那么多，其中必定有冒充海关人员的特务，在众目睽睽之下，要想把机票悄悄交给我们而不被发现，那是相当困难的事情！"

又挨过了难熬的两天两夜，10月19日早上，天气晴朗，阳光明媚，秋高气爽，父亲一行六人再次驱车来到松山机场。王致远回忆说："19日那天情况大不相同，早上由香港开来了两架大飞机。一架是中航公司的'空中霸王号'，一架是央航公司的'空中行宫号'，每机可坐乘客48人，两架飞机共有乘客96人，来台的、往返的合计达192人，加上接旅客和送旅客的亲友，整个候机室约有二、三百人，很是热闹、拥挤。我们按原定计划行事：两个'同情者'经过验身份证和检查过磅行李后，即将飞机票递给我和徐森源。我们凭机票进入停机坪，凭查票处交给的登机铜牌，即顺利登机。"③

我父亲也说：他们六个人到达松山机场后，"由奚××及黄某到飞机场出口检查处受检查，我和王致远则挤在他们旁边，假装送行。他们两人经检

① 王致远：《有关我在台湾及徐森源、黄炳辉的一些情况》，第3页，1969年3月7日。
② 徐森源：《交代材料》，第3页，1968年12月16日。
③ 王致远：《虎口余生》（回忆录），第107页，未刊稿。

查后，即将飞机票暗中交给我和王致远。这样，我们便混进了飞机场，坐上伪中航公司的'空中霸王号'飞机飞往香港"。①

这一天，父亲和王致远都身着西装，带一只皮箱和手提旅行袋一个，皮箱过磅后已经交给了机场人员，旅行袋则自己随身带着不用检查。王致远说："挨过了这一短暂却又漫长无比的瞬间，飞机终于发动起飞了。到这时，一根紧张得快要断了的心弦才真正松弛下来。'再见吧，台湾！'我俯视着飞机下面的海岸线和海洋，在内心暗暗说了一声，和徐森源会心地相视一笑。"②

"空中霸王号"一阵轰鸣，直穿云霄，径直向台湾海峡的南端飞去，渐渐消失在蔚蓝的天际。父亲和王致远就这样凭借着他们和地下党战友们的集体智慧与胆略，虎口脱险，顺利地撤离了台湾，回到了香港。然而，让他们感到无比痛心的是：有多少好同志、好战友，已经血洒刑场，倒在敌人的屠刀之下；又有多少好同志、好战友，已身陷囹圄，生不如死，惨遭摧残迫害；还有多少好同志、好战友，此时正在四处躲藏，过着野人般的悲惨生活！而千千万万个骨肉同胞，包括自己和妻儿老小，都将分隔两岸，不知何时才能得以团聚？

此刻，他们只有一个信念：台湾，祖国的宝岛，终有一天我们会回来！

四、战斗在香港

"空中霸王号"沿着台湾西海岸一直南飞，不到一个小时，在香港启德机场平安降落。出了机场，父亲和王致远按照张志忠行前交代的接头方法，与在港的地下党组织接上了头。当天晚上，刚刚从虎穴逃生出来的父亲和王致远，洗了个痛快的热水澡，早早就上了床，美美地睡了一大觉。

香港地下党组织跟父亲他们接头后，交给他们一笔生活费，告诉他们还须在旅店暂住几天，等候台湾把组织关系正式转来，并要他们先写书面材料：（一）他们离台的原因和经过；（二）台湾的最新情况；（三）他们认识的国民党特务名单等，以便组织审查，并了解最新台情。

---

① 徐森源:《交代材料》，第 3 页，1968 年 12 月 16 日。
② 王致远:《虎口余生》（回忆录），第 107 页，未刊稿。

随后，党组织给他俩布置任务：撰写有关台湾最新情况的通讯报道，同时写丘念台的详细传记材料。于是，他俩天天就在住处"伏案"写作。说是"伏案"写作，其实连一件家具都没有，他们就用装行李的小皮箱当桌子。写得累了，就到不远处的海滨去摸鱼捉蟹，松弛一下脑筋，回来接着再写。写通讯报道有稿酬，这倒不错，多少可以缓解一下他们囊中羞涩。到了 11 月底，王致远调任离开，而我父亲仍然留在香港工作。

父亲在香港工作了三年多的时间。在这三年多的时间里，父亲主要做了以下几方面的工作：

（一）向组织汇报台湾地下党被破坏的情况和原因。

（二）利用香港得天独厚的有利条件，搞对台调研和宣传工作。

（三）做滞港国民党军政人员和在港台胞的策反工作和群众工作。

父亲在香港待的时间不算太长，后来由于敌情发生变化，台保密局电令其香港特务站，侦查我父亲的行踪，党组织才把我父亲调离香港，撤往上海工作。

五、蔡孝乾叛变，台湾地下党遭没顶之灾

正当我父亲在香港从事台情调研时，在台湾岛内，以基隆中学"《光明报》案"为肇端，台湾当局对地下党的捕杀也逐渐进入白热化。1950 年 3 月，中共台湾省工委书记蔡孝乾的第二次被捕和可耻叛变，终于促使台湾地下党遭受空前的没顶之灾。

蔡孝乾 (1908—1982)，台湾彰化县花坛乡人，曾用名蔡乾、蔡前、杨明山。其 6 岁进入日本人办的彰化公学校读书，1922 年毕业后留校任代课教员一年。1924 年至 1925 年，蔡孝乾赴大陆考入由著名共产党人邓中夏创办的上海大学社会学系读书。受到当时在该校任教的瞿秋白、蔡和森、恽代英、张太雷、萧楚女、任弼时、李汉俊等人的思想影响，蔡孝乾参加了进步青年组织的上海台湾青年会，并参与组建新的旅沪台湾同乡会和上海台湾学生联合会，迅速成为台湾左翼学生中的活跃分子。1926 年 7 月返回台湾，参与组织台湾文化协会左翼，积极参加各种反对帝国主义和日本殖民统治的活动。

1928 年 4 月 15 日，在中共中央的帮助下，林木顺、谢雪红、翁泽生等 7 人在上海法租界举行了台籍共产党人第一次代表大会，正式建立"日本共产党台湾民族支部"（简称"台共"）。蔡孝乾当选为中央常委，负责宣传工作。

台共成立后，加强了对台湾工人和农民运动的组织与领导，但同时也引起了日本殖民当局的密切注意。为躲避日本警察的抓捕，1928 年 8 月，蔡孝乾与其他几名台共干部秘密乘船赴闽，先是在福建国民党军张贞部训政人员讲习所、诏安公路工程处任职，后应聘到漳州的石码中学、龙溪女中任教。[①]

1932 年 4 月，红一、五军团东征攻入漳州城。两年前曾以"巡视员"身份和蔡孝乾联系过的"中华全国总工会中央苏区执行委员"李文堂，主动上门找到蔡孝乾，邀蔡到中央苏区工作。开始蔡孝乾颇有些犹豫，但后来还是接受了李文堂的邀请[②]。在拜会红一军团政治部主任罗荣桓时，罗对蔡孝乾说："欢迎你到红军中来工作。我们红军和苏维埃政府非常需要文化工作者。苏区物质条件差，生活苦，只要能吃点苦，工作是愉快的。"[③] 随后，蔡孝乾被安排到军团政治部工作，化名"蔡乾"，负责主编《红色战士报》。因工作上的关系，蔡孝乾结识了萧华、舒同等人。

同年 6 月，蔡孝乾等人抵达闽西苏维埃政府所在地长汀，与当年他在上海大学读书时的俄文老师任弼时重逢。通过时任中共苏区中央局组织部长任弼时的介绍，蔡孝乾很快又见到了中共苏区中央局书记周恩来。周恩来听说蔡是台湾人，通晓日文，便交给他一项任务——翻译两本日文版的书籍：一本是列宁著作《马克思主义的三个来源和三个组成部分》，另一本是当时日共领导人佐野学的著作《国家论》（一本对列宁著作进行通俗阐释的书）。[④]

在从长汀前往江西瑞金的路上，蔡孝乾又结识了中华苏维埃国家银行行长毛泽民（毛泽东的大弟）。1932 年 6 月 23 日，中央苏区召开"反帝总同盟"第一次代表大会，蔡孝乾当选为总同盟主任，张华为总同盟组织部部长，张

---

① 佚名：《台湾共产党书记蔡孝乾：与 14 岁小姨子同居》，搜狐，原载《同舟共进》2013 年第 2 期。

② 蔡孝乾：《台湾人的长征回忆——江西苏区、红军西窜回忆录》，海峡学术出版社，第 10 页。

③ 蔡孝乾：《台湾人的长征回忆——江西苏区、红军西窜回忆录》，海峡学术出版社，第 10 页。

④ 蔡孝乾：《台湾人的长征回忆——江西苏区、红军西窜回忆录》，海峡学术出版社，第 10 页。

爱萍为总同盟宣传部部长，邓颖超等 35 人为执行委员。此后，蔡孝乾与一起工作的毛泽东的二弟毛泽覃及胡耀邦私交至深。

蔡孝乾在中央苏区工作了两年多，他接触过的中共党政军主要领导人，除了周恩来、任弼时、罗荣桓之外，还有邓子恢、刘伯坚、王稼祥、项英、毛泽东、刘伯承等。①

蔡孝乾最大的政治资本，是 1934 年 10 月参加了中央红军的长征，他跟随大部队完成了长征壮举，到达陕北。由此，蔡孝乾成为唯一的一位参加过长征的台籍干部——这为他日后成为台湾地下党最高领导人奠定了基础。

1937 年抗战爆发后，蔡孝乾随八路军总部赴山西抗日前线。1938 年至 1939 年，蔡孝乾曾担任八路军总部政治部敌工部部长，负责管理日俘和对敌宣传工作。后因前线形势严峻，在党中央"保存干部"的政策下，党内原本极为稀缺的台籍干部蔡孝乾被调回延安。

1933 年，日本共产党被日本政府查禁，而属于日共一个支部的台共，在中共的协助掩护下，得以存活。上一章已经提到，二战结束后，台湾重归中国版图，台共并入中共，成为直接接受中共领导的省级党组织。1945 年 8 月，中共中央决定成立"台湾省工作委员会"，并指定台籍干部蔡孝乾为负责人。1946 年 7 月，蔡孝乾潜返台湾，中共台湾省工委在台湾正式成立，蔡孝乾任书记，陈泽民任副书记兼组织部长，张志忠任武工部长，洪幼樵任宣传部长。陈泽民抗战前在左翼作家联盟时就加入了中共，是有十多年党龄的老党员；张志忠则曾经在八路军敌工部工作；而洪幼樵在抗战时期也曾经打过游击，张、洪两人都具有丰富的武装斗争经验。

然而，这个临时组建起来的领导班子对台湾社会并不熟悉，刚开始工作并不顺利，组织发展缓慢。据国民党情治部门公开出版的资料显示，迟至 1947 年台湾"二二八"起义爆发前夕，台湾省工委所吸收的党员不过 70 余人，在起义中起不了多大作用。但"二二八"起义过后，中共地下组织迅速发展。截至 1949 年底，所属党员已达到 1300 多人。②

---

① 蓝博洲：《红色客家人》，第 135 页，台海出版社，2005 年 8 月。
② 佚名：《台湾共产党书记蔡孝乾：与 14 岁小姨子同居》，搜狐，原载《同舟共进》，2013 年第 2 期。

随着 1949 年 4 月解放军横渡长江，解放台湾的工作提上了议事日程。然而在台湾岛内，中共台湾省工委却正潜藏着严重的危机。

1949 年 8 月 "基隆中学案" 爆发后，案情不断扩大。基隆工委书记钟浩东被秘密逮捕后遭到严刑逼供，但他坚贞不屈，拒不出卖同志，出卖组织。然而，夜以继日的讯问，让钟浩东濒临崩溃，恍惚间，他下意识地反问审问他的保密局侦防组组长谷正文："老郑怎么样？"①

"老郑" 就是蔡孝乾，但钟浩东并未透露谁是 "老郑"。这引起了具有丰富侦案经验的老牌特务谷正文的警觉，意识到 "老郑" 可能是条 "大鱼"。

不久，中共高雄市工委负责工运的地下党员李汾，被保密局特务抓获后叛变。谷正文为了 "钓大鱼"，故意释放了李汾。1949 年 10 月中旬，为求自保的李汾悄悄回到保密局高雄站递送情报。李汾告诉谷正文，他的上级和他约好，10 月 31 日在高雄市农会前碰面。这样，省工委副书记陈泽民被捕。特务在陈泽民身上搜出一个记事本，里面也出现了 "老郑" 的名字。谷正文更断定这个 "老郑" 必定是个 "大人物"。

陈泽民不肯供出 "老郑" 是何许人，只说他只见过 "老郑" 几面。但在特务们的刑讯逼供下，陈泽民熬不住了，被迫供出了 "老郑" 的住址。保密局立刻派出一组人员星夜赶往台北市泉州街 26 号 "老郑" 的住所，在屋内外隐秘处 24 小时不间断地轮班蹲守，但埋伏了整整一个多月并没有任何结果。

在高雄捕获陈泽民之后，保密局又把矛头指向省工委武工部部长张志忠。1949 年 12 月 31 日，张志忠在台北万华区老松公园旁的住处被捕。1950 年 1 月 29 日，化名 "老郑" 的蔡孝乾也被抓捕。"老郑" 只报了假名字和假身份，却要求提供美餐。谷正文在晚年撰写的《蔡孝乾吴石系列潜匪案侦破始末》一文中，回忆他第一次审讯蔡孝乾时这样写道："当时，蔡孝乾是一个相当自负的中年男子，在他心里，总认为共产党很快就会将奄奄一息的国民党赶入海中。而在解放台湾的任务上，居功最大的，无疑地便将是蔡孝乾本人。他一直无法相信自己竟会落入国民党手中这件事。"②

---

① 佚名：《台湾共产党书记蔡孝乾：与 14 岁小姨子同居》，搜狐，原载《同舟共进》2013 年第 2 期。

② 谷正文：《蔡孝乾吴石系列潜匪案侦破始末》。

谷正文说："我并不期望这种友谊攻势很快就能收买蔡孝乾，因为我了解，他和台大四名学生不同，他的党龄很深，党性很强，在我找出他的真正弱点之前，友谊攻势的效果是有限的。不过，我并不心急，只要他——我直觉他若不是台共的头号领导人，至少也是领导人的左右副手——在我手中，肃谍的工作很快就会结束了。"① 谷正文认为："'老郑'有追求享受的弱点，便天天给他买饺子。一周后，'老郑'终于说出'想着牛排的味道都快想疯了'的话，并指定要到台北最高档的波丽露餐厅买。吃完后，'老郑'又说：为表示感谢，可带他们找共产党的一个据点。立功心切的3个小特务便让'老郑'带路，结果走进一个黑暗厂房时，'老郑'突然跑掉了。"②

3月中旬，谷正文得知逃跑后的蔡孝乾躲进了嘉义山区，便派出曾经看押过他的几个特务进山搜索。特务们换上农民服装，到嘉义后便在乡间路上看到一个穿西装的人，特务一眼就认出了这正是"老郑"。原来蔡孝乾在乡下躲藏了两个月，清苦难耐，想到镇上西餐馆解馋，不料被前来抓捕他的特务们逮个正着。

蔡孝乾再次被捕后很快就叛变了，表示愿意交代所有的地下组织。他提出的唯一条件，就是让已经同他姘居两年的16岁的妻妹马雯鹃来监狱和他同住。谷正文当即满口答应。

2012年12月23日，我和蓝博洲去天津拜访我父亲的老战友、老领导徐懋德，92岁高龄的徐老伯依然思路清晰，十分健谈。关于蔡孝乾两次被捕的经过情形，他以自己的亲身经历，向我们披露了许多鲜为人知的细节："1950年1月上旬李苍降被捕，蔡孝乾带着他的小姨子马雯鹃从家里出来，可能是躲藏在黄天（老台共）的家里，工作上则通过简吉和我联系。1月下旬，蔡说他跑出来快一个月了，他要回家去看看怎么样了。我劝他不要去，他就让林英杰代他去看。我本来约好与蔡见面的时间没见到面，两次都没见到，我跟林英杰约好见面也没见到，知道一定是出事了。到1月29日，简吉告诉我，蔡被捕了。我正考虑怎么办？简吉又来通知我，说蔡跑出来了，约我见面。2月3日左右，我和蔡见了面，蔡告诉我他是怎么被捕的。他说他让林

---

① 谷正文:《蔡孝乾吴石系列潜匪案侦破始末》。
② 谷正文:《蔡孝乾吴石系列潜匪案侦破始末》。

英杰到他家去看看，林去看过后回来跟我说，门锁得好好的，没什么异样，他这才回去，没想到这时候已经有人蹲守在那里了。

和蔡见面时我很警惕，注意观察是不是有人跟梢，并没发现。蔡说，敌人抓到他后并不知道他的确切身份，只知道他是共产党的大干部，对他还比较客气，没打没骂。问他的事情，凡是敌人已经知道的他照实说，比如郭琇琮、张志忠、林英杰都已经被捕，他也不否认。这时突然拉起了警报，蔡说这是针对他的，得赶快走，并约好第二天在中山北路再见面。次日，我和蔡再次见面，俩人骑着自行车边骑边谈。他说他被关了好几天，他对看守说，他原来是打算去香港的，行李放在一家木材厂，里边有金条，可以去取出来送给他们。四个看守一听，很高兴，就押着他去取金条。到了木材厂（老板叫黄财，地下党员），两个看守跟着他进去，另两个在门口守着。木材厂里堆积有大量木材，他就趁机从侧门逃走了。然后就去找简吉，要他通知我和他见面。

听了蔡讲他逃跑的过程，我当时半信半疑，但主要还是相信，不然和他见面我肯定也会被捕。后来的说法，说蔡第一次被抓后就叛变了，特务带着他去抓人，蔡趁机跑掉了等等，这恐怕是看守为了减轻责任编造的。当时蔡还对我说，林英杰已经被捕，让我把工作关系交给李小井，并让我告诉洪幼樵不要走了。我说我不认识洪，怎么通知？蔡说那就算了！你呢，快点走！并让我到香港后向万景光汇报组织被破坏的情况。蔡后来跑到阿里山，敌人讲是黄天被捕后供出了蔡的行踪，于是蔡在阿里山竹崎被抓（徐注：竹崎是嘉义山区的一个偏僻村子，是我一个台湾好朋友岳父的家乡，大约二十年前的春节期间，我曾跟着他去过这个盛产槟榔、柑橘等水果、风景十分秀丽的山村，但当时我并不晓得这就是蔡孝乾被捕的地方）。据说蔡非要从阿里山下来去接他的小姨子（我们叫她'小马'，蔡与他小姨子有暧昧关系，蔡的妻子因此和蔡分手，返回了大陆老家），结果蔡再次被捕"。[①]

"1950年3月，蔡孝乾曾经派黄天去香港汇报他第一次被捕的情况，所以敌人说黄天失踪了一个月，后来黄回到台湾，不久之后被抓。蔡的交通员

---

① 徐博东、蓝博洲采访徐懋德口述记录，2012年12月，23日。

刘青石，又名刘英昌，逃到香港后，被万景光派回台湾，要他设法把蔡孝乾从台湾撤出来。刘返回台湾后，想办法搞到了一条去日本与那国岛的走私船，但蔡孝乾怕有危险，不敢上船，随后不久，蔡就再次被捕了。"①

蔡孝乾第二次被捕后，供出了分布在岛内各地的地下党员名单，据不完全统计，先后被抓捕的地下党员有400多人，其中包括吴石将军和华东局特派员朱枫。到1950年春夏，中共台湾省工委重要干部几乎被一网打尽，蔡孝乾、张志忠、林英杰、洪幼樵等，全部被关押在保密局台北延平南路看守所里。中共台湾省工委下属组织全被破坏，先后有2000余人被捕，不肯屈服者全都遭到处决。谷正文曾坦承："我制造'白色恐怖'，在台湾涉及二千多人。其中四百余人送军法处处理；有二百人被杀了……"②

更为可耻的是，蔡孝乾等人叛变后还以省工委领导人的身份联名登报，号召全省各地的地下党员放弃斗争，向国民党当局"自首"。这篇由蔡孝乾领衔并有陈泽民、洪幼樵、张志忠四人"亲笔签名"，题为《联名告全省中共党员书》的劝降书，于1950年5月14日刊登在台湾"中央日报"上，全文如下："全省中共党员们：全省中共党员们！现在全省的组织已全部瓦解，各级的领导机构已停止活动，绝大多数的党员干部正在等候政府当局的处理。但时至今日，还有部份干部和党员，畏罪逃亡，深受颠沛流离的痛苦，我们……愿最后以台湾省工委的资格，对全省中共党员进一忠言，希望大家立刻依照政府规定的自首办法，自动交出一切组织关系，以迅速终结整个案件。"③

这份"劝降书"造成极其恶劣的影响可想而知！张志忠有无参与签名？蓝博洲认为："如果张志忠的确在这份'转向'的联名文告上头签了字的话，那么，他就和蔡孝乾等三人一样，成为一个为同志所不齿的叛变的共产党人了！问题是，后来蔡孝乾等三人能够苟活下来，独独张志忠却仍难免一死呢？这个事实也具体地告诉我们：关于张志忠历史的探究不能因此而'盖棺论定'"。④

---

① 徐博东、蓝博洲采访徐懋德口述记录，2012年12月23日。但据当事人刘青石的回忆，并无蔡"怕有危险，不敢上船"之说。

② 蓝博洲：《幌马车之歌》，第146页，台海出版社，2005年8月。

③ 蓝博洲：《台共党人的悲歌》，第295、297页，台湾人民出版社，2012年7月。

④ 蓝博洲：《台共党人的悲歌》，第295、297页，台湾人民出版社，2012年7月。

　　蔡孝乾叛变后，被蒋介石授予少将军衔，长期在国民党保密局的严密监控下从事"匪情研究"，直至 1982 年去世。

　　台湾地下党之所以会遭受如此惨重的破坏，原因固然很多。徐懋德说："台湾地下党吸收党员从一开始就不严格，这是受旧台共的影响，因为旧台共属于半地下，一向对考查、吸收党员不太严格，警觉性不高。后来又因形势的需要突击发展了大批新党员，质量更难以保证，所以很容易出问题。"[1] 就连国民党保密局在"蔡孝乾案"的"对本案综合检讨"中也说："……共匪各级组织与忠实程度均不够，一经破坏追捕，即全面动摇，终至瓦解……台共与匪中央缺乏直接联系，与匪华东局联系时，亦时断时续，迄'台湾省工委会'破获时止，其电台尚未建立，即可概见。而军事干部缺乏，部队又未经政治教育，工农群众毫无斗争经验，均属失败之主要因素。"[2] 然而，省工委主要领导人蔡孝乾理想信念不坚、早已腐化变质等个人因素，导致他叛变投敌，出卖组织，出卖同志，则是最主要最直接的原因。

视死如归的地下党员（蓝博洲提供）

赴台北当年马场町刑场凭吊烈士英灵

　　蔡孝乾早年参加革命是很勉强的。1932 年 4 月红军打进漳州城，李文堂找上门来邀约蔡孝乾到中央苏区工作时，蔡孝乾是颇为犹豫的。这正如他在回忆录中所说："因为对于当时红军行动方向，前途如何，我还摸不清，进入苏区后能做什么工作，自己也没有自信和把握。"[3]

---

　　[1]　徐博东、蓝博洲采访徐懋德口述记录，2012 年 12 月，23 日。

　　[2]　谷正文：《蔡孝乾吴石系列潜匪案侦破始末》。

　　[3]　陈小冲：《一个台湾变节者的"革命"前史——蔡孝乾早期历史探微》，第 8 页，环球时报—环球网。

对于蔡孝乾到苏区工作的犹豫态度，罗荣桓或许也多少闻出些味道，所以才会对蔡孝乾说："苏区物质条件差，生活苦，只要能吃点苦，工作是愉快的。"大陆学者陈小冲对此分析评论说："其一，它表明蔡孝乾事先并没有进入苏区的打算和心理准备。……一个明显的事实是，在红军打下漳州后，蔡只是上街四处观望，丝毫没有要联络红军的意愿并冷漠地对待四处宣传革命而闯进他居所的红小鬼们，直到中共地下党人主动找上门来。其二，对于红军乃至中国革命的前途，他自认是'摸不清'的，实际上即是缺乏革命热情与坚定信仰。可以说，蔡孝乾是犹犹豫豫、瞻前顾后、被动地进入苏区参加革命工作的。我们不否认其在中央苏区乃至后来延安时期配合着中国革命的需要，在党的领导下做过一些有益的事，但缺乏牺牲奋斗的坚定革命信仰，总是被动地被推着往前走应该是蔡孝乾整个前期所谓'革命'人生的一大特点或弱点。这或许为其最后在面临生死抉择的关头变节背叛埋下了些许伏笔"。①

蔡孝乾回到台湾后思想发生了很大变化，贪图享受，早就腐化堕落。蔡孝乾从生活工作条件十分艰苦的延安，回到繁华的灯红酒绿的台北，他整天热衷于联络台湾上层工商界人士，痴迷于生活享乐，钱不够花时便挪用组织经费，并且同年仅14岁的妻妹马雯鹃姘居。1949年，蔡孝乾竟违反地下党最起码的组织纪律，向台湾一些富人透露自己的真实身份，并声称若能给地下党赞助经费的话，台湾解放后"必予关照"。谷正文在回忆录中还提道：陈泽民、张志忠、洪幼樵等几名省工委委员被捕之后，曾在牢房中集体批斗蔡孝乾。张志忠指着蔡孝乾破口大骂，指责他生活腐败，引诱14岁的小姨子；侵吞工作经费一万元美金，天天到波丽露西餐厅吃早点，中午和晚上在山水亭餐厅吃山珍海味，吃过晚饭后又上永乐町看戏……完全是一副资产阶级的嘴脸，竟然还敢到处张扬他是共产党在台湾的领导人。②谷正文在评论蔡孝乾时说："一个人说话是不是诚恳，从他的双眼大致上可以看得出来。而蔡孝乾被捕后的最初几天，应询虽然大方，但是眼神却闪烁不定，所说的内容大

---

① 陈小冲：《一个台湾变节者的"革命"前史——蔡孝乾早期历史探微》，第8页，环球时报—环球网。

② 谷正文：《蔡孝乾吴石系列潜匪案侦破始末》。

抵不着边际，这点，我暂时不与他计较。从第一眼印象，我便假定他很注重物质生活，这种人，如果能充分满足他的物质欲求，慢慢地，就可以主宰他，到那个时候，他什么话都会说。"①

谷正文在分析总结中共台湾省工委失败原因时说："我认为，共产党在台湾的地下工作之所以失败，除了组织成员过于乐观，以致行迹过于暴露之外，它的领导人蔡孝乾的浮奢个性，更是一个严重的致命伤。"②老特务谷正文的评论，可谓一语中的！

关于蔡孝乾叛变投敌的原因，还有另外一种说法。说是蔡孝乾自以为赴台主持工作后，短短几年的时间，成绩显著；再说论资历，他也是经过长征的老干部。所以他满以为，台湾解放后，省委书记的职位非他莫属。可是让他没想到的是，后来从内部传来消息说：1948年准备解放台湾时，华东局应中央要求，提出了解放台湾后省委的组成人员——舒同为台湾省委书记，刘格平为副书记，省委、省政府各部厅、各地委、各县委的班子都已经组建和培训好了。三野还组织了以蔡啸为团长的台湾干部工作团，集中进行了有关台湾知识、政策的培训。"这个消息当时很多人都听过，而我是听舒同悄悄告诉我的。"③

之所以会选择舒同作为未来的台湾省第一书记，绝不是偶然的。中共中央华东局研究解放台湾的方案时，"考虑到在解放战争中，舒同曾多次深入敌营，成功地策反国民党第四十六军、第九十六军和国民党第二绥靖区等多支部队起义。不仅对扭转华东的战局，做出了关键性的特殊贡献，而舒同本人也因此积累了丰富的国军工作经验，在国民党高级将领中，有着相当高的声望。因此，党中央、毛主席内定由舒同担任'特殊情况下的台湾省委书记'也在情理之中。"④所以，在内定的台湾省委领导班子中，一、二把手根本就没有蔡孝乾的位置，这使他早已心生不满。名位思想得不到满足，是促使蔡孝乾叛变投敌的又一个重要原因。

---

① 谷正文：《蔡孝乾吴石系列潜匪案侦破始末》。
② 谷正文：《蔡孝乾吴石系列潜匪案侦破始末》。
③ 石澜：《我与舒同四十年》，陕西人民出版社，1997年版，第135页。
④ 关关：《我的父亲舒同与毛泽东》，《开国领袖毛泽东与山东》，山东人民出版社2009年版，第276页。

上述说法虽然不无道理，不过到目前为止，尚未见到支撑这一观点的任何资料。当时，台湾地下党尚未架设电台，了解大陆最新情况都靠收录新华社的电讯，以及通过交通员进行联络，所以，包括蔡孝乾在内的台湾省工委负责人，恐怕难以知道中央内定的省委名单。

蔡孝乾为一己之私，可耻叛变投敌，所造成的损失是巨大的，无法弥补的。他的可耻叛变，不仅使台湾地下党组织遭到彻底破坏，一大批党的干部和基层地下党员或牺牲，或坐牢，或逃亡。更为严重的是，由于台湾地下党遭到破坏，人民解放军渡海作战失去了内应。当然更主要的是，1950 年 6 月 25 日朝鲜战争爆发，美国第七舰队开进台湾海峡，空军第十三航空队进驻台湾，面对形势的突变，中共中央不得不调整战略部署，将人民解放军的战略重点由东南沿海转向东北，集中力量出兵援朝，暂时搁置了本已箭在弦上的人民解放军挥师东渡、武力解放台湾的作战计划，致使国家民族长期处于分裂状态，海峡两岸千千万万个家庭和骨肉同胞（包括我的家庭）因此而遭受长期离散的痛苦，国家统一大业延至今日尚未完成！

蔡孝乾——这个肮脏的名字，将永远被钉在历史的耻辱柱上！

六、雪上加霜，新省委再遭破坏

蔡孝乾等台湾省工委主要领导人先后被捕后，为数不少的地下党人逃出魔爪，特别是在桃竹苗一带山区，原属张志忠领导的地下党人仍然在坚持斗争。

1950 年 1 月，以陈福星为首的北部地下党人开始重整组织，由陈福星、黄培奕、林元枝、周慎源四人在乌塗窟组成新的临时组织机构。各地陆续被破坏的地下组织在逃人员，纷纷跑到乌塗窟十三份山区来避难。

当年 4 月，为鼓舞低迷的士气，重整后的以陈福星为首的北部地下组织领导人声称已设法和大陆取得了联系，并收到中共华东局对台湾地下党发出的"四月指示"：密定采取"合法性""社会性""地方性"之斗争方式，将主力转入乡村山区，并选择有利地形建立武装基地，俟机结成游击武力，扩大成为游击根据地，以配合人民解放军的渡海作战。[①] 5月，陈福星等人"乃即召集全省高级干部商讨建立临时领导机构，开始重整组织。到1950年底，全省各地地下党组织已再具规模。"在重整过程中，周慎源与陈福星发生歧见，不服陈的领导，陈乃于1951年春改组领导机构，并开始整风。

随即，重建后的省委发出《一九五〇年工作总结》，检讨过去的失败教训，具体指出以后工作方针，按照所谓华东局的"四月指示"再度展开活动。然而，严重缺乏斗争经验的陈福星等新的中共台湾省委领导人，毕竟不是老奸巨猾的国民党特务们的对手。

早于1950年的2月间，国民党特务机关便根据此前获得的线索，将北部海山区的中共地下组织全部摧毁了。接着4月22日至5月13日，又陆续破获重整后省委建立的新竹地委所属的"竹北区委赤柯山工人基地""竹东区委及水泥厂、油矿、林场三个支部""新竹铁路支部""新竹纺织公司支部"以及"新竹街头支部"等多个地方组织。[②] 到了6月份，特务机关"为扩大事功"，下决心要尽快将重整后的中共省委组织全部扑灭。于是，正式成立起了由台湾省情报委员会、台湾省保安司令部和台湾省调查处三个单位组成的"特种联合小组"，调派精干人员，集中办公，统一指挥各县市地方单位的工作，以期集中力量，扩大侦破。[③]

面对如此严峻的局面，当年8月，重建后新省委组织的地下主力，被迫从桃园、新竹转移到了苗栗地区。

此后，为了更有效地破坏重建后的中共地下组织，"特种联合小组"改采新的更为阴险狡诈的侦破手段：一是利用已经秘密"自新"的原地下党员打入中共组织，充当"卧底"，获取可靠情报；二是大打"心理战"，逼迫已经被捕的原省工委领导人及其他"自新"者，举行公开"记者会"，登报劝降；

①《安全局机密文件——历年办理匪案汇编》（下），第394页，李敖出版社，1991年12月。据曾永贤后来披露，所谓华东局的"四月指示"，其实是蔡孝乾第一次被捕逃脱后在嘉义山区撰写见，陈福星（老洪）对他说："声称与华东局取得联系，只是为了振奋残余党员的权宜之计。"见《从左到右六十年——曾永贤先生访谈录》，第98页，口述者曾永贤，访问者张炎宪、许瑞浩，记录整理许瑞浩、王峙萍，"国史馆"印行。

②《安全局机密文件——历年办理匪案汇编》（下），第209—210页，李敖出版社，1991年12月。

③《安全局机密文件——历年办理匪案汇编》（下），第214页，李敖出版社，1991年12月。

三是除了立场坚定、拒不叛降者外，不论本省还是外省籍被捕人员，一律允其"自新""悔过"，不再施于极刑。

早于 7 月 23 日，"特种联合小组"按照已经"自新"的刘兴炎、黎明华的"建议"，秘密逮捕了"新竹地委"一个叫范新戊的所属干部。此人既是客家人，又是知识分子出身的劳动者，在客家人聚居的苗栗地区有良好的社会关系，并曾与化名"老洪"的陈福星见过面。范新戊被捕后很快"转向"，并答应充当"特种联合小组"的内线，渗透到"重整后省委领导组织"。①

与此同时，国民党的相关情治单位也开始利用被捕后"自新"的原地下党员，发动一波又一波的"心理喊话"，试图动摇重建后的中共地下组织的"军心"。

9 月 21 日，国民党情治单位对外宣布"共匪及附匪份子自首办法"开始实施，限"潜匪"于 11 月 20 日前办理自首。

11 月 10 日，"中央日报"等各大媒体发表"省委"刘兴炎号召过去的"同路人"出来自首的《告同胞书》。

15 日，又发表郭维芳题为《光明在等待着你们》的公开信，呼吁"匪共份子"自首。

17 日，保安司令部公布了首批匿名不自首的"潜台匪谍"名单。

19 日和 20 日，又继续公布第二批匿名不自首的"潜台匪谍"名单。

24 日，《全民日报》发表题为《新生或毁灭——给潜匪最后的忠告》的社论。

25 日，"中央日报"等各大媒体登出黎明华、刘兴炎、郭维芳、王子英、廖学信等九名"自新"者，联名发表致老洪的公开信，"敦促其立即省悟速率从匪来归"。

28 日，王子英又以"自首青年"的名义，在各大报发表《我们的出路并没有被杜塞》的"告潜匪书"。

30 日，"保安司令部"宣布"匪谍及附匪份子自首办法"截止，共有 576 人自首。②

---

① 《安全局机密文件——历年办理匪案汇编》（下），第 215 页，李敖出版社，1991 年 12 月。
② 蓝博洲：《台共党人的悲歌》，第 342—344 页，台湾人民出版社，2012 年 7 月。

然而，这一波波密集的"心理喊话"并未产生预期的效果，隐藏在苗栗山区三义鱼藤坪的以老洪为首的地下党人，在十分艰苦的条件下仍然在坚持斗争。

经"特种联合小组"研商决定后，准备充当"卧底"的老范（范新戊）开始登场。1951年9月初，老范只身前往苗栗山区，利用农村社会关系参加劳动，在劳动中借以接近地下党的群众关系，目的是通过他们，诱使地下党人主动来"考查与联系"老范。①

很不幸，地下党人果然中计！当年冬天，重整后的"台湾省委组织"正式派出曾永贤与老范恢复单线联系，并要他"独立作战，跳出旧据点，开辟新据点"。于是，老范就在"特种联合小组"的秘密协助下，按照曾永贤的要求，很快在山线铁路三义东南方山区，开辟了一个伪装的新的群众据点。"老范把这个新据点建立情形向匪党'上级'报告后，进一步获得了'上级'的信任"。②

1952年1月7日，台"国防部总政治部"再次宣布：去年底，自首的"匪谍"共629人。同日，黎明华、刘兴炎、郭维芳、王子英、廖学信等九名"自新"者，再度联名宣布"解散各级组织"，并号召其他地下党人"停止一切活动"。③

1月底，老洪在会议中突然出现，接见老范，并暗示将在适当时机直接领导老范，要求老范尽量向台中地区打开新点，替地下党开辟一个安全的后方。

3月中旬，老范提出一年工作总结的书面报告，并替"省委组织"抄缮了大量文件。同时还把伪装劳动中得来的工资交给老洪，说是用以"补助"组织经济上的困难。老范的这些"积极表现"，更大大提高了老洪对他的信任。④

老范获得老洪的信任后，"特种联合小组"遂采取"声东击西，赶'匪'入洞"的策略：3月中旬，一方面在铁路海线苑里、日南两站与山线苗栗大

---

①　蓝博洲：《台共党人的悲歌》，第342—344页，台湾人民出版社，2012年7月。
②　蓝博洲：《台共党人的悲歌》，第342—344页，台湾人民出版社，2012年7月。
③　《安全局机密文件——历年办理匪案汇编》（下），第215页，李敖出版社，1991年12月。
④　蓝博洲：《台共党人的悲歌》，第342—344页，台湾人民出版社，2012年7月。

安间的四角地带，选择了几个可疑对象进行突击；另方面则推动宪警武装在苗栗以东大湖山区展开搜捕行动，以"充分造成东西两线的紧张状态"，而在老范开辟的伪装据点周围，却显得相当平静与安全。被蒙在股里的老洪，完全被这种假象所迷惑，乃决定率领重整后的省委组织领导人，转移到由老范开辟的伪装据点里来。

4月2日，老洪将自南部撤退至苗栗地区的萧道应夫妇交给老范，安顿在伪装据点内。4月10日，老洪又将一个秘密山洞交给老范与萧使用，并决定26日在该山洞举行会议，总结一年来的工作。[①]

就这样，老洪等重建后的"台湾省委组织"的地下党人们，终于一步步落入了"特种联合小组"精心策划下预设的圈套。随后，老范又在特务们的指使下，诱骗萧道应及两个群众转移到另一个便以围捕的新挖掘的山洞中隐藏。

一切准备就绪后，4月25日晚，"特种联合小组"挑选的20个精干的行动人员，冒着倾盆大雨，摸黑包围了萧道应他们藏身的山洞。经过40分钟的洞中激烈搏斗，萧道应等三人力竭被捕。接着26日夜，特务们又在老范的带领下，先后轻松地诱捕了前来参加会议的曾永贤和老洪。

就这样，重建后的台湾新省委领导人除了黄培奕一人在逃外，已悉数被捕。当年12月13日下午，在调查局的安排之下，蔡孝乾、洪幼樵、陈福星（老洪）、曾永贤、林元枝和萧道应夫妇等15名"自首""自新"的前中共地下党人，在台北召开"自新"记者会，"调查局"给他们每人准备好了一份文稿，要他们在记者会上面对40个中外记者，按稿照念。会后，这15名"自首自新份子"又分别发表"书面谈话"，答复在记者会上未来得及回答的记者的提问，并从12月16日开始，陆续在"中央日报"上刊载。[②]

① 蓝博洲：《台共党人的悲歌》，第342—344页，台湾人民出版社，2012年7月。
② 蓝博洲：《台共党人的悲歌》，第345、346页，台湾人民出版社，2012年7月。

地下党人藏身之所苗栗县鱼藤坪遗址（徐博东摄）　鱼藤坪洞穴遗址（蓝博洲提供）

重整后的省委组织被摧毁后，1953 年 1 月上旬，"调查局"又会同"保安司令部"制定出所谓"肃清残匪计划"，组成了一个以"优秀自首自新份子"陈福星、刘兴炎等 20 人的"肃残工作队"，并于同年春天部署"运用政治方式，争取逃匪家属与地方人士之真诚合作，断绝逃匪之经济供应，摧毁其群众据点，迫使其生活陷于绝境，而以达到策动该等逃匪投案自首"为目的"肃清残匪工作"。[①]

2 月 10 日，黄培奕在彰化二水被以陈福星为首的"策反小组"说服而决定"自首"；随后，3 月 4 日，黄培奕又出面到三峡横溪山区，策反牛角山基地所有的干部出来"自首"。[②]

接着，3 月中旬，苗栗地区三湾总支部书记、竹南区委孙阿泉，与另一竹南区委锺二郎出来"自首"；竹南区委书记刘云辉也被陈福星等人说服，出来"自首"；随后，陈福星又偕同刘云辉，说服石油公司苗栗探勘处支部书记及竹南区委谢裕发与台大工学院支部小组长罗吉月，先后"自首"。[③]此后，在苗栗一带山区流亡的原属于张志忠领导系统下的地下党人，也终于在走投无路的困境下，被迫陆续出来"自首"。

至此，台湾地下党组织被国民党情治机关彻底肃清，仅剩下为数寥寥的幸存者也只能四处躲藏，自生自灭、自求多福了。

---

①《安全局机密文件——历年办理匪案汇编》（下），第 387 页，李敖出版社，1991 年 12 月。

②《安全局机密文件——历年办理匪案汇编》（下），第 395—397 页，李敖出版社，1991 年 12 月。

③《安全局机密文件——历年办理匪案汇编》（下），第 386—388 页，李敖出版社，1991 年 12 月。

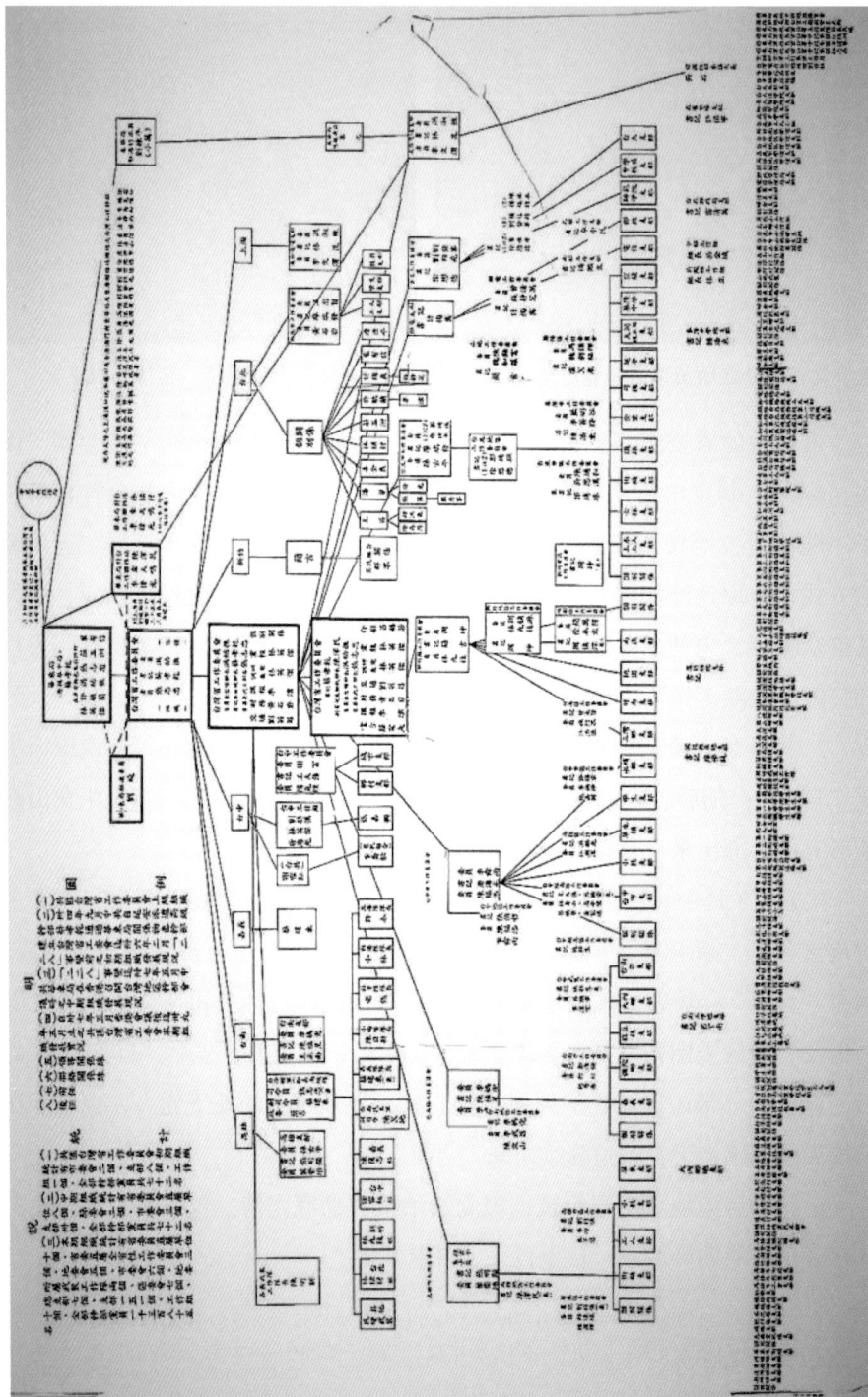

台湾情治部门绘制的破获中共地下党组织沿革图（1953 年 6 月）（蓝博洲提供）

第五章　历尽劫波——父亲的战友们

风云突变，血雨腥风，以 1949 年 8 月基隆中学《光明报》案"为发端，台湾岛内的白色恐怖一直延续到 20 世纪的 50 年代末。在这场规模空前的大整肃中，据报道，被杀害的中共地下党员和进步人士约有 4000 人左右，而被以同罪判处有期或无期徒刑者约 8000 至 10000 人之多，台湾地下党遭受了空前惨重的灭顶之灾。

在这些被杀害或被判刑的中共地下党人之中，只有极少数人是我父亲曾经朝夕相处多年的老同志、老战友，由于地下工作的特殊性，更多的人我父亲并不认识，即便在街头擦肩而过，彼此也不会知道对方的姓名和真实身份，但都是在党的领导之下，为了同一个理想、信念与目标，在不同的系统和岗位上战斗的同一个"战壕"里的战友。父亲并不孤独，他们是党的秘密工作中一个"特殊的团队"。

在被捕的地下党人中，贪生怕死、叛变投敌、为虎作伥如蔡孝乾者固然有之；但坚贞不屈、铮铮铁骨、血洒刑场者为数更多；另有一大批被判刑者身陷囹圄，饱受牢狱之苦，惨遭摧残迫害；还有相当数量被捕的地下党人在国民党特务的威逼诱骗之下，被迫违心登报"悔过""自新"，而从此郁郁寡欢、愧疚终生。能像我父亲、王致远那样，大难不死，虎口余生，侥幸回到大陆的，毕竟为数甚少。

往事并不如烟。因篇幅所限，本章将以一个个人物小传的方式，仅记述父亲在台湾从事党的地下工作所熟悉（除章丽曼）的 11 位战友不同的生命历程，以求更全面反映这个"特殊团队"的斗争事迹。了解了父亲和他的战友们的生平事迹之后，我终于明白了，为何父亲生前总是喜欢引用毛主席的这句话："无数革命先烈为了人民的利益牺牲了他们的生命，使我们每个活着的人想起他们就心里难过，难道我们还有什么个人利益不能牺牲，还有什么错误不能抛弃吗？"

一、钟浩东——拒绝"感训"、只求一死的"硬汉"

在所有 50 年代台湾白色恐怖中牺牲的地下党员之中，钟浩东与我父亲是曾经朝夕相处多年的最为亲密的战友。可以说，我从小是听父亲讲述钟浩东叔叔的英雄事迹长大的，所以对钟浩东烈士格外崇敬。父亲晚年多种疾病缠身，还拖着病体撰写了一篇题为《悼念战友钟浩东烈士——台湾省籍共产党员钟浩东同志生平事迹》的专文，借以舒解他数十年来对这位在台牺牲的昔日老战友的深切怀念之情。父亲在文章中沉痛地回忆说："……1947 年 10 月间，台湾地下党组织批准我去台中担任'国民党台中县党部书记长'伪职，以掩护革命工作。从此我便离开了基隆中学。不料这一去却成了我和钟浩东同志的永别！"

钟浩东与蒋碧玉（中）（蒋碧玉提供）

1949 年 8 月下旬基隆中学"《光明报》案"发生后，当月底基隆中学即将开学时，钟浩东被国民党特务秘密逮捕。"那天是星期日，他到基隆与李苍降会面，整夜未归；第二天，也就是星期一，一早他搭公路局车，在八堵下车，然后走回学校；这时候，一路跟监的吉普车从后头驶来，两名特务迅速下车，随手把他抓上车。在车上，钟校长试着要把自己被捕的情况，让外头的人知道；却因为被夹在中间，动弹不得。后来，他被押上火车，送往台北。当火车驶经基隆中学旁的铁道时，他又借着擦汗，乘机向窗外挥手上的手帕，想要引起学校的师生注意；无奈！他摇了几下，又被特务发现而制止。因为这样，无法及时将他被捕的情况通知大家。"[1]

钟浩东被国民党情治部门秘密逮捕后的9月2日星期六晚上，一群穿便服的特务闯进基隆中学来，还佯装要抓钟浩东。他们在钟浩东、蒋碧玉夫妇的住室里翻箱倒柜，带走了一些资料才离开。

钟浩东被捕后，遭到严刑拷打，可他坚决不肯吐露任何一点组织关系。后来特务们威胁他说：如果你不说实情，我们只好把你们学校的老师、职员和学生统统都抓来……于是为了减轻受害范围，同时也为了给地下党员们发出警讯，让他们赶紧转移，免遭组织受到破坏，他才欺骗特务，故意供出跟组织没有任何关系的一名校医和一名教师。特务们果然中计，再次闯进基隆中学，逮捕了那两名校医和教师（事后查明身份，无罪释放）。这样，基隆中学的一些地下党教职员和学生，才得以纷纷逃离，没被一网打尽，致使一大批地下党员免遭劫难。

钟浩东的太太蒋碧玉和妻姨戴芷芳，早于8月27日凌晨就已经在基隆中学被捕，被关押在青岛东路的军法处。次日早上，蒋碧玉赫然看到钟浩东由两名难友搀扶着走过押房，全身都是被拷打过的伤痕，她这才知道，原来钟浩东早就已经被捕了。

9月9日下午，基隆中学尚未撤离的教职员张奕明、钟国员、罗卓才等人，也被抓进了青岛东路的军法处。张奕明和蒋碧玉被关在同一个押房里。

9月、10月间，得到基中"出事"的消息后，父亲徐森源、王致远以及陈仲豪、萧道藩、黄炳辉、丘继英、陈少麟、方乔然等一批大陆籍地下党人，在组织安排下，或乘机或坐船，纷纷设法撤离台湾，回到香港或大陆，侥幸脱逃。其他如徐新杰、黎明华、谢汉光等人，则因一时无法撤往大陆，只好在岛内四处躲藏。

当年12月10日上午10时，张奕明、钟国员、罗卓才、谈开诚等四名地

---

[1] 蓝博洲:《幌马车之歌》，第157、163页，台海出版社，2005年8月。

下党员，被执行枪决。次日，台湾省"保安司令部"发言人称："本省共党组织，自去年底起即秘密油印反动刊物《光明报》，散发各地。至本年八月，已发行至 28 期，该报内容皆系捏造事实，以极荒谬之言论，混淆听闻，煽惑人心。经治安机关严密侦查，侦悉在基隆中学印刷，经于 9 月间破案，捕获印刷光明报主犯张奕明（女，28 岁，广东汕头人，基隆中学干事，系老共产党员，负责印刷及发行光明报），钟国员（28 岁，广东蕉岭人，基隆中学干事，负责缮写光明报钢板）及基隆市委书记钟浩东（35 岁，高雄人，基隆中学校长），党员罗卓才（27 岁，广东兴宁人，基隆中学教员），谈开诚（25 岁，江苏镇江人，宜兰中学教员）等 22 名……除钟浩东等 18 名于被捕后坦诚悔悟，已被感训，以开自新之路外，张奕明、钟国员、罗卓才、谈开诚等四名罪大恶极，已呈奉东南军政长官陈核准，依刑法第一百条第一项，惩治叛乱第二条第一项之规定，判处死刑。并于昨（10）日执行枪决。"[1]

从"保安司令部"发言人的话可知，该案被判处死刑的四人之中，除了谈开诚是宜兰中学的外省籍教员外，其余三人张奕明、钟国员、罗卓才亦都是基隆中学外省籍的普通教职员，而作为基隆市工委书记和基隆中学校长的钟浩东，却能免于一死，只被判处"感训"，钟浩东真的"被捕后坦诚悔悟"变节了吗？

张奕明这几个外省籍地下党员牺牲后，钟浩东等人也就结案了，分别被判了数年不等的有期徒刑。大约过了三个月后，他们又被移送到内湖国小的"新生总队"接受感训。所谓"新生总队"，其主要工作就是"改造"那些涉案政治犯的思想。平日除了劳动生产外，主要是上课。课程包括："国父遗教""领袖言行""共产主义批评""苏俄侵略中国史"等政治课程，以及中国地理、历史、数学等一般课程。[2]

据曾经与钟浩东一同接受"感训"的连世贵说："我们的校长钟浩东被送去内湖感训时，曾以绝食的方式，拒绝接受思想改造。他整天躺在床上，不参加朝会，也不上课。狱方拿他没办法，便问他：'你想要怎样？''我的同志都死了！'校长说：'我身为领导者，岂有脸面苟活下去？'"

---

① 蓝博洲：《幌马车之歌》，第 157、163 页，台海出版社，2005 年 8 月。

② 蓝博洲：《幌马车之歌》，第 163—168 页，台海出版社，2005 年 8 月。

另一位和钟浩东一起接受"感训"的他的小舅子戴传李则说:"钟校长在感训期间,表现得非常笃定、沉稳。他按照规定参加队上的各种活动;只是在思想上,他的反应却是以沉默来表白他的立场。"讨论发言时,因为没有人自动发言,教官只好轮流点名。"大家都按照教官要的答案,上台发言。可校长他却不这样,每次被点到名时,他总站起来说:'我没有什么话好讲!'"①

后来,钟浩东一连写了好几份申请退训的报告,表明他拒绝"感训"的坚定立场,要求国民党当局重新"发落"。可是这几份报告,都被感训队的一名广东梅县客家籍的同乡教官中途阻截,没有上报。这位同乡教官劝告钟浩东说:"国民政府认为,台湾青年对大陆的状况不明了,只是思想左倾而已;政府认为台湾青年都是被误导的,因此,决定不'打'本省人,只'打'外省人。"②

可是钟浩东不为所动,仍然一再写报告要求退训。有一次,那位梅县客家籍的教官恰好出差在外,钟浩东的退训报告就被报上去了。

由于钟浩东被捕判刑后,"经半年之感训,思想毫未转变,态度顽劣;上课时称病不到,讨论时拒不发言,不服长官指导。除这些破坏纪律的行为外,他还在感训队中暗中从事反动宣传,企图发展同党组织非法团体,继续颠覆阴谋",当局极为恼怒,认为"像他这样执迷不悟的人,再予以感训也不可能有什么效果"。于是,当在逃的基隆市工委委员李苍降被捕后,钟浩东就被当局从内湖"感训队"提出,重新送回军法处,与李苍降等人同时审理。李南锋回忆说:"临走时,浩东还用客家话特地鼓励我和连球、连和3人,说:'它日你们出去后,一定要继续为理想奋斗!希望我们的子孙,也能为理想奋斗!'然后,他又提高嗓音像呼口号似地大声叫说:'坚持到底,为党牺牲!'"③

再说蒋碧玉被捕后,在军法处被关押熬过了半年的审讯,因为她"与钟浩东聚少离多,涉案不深,终被释放"。当她听说钟浩东被送回军法处重新审理,感到惶恐不安,担心他会出事,于是她就赶快去找丘念台,希望念台先

———————
① 蓝博洲:《幌马车之歌》,第163—168页,台海出版社,2005年8月。
② 蓝博洲:《幌马车之歌》,第163—168页,台海出版社,2005年8月。
③ 蓝博洲:《幌马车之歌》,第163—168页,台海出版社,2005年8月。

生设法营救。丘念台听说后，安慰蒋碧玉说："你放心，没有审判两次的！"①

关于基隆中学《光明报》案"，丘念台在他的自传《岭海微飚》中有如下说法："至于三十八年（1949）破获的基隆中学共谍案，那是台籍青年在我辞卸省党部主委回粤后受共党诱惑的，并非大陆来台的延安青年，他们的供词也没有牵涉到我．可见左倾青年也是有理智、有感情，可以感化的；当时本党当局对于这一问题没有很了解，所以有用青年跑了很多，真可惜呵！随我到台的抗日旧部，后来由于不堪风波侵扰，也都逃回大陆去了！"

念台先生所说的"抗日旧部"，显然指我父亲徐森源，以及萧道藩、黄炳辉、丘继英和他自己的女婿王致远等人。

丘念台又说："……从1949—1952年，台省先后破获许多共谍案，重要人犯已枪毙了不少……不过当时所捕获的共谍和嫌疑者，有外省籍的人，也有本省籍人，其中性质自然有所不同。根据我所了解的，本省籍涉案者多属思想犯，只是有左倾思想而已，很少有参与叛乱行动的。他们不独没有到过大陆，或参加过大陆的武装变乱，就连大陆情况都不明了，以为共产党是立宪国家的普通政党。像这样的思想犯，确有值得同情之处。所以在1950年春，我就和省内士绅联名向当局建议，对于本省思想犯，务请稍为从宽处理，给他们以悔过自新之路。这样做，是可以得到台省同胞一致感戴的。"②

念台先生不顾自身安危，绞尽脑汁想保护钟浩东等这些台籍有为青年，然而，他毕竟太过"天真"了，对于拒绝"感训""自新"的台籍地下党人，国民党蒋介石同样不会手软，几个月后，台湾当局终于对钟浩东等人下了杀手！

1950年10月14日，清晨六点整，台北青岛东路军法处看守所，刚吃过早饭，押房的门锁便"咯啦、咯啦"地响了起来，铁门"呀"的一声打开了。

"钟浩东、李苍降、唐志堂，开庭！"——刽子手沙哑而冷漠的嗓音喊过后，整个押房立即陷入了一种死一般的寂静。钟浩东从容地从地板上站起身来，习惯性地用手指卷了卷自己的一撮头发，先是与同房的难友一一握手告别。按照惯例，难友们一起唱起了安息歌给他们送行，随后他又要求大家跟着他加唱《幌马车之歌》，他说这是他和他太太最喜欢的一首歌。此时，在

① 蓝博洲：《幌马车之歌》，第163—168页，台海出版社，2005年8月。

② 蓝博洲：《幌马车之歌》，第103—104页，台海出版社，2005年8月。

"哗啦、哗啦、哗啦"沉重的脚镣拖地声音的伴奏之下，整个押房里响起了由轻而逐渐洪亮的大合唱：

"黄昏时候，在树叶散落的马路上，目送你的马车，在马路上幌来幌去地消失在遥远的彼方。

在充满回忆的小山上，遥望他国的天空，忆起在梦中消逝的一年，泪水忍不住流了下来。

马车的声音，令人怀念，去年送走你的马车，竟是永别。"①……

国民党当局"安全局"称："本案(《匪基隆市工作委员会钟浩东等叛乱案》)经送请台湾省保安司令部审判，于三十九年（1950）九月九日以（39）安洁字第二○七七号判决书，经呈奉国防部三十九年十月十一日劲助字第八七三号代电核定：钟浩东、李苍降、唐志堂连续共同以非法之方法颠覆政府而着手实行，处死刑。死刑执行日期：三十九年十月十四日。"②

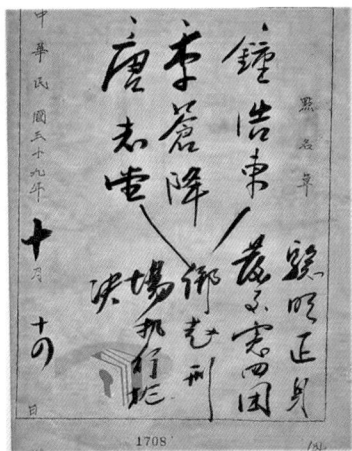
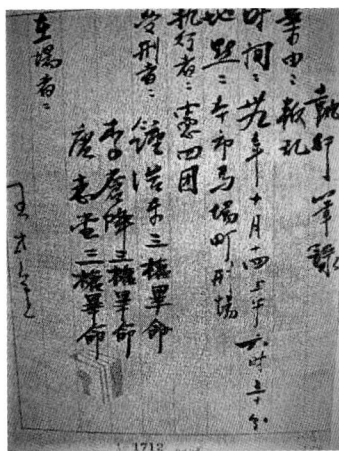

钟浩东等三人死刑通知单（蓝博洲提供） 杀害钟浩东等三人的执行笔录（蓝博洲提供）

1950年10月15日，台湾"军闻社"报道："前基隆中学校长钟浩东、李苍降，前汐止镇军民合作站书记唐志堂，……连续共同意图以非法方法颠覆政府而着手实行，各处死刑，各褫夺公权终身，全部财产除酌留其家属必须

---

① 蓝博洲:《幌马车之歌》，第103—104页，台海出版社，2005年8月。
② 《安全局机密文件——历年办理匪案汇编》，第二辑，第1—9页，李敖出版社，1991年12月。

之生活费外没收。……经奉国防部核准,昨(14)日上午六时省保安司令部军法处将钟浩东、李苍降、唐志堂三名各提庭宣判,验明正身,发交宪兵绑赴马场町刑场执行枪决。"钟浩东牺牲时,年仅36岁。

父亲徐森源在悼念钟浩东烈士的文章结尾中写道:"钟浩东同志从一个抗日的爱国志士,成长成为一名共产主义战士。他一生所追求的理想就是驱逐日本侵略者,使台湾回归祖国,完成祖国统一大业,并将祖国建设成为一个繁荣昌盛的伟大社会主义强国。钟浩东同志为了实现这个理想,遭受过严刑拷打,饱尝了铁窗滋味,流尽了最后一滴血。钟浩东同志的一生是光荣战斗的一生。钟浩东烈士的精神永远激励着我们前进。钟浩东烈士的精神永垂不朽!"[1]

10月15日当天一大早,保安司令部军法处就派人来通知蒋碧玉,要家属到殡仪馆收尸。钟浩东挨了三枪,都是胸部,额头上也有点伤,可能是倒地时碰的,手里还抓了一把土。

当钟浩东的尸身送回家时,打开棺板,蒋碧玉他们惊讶地发现有两封遗书夹在棺材板之间,一封是给他母亲的,另一封是给蒋碧玉。给蒋碧玉的那封遗书中写道:

蕴瑜:我以很沉重的心情来写这封信给汝。汝我共处已有13年,时间不短不长,而且抗战期间在极端艰苦困厄的环境中,以汝孱弱的身体,共同甘苦,竟挨过差不多10个年头,在工作中,在养育小孩的事情上,汝都没有我多少帮助,尽了汝的责任。

光复后返台,汝我又以工作的关系,不能常在一起,家庭的琐务,全由汝负担,这是委屈了汝的。这一年来,更难为汝了。我实在不敢去设想汝们如何生活,在接见的时候,我觉得汝似乎更瘦了。一切的一切说来都是不幸的。

但是蕴瑜:我们也曾有不少美丽珍爱的过去,那些回忆与感怀时常要把我沉重的心情变轻松得多。蕴瑜:在困苦的环境中还是找些愉快吧!忍耐能克服不少困难,它能增进人的活力。

[1] 徐森源:《悼念战友钟浩东烈士——台湾省籍共产党员钟浩东同志生平事迹》,第12页。

蕴瑜：请不要惊骇，也不要悲伤，……我的着落发生汝最不愿意的情形！那汝将如何呢？我知道汝的心情将会受到莫大的冲击，汝将沉沦于悲痛的苦海中，但是我希望汝能很快就丢掉悲伤的心情，勇敢的生活下去。

……浩东手书 10 月 2 日深夜。[1]

钟浩东牺牲后，身无分文的蒋碧玉强忍着悲痛，四处筹钱给他办理后事。当钟浩东的弟弟钟里义，从台北捧着他火化后的骨灰回到高雄美浓镇家乡时，钟浩东 73 岁的老母亲，见到钟里义手上捧着的骨灰坛，好奇地问："那是什么？"——"母亲没念过书，不识字，无法从报上得知浩东的消息。我于是骗她说：'这是我去庙里烧香请回来的佛祖的骨灰，放在家里奉祀，可以保庇阿谢哥的劫难早点消除。'母亲听后频频点头，笑着说：'这样子好！这样子好！'"钟里义听到母亲这样说，心中十分难过，赶忙"跑进屋里，关起门来，先是干号，然后是放声大哭，眼泪流个不停……"钟里义说。一直到 1953 年钟浩东的母亲去世，她都不知道自己的儿子浩东，早在二三年前就已经不在人世了！[2]

钟浩东牺牲时，虚龄才 30 岁的蒋碧玉，带着两个幼小的儿子——小的刚满周岁，大的继东才 3 岁多。此时蒋碧玉已经是一贫如洗、生活无着了，却因为是"匪谍"的家属，到处找不到工作。于是为了把孩子拉扯大，"名门"出身的蒋碧玉，拖着柔弱的身体，当过菜市场里扫地、泡茶的小妹，与人合伙酿过客家糯米酒来卖，还当过纸行的会计，自己也做过卖纸的小生意，后来又回到归绥街的风化区摆小摊，卖红豆饼、阳春面……为了活下去，她受尽了屈辱，什么脏活、累活都干过，硬是在极端艰难困厄的情况下，把两个孩子抚养长大，并相继读到大专毕业——当兵服役——在公司里就职了，扛了几十年的生活重担才算卸了下来。而此时的蒋碧玉也已经是年近七旬，满头白发、疾病缠身了。[3]

晚年的蒋碧玉，最重要的事情，就是要完成钟浩东的遗愿——把当年流

---

[1]　蓝博洲：《幌马车之歌》，第 175—178 页，台海出版社，2005 年 8 月。
[2]　蓝博洲：《幌马车之歌》，第 175—178 页，台海出版社，2005 年 8 月。
[3]　蓝博洲：《台湾好女人》，第 167—175 页，台海出版社，2005 年 8 月。

落在大陆的大儿子钟继坚找回来。而蒋碧玉寻找大儿子的过程，却又充满了传奇。

47年后蒋碧玉到始兴寻找继坚
（蓝博洲提供）

作者与蓝博洲合影于美浓钟浩东家族墓园
（2013年5月21日）

前文讲过，1941年9月，在广东南雄陆军总医院，钟浩东、蒋碧玉夫妇和萧道应、黄怡珍夫妇，为了去罗浮山前线东区服务队参加抗日工作，忍痛一同把才七八个月大的儿子钟继坚和萧继诚送到张三姑家，托她帮忙找人领养。过后不久，张三姑写信告诉蒋碧玉，孩子已经送给始兴街上一家开瓷器店的萧姓人家收养，让她放心。

两年过后的1943年，由于东区服务队生活艰苦，蒋碧玉肺病复发，转到南雄陆军总医院疗养，因此有机会去始兴街上寻访萧氏夫妇，看望继坚。这时，三岁大的继坚已经不认得自己的亲生母亲，无论如何也不肯喊她一声"妈妈"，只是跟着他的养父母叫她"蒋姑娘"。随后，蒋碧玉又含泪回到罗浮山抗日前线，从此"我就再也没有见过我这个出生于战地的长子了"。[1]

1983年底，同样想念自己孩子的萧道应夫妇，通过在美国的一位常到大陆开会的医生朋友帮忙，经过整整三年的寻访后，终于辗转收到一封来自大陆的署名"萧汇丰"的来信。他们欣喜若狂，以为很可能这就是当年自己留在大陆的儿子的来信。于是萧道应夫妇又通过在美国的女儿，给萧汇丰寄去了一封信和四张照片。随后，收到信和照片的萧汇丰，给萧道应夫妇在美国的女儿回了一封信，也随信附了几张全家的合照。可是几年过去了，却一直

---

[1] 蓝博洲：《台湾好女人》，第167—175页，台海出版社，2005年8月。

不见有回信。

原来，萧道应收到照片后，一眼就认定，这个萧汇丰并不是他们的儿子，而是钟浩东、蒋碧玉夫妇生的。蒋碧玉仔细看过照片后，却一脸狐疑，不敢断定，于是就亲笔写信给萧汇丰，询问他养父母的情况。[①]

这时已是 1987 年，海峡两岸的坚冰开始解冻，两岸同胞可以通过香港直接通信、会亲。尔后，台湾同胞赴大陆单向探亲也正式开启了。

萧汇丰收到蒋碧玉的来信后，立即回信说，当年他的养父是"在始兴河边街开设一家店号叫'萧玉利'的缸瓦杂货店"[②] 这下子可以确定无疑了，萧汇丰的确就是钟浩东、蒋碧玉夫妇失散四十几年的大儿子钟继坚，因为蒋碧玉清楚地记得，1943 年她到始兴街上寻访萧氏夫妇，看望继坚，去的就是这家名号叫"萧玉利"的缸瓦杂货店（瓷器店）。

1988 年 5 月 5 日，蒋碧玉与她离散了 45 年的长子钟继坚终于在广州相见，随同继坚来到广州的，还有一个她从未谋面的、排行第三的孙儿。母子二人喜极而泣过后，谈到这别后几十年来的人生经历不胜唏嘘！[③]

钟继坚夫妇（中立者）（2016 年 4 月，钟继坚提供）

晚年的蒋碧玉并没有因为早年丧夫失子、经历了人生数不清的劫难而就

---

① 蓝博洲：《台湾好女人》，第 167—175 页，台海出版社，2005 年 8 月。
② 蓝博洲：《台湾好女人》，第 167—175 页，台海出版社，2005 年 8 月。
③ 蓝博洲：《台湾好女人》，第 176 页，台海出版社，2005 年 8 月。

此消沉。从 20 世纪的 80 年代后期开始，这个已经是满头银发、年近七旬的老妇人，在台湾社会销声匿迹了近 40 年之后再次复出，她不忘初心、坚持理想的信念愈加坚定，行动愈加果敢。她频繁出现在各种不同场合，满怀激情地积极参加"中国统一联盟"组织的活动，一次次地以亲身经历发表演讲，和年轻人一起走上街头，驼着背，迈着蹒跚的步伐，走在游行队伍的最前面，投身于台湾的社会运动和祖国统一事业，极大地鼓舞教育了年轻一代，成为台湾左统势力的精神领袖，"春蚕到死丝方尽"，直到 1995 年 1 月 10 日病逝于台北的耕莘医院。

二、张伯哲——牺牲 46 年后才获追认的革命烈士

父亲跟张伯哲相识是在台中。当时，我父亲与刘志敬（洪幼樵）、张伯哲、谢汉光、梁铮卿等人同在台中从事党的地下工作。通过刘志敬（洪幼樵）的介绍，父亲也就认识了张伯哲、谢汉光和梁铮卿。不过，父亲在党内的直接联系人是刘志敬（洪幼樵），与他们并无横向联系，彼此虽然熟悉，但并不知道对方的真实身份。

张伯哲烈士遗照

张伯哲（1920—1950），原名张开明，广东普宁县（现普宁市）泥沟乡人。张家是殷实的大户人家。他从小就怀抱强烈抗日救国思想，读中学时期就秘密加入了中国共产党，是学校推动抗日救亡宣传活动的领头人。1942 年

9月考入中山大学。1944年7月，他投笔从戎参加东江纵队，任政治委员，转战潮、惠、普、揭地区。1945年转任潮安县工委书记。次年10月，调往香港筹办培侨中学。1947年1月，受中共华南分局派遣，前往台湾工作。临行，他悄悄回到普宁家中拜别父母，这次团聚，成为他与家乡亲人的最后一别。

张伯哲赴台后，公开身份是台中省林业试验所莲花池分所科员，秘密身份则是中共台中地区工委书记。他和战友们密切配合，为党做了大量卓有成效的工作。据台湾"安全局"档案"匪台中地区工委会张伯哲等叛乱案"中记载："三十七年（1948年）九月，共匪台湾省工委会委员洪幼樵与其（指张伯哲）取得联系，并由洪指派工作，与李匪乔松等，在台中组织支部充任干事，嗣又扩大为南投区工委会，张匪升任工委。三十八年二月，在洪幼樵策划指导下，成立台中地区工委会，先后由陈福添、张伯哲任书记，下设台中市工委（书记邓锡章，工委李炳昆）、北部工委（兼负责人施部生，已另案处理）、南区工委（兼负责人吕焕章，另案处理），及分别设立农院支部、师范学校支部、第一中学支部、丰原支部与北斗支部等机构；由谢桂芳、黄伯和、刘贞松、陈汝芳、黄庆聪、王德胜、张彩云、王如山、吴约明、陈孟德、江汉津、李继仁等负责主持秘密吸收匪徒，发展组织，从事叛乱活动。"

档案中详尽地罗列了台中地下党的"阴谋活动"和"活动方式"："一、阴谋策略：（一）加强积蓄力量，巩固匪党组织，计划发展三百党员，团结二千群众于各生产部门中，建立党的堡垒，并进一步争取上层，强化统一战线工作，配合匪攻台；（二）加强群众观点，群众路线教育……；（三）加强党内教育，提高党员认识……；（四）加强培养各项工作干部……。二、活动方式：（一）积极巩固支部，使支部正规化，提高其战斗能力……；（二）建立'统战的俱乐部'及'进修会'——以台中市国校教员为对象，藉研究六年级教员进修问题为名而组织'互助会'——如南投佃农互助会、'土地公会'——以永靖乡公开组织之外围农民团体为基础，进行活动。并利用各种各式形态，在学校中设立公开群众团体：如'研究会'、'自治会'、'流动图书馆'、'同学会'、'校友会'、'球队'等，领导活动，进行群众组织工作；

（三）大力进行渗透工作，第一阶段企图打进台中市总工会，控制草屯乡公所，及掌握永靖、草屯两乡之国术馆；（四）展开军事、政治、经济等调查研究工作；（五）成立台中武装工作委员会，开辟中部武装基地；（六）煽动佃农，企图掀起大规模暴动；（七）利用台中市教育会，煽动知识份子进行反政府活动。并鼓励各国校教员，以请愿罢课方式，进行反对欠薪运动；（八）运用台中糖厂内匪谍所组织之'糖友会'，发动要求增加工资事件；（九）散发匪党传单标语，扩大反动宣传；（十）操纵台中市举办之国校教员讲习会，煽动罢考。"洋洋洒洒，涵盖各个方面。

最后"安全局"在"综合检讨"中说："匪在台中地区，自三十六年起至三十八年止，三年之间发展党员达二百四十余人……其组织遍布丰原、东势、员林、北斗、彰化、南投、大屯、竹山、台中市等地区，先后曾掀起减租暴动、反对欠薪运动、要求增加工资、运动、及罢考、罢教、与暗杀、抢劫等事件，且已建立武装基地，拥有武器。就以上情形而论，奸匪在台湾中部之组织工作，与煽动技术，可谓均已获有相当成效，并已奠立叛乱基础"云云。[①] 由此可知，张伯哲他们在台中地区的工作，可谓成绩斐然。

正当张伯哲等人的工作顺利进展之际，1949 年 8、9 月间，"《光明报》案"爆发，钟浩东校长等 10 多位基中教职员和学生先后被捕。危急时刻，侥幸脱逃的基中地下党支部书记陈仲豪根据林英杰的指示，乘火车南下，去台中找张伯哲商讨对策。于是，陈仲豪在张伯哲和谢汉光的安排下，在阿里山下的一个林业试验所隐蔽起来。

被捕的同志愈来愈多，10 多天后，林英杰通知张伯哲，由张伯哲负责安排陈仲豪尽快撤回大陆。于是，张伯哲和谢汉光又将陈仲豪带到台中市郊外的一个农场，由农场场长梁铮卿安置陈仲豪在一个鸭寮中隐蔽下来。张伯哲时常来找陈仲豪商讨对策。张伯哲和梁铮卿挖空心思，帮助陈仲豪化装逃往大陆。[②]

张伯哲精心安排陈仲豪撤回大陆后，他自己却继续留在台湾坚持斗争。

---

① 《安全局机密文件——历年办理匪案汇编》第一辑，第 54—57 页，李敖出版社，1991 年 12 月。

② 陈仲豪：《碧血英雄死犹生》，《汕头日报》，2012 年 8 月 5 日。

1950 年 3 月 11 日，特务们根据破获中共台湾省工委所获得的线索与文件，"展开严密深入之调查"，台中地区地下党也终被破获。4 月 5 日，张伯哲不幸被捕，后被解押到台北监狱，受尽各种酷刑，仍坚贞不屈。当年 10 月 20 日，经台湾省保安司令部出具判决书，12 月 4 日经"国防部"核定，以所谓"意图以非法方法颠覆政府而着手实行"的罪名，判处张伯哲等人死刑。12 月 8 日，张伯哲在台北马场町刑场英勇就义，年仅 30 岁。

关于张伯哲在狱中的表现，2014 年 5 月由台北"人间出版社"出版的《无悔——陈明忠回忆录》中有较为具体详细的记述。陈明忠说："张伯哲告诉我，基隆中学案外省人都枪决，本省人都判感训，让本省人产生了不该有的幻想，以为国民党对本省人比较宽大，加上大家以为台湾快解放了，于是许多人被捕后就坦白交待关系。他说，其实这是国民党一贯的欺骗手法，没有国民党统治经验的本省人太天真了，国民党对共产党是绝对不会手软的。"并一再嘱咐陈明忠，法官并没有掌握你的任何证据，要他一定要"咬紧不承认"，"无论如何不能承认加入地下党"。果然，以后的判决状况证实了张伯哲的说法。陈明忠又说："我看他每天都很平静，好像等待的不是死亡，我问他，'你不怕死吗？'他说，'孔子不是说过吗，朝闻道夕死可矣。'对他来说，'道'就是共产主义。张伯哲是广东东江地区的人，地主家庭出身，家境蛮好的，全家只他一个人参加革命。他写了遗书，给我看过，其中有一段大意是这样：你们反对我参加共产党，可是你们看，星星之火可以燎原，这证明我们是对的。那时候共产党在大陆已经打赢了内战，建立了新中国，所以张伯哲觉得革命基本上已经成功，他死而无憾"。据陈明忠说，张伯哲把遗书交给了一个判五年徒刑的人，他出狱后找不到那个人，"也不知道遗书是否送到了他家"。①

早在 20 世纪 50 年代初，陈仲豪就从中共华南分局的内部消息中得知，钟浩东、张伯哲等同志已先后在台湾牺牲。但苦于没有充分证据，陈仲豪一直怀抱一丝希望。他说，"我得知伯哲英勇殉难这一噩耗是在翌年的夏天，但

---

① 《无悔——陈明忠回忆录》，第 110—111 页，李娜整理编辑，吕正惠校订，人间出版社，2014 年 5 月。

烈士证明久未落实，在那场政治浩劫中还波及他家乡的老慈亲及其亲属"。①

直到 1993 年春，在北京从事对台宣传调研工作的父亲，偶然在当年 6 月 27 日出版的《大公报》上看到一则消息，这份报纸详细报道了 40 年前台湾白色恐怖大屠杀的真相，不单对国民党反动派大逮捕、大屠杀整个经过进行了解密，还报道了死难者家属在坟场发掘出写有死难者名字的石碑，一共挖出 163 块，163 位死难者的名字和死难日期都被登在报上，张伯哲的名字赫然列在其中。

父亲赶忙将这张《大公报》邮寄给远在汕头工作的陈仲豪。不久之后，时任中共天津市委对台办主任的徐懋德，也给陈仲豪寄来一份台湾《中国时报》，报上几篇文章同样报道："台湾一批社会人士和白色恐怖时期政治受害者的家属，在台北公开举行记者招待会，宣布最近在台北市郊六张犁荒冢发掘出一批受害者的石碑。石碑经过清洗，显示出受害者姓名、籍贯、职业及枪决日期。"②

悲痛之余，身为老同学、老战友的陈仲豪，拿着这些资料，四处奔走，找到早年与张伯哲同窗或共事过的几个老同志，联名写了份报告，报送普宁县政府并转呈省民政厅，为张伯哲争取烈士名誉。在大家努力下，几经波折，1996 年 1 月，张伯哲的《革命烈士证明书》终于颁发了下来，民政部正式追认张伯哲为革命烈士。此时，距离张伯哲在台牺牲已经 46 年矣。

1996 年 4 月 6 日清明节，风和日丽，普宁县人民政府隆重举行了"追悼张伯哲烈士暨颁发烈士证书大会"，一场迟来的追悼大会终于在普宁泥沟村举行。陈仲豪专程从汕头赶来参加，并饱含深情地发表演讲，悼念当年自己的老同学、老战友张伯哲烈士，激动的心情久久难以平静。

---

① 陈仲豪:《碧血英雄死犹生》,《汕头日报》, 2012 年 8 月 5 日。
② 陈仲豪:《碧血英雄死犹生》,《汕头日报》, 2012 年 8 月 5 日。

陈仲豪与众亲友合影于张伯哲烈士墓前（陈仲豪提供）

2012年6月15日，已经满头银发89岁高龄的陈仲豪老伯，再次来到普宁泥沟村，出席在这里举行的"张伯哲烈士骨骸魂归故土安放仪式"和老同志座谈会。陈仲豪怀着沉痛的心情，专门写了一副挽联："孤岛战顽敌，志在填海，壮烈牺牲家国恨；弥高吊忠魂，满目青山，碧血英雄死犹生"。那天，陈老伯把这副挽联带到烈士墓前，呈献给烈士在天之灵。

张伯哲烈士终于叶落归根，可以安息了！

三、方弢、张奕明——双双遇难的革命伴侣

方弢、张奕明夫妇是父母亲在基隆中学时期朝夕相处的同事。在一年多的时间里，父亲任训导主任，母亲任会计，方弢任教务主任，张奕明任教务处职员，直到1947年11月，父母亲离开基中去台中工作为止。

方弢／张奕明烈士遗照（陈仲豪提供）

　　方弢（1911—1950），原名方泽豪，广东惠来人。中学读书时期即积极参加进步学潮，1935年考入（北平）中国大学国学系就读，积极参加了当年在北平爆发的"一二·九"爱国学生运动，并加入了共青团。毕业后他返乡参与筹建共青团普宁县临时支部，开展革命工作。曾出任普宁县泥沟群众学校校长，1937年夏加入中国共产党。先后任中共普宁县特别支部宣传委员、县工委宣传部长。[①] 他组织群众学校与泥沟村的其他学校密切合作，开展丰富多彩的抗战宣传活动，教育广大群众投入抗日救亡斗争，取得了很大成绩。[②]

　　其后方泽豪被调到涂洋义方学校任校长，开辟新的革命据点。同年10月，方泽豪和张瑞芝（张奕明）结婚，翌年在流沙生下儿子张珂理。1939年初，方泽豪被调到流沙中学任训育主任。流沙中学是抗战时期的一所红色学校，许多老师都是共产党员。方泽豪在学校认真抓好教学和抗日救亡工作，同时兼任县青抗会主办的《青报》社论的主笔。[③]

　　1939年12月，国民党普宁县当局不顾大敌当前，妄图解散青抗会及其他抗日团体。方泽豪等党员干部领导了这场反逆流的斗争，并取得了四个回合的胜利。次年3月初，方泽豪和郭常平二人对中心县委要组织第五个回合——全县青抗会代表到县城举行"飞行集会及请愿"持不同意见，中心县委领导开除了他俩的党籍。[④] 关于方泽豪当年被开除党籍一事，据他的儿子张珂理说，"现在普宁县党史研究室的同志认为，1939年前后普宁地方党领导执行的是'左倾'错误路线，当时方泽豪（方弢）的意见是正确的。"[⑤]

　　1941年，普宁青抗会等抗日团体被国民党强行解散，党的活动被迫转入地下。方泽豪、张瑞芝夫妇不得不忍痛把幼小的儿子张珂理送到泥沟村的母舅家抚养，夫妇二人转辗到梅县南口中学、广西兴安小学、博白中学等校任教。[⑥]

　　1945年9月，台湾光复。同年11月，方泽豪改名方弢，张瑞芝改名张

---

①　王宋斌：《在台湾牺牲的方泽豪校长》，2016年7月9日，下载于网络。

②　王宋斌：《在台湾牺牲的方泽豪校长》，2016年7月9日，下载于网络。

③　王宋斌：《在台湾牺牲的方泽豪校长》，2016年7月9日，下载于网络。

④　王致远：《虎口余生》第41页，未刊稿。

⑤　张珂理：《致有关领导的一封信》，2013年2月7日。

⑥　台湾省保安司令部《讯问笔录》，1950年5月14日。

奕明，夫妇二人从广西经汕头来到台湾。次年8月，经在梅县南口中学任教时结识的同事钟国辉（又名钟桂琪，地下党员）推荐给钟浩东，到基隆中学工作。

在基隆中学这段时间里，方弢不愿意重新入党，表示愿做一个党外的进步知识分子，协助党的工作。陈仲豪说：方弢"在普宁参加革命工作时，曾因在工作路线和工作方法上与当时的领导持有不同意见而受到处分，这个'心结'一直未除，不想重新入党。在台湾，他一直是党外可靠的朋友。只要党交待他做的事，他都会尽力去做。他担任行政业务工作，积极认真，对地下党则采取亲近、掩护和帮助的政治立场"。①

至于张奕明，到台湾后在难以接上党组织关系的情况下，由同是从潮汕来台工作的老战友、省工委委员林英杰为她办理了重新入党手续。时任基隆中学地下党支部书记的陈仲豪回忆说："1947年9月以后的两年里，我和张奕明同校又同一党支部，工作紧密联系在一起。她的主要任务：一是联系几个进步教师，通过他们去做学生的工作；另一个是负责用刻写好的蜡纸版印刷《光明报》，并独自一个人将印好的报纸带到台北，交由另一个秘密联络点分发出去。张奕明工作认真、待人亲切、温婉柔和。当我们一起在学校后山一个小洞里印刷《光明报》时，她坚毅沉着、冷静谨慎，在警惕中表现出一个共产主义战士具有的感情和品格。"②

陈仲豪还说："他（方弢）与当时台湾地下党林英杰、王致远（王森泉）、方乔然（方绮华）等同志原是普宁抗战救亡时期的好朋友好同志。每当林英杰、张伯哲到学校找我，方弢都热情接待。伯哲熟悉奕明，见面时，总亲切地称呼为'瑞芝姑'。每当借用他那间平房宿舍开会，方弢总是坦然离开到教学楼办公，让我们秘密谈话。1947年11月中旬，由于林英杰在台南工作，受到特务追捕，陈绿漪带着幼小的儿子林国琪决定撤回大陆，路过基隆中学，方弢和张奕明掩护他们在家里休息，最后由陈少麟护送他们母子到基隆港上船，平安回到汕头，转入游击区。总之，方弢在台湾始终把地下党当作自己

①　王宋斌：《惊涛拍孤岛，虎穴藏忠魂——采访汕头抗日老战士、虎口余生的陈仲豪馆长》，《普宁红色文化》，2016年4月。

②　陈仲豪：《浸凝着血泪的年代和悲壮人生》（第一篇），天涯论坛第6页，2009年12月14日。

人，在客观上起到了掩护和帮助党的作用。……方夔对于妻子张奕明在党内所做的工作，虽然一知半解，但他严格遵守党的纪律，从不过问。张奕明工作认真踏实，这与方夔的支持和掩护是分不开的。"①陈仲豪说，1949 年 4 月，钟浩东利用台籍统战对象公开发行的《新生代》杂志，由陈仲豪主编，方夔曾应邀为该杂志撰写时评文章《论时局发展的趋势》。

1949 年 8 月"《光明报》案"发生后，钟浩东、蒋碧玉等人被捕，林英杰采取紧急应对措施，让一些同志疏散隐蔽，并委托方夔到台北找王致远，要王转请李友邦出面设法营救。方夔当即接受任务，赶往台北去找王致远。王致远晚年写的回忆录中证实了这件事："这年八月底的一天早上，我刚到省党部上班，忽然，在基隆中学任教的方泽豪（当时叫方夔）气急败坏地到省党部来找我，告诉我一个不祥的讯息：'昨晚，钟浩东夫妇在校里被捕了！'因为钟浩东出任基中校长，是由丘念台和李友邦介绍的……，方希望我向李提出，设法营救。"②其时，丘念台在大陆，不在台湾，故只能求助于李友邦。

继校长钟浩东等人被捕后，9 月 9 日大白天，基隆中学第二次"出事"，谷正文带领大批宪警来校抓人，尚未撤离的教职员张奕明、钟国员、罗卓才等人也被抓进了青岛东路的军法处。随后，方夔也于 9 月 24 日被捕。③

张奕明和蒋碧玉被关在同一个押房里。"校长太太，你也在这里啊！"当张奕明走进押房看到蒋碧玉时，既惊讶又有点欣慰，随后从容不迫地笑道，"可这是什么鬼地方？！"④

张奕明在狱中备受酷刑，坚贞不屈，正气凛然。当年 12 月 10 日上午 10 时，张奕明、钟国员、罗卓才、谈开诚等四名地下党员，被执行枪决。

蒋碧玉回忆当年张奕明从容赴义时的情形说："那天，吃早饭时，押房的窗户都被放下来，一些关较久的难友就说，早上一定有枪毙。不久，吉普车

---

① 陈仲豪：《浸凝着血泪的年代和悲壮人生》（第一篇），天涯论坛第 6 页，2009 年 12 月 14 日。

② 王致远：《虎口余生》，第 104 页。未刊稿。

③ 台湾省"保安司令部"《讯问笔录》，1950 年 5 月 14 日。一般记述"《光明报》案"的文章，均照抄陈仲豪的回忆录，说 9 月 9 日下午方夔 / 张奕明夫妇等九人在基隆中学同时被捕，今查"保安司令部"1950 年 5 月 14 日的《讯问笔录》和同年 7 月 25 日的《审判笔录》，方夔均说他是 1949 年 9 月 24 日被捕。

④ 蓝博洲：《幌马车之歌》，第 162 页，台海出版社，2005 年 8 月。

的声音在押房外头响起来，我们于是把棉被垫高，从押房的小窗口往外看，我看到吉普车上面坐着几名持枪的宪兵。然后，押房的门突然开了，宪兵班长大声点名：'张奕明，开庭！'我看到张奕明一路微笑着，从容地走出押房，临上车时还坚定的呼喊着：'共产党万岁！'等嚣烈的政治口号。我于是唱着她之前教我的一首歌《惜别》，给她送行。……在歌声中，我知道，过没多久，14岁就入党的张奕明，就要在新店溪畔马场町刑场早晨的枪声中仆倒了。"①

　　张奕明牺牲时年仅31岁。1982年3月被追认为烈士。

"中央日报"报道方弢等人被枪杀

蒋碧玉与方弢烈士的女儿张亮

陈仲豪与张珂理、张亮兄妹合

---

　　①　蓝博洲：《幌马车之歌》，第162页，台海出版社，2005年8月。引者注：张奕明生于1918年，18岁加入共青团，19岁入党。

至于方弢，被捕后被反复审判很久，及至 1950 年 8 月，原本经"保安司令部"军事法庭初审，判方弢等 4 人 10 至 12 年徒刑。上报"国防部"后，9 月 15 日"国防部"报"总统府"，10 月 19 日"总统府"核示："……卷判均悉，本案方弢、林天河四名均处死刑，余如拟，此复。蒋中正。"将卷判打回，饬令改判方弢等 4 人死刑。于是"国防部"再饬令"保安司令部"改判。[1]1950 年 11 月 3 日，"国防部"宪兵团将方弢等人执行枪决。方弢时年 40 岁。

次日，"中央日报"第一版报道："残余匪犯五人，昨日执行枪决……重要匪犯蔡尧山、方弢、庄阿开、游英、林天河五人，均被判处死刑，并□□核准，于昨（三）日清晨六时，提监验明正身，发交宪兵第 × 团，绑赴刑场，执行枪决。"报道中还特别指明："方匪是一名老共产党员，远在廿六年（注：即 1937 年），就已经加入匪党……任教基隆中学，与钟匪浩东取得联系（钟匪已处决），进行'学运'与'社运'等叛乱活动。"[2] 由此可知，方弢是以"老共产党员"从事"学运"和"社运"的"罪名"被国民党从有期徒刑改判死刑而被杀害的。

方弢牺牲后，因台湾长期与大陆隔绝的原因，他在台湾的工作以及在狱中的情况不明，革命烈士的身份一直得不到确认。长期以来，有关部门及潮汕地区的许多老同志都误以为方弢"被捕后在狱中病死"。[3]1987 年以后，台湾当局解除戒严，历史档案解密，陈仲豪通过台湾友人的帮助，不仅查到了 1950 年 11 月 4 日"中央日报"的报道，还找到了"保安司令部"军事法庭的《讯问笔录》《审判笔录》，以及"总统府""国防部"改判方弢等人死刑的公文和台湾白色恐怖死难家属互助会录制的方弢被杀害前后的照片等。此后，方弢夫妇在潮汕唯一的儿子张珂理（原中国科技大学教授），向普宁县政府申请确认父亲的烈士身份，作为当年的见证人，陈仲豪和徐懋德二人也写了证明材料。2013 年 12 月由人民解放军总政联络部建立的"北京西山无名英雄纪念广场"，在花岗岩碑石上也镌刻有方弢的名字。

方弢、张奕明夫妇先后被捕，情急之下将当时年仅 3 岁的女儿阿妮托付

---

① 见台湾"总统府"批文 40619 号和"国防部"033 号批文复印件。
② "中央日报"，1950 年 11 月 4 日第一版，"军闻社讯"栏。
③ 王宋斌:《惊涛拍孤岛，虎穴藏忠魂——采访汕头抗日老战士、虎口余生的陈仲豪馆长》，《普宁红色文化》，2016 年 4 月第四期。

给学校一个姓蔡的职员。后来，阿妮被另外一位祖籍潮汕姓张的乡亲收养，改名张亮，大学毕业后在台北邮电部门工作。陈仲豪通过多方努力，联系上了阿妮，同时又联系到阿妮的养父，劝说他通情达理，把阿妮的出身和家庭真实情况告诉她，让她了解自己的亲生父母在台湾被杀害的情况。说通了，办好了，1991年阿妮从台湾绕道曼谷来到潮汕老家，找到她唯一的亲哥哥张珂理，也找到了她父母辈至亲的陈仲豪叔叔，相见相认 [①]。此情此景，千言万语又从何说起！

四、章丽曼——两次自杀未遂、行刑拒绝下跪的"女硬汉"

我父亲并不认识章丽曼烈士，但母亲却与她的遗属有直接关联，而我日后更与她的长子王晓波关系密切。

1988年暑假期间，我在北京友谊宾馆举办的一场小型学术研讨会上，有幸结识了来自台湾的著名统派学者王晓波。会后闲谈时才得知，50年代初他在台中，因父母涉嫌"匪谍案"而落难，兄妹四人孤苦伶仃，嗷嗷待哺，不得不到台中育幼院申请当院外生，每个月领取20块钱的生活补助金勉强度日。真是无巧不成书，我的母亲潘佩卿，此时恰好在台中育幼院当会计，负责发放院童的补助金。晓波听我这么说，心情格外激动，瞬间拉近了我俩之间的距离。打这之后，又经过几次往来接触，我和晓波兄遂成了无话不谈的好朋友。但对于他的家世，其实我知道得也并不多，只知道他母亲50年代初被国民党枪毙，父亲因受牵连而坐过牢。直到2001年8月18日，在晓波母亲章丽曼殉难的地方——台北马场町"白色恐怖纪念公园"，举行了"章丽曼女士追思纪念会"。会后晓波兄来大陆，亲手送给我他编的《章丽曼女士追思纪念集》。当晚，我一口气读完这本"纪念集"，掩卷良久，心潮澎湃，久久不能平静。至此，我才真正了解了他英雄的母亲，了解了他家的悲惨遭遇，同时也更了解了王晓波本人。

事情还得从头说起。

---

① 陈仲豪:《浸凝着血泪的年代和悲壮人生》(第一篇)，天涯论坛第6页，2009年12月14日。

后排左起王建文、章丽曼、陆佩兰；前排左起：
王巧云、王巧玲、王晓波（王晓波提供）

1953 年元宵节的晚上，台中万家灯火通明，鞭炮声此起彼伏，王晓波全家老少在等爸爸王建文从台北回来过团圆节，可久久等不到，小孩子熬不住，只好先睡了。王晓波回忆说："第二天醒来，只见家中一片凌乱，外婆不知所措的在那哭，妈妈不见了，刚满月不久的小妹也不见了，只剩下还在熟睡的大妹、二妹。经外婆解释，才知道，昨天深夜来了一批宪兵，抄遍全家后，把妈带走，为了喂乳，妈把小妹一起抱走。爸爸也在台北宪兵司令部被扣押了，所以，没有回家过元宵节。"①

王晓波的父亲王建文，母亲章丽曼，他们为何被捕？父母亲双双被捕入狱，留下王家老的老，小的小，一家 5 口骤然失去了生活来源，以后日子怎么过？他们后来的命运又如何？

章丽曼，1924 年出身于江西南昌的一个地主之家。章家可说与国民党的渊源极深：章丽曼的祖父章子昆，与蒋介石的文胆陈布雷交好；父亲章壮修，北伐军尚未进入南昌城时就是国民党的地下党员，在南昌城内秘密做内应，被军阀当局追缉，北伐后曾出任国民党的土地局局长；三叔章益修，曾任国民党江西省代理省党部主委，抗战时任国民党军事委员会新闻处少将处长，赴台后任"国大代表"；而王晓波的父亲王建文，则是号称蒋介石"铁卫军"

---

① 王晓波:《我的母亲叫章丽曼：一个"匪谍儿子"的自白》,《章丽曼女士追思纪念集》,第 19 页, 2001 年 12 月。

的宪兵营长。①

可就是这样一个出身于与国民党渊源极深的家庭里的章家小姐，却和当时许多爱国青年一样，反对国民党蒋介石抗战胜利后再度发动内战。

据和章丽曼关系密切的她的小弟章仲禹说，早年章丽曼就读于南昌市环湖路小学，日寇入侵中国后，他们进住设在福建永安的流亡学生收容总站，过着极其艰苦的流亡生活。其后章丽曼考入九江高等师范学校，毕业后与国民党军官王建文结婚，尔后她随丈夫的部队调防到大后方重庆，先后在临江门小学教书、朝天门邮局工作。抗战胜利后到上海，先后在上海北站邮局、上海邮政储金汇业局任职。1948 年，丈夫王建文被派往台湾花莲训练新兵，章丽曼把儿子王晓波和两个女儿以及照顾孩子的母亲陆佩兰送到台湾，而她自己由于在上海的工资是丈夫的三倍，舍不得丢掉这份工作，于是她又回到了上海。②

1949 年 5 月，上海解放，两岸往来断绝，不久章丽曼被所在单位辞退，失去了工作。判决书上说："迄同年 8 月，上海新闻专校改为伪上海华东新闻学院，开始招生，章以原职辞退，且素爱文艺，思想左倾，乃考进就读。迨年底结业，匪认章为小资产阶级，思想模棱，被派为预备队工作，心殊怏怏。"1950 年 2 月，新闻学院教务主任黄忠，"侦知其思家心切与家庭环境，遂乘其弱点，利用其来台为匪工作。当时章以丈夫个性固执且自性（认）不适此项工作而与婉辞。惟匪干黄忠多方诱惑鼓励，勉予应承。"③

对于章丽曼从上海华东新闻学院结业后的工作去向，她的姐姐章丽丝却有不同说法。章丽丝在"文革"中写的一份申述材料中说：章丽曼"解放后仍在上海工作，她在上海写信告诉过我，说她到华东新闻学院学习，后在新华社做记者，派至台湾工作委员会工作"。④章丽丝在写这份"申述"材料时，并不知道妹妹在台湾早已牺牲，也不清楚妹妹的真实身份。而判决书上对于

---

① 王晓波：《迟到了四十八年的讣告》，《章丽曼女士追思纪念集》，第 1 页，2001 年 12 月。

② 章仲禹：《怀念我亲爱的姐姐——章丽曼》，《章丽曼女士追思纪念集》，第 15 页，2001 年 12 月。

③ "宪兵司令部判决"，《42》，法判字 24 号，1953 年 5 月 11 日。原件复印件，由蓝博洲提供。

④ 四书斋主：《愿英魂安息：纪念章丽曼女士》，见《民间历史》，香港中文大学中国研究服务中心主办，2010 年 3 月 17 日，下载于网络。

章丽曼曾经当过"新华社记者"，并"派至台湾工作委员会工作"，这样重要的经历均不掌握，这显然是章丽曼被捕后故意隐瞒，没有如实交代。

据悉，上海"华东新闻学院"的前身并非"上海新闻专校"，而是"华东解放军新闻干部学校"，这是一所为中共培养新闻力量的学校，这所学校后被并入复旦大学新闻系。而众所周知，解放初期的新华社不完全是纯粹的新闻机构。至于"台湾工作委员会"，则是中共在台湾的最高领导机构。倘若章丽曼身份真如她姐姐所说，再结合她被捕后的表现，那她之所以赴台，恐怕就不单单是"思想左倾"和"思家心切"那么简单了。

据判决书说，章丽曼"应承"此事后，"由匪黄忠介谒上海匪干于任，转由于任询其丈夫性格如何？并嘱函约其夫来港，以便当面说服。遂给章由上海至广州路条及函介于广州爱群酒家匪干张玉辉（按：该匪即张玉惠，化名熊玉辉）。抵穗与张匪见面，而张匪仍如匪相同垂询其夫个性，并嘱其抵港时电嘱其夫来港，藉便当面说服，一面大施其利诱之伎俩。订明通信暗号：如以'我们都好，都平安'，即是丈夫不肯，没有情报；'三个孩子闹病'，即是情报寄出；又如寄情报用一本书，在其最前的几页或最后的几页用铅笔轻点所要的字为情报传递之方法。并嘱探其夫办何案？跟踪何人？及劝其夫于匪打台湾时叛变。章由穗返港，静候五天，仍未见其夫来港。嗣接张匪来信约在九龙弥敦道一旅邸见面。章趋见时以实相告，张匪遂给与广州匪方通信地址，章即于同年三月十七日抵台。"[①]

1950年3月17日章丽曼到达台湾后，全家在乱世中再次团聚，一家老少喜气洋洋。此时王家已从花莲迁往台中，三天后（3月20日）特意到照相馆拍了张"全家福"，以资纪念。

然而不出所料，章丽曼身负的重任却无法完成。判决书上说：章丽曼抵台后，"未几，果向其夫王建文煽惑，为匪联络，表现工作，否则最低限度在台打仗时不要对匪牺牲太大。维时其夫王建文任宪八团三营营长，不但不为所惑，反而严辞驳斥其思想错误，言行不当。"章丽曼知事不可为，乃于同月，按照事前双方的约定，给在广州的张玉惠（即熊玉辉）写了一封密信，

① "宪兵司令部判决"，《42》，法判字24号，1953年5月11日。原件复印件，由蓝博洲提供。

"问候'平安'，表示其夫不允，无何情报之意思"。①

1950 年 3 月中下旬，一方面在大陆，人民解放军正在厉兵秣马、紧锣密鼓地准备渡海武力解放台湾；另方面在岛内，正是台湾国民党当局残酷绞杀中共地下党人的当口。其时，蔡孝乾已经被捕叛变，中共台湾省工委遭到彻底破坏，大批地下党员或被杀，或入狱，或逃亡，岛内风声鹤唳，白色恐怖迷漫全岛。而正在此时，章丽曼来到了台湾。

其实，早在章丽曼赴台之初，台湾情治部门就已盯上了她。判决书上说："本部以章丽曼来自匪区，自始即予严密监视，获悉其不无嫌疑之处，遂将乃夫王建文迁调附员，用以防患于未然。"② 王建文从"营长"改调"附员"，被削去了带兵权。后经长达近三年的秘密监控侦察，遂于 1953 年 2 月 28 日元宵节当晚，"宪兵司令部"终于对王建文、章丽曼夫妇下手了。

王晓波回忆说："妈妈被捕后，起先关押在台中的宪兵营部，那是前不久我父亲在那当营长的地方。也许是由于父亲出身宪兵官阶中校的缘故罢，妈关押在台中时，还准许婆带我去面会。在妈解送台北之前，告诉婆，只当她车祸死掉，要婆带大我们，当时小妹在吃奶，我还记得妈对婆说：'如果带不了那么多，就把她（小妹）送掉罢。'妈说着就哭了出来，并摸着我的头说：'要好好听婆的话，帮婆带好妹妹。'当时我似懂非懂的含着泪点了头。从此我们就没有再见到妈，再见到妈的时候就只剩下一坛骨灰了。"③

章丽曼夫妇被捕后，经过两个多月的关押与审询，直到 1953 年 5 月 11 日，才由"宪兵司令部"军法合议庭做出宣判："章丽曼煽惑军人逃叛，处死刑、褫夺公权终身、全部财产除酌留家属必需生活费外没收之。王建文明知为匪谍而不检举，处有期徒刑七年。"④ 判刑后又过了三个多月，1953 年的 8 月 18 日，章丽曼被国民党"宪兵司令部"押赴台北马场町刑场执行死刑，年

---

① "宪兵司令部判决"，《42》，法判字 24 号，1953 年 5 月 11 日。原件复印件，由蓝博洲提供。

② "宪兵司令部判决"，《42》，法判字 24 号，1953 年 5 月 11 日。原件复印件，由蓝博洲提供。

③ 王晓波：《我的母亲叫章丽曼：一个"匪谍儿子"的自白》，《章丽曼女士追思纪念集》，第 19、24 页，2001 年 12 月。

④ "宪兵司令部判决"，《42》，法判字 24 号，1953 年 5 月 11 日。原件复印件，由蓝博洲提供。

仅 29 岁。

1991 年 6 月 3 日，台湾《中国时报》发表了一篇王晓波和着血与泪写下的悼念母亲的文章，文中说："我们从来没见到过母亲的判决书，也不知道母亲是怎样遇害的。直到我台大研究所毕业后，那年料理母亲后事的表兄来家过年，而拉着我到户外去，跟我说：'你已经学成毕业了，应该知道你妈是怎么死的。'他才把将近 20 年前，他在宪兵部队里四处打听母亲逝世的经过告诉了我。妈被捕后，曾自杀二次，一次是吞金项链，一次是吞下一盒大头针，但都没有成功。我们已无法知道，妈是处在何种境遇，而必须以自杀来保卫自己。临刑前，要她喝高粱酒，她拒绝了；她说，她是一个清清楚楚的人，死作一个个清清楚楚的鬼。要她下跪受刑，她也拒绝了；她说，她对得起国家，对得起民族，上对得起天，下对得起地，她是无罪的。最后，她是坐着受刑的，临刑前还是一直高呼口号，口号声是被枪声打断的。"[①]

章丽曼，一个充满活力的年轻生命、四个可爱孩子的母亲，就这样悲壮地牺牲在了国民党的屠刀之下。一个其乐融融、好端端的家庭，自此家破人亡，过着凄惨的生活。

母亲遇难时晓波只有九岁多，他的大妹巧玲才七岁，二妹巧云六岁，小妹学昭还未满周岁。父亲王建文也因"知匪不报"而被判处七年徒刑入狱。料理章丽曼后事的是当时正在宪兵队服役的王晓波的表兄谢永全，是他把小妹从台北抱回来的。

王晓波说：直到这时候，"我们才知道母亲遇难了。记得当时，婆哭天抢地的叫着：'女死了，儿不在（在大陆），叫我怎么办啊！往后的日子怎么过啊！'我当时只有一个模糊的感觉：'以后我就是没娘的孩子了'，两个妹妹更是只知道傻乎乎的看着婆。那时婆望着我们兄妹，想到母亲的遇难和往后的日子，就悲从中来的哭泣，我最长，只有我安慰婆，'只要我们长大，一定会好好的孝顺婆'。婆听了更难过，又望着我们哭：'我的仔啊！你们什么时候才长大啊！'婆不哭了，我又有一种说不出来的难过，但又怕再触动婆，就只好自己跑到一条离家不远的小河边，独自一个人莫名的大哭一场才回

---

① 王晓波：《我的母亲叫章丽曼：一个"匪谍儿子"的自白》，《章丽曼女士追思纪念集》，第 19、24 页，2001 年 12 月。

家"。①

王家在台湾本来就没有什么亲戚朋友，章丽曼出事后，更没有什么亲戚朋友敢跟他们往来。一个外省老太婆，不要说台湾话不会说，就连普通话也不会讲，带着四个尚未成年的外孙和外孙女，在人地两生的台湾，怎么过？王家，顿时陷入了家破人亡的生活绝境。

后来经人介绍，王晓波和大妹巧玲，只好到台中育幼院申请挂了个"院外学童"的名义，每个月每人可以领到20元的救济金。在50年代物价飞腾的台湾，这点救济金犹如"杯水车薪"，自然难以养活一家五口，于是外婆就叫兄妹几人每天到市场里去捡一些菜叶子回来，好一点的晒成干盐叶，差的就喂几只鸡鸭。

王晓波说："我们从来就没有吃过婆养的鸡鸭，那是逢年过节卖来换取一点现钱的。"②

虽然，一些当年跟王建文称兄道弟的人不敢再和王家往来，但是"人间自有真情在"，还是有一些人继续与王家保持往来，例如，王晓波的表兄谢永全，还有一些王建文当年当营长时的传令兵、司机和几位宪兵，几位晓波大舅装甲兵里的同学。他们偶尔经过台中，总是从微薄的薪饷中，10块、20块的接济王家。

王晓波回忆说："逢年过节，别人家好不热闹，我们只有瑟缩在家里，但也经常有邻居送来拜拜完了的鸡鸭、肉粽，那是我至今犹记得的最美味的食物。那些邻居，一位是长期患肺结核而卖女儿的洋铁匠，另一位是经营冰店失败也卖女儿的黄老板。父亲是军人，有配给的眷粮、食盐，母亲生前常把一些我们吃不完的粮食和盐分给他们。后来，我进台大回台中省亲，有次遇见洋铁匠太太，还拉着我的手诉说着母亲，'你妈妈真正是好人，真冤枉，你都爱卡打拼，呒好让你妈妈失望。'妈妈去世后，我成熟了不少，看到了人世的凉薄，也感到了人间的温暖。有几件刻骨铭心的事，至今仍不能忘怀。""爸爸妈妈相继扣押后，全家慌乱成一团，居然还有爸爸的宪兵同袍来找婆，

①　王晓波：《我的母亲叫章丽曼：一个"匪谍儿子"的自白》，《章丽曼女士追思纪念集》，第19页，2001年12月。
②　王晓波：《我的母亲叫章丽曼：一个"匪谍儿子"的自白》，《章丽曼女士追思纪念集》，第24页，2001年12月。

说是要替爸妈活动，向婆索取活动费。父亲在军中一向清廉自持，家中并无积蓄，婆在六神无主中，只有把她老人家带来台湾的一些陪嫁首饰变卖支应，没有，还凶婆婆，最后当尽卖光，那位'善心'的叔叔也就一去不回了。全家陷入绝境，这一来更是雪上加霜。"

"除了到市场捡菜叶，家中没有粮食，有次婆要我到收成完了的蕃薯田里去捡剩下的一些蕃薯头，被主人发现，一脚踢翻在蕃薯田里，灰头土脸的爬起来，举首望苍天，即使妈有罪，我们又何辜？我只要像一条野狗般的活着，但我不如一条野狗！"[1]

章丽曼牺牲后，王晓波从小就背负着"匪谍儿子"的罪名，而常常因此和同学打架，虽然每次都是瘦小的王晓波被打得鼻青脸肿、头破血流，但是，老师追究起来，被处罚的都是他。王晓波因为是育幼院的院童，在学校一切费用都可免缴。小学五年级时，王晓波选择了"投考班"。但由于幼稚的"虚荣心"，王晓波从来不敢跟同学说他是"免费生"。一天中午，老师要大家回去拿补习费，王晓波怕一个人留在教室里而"曝光"，就陪着同桌的同学回家去拿补习费。不想回到教室时迟到了，那位同学交上二十元补习费后就回到座位，老师则要王晓波伸出手来，用竹扫把的竹支抽他，一面抽一面说，"你这个匪谍的儿子从来不交补习费，还跟别人回去拿补习费！"王晓波说，"当时我感到像是在大庭广众前被剥光了衣服般的被羞辱，我咬紧了牙根忍住了眼泪，不知被抽了多少下，老师才要我回座，我实在忍不住的向他说，'老师，您好狠，我记得！'结果又换来一顿毒打，抽得两只手鲜血淋漓，但我一直没吭一声，也没掉一滴眼泪。"[2]

有一次，晓波的大妹巧玲发高烧，已经神志不清，外婆带着晓波把大妹抱到台中医院求医，医生说要住院，但他们哪里交得起三百元的保证金？从南昌乡下来的外婆只会拉着晓波跪下向医生叩头，请医生救大妹一命。为了救大妹的命，王晓波拼命地在水泥地上叩头。可是这位医生却毫无恻隐之心，他猛然起身出去，砰的一声把门关上了。外婆和晓波只好怅然地把高烧中的

---

① 王晓波：《我的母亲叫章丽曼：一个"匪谍儿子"的自白》，《章丽曼女士追思纪念集》，第19页，2001年12月。

② 王晓波：《我的母亲叫章丽曼：一个"匪谍儿子"的自白》，《章丽曼女士追思纪念集》，第24页，2001年12月。

大妹又抱了回来。幸亏后来好心的里长帮他们出具证明，办了贫户就诊，才挽回了大妹巧玲的性命。念中学时，离家比较远，同学间有时问起晓波的母亲，晓波都谎称是"病死的"，但"匪谍儿子"的阴影还是摆脱不了。有一次他不服教官的"管教"，跟教官抗辩，教官理屈词穷，辩不过王晓波，就在同学面前脱口而出，说："你是匪谍的儿子，不要以为我不知道！"1973年"台大哲学系事件"[①]，王晓波被关在"警总"地下室侦讯，侦讯员劈头就说："你不要像你母亲一样，子弹穿进胸里的滋味是不好受的！"[②]

打小，王晓波的心中就埋藏着一个理想，希望自己能像白蛇娘娘的儿子一样，长大以后中了状元，替囚禁在雷峰塔下的母亲平冤。有妈的孩子是无法体会没妈孩子心头的滋味的！在学校里，王晓波一向不擅长美术、音乐的课程，但在音乐课上，老师教唱"人皆有母，翳我独无……"，就禁不住泪流满面。同学们看着王晓波这副模样，都莫名其妙。每逢母亲节，听到别人唱"有妈的孩子像个宝……"王晓波就热泪潸潸。晓波说："虽然从小没有母亲却有外婆的疼爱，但是失去母亲的遗憾，总是深藏在心灵深处，不时浮现出来。"

高中毕业后，王晓波考上了台大哲学系，到台北念书，他老爸常去信要他到台北的东和禅寺去看母亲，但王晓波却始终没去过。直到他1967年大学毕业，并顺利考取了台大哲学研究所，上午参加了毕业典礼，下午就到东和禅寺去给母亲上香，这是他第一次去看母亲。王晓波说："站在娘的骨灰盒前，看着娘的照片，我强忍着泪水，默默着告诉了娘，您的儿子终于完成了学业，长大了，替您争了气。从东和禅寺出来，看见象征权威，矗立的'总统府'，擦干了眼泪，想起外婆的话：'天下只有万岁的百姓，没有万岁的皇帝。'心

---

① "台大哲学系事件"：1972年12月4日，台湾大学"大学论坛社"举办民族主义座谈会，哲学系副教授陈鼓应、讲师王晓波在会上的发言，被国民党视为踩了红线，会后台湾当局对日益高涨的反帝民族思潮决心采取镇压的手段，于是利用寒假期间，逮捕学生领袖钱永祥、卢正邦等人。1973年2月17日晚，特务机关警备总部传讯陈鼓应和王晓波二人，被拘留了24小时之后释放。数日后，被捕学生亦相继释放。台湾当局无端逮捕台大师生，立即引起海内外舆论哗然，3月16日《纽约时报》以"10名同情北京师生被捕"为题，报道了台北校际学生组织读书会遭拘捕的消息。接着香港《东西风》杂志连续刊登《捉放陈鼓应的风波》《台大解聘陈鼓应》等文章，披露陈鼓应和王晓波被捕后，师大学生郭誉孚在台大校门口挥刀自刎，写血书以示抗议（经宪兵部队送医院急救脱险）。暑假过后，当局勒令台大不得续聘陈鼓应和王晓波，并将台大哲研所停止招生一年。

② 王晓波：《我的母亲叫章丽曼：一个"匪谍儿子"的自白》，《章丽曼女士追思纪念集》，第19、24页，2001年12月。

中默念着：'看你矗立到几时！'"①

几十年来王家都是所谓"列管户"，户口簿上的"记事"栏中明白地写着：章丽曼"因叛乱案经宪兵司令部判处死刑，于民国四十二年八月十八日执行死亡"。因此，王晓波兄妹几个，常常在半夜睡梦中被查户口的用手电筒照醒。后来，王晓波到台北教书，户口转来台北，警察还是每半个月要来查一次户口，直到80年代末解除戒严后才中止。

王建文出狱后，到处找不到工作，后来好不容易才在台中地方法院当了一名执达员（类似于抄写员），以微薄的薪水维持一家六口人的生活；王晓波的大妹巧玲初中毕业后，被她爸"哄"去念嘉义师范，毕业后在新竹一家天主教小学教了几年书，辞职回台中后就找不到教职了，后来才找到台中启聪学校。巧玲从小能诗擅文，才华横溢，但由于从小营养不良，病痛缠身，得了抑郁症，而于1971年不幸自杀身亡，正是24岁的花季年华；二妹巧云高中毕业后，考取私立大学，王建文因要负担晓波念台大，巧云只好辍学，到铁路局去当观光号小姐。她在火车上受到欺负，经常跑到台北来看哥哥，兄妹二人只能抱头痛哭。王晓波安慰妹妹："都是哥哥不好，为了哥哥念台大，害你在车上受欺负。"巧云后来和一位美国教授结婚，移居美国，生育后，因体弱而长期病痛，也于1987年去世，年仅34岁，遗有一子；小妹学昭算是比较幸运，五专毕业后，也是与美国人结婚。移居美国后，她给晓波来信说："从小我们就背着'你妈是匪谍'的罪名，来到美国后，不再怕有人指责我说'你妈是匪谍'了。"学昭婚后育有一子，并继续念书，直到1991年39岁了才拿到学位；王晓波的外婆陆佩兰，担惊受怕劳碌了一辈子，替王家把四个孩子哺养长大成人，晚年思乡心切，1985年回南昌定居，1991年3月逝世。巧云的死讯，王晓波他们一直不敢告诉外婆，外婆临终还在叨念："为什么二妹好久都没有信来？"②

王晓波总结自己充满苦难和与命运抗争不息的前半生，深有感触地说："也许是由于幼年生活的经验，使我对社会底层生活的民众充满了'我群感'

---

① 王晓波：《迟到了四十八年的讣告》《章丽曼女士追思纪念集》，第2页，2001年12月。

② 王晓波：《我的母亲叫章丽曼：一个"匪谍儿子"的自白》，《章丽曼女士追思纪念集》，第24—26页，2001年12月。

和温馨的同情，并曾矢言：'我来自贫穷，亦将回到贫穷。'经过'自觉运动'、'保钓运动'①，和对中国近代史的研究，更让我理解到，我们家庭的悲剧仅是整个民族悲剧的一部分"；"我们不怨天也不尤人，我们只恨中国为什么不强大，自己为什么不争气。我们只应抹干眼泪为中国的明天而奋斗，希望我们的悲剧不要在我们的子孙身上再重演。"②

章丽曼烈士证书（王晓波提供）

自右至左：王晓波、孙若怡、张海鹏、徐博东、邓孔昭（2017 年 10 月，遵义市）

自 20 世纪 70 年代初以来，王晓波从学生时代开始，就积极投身于反美反独裁反"台独"的爱国运动，致力于祖国统一和民族复兴的伟大事业，继承母亲的遗志，实践着自己的誓言，成为岛内统派德高望重的旗手，海峡两岸著名的统派学者，他鞠躬尽瘁，直至晚年仍奋斗不息，直至 2020 年 7 月 29 日病逝。

时序进入 1998 年，在社会各界公义人士和"白色恐怖"受难人的多年努力下，台湾立法部门终于通过了"戒严时期不当叛乱暨匪谍审判案件补偿条例"，并于当年 12 月成立基金会，王晓波亦被遴选为受难家属代表担任董

---

① "自觉运动"，又称"青年自觉运动"。1963 年，美国留学生狄仁华在台湾"中央日报"副刊上发表《人情味与公德心》的文章，赞美台湾有丰富的人情味，但人民缺乏公德心。于是引发了台大学生刘容辉等人呼吁台大学生"不要让历史批判我们是颓废自私的一代"而引起同学响应。并由王晓波等人创办学生刊物《新希望》（后遭当局查禁）。蒋经国系的"中国反共救国团"也出来搞所谓"青年自觉运动"，以借机降低或抹杀"自觉运动"的民族意识和爱国主义。但这个运动通过"救国团"的跨校平台，却变成台湾全岛性的青年运动。"保钓运动"，又称"保钓爱国运动"，即保卫钓鱼列岛及南海岛礁的爱国运动，始于 1970 年，是指针对日本在美国所谓的"归还"琉球的框架下恣意侵占钓鱼列岛，台湾地区、港澳地区及海外华人等民间力量自主发起的一系列爱国护岛运动。

② 王晓波：《我的母亲叫章丽曼：一个"匪谍儿子"的自白》，《章丽曼女士追思纪念集》，第 24—26 页，2001 年 12 月。

事。2001 年 5 月 26 日，董事会通过了对章丽曼的补偿，确认了当年"宪兵司令部"对章丽曼的死刑判决是"不当审判"，近半个世纪的沉冤终于得以昭雪。2001 年 8 月 18 日，在烈士殉难的地方——台北马场町举行了隆重的"章丽曼女士追思纪念会"，海峡两岸各界人士的唁函唁电如漫天雪片飞至台北。2011 年 1 月 10 日，大陆有关部门也向章丽曼在台家属颁发了烈士证书，正式追认她为革命烈士。

五、梁铮卿——抛家弃女赴台潜伏、血洒刑场的铮铮铁汉

梁铮卿烈士遗照（黄健勤提供）　　梁铮卿夫妇合照（黄健勤提供）

父亲与梁铮卿结识，也是因刘志敬（洪幼樵）的关系。而我知道梁铮卿烈士，则是因为陈仲豪老伯。

2013 年 2 月中下旬，新春佳节刚过，粤东北山区乍寒还暖，我陪同已经 90 高龄的陈仲豪老伯赴蕉岭家乡出席一场丘逢甲先生的纪念活动。活动结束后，陈老伯执意要跟着我和大弟基东、蓝博洲先生一起上山，去我的家族墓地祭奠先父母。随后，他又不辞劳苦，带着我先后到梅城、丰顺县汤坑拜访他的老战友谢绿秀，看望梁铮卿烈士和谢汉光的后人。于是在梅城，我得以首次与梁铮卿烈士的外孙黄健勤结识。黄健勤亲手送给我几份有关梁铮卿烈士的资料和照片，打那以后，我才开始了解到梁铮卿烈士一生的光辉革命事迹。

梁铮卿（1919—1951），广东梅州市梅江区三角镇（原梅县白土乡）龙子村人，生长在一个传统的客家家庭里。梁家以父母做厨为生，兄弟姐妹共六

人，梁铮卿排行第四。梁家虽不宽裕，但仍尽力供六个孩子读书，后来大哥、三哥、姐姐兄妹三人不得不中途辍学，漂洋过海到印尼赚钱供弟弟们读书。1936 年 9 月，梁铮卿初中毕业，考入梅州中学高中就读。当年 12 月，"西安事变"爆发，梁铮卿受进步思潮的影响，积极投入抗日救亡的爱国学生运动。斗争中，他结识了共产党员梁集祥、廖伟。在他们的影响下，梁铮卿阅读了不少革命理论书籍。是年底，梁铮卿加入了中国共产党。[1]

1938 年 4 月间，在梅县中心县委的领导下组成了回乡工作队开展抗日宣传。梁铮卿利用过年祖堂敬神祭祖的机会，向乡亲们宣讲革命道理，教少年儿童唱抗日救亡歌曲。[2]1939 年春，国民党发动第一次反共高潮。同年 9 月，党组织让政治面目已经有所暴露的梁铮卿转学到东山中学继续读高中二年级。

梁铮卿到东山中学后担任第一支部书记。他广泛团结同学，积极培养教育进步青年，发展新党员，扩大党的队伍。1940 年 5 月，国民党梅县当局悍然下令解散"学抗会"等抗日救亡团体。在中共梅县中心县委领导下，"学抗会"召集梅县各中学学生代表 200 多人，在民众教育馆召开大会，会后向国民党梅县党部示威请愿，遭到国民党当局的镇压，7 名学生代表被捕。为营救被捕学生，中心县委组成"学生救援会"，梁铮卿是救援小组的成员之一，他们发动各校师生，争取各阶层人士声援。梁铮卿倾其所有，带头把自己结婚时妻子的嫁妆布和仅有的几十元钱都捐了出去，并动员群众捐款捐物，支持慰问被捕同学。6 月中旬，国民党当局被迫释放了被捕学生。这场斗争史称"梅县七君子事件"。[3]

此后，梅县"学抗会"被迫解散。梁铮卿因政治面目已经暴露，根据党组织的安排，1940 年夏离开东山中学，转移到江西赣州继续求学。次年 10 月，他考入广西大学农学院，谢汉光、陈仲豪等人都是他的同系同学。

1945 年 7 月梁铮卿从西大毕业，留校任教。期间，他如饥似渴地阅读

---

[1]　梁铧：《在台湾牺牲的中共党员梁铮卿》，《红广角》，2012 年第 12 期，第 35 页，中共广东省委党史研究室编行。

[2]　梁铧：《在台湾牺牲的中共党员梁铮卿》，《红广角》，2012 年第 12 期，第 35 页，中共广东省委党史研究室编行。

[3]　梁铧：《在台湾牺牲的中共党员梁铮卿》，《红广角》，2012 年第 12 期，第 35 页，中共广东省委党史研究室编行。

《新华日报》《群众周刊》等党报党刊，根据形势的发展和党的中心任务开展工作，运用各种方式积极推动西大的爱国学生运动。[1]1947年，国共内战正酣，为了镇压爱国民主运动，国民党桂系当局制造了"七月事件"，桂林市被捕的中共党员和进步民主人士达100多人，其中广西大学就有7名师生被捕。梁铮卿按照党组织的指示，撤离西大潜往广州。当年9月，又指派他到台湾从事地下工作。

此时，梁铮卿在家乡的妻子刚刚生下一个女婴，上有老下有小，生活艰难，但他仍按照党组织的安排，舍弃小家毅然赴台工作。梁铮卿到台后在台中农林总场任技术员。1948年4月，他与刘志敬（洪幼樵）建立起了组织关系。于是我父亲通过刘志敬的介绍，也就认识了他的东山中学校友梁铮卿。同年8月，根据工作需要，梁铮卿又被调到台北县淡水血清制造所（台湾省农林处畜疫血清制造所），公开身份是该所的"总务课长"。[2]

1949年初，省工委决定由洪幼樵组织策划建立台中地区工委和台中地区武装工委，并决定调梁铮卿返回台中农林总场，以协助洪幼樵、张伯哲开展革命工作。于是梁铮卿又以父亲病重为由，向畜疫血清制造所递交了辞呈，随即返回台中农林总场畜牧分场任职，职务为技正。同年2月，中共台中地区工委成立，张伯哲任工委书记，梁铮卿任台中市委直属支部书记，受张伯哲直接领导。当时，我父亲是"国民党台中县党部书记长"，梁铮卿则是"中共台中市委直属支部书记"，两个中共地下党员，一明一暗，在同一个城市为党工作。

据台当局"安全局""匪华东局潜台组织梁铮卿等叛乱案"中记载："梁铮卿三十八年四月间，由奸匪谢汉光介绍参加匪帮，受张伯哲领导，与黄蹈中、周碧梧等同为一小组。"黄蹈中和周碧梧二人均为台中地方法院推事，他们"以同乡、同学、同事等关系，进行煽惑吸收。并利用法院宿舍为掩护建立组织活动据点，以展开叛乱工作。吸收联勤司令部及飞机制造厂人员，以利获取有关军事配备情报。并从事策反海军舰长工作。调查研究全省畜牧生

---

[1] 梁铧：《在台湾牺牲的中共党员梁铮卿》，《红广角》，2012年第12期，第35页，中共广东省委党史研究室编行。

[2] 梁铧：《在台湾牺牲的中共党员梁铮卿》，《红广角》，2012年第12期，第35页，中共广东省委党史研究室编行。

产情形，以供匪军攻占台湾后，施政之参考。"①

1949 年夏，梁铮卿曾奉命返回大陆向中共中央华东局领导汇报工作。梁铮卿返回台湾时，恰逢基隆中学"《光明报》案"发生。9 月下旬，张伯哲和谢汉光按照省工委委员林英杰的指示，把"《光明报》案"中漏网的"逃犯"陈仲豪转移到梁铮卿任职的台中郊外一个偏僻的畜牧场。梁铮卿冒着"窝藏逃犯"风险，将陈仲豪安置在畜牧场的鸭寮里，并尽心尽力照顾陈仲豪，铺床挂帐，一日三餐，亲自送饭送菜，无微不至。同时，梁铮卿和张伯哲一道为陈仲豪制作假身份证，让他顺利撤回大陆。

1950 年 3 月，中共台湾省工委遭到彻底破坏。影响所及，3 月 29 日，台中市警察局在台中市破获了所谓"匪华东局潜台组织梁铮卿等叛乱案"，梁铮卿、黄蹈中、周碧梧、郭鲁林、赖河汾、马慰常等人相继被捕。梁铮卿被捕前曾逃到台北县淡水镇，在广西大学读书时的老同学李崇道（"诺贝尔奖得主"李政道的亲哥哥）家中投宿，后来李崇道及母亲张明璋因"掩护匪谍"受到牵连，曾一度锒铛入狱。

在狱中，梁铮卿大义凛然，面对敌人的严刑拷打，始终咬紧牙关，不吐露半点党的秘密，敌人软硬兼施无一奏效。不久后，梁铮卿作为重要政治犯，从台中押解到台北监狱。1951 年 1 月 24 日，梁铮卿在马场町刑场被秘密杀害，被草草埋葬于六张犁乱葬岗，时年仅 32 岁。

由于梁铮卿是被秘密杀害的，加之海峡两岸长期隔绝，外间对于他的生死并不知情，几十年来梁铮卿在大陆的亲人更是望眼欲穿，盼着早日得到他的消息。梁铮卿的独女梁静玉说，她祖母每天都在思念她的"四儿"，她是念着他的名字辞世的。她的母亲更是"夜夜倚门遥望，哭而又哭，终于致盲致病"，再加上长年操持家务，耕田种地，劳累过度，还不到六十就不幸去世。

80 年代改革开放后，两岸坚冰逐渐打开，台湾有人陆续回到大陆，但他们给梁家人带来的却是梁铮卿早已在台湾被国民党枪毙的不幸消息。

1997 年 4 月，民政部给梁静玉下发了梁铮卿"革命烈士证明书"和一笔"抚恤金"。拿着"烈士证明书"和这笔"抚恤金"，梁静玉潸然泪下、百感交

---

① 《安全局机密文件——历年办理匪案汇编》第一辑，第 44 页，李敖出版社，1991 年 12 月。

集!

梁铮卿烈士至今仍埋葬在六张犁乱葬岗（徐博东摄）　梁铮卿烈士证书（黄健勤提供）

六、徐新杰——拒捕壮烈牺牲却被历史湮灭的地下党人①

在台湾牺牲的中共地下党人之中，与父亲徐森源关系最为密切者，莫过于徐新杰了。他俩不仅是蕉岭同乡，而且同宗同村，后来父亲介绍他参加东区服务队，台湾光复之初又一起东渡台湾，从事党的地下工作。"基隆中学案"爆发后，台当局疯狂捕杀地下党人，父亲撤回大陆，徐新杰却滞留台湾，因拒捕而壮烈牺牲。然而遗憾的是，有关徐新杰的历史资料留存下来的极少，在20世纪60年代末的"文革"中，父亲写"自传"时曾一再提到徐新杰，并特别注明他"在台湾失踪"。在新编蕉岭（镇平）《徐氏族谱》中，仅注明徐新杰"迁居台湾""外出未详"。②最新出版的《蕉岭县志》上，也没有有关徐新杰的任何记载。③北京西山"无名英雄纪念墙"上，更未见有徐新杰的名字。徐新杰，这位为党为人民献出了年轻生命的革命先烈，几乎已被历史湮灭。所幸岛内著名的中共台湾地下党研究专家蓝博洲先生，近几年来在

---

① 本节主要参考《徐森源自传》（未刊打印稿，1968年9月27日）及蓝博洲《红色客家人》（台海出版社，2005年8月）一书中《折翼的党人——黎明华》一文编写而成。引文除另有注释外，未注释者均出自这两篇文稿。

② 新编蕉岭（镇平）《徐氏族谱》，第1123页，蕉岭东海文化研究会编，2001年续修，2007年重印。

③ 《蕉岭县志》（1979—2000），蕉岭县地方志编纂委员会编，广东人民出版社，2011年4月出版。

他的相关著作中，向我们披露了些许有关徐新杰烈士在台弥足珍贵的资料。本节能够成篇，端赖从父亲"自传"、蓝先生的大作，以及笔者亲赴烈士家乡采访所得资料编写而成，这或可聊补《蕉岭县志》中阙如的遗憾了。

徐新杰烈士遗像（徐岭提供）

作者与徐新杰侄女徐冬梅合影于徐新杰
出生的房门口（蕉岭县黄田村洋桥）

徐新杰（1924—1952），又名机贤、迈东、阿华等，生于广东省蕉岭县兴福乡（今蕉城镇）黄田村洋桥，与先父徐森源同属蕉岭徐氏长房十三世祖匠园公派下裔孙。徐新杰十九世，先父二十世，我叫徐新杰叔公，是血缘很近的宗亲。据徐新杰的侄女徐冬梅告诉我："我阿妈还健在时曾对我说，机贤叔小时候经常生病，神婆说只有卖给人家才能养活，所以三、四岁时只好把他卖到堑垣村寨上给人家当儿子了。"堑垣村与黄田村仅一河之隔，两村皆为徐姓人氏聚居的村落。此后徐新杰就在堑垣村寨上长大成人，上学读书。

广东蕉岭县地处偏远山区，旧时交通闭塞，但客家人历来崇文重教，教育十分普及，加之出洋谋生及外出求学的人很多，故而民风开化很早，具有浓厚的国族观念，著名的"抗日三杰"丘逢甲、罗福星、谢晋元等都出自蕉岭。1937 年 7 月全面抗战爆发后，许多蕉岭籍青年学生纷纷走上抗日前线，在这种社会氛围和进步书刊的影响熏陶下，徐新杰在读书期间就具有强烈的民族意识，对日本侵略中国忧愤难平，积极参加学校组织的各种抗日宣传活动。

1942 年冬，徐新杰从蕉岭中学初中毕业，考入了该校附设的简易师范科，就读一年结业后，^①随即奔赴惠州博罗抗战前线，在我父亲的引介下，加入了丘念台筹组的抗日救亡团体东区服务队。在此后的几年时间里，徐新杰与东服队的战友们一起，转战惠州横沥和罗浮山前线，从事战地小学和罗浮中学的教学等工作，经受了艰苦生活的磨炼与考验。1943年夏，我父亲秘密加入了中共地下党。同年秋冬，入队不久的徐新杰就在父亲的介绍下，和钟浩东、蒋碧玉、李南峰、李伟英、刘炎曾、叶捷新等几位东服队队员一起，秘密加入了中共的外围组织——"民主抗日同盟"。那一年徐新杰才刚刚19岁。

1945年8月日本战败投降，东区服务队解散。当年10月，按照地下党的指示，徐新杰跟我父母、钟浩东、蒋碧玉、李南峰、刘邹炽等人一起，打算潜回罗浮山参加东江纵队未果。是年秋冬，他们来到广州，在旅居广州的台湾青年中从事革命宣传，并做了一些保护台胞安全和协助解决台胞回台船只等工作。

1946年4月4日，经组织批准，徐新杰与我父母、钟国辉、丘继英、蒋碧玉等一行数人，前往刚刚光复的宝岛台湾。同年5月，徐新杰与父母一起到基隆中学工作。徐新杰赴台后，化名为"迈东"。8月，钟浩东接任基隆中学校长，父亲改任训导主任，徐新杰担任庶务组长。同年11月，我父母离开基隆中学赴台中工作，打这以后，徐新杰才与我父母亲分手。

1947年"二二八"事件平息之后，暑假期间，徐新杰等人到新竹县中坜义民中学探望正在患病的原东区服务队老战友黎明华，得知该校急需任课教员，于是经黎明华介绍，暑假过后，徐新杰与时任基中教务处干事的蕉岭同乡钟履霜一起离开基隆中学，转往中坜义民中学任教。

当年11月，化名"郭先生"和"洪先生"的陈福星、洪幼樵等地下党领导人，先后来到义民中学与黎明华、徐新杰、钟履霜见面，徐新杰向黎明华介绍说："他们都是钟浩东的朋友！"。洪幼樵向他们详细介绍了大陆人民解放战争的大好形势。此后不久，化名"吴先生"的另一地下党领导人张志忠来到义民中学，给黎明华办理了重新入党手续，恢复了组织关系，并与徐新杰、钟履霜组成了党小组。此后，张志忠每星期都来一次义民中学，给他们

---

① 据蕉岭中学《1942年初中毕业学生名单》和《1943年春蕉岭中学附设简易师范科名单》，由蕉岭中学提供。

以工作指导。

有关徐新杰中共地下党员身份，在省工委委员刘志敬（洪幼樵）被捕后的"供述笔录"中有明确的叙述。刘志敬说："新竹方面：新竹县工委系老张（注：即张志忠）领导，主要干部有简吉、林乡长，及黎某（曾在中坜私立中学充教员）、徐新杰（徐森源堂兄弟，在新竹商业学校任教）等。"①

徐新杰究系何时加入中共地下党，目前尚无确切史料可资认定，但从上文叙述应可推断，他很可能是在基隆中学工作期间（1946年6月—1947年8月）加入了地下党的。

义民中学地下党小组成立后，团结全校教职员，努力搞好学校和学生工作。他们订购了《观察》《文萃》《民声报》《公论报》等许多进步书刊，供师生们借阅，并利用课堂和各种机会，向学生和教职员讲解时局，灌输国族意识和辩证唯物主义观点与方法。据当年在义民中学读书的学生范荣枝回忆说："二二八事件后的好几个月，陆续有几个外省老师来学校教书。私立学校的校长有权力雇用教员。黎明华、钟履霜、黄贤忠、徐迈东（新杰）、丁洁尘，这一批来教书的外省人都是姚老师聘雇的。印象里，义民中学的外省老师教起书来都非常优秀又用心。事后我们才知道，这些老师都是抱着社会主义思想的。""黄贤忠老师很有文采；黎明华老师可以很生动地演出曹禺的《日出》；徐迈东老师把魏晋南北朝的历史讲得非常生动；姚锦老师会讲一些时事。"另一个学生刘鄞昱则说："学校有一间钢琴室，黎先生经常在弹旋律优美的曲子，上台北师范时才晓得是《少女的祈祷》。有时候听到黎明华、钟履霜、徐迈东三位老师引吭高歌合唱雄壮的歌曲，现在猜想也许是'国际歌'吧。"②在此基础上，黎明华、徐新杰他们积极发展组织，随后又建立起了中坜和杨梅两个支部。他们还深入农村，在新屋、青埔、湖口海岸线，建立起一些农村据点。

徐新杰和钟履霜在义民中学工作了半年时间。此时，大陆人民解放战争正如火如荼地进行，因为想上前线作战，他俩便辞职渡海前往上海，但由于找不到投奔人民解放军的门路，钟履霜决定留在上海，而徐新杰则只身重返

---

① 刘志敬：《刘志敬（原名洪幼樵）供述笔录》，第16页，台湾"国防部军事情报局"。
② 《台湾50年代白色恐怖钩沉——1951年义民中学案》，2017年10月10日，下载于360搜索一察网。

台湾。

徐新杰返回台湾后，地下党为进一步扩大发展组织，安排他转往由林启周（延安陕北公学毕业，中共党员，原东区服务队老队员）担任校长的新竹商校任教。由此，在林启周、徐新杰等人的努力经营下，新竹商校很快便成为地下党新的重要活动据点。黎明华回忆说，"1948年一整年，在张志忠直接领导和指示下，我采取稳步前进的工作方法，将工作重心放在中坜支部和杨梅支部，并单线领导中坜农校的钟蔚璋和新竹商校的徐新杰。"

1949年4月，人民解放军百万雄师横渡长江，并很快席卷了大半个中国。中共台湾省工委盱衡战局的发展情势，决定把工作重心从原来的"迎接解放"转到"配合解放"上来。5月，张志忠专程来到中坜布置工作任务，"要求党员干部，尤其是农村干部，应熟悉周围地形、道路交通状况、海岸线和丘陵山地的一般情况，并通过各种关系做好普通群众的工作⋯⋯"。

7月初，学期刚刚结束，徐新杰邀约黎明华去爬狮头山。他们在新竹站"意外"地碰到了坐同一班火车南下的钟浩东、蒋碧玉、钟国员、戴芷芳等基隆中学的一批人，他们说也要去爬狮头山。他们这次郊游登山，实际上是为了勘查西部沿海山地地形而刻意安排的。

早于6月23日，新竹商校校长林启周因身份暴露，撤回大陆时在松山机场被捕。7月中下旬，在组织安排下，新竹商校的其他地下党员分头紧急疏散转移。徐新杰是林的秘书，在蒋碧玉的安排下，也紧急转移到了南部钟浩东的表兄邱连球的家乡屏东长治躲了起来。

由于徐新杰在南部也不太安全，8月中旬黎明华又南下屏东，把徐新杰从邱连球家中接了出来，在台中我父亲家中住了一晚，然后安排到杨梅山上一个姓胡的同事家中隐蔽起来。

8月下旬，基隆中学《光明报》案"爆发。紧接着，新竹中坜地区的地下党组织也遭到破坏。在组织安排下，黎明华等人事先已转移到苗栗三湾乡内湾村孙阿泉家，建立起了新的工作据点，在神桌山、狮潭、大河底及狮头山一带活动。不久之后，徐新杰和钟蔚璋也由组织安排，转移到了三湾地区，黎明华把他俩分别安置在神桌山和大河底的群众家里暂住。

9月下旬，黎明华从报纸上看到北平正在举行新政治协商会议的消息，但苦于无法得知详情，于是他跟徐新杰等人在神桌山上一个叫刘鼎昌的群众家里，设法自制了一台十分简陋的手摇发电机，用人工手摇发电，以极其微弱的信号，时断时续的艰难收听新华社的记录新闻广播。9月21日晚上，他们收听到毛泽东在中国人民政治协商会议上的发言提要和政协决议，当他们听到："占人类四分之一的中国人从此站立起来了"时，激动得热泪纵横，心情久久难以平静！当晚，他们兴奋得不想睡觉，鼎昌伯拿出来一坛家酿老酒，一包带壳的花生，喝光了那坛老酒才去睡觉。第二天，他们又分别把新中国即将成立的消息告诉了组织成员，大家都为之兴奋不已。10月1日北京举行开国大典，竹南地区的中共地下组织，分别举行了小型庆祝集会。

当年12月中下旬，在神桌山上刘鼎昌的山寮里，由张志忠亲自主持举办了一个由15人参加的学习班。经过整整一个礼拜的系统学习和讨论，大家都感到理论上、思想上充实了许多。

此时，基隆中学《光明报》案"持续发酵，各地党组织相继遭到破坏，被捕的地下党人越来越多。1950年2月旧历年除夕，"保密局"派出一百多名特务宪警突然包围了三湾地区地下组织的据点，幸亏黎明华、徐新杰他们事先识破了"保密局"特务企图诱捕他们的诡计，已经提前分散转移到他处。随即，特务们对竹南地区的竹南、头份、三湾、南庄、造桥等地展开地毯式的搜捕。

分散撤退时，按照事先安排，徐新杰与黎明华、江添进、钟蔚璋四个人一组，他们忍饥挨饿，在高山密林中艰难跋涉隐藏了半个多月，直到三月份春暖花开时，他们才与曾永贤取得联系，辗转来到苗栗铜锣地区，由曾永贤安排住进了芎蕉湾一个叫谢发树的群众家里。由于从外地转移到这里的人愈来愈多，粮食就成了大问题，而且目标太大，安全堪虞。

为了解决"吃饭"问题，谢发树带着黎明华、徐新杰他们来到头屋与苗栗嘉盛之间的后龙溪去抓鱼。他们在干涸的河床上挖沟引水，垒石成渠，用稻草塞住石头缝隙，然后在水渠里放进"荷子"。① 此外，他们还把河床里一个个小水潭里的水掏干抓鱼。十几个人在烈日下的河床里苦干了一个多星期，

---

① "荷子"：一种用细竹编织成的渔具，喇叭形状，口大肚小，一米多长，入口处编有一圈逆向竹片，鱼进去后就出不来了。

先后抓到了几百斤的鱼。这些鱼除了自己吃之外，还剩下好多鱼都挑到苗栗街上去卖，如此暂时解决了"吃饭"问题。

当时，苗栗山区种有很多香茅，割香茅、焗香茅油需要大量劳动力。于是他们就在苗栗的天花湖、公馆、九份、鱼藤坪一带林木荫蔽的山区，分别开辟了多个新的劳动基地。这些新基地的建立，不仅疏散了干部，并通过与当地农民共同劳动，建立了新的群众关系，为他们日后在苗栗地区和进入台中坚持斗争，奠定了初步基础。

1950 年 3 月，中共台湾省工委领导人相继被捕，组织被彻底破坏。同年 6 月，朝鲜战争爆发。10 月，中国人民志愿军入朝作战，解放台湾已无限期推延。岛内外形势发生了重大变化。

1951 年 7 月，国民党情治部门组成"特种联合小组"，改采收买叛徒充当"卧底"和利用被捕"自新"的地下党领导人出面"劝降"的新招数，以图瓦解破坏各地仍在坚持斗争的地下组织。

7 月 17 日，黎明华在桃园龙潭村被捕，不久后"自新"。8 月，陈福星、曾永贤、萧道应在苗栗三义鱼藤坪山区"重整省委组织"。其后，原本在北部山区活动的地下主力被迫转移到苗栗地区。

1952 年 4 月下旬，因打入地下组织的叛徒"老范"（范新戊）的出卖，萧道应、曾永贤、陈福星在鱼藤坪先后被捕，重整后的"省委组织"也彻底覆灭。

新省委领导人被捕后，环境更加恶劣复杂，徐新杰开始了更为艰难的流亡生活。他先是在苗栗狮潭七股林一带躲藏，其后转移到苗栗大湖山区鹞婆山，在密林中搭了个十分简陋的草寮聊以栖身，坚持不肯出山"自首"。但不久之后，徐新杰的行踪还是被特务们侦知，情报单位获报：有疑似外乡人在鹞婆山上干活。特务们随即采取行动。

1952 年的一天，以戴金水为首的几个宪兵特务，在一个叫徐仁基（被捕后"自新"的原地下党人）的苗栗人带领下，进入鹞婆山搜捕。他们在深山密林中走了好久，连个人影都没寻到。徐仁基对特务们说：我们进山已经很深了，不会有人了，还是回去吧！特务们只好悻悻然从原路下山。刚走了没多远，突然从深山里传来几声鸡叫。特务说：山中有鸡叫，必有人家！于是他们寻声重新爬上鹞婆山，看到不远处一个衣着褴褛的男子正在挥着锄头铲茅草。特务们立即围了上去，喝令徐新杰"把身份证拿出来！"徐新杰眼看已无路可逃，挥起手中的锄头砍向走在最前头的那个特务。眼睛深度近视的徐新杰，眼镜早已在逃亡时丢失，锄头只砍掉特务的几颗门牙。特务拔枪就打，只听"啪、啪、啪"几声枪响，徐新杰应声倒地。特务们一拥而上，见人还没死，决定把受了重伤的徐新杰抬下山去。徐新杰被抬到苗栗后，由于流血过多不幸牺牲了，遗体被特务们草草埋在了大坪顶的乱葬岗。① 徐新杰牺牲时，年仅 28 岁，终生未婚，无后代。

在 20 世纪 90 年代由台湾政治受难者家属整理的《战后政治案件及受难者》资料中，"国档局"档案第 2943 号案卷中记载：徐新杰，男，确定刑期"死刑"，执行刑期"死刑"，案号 99199，而其他重要项目诸如出生年月日、籍贯、教育程度、职业、案情略述、涉案关系人等统统都是空白，不像其他许多"案犯"填得都很详细。② 可见，当年"国安局"的特务们抓到徐新杰时已非"活口"，无法进行审讯，所以连徐新杰最基本的情况都不掌握。

2019 年 4 月，在大陆定居的原中共台湾地下党人张皆得老先生返台探亲，经朋友帮助，寻得当年台湾省"保安司令部"的一份"判决书"。该"判决书"中载明："再据原承办该案之苗栗县警察局刑警队政治组组长周德标亦称：'只有阿华（注：徐新杰化名）晓得本案被告参加共匪组织之情形，但阿华于拒捕时被打死'等语"，该"判决书"接着写道："查阿华系拒捕被击毙之叛徒。"③

---

① 《我们为什么不唱歌》（DVD），台湾人间学社、台湾地区政治受难人互助会、辜金良文化基金会，1995 年采访录制。

② 这两份档案资料由原中共台湾地下党人张皆得（章中）先生提供。

③ 这两份档案资料由原中共台湾地下党人张皆得（章中）先生提供。

远眺当年徐新杰牺牲处苗栗县大湖乡鹞婆山
（徐博东摄）

苗栗大坪顶乱葬岗（蓝博洲提供）

徐新杰在堑垣村寨上的故居（徐博东摄）

黎明华（右）探望徐新杰养家大嫂（中）
（蓝博洲提供）

以上两份珍贵的档案资料，足证徐新杰是在台拒捕时壮烈牺牲的"革命烈士"。

2013年5月，我和我的大弟基东在蓝博洲先生的引领下，专程来到当年徐新杰牺牲的鹞婆山寻访，面对莽莽群山，抚今追昔，缅怀先烈，思绪万千。蓝先生说，十多年前，由当时还健在的老前辈带路，他到苗栗大坪顶乱葬岗寻找徐新杰的遗骸，但因年深日久，已经无从寻觅了。

徐新杰烈士，魂兮归来吧！你和所有在台牺牲的烈士们鲜血不会白流！

七、陈仲豪——《光明报》主编，藏在鸭寮里躲过一劫

在台从事党的地下工作暴露后撤回到大陆的潮汕籍中共党员，据我所知尚有王致远、陈仲豪、陈绿漪、陈少麟、方乔然夫妇等数人。

汕头大学图书馆工作时的陈仲豪（陈仲豪提供）

陈老伯是我父亲在台的老同事、老战友，更是父亲的救命恩人。自1987年汕头大学退休至今，十多年来我去汕头拜访过陈老伯有三四次之多，听他讲当年的革命斗争故事，讲我的父母，讲他的战友们，也讲他自己。他对党的忠诚，对信仰的坚贞，对战友的深情厚谊，对晚辈的谆谆教诲和殷切期望，所有这一切，都给我留下了深刻的印象。

陈仲豪(1923—2021)，广东揭阳县榕城镇人，1931年从榕城到汕头"广州旅汕小学"读书。1936年他考上汕头市大中中学后，开始阅读一些进步书刊。1939年6月汕头沦陷，他转读从潮州迁移到揭阳古沟乡的韩山师范学校。在此期间，他接触到张伯哲等一些潮汕地区的中共地下党员，思想产生了重大变化。陈仲豪回忆说："张伯哲和我同窗三载，友谊情深，我的思想从启蒙到觉悟，有许多因素就是与伯哲相处交往中得来的。"韩师三年，他积极参加抗日救亡活动。1942年8月，陈仲豪考上广西大学森林系，与林志伟、陈大杰等人秘密组织"芦笛社"，做些半公开半秘密的革命活动。1944年夏，湘桂战争爆发，陈仲豪离校参加"抗战演剧第四宣传队"，开展抗战宣传活动。

其后由于战乱，他汇入黔桂铁路线大流亡的人群中，风餐野宿，辗转数月，最后逃难到了大后方重庆。

1945 年春，陈仲豪转学到了从上海迁到重庆北碚的复旦大学。在重庆他得到《新华日报》同志的帮助和介绍，参加了中共中南局领导下的"中国学生社"，担任《中国学生导报》的编辑工作，他在这个刊物上发表了许多充满革命激情舆论导向的文章。

抗战胜利后，国共内战全面爆发。为加强对台湾岛内革命力量的领导，中共陆续向台湾秘密派遣了一批地下党员。1947 年 8 月，陈仲豪从上海复旦大学毕业，正面临着人生的十字路口：一是去北京，与就读北京大学的女朋友相会；二是听从党的召唤，东渡台湾，加入地下工作的斗争行列。当时已经在台湾从事地下工作的老同学张伯哲，替他安排好了基隆中学的教职，写信要他前往报到。何去何从？这对于年轻的陈仲豪来说，不能不说是严峻的考验。

"台湾刚刚光复，那里非常需要人"——半年前，老同学张伯哲受党派遣去台湾路过上海时，对他说的话犹然在耳。此时，他想起了那个年代进步青年经常挂在嘴边的匈牙利诗人裴多菲的诗句："生命诚可贵，爱情价更高，若为自由故，二者皆可抛！"他终于找到了正确答案，决心舍小我而顾革命大局，潜入台湾。陈仲豪在回顾当年这一艰难的人生抉择时这样说："勇敢和坚毅是需要信仰支撑的，我虽说还年轻，青少年一直是在学校教育中学一点知识，学点革命的道理，但经过黔桂大逃亡和学生爱国民主运动的磨砺，加之国民党反动派的独裁统治和旧社会黑暗景象也给了我许多反面的教育，就在这样的主客观影响下，我自觉依从我的理性抉择，走上一个新的战场去了。"[①] 这是他第二次到了台湾岛。

陈仲豪第一次踏足宝岛，那是在 1947 年的 2 月 26 日。这一天恰巧是"二二八"事件发生的前两天。那时，他还有一个学期就要从上海复旦大学毕业，春节回汕头探亲，返沪时从汕头乘坐"中兴"轮船，途经基隆港停泊。他随一批旅客上岸，趁便到台北市区和北投胜地旅游观光了一整天。此行所

---

① 陈仲豪：《回忆台湾往事、缅怀在 50 年代台湾白色恐怖中的殉道者林英杰、张伯哲、钟浩东、张奕明等革命烈士》，下载于网络，2009-12-14。

见所闻，陈仲豪深切地感受到岛上弥漫着一股社会不安、官民对立、民怨深沉的不祥气氛。从感性上他感觉到台湾人民在光复后从欢欣鼓舞到疑惑不满，后来发展到失望和怨愤。不出所料，陈仲豪刚刚回到上海，岛上就发生了大规模的民众暴乱。现实发生的事件，验证了仲豪的预感，他认为这完全是因为国民党实行专制独裁，缺乏对台胞的关爱和诚信，蒋介石当局难辞其咎。为此，陈仲豪特意写了一篇时评——《台湾人民最需要诚与爱》，发表在《上海青年》杂志上。[①] 这趟短暂的台湾之旅，给陈仲豪留下了深刻印象，也为他日后下决心去台湾工作埋下了伏笔。

时隔不过半年多，1947年9月1日，陈仲豪再次来到台湾，这次不是观光旅游，而是投身于台湾的地下工作，心境自然与上次迥然不同。陈仲豪从基隆港登岸后直奔基隆中学，找到钟浩东校长。

其时，先父母徐森源、潘佩卿恰好也在基隆中学工作，从此与陈仲豪结识，并在一起共事约两个月的时间。同年11月，先父母奉命离开基隆中学，转移到台中工作，训导主任的职位便由陈仲豪接任。当年底，陈仲豪由刘志敬（洪幼樵）、林英杰联系，补办了正式入党的手续。

陈仲豪先是担任生物和国文两门课程的教学。接任训导主任的职位后，除了按原有课程教书之外，还兼任班主任工作，很快就成为学校工作的骨干。陈仲豪认为，这样安排工作虽然忙，但有利于和学生思想沟通、感情互动。在教育过程中，陈仲豪提倡学生动脑动手，在生物课教学中，指导学生动手制作蝴蝶标本。在国文教学中，引导学生接受中国古代经典文化精华，让学生潜移默化地传承祖国优秀文化传统，从而培养他们的归属感、认同感，逐渐消除日据时期殖民化教育的痕迹。陈仲豪对班主任工作格外重视，曾利用暑假，带领20多个学生到台中、彰化、日月潭旅游，乘小火车上阿里山，观看云海和日出景象，与青年学生加深了真挚的师生情。此后，通过考察，他选择其中的进步学生，组织起读书会，指导他们自己出版壁报，进而秘密成立"民主青年联盟"，还吸收个别优秀者秘密参加中国共产党。[②]

①　陈仲豪：《关于徐森源的证明材料》，1972年11月19日。

②　陈仲豪：《回忆台湾往事、缅怀在50年代台湾白色恐怖中的殉道者林英杰、张伯哲、钟浩东、张奕明等革命烈士》，下载于网络，2009-12-14。

　　陈仲豪说:"钟浩东校长有见识,也有经验,善于使学校教育和社会教育紧密结合起来。在我到校工作以前,基隆中学学生曾经举行'五四晚会',还曾上街游行,这些活动都与大陆的爱国学生运动相呼应,也与台湾大学举行的'发扬五四精神,争取民主自由'的系列活动相配合。许多学生家住瑞芳煤矿地区,是矿工子弟。我曾经和钟校长多次到那里家访,并参观深一百多公尺的矿坑,了解矿工劳动的艰苦。我在全校班主任会议上,根据钟校长的要求,规定家访的内容、方法、次数,效果纪录等等,使家庭教育与学校教育更好结合起来,也使爱国主义教育延伸到社会中去。"①

　　1949 年 3 月 29 日晚上,台湾大学的"麦浪歌咏队"在校内操场举办"篝火晚会",表演了许多中国民歌和大陆解放区的歌舞,有《康定情歌》《在那遥远的地方》《兄妹开荒》《朱大嫂送鸡蛋》等节目。这个晚会在全岛大中学校引起了轰动效应,推动了全台湾的学生爱国民主运动。陈仲豪和几位教师带领一群学生,从基隆坐汽油火车前往台大参加了这场晚会,大家心情都很激动,陈仲豪回忆说:那晚"我好像又回到重庆和上海那个火红的革命年代"。回校后,他写了《台大歌谣舞蹈晚会观后感》一文,在《新生代》杂志上刊登。

　　当时,学校的中共党支部书记是钟浩东,陈仲豪是支委:1948 年 6 月,钟浩东调任中共基隆市工委书记后,就由陈仲豪接任学校地下党支部书记,支委是陈少麟、蓝明谷,以后蓝改换为李旺辉,钟浩东仍任校长并继续联系领导学校地下党的工作。

　　陈仲豪还清楚地记得,钟浩东曾指派他到宜兰中学进行秘密活动,钟浩东还联络台湾知名的企业家和文化界人士,在台北公开出版名为《新世代》的杂志,委派陈仲豪在校内担任主编工作。杂志的政治面目以淡红色为主调,在创刊号封面上,陈仲豪设计引用雪莱的诗句:"严冬来了,春天还会远吗?"隐喻国民党在台湾的黑暗统治即将逝去,光明的日子很快就要来临。陈仲豪和许多作者都在这本进步刊物上用笔名发表针砭时弊的文章。但由于岛内形势日益紧张,《新世代》只出刊了一期就被迫停刊了。

---

① 陈仲豪:《回忆台湾往事、缅怀在 50 年代台湾白色恐怖中的殉道者林英杰、张伯哲、钟浩东、张奕明等革命烈士》,下载于网络,2009-12-14。

1948 年春，陈仲豪接受了中共台湾省工委下达的一项极为重要的任务——在校内编印省工委的地下党报《光明报》。为此，省工委专门成立了一个宣传组，由林英杰、李絜（即徐懋德）和陈仲豪负责《光明报》的组稿、编排、印刷工作。陈仲豪回忆说："林英杰在台北把收录的大陆新华社电讯，交给李絜带到基隆中学，由我审稿、排版，再交给校内的钟国员同志刻钢板，刻成蜡纸后与张奕明同志一起印刷。印刷地点经常是在后操场的山坡宿舍或山旁的一个洞穴里。有时我也到那里帮忙和清理'后事'，譬如清点份数、烧毁蜡纸稿和清洗印刷工具等。印刷完毕，由张奕明带到台北另一秘密据点分发。"[1]

这份省工委的机关报具有很强的战斗性和权威性，传播了来自祖国大陆中共中央的声音，让许多国民党中上层官员和人民群众得知祖国大陆解放军在解放战争中，尤其是在三大战役中节节胜利的确切消息。1949 年 6 月底，《光明报》刊载了《纪念中国共产党诞辰二十八周年》的社论，与此同时，全岛各地出现了《人民解放军布告》《告台湾人民书》等大大小小的传单。台湾省工委这一次发动的宣传攻势，震撼全岛，也惊动了陈诚和蒋介石，下令限期情治部门迅速破案。

1949 年 8、9 月间，基隆中学"《光明报》案"爆发，钟浩东等 10 多位基中的教职员和进步学生先后被捕。9 月 2 日，陈仲豪根据林英杰的指示，把学校地下党支部书记的工作交给支委陈少麟负责，对外说是辞职到台南另谋职业，实际上是到台中去找张伯哲商量对策。于是，陈仲豪就在张伯哲和谢汉光掩护下脱身，到了阿里山下林业试验所隐蔽起来。

时局进一步恶化，被捕的同志愈来愈多。10 多天后，林英杰通知张伯哲，指令由张伯哲负责安排陈仲豪撤退。于是，张伯哲和谢汉光又把陈仲豪从阿里山区悄悄带到台中市郊外的一个偏僻实验农场，找到农场场长、地下党员梁铮卿，由梁把陈仲豪安置在一个废弃的鸭寮中隐蔽下来。

时值中秋，鸭寮虽人迹罕到，十分隐蔽，但臭气熏天，特别是到了夜间，蚊虫肆虐，蛙声鼓噪，闷热难耐，无法入眠。就在这样恶劣的环境下，陈仲

---

[1]　王宋斌：《惊涛拍孤岛，虎穴藏忠魂》，《普宁红色文化》，2016 年 4 月第四期。

豪只身孤独的在鸭寮中躲藏了好几天的时间。期间，张伯哲和梁铮卿时不时来找陈仲豪商讨对策。后来形势日趋严峻，组织上决定让陈仲豪撤回大陆。为安全出逃，张伯哲给陈仲豪起了个"林辰康"的假姓名，办了张假身份证，还为他换了一副黑框眼镜，改变发型，穿上西装，戴上毡帽，打扮成药材商人的模样。一切准备停当，10月5日，张伯哲派交通员"老洪"送陈仲豪到台中郊外的一个小火车站，乘火车转赴台南。

陈仲豪有个表弟在台南警察局做文职工作。于是他找到表弟，编造理由，请他帮买飞往汕头的民航机票。10月6日上午九时，陈仲豪顺利通过检查，登上了航机。陈仲豪回忆当时的情景说："飞机在台湾海峡上空飞行，望向窗外，蓝天白云，滚滚波涛，脑子里浮现一幅刚刚逝去的场景，又想起临别时伯哲告知我10月1日北京天安门广场举行中华人民共和国成立的消息，思绪万千，潸然落泪。"50分钟之后，飞机飞越台湾海峡，降落在汕头机场，陈仲豪这才松了一口气。"当时，我看到机场跑道两旁已经埋了炸药，国民党胡琏兵团已经做了溃退台湾前破坏机场的准备。10月24日，潮汕游击队和人民解放军进城，汕头解放。我在外马路看见消防大楼升起五星旗，悲喜交集，一种复杂的感情，久久在我心中激荡。"[①]

陈仲豪撤回大陆后，在汕头市教育岗位上工作了38个年头，先后在华侨中学、聿怀中学、汕头一中任教，担任学校党政领导。在"文化大革命"结束后，陈仲豪被任命为汕头市教育局副局长。在职期间，他做了两件重要的事情：一是恢复学校的正常教学秩序；二是落实政策，平反改正冤假错案。1979年，他接受组织调派，参与筹办汕头大学，其后担任筹备组组长、汕头大学图书馆馆长，直到1987年离休。

陈仲豪是汕头市教育界的耆老，在几十年的学校工作中，他积累了丰富的教育经验。他对于现代教育家陶行知的教育思想和学说有很深的研究与认识，并长期担任汕头市陶行知研究会会长，著有《教育人生五十年》《桃李春风是此生》《陈仲豪教育文选》等专著。

---

① 陈仲豪：《追忆台湾往事，缅怀牺牲先烈》，《老游击战士》，2010年7月第40期。

陈仲豪（右二）、蓝博洲（左一）到先父母墓前祭奠（2013年2月24日，广东蕉岭）

自左至右：黄健勤（梁铮卿烈士外孙）、陈仲豪、徐博东、陈新渝（后，陈仲豪女儿）（2020年12月，汕头）

晚年的陈仲豪依然精力旺盛，十分活跃，离休后三十年来，实际上从未停止过工作。他积极参加各种有关青少年教育和陶行知教育思想研究的活动。频繁接受海内外媒体采访，而且笔耕不辍。离休后，一篇又一篇地撰写回忆文章和证明材料，凭吊纪念昔日在台牺牲的战友。他说："我是抗日战争和新民主主义革命的亲历者，也是50年代台湾白色恐怖和大陆文革劫难的受害者和幸存者。想起那个浸凝着血的年代和那个年代的悲壮人生，心潮汹涌，感慨万千。许多挚友和战友，他们是那个年代以身许国的殉道者。在创伤的记忆中，深感在我的生命中肩负着沉重的历史责任感，我应该执笔写那个时代，写那些爱国志士的战斗历程和悲壮人生；同时留下笔墨，让它见证历史真相，昭示未来。"[1]

陈老伯90多岁高龄时，仍耳聪目明，思路清晰，记忆力超群，他为收集整理台湾地下党工作的史料和为战友申报烈士，花费了不少精力和时间。他和徐懋德同志协作配合，办成了许多事，为抢救台湾地下党史尽心尽力，操劳不息，直至2021年2月14日辞世，享年98岁。

---

① 陈仲豪:《回忆台湾往事》，下载于网络，2009-12-14。

八、谢汉光——顶替死人、躲藏深山38年终返大陆的奇人

父亲认识谢汉光，也是到台中担任国民党县党部书记长后，通过刘志敬（洪幼樵）的关系认识的。

谢汉光的一生，可谓传奇之中的传奇！

谢汉光（中坐者）返乡后与家人合影（1988年12月，谢定文提供）

谢汉光（1918—1996），广东丰顺县埔寨镇人，1942年7月毕业于广西大学农学院森林系，与陈仲豪、梁铮卿等人同学。从农学院毕业后，谢汉光先是在广西省农事试验场任技士和担任黔桂铁路柳州分场主任。早在学生时代，谢汉光就思想进步，待人热情真诚。这时候他虽然还没入党，但从潮州、汕头等地疏散隐蔽到桂林、柳州的许多中共党员和进步人士如邱达生、叶瑶华、周勤淑等，都曾经到谢汉光的农场避难。谢汉光工作的农场，遂成为潮汕籍党员和革命群众的庇护所和联络站。受到众多共产党人的影响，谢汉光的思想逐渐发生变化。他回忆说："当年他（指邱达生）来我处隐蔽搞地下工作时，对我的教育启发和引导极大，使我从一个科技人员走上革命的道路，作为个人来说是政治上一次初步飞跃。……在那时白色恐怖下生攸关的危急关头，我抱着与共产党人同舟共济、患难与共（的想法）。那时我不但在经济上全力支持革命，政治上不顾个人的得失与安危，千方百计地帮助和掩护

这批党员干部的安全。"①

1942年春夏，谢汉光即将从广西大学农学院毕业时，奉父母之命返乡成亲。婚后的谢汉光只在家里待了十来天时间，便又急匆匆返回了广西。就在这婚后的十来天时间里，新婚妻子曾秀萍怀上了谢汉光的亲骨肉。次年春，曾秀萍生下了一个男婴，起名叫谢定文。此后不久，曾秀萍带着幼小的谢定文来柳州农场，与谢汉光生活了一段时间。

1944年夏，日寇发动湘桂战役。当时，日军飞机经常在夜间袭击柳州机场，谢汉光所在的农场就在机场旁边，为了曾秀萍母子的安全，谢汉光把他们送回了广东丰顺家乡。尔后由于战乱，谢汉光与他们失去了联系。

同年11月，日寇占领柳州，谢汉光和正在农场隐蔽的女共产党员周勤淑（广东揭阳人）一起逃难入川，并一同生活。不久，周勤淑也怀孕了，由于时局动荡，生活艰难，他们忍痛打掉了孩子。1945年8月，日寇战败投降，台湾光复，广西大学农学院的一位教授先行来到台湾，担任省林业试验所所长，来电邀请谢汉光前往台湾该所工作，谢汉光欣然答应。

1946年夏，谢汉光偕同周勤淑启程赴台。途经香港时，周勤淑与中共华南分局领导人方方、苏惠取得联系，并接受了到台湾后的工作任务。临行，方方的夫人苏惠对他俩说："香港有一位我们的同志很快也要去台湾，汉光要为他安置一个职位，便于开展工作。"②

谢汉光赴台后，在台中任省林业试验所技士兼莲花池分所主任。一个月后，香港华南分局便派张伯哲来台中与谢汉光联系，谢安排张担任分所科员。谢汉光说："表面上他（指张伯哲）是我的部下，在组织上他实际上是我的领导。张伯哲同志对工作十分认真，他经常拿党的文件给我阅读，在工作中我还认识了分局派去台湾工作的王致远同志。"③

1947年夏，由于工作需要，周勤淑奉调回香港。周勤淑到港后，曾写信

---

① 谢汉光：《恳请组织对我在解放前接受华南分局的指派赴台搞地下工作的肯定，同时要求对我政治生活和经济生活的关照》，1990年，打印稿。

② 陈仲豪：《浸凝着血泪的年代和悲壮人生》（第一篇），天涯论坛第6页，2009年12月14日。

③ 谢汉光：《恳请组织对我在解放前接受华南分局的指派赴台搞地下工作的肯定，同时要求对我政治生活和经济生活的关照》，1990年，打印稿。

给谢汉光说："你的问题要求助身边的人！"这是指谢汉光参加共产党的"暗语"。

当年9月，另一位毕业于广西大学农学院畜牧兽医系的梁铮卿，也由中共香港华南分局派遣，从广州坐船经汕头来到台湾，也由谢汉光安排，在台中市郊的一个畜牧场工作，潜伏下来。

1949年8、9月间，基隆中学"《光明报》案"爆发。侥幸脱逃的陈仲豪按照林英杰的指示，秘密南下潜往台中，在张伯哲、谢汉光、梁铮卿等人的掩护下，于10月6日乘坐民航机顺利脱险，回到汕头。我父亲和王致远，也于10月19日撤往香港。

台湾岛内一片风声鹤唳，不少中共地下党人被捕，正是在这个时候，谢汉光却毅然加入了中国共产党。谢汉光回忆说："1949年冬一个晚上，张伯哲通知我到台中一位姓林的家中，与台中中学一位国文老师一起宣誓加入中国共产党。大陆解放后，台湾当局更是戒备森严，经常清查户口，搜捕枪杀共产党人和爱国人士，株连很广，白色恐怖非常严重。在那血腥统治的危急时刻，在党的领导下，我置生死于度外，日夜为党工作，如抄文件、送传单。"[①]

"《光明报》案"持续发酵，中共台湾省工委遭到彻底破坏。3月29日，台中市警察局在台中市破获了所谓"匪华东局潜台组织梁铮卿等叛乱案"，梁铮卿等人相继被捕。其后，台中工委书记张伯哲等也先后被捕。幸运的是，谢汉光得到张伯哲的紧急通知，及时脱逃。谢汉光回忆说："1950年9月的一天，一场不幸的灾难突然发生了。一位生人带来了张伯哲同志的紧急通知和30元台币，要我马上离开分所去避难。我当即出走。数天后，场里工人告知那天有6位反动刑警荷枪实弹来分所搜捕我。当我获知台中畜牧场的西大同学梁铮卿（地下工作人员）已被逮捕时，我预感到事态非常严重，找张伯哲线索被割断，再也无法与张伯哲同志联系。从此我也走上逃难的荆途。"[②]

国民党特务机关遍寻不着谢汉光，只好把他列为"未获要犯"，通缉追捕。在"安全局"的机密档案"匪华东局潜台组织梁铮卿等叛乱案"中，有一项

---

① 谢汉光：《恳请组织对我在解放前接受华南分局的指派赴台搞地下工作的肯定，同时要求对我政治生活和经济生活的关照》，1990年，打印稿。

② 谢汉光：《恳请组织对我在解放前接受华南分局的指派赴台搞地下工作的肯定，同时要求对我政治生活和经济生活的关照》，1990年，打印稿。

说明写着："谢匪汉光，迄未获案，请有关单位注意（追捕）。"①

谢汉光逃脱后，忍饥挨饿，四处躲藏，辗转多日后，路遇一个叫杨溪伯的基督徒，好心把他带回家里。这时候，恰好碰到全岛普查户口，不得已杨溪伯又把谢汉光带到 20 公里外台东的深山老林中一个更加偏僻的少数民族村落。

谢汉光见到部落头领，从怀中掏出一个金戒指奉送给他，说明原委，恳求务必帮助。真是天无绝人之路！那位头领对国民党一向十分不满，前两天部落里又刚好死了个名叫"叶依奎"的人，户籍都还没来得及注销。于是这位头领灵机一动，就让谢汉光以"叶依奎"的身份冒名顶替，并安排他到当地林场当了一名林业工人。谢汉光原本是大学森林系毕业的林业专家，又在大陆和台湾的林业试验场所工作过多年，有丰富的林业知识和实践工作经验，人又年轻，又肯卖力气干活，这使他很快就得到了工友们的信赖和工头的赏识。

就这样，谢汉光以一个汉族人改名换姓，冒充台湾少数民族，以死人"叶依奎"的身份在台东的深山林场里隐藏了下来，在那里整整熬过了极其艰难险恶的 38 个年头，直到 1987 年台湾当局宣布解除"戒严"，他才得以走出深山，重见天日。而这时的谢汉光，也已经从当年血气方刚的年轻小伙，变成了白发苍苍、满脸皱纹的老汉了。

谢汉光身在深山，却每时每刻都在想念大陆，挂记着战友们和在家乡的亲人。光阴荏苒，时序进入 20 世纪的 80 年代。1987 年，台湾当局开放"大陆探亲"，次年 8、9 月间，归心似箭的谢汉光手持"叶依奎"的身份证明，从台东深山密林中走了出来，他很快就办妥了返乡的所有手续，登上了飞往香港转赴汕头的班机，终于回到了他魂牵梦绕的广东丰顺老家，与离别了近半个世纪之久的发妻曾秀萍和子孙们团聚。

谢汉光回大陆，"既没写过一封信，也没打过一通电话，完全没有消息，就好像是从天上掉下来的一样！"谢汉光的亲人说。几十年来，谢定文和他母亲曾秀萍，也从来不敢把谢汉光的事讲给自己的儿子和女儿听，"只知道他

① 《安全局机密文件——历年办理匪案汇编》，第一辑，第 45 页。

人在台湾，生死不明"。谢汉光突然从台湾回来，出现在他们面前，"就像是做梦一样，先是目瞪口呆，随后是全家人抱头痛哭！"①

话说曾秀萍当年带着孩子从广西回到丰顺家乡，此后由于战乱，与谢汉光失去联系，她到处打听，才得知谢汉光去了台湾。解放初，因生活所迫，曾秀萍忍痛把幼子谢定文托付给他的舅舅抚养，自己则与一个在县公安局工作的姓石的人结婚，并先后育有两个女儿。曾秀萍读过中学，有文化，先是被安排到小学里教书，后来又参加土改，在镇政府工作，家庭生活虽不富足，倒还算安稳。可是好景不长，后来因为她有"台湾关系"（那年头叫有"海外关系"），政治上"不可靠"，被开除工作，并被迫和姓石的老公离婚。好在儿子谢定文已逐渐长大成人，又回到她的身边。谢定文这孩子很有出息，年纪轻轻，就挑起了家庭的重担。

此后，谢定文娶妻生子，谢家逐渐繁衍，等到1988年谢汉光从台湾回来的时候，谢家已经是三代同堂、10多口人、其乐融融的大家族了！②

谢汉光回乡定居后，丰顺县地方政府认为他"历史不清、身份不明"，只把他当成"贫困台胞"照顾，每月发给他120元的生活补助费，党籍无法恢复，革命经历也得不到承认。谢汉光虽一再向当地民政部门申诉，要求给他落实政策，但一直到90年代初，情况才有了转机。

前文讲过，张伯哲在台湾被国民党杀害后，因为牺牲时间、地点不明，以及台湾和大陆长期隔绝等原因，烈士身份一直没能得到确认。当时在汕头大学工作的陈仲豪，作为张伯哲的老同学、老战友，心头十分不安。1993年，他和十几位当年与张伯哲一起战斗过的潮汕老干部集体签名，提供证明材料，上书有关部门，请求尽快落实张伯哲的问题。其后，陈仲豪又找到当年在台湾搞地下工作时的老领导、时任天津市台办主任的徐懋德，再由徐懋德出面把证明材料转交给中共中央组织部。③

---

① 据笔者独家采访谢汉光后裔和陈仲豪记录，2013年2月24日。
② 据笔者独家采访谢汉光后裔和陈仲豪记录，2013年2月24日。
③ 陈仲豪：《浸凝着血泪的年代和悲壮人生》（第一篇），天涯论坛第6页，2009年12月14日。

2013 年 2 月，陈仲豪夫妇（二排中）陪同徐博东到丰顺
汤坑探访谢汉光遗族（二排右为谢定文夫妇）

　　1994 年夏，中组部派来一位认真负责、富有革命感情的司级干部，专程到广东调查张伯哲的问题，这位同志找了广东省委、汕头市委、普宁县委，找到已经离休在家的陈仲豪，调查了解张伯哲的问题。陈仲豪以实事求是的态度，详细、如实地反映了张伯哲革命的一生。与此同时，还反映了谢汉光的问题。这位中组部同志得知谢汉光的情况后，十分重视，马上改变行程，赶到丰顺县，向该县老干局调查谢汉光的相关情况，然后再亲自找到谢汉光本人面谈。1994 年秋，中组部经过认真审议和确认，1995 年初下达公文通知广东省委，最终恢复了谢汉光的党籍，并补办其离休手续和离休干部待遇。

　　一年半之后，1996 年 8 月 14 日，谢汉光叶落归根，在家乡走完了他传奇的一生，享年 78 岁。

九、黎明华——革命经历，难掩失节后的愧疚 ①

　　黎明华与父亲徐森源可谓渊源颇深，不仅仅黎明华是父亲的梅州大同乡，更因为抗战时期黎明华参加东区服务队，是由父亲主持招考入队的。我父母因在队中排演抗日话剧《保卫黄河》，扮演剧中的男女主角而相知相爱，最终

---

　　① 本节主要参考蓝博洲《红色客家人》一书中《折翼的党人》（台海出版社，2005 年 8 月）和黎明华的回忆录：《折翼的党人岁月》（台湾《批判与再造》杂志，2007.11—2008.12，第 49—55 期）并参考其他资料写成，引文除另有注释外，不再注释。

喜结连理，而黎明华正是《保卫黄河》这出话剧的编导。抗战胜利后，又因为父亲的鼓励，黎明华才渡海来台谋职，并得以在台恢复组织关系，从事党的地下工作。

黎明华（1923—1997），广东梅县雁洋蓬辣乡沙湖村客家人。梅县不仅是著名的"侨乡""台乡"，同时也是革命"老区"。早在幼年时期的黎明华，就不断耳闻目睹所谓"赤匪"的故事，长大些后他才渐渐知道，那些被杀的"赤匪"并不是土匪，大多是从外地来的大学生或本地的老师和学生。这给他幼小的心灵留下了极其深刻的印象。

黎明华与离别近40年的老母团聚
（蓝博洲提供）

黎明华在三湾孙阿泉家废墟前留影
（蓝博洲提供）

20世纪20年代末到40年代初，是黎明华从小学到中学的求学时期，同时也是日本侵华国家民族的多难之秋。喜欢读书看报、格外关心时局的黎明华，受到当时进步思潮的影响，思想逐渐左倾，在梅县松口国光中学读高中时，他与这几个志同道合的同学，成立了一个研究马克思主义的读书会，专门研究救国救民之道。1941年1月"皖南事变"爆发，黎明华他们感到迷茫：不是国共合作共同抗日吗？为何国民党军队要打抗日的共产党军队新四军？于是他们以毛泽东写的《论持久战》和《新民主主义论》做教材，连续搞了几个星期的读书讨论会。通过讨论，他们找到了前进的方向。

当年6月，苏德战争爆发。12月，日军偷袭珍珠港，太平洋战争爆发。面对严峻的国际局势，黎明华和他的伙伴们认为，不能光是坐在书斋里搞研究了，必须面向群众，扩大他们的社交圈子与思想影响。于是，他们通过办墙报，成立合唱队、话剧队，及举办假日返乡活动与郊游活动等方式，向群众进行爱国宣传。

1942 年，随着日本侵华的不断深入，黎明华他们再也无心读书了，决定奔赴抗日前线。此时，《中山日报》上刊载的一则关于东江一带有中共领导的游击队出没的报道，引起了他们的关注。正当他们苦于找不到门路时，丘念台的东区服务队恰好派人来梅县，招考去东江前线战地服务的教师。于是，黎明华等几个要好的同学便决定应考。他们的想法是先到东区服务队，然后再设法寻找中共领导的游击队。而我父亲徐森源，正是来梅县招考教师的东区服务队"主考官"。

黎明华他们被东服队录取后，来到东江前线担任战地小学教师，随后正式参加东区服务队，以后又如愿以尝地参加了东江纵队。黎明华在东江纵队先后担任过政工队员、文化教员、连队代理服务员和参谋等职务，并在那里加入了中国共产党。他跟随部队转战江北各地，历尽艰辛。1945 年 8 月日本投降后，按照国共谈判签订的"双十协定"，东江纵队主力北撤山东烟台，其他大部份被遣散。于是当年 11 月黎明华辗转回到梅县雁洋老家，与分别已经五年的寡母团聚。

不久后，黎明华以同等学力插班进入梅县南华学院历史系就读。在校期间，黎明华一如既往地关心时局的发展变化。1946 年 6 月，国共内战全面爆发，梅县地区笼罩着一片白色恐怖气氛。黎明华自忖家乡已无自己的容身之地，这时，他听说原东区服务队的队员大都去了台湾，钟浩东已接掌基隆中学校长，徐森源等多位原东服队队员多在基隆中学任教。于是，黎明华便给我父亲写了封信，表示希望到台湾做事。不到 10 天，黎明华就收到了我父亲的回信，信上说："欢迎你来台湾，职业问题，到了台湾再说。"

1946 年 11 月 15 日，黎明华怀揣母亲专门卖地给他出门的盘缠，搭船从家乡出发，经汕头、厦门再坐海轮在基隆登岸，随即搭火车来到基隆中学。他很快就见到了已经几年不见的钟浩东、蒋碧玉夫妇，以及我父母、李南峰、钟国员、黄怡珍、钟国辉夫妇、徐新杰等一大批原东区服务队的老朋友，久别重逢，大家都格外高兴。但由于学校已经开学好久，钟浩东一时无法安排他的工作，黎明华只好在基隆中学闲住了一段时间，后来在梅县同乡、原东区服务队黎鸥的帮助下，才在台北商校夜间部找到了一份工友的差事，并常被请去代课，这才解决了生活问题。

来台不久，黎明华就敏锐地预感到省籍矛盾在激化，他十分担心，一连写了好几篇文章投寄给当时言论比较进步的《人民导报》，指出："当前省籍问题正严重激化，这当然应由当局负责，但老百姓如以省籍自我狠斗，则是统治者所乐见的。因为这正好转移视线，混淆目标，把反对不合理体制、贪污腐败的力量，变成人民自我抵消的力量。"果然不久后就发生了震惊中外的"二二八"事件。

2月28日下午，黎明华和两个梅县同乡到台北新公园会面，"我们刚走到钟塔下面，突然有六、七个人围上来，用闽南话和日语问话。那时，我们三人还不会讲闽南话，日语更不会说，莫名其妙地挨了一顿打"。他们赶紧突围，一路飞奔，逃到厦门街叶企华家躲了起来。

事变逐渐平息之后，黎明华辞去了台北商校的职务。3月下旬新学期开学后，黎明华在钟浩东的安排下，正式到基隆中学训导处当干事。那时，父亲徐森源正好担任训导处主任。黎明华说："在基隆中学，多数都是东区服务队的老朋友，思想言行大家都心照不宣，但我还没有恢复组织关系，也不确定他们那些人有组织关系，但我曾到东江纵队，多数人都是清楚的，大家都替我保密。事务主任谢其干，人家怀疑他是特务，森源警告我要对他小心。数年以后证明，大家的猜测没错，他的儿子在调查局工作，谢本人则属外围，但谢在基中并没有嗅出什么。"

黎明华在基中只工作了一个月的时间。一天，他跟黄怡珍同乘火车从八堵去台北，黄怡珍告诉他："乡下有一所私立中学要聘教员，问我要不要去？我略问了一些情况就答应下来。她说，刚好星期日教导主任姚锦先生要到我家，约我届时同他见面。"就这样，黎明华在当年5月20日又转到新竹县的义民中学，担任历史、地理、音乐老师。这所中学总共有14位教职工，除了姚锦和黎明华之外，其余的全都是本省客家人，所以同是客家人的黎明华，很快就跟他们打成了一片。

在此期间，黎明华在台北时就认识的家在新竹乡下的朋友张旺、范新戊和周耀旋等人，常来义民中学找他讨论时局。通过他们，黎明华对台湾农村的情况有了初步的了解。后来，他们又利用节假日结伴下乡，自发到附近农村从事调查研究。暑假过后，黎明华又介绍在基隆中学任职的徐新杰、钟履霜来义民中学任教。

当年11月下旬的一天，寒流初到，天气寒冷，下课后黎明华见有两个陌生客人来宿舍，徐新杰和钟履霜给他介绍：一位年约30多岁，说是"郭先生"；另一位20出头，姓洪。徐新杰说他们都是钟浩东的朋友，要在学校住一段时间。他们分别住了一个星期和十多天就走了。后来黎明华才知道，"郭先生"就是原台南新丰农校校长陈福星。不久后，又来了另一位"郭先生"，徐新杰说他是"自己人"。然后"郭先生向我们作时局报告。这天是礼拜天，在日式房屋的走廊上，初冬的暖阳拥抱着我们。'我是组织成员之一'，他开门见山地自我介绍说。'我们都是自己人，以后办个手续就行了'。"

自我介绍过后，"郭先生"首先简要介绍了大陆人民解放战争的大好形势，随后谈到党中央对台工作的方针政策和策略，分析了"二二八"事件的本质和成因，最后说有位吴先生会来看他们，以后就由他来和黎明华他们联系。吃过晚饭后，"郭先生"就匆匆走了。这位"郭先生"不是别人，正是上次来的"洪先生"（洪寄樵）的哥哥，中共台湾省工委委员兼宣传部长洪幼樵。此时，已经离开基隆中学的我的父亲徐森源，在台中也是在洪幼樵的领导下从事党的地下工作。

洪幼樵来过后不久，化名"吴先生"的张志忠（省工委委员兼武装部长）来义民中学与黎明华等人见面，从此，黎明华重新入党，恢复了组织关系，并与徐新杰、钟履霜组成了一个党小组。此后，张志忠每周来联系一次，给他们以工作指导。

义民中学地下党小组成立后，团结全校教职员，努力开展工作，积极发展组织，仅由黎明华吸收入党的就有张旺、周耀旋、范新戊、姚锦、孙晓薇等数人，在此基础上建立起了中坜和杨梅两个支部，他们还深入农村，在新屋、青埔、湖口海岸线建立起了一些农村据点。到1949年9月黎明华离开义民中学时，中坜地区的地下党组织得到了很大的发展，入党人数不断增加，影响不断扩大，黎明华说，"有三所中学（义民、中坜、农校）和两间国校（中坜、杨梅）被中共据为宣传教育基地，后来会成为具有抗争传统的城市，与此不无关系。"

1949年4月，国民党政府拒绝在和谈协定上签字，随即人民解放军百万雄师横渡长江，以摧枯拉朽之势很快占领了南京、太原、武汉、上海、青岛……席卷大半个中国。

5月的一天，张志忠在找黎明华汇报工作时向他传达了省工委的初步决定："依据战局的发展情势判断，解放军可能在一年内或稍迟些进军台湾，我们务必把'迎接解放'的政治口号转到实际行动——'配合解放'上面来。"其中之一，就是要求党员干部，尤其是农村干部，应熟悉周围地形、道路交通状况、海岸线和丘陵山地的一般情况，并通过各种关系做好普通群众的工作……接着，张志忠又跟他谈到武装斗争的必要性和可能性等问题，并要黎明华利用暑假写一份有关武装斗争的小册子，当作干部教育的教材。张志忠说："依靠人民搞人民游击战争，现在台湾有经验的人大概只有老郭（洪幼樵）和你、我几个人，我们都很忙，你可以依据东江纵队的经验，结合毛主席的《论持久战》和其他军事著作，拟一个提纲出来，不过要特别注意台湾的特点……"

张志忠走后，黎明华立即向张旺、姚锦等人传达了上述指示精神，要他们和手下成员尽量多的下到沿海的大园、观音、新屋各乡，拜访学生家长，熟识道路、交通状况，参观防风林和沙滩、渔港，并顺便做宣传工作……他自己也去龙潭、关西、芎林、北埔、新埔各乡到处"游山玩水"，访问学生家长，还和姚锦一起去沿海地区巡察过两次。

7月初，学期刚结束，徐新杰邀约黎明华去爬狮头山，他们在车站"意外"碰到坐同一班火车南下的钟浩东、蒋碧玉、钟国员等基隆中学的一帮人，他们说也要去爬狮头山。黎明华暗想，"这次郊游登山，恐怕也是钟浩东为了了解山地地形而刻意安排的吧！"

时值盛夏，天气炎热，当他们登上水濂洞时，每个人都已汗流浃背，但大家都有说有笑，兴致很高。登高远望，只见山下岗峦起伏，一大片丘陵地从峨嵋、宝山直到大海，背后则是愈来愈高的横屏背山、鹿场大山，右后方则是五指山。钟浩东颇有深意地连连赞叹道："真是好地方！真是好地方！"

他们沿着山道继续爬行，一个个意气风发。此时有人带头唱起了《太行山上》，大家群起和之："红日照遍了东方，自由之神在纵情歌唱……"。一曲唱罢，再唱一曲，当年在东区服务队时经常唱的《烟雨漫江南》《风雪太行山》和《再会吧香港》等等，都被他们唱了一遍。黎明华说，"我们都沉湎在罗浮山的那段岁月里，每个人似乎也都憧憬着不久将来又会踏上这些山地作'征途'。但大家心照不宣，没有一人把它说出来。"不知不觉之中登上了狮头山顶，他们坐在树荫下休息。山顶视野格外开阔，对面是神桌山，左手边是横屏背山，再往后是鹿场大山，山下是一衣带水的南庄溪，绿叶掩映的溪水蜿蜒曲折，自红毛馆、东河流经南庄、田尾、龙门口、三湾、头份，直到竹南入海。黎明华没有想到，这一带就是他不久之后活动的基地之一。

从狮头山回到中坜后不几天，张志忠又来义民中学找黎明华。黎明华把已经完成的提纲——《怎样开展台湾人民游击战》交给了张志忠。张志忠向他传达了"党要向国民党展开政治宣传攻势，配合人民解放军登陆作战"的决定，并把一包宣传品交给他，告诉他："7 月 10 日晚上，不能提前也不能延后，在中坜、杨梅、湖口等地，把这些东西散发出去。"这些宣传品包括《人民解放军布告》、省工委、台盟、解放军驻台代表联名的《告台湾同胞书》，以及一些字句明确简单的小张传单。张志忠走后，黎明华立即找张旺和宋增勋商量，决定由张旺负责湖口地区，宋增勋负责杨梅，中坜则由黎明华自己负责。

10 日傍晚，黎明华向学生借了一辆单车，等到半夜 11 点左右，他骑着单车前往中坜，先后在新街、庙口、中坜初中和小学的校门口、操场、教室和走廊，以及义民中学的校门口，神不知鬼不觉地把那些宣传品都散发或张贴出去了。事后张志忠告诉他，这次行动是省工委布置的全省的同步行动，它展示了我们的力量，瓦解动摇了敌人的士气，但这也会引起敌方的严密注意，对此，我们不得不防。

8 月初，暑假学校招生考试完毕，一天，老师们正在阅卷，新竹商校一位姓杨的同乡突然气急败坏地闯进办公室里来找黎明华，手里还拿着一串钥匙，说"迈东（徐新杰）人突然不见一星期了，校长林启周被捕了也没人闻问。"他问黎明华"迈东的东西怎么办？"并要把钥匙交给他。实际上，黎明华此时已经知道林启周被捕的消息，徐新杰也已转移他处，但黎明华不知杨某的真实身份，怕他是来摸底的特务，于是就推说他不知道徐新杰的去向，说"钥匙你带回去，他应该会回来的，也许跟朋友游玩去了。"

阅卷工作结束后，8月中旬，黎明华北上基隆，按照蒋碧玉给他的地址，坐火车南下屏东把徐新杰从邱连球家中接了出来，他们在台中我父亲家里住了一晚，次日又把徐新杰带到杨梅山上一个姓胡的同事家中暂时隐藏起来。

8月26日，黎明华突然心血来潮，想到暑假快结束了，决定利用空闲时间再次北上，到基隆中学看看老朋友。到了基隆中学，恰好钟校长不在学校，吃过晚饭后，他先到东侧宿舍看望方弢、张奕明夫妇，随后就到右侧新建的一栋宿舍外头树底下，跟蒋碧玉、钟国员纳凉聊天。蒋碧玉悄悄告诉他，她在台大法学院念书的弟弟戴传李出事了，已经到南部去避难。

当晚，黎明华就在基隆中学和钟国员同床共眠。睡到半夜，突然一阵急促的敲门声把他俩惊醒，黎明华说，"我听到蕴瑜（即蒋碧玉）姊妹不知哪一位开门，听到进来几个人大声问话要找钟校长。……过了好一会，有人来敲国员的门，国员亮了灯，开门进来一位佩枪的年轻特务，要看我们的身份证。他问我'从哪儿来？找谁？'我回答说，'找国员，我们是梅县同乡。'他没多刁难就出去了。"不久，特务就把蒋碧玉和她妹妹戴芷芳抓走了，这使自己送上门来的黎明华虚惊了一场。

次日一大早，漏网之鱼黎明华赶紧搭火车回到中坜义民中学，把基隆中学出事的消息告诉姚锦等人，并商量撤退事宜。刚好第二天（8月28日）是他和张志忠会面的日子，张志忠听完黎明华的汇报，当即指示他9月1日晚间离开中坜。

9月1日义民中学开学，黎明华照常到校上课。晚上9点，他按照张志忠的事先安排，搭火车南下湖口，先到老范（范新戊）家住了一晚，第二天一大早再到车站会见"郭先生"。见面后才知道，两年前曾经在他宿舍住过的"郭先生"，原来就是陈福星。跟陈福星一起来的，还有初次见面的曾永贤。随后他们三人搭火车南下，辗转来到苗栗三湾乡内湖村，住进了山脚下一个叫孙阿泉的年轻人家里。从此，黎明华正式转入"地下"，化名"阿春哥"，与陈福星（改称"老洪"）和曾永贤一起，自然形成了当地的三人领导小组，他们以孙阿泉家为中心，在竹南地区"展开群众工作和组织成员的教育工作。"

当日午饭过后，他们就在屋右边的寮棚中开会，决定以推动"三七五减租"为工作重心，团结争取广大农民群众，借以发展壮大组织。于是黎明华在孙阿泉、江添进的带领下，首先拜访了当地的几位主要组织成员和群众。随后他打扮成乡下人的模样，走遍了神桌山、狮潭、大河底、狮头山一带的大小山路，深入农家，了解当地的社情民情。

一个星期过后，老洪来到三湾举行定期工作报告。老洪私下告诉黎明华，就在他离开中坜后的第三天晚上，100多名军警特务突然包围了义民中学和中坜农校，抓走了两名跟钟蔚璋同住一个宿舍的同事。钟蔚璋和黎明华同是广东客家人，也是原东区服务队队员，幸好那晚他不在学校，侥幸躲过一劫。老洪还告诉他，9月9日基隆中学再次被进攻，抓走了钟国员、张奕明等四名老师，与基中有关的九名学生和老师，包括戴芷芳的哥哥戴传李在南部被捕，还听说校长钟浩东也被捕了等等。黎明华预感到一场大的风暴即将来临。

又过了一个星期，徐新杰和钟蔚璋也在组织安排下转移到了三湾地区，黎明华把他俩分别安置到神桌山和大河底的群众家里暂住，他自己则仍然继续不定期地四处奔忙。

为了更好地掌握时局的发展，了解详细具体的情形，黎明华和徐新杰等人想尽办法自制了一台十分简陋的手摇发电机，就在神桌山上刘鼎昌的家里，收听新华社的记录新闻广播。9月21日晚，当他们收听到毛泽东在中国人民政治协商会议上的讲话和政协决议，宣告成立"中华人民共和国"时，激动得热泪纵横，心情久久难以平静，情不自禁地哼起了《义勇军进行曲》。

10月1日北京举行开国大典，竹南地区的中共地下组织，分别举行了小型庆祝集会。过了一段时间，老洪和曾永贤带来了《开国文献》和毛泽东的《论人民民主专政》《人民政协共同纲领》以及天安门广场盛大庆典的相关报道、中央政府各部会名单等文件。他们就《论人民民主专政》的内容进行了讨论。

10月中旬，张志忠来三湾视察，黎明华向他汇报了三湾地区的工作情况。随后，张志忠详细询问了竹南、苗栗地区的地形、交通设施以及进行武装斗争的可能性。最后说，他计划在12月中下旬把竹南地区的干部集中起来，举办为期一周的干部训练学习班，指示黎明华选择一个适当的场所，并商定了参加学习班的人选。临走，张志忠又把那份经过省工委审定的《怎样开展台湾人民游击战》的提纲交还给黎明华，并特别交代他，在学习会举行之前把小册子写出来。

张志忠离开三湾后，黎明华就在孙阿泉家里集中精力写他的《怎样开展台湾人民游击战》小册子。12月中下旬，学习班开班，地点在神桌山刘鼎昌提供的一个山寮里。由张志忠亲自主持，一共有15人前来参加，除了张志忠、老洪、曾永贤、黎明华、钟蔚璋、徐新杰之外，其他都是已经加入组织的当地农民、小商人和中小学教员。①

学习班的学习文件有陈云的《怎样做一个共产党员》、刘少奇的《论共产党员的修养》以及毛泽东的《新民主主义论》和《论人民民主专政》，还有其他一些辅助材料。张志忠以陈云的《怎样做一个共产党员》为重点，讲述了怎样做一个共产党员、怎样联系群众、领导群众的道理。经过整整一个礼拜的系统学习，大家都感到理论上、思想上充实了许多。黎明华说，"张志忠直接领导的台湾的'乡村'党，包括台北的海山、汐止、宜兰区，现在的桃竹苗区和台中、云林、高雄部分地区，能够在对方疯狂镇压下坚持三至六年的艰苦奋斗，同张志忠在1949年底在海山、龙潭和三湾三地举办的学习班，有不可分的关系。"

张志忠在三湾办完学习班刚回到台北，12月31日，就在台北新公园住家被国民党特务秘密逮捕了。

1950年2月5日黄昏，晚饭后黎明华正在帮孙阿泉家做一些杂事，突然有个30来岁操福佬口音的陌生男子来找"阿荼"（阿泉），说是"老吴"要他来的。孙阿泉不在家，于是黎明华就出来见他。

那个陌生男子指了指他手上提着的一个皮箱说："'老吴'（张志忠）叫我把这个皮箱交给你们。他要我告诉你们，台北的形势很紧张，他最近就会下来，要你们把竹南、苗栗地区党组织的重要干部集中起来，他有重要事情要

① 黎明华在回忆录中说，学习班1950年2月15日开办，显然他记忆有误。据蓝博洲考证，张志忠夫妇已于1949年12月31日在台北被捕，张志忠在狱中，如何前往三湾主持学习班？此其一。其二，黎明华在回忆录中又说，1950年2月某日三湾地区地下组织遭保密局破坏，而此处又说张志忠1949年底在海山、龙潭和三湾三地举办学习班，岂不自相矛盾？据本人推断，三湾学习班的开办时间，应在1949年12月中下旬。

和你们开会讨论。"然后他把提箱交给黎明华，并约定 10 天后会面就走了。

黎明华不免有些疑惑，"老吴"是张志忠在竹南地区活动的化名，除了组织内部的成员，一般人是不知道的。而且按照组织原则，张志忠应该通过老洪或曾永贤跟他联系才对，怎么会突然派一个陌生人来找他？于是他把那只皮箱打开来检查。里边装有张志忠经常穿的西装上衣、一条领带、一部收音机、一把白朗宁手枪和 30 多发子弹，没错，确实都是张志忠平时随身携带的重要东西。

黎明华还是不放心，他把白朗宁手枪的零件一样一样的拆下来，发现弹匣受到了破坏，弹簧扭曲了，子弹无法上膛。他继续拆下撞针，好家伙！撞针竟然被截断了几毫米，怎么试都撞不上引信。再检查收音机，发现真空管少了一只，变压线也被截断了。特务们再狡猾也万没想到，乡巴佬的"土共"里边也有懂枪械和收音机的能人。

黎明华已经心中有数，但并未声张。四天后是与老洪、曾永贤在孙阿泉家定期会面的日子，黎明华把见面地点改到了神桌山上，连同徐新杰、刘云辉、江添进、孙阿泉一共七个人，就在竹林中开会。黎明华向大家通报了他发现的重大疑点。大家一致认为，"老吴"很可能已经被捕，情况紧急，必须尽快把参加过竹南地区学习班的十几名重要干部转移到桃园或苗栗地区。

很巧，黎明华和特务约定的日子（2 月 15 日），恰好是旧历年除夕的前一天，在这样的日子里要大家离开家实在是倍感困难的事情，其中孙阿泉等几个人从未出过远门，刘南辉则新婚还不到一个月，但大家都听从组织的决定，很快就分散出走，完成了转移。

2 月 15 日晚上 8 点，"保密局"特务果然按照约定的时间，动用了 100 多名宪警特务，层层包围了孙阿泉家和他家邻居的三家房屋，妄图把三湾地区的地下党重要干部一网打尽，结果是扑了个空。此后几天，恼羞成怒的特务们分多路对竹南地区的竹南、头份、三湾、南庄、造桥等地展开地毯式的搜捕，把 200 多个无辜乡民抓去坐牢。

地下党人的活动基地神桌山（徐基东摄）

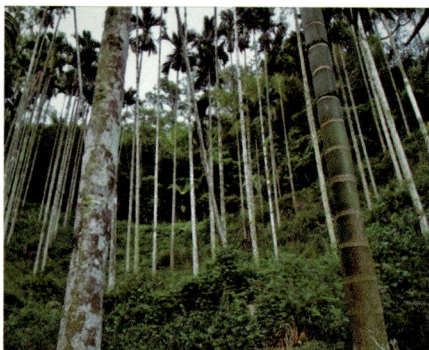

地下党人的藏身之所苗栗三义鱼藤坪
（徐博东摄）

对于三湾地下组织遭破坏一事，黎明华说："我也曾经想过特务何以能找到孙阿泉这个线索并布置将我们一网打尽？……难道是'老吴'对敌使诈，故意暴露一个线索，并建议一个十分幼稚可笑的办法来诱骗我们，而敌人居然相信了。在对敌斗争中，灵活运用策略是许可的。我想，'老吴'被捕是特务长期跟踪的结果，他到三湾也许被跟踪过，他的化名'老吴'也是内部从上到下都知道的，很可能特务也知道了，他在特务盘诘刑讯之下，也许因势利导，承认了孙阿泉这个据点，并作了上述的建议。他这样做有个好处，那就是对我们提供了讯息，让我们有时间做出紧急处置，否则特务直接向孙阿泉及他的朋友下手，后果也很严重。另外也可暂时缓和一下特务对他的进攻，争取时间调整对敌斗争形态。谁都了解，人的精神和肉体承受压力是有其极限的，在无法忍受的时候，在生不如死而又死活不得的时候，在精神恍惚下，往往就会乱说，真的假的都出来了。往后的事实证明，50年代白色恐怖制造了大批大批的假案，被牵连的以万人计，就是特务酷刑施暴的结果。"往后过了相当长时间，还在桃园、苗栗、竹东、中坜、海山等公开工作岗位上的曾永贤、姚锦、黄培奕等一批人及其组织，都安然无恙，没有出问题，黎明华说，"使我更加相信，'老吴'是用了最大的力量在保护组织的。"

旧历年除夕前分散撤退时，按照事先安排，黎明华与江添进、徐新杰、钟蔚璋四个人一组，在高山密林中隐藏了半个多月，直到3月份春暖花开时，才与曾永贤取得联系，辗转来到苗栗铜锣地区，住进了芎蕉湾谢发树的家里。

此后，从外地转移到谢发树家的地下党人越来越多，为了解决吃饭问题，他们在后龙溪抓鱼。随后，为确保安全，分散干部，同时也是为了从根本上解决生存问题，他们分别在公馆、九份、鱼藤坪一带山区，开辟了四个新的劳动基地。

后来，黎明华又在天花湖基地建起了一个油印室，把收听到的新华社记录新闻，刻钢板油印，出油印小报《简明新闻》，当作内部学习材料。据悉，这是继《光明报》《黎明报》之后，中共台湾地下党最后出版的油印出版物。

艰苦的日子在不知不觉中一天天过去，1950年5月间的一天，第一期油印小报《简明新闻》印好后，老洪、曾永贤、刘云辉和黎明华在天花湖基地开了个碰头会。这一次老洪带来一份十分重要的文件，所谓华东局的"四月指示"。随后，他们根据新的指示精神通盘进行了检讨，重新布置了往后的工作任务。黎明华主要负责恢复和三湾、南庄、狮潭地区的流亡党人联系，以及继续出版《简明新闻》。由于工作量大大增加，此后他几乎都过着昼伏夜出、四处游走的紧张生活。夏收时节很快就到了，黎明华他们又深入附近乡村，动员佃农推展减租减息运动，并取得了一定成果。

正当他们以极大热情深入乡村，从事动员民众工作，以实际行动准备"配合解放"时，6月25日，朝鲜战争爆发，美国第七舰队进驻台湾，黎明华他们清楚地意识到，解放台湾的日子要往后延迟了，他们必须作好长期坚持斗争的思想准备。

1951年2月，鉴于省工委领导蔡孝乾、张志忠等人已在头一年相继被捕，老洪、曾永贤和黎明华决定重整领导机构，由老洪任书记，曾永贤负责组织和统战，黎明华则负责军事、文教和群众运动。在重整过程中，由于老洪与另一位学运出身的干部周慎源发生路线分歧，闹得不可开交，于是就由黎明华执笔，写了一篇批周的文件——《向偏向作斗争》，展开内部整风。但问题一直未能得到解决，老洪决定离开他活动的北部山区，来到苗栗。于是黎明华就把谢发树、谢其淡、张南辉等群众交给曾永贤和老洪，而自己则转移到新竹、桃园一带活动。

当年7月12日，国民党情治部门组成的"特种联合小组"，逮捕了新竹地区的地下党干部刘兴炎，并采用计谋很快说服了刘兴炎秘密"转向"。7月

17 日，是刘某与黎明华见面汇报工作的日子。黎明华从苗栗走了一天的山路，来到龙潭一个梁姓群众家里，准备与刘兴炎会面。约定时间到了，刘某还没有来，按说黎明华不但自己应该马上撤退，还要立即通知相关人员转移才对。可是由于黎明华实在太累了，就想休息一下再走，不料他竟一睡就像死猪似的睡熟了。就这样，黎明华在睡梦中不幸被捕。

黎明华被捕后，特务们"针对其多年疲惫艰困之流离生活……予以爱抚慰说，使其心理上有不胜创伤之感慨而动摇，并依据监狱卧底或其他方面所获之正确资料加予质讯，揭破其伪装弱点，另从理论与现实各项问题，多方争取说服。"① 这样，经过长达七天七夜的疲劳审问之后，黎明华实在扛不住了，在"大势已去、留得青山在"的心理支配下，痛苦地选择了"自新"。

黎明华被捕后，老洪、曾永贤、萧道应等决定"重整省委组织"，并将地下主力转移到苗栗地区。此后，"特种联合小组"接受刘兴炎和黎明华的建议，将"新竹地委"干部范新戊抓捕，经一周说服后范某同意充当"卧底"，并于 9 月初将他派往苗栗山区，通过劳动进行渗透工作。

同年 11 月 25 日，台北各大报登出黎明华与刘兴炎等九人联名发表的"致尚未自首的'中共台湾省工作委员会'首要负责人老洪"的公开信，劝其带领所有"潜台干部""悔悟自首"，并称："犹豫不决非幸福，坚持错误是毁灭"。②

1952 年 1 月 7 日，台北各大报再次登出黎明华与刘兴炎等人联名宣言，声称"脱离共党、解散重整后的各级组织"，并"号召党羽停止一切活动，自动向政府办自首手续"。③

4 月下旬，在"卧底"范新戊的诱骗下，萧道应、曾永贤、老洪先后在三义鱼藤坪山区被捕，"重整后的省委组织"被彻底破坏。

同年 12 月 13 日下午 3 时，在有关单位的安排下，黎明华与蔡孝乾、洪幼樵、陈福星等 15 名"自首""自新"的前中共党员，在台北装甲兵军官俱乐部举行中外记者招待会，④ 黎明华在会上介绍了自己的经历，并称："我今后

---

① 《安全局机密文件》（下），第 214 页，李敖出版社，1991 年 12 月。
② "中央日报"，第三版，1951 年 11 月 25 日。
③ "中央日报"，头版头条，1952 年 1 月 7 日。
④ "中央日报"，第四版，1952 年 12 月 14 日。

坚决服从政府的领导，要在反共抗俄的革命事业中尽到我个人的责任。"[1]22日，台北各大报又登出了黎明华向记者发表的题为《我回到自由，走向新生》的书面谈话。

此后，黎明华被安排到调查局从事情报研究工作，直到退休。

晚年的黎明华花了大量的精力和时间撰写他的回忆录，从他回忆录的字里行间，我们可以看出他对自己青年时代的革命经历充满了自豪感，他毕竟为国家为民族为劳苦大众出生入死努力奋斗过。然而，他的回忆录并没有写完，只写到他被捕前夕，就戛然而止没有再往下写了。据受黎明华"全权委托"处理他的回忆录的蓝博洲说："黎明华先生执笔写至国民党逮捕前夕的情景，便因心情复杂，难以为继，遗稿就此中断。"何谓"心情复杂"？显然，黎明华对自己后半生未能经住考验，违背自己的信仰和意愿被迫"自新"，并助纣为虐的痛苦经历，是多么的不堪回首、悔恨内疚，以至于没有勇气把自己的回忆录写完。

1997 年 2 月 3 日，黎明华走完他曲折的一生，因病在台北辞世，享年75 岁。

十、萧道应——"悲剧时代的悲剧演员"

萧道应和夫人黄怡珍（黄素贞），是抗战时期我父母在东区服务队时的老战友。抗战胜利后，父亲又和他们同在台湾从事党的地下工作。父亲生前常常跟我提到萧老伯，然而直到 10 年前读到他的三公子萧开平送给我的《萧道应先生纪念文集》之后，我才真正了解了萧老伯充满荆棘与传奇的一生。

---

① "中央日报"，第四版，1952 年 12 月 15 日。

萧道应（左一）与朋友商议赴大陆参加抗战（1939 年）

萧道应和夫人黄怡珍
（萧开平提供）

萧道应晚年曾经这样评价自己："我出生在一个悲剧的时代，更悲哀的是，我是悲剧中主要的演员。"[1] 这句话，道出了他生前久蓄于心的苦闷、愧疚与无奈。而陈映真在他写的悼念萧道应的文章中则说："萧道应先生是在日据下教育，尤其是高等教育的民族歧视最苛酷的时代中，以一个台湾人乡下孩子，受完当时'台北帝国大学'（今之台大）医学部第一届生教育，并以第一名压倒群英毕业。像这样的殖民地精英知识分子，大可在草创期台湾现代医学界中以行医、研究扬名，跻身于日帝下殖民地仕绅，享受同化臣民的光华，傲视贫疾'落后'的本族同胞……然而青年的萧道应先生却选择了另一条荆棘之路。"[2]

萧道应（1916—2002），又名济寰，台湾省屏东县茄东脚（今佳冬乡）客家人，为当地望族、抗日世家萧宅的后人。萧家祖籍广东梅县（今梅州市梅县区），来台祖萧达梅靠经商发家；二世祖萧清华曾襄助驻台将军李洸抚蕃及开拓恒春、车城和枋山等地，闻名于世；三世祖萧光明，在台南开"萧协兴"商号，经营米谷生意，获利甚丰，与总兵刘永福交好。

1895 年，清廷战败，割台让日，台湾绅民不服，武力拒割，日军既占台

---

[1]　石正人:《萧阿伯，您慢走》,《萧道应先生纪念文集》第 199 页，萧开平、蓝博洲编，海峡学术出版社，2004 年 11 月。

[2]　陈映真:《永恒的忧伤与苦痛》,《萧道应先生纪念文集》第 81 页，萧开平、蓝博洲编，海峡学术出版社，2004 年 11 月。

北，挥师南下。南部客家"六堆"各庄中坚，^①在内埔马祖庙紧急召开会议，商讨抗敌大计，决议筹组抗日义军，誓死抵抗。10 月 11 日，日军第二师团 18000 人于枋寮登陆，随即分三路进攻战略要地佳冬脚。左堆（今佳冬、新埤）总理萧光明挺身而出，坐镇萧宅"步月楼"，率左堆义勇及刘永福留置在佳冬的 400 名兵士，与日军殊死激战竟日，终因弹尽援绝而溃散。义勇伤亡近百人，其中坚守东栅门的萧光明次子萧升祥（萧道应祖父）壮烈牺牲。坚守南栅门的三子萧月祥身负重伤，不久也不治身亡。

萧光明本人脱逃后，藏匿在新埤张家水涵内达一个月之久，为躲避日寇追杀，随后潜往广东梅县祖籍，四年之后才返回佳冬。

萧光明返回佳冬后，日本殖民当局为安抚台民，巩固统治，推举他担任"保甲甲长"，并赐勋授爵，极力加以笼络。但具有强烈民族意识的萧光明，目睹步月楼墙壁上的累累弹痕，他对那场让他失去两个儿子和众多乡亲的生死决斗，一刻也不能淡忘。他表面上苟且偷生，忍辱负重，实则与殖民当局周旋，借以积蓄日后进行反击的能量。于是他戮力经营酿酒和染布，很快便再次成为当地首屈一指的富豪。

此后，伴随着国际形势和岛内政局的演变，台湾人民的抗日运动以 1915 年发生的"西来庵事件"为界标，^②由"武斗"转入了"文斗"；从 1921 年后，"台湾文化协会""台湾农民组合"相继诞生；各地"工会"不断涌现；在此基础上，1928 年春，台湾共产党在上海成立，文化的、经济的与政治的反日斗争风起云涌，形成了新一波台湾民族革命运动的高潮，有力地推动了岛内民族与阶级的启蒙与觉醒。

① 六堆：今日高屏客家各庄的通称，最早是个保乡卫土的民团组织。清康熙六十年（1721 年）朱一贵之乱起，府城已陷，四方震惊，高屏客家各庄联手，武装护卫乡梓。清廷平乱后，对各庄首领授官奖赏，并建"忠义亭"予以褒扬。六堆民团遇有动乱，必集合武力护乡，称"出堆"。今长治、麟洛地区为"前堆"；竹田为"中堆"；内埔为"后堆"；里港、武洛、美浓、高树、杉林、六龟地区为"右堆"；新埤、佳冬为"左堆"；万峦地区为"先锋堆"。

② "西来庵事件"：1915 年发生于噍吧哖（今台南玉井），故又称"噍吧哖事件"，起义事件领导者为余清芳，故亦称"余清芳事件"。这个事件是日据时期台湾人武装抗日事件中规模最大的一次。当时余清芳在台南市"西来庵"王爷庙假借神佛名义宣扬抗日思想，后来又认识台中人罗俊及楠梓人江定，于是共同密谋组"大明慈悲国"。宣称日本据台 20 年，气数已尽，余清芳受王爷神示，说中国将派大军前来支援。消息被总督府侦知，余清芳潜逃，日军入山围剿，至 1916 年 4 月事平。被捕者达 1957 人之多，其中 866 人被判死刑。在舆论压力下，四分之三的死刑犯被减刑为无期徒刑。

1916 年，萧光明的曾孙萧道应，就出生在这样一个特定的时代和家庭里，"抗日家族的血缘，步月楼可见的斑斑弹痕，以及父祖辈们经常谈起的那段惊天地泣鬼神的战斗往事，以及'台湾文化协会'以来的台湾抗日民族革命运动的启蒙，决定了他日后注定要走的抗日之路。"[①]

1933 年，萧道应从高雄中学毕业，考入台北高等学校。"那个时代，日本学生经常欺负我们台湾学生。"萧道应当时的同学邱林渊回忆说。打小民族意识就很强烈的萧道应，是那些敢于反抗的台湾学生之一。"当时，日本殖民当局不准台湾学生在学校说台湾方言。有一次，有一些台湾学生说台湾话被一些日本学生听到，他们就要来欺负那些说台湾话的台湾学生。结果，这事被萧道应、许强和谢有福等人知道了，他们就毫不退缩地起来反抗那些日本学生。……萧道应和许强都是非常有志气的台湾青年，他们面对日本人的压迫，很敢反抗。这在当时，需要不小的勇气，因为，如果因此而被退学、赶出学校的话，是很麻烦的。"当时，萧道应和许强他们利用台北高等学校相对自由的学习环境，课余展开了思想探索，"除了反封建，我们也常常谈到日本殖民统治的问题。……我们认为，一切'争取台湾人权利'的合法斗争是没有用的，反而有害。……整个问题的重点是为了使我们自己不要忘了'我们是中国人'的事实。"萧道应说[②]。

据萧开平回忆："父亲曾提及他在高等学校时，就由台南的亲家介绍一位颜姓望族闺女，当初印象还不错且几已论及婚嫁。一日共同出游，就在搭火车由台北经圆山往北投的路上，当时，火车在经过在圆山半山腰上日本军国主义的神社时，大部份的日本人或假日本乘客会在经过时起立鞠躬致敬。就因搭火车时，这位本来非常可能成为我母亲的女士，非常恭敬起立朝向神社行了个大礼，父亲马上因此改变主意，解除婚约。"[③] 由此可知，青年萧道应对日本殖民统治有多痛恨！

① 蓝博洲：《萧道应先生传奇而悲苦的道路》，《萧道应先生纪念文集》第 109、112—114 页，萧开平、蓝博洲编，海峡学术出版社，2004 年 11 月。

② 蓝博洲：《萧道应先生传奇而悲苦的道路》，《萧道应先生纪念文集》第 109、112—114 页，萧开平、蓝博洲编，海峡学术出版社，2004 年 11 月。

③ 萧开平：《怀念我们的父亲／代序》，《萧道应先生纪念文集》，萧开平、蓝博洲编，海峡学术出版社，2004 年 11 月。

1936 年 3 月，萧道应从台北高等学校毕业。同年 4 月，与许强、谢有福、邱林渊等人一起，考入台北帝国大学（今台湾大学）医学部第一届就读。次年，也就是 1937 年七七事变爆发，大陆全民族的抗日战争就此拉开序幕。面对民族危亡，像萧道应这样具有强烈中华民族意识的台湾青年，很自然地把他们的目光投向了祖国大陆，他们再清楚不过：台湾的前途，与祖国大陆的命运息息相关！

于是，和日本殖民当局强制推行的"皇民化运动"背道而驰，一时间岛内兴起了一股学习中文、学讲"北京话"的风潮。也就在这个时候，因为学讲"北京话"，萧道应结识了一批志同道合的朋友，并从此走上了抗日救亡、谋求人民解放的革命道路。

教萧道应他们讲"北京话"的老师叫黄素贞，孤儿出身，小时候跟开糕饼店的养父母在福州生活，接受教育，中学毕业后随养父母回到台北汐止老家，靠教北京话维生，后来成为陪伴萧道应走完传奇一生的伴侣。黄素贞回忆说："这些学生大部份是民族意识强烈热爱祖国的客家人"，"他们包括从日本回来度暑假的钟和鸣（浩东），钟九河、邱仕荣和萧秀河、萧和应、萧道应等；另外还有不是客家人的许强。我除了教他们北京话之外，也教他们唱《总理纪念歌》和《义勇军进行曲》；因为大家年纪差不多，下了课，大家就会谈论起中日战争的局势。当时，他们认为，这次的中日战争实质就是关系着中华民族生死存亡之战，我们与其在台湾这样活下去，不如回大陆参加抗战。这也是他们学国语的目的。后来大家决议：既然大部份人是学医的，那么，干脆就组个'医疗服务团'吧！"①

1939 年春，台湾广播电台招考对华广播会讲北京话的播音员，管区警察强要黄素贞报考。黄素贞"不愿意替日本帝国主义的侵华战争作宣传"，于是在萧道应的策划下，以"就要跟我（萧道应）结婚，不方便再到外头工作"为由，骗过了管区警察的强逼报考。为能取信于管警，征得黄素贞养父母的同意，"萧道应和钟九和就在大龙峒租了一间二层楼房，我也'假结婚'地搬

---

① 转引自蓝博洲：《萧道应先生传奇而悲苦的道路》，《萧道应先生纪念文集》第 112—114 页，萧开平、蓝博洲编，海峡学术出版社，2004 年 11 月。

过去和他们同居。"①萧、黄二人日久生情，一年后的1940年春，这对"假夫妻"弄假成真，果然喜结连理！

至于原先的"医疗服务团"之议，却因种种原因，未能组成。最终，钟和鸣（浩东）和他的新婚妻子、护士出身的蒋碧玉（蒋渭水的养女）、萧道应、黄素贞夫妇及钟和鸣在南部家乡的表弟李南峰，三男二女，一共五人，决定结伴而行，返归祖国大陆参加抗战。

可是，1940年2月，正当他们办妥护照即将启程的当口，萧道应在佳冬老家70多岁的祖母突患重病，卧病在床，需人服侍，再加上再过几个月萧道应就要从医学院毕业，于是，他们决定钟和鸣夫妇和李南峰三人先行乘船去上海，探路打前站，随后萧道应夫妇再赶到上海与他们会合。

为了筹措前往大陆的经费，逃避殖民当局对黄金和现金的管制，他们把从瑞芳、九份买来的黄金设法烧成细条状，出发时塞进钟和鸣、李南峰和萧道应三人的肛门里，先后夹带出境。

此时，正值南京汪伪政权成立、日寇大举进攻中国，形势日紧，上海通往内陆的交通业已中断，当萧道应夫妇当年7月下旬抵达上海时，钟和鸣已经先行前往香港探路。夫妇二人与蒋碧玉、李南峰会合后，一行四人随即化装成客家华侨，乘船南下，转往香港与钟和鸣会合。为了表示义无反顾回国抗日的决心，在船上，他们四个人把日本护照撕毁，丢进了海里……

与钟和鸣在香港会合后，一行五人便搭乘广九铁路的火车，顺利进入了广东境内。后来他们在大陆的传奇故事，前文已有详细叙述，这里不再重复。

话说抗战末期，日本投降前夕，萧道应夫妇和我父母亲、钟浩东夫妇及李南锋等人一样，都差一点参加了中共领导的东江纵队。萧道应回忆说，"抗战胜利前一年多，东区服务队已解散，东区服务队已有好几位队员投奔到东江纵队去了。我于是去找担任东江纵队大队长的同乡钟国辉说：'我要参加（东江纵队）！'他说：'好吧！你住什么地方？'我说：'罗浮山的徐福田。'后来，就有一个姓薛和另一个姓王（或黄，忘记了）的人来找我谈话。但是，

---

① 黄素贞：《我和老萧的革命岁月》，《萧道应先生纪念文集》第6页，萧开平、蓝博洲编，海峡学术出版社，2004年11月。

因为我们是日本籍，东江纵队便把我们当作是国际友人，很客气……"① 可是，后来同样因为国内政局的演变，阴差阳错，萧道应夫妇与东江纵队失去了联系，没能去成。随后，萧道应夫妇不得不来到广州，并接受丘念台的邀请，出任由丘担任"顾问"的"台湾籍官兵集训总队"的教官——萧道应被任命为集训总队的中校政训主任，黄素贞任少校教官兼女子大队副大队长。

所谓"台湾籍官兵集训总队"，是日本投降后国民政府接受丘念台的建议，在广州花地设立的台湾籍日本官兵训练所，该所将日本政府征召到中国战场当军夫、通译、护士的一千多名台湾人集中起来，派教官进行集中管理。这些人来自台湾全省各地，文化程度参差不齐，思想各异，"他们普遍对日本战败，自己所处的境遇和未来前途，感到迷惘与遗憾"。尤其是女护士们，"时感困惑，惶恐，经常有人因为感情不平衡而自杀。念台先生于是带着我们，用台语、日本语，给她们解释和训话，这才渐渐把他（她）们的情绪安定下来"。②

训练所注重精神训练，通过上历史课，讲述台湾历史和中国抗战史，让他们了解日本侵华和中国收复失地的情况，以及台湾回归中国怀抱后，台湾人作为一个中国国民的责任等等。

也就是在这个时候，东江纵队的人又与萧道应秘密取得了联系。萧道应说，"有一天，张旺（他也是国际友人）奉组织之命，找我联系，要我发展集训总队里头的组织。我要他提名单，他就提出张旺、邓锡章、王诗琅、萧太太和我。因此，可以说，那个总队已经被我们占领了……"③

萧道应等人充分利用在"集训总队"的公开合法身份从事隐蔽的组织活动，教育培养了一批集训队的队员，"正因为这样，回到台湾以后，里头的队员，包括石聪金、黄培奕、赖阿焕、王石头和女队员高草，也都投入了'台湾省工作委员会'领导的新民主主义革命。"半年之后，1946 年的 5、6 月间，

---

① 转引自蓝博洲：《萧道应先生传奇而悲苦的道路》，《萧道应先生纪念文集》第 138、141、142、144 页，萧开平、蓝博洲编，海峡学术出版社，2004 年 11 月。

② 黄素贞：《我和老萧的革命岁月》，《萧道应先生纪念文集》第 51 页，萧开平、蓝博洲编，海峡学术出版社，2004 年 11 月。

③ 转引自蓝博洲：《萧道应先生传奇而悲苦的道路》，《萧道应先生纪念文集》第 138、141、142、144 页，萧开平、蓝博洲编，海峡学术出版社，2004 年 11 月。

萧道应、黄素贞夫妇、钟浩东、蒋碧玉夫妇和李南锋，当年毅然西渡大陆、参加祖国抗战的"五人组"，先后回到了阔别六年之久的光复后的台湾，从此开始了他们新的人生旅程。

与此同时，我的父母和一批原属东区服务队的队员，也先后来到台湾。萧道应通过他当年读帝大医学系时的老师杜聪明，到台大医学院法医学系当讲师，从事他所熟悉和热爱的病理及解剖学的教学与研究工作。然而，大陆六年参加抗日救亡工作的亲身经历，进步理论书籍和周遭共产党人对他们潜移默化的思想影响，是如此的强烈和深刻，如今，目睹光复后国民党在台湾倒行逆施的黑暗统治，促使钟浩东、萧道应他们很快便毫不犹豫地选择了跟着中国共产党。

萧道应说，"光复前，陈仪的训练班招募人，我推想那边（共党）的想法，所以发动朋友尽量去参加，以便打入各机关，连党工训练班都叫人进去。所以，我认为，不管是党部也好，警局也好，有很多我们自己的人。……我曾经介绍王诗琅到台湾省党部任职。当时，就连王致远也不知道我与王诗琅的关系。"① 此时，还没加入中共的萧道应，就已经开始自觉地在为党工作了。

这一年冬，萧道应又与原东江纵队的薛某取得了联系，并由薛某介绍认识了中共台湾省工委委员兼武装部长张志忠。

1947 年 2 月，"二二八"事件爆发。当年 9 月，黄素贞离开工作了一年的基隆中学，转到由另一位原东区服务队队员王超筠任校长的台北第一女子中学担任庶务主任。其时，张志忠的太太季沄也在北一女任教，从此张、萧两家来往甚密，成为通家之好。黄素贞说："当时，在北一女有不少地下党人，只是我们彼此不清楚。"②

同年冬天，萧道应由张志忠介绍加入了中共地下党，"接受张领导，担任上层统战与社会调查研究工作"。③ 当年底，萧道应把前广州"台籍官兵集训总队"队员黄培奕和石聪金介绍给了张志忠。

---

① 转引自蓝博洲：《萧道应先生传奇而悲苦的道路》，《萧道应先生纪念文集》第 144 页，萧开平、蓝博洲编，海峡学术出版社，2004 年 11 月。

② 转引自蓝博洲：《萧道应先生传奇而悲苦的道路》，《萧道应先生纪念文集》第 150—155 页，萧开平、蓝博洲编，海峡学术出版社，2004 年 11 月。

③ 《安全局机密文件历年办理匪案汇编》（下），第 208 页，李敖出版社，1991 年 12 月。

1948 年"二二八"一周年前夕，张志忠交给萧道应入党后的第一个任务——在莺歌、山仔脚铁路沿线书写纪念"二二八"的标语。

事有凑巧！前"台籍官兵集训总队"队员黄培奕的家，正好在纵贯铁路桃园到莺歌下坡路段前两公里处的山边坎下，非常隐秘。因为地利之便，萧道应接受任务后，随即指派黄培奕和石聪金负责完成这一任务。石聪金后来回忆说，"我和黄培奕接到萧道应的指派令后，于是在二二八周年纪念日的前二天，趁着暗夜，在桃园莺歌间铁路下坡段沿途的驳坎上，用红漆涂写：毋忘二二八！血债血还！记住二二八！台湾青年起来！……等等大字标语。后来萧道应告诉我们，张志忠看了这标语，非常满意，并夸奖我们做了重要的工作。"①

顺利完成党组织交代的第一个任务，萧道应也很有"成就感"，他说，"石聪金和黄培奕写的字很漂亮，好几天都擦不掉，再加上地点又好，南来北往的乘客都会被窗外那醒目的朱漆红字所吸引。"称赞他俩说，"你们在这时候做出了伟大的工作。"②

当时在台北，秘密加入中共地下党的医务界人士不乏其人，萧道应说，"虽然我的朋友差不多都是党员，可我没有介绍过任何一个人入党。有一天，张志忠叫我去主持一个小组会议，他说，有一个支部，你什么时候去主持开会。我于是在他所说的时间，前往南昌街谢桂林医师家，进去一看，在座的都是些医生，包括许强、郭秀琮、谢桂林、翁廷俊在内。……现在看来，它可能是'台北市委'下面所属的医师组织，但不是台大医学院方面的支部。"③

1948 年春，萧道应出任台大医学院中共地下党支部书记。当年底，黄素贞和季沄一起，从北一女转往大同中学任教。黄素贞说，"季沄很喜欢坐三轮车，她认为要搭乘很方便。后来听说，特务就是伪装成三轮车夫，载上她后就把她逮捕了"。④

---

① 蓝博洲：《台共党人的悲歌》，第 244 页，台湾人民出版社，2012 年 7 月。

② 转引自蓝博洲：《萧道应先生传奇而悲苦的道路》，《萧道应先生纪念文集》第 144、150—155 页，萧开平、蓝博洲编，海峡学术出版社，2004 年 11 月。

③ 蓝博洲《萧道应先生传奇而悲苦的道路》《萧道应先生纪念文集》第 155 页，萧开平、蓝博洲编，海峡学术出版社，2004 年 11 月。

④ 蓝博洲《萧道应先生传奇而悲苦的道路》《萧道应先生纪念文集》第 155 页，萧开平、蓝博洲编，海峡学术出版社，2004 年 11 月。

1949 年 8、9 月间 "《光明报》案" 爆发后，各地地下党人或撤离，或转移，或藏匿。暑假期间，萧道应就已风闻老战友钟浩东等人被捕。9 月间开学后，基隆中学又陆续有人被捕，形势日趋严峻。9 月 22 日，黄素贞生下次子继光，她借机辞去了学校的工作，在家坐月子。萧道应则依然每天照常去上班，镇定自若，实则暗地里在加紧部署转入地下的工作。10 月 22 日孩子满月那天，他特地杀了十几只鸡，请了许多亲朋好友，办了 20 桌的满月酒席，表现出很淡定并无任何变化的样子。第二天一早，萧道应安排黄素贞抱着满月的继光，躲到养父母的老家汐止山上去了。

12 月 10 日，张奕明等四名基隆中学 "《光明报》案" 的中共地下党员被枪决，白色恐怖正式开始。随即萧道应离开台大，到汐止山上与黄素贞母子会合。夫妇二人带着刚满五个月大的孩子，来到莺歌黄培奕家。打这以后，开始了他们长达两年多东奔西藏、居无定所的逃亡生活。

早在 1949 年夏，分管台湾北部地区地下党工作的张志忠，就已指示北部党组织负责人陈福星，对台北县（今新北市）海山区（莺歌、树林、三峡三个镇），桃园县大溪、龙潭区，新竹县关西、新埔、竹东区，苗栗县大湖区的各地党组织进行整顿，深入发动群众，设法购买枪支弹药，编组小型武工队，开展地下武装活动，建立游击根据地，准备里应外合，配合人民解放军渡海攻台。① 此后，在陈福星等人的努力经营下，是年冬台北县三峡乌涂窟、十三份山区和莺歌黄屋，已发展成为北部地下党人最重要的基地。

萧道应夫妇来到黄屋后，受到很好的保护。黄素贞说，"在黄屋，大家都称我 '阿姑'，宛如自家人。在隐藏的生活中，我除了帮些小忙外，就是学习了。最初是收听海外广播，学习记录。但没有隐蔽的房间，事机不密，被人听见后就不敢再听，以防因小失大，自己看书报，同时，晚上再和妇女们聊天，教她们识字。" 后来当局进行户口大普查，黄家人就在地下挖了个坑洞，让他们躲藏。可是孩子经常会哭闹，很不安全，后来不得不忍痛把只有六个月大的继光送回到南部佳冬老家。黄素贞回忆说，当时 "我打扮成村姑，背着继光，大叔公牵着牛，护送我们前往，石同志确定无人跟踪，做好手势，

---

① 《安全局机密文件——历年办理匪案汇编》（下），第 393—394 页，李敖出版社，1991 年 12 月。

我们才把孩子交给赖端元。……回黄屋的路上，我心如刀割，我想起 1940 年送 6 个月大的继诚到广东始兴，给张三姑的情景"。[1]

1950 年 3 月间，中共台湾省工委主要领导人相继被捕。5 月 31 日晚，岛内多家广播电台同时播出蔡孝乾的"忏悔"演说。次日，"中央日报"全文刊载广播内容。

6 月下旬，朝鲜战争爆发，美国第七舰队进驻台湾海峡。岛内风声日紧，莺歌一带特务、线民到处乱窜。黄屋已不能再住下去了，萧道应夫妇先是转移到苗栗山区的赖阿焕家，但赖家目标太大，很不安全，只好又转移到隔山的阿金叔家，在那里隐藏了大约半年左右的时间。期间，萧道应四处奔忙，在苗栗苑里、后龙各乡镇，协助林元枝开辟中部地区工作。据黄素贞回忆，他们曾两次遇险："第一次，记得是炎热的一天，老萧和也逃匿于此的前桃园县南坎区长林元枝在房间里，我在客厅和大家聊天，那只大黄狗正和小孩在树下玩，所以警察突然来调查户口时，狗并没有吠。阿金叔很镇静，说我是他的表妹，因和夫婿口角，而到山上散心，玩几天，马上就拿柚子来请客。警察向我要身份证，我返身到房间，告知老萧他们由窗口外逃到树林去。我拿着假身份证站在一旁，阿金叔请茶，请吃柚子，还对我使眼色，要我离开。我随即返身离去。等到傍晚，才又回到避难所，真有如隔世呢！另外一次，我独自一人在溪边洗衣服，迎面来了两位调查户口的人，问我是哪一家的？我镇静地用客家话回答：是阿金叔家的亲戚，来玩的。那两人看看左右，觉得没什么可疑的，也就走了。可我却失了神似地到树林里，躲了大半天才回到阿金叔家，问有没麻烦？他们说全家都出去做工了，没人在家，只有叔母在坐月子，所以没调查什么，也就走了。"[2]

此后，报纸、电台一再报道各地党组织遭破坏、地下党员或遭枪杀或"自首"的新闻。此时，中共中央已调整战略方向，人民解放军停止了武力攻台的军事准备。当年底，重整后的新省委发出《一九五〇年工作总结》，检讨以往失败教训，并依据新的形势，决定化整为零，继续坚持斗争。

---

① 黄素贞：《我和老萧的革命岁月》，《萧道应先生纪念文集》第57—60页，萧开平、蓝博洲编，海峡学术出版社，2004 年 11 月。

② 黄素贞：《我和老萧的革命岁月》，《萧道应先生纪念文集》第57—60页，萧开平、蓝博洲编，海峡学术出版社，2004 年 11 月。

　　苗栗一带不便再打扰下去了，1951年元宵节过后，萧道应夫妇南下屏东家乡，另谋开展工作。他们先是在舅父吴金池家中隐藏了约半个月时间，此后，因宪警缉捕甚紧，他们被迫转辗于潮州仑东里、美浓龙肚、清水里、佳冬上埔头、内埔美和村、佳冬昌隆村等处亲友家中匿居，并积极联络发展组织。他们住鸡寮、睡草窝，风餐野宿，历尽艰辛，坚持斗争长达数月之久。佳冬的步月楼老屋近在咫尺，幼子继光正在萧宅，但为策安全，他们始终未敢贸然返家。

　　1951年2月间，北部海山区党组织已被悉数摧毁，陈福星（"老洪"）、黄培奕、曾永贤、林元枝等四人召集全省各地干部会议，商讨重整"省委组织"。

　　6月1日，台湾省情报委员会、省保安司令部和调查处组成"特种联合小组"，专门负责侦办重整后的省委组织，并侦悉萧道应夫妇在南部藏匿的住所多处，随即派干员驰赴屏东地区缉捕。

　　7月下旬，"特种联合小组"在新竹山区秘密逮捕了当地地下党员范新戊（"老范"），并成功说服其充当侦缉重整后台湾省委组织的"内线"。

　　8月，萧道应夫妇因南部缉捕甚紧，难以继续藏匿，遂离开佳冬地区，北上重返苗栗，与重整后的新省委领导人"老洪"（陈福星）等会合，继续开展工作。1952年4月2日，在老洪安排下，萧道应与打入地下党的"特种联合小组"内线"老范"同住在一个山洞里，并决定26日在该山洞举行会议，总结一年来的工作。[①]重建后的"台湾省委组织"，最终落入了"特种联合小组"精心策划下预设的圈套。

　　可是当老范将上述情况向"特种联合小组"汇报后，他们认为该山洞周围地形太过复杂，而且附近人家养有恶狗，不利于围捕，要求老范设法让萧道应他们另外选择一个比较有利于围捕的地点挖掘新的山洞，然后再采取行动。老范依计而行，果然说服了萧道应等人在离老山洞约半小时山路的另一个山头，挖建了一个新的山洞。

　　4月22日，老范再度下山，向"特种联合小组"报告萧道应已经带着两

---

　　① 《安全局机密文件——历年办理匪案汇编》（下），第215—217页，李敖出版社，1991年12月。

个群众移住新的山洞，并告知萧道应随身佩有二号驳壳枪一枝、子弹 20 发及日本军刀与童子军刀各一把等详情。得到老范的报告后，"特种联合小组"决定立即采取围捕行动。

4 月 23 日，"特种联合小组"挑选了 20 个"体力充沛、能临机应变、射击准确、能跑山路、能挨饿耐冻、能连续匍匐行进一小时以上"的精干特务，带着 3 天干粮，轻装出发。[①]

4 月 24 日晚，大雨倾盆。9 点钟，"特种联合小组"把化装成农民的 20 个特务送到公路边，然后按照事先定好的方案，在风雨交加中分头行动。山林中一片漆黑，伸手不见五指。在老范的带领下，特务们冒着大雨在泥泞的山路上艰难地行进。25 日午夜二时，他们终于摸到了离山洞 20 公尺的地方，并迅速完成了埋伏。

老范首先进洞，与萧道应交谈。随后，趁萧外出小便时，把他的驳壳枪偷走。到了三时左右，老范也托词要小便，出洞与"特种联合小组"的负责人联系，并把萧的驳壳枪交出，然后再回到洞中。[②]

3 时 30 分，第一、二、三号特务按预定计划循序鱼贯入洞。萧道应发现后寻枪不着，不得不赤手空拳扑向第一个进洞的特务，开始肉搏。这时，二号特务也已进洞，先将两个群众制服上铐。接着三、四号特务也陆续进洞，帮助第一个特务与萧道应搏斗。因洞内狭小，无法起立，几个人只能跪着摔打，足足搏斗咬打了 40 分钟，才将精疲力竭的萧道应制服，捆于洞内。[③]

这时天已微明，"特种联合小组"按照原定计划，分派三个特务轮流放哨及看管萧道应与两个群众，其余在洞内休息。老范则按照老洪事先的安排，出发到大安溪候接曾永贤的到来。晚上 9 点，老范准时把曾永贤接到洞口，被预先埋伏在这里的特务很轻松地活捉了。当晚 12 时，老范再按老洪的吩咐下山去接老洪，"特种联合小组"仍用同样的手法活捉了老洪。[④]

萧道应被捕后，黄素贞也在另一个"特种联合小组"设置的伪装据点被

[①] 《安全局机密文件——历年办理匪案汇编》（下），第 215—217 页，李敖出版社，1991 年 12 月。

[②] 蓝博洲：《台共党人的悲歌》，第 345 页，台湾人民出版社，2012 年 7 月。

[③] 蓝博洲：《台共党人的悲歌》，第 346 页，台湾人民出版社，2012 年 7 月。

[④] 蓝博洲：《台共党人的悲歌》，第 345、346 页，台湾人民出版社，2012 年 7 月。

捕了。几十年后，黄素贞回忆当时被捕的情景说："离开会的日子近了，我又得打扮成村妇，头戴斗笠，走出山洞，回到村里姓范的人家，去拿几件衣服、鞋子、包袱和假身份证。日子总是在等待解放中度过，好像是分秒必争，又好像是永久的等待。本来，我都是睡不安宁的，那晚却在酣睡中被人叫醒，说要检查身份证。我猛一醒，看见有几个人站在门口，就把身份证拿出来。那位妇人只是瞪着眼看我。那几个人却连看也不看身份证，就对我说，'穿好鞋子、衣服，走吧！'我心中才想到，该来的终于来了！死的日子也到了！我想，牺牲成仁的决心既已确定，也就没什么可怕的了，只待枪一响，让老萧他们知道，我已被捕或死了，就完事了。可是，他们并没有绑我，只叫我走。我走出门口，看到刚割了稻的田，拔起脚就跑，岂知，跑了几步，脚却陷进烂泥土里拔不出来。他们并不开枪，有两人追过来说，'本来不想绑你，要让你自己走……'然后凶巴巴地说，'把她绑起来！'他们不开枪，我心里想，这下子就没办法通报老萧了。走了一段漆黑的山路，我感到迷蒙中有车子的光，心里正纳闷时，有人叫我上车。原来老萧、老洪、老曾和罗家两兄弟盛昌、盛春都已经被绑在车上了。没被绑的有郭维芳和王子英，他们在车子上等我，我一到，他们就叫开车。"黄素贞被捕时，已经有3个月的身孕。[1]

萧道应等几个"要犯"被连夜押送到台北大龙峒拘留所，分别关押。因为拒捕时剧烈反抗受伤，萧道应的两只手肿了一倍大，吃饭穿衣和大小解都很困难，如不及时治疗，会中毒废掉锯掉。于是拘留所安排黄素贞给他打盘尼西林，并派人照顾他的日常生活起居，经过近一年时间的治疗和锻炼，萧道应的手才得以治愈。在此期间，负责这次逮捕行动的调查局处长郭乾辉经常来看他们，给他们"训话"，并要他们"多看书，写笔记"。"他对老萧说，'政治是无情的！'要他走'自新'的路"，后来"自新书也是他们代笔"。[2]

郭乾辉，别字华仑，广东梅县客家人。黄素贞说："我听说，他年轻的时候参加了共产党，是中共干部，参加了长征。郭太太也是共产党员。在一次大围剿中，他被国民党捕获，原来应格杀无赦的，却遇到调查局一位昔日的

① 黄素贞：《我和老萧的革命岁月》，《萧道应先生纪念文集》第73页，萧开平、蓝博洲编，海峡学术出版社，2004年11月。

② 黄素贞：《我和老萧的革命岁月》，《萧道应先生纪念文集》第73—74页，萧开平、蓝博洲编，海峡学术出版社，2004年11月。

共产党员冯达（后被派在情报局工作），以'自新'的办法处理他们。据说，因为他们都是高干，熟谙共党的一切作为，就留为调查局工作了。这次，调查局以共产党过去的干部，周全地布置内线的方法，一步步地活捉共产党人，算是非常成功的。后来（1957 年），郭处长也因此升为调查局副局长。"①

当年 11 月，黄素贞保外生产，28 日，生下幺儿开平。一周后，抱着婴孩重回拘留所。

12 月 13 日下午，蔡孝乾、洪幼樵、陈福星、曾永权、林元枝和萧道应夫妇等 15 人，在调查局精心安排下召开"自新"记者会。调查局发给他们每人一份写好的文稿，要他们在会上面对 40 个中外记者，按稿照念。会后，这 15 人又分别发表"书面谈话"，答复"因时间关系"未能回答的记者提问，并从 12 月 16 日起在"中央日报"上连载。萧道应"书面谈话"的标题是"痛苦的经验、明白的教训"，黄素贞的是"匪党加以台湾妇女的侮辱与损害"。

此后，他们被分成几个人一组，外出去寻找那些还在流亡藏匿的地下党员，劝他们出来'自新'。黄素贞说，"这时，我心中还是有两个矛盾：为了保存组织实力，等待解放，是不愿意去做的。但解放的形势迟迟不来，在当时的台湾岛若是再等待下去，只会拖垮或贻害更多的老百姓"。②

调查局安排萧道应外出寻找与他有过直接关系的前广州花地"集训总队"的队员石聪金，要萧道应劝石聪金出来"自首"。此时，"保安司令部"也同时派出早已"自新"的吴敦仁、吕侨木和彭坤德 3 人去搜捕石聪金。经过一番周折后，次年 12 月 14 日，石聪金在大安乡被捕。

后来，石聪金谈到他被捕的经过说："我后来听黄培奕说，萧先生曾向吴敦仁这 3 个人要求：'暂时保密发现石聪金下落的消息，不要报出去，然后我们再私下带他出来自首。'……可是，那 3 个叛徒却不同意萧道应他们的建议。理由是石聪金的意志很坚决，万一他不听话，不肯出来自首，他们负责不起。他们一定要把我的行踪报告给刑警队和保安司令部。因此，我后来才

---

① 转引自蓝博洲：《萧道应先生传奇而悲苦的道路》，《萧道应先生纪念文集》第 172、175、176—177 页，萧开平、蓝博洲编，海峡学术出版社，2004 年 11 月。

② 黄素贞：《我和老萧的革命岁月》，《萧道应先生纪念文集》第 77 页，萧开平、蓝博洲编，海峡学术出版社，2004 年 11 月。

会以'被捕'的罪名判刑。当时，萧道应也无可奈何啊！"①

石聪金被捕后曾一度和张志忠关在同一个牢房里，他回忆说："张志忠又跟我交代说，'你出去后，要多和萧道应联络。'张志忠说：'萧道应有不得已的苦衷，相信他，听他的，并且将牢里斗争的情形告诉他。'……后来，在缉捕赖阿焕的过程中，我观察到，张志忠信任萧道应是有他的道理的。以我的推测，除了萧道应被捕时的'流血'之外，张志忠信任萧道应的最大原因是，萧道应是张志忠单线领导的，而萧道应被捕后，他与张志忠有关的事情却全部保留，毫无暴露。跟他们有工作关系的朋友，也没有人被捕。我想，这就是张志忠对萧道应信任有加的主要原因。我认为，萧道应的伟大之处，就是至死都不说出他和张志忠之间的工作关系吧。"②

后来，黄素贞带着孩子先被释放。萧道应先是被安排到宜兰礁溪工作，后又被调到调查局，从事与政治无关的法医工作，1978年11月55岁退休，转任法医顾问。2002年9月25日，萧道应以87岁高龄去世，走完了他传奇的一生。

然而，对于性格一向好强、一生极富责任心和正义感的萧道应来说，幸存下来的几十年是十分难熬与凄苦的。他"因为自己对无人加以告责的、自己的'失节'与'苟活'，紧紧地自我究问，丝毫不肯宽谅。"据说，"每值萧老饮酒，家人就担心他喝到半醉，必流泪甚至恸哭，以头撞墙，痛不欲生。被迫'自新'、求死而不能的'耻辱'的余生，终竟成了受自己坚不肯饶恕的追诉和审判的永无尽期的苦刑！"对此，台湾著名统派理论家、乡土文学家陈映真先生不无感慨地说："为自己的过往忧伤、悔恨、恸哭、自谴、毫不容情的自我审判和定罪，是人类文明中许多伟大的文学和宗教的十分重要的母题。萧道应先生硕壮如庄稼汉的外表下怀抱的那永恒的忧伤和死也不肯宽恕自己的痛苦的心，每每思之，既肃然而敬，又恻恻难忍。在威暴的权力残酷肃清'异端'、'异己'最黑暗的历史中，我所能知道的萧道应先生一生的侧

① 转引自蓝博洲：《萧道应先生传奇而悲苦的道路》，《萧道应先生纪念文集》第172页，萧开平、蓝博洲编，海峡学术出版社，2004年11月。

② 转引自蓝博洲：《萧道应先生传奇而悲苦的道路》，《萧道应先生纪念文集》第176—177页，萧开平、蓝博洲编，海峡学术出版社，2004年11月。

面，已经教育了我绝不能简单化地面对如此特殊而又复杂的历史。"①

陈映真其言亦善，不过我猜想，萧老伯后半生之所以会如此愧疚与自责，他内心的真正"座标"，应该是萧家光荣的抗日家史以及他曾经患难与共的老战友——拒绝"感训"、血洒刑场的钟浩东烈士吧。

费时整整四五个月，从春暖花开开始，度过了2019年格外炎热的暑天，如今已是9月的凉秋了，我终于艰难地完成了第五章的初稿。这段时间以来，我伴随着父亲11个在台地下党战友们的不同命运，经历了有生以来最为跌宕起伏的复杂心情——时而崇敬、时而不耻、时而激愤，时而沉思……，从历史到现实，不由得你不深入骨髓去思考——人究竟应该如何度过自己的一生？

是的，无论是哪个时代，哪个地方，也无论是何种人，大变局下的人性都莫不如此：不屈的牺牲，软弱的屈服，无畏的受辱，投机的出卖。善恶美丑，形形色色，总是共存于世，展现在人们面前，古今中外，概莫能外。看到了深层次的人性真相之后，当我们再面对历史时，不由得从内心对那些因坚守理想信念、不忘初心的不屈牺牲者、甘愿把牢底坐穿者，无限钦佩，衷心景仰，理应将他们奉为楷模、大唱赞歌、永矢纪念；而对于那些因软弱而被迫屈服，仅仅是违心"悔过""自新"而并未给革命事业造成重大损失者，则寄予某种程度的谅解与同情，不必过多苛责，或许这样才会有更多一些的温情与悲悯；至于那些原本就属于投机革命的变节者，那些为了个人苟且偷生、荣华富贵而为虎作伥，不惜出卖组织、出卖昔日同志与战友，给革命事业造成重大损失者，则必须嗤之以鼻，严加挞伐，钉在历史的耻辱柱上，为后世引以为殷鉴。这是我在撰写这一章的过程中，深刻领悟到的。

如今，父亲的战友们大都已经牺牲或故去，大浪淘沙，时代变迁，新的时代需要新的民族脊梁。缅怀纪念先贤，正是为惕励后人，继承先辈遗志，争当新时代的新的民族脊梁，为祖国的统一富强和民族复兴奉献心力！

---

① 陈映真：《永恒的忧伤与苦痛》，《萧道应先生纪念文集》第82—83页，萧开平、蓝博洲编，海峡学术出版社，2004年11月。

第六章　骨肉离散——望眼欲穿四十年

月有阴晴圆缺，人有悲欢离合，命运总是喜欢捉弄人，身处大变动的时代，个人的力量是如此的渺小，时代决定了个人乃至整个家族的命运！

1946 年 4 月，父母亲离别我和阿婆去了台湾，此后在台先后生下我的三个弟弟——基东、海东、思东。1949 年 10 月，父亲因牵涉中共地下党"基隆中学案"，只身撤往香港，那时，三弟思东尚在母亲的肚子里还没出世，我的家庭第二次离散。一个好端端的七口之家，从此支离破碎，天各一方，散落在海峡两岸：父亲孤身一人先是在香港，尔后撤往上海，后调北京；我和阿婆在蕉岭老家，祖孙二人相依为命，后赴北京与父亲团聚；而我的母亲和三个弟弟则滞留台湾，孤儿寡母，艰难度日。斗转星移，世事难料，原本说"很快就会团聚"的家庭，谁能料到，竟在时代变迁的大潮中，骨肉离散、隔海相望了整整 40 年之久。40 年，对于人类社会只是短暂的一瞬，然而对人的一生来说，却是大半个光阴。40 年的牵肠挂肚，望眼欲穿，当海峡两岸的亲人终于再次相聚时，已物是人非——父亲已经去世，母亲已两鬓斑白步入晚年，而我们四兄弟也已经是 40 多岁的中年人，天人永隔、空留无限的悲戚与感叹了！

一、金蝉脱壳，父亲撤离香港

1949 年 10 月父亲自台撤往香港后，由组织安排留在香港，从事对台调研和做在港台湾人的策反工作。

转眼之间进入了 50 年代。其时在香港，作为在英国殖民统治之下的所谓"自由港"，地位格外特殊，在灯红酒绿、纸醉金迷的掩盖下，鱼龙混杂，东西方两大阵营、各国和各种政治势力的情报组织，均盘踞在香港，在这片只有一千多平方公里的华人土地上，互相斗法，各显神通。暗战剧烈而残酷，你死我活，稍有不慎，便会人头落地。

正当父亲在香港努力工作的时候，1953 年 1 月 12 日晚上，元旦刚过不到半个月，组织派人郑重通知他说：上级得到确实情报，国民党特务正在通过卢某追查他在香港的行踪，要他准备撤回上海。同时叮嘱我父亲暂时不要外出，并要他交几张照片办理回内地的通行证。[1]

事出有些突然，乍一听，父亲不由得心头一惊！我父亲来香港之前并不认识卢某，对他过去的历史全然不清楚。后来之所以会认识他，纯粹是为了给台湾我母亲汇钱的关系。父亲说："因为我接济在台家属的钱如果由银行汇，比黑市套汇价格差很远（如由银行汇，照台湾结汇证结算，一元港币仅可汇二元五角左右；如由黑市驳汇，一元港币可汇伪币三元七八至四元左右）。因此，我得到组织同意以后，以我妻弟的名义给我妻写信，嘱她如有朋友要由台驳款来港可写信来（过去也驳过几次）[2]。恰巧我妻在育幼院的同事李 ×× （广东人）有家属在香港，要李由台汇钱接济。但那时由台至港没有正式通汇，因此李 ×× 与我妻潘佩卿商量，由我妻弟在港交钱给李妻，然后由李在台交款给潘佩卿。而卢某因与李 ×× 妻住在一块，故来信时嘱将款交卢某，再转交给李 ×× 家属。就因这样的驳款关系，我与卢某见过两次。后来又因托李 ×× 的家属带衣服往台，又见过卢一次，一共见过三次。在接触时，除谈汇款问题外，未谈其他问题，同时在事前事后都曾将情况报告过组织。"[3]

那几天，父亲遵嘱不能外出，整日待在寓所里思前想后：问题究竟出在哪里？后来他们认为，最大的根源可能还是来自台湾，而通过卢某来追查我父亲，则是事情发展的结果。父亲说："敌人会追查我的原因，可能是因为下列数点：（一）1949 年 10 月，我匆忙由台撤退来港，敌人可能已予注意。来港后亦可能被一些国民党特务所嗅知。如在港时曾碰见过一些过去认识的国民党特务（如中统爪牙苏泰楷现在港做胡文虎的秘书），同时亦曾碰见一些客

---

[1]　徐森源：《有关我从香港撤回上海的报告》，第1—2 页，1953 年 3 月 12 日。

[2]　驳汇、驳款，香港话，经由第二人转汇或转款之意。

[3]　徐森源：《有关我从香港撤回上海的报告》，第1—2 页，1953 年 3 月 12 日。

籍同乡的白华 ①，其中可能有些系国民党特务；（二）当时在台直接领导我的刘志敬（又名洪幼樵），及过去在东区服务队共同工作过的一部分同志，先后在台被捕，可能将我暴露；（三）在台湾的一批粤籍反动份子如李××、徐×× 等，都知道我以前在东区服务队工作过，可能早就怀疑我。尤其后来东队一部分在台同志被捕后，更可能加强对我的怀疑；（四）我在港经常接触的台湾群众中，有一些学生是我以前在基隆中学教过的，他们都知道我的真实姓名和我的政治态度。同时，以前帮助林××回大陆时，被另一台籍青年翁×× （又名刘××）知道了。翁某又从台籍学生陈××（又名陈××）处知道我的真实姓名和政治倾向。翁的政治关系复杂，而在翁的周围又有一台籍青年蔡× 有国民党特务嫌疑（曾化名秦××，通过台籍青年洪××写信给蒋时钦，要求来大陆未核准）。" ②

尽管父亲对寄信及转款给我母亲一直都很谨慎小心，一切都用我小舅的名义（连写信都是由我小舅亲笔写），但如果上述因素中只要有其中一个因素引起了国民党特务的注意，我母亲在台湾都有可能因此而被严密监视，而且很可能由我母亲那边的线索，追查我父亲和我小舅的行踪。③

针对以上几种情况，父亲他们仔细研商后决定采取以下几个措施："（一）断绝平时和我有来往的几个台籍学生的关系，并写信给平时代为转信的我的学生杨××，告诉他我已定于农历年前回乡过年，以后我妻弟的信不必再由他处转交；（二）用我妻弟的名义寄信给我的爱人，告诉她因香港生意冷淡，已准备回乡经营布匹生意，并由我妻弟另觅其在港纱厂做工的外甥转信；（三）用我妻弟的名义，写信给卢××，告诉他潘已回乡，并询其驳款及托带衣服的事情。" ④

父亲说，采取上述措施，目的在于造成他和我小舅都已离开香港的假象，麻痹敌人，放松追查。同时在等候通行证期间，按照组织上的指示，结束和

---

① 白华，是指那些因反对革命政权而叛离祖国逃亡外国的华人。聂绀弩《论白华》："在幻想家的脑子里，决没有走投无路这回事，于是来了新的憧憬：做白华。"萧乾《一本褪色的相册·往事三瞥》："今天，只觉得感情的基础比那时深厚了，想的积极了——不止是不当白华，而是要把自己投入祖国重生这一伟大事业中。"

② 徐森源：《有关我从香港撤回上海的报告》，第1—2页，1953年3月12日。

③ 徐森源：《有关我从香港撤回上海的报告》，第1—2页，1953年3月12日。

④ 徐森源：《有关我从香港撤回上海的报告》，第1—2页，1953年3月12日。

移交我父亲在香港的工作。①

以后的事实证明，上述措施果然见了成效。一直到当年的 2 月 20 日我父亲办妥通行证离开香港后，父亲和在台湾的母亲都没出事。我长大后才知道，其实呢，当时我小舅根本就不在香港做生意，甚至终其一生，也未见过我父亲一面，信都是在广东惠阳老家写的，写好后寄到香港，由我父亲在港的学生杨×× 代转到台湾。至于汇到台湾接济给我母亲和三个弟弟的生活补助费，当然也不是我父亲的工资——当时新中国刚刚建立，在相当长的一段时间里仍然沿袭战争时期的供给制②，所以这些钱其实都是组织上专门拨付给我父亲的。

我父亲撤退到上海后，父亲在香港工作时的直接领导曾经专门为此事写有较为详细的证明材料，其中说：徐的爱人和几个小孩因不及撤退仍留在台湾，过去一直由组织照顾补助，在不影响工作岗位条件下由徐个人负责汇济家用（徐撤回上海后仍未停止。去年华东局统战部结束时，曾最后一次发给他家庭补助一千万元人民币）。1952 年底，前华东公安局曾获得情报，知匪保密局曾电示其香港特务站，拟通过由香港汇款给徐妻的人、址，查询徐森源的行踪，我们恐影响当地工作，经领导批准将徐撤回上海。当然，1955 年国家实行工资制以后，汇往台湾的钱，就从我父亲的工资里出了。那时候，国家外汇管制十分严格，汇给我母亲的钱，都是经过有关部门特批，在中国银行兑换成港币汇往香港，再从香港转汇台湾。据我所知，一直到"文化大革命"才被迫中断。

父亲略施小计，金蝉脱壳，1953 年 2 月 20 日，顺利离开了他工作了将近三年半的香港，坐上北行的列车，回到了阔别整整七年、已经发生了翻天覆地变化的祖国大陆，经广州转往上海，开始了新的学习、工作与生活。

---

① 徐森源:《有关我从香港撤回上海的报告》，第 1—2 页，1953 年 3 月 12 日。

② 供给制是中华人民共和国建立初期对部分工作人员实行的免费供给生活必需品的一种分配制度。供给范围包括个人的衣、食（分大、中、小灶）、住、行、学习等必需用品和一些零用津贴，还包括在革命队伍中结婚所生育的子女的生活费、保育费等。供给制是一种平均分配的形式，带有战时共产主义分配制度的性质，是特定历史条件下的产物。1950—1954 年，约有 10% 的职工（主要是国家机关工作人员）实行供给制。1952 年对实行供给制的人员统一增加津贴，津贴标准按工作职务确定，从而扩大了分配上的差距。1954 年改行供给标准稍高的包干制，即由国家发给一定数量的实物和货币，由领取者自由支配使用。1955 年，取消供给制和包干制，全部实行工资制度。

二、孤儿寡母，在台艰难度日

1949年10月中旬，父亲撤离台湾时，母亲才28岁，大弟基东3岁多，二弟海东才1岁半，三弟思东还在我母亲的肚子里没出生，一个其乐融融的家庭，因父亲的突然出走，骤然成了单亲家庭。

母亲孤身一个妇道人家，既要承担育幼院繁杂的会计工作，又要拉扯三个幼小懵懂的孩子，家庭收入锐减，不久后虽有来自香港的父亲的暗中接济，但毕竟杯水车薪，三个孩子日渐长大，家庭经济拮据，孤儿寡母，无依无靠。生活上的艰难尚在其次，难以承受的是无法言状的孤独与无奈、来自当局政治上的监控与骚扰，以及在白色恐怖笼罩下整个社会氛围的无形压力。

父亲从国民党台中县党部书记长任上突然离去，说是"请假"回大陆探母，却一去不归，当局情治部门当然不是吃素的，很快便查清了父亲的来龙去脉。类似像我母亲这样的家庭，在台湾被称之为"匪谍家属"，是受当局严密监控的"列管户"，所有往来邮件都被严格检查，派出所警察会时不时到你家中来"看一看"，也会时不时"提醒一下"，而往日父母亲的许多朋友、同事、同乡，则因父亲突然离去，久久不归，搞不清徐家究竟发生了什么事情，生怕受到牵连，也大都避之唯恐不及。

父亲离台后的第二年，母亲他们被从县党部书记长官邸中扫地出门。我大弟基东回忆说："三、四岁时的事我完全不记得，只记得四、五岁时，父亲走后，我们必须搬家，妈雇了一辆板车运载简单的家具，大弟和我跟在车边，妈大概抱着小弟，其他细节就不太记得了……"照基东这么说，他们这次搬家，应该是在1950年2月底母亲生下我四弟思东之后的事情，那年基东也就是四五岁。

搬到什么地方？我母亲工作的省立台中育幼院职工宿舍。说是"宿舍"，却是一间由厕所改装的破房子。母亲在日记中写道："连天连夜下着雨，真够烦，整个房间都漏雨，蚊帐也穿上了雨衣，吃饭桌子也不晓得要搬到何处？滴滴滴滴，住破房，这几年够受难了，真没想到走到台湾来，住这破厕所改装的房间，讲也怕没人相信，厕所可以做房间，真倒了霉！""经打过一夜暴风雨，今天整个房间又漏了。我现在才知道两张蚊帐、席子都湿了。唔，克难人，住克难的破房子！"①

母亲50年代初写的日记（未刊稿），记录下了那个年代她的困顿生活和悲苦心态。这本日记自1952年9月9日起，至1955年4月28日止，断断续续写了两年半。"花花，花花，你们都是快乐呀，没有风来吹，没有雨来打，小鸟飞来跟你玩，他跳上跳下活活泼泼的我爱他。"——日记本封面上这短短的题字，寓意深刻，道尽了母亲当年对自由、快乐和幸福生活的无限向往与渴望。

母亲可谓度日如年，生活之难，心灵之苦，浸透在日记的字里行间。我的朋友吴小珊读过母亲的这本日记后，细数了日记中最为频繁出现的几个字：

五十六个"闷"。有说天气，更多的在说心情，"闷"的来由大部分在于她"太想家了"，这个"家"当然是指大陆的亲人。如，中秋节后写道："真怪，几天来心里真闷！闷极了！我闷的来由，太半是想到家，我想家心里就沉痛！唔！……我不能想……！"

四十八个"苦"。有苦在心里的，独自拉扯不懂事的孩子，没有一个肩膀可以靠靠，身心苦不堪言。如，"教育孩子，这真是万分十二万分的难与苦的事情，我也只有骂我自己无能吧？""孩子，你们怎么知道妈妈的苦呢？！""这多年来真受苦，忍气，我不知忍了多少气！源（哥），哪一天见面的时候再告诉你吧！"还有苦在身上的，住在厕所改的、漏雨的破房子，三人在一张床上睡，三个男孩在没有爸爸的家庭里长大，缺少父爱，缺少父教，缺少丈夫来分担家务，本应丈夫做的事也必须她去做。"做母亲，好似都要万能，什么都懂得才可以的"，"做妈妈的又要做爸爸，这责任够重了，怎当得起来？！"

三十个"真气人"。多是关于孩子顽皮、生病的，如"小家伙真气人，吃不定时，当吃不吃"。民间用"周半周半掏坛摸罐""七岁八岁狗也嫌"形容男孩不好带，三个挨着长的男孩又怎样？不难想象。她在气头上也打孩子，打过又心疼不已："海儿，顽皮家伙，他昨晚给我捣蛋，也给我打了一顿，想起来也真可怜！我本来晓得打不是教法，不过又碰着火了。"她还写道："每

---

① 本节未注明出处的日记原文，均引自潘佩卿撰述，徐博东编注：《卿梦思源——一个"共谍"太太在台湾的日记》（未刊稿）。

天每天，我回家来就要生气，孩子、工人（家里的帮佣），他们总会给我生气的，这就是我'慢性自杀'！我一天天瘦了，本来四十三公斤，现在降到四十一公斤，怎么瘦的，不了解！我在想，我每天在想着想着，快快地改变我这生活方式。"

十八个"真烦"。表达的是种种无奈、劳碌、疲惫不堪，如"近来每天晚上都在家缝衣补衣，织线衣等，家事真烦极了，我真讨厌这种死的生活！"生活节奏的紧张，见于草草几笔流水账，如，"下午下班，做馒头、烧菜，用过饭后，清扫厨房、桌等，给孩子洗澡，直做到现在才空下来"，"晚，给孩子们理发、洗澡、缝棉被、改衣服"，"（礼拜天）整天没有出去。上午打绒线衣、烧饭、买菜。下午烧饭、料理家务"。此外，夏天，孩子们睡了，还要在一旁捉蚊子、扇凉，"弄得不能入睡。接着又叫孩子小便，蚊子又来，真讨厌！直到将天亮才睡下去，又给老工人开门吵醒了"。一旦生病，无论怎样，工作、家务、带孩子……要做的哪个都减不来了，只有硬撑着自己。

十八个"怎么办"。她总是不断地自问，没指望谁应答。如，"近来各种菜色都贵，每天几元买菜都闹没菜吃，怎么办？可怕！"，"孩子真不听话，唔，自己火气又大，真伤心！怎办？"，"想把工人工资做思、海儿学费用，两个都放进托儿所去念书。可是怕的就是晚上没有人作伴，怎办？？？？？？？？？？"一连串的10个问号，其实是一种情绪的宣泄。①

除上述用语之外，母亲日记中频繁使用的还有"头晕""讨厌""难过""伤心""孤独""孤单""寂寞""懒""忧愁""做梦""失眠"……，尽是些负面的词汇和用语。她望月感叹，换季生悲，逢年过节，格外难过："……抬头望望将圆的明月，它不但撩起我许多回忆，同时我忽然非常羡慕它了，它的光照遍了世界，今晚我自暗暗地借问月亮，慰问我故乡的家人……生活感到太枯燥了！"；"春天了，春天气候变化无常，闷煞人！"；"秋天的情景，容易令人伤感，真的，秋风秋雨愁煞人，往事许多愁，到街上去，随时都可看到'中秋'、'中秋'这两个字，中秋佳节，佳节倍思亲……"；"秋天的闷热真闷煞人！带来许多回忆！情绪不佳！源（哥），你足足回去四周

① 吴小珊:《岂是半本日记能诉尽——读〈卿梦思源——一个"共谍"太太在台湾的日记〉》（未刊稿）。

年，你记得吗？我真恨时间无情，'望君归期未有期'，究竟是何时相见？寂寞的生活，我已体味够了！可怕！许多时我尽量的控制自己……午觉睡得迷迷糊糊，老做梦，真苦。我索性展起精神，走起来，开了抽箱，翻开了相簿，我心底默默地喊着——源（哥）。就在这一刻钟我又很快的控制着自己，清一清脑筋，整理衣服上班去。""昨天立冬了，今天发起了北风来，有点寒了，冬来了。新来的北风，更带来些寂寞的情绪！——家！我真没办法不思念你！"

母亲在日记中写道："我感到人生最苦的是分离！他说从信里看（他，指我小舅潘齐钧，实际上是我父亲），知道我近来心情不佳，这是家里人感到最难过的事，希望我忍耐些，不要伤害了自己精神，应该愉快地、乐观地过着生活。是的，不错，这些话我也曾想到，不过事实上日常生活中，总有些时使我感到烦闷与寂寞的！晚，睡得很早，在床上我又想家……"；"'家'！我什么时候才可回家！！？？真感到孤单。"；"月下静静的门坪边，我又怀起思乡梦，恨不得插翼而飞"。

母亲经常整日昏昏沉沉，头晕脑涨："我一直在似病非病中活着，天天头痛、头晕，眼又花，住的房子又西照，真的，我病了也没地躺，命也！"；"这十天都在病中生活似的，没有一天畅快精神，头老是晕晕痛痛，眼又花，真糟糕！"；"这一个月来老是头痛头晕，……这两天较好些，可是我这种（病）都是常常随着我情绪心情而变化的。生气、怄气，病即复发。算了吧，一切都马马虎虎吧！"。她甚至担心自己快撑不下去了，会患神经分裂症："近来神经衰弱越来越厉害（的）样子，整夜做梦，且极讨厌的梦，糊里糊涂，真讨厌！中午又不能睡好，因此许久来精神不佳。"；"唔，谁晓得我内心的苦！我这三年来为了家务、孩子的教育，种种问题，感到没有一个人给我负担一份，帮帮我的忙！天呀！假如有一天我会患了神经病，也是应该的吧？！"

最让母亲痛苦的，是夜里做梦总是梦见她的"源哥"："我常常做梦，梦见家里人，在家里过着以前童年生活似的，讨厌！源（哥）我也常梦见他，最讨厌的，就是在快乐与高兴中醒来，多难过！"；"昨夜我又做梦在家里。这次好似家里一切都变了，源（哥）我还和他说了几句话，结果在我不高兴中醒来，于是整个半夜都使我不高兴的，真讨厌！"；"可是睡着了就做梦！□□□□□□（被涂掉），这几天来都梦见源（哥）。奇怪，真讨厌！□□□□□！（被涂掉）"；"难过，我一直在难过心情中迷迷地睡着了。□□□□□□□□□□□□□□□□□□（又被涂掉），讨厌的'吻'惊醒了我，醒来了，多讨厌！……………（一连串的省略号）"。

其实，最让母亲难过的，还是不懂事的幼子跟她要爸爸："前晚上很早吃过饭，带孩子们去上街，也去公园玩了一回。他们很高兴，并且还想念着他们的爸爸。海儿说：'妈，爸爸在这儿多好！'当然，我们大家都有同样感觉，……"；"这小家伙（注：指思东），有时满有趣，他常常要我带他去爸爸那边去，真没办法！唔！……"；"昨晚给思儿洗澡，他好好地喊着：'爸爸、爸爸，你怎么还不听见呀！爸爸、爸爸！'孩子怪可怜的啊，爸爸那么远，怎能听见你叫他呢！忽然撩起我内心里非常难过，直到我睡觉时看着思儿睡得甜蜜蜜的，天真孩子，更使我可怜他自出世来就没有和爸爸见过面。难过，我一直在难过心情中迷迷地睡着了。"几十年后两岸开放探亲，一次见面时我对思东说："大哥我从小不知道什么是母爱！"不想思东不假思索地回了我一句："我还生下来就没见过父亲呢！"令我当场语塞！

俗话说："寡妇门前是非多"。母亲虽不是"寡妇"，却是数十年"守活寡"！

生活上的艰难、心灵上的凄苦，已经让母亲难以招架，接近精神崩溃了，而外间的闲言碎语和不速之客莫名其妙的纠缠，更让她雪上加霜："晚，没主意看电影的，林主计走来又邀着说票都买好[1]，不得不走。奇怪！我许多时就不愿意跟他单独的走，人家都说我闲话。我总认为一个女的，要比男的安静些好，免了闲话。"；"昨晚饭后，听到有人家说我坏话，真气人！像我这个人，整天守时上下班，下班在家里料理家务、孩子，忙不过来，出街都少，几年来连同乡、朋友都生疏了，也可以说没有多两个人来往，这样子笨的人人家还要说我。奇怪，什么姓吴的，我根本不认识他，放他的狗屁！胡说八

---

[1] "林主计"，先母日记中多次提到他，基东三兄弟叫他"林伯伯"，台中育幼院会计室的主计主任，先母的上司。他原本在福建已有妻室，两岸隔绝后在台另娶，育有两子一女。或许出于"同病相怜"，林伯伯一向对先母孤儿寡母十分照顾。两岸开放探亲后，我每次到台中，先母必带我去林伯伯家拜访。几年前林伯伯于98岁高龄过世。

道！冤枉人家，真倒了霉了！做人真难！昨晚气得我日记也没写，很早就睡觉。""昨晚，卢先生走来，他说多年前来过，我可认不出来了。中午留他用过中饭，那时我有点不耐烦。他真善谈似的，说七说八，阿婆嘴一样，我又找不到什么话好说，真讨厌！……下午卢先生又走来，弄得下午排球场没有去。谈了半天，还是他过去的生活，真没法。晚又来，又是他说话多，十一点才走。"；"今晚老卢又来了，怎么办？又只好伴他坐。莫名其妙我又没有话跟他说，一天来几回，真无聊！"

那时候，母亲也有为数不多的朋友，其中一个叫"老耿"的，后来我问基东"老耿"是谁？基东回忆说："她是台中育幼院的保姆，妈妈的好友，可能来自北京，从没见过她的丈夫。"其时，两位失去丈夫的少妇，同病相怜，相濡以沫，周末常聚在一起聊天、逛街、看电影，母亲还跟她学做北方人的面食什么的。大概也是因为孤独，这个"老耿"常常唉声叹气，引得母亲有时也颇不耐烦，在日记中说："耿天天走来都有气叹。唉，我已经够苦了，许多时我真不耐烦（她）老在我面前叹来叹去。"；"老耿走来，可怜的她，也是真够苦了，没有个地方走，每晚工作完毕只有到我这儿来透透气。可是她许多时又真讨厌，常常叹气，我听得怪苦的。昨天我骂她：'我不愿意你在苦人面前再加上苦'。她有点好，很虚心接受。"

跟母亲来往比较多的要数叶家。叶家男主人叫叶捷新，夫妇二人都是父亲广东梅县客家同乡。抗战时叶捷新是父亲东区服务队时的老战友，父亲加入地下党后曾介绍他参加党的外围组织"民主抗日同盟"，后来夫妇二人也去了台湾，父亲出任国民党台中县党部书记长时，特意挑选叶叔叔当他的秘书。奇怪的是，母亲生了四个男孩，叶太太却接连生了三个女孩（后来才如愿生了两个男孩）。前文已述，按照原东区服务队不成文的约定：凡是东队队员生育的孩子，男孩起名要有"东"字，女孩要有"区"字，以纪念"东区服务队"。故我家四个男孩分别起名博东、基东、海东、思东；而叶家先生育的三个女孩分别叫淡区、宝区、婉区，后来生的两个男孩叫振东、耀东。父亲撤离台湾后，叶家夫妇竟也不怕受到牵连，几十年来两家一直保持经常来往，成了通家之好。50年代初，两家孩子还小，基东三兄弟最高兴母亲带着他们去离台中市区不远的丰原叶家，跟叶家的三个女孩子一起玩耍。母亲在日记中写道："今天是礼拜天，早粥后懒洋（洋）地躺了一会，那时已八点了，海儿回来要我带他去淡区家里玩。于是思儿也给我拿鞋子，他自己也去洗脸了，换衣服的、穿鞋的，很紧张，都要我带他们去玩，真糟糕，没办法！一些儿我也将就打起了精神决意去丰原玩（思儿不让他去，乱哭）。"；"中午思儿到淡（区）姐家做小人客去（了），这小家伙真活俏的，就敢一个（人）跟着叶妈妈去呢。我一下班吃过晚饭就去带他回来。我心里想，怕他打扰人家。他很胆大，玩得惯呢，不得了。"

母亲总说她自己"命不好，没有女儿"，大概又因为基东三兄弟小时候实在太调皮，让母亲烦不胜烦，所以格外喜欢叶家最文静的小女儿婉区。而叶太太却正好相反，常叹自己"不生儿子"，于是久而久之，双方萌生了交换孩子的想法。母亲生前曾告诉我："本来思东和婉区都已经换妥，可是刚换了一天，当晚给小婉区洗澡，她又哭又闹，无论如何闹着要回家找妈妈，没办法，只好又换了回来。"要不然，我现在就少了个弟弟而有个妹妹了。如今，两家长辈都已先后过世，当年的几个孩子都早已儿孙满堂自己也进入晚年了，但在那个特殊年代打小结下的情谊，却历久弥新，每当我赴台探亲，基东他们都会带我去拜访叶家姐弟，谈起小时候的种种往事，既好笑又不免勾起心头的阵阵酸楚。

从母亲日记中可以看出，那年头能让母亲高兴起来的只有两件事：

一件就是接到亲人的来信。"钧今天来信了[①]，真的使我苦闷了多少时日，直到今天我才放下了似乎一千斤重的心情。"；"下午我真高兴极了，邮差送来一封家书，唔，妈呀，你知道我这当儿是怎样地高兴呢？！"然而，不知何因，母亲的书信经常会收不到，这反倒又让母亲牵肠挂肚，平添烦恼："许久钧弟又没有信来，真烦！"；"钧弟也没有信来，给他的信难道那么久还没有收到吗？念念！"；"钧来信，又说没有接到我复函，奇怪！怎么回事呢？"四十年后，大弟基东跟我见面时说："小时候，有一次我放学回家，见到两个陌生人在跟妈谈话，临走还拿走妈的一些信件。"先母的来往信件，显然受到

---

① 日记中一再提到的"钧""钧弟"，前一节已述，是先母的胞弟我的小舅"潘齐钧"，1923年生，家居广东惠阳县淡水镇潘屋。因姐弟俩年纪相仿，自幼一起玩耍、读书，感情很好。先父一直以我小舅"潘齐钧"的名义，与先母保持书信往来。

当局情治部门的严格检查，甚至扣押。

另一件让母亲感到欣慰的是，看到孩子一天天长大，学习成绩不错。然而高兴之余，她又会马上联想到她的"源哥"："基儿（字）写得很好，蛮高兴写爸妈两个字，我心里想，你爸爸看见就高兴啦！"；"基儿的幼稚班毕业了，考取第六名，奖一个笔盒子，一张奖状。哈哈，真高兴呢！……我许多时有点遗憾的，就是森源不在这儿，不然我们孩子得学校奖，更加高兴了！"

我第一次读到这本日记，是在我母亲已经过世七年之后。2013 年 5 月底的一个晚上，在台中市我大弟基东家里，基东把它交到我手里，我如获至宝，整整一晚没有合眼，如饥似渴地把这本长达 5 万字的日记一口气看完，直到天亮。当晚的心情，只能用"沉重""压抑""感伤"这几个词来形容。一向轻易不会落泪的我，那晚竟数度哽咽，泪水模糊了我的视线。

20 世纪 50 年代初，海峡两岸剑拔弩张，隔海对峙，音讯断绝，台湾岛内正处在最为严酷的白色恐怖时期，大街小巷到处张贴着诸如："匪谍就在你身边""反共防谍""反共抗俄"等标语，隔三岔五"中央日报"上就会登出某某"共谍案"告破、共党分子或"自新"、或被"正法"的新闻，令人不寒而栗。

在这种社会氛围下，身为"匪谍家属"的母亲，为什么还要坚持写日记？她明白地写道："生活的日程，我应该留在日记上。写吧，每晚，我应该希望自己去找出时间来写日记"，写下"做些什么？完成的是什么？期待的又是什么？……"。然而，设身处地地替她想想：一个才 30 来岁，既要忙于工作又要独自带着三个顽皮幼子生活的年轻母亲，要日复一日地坚持写日记，这无论在时间上还是在精力上，对她来说都是很大的负担。现在留下来的 5 万字日记里，就有 38 次提醒自己要坚持"写日记"，她一再自责说："有些时懒得很，都不想写了。真糟，没有恒心！"但她仍坚持写，事无巨细地写她如何"在家庭的穷困中过活"的琐事，写她时下的心境。显然，母亲正是靠着写日记来寄托思乡、思亲特别是对她的"源哥"的万千思念，来支撑她面对生活艰辛的勇气。

母亲留给我们的日记并不完整，这本日记一开头就写道："算起日子来又将一年不写日记了"，后边还写道："今晚打开旧日记簿看看"，显然母亲至少应该还有另一本日记，甚至更多，但不知何因，母亲过世后，基东只找到这一本。或许其他日记内容太过敏感，怕招惹麻烦，后来被她悄悄销毁？抑或是日常的工作和繁重的家务已经让她精疲力竭，再无精力续写？还是漫无尽头的等待与煎熬，使得情思渐渐变成了哀怨，辍笔停耕不写也罢？

日记中一再提到的"源哥""源兄""森源"，系指父亲"徐森源"。日记中，"哥"字及其他不少相关内容，后来大都被母亲用笔涂抹掉了，已经难以辨认，可知在白色恐怖的社会氛围下，尽管母亲难以抑制对父亲的无尽情思，但身为亡命"共谍"的妻子，日记行文仍格外谨慎小心。日记中提及家庭和父亲时，母亲都用长长的省略号，以表达她有一肚子的话要对父亲说。她苦苦地煎熬、默默地等待，期待着一家的团聚和两岸月圆的一天早日到来。到那时她必定要把自己的日记拿出来让夫君好好地看，细细地读，让他知道这些年她是如何带着三个孩子熬过来的。然而让她万万没有想到，她足足苦熬了40年、等待了40年，夫君竟先她而去，等待她的只是北京西郊八宝山革命公墓"源哥"一捧冷冷的骨灰！

台湾当局开放大陆探亲后，1991年母亲携小弟思东全家首次来北京，头一件事就是到八宝山革命公墓祭扫父亲。母亲走进灵堂，手捧父亲的骨灰盒，先是一言不发，目光呆滞，随后失声痛哭，足足五分钟，反复只说一句话："怎么会是这样子啊？怎么会是这样子啊？"把几十年来积攒在她心头的无限情思、委屈与哀怨，像打开闸门的洪水，一股脑儿地全都倾泻了出来。这场景，这句撕心裂肺的话，让我永生难忘！基东后来对我说："从小到大，我从来没见妈哭过！"可基东三兄弟哪里知道，在母亲的日记中，一再提到自己如何在暗地里偷偷痛哭流泪，只是不让他们三兄弟看到罢了。

母亲与孩提时代的基东三兄弟（50年代初）

母亲日记原件

三、我的多彩与苦涩的童年

1945 年 9 月，离我满一周岁只差一个月的时候，父母亲便忍痛抛家别子，离开了蕉岭家乡，与钟浩东夫妇等人一起，去罗浮山投奔东江纵队[①]。从此，我与祖母相依为命，在蕉岭渡过了快乐而又苦涩的幼年和童年，直到 1956 年 12 岁时去北京与父亲团聚。

（一）祖孙两人，相依为命

我在蕉岭家乡生活的这十年间（1946—1956），恰逢中国农村发生翻天覆地大变革的时期：人民解放战争自北向南席卷全中国；新中国成立后开展"清匪反霸、土地改革"运动；抗美援朝运动；农业生产互助合作化运动（互助组—初级合作社—高级合作社）。

我童年的最初记忆，大约是在五六岁时。我模模糊糊地记得，有一年的一天，我所在的黄田墩背村——一个原本十分平静的村子，突然骚动起来。当时，我正在同庆楼老屋的天井里玩耍，只听得北门外人声嘈杂，鸡飞狗跳。没过一会儿，几个穿着土黄色军服、歪戴着军帽、手里端着长枪的大兵，凶神恶煞般地走进了我们同庆楼。见到走廊上、天井里有几只三伯婆家的鸡就追着抓。大人们眼睁睁地看着他们在抓鸡，没人敢上前喝止，只有平时就挺凶的三伯婆家的大黑狗，见有生人闯进来，露出尖利的牙齿，冲着这几个大兵"汪、汪、汪"地叫个不停，大有要冲上前去咬他们的样子。有个高个子大兵用枪对准了大黑狗，摆出随时要开枪的架势。吓得我赶紧跑到阿婆的身边，双手紧抱着阿婆的双腿，不敢出声。幸好没有真的开枪，这伙大兵就像一群蝗虫，在村子里抢劫了一番之后，很快就一溜烟地跑得不见了踪影。等我长大后才听大人们说，那是 1949 年的夏天，国民党胡琏部队在福建境内被解放军打败后，逃跑时路过蕉岭退往潮汕的溃军。那时蕉岭家乡刚刚解放，新建立起来的人民政权立足未稳，兵荒马乱，人心惶惶。

---

① 前文已述，抗战胜利后，国共反目，国民党军队围困罗浮山，父母亲他们投奔东纵未果，先去了广州，次年东渡台湾。

博东四岁时与祖母的合照（1948年）

1949年10月1日，中华人民共和国中央人民政府在北京成立。不久之后，"清匪反霸、土地改革"运动便在全国各地农村如火如荼地开展起来了。我童年时代印象最为深刻的，是下面几件事。

一件是我六七岁刚上小学那年。一天上午，我们正在教室里上课，外面下着滂沱大雨，只听得"砰、砰、砰"几声清脆的枪响，惊动了我们，老师和同学们都面面相觑，不知发生了什么事情。下课了，大雨已经停息，我们蜂拥挤出教室，出了校门。我看到一大群人在溪峰河湖洋桥边围了一圈，正在指指点点地议论着什么。挤进去一看，哇！湿漉漉的地面上有一大摊殷红的鲜血，正顺着石板路上的缝隙流淌到水沟里……一打听才知道，原来刚才枪响，是在校门外枪毙了一个临村姓丘的"恶霸地主"。我读书的乐群小学，紧临当年的农会。事后听大人们说，那天上午农会斗争"恶霸地主"，那个"恶霸地主"态度恶劣，拒不承认交代罪行，上边派下来的武装工作队队长一通电话打到县里，经请示批准后当场冒着大雨把他拉出去枪毙了。

另一件事，是我们墩背村的"恶霸地主"徐××也被镇压了。我小时候调皮，喜欢凑热闹，有一天听说县城里的体育场要开"公审大会"，斗争我们村的"恶霸地主"徐××，便约了几个小伙伴一起去看。只见会场里人山人海，群情激愤，口号声此起彼伏。公审大会最后，宣判徐××"死刑，立即执行"，徐××便被拉到体育场主席台背后的山坡上去了，不待一会儿，只听得"砰、砰"两声枪响……这个"恶霸地主"有个儿子是我同班同学，所以印象特别深刻。

第三件事：那年头不但斗地主，就连地主婆也要挨斗。在农会，我亲眼看到一群贫下中农妇女围成一圈，地主婆被勒令站着在中间，被大家推来搡去，要她老实交代浮财藏在什么地方？直斗到她浑身大汗、口干舌燥、两眼冒金花、瘫软在地不得不交代为止。有天晚上，记得已经是半夜，我和阿婆在眠床上睡得正香，突然有人轻轻敲我家的后窗。我迷迷糊糊的被惊醒，阿婆低声问了一句："谁呀？""是我！"——声音虽小，但听得出是隔壁地主婆的声音。阿婆连忙掀开蚊帐下了床，蹑手蹑脚地走到后窗前。天亮后我才知道，夜里地主婆把她家平时做女红用的一小笪箩针头线脑、洋剪、顶针、锥子什么的，从窗外塞了进来，她担心被农会没收，偷偷托我阿婆帮她藏起来。阿婆有点害怕，犹豫了好几天，后来还是向农会如实交代了这件事。结果是，阿婆受到农会的表扬，并把这一小笪箩的东西全都当作奖品，奖给了阿婆。

第四件事。那时各村建立起来的农会有无尚的权威，谁要胆敢蔑视农会，那是不得了的大事，我们黄田村的农会自不例外。我们同庆楼里三伯婆的孙子育镜哥，比我大十来岁，从小很顽皮，有一天，突然有几个村里的民兵背着枪气势汹汹地来到我们同庆楼，径直上楼进了育镜哥的房间。我赶紧跟着上楼去看个究竟。来人说"徐育镜无法无天，竟敢在农会会场里撒尿"，不由分说扭住他的胳膊就要把他抓走"问罪"。我一听急了，生怕育镜哥被他们抓去枪毙，也不知哪儿来的勇气，赶忙挤进人群，哭喊着紧抱住育镜哥的大腿，无论如何不让民兵们把育镜哥抓走。当然，胳膊哪里拧得过大腿？最终育镜哥还是被他们抓走了。还好，最后也没出什么大事，育镜哥被抓到农会后被狠狠教训了一番，认错之后就放回来了。此事后来也成了我小时候亲友们茶余饭后的谈资。

我们蕉岭家乡历来人多田少，我家有两亩多水田，十多间房子，还有两条黄牛腿①，土改时一开始被划为"富裕中农"②，后来说我叔叔、婶婶都是"革命军人"，按照政策规定，家乡应该留有"革命军人"的土地。于是，我家才又被改划为"中中农"。每到春节来临，县里都会派人来同庆楼，给我家张贴"光荣军属"的大红纸。每当此时，阿婆便会高兴得合不拢嘴。

我记事很晚，懂事更晚，大概到四五岁以后才晓得，跟我朝夕相处、疼我惜我的是阿婆，不是我阿妈。那我阿妈呢？还有我阿爸？村里头别的许多小伙伴他们大都有阿爸阿妈，为什么我就没有？我开始产生疑问。

我开始记事的时候，阿太（阿婆的婆婆）还在世，全家只有三口人。不久之后，阿太也过身（去世）了，家里只剩下我和阿婆，祖孙两人冷冷清清地住在同庆楼的西半边。东半边的三伯公、三伯婆家却人丁兴旺，要热闹多了。于是我就缠着阿婆问："为什么我们家人那么少？我阿爸阿妈呢？"阿婆这才告诉我："咱们家人也很多，你阿爸在香港，阿妈还有三个弟弟在台湾，北京还有你亩元叔和你婶婶。"我听后很高兴，可香港在哪儿？台湾有多远？北京又在什么地方？他们为什么去那些地方？什么时候才能回来？……我小脑袋瓜里的疑问反而更多了！再问阿婆，阿婆的回答却让我不得要领，不知所云。

那时，阿婆常常会收到从香港（后来是上海）或北京寄来的书信和包裹。我清楚地记得：我上小学以后，有一天阿爸从香港寄给我一大盒铅笔，可把我高兴坏了！那些铅笔和县城里买的不同，笔的一头还有橡皮擦，县城买的则没有。其中还有几根红、蓝两色的铅笔，说是给我画画用的。第二天，我把这些铅笔带到学校里向同学们显摆，大家都羡慕死了！一堆人围着我，七嘴八舌，这个要我削开一枝来写写看，看是不是好使；另有人怂恿我赶快给我爸写信，让我阿爸多寄些来。在他们的鼓动下，我还真的就趴在桌子上写起信来了。当然，阿爸并没有理睬我的过分要求。还有一次，亩元叔从北京寄来一个包裹，拆开来一看，是一大包人参，阿婆说这是"高丽参"。长大后

---

① 土改前，蕉岭农村里经济不太富裕的人家，往往两家或几家人合买一条耕牛，农忙时节轮流使用。所谓有"两条黄牛腿"，就是拥有半条黄牛的财产。

② 土改时，农村依据各家土地、房屋、牲口等经济情况和人口，划分为五大类多种家庭阶级成分：地主、富农、中农、贫农、雇农。地主又分：恶霸地主（有血债，民愤极大的）、一般地主、工商业地主（兼营商业）三种；中农又分：富裕中农、中中农、下中农三种。贯彻"依靠贫下中农，团结中农，中立富农，打击少数不法地主分子"的农村阶级路线，没收地主土地、财产，分给无地少地的贫苦农民。

我才知道，原来亩元叔参加过"抗美援朝"，是志愿军总部彭老总办公室的作战参谋，跟毛主席的儿子毛岸英是同一个办公室朝夕相处的战友。这些高丽参，应该是他从朝鲜战场带回国后寄来的。

知道我也有阿爸阿妈和三个弟弟之后，格外想念他们。尤其是受到别家孩子的欺负之后，我常常会暗自伤心落泪，心想："要是三个弟弟在老家，那该有多好！我有四兄弟，看谁还敢欺负我？！"那时，我常常趁着阿婆不在家的时候，把挂在墙上的我快一周岁时跟父母的合照，以及阿妈从台湾寄回来的她和三个弟弟的生活照取下来，傻傻地看着照片发呆，久久不愿挂回去，心里想："他们在外边也会像我一样想我吗？他们在那儿过得好不好？生活得怎么样？"有时，我还会把阿爸阿妈离开家乡时留在橱柜里的几双鞋子翻出来，把小脚丫子伸进去，"踢踏、踢踏"地在地上拖来拖去，一双一双的穿着玩；或是把阿爸阿妈留下的一堆书籍找出来，坐在地上一本一本有滋有味地翻着看。其实除了看看里边的插图，内容我一本都看不懂，但还是喜欢看，只不过是为了排解心中的思念之情罢了！

那时，我最爱听阿婆、燕娇姑和族中大人们讲有关阿爸阿妈的事，等他们闲暇时总爱缠着他们告诉我，哪怕只有片言只语："哼！当年你燕娇姑要是和你阿爸'圆房'了，可就没你这个蛮鬼了！"阿婆笑着对我说。我这才知道燕娇姑小时候是我阿爸的"童养媳"。稍长后又听别的大人告诉我，我阿爸在梅县东山中学读书时，跟丘念台的女儿丘应棠谈过恋爱等等。听说这些，我就会对他们说："好在他们没结婚，要不然可就没我了！"

"你阿爸从小就很乖，读书很用功，农忙时节还会帮我挑水、放牛、晒谷、灌田！"阿婆常常对我说。

"你阿妈脾气可好了，待人特别好，她说话细声细气，从来不发脾气。她的内衣内裤从来不让我洗，非要自己洗"燕娇姑好几次对我说。

"你阿妈很孝顺，每次跟你阿爸上县城，都会给我买些东西回来。家里的活总是抢着做，怕我累着！"阿婆说。

"我记得最清楚的是，你阿爸在河边钓鱼，你阿妈就站在旁边给他撑伞遮阳。夜里你阿爸还常扛着梯子到新厅下抓罗毕子（麻雀），给你熬粥吃，你阿妈跟在后边，拿着手电筒给他照亮，小两口十分恩爱哟！"阿仙伯对我说。

"你阿爸和隆淼哥年轻时篮球打得特别好！你阿爸打前锋，投篮很准，隆淼哥个子高，专打中锋，逢年过节和别的村比赛，咱们墩背村总是赢！"森东叔自豪地说。

…………

每当听到大人们说这些话，都会让我高兴好一阵子，在我的脑海中勾起对父母的无限遐想！可是高兴过后，又不免很快重归深深的失望与思念。

我还没上学读书时，就像跟屁虫似的，整日跟在阿婆后边，她挑水淋菜，我跟到菜园子；她下田插秧割禾，我就跟到田头；她跟大人聊天，我就在她身边似懂不懂地听着。她走到哪儿我跟到哪儿，形影不离。

那时候，蕉岭烧火做饭都是用山上砍来的或圩上买的木柴和芦箕。阿婆隔一段时间就会半夜三更起床，和村子里的其他妇女一起上山去砍柴割草。小时候我很胆小，夜里不敢一个人单独睡觉，每当知道阿婆要上山砍柴割草，都哭着闹着要跟着去。阿婆只好瞒着我不让我知道。我睡到半夜醒来要屙尿，伸手一摸，发现睡在旁边的阿婆不见了，就会哭叫着赶紧爬起来追。

我清楚地记得，有一次阿婆又瞒着我半夜悄悄上山砍柴去了，我没能追上。我盼啊！盼啊！这一次阿婆好晚才回来，右小腿上鲜血淋漓，血肉模糊，伤口处连白骨都露了出来，说是挑着两捆柴下坡过坎时不小心跌了一跤。我心疼得眼泪汪汪，阿婆反倒要忍着疼安慰我。

由于先天不足，小时候我常生病，不是拉肚子就是受凉发高烧。每到发高烧，阿婆都很着急，坐在床边，眼含着泪花，抚摸着我的额头说："能让我替你生病该多好！"阿婆一般先是用民间偏方给我治，记得是到河里砍一些多年泡在水里的木桩屑来煮水给我喝，还喝过对门三伯公的尿液，说是喝了这些能很快退烧。如若还不见烧退，才背我到县城里去找当年我阿爸的朋友——从台湾返乡开诊所的昶寿先生那儿去诊治。每到我生病，阿婆都特别舍得花钱买些平日舍不得买的好东西给我吃，所以我小时候反倒挺喜欢生病的，小孩子的心理真是很特别。直到长到十多岁时，因为好玩，身体才逐渐好起来，生病的次数也少了。

七八岁时，我进入村中乐群小学读书，每到星期天或放寒暑假时，我开始帮阿婆做一些力所能及的家务活。比如帮阿婆掌牛（放牛），到大坝里的森林工作站剥树壳（晒干烧火用），石窟河发大水时去捞大水杈（顺流冲下来的枯树枝），有时还跟着女孩子上山去拾柴、拣松卵（松塔）……

成熟后摘下来的乌肚子

蕉岭的松卵比鸡蛋大好几倍（徐博东摄）

　　说起小时候拣松卵，几十年过去了，至今家乡的亲友还会笑话我。我第一次上山拣松卵，是跟着隔壁的阿德群等几个女孩子一起去的。我打小没上过山，只是想跟着去玩玩而已。阿婆怕我出事，不让我去，后来经不住我又缠又磨，只好勉强答应了。她给我准备了一副小篮筐，千叮咛万嘱咐的，就放我跟着那几个女孩子上路了。我从小没走过那么远的路，更没爬过山，刚走到东山脚下的荒坡上，就已经气喘吁吁落在大家的后边快走不动了。这时突然眼前一亮，我看见地面上散落着一长串黑黑的、圆圆的小花生米那么大的东西，便高兴的大声呼唤起来："你们快来看呀！这里有好多乌肚子！"[1]她们几个赶紧倒转回来，看到我指给她们的"乌肚子"，仰面哈哈大笑，笑得都喘不过气来了。原来，这哪里是什么"乌肚子"，是一地的羊屎蛋！也难怪，我从小吃过许多乌肚子，但那都是县城里花钱买的，或是阿婆上山砍柴时给我摘回来的，并不晓得它长在什么地方，所以闹了个大笑话。

　　那次上山拣松卵，松卵倒是拣了不少，装满了整整两小篮筐，可回家时挑到半路就挑不动了，后来还是阿婆赶来接我。这也从中让我亲身体验到了劳动的艰辛，阿婆上山砍柴割草的不容易。

---

　　[1]　乌肚子：别名桃金娘、山稔子、桃舅娘、岗菍、豆稔、多莲等。桃金娘科、桃金娘属灌木，高可达2米；叶对生，革质，片椭圆形或倒卵形，花常单生，紫红色，萼管倒卵形，萼裂片近圆形，花瓣倒卵形，雄蕊红色，浆果卵状壶形，成熟后紫黑色；花期4—5月。夏日花开，绚丽多彩，灿若红霞，边开花边结果。成熟果可食，也可酿酒，是鸟类的天然食源。用于园林绿化、生态环境建设、是山坡复绿、水土保持的常绿灌木。果可食用，全株供药用，有活血通络，收敛止泻，补虚止血的功效。

　　闹笑话还不要紧，我小时候在老家捞大水权还差一点丢了性命。那时候，石窟河每年到了雨季都会发大水。一发大水就有许多大大小小的枯树枝从上游顺着汹涌的急流漂下来，大人小孩就站在河边的木排上捞这些大水权，拉回家来堆放在禾坪上，晒干了当柴烧。我十一岁那年夏天，石窟河又发大水了，我跟着烈元叔去捞大水权，看到一个好大的枯树枝正向我这边漂来，内心窃喜，便伸出竹耙探身去勾。树权倒是勾到了，不料想树权太大太重，我人小力气小，使出吃奶的劲也拉不动它，突然一个浪头打来，站在木排上的我脚下一滑，还没等我反应过来，一个趔趄便连人带耙一下子掉落到打着漩涡的滚滚急流中去了。虽然我早就学会了游泳，可从来没在这样急的洪水中游过。我心中发慌，使劲在水中扑腾了几下就没力气了，只听到离我不远的烈元叔大声呼喊："快抓住树权！快抓住树权！"可这时，洪水已经把我卷进那一长串连着的木排底下去了——在这种情况下，再会水的大人也很难从木排底下游出来。也算我命不该绝！因为木头长短不齐，捆绑木排时总有些地方会有缺口。我被冲到木排下边大约六、七米远的地方时，恰好这里有个小缺口。我突然觉得眼前一亮，小脑袋瓜从那儿冒了出来，本能地吸了一大口气，顺手抱住了一根长出来的木头。更巧的是，在这个缺口处正好有个撑木排的工人站在那里，他眼疾手快，一把把我从水里拉了上来，我这条小命才捡了回来！烈元叔被吓得够呛，把我搀扶到河堤上坐了下来，我浑身湿淋淋的像个落汤鸡，脸色发紫，惊魂未定。烈元叔把我送回家后，阿婆听说了事情经过，心疼得直流眼泪，不但没舍得骂我，还一个劲地安慰我，抚摸着我的头说："以后再也不要去捡什么大水权了！你要是淹死了，阿婆可怎么活啊！"

　　小时候我很喜欢放牛。那时候我们家和五叔婆家合养了一头黄牛，是母的，我们管它叫"阿黄"，我常牵着"阿黄"去吃青草。牛很通人性，我从不打骂它，跟我格外亲，一叫它的名字，它大老远就会一溜小跑跑到我跟前来。冬天青草少，只有在大坝里和溪峰河边向阳的地方，还生长着一种牛爱吃的青草。森东叔家也蓄有一头黄牛，他老妹叫傅冬秀，常带我一起去掌牛。实际上她是森东叔姑妈的女儿，从小被森东叔的阿妈抱来当女儿养。她比我大至少六七岁，读书读得晚，跟我是同班同学，当班长。蕉岭地处粤东北山区，冬天比较冷，我们把牛牵到长有青草的河岸边，便找个向阳的草地上躺着晒太阳、聊天，晒得身上暖暖和和的。她像个大姐姐（准确地讲我应该喊她"冬秀姑"），对我很好。夏天蚊子很多，特别是野外，有一种小黑蚊子咬人很疼，我又只穿个蜡拐衫（背心）和小裤衩，把我咬得够呛！她就拔一些布惊树（一种类似于艾草的长年生灌木）叶来帮我涂擦在身上，布惊树叶挤出来的汁有一股特殊的味道，蚊子最怕，闻到就不来咬我了。等到夕阳西下之时，"阿黄"吃草吃饱了，肚子胀得圆鼓鼓的，我就骑在"阿黄"的背上，悠闲自得地哼着歌儿回家转。

离我家老屋同庆楼不远的溪峰河与石窟河的交汇处——大坝里，草木丰茂，是放牛最好的地方，但这里长年生长着许多带刺的灌木和刺竹。那时候在蕉岭乡下，除了冬天，无论大人小孩都很少有人穿鞋子，到那里掌牛要是让这些刺扎到可就倒霉了。有一年夏天，我和冬秀姑又到大坝里去掌牛，我一不小心踩到倒卧在地上的枯刺竹上，长长的刺扎进了我光着的右脚，差一点就被扎穿，疼得我坐在地上抱着脚哭叫了好半天。冬秀姑赶忙跑过来帮我把刺拔了出来，鲜血很快就涌了出来。她把我搀扶到"阿黄"的背上回了家，阿婆见了心痛死了！因为伤口太深，大概处理得也不太仔细，后来伤口化脓，竟穿透了我的脚面，一瘸一拐地还要去上学，好长时间才好，直到现在右脚面上还留着个疤。

从土改后成立的互助组，再到后来的初级社、高级社[①]，"阿黄"给我们家和五叔婆家出了不少力，换了不少工。不过，到1955年入高级社时，"阿黄"已经老了，干不动活了，其最终的命运我就不忍心再说下去了！

冬秀姑后来嫁给了我们班的班主任赖长兴老师。赖老师家在长潭里边，离学校很远，1956年他们刚结婚那年，亩元叔回蕉岭来接我和阿婆去北京，就把同庆楼的房子借给他们小两口住了一段时间。

---

① 所谓"互助组"，即农忙时节农户之间自愿组成的生产组织，在劳动力、家具、牲畜等方面以"换工"的形式互助合作；"初级社"是"初级农业生产合作社"的简称，规模相当于后来村中的生产队，即在互助组的基础上，发展到后来土地入股，其他生产资料租用或折股入股，土地、生产资料与劳动力统筹安排，收益除土地分红外，按劳分配；"高级社"则是"高级农业生产合作社"的简称，规模相当于后来的生产大队甚至更大，实行土地入社，取消土地分红，社员的所有生产资料折价入社，劳动力按各人的特长划分为若干个作业组分别从事农、林、牧、副、渔"五业"，由社统一经营，社员记工分，实行按劳分配，粮食按比例、分等级分配。合作社的构想很好，但事实上实施起来问题很多。后来搞"大跃进"和"人民公社"，问题就更多了。

50年代初，朝鲜战争打得正酣，蕉岭城乡也和全国各地一样，到处张贴着"抗美援朝，保家卫国"之类的标语口号。我们小孩子没什么本事为"抗美援朝"出力，顶多就是捡些破铜烂铁拿去卖，说是好多造些飞机大炮去打"美帝野心狼"！画画也大多是画些飞机大炮机关枪，还有中国国旗和朝鲜国旗插在屋顶上飘扬什么的。

那时候，台湾国民党的飞机经常会飞到蕉岭来，空投些传单和罐头、糖果之类的东西，学校老师再三嘱咐我们："千万不能去捡那些东西，上面有细菌哟！"有个星期天，我想燕娇姑了，征得阿婆允许，我一个人走公路去三圳樟芳村。回来刚走到半路上，只听得天空隆隆作响，自南向北一架国民党的飞机向蕉岭县城的方向飞来，飞得不太高，连"青天白日"的标识都看得见。我赶忙躲进路边的灌木丛里不敢动了。这时，只见燕娇姑的老公——我的姑父刘谦急匆匆地赶来，看到我没事才放心，直到把我送上公路，离家不远了他才回家。我小时候吃过燕娇姑的奶，或许因为这个缘故，我打小就朦朦胧胧地感觉跟燕娇姑格外亲，时不时一个人去三圳燕娇姑家串亲戚。

小时候在蕉岭乡间，我最喜欢的是捕鱼捉蟹。

那时候蕉岭的河里、水沟里各种各样的鱼很多。烈元叔是抓鱼的高手，他不但很会钓鱼，还会做捞箕、荷子、措子等捕鱼工具，甚至不用任何捕鱼工具，凭着两只手就能抓到许多鱼。烈元叔比我大八九岁，对我很好，是我童年时的"偶像"。他是我五叔婆的独子，从小就失去父亲，因为家里穷，唯一的妹妹彩萍打小就卖给了人家，孤儿寡母，艰难度日。我刚上小学读书时，他早已上了中学，为坚持学业，每到寒暑假他都要上山去扛木头或挑木炭，什么脏活累活都干，挣点微薄的辛苦钱用来缴学费，补贴家用。平时，每到星期天他也要出去干活，没活干时就下河捕鱼捉蟹，搞些鱼虾来母子俩改善生活。每到这时，我总是跟在他的屁股后面，到溪峰河里去学徒手抓鱼：潜入深水里，在石头缝隙的两端，两手轻轻合拢，如果有鱼在石头底下藏着，往往跑不掉；河岸边的水草丛里鱼最多，也是两手慢慢合拢，连草带鱼一起捧上来，鱼被水草罩住了，更跑不掉！

小时候我跟烈元叔有关的还有两件事至今仍记忆深刻：

有一年的旧历年春节前夕，烈元叔带我去挖春笋。我们来到大坝里的河堤上，那里生长着的一窝窝刺竹，到了这个季节就会长出春笋来。刚走到那儿，我们就发现一窝竹子下边有几个刚从泥土里冒出尖来的竹笋，烈元叔抡起锄头就挖。没想到一个都还没挖出来，就听到不远处有个老头大声地喊叫："哪个短命鬼偷我的竹笋，我跟你拼了！……"扭头一看，不是别人，正是住在附近人称"杰命"（不要命）的家伙，瘦瘦的，五六十岁的样子，手里拿根扁担就往我们这边追来，嘴里还不干不净，骂骂咧咧。好汉不吃眼前亏！烈元叔提起锄头，一把拉着我就往溪峰河对岸跑（往家跑，怕他认出是谁）。那时是枯水季节，很快我们就过了河，上了堤岸，累得我上气不接下气。刚停下来喘口气，嘿！那"杰命"还不依不饶，居然一路追过河来，摆出一副真要跟我们拼命的样子！我们只好拔脚又跑，踏入水田里（冬天没水），取直线距离深一脚浅一脚地往东山那边跑。"杰命"毕竟年岁大了，跑不过我们，只见我们愈跑愈远，只好掉头回去了。烈元叔说，"那些竹子根本就不是'杰命'种的，却硬说是他家的，蛮不讲理！"

还有一年秋天，我和烈元叔到大坝里的森工站（森林工作站）剥树壳。他见楝树上结有一串串的楝籽①，就爬上树去说要摘楝籽给我玩。楝籽一般都结在树梢，很难徒手够得着。烈元叔却爬上树，想用手去摘楝籽。楝树是木质很脆的一种树，他体重大，踩的那根枝条又太细，只听得"咯吧"一声脆响，连人带树枝"哗啦啦"地瞬间倒了下来。上前一看，吓得我魂飞魄散，不得了，出大事了：烈元叔两眼翻白，口吐白沫，脱神（昏过去）了！我慌不择路，撒腿就往家跑，去找五叔婆报告……还好没出什么大事，等我和五叔婆赶到大坝里，烈元叔已经清醒过来了。后来听说，我去找五叔婆之后，在场的一个大爷见状，赶忙叫来一个五六岁的小孩子，让他撒了一泡尿，大家七手八脚地把一碗"童子尿"灌进了烈元叔的肚子里，不一会儿烈元叔就醒过来了。大概也是因为有那根树枝树叶垫在下面，不是人直接跌到地面上，所以只是脑子受到震动，手脚擦破了点皮而已，真是命大！

几十年过去了，直到 2018 年 3 月我回老家，拜访已经 83 岁高龄正在病中的烈元叔，说起这些陈年趣事，仍历历在目，心有余悸。也因为小时候有

---

① 秋天成熟后呈黄色，手指头大小，可食，酸甜，但不可多食。

这些事，我跟烈元叔感情很深，每次我回老家，放下行囊，第一个要拜访的，必定是烈元叔。2019 年 1 月他不幸病逝，噩耗传来，我十分悲恸，专程从北京赶回家乡奔丧，送他老人家最后一程。

孤儿寡母是弱势家庭，旧时在乡村最容易受人欺负。我和阿婆一老一小，比"孤儿寡母"还糟！我在蕉岭家乡时年龄尚小，不记得阿婆受过谁的欺负，只记得我 12 岁那年，亩元叔把我和阿婆接到北京后，见到我阿爸，阿婆一个劲地诉说着自他们两兄弟早年离开家乡外出参加革命后，自己如何如何被人欺负的往事，说着说着她老人家竟然当众伤心落泪。而我呢？当年在家乡，上无兄姐，下无弟妹，孤单一人，加之身子骨本就弱小，打架打不过别的小孩，自然也少不了被别的顽童欺负。

墩背村北的另一个徐氏小祠堂里，住着一个小男孩，格外顽皮凶蛮，跟我是同班同学。我从未招惹过他，但不知何故，他总是动不动就欺负我。那时，他家门口是我们村进县城的必经之路，只要你从他家门口过，让他碰上了，如果没有大人在场，他必来寻衅滋事。有一次我单独一个人进县城，被他堵住了，扬言要跟我扛拳头（拳头对拳头对打，谁怕疼就认输），说我扛赢了他才准许我从他家门口过。我从小虽然瘦弱，但向来脾气倔强，不轻易服输，于是就接受挑战，跟他扛起了拳头。没想到我使足了力气刚扛了一个回合，就痛得钻心。一看我刚才出的右拳，手背上一股殷殷红的鲜血涌了出来。原来这家伙居然藏着暗器——中指与食指之间夹着一个削铅笔的小刀，那我还能不皮开肉绽？

我哭哭啼啼回到家，阿婆见了既心痛又气愤，给我伤口上过药包扎好后，牵着我就去找那位"蛮鬼"的阿妈告状，结果他被他阿妈臭打了一顿。过了好多天我手背上的伤口才愈合，直到现在还有一条小伤疤。此事过后，我进县城再也不敢单独一人从他家门口过了，要么绕路走乐群小学湖洋桥那边，要么约几个同村小伙伴结伴而过。人多势众，即使被他碰上了，也不敢跟我们对打。

1966 年冬天，"文革"大串联时我顺道回了趟老家。10 年过去了，当年的小顽童都长成了 20 多岁的小伙子，这位仁兄还算不错，跟着几个当年的老同学一起来看我，谈起小时候这些顽皮往事，他很不好意思，连声向我道歉，大家笑得前仰后合。

（二）多彩多姿的童年生活

我的童年虽有苦涩与孤独的一面，但总的来说还是多彩多姿、十分快乐的。

童年时代在蕉岭老家，我虽然没有兄弟姐妹可以互相依靠，但我喜欢交朋结友，家里有什么好吃的，都会瞒着阿婆偷出来跟小伙伴们分享，所以村中的孩子们都愿意跟我玩耍，没有人会欺负我。

记得大约在我读小学二三年级的时候，有一天，我从未见过面的亩元叔突然从北京回到蕉岭老家。这是他自从 1942 年离开家乡后，10 多年来第一次返乡。阿婆高兴坏了，忙前忙后，又是杀鸡买鱼，又是到菜园子里摘新鲜蔬菜，还托人去三圳通知燕娇姑……，而我则只知道怯生生地盯着他看——他身穿解放军的军服，头戴军官大盖帽，好不威风。心想，原来这就是阿婆经常跟我提到的亩元叔啊！全村人也奔走相告，纷纷来同庆楼看他，不管是大人小孩、认得不认得的，还有县城里来的干部。

亩元叔对我很和蔼，人群散去后，他笑眯眯地对我问长问短，还跟我开玩笑，我这才逐渐跟他熟悉起来。记得有一天，亩元叔的香烟抽完了，拿出一张面值很大的钞票让我到县城里去帮他买烟，还问我想要买什么东西。我眨了眨眼想了一下，鼓起勇气说："我想买一个皮球！"——小男孩都喜欢踢足球，大人不给买，小伙伴们到处拣破铜烂铁和碎玻璃去卖，要攒好长时间的钱才能买得起一个拳头大小的小皮球，所以多数时间都只能踢"鬼柚子"（长不大的柚子）。没想到亩元叔很爽快地答应了，我高兴得要命，三步并作两步，一溜小跑就赶进县城，先给亩元叔买了两包黄金龙牌的香烟，随后就去体育用品商店买了一个黑色的小皮球。回到家后，就迫不及待地跟小伙伴们在天井里踢起了皮球。亩元叔笑着对我说："你发洋财了！"我爱不释手，晚上睡觉时还抱着小皮球，跟阿婆说："亩元叔真好！"可又有点不以为然地说："哼！只买了个小皮球，就说我'发了洋财！'"阿婆说："亩元叔是跟你开玩笑的！"我这才释怀，心满意足地睡觉了。

亩元叔从广州带回来许多糖果、饼干之类好吃的东西，以前我见都没见过。阿婆藏起来，每天只发给我几块。等阿婆忙着干活的时候，我就翻箱倒柜地寻找，最终还是让我发现是挂在房梁上的竹篮里了。我悄悄偷出来，分给小伙伴们吃，今天拿一点，明天拿一点，怕一下拿太多被阿婆发现。当然，没过几天还是让阿婆发现了，但她只是不痛不痒地说了我一句："都分给他们吃了，你就别想吃了！"

那时候，跟我最要好的玩伴要数昌文、昌华和广华、广富两兄弟。我们五个小男孩年龄相差不多，住得又近，同是蕉岭徐氏长房十三世祖堂匠园公的二十一世裔孙，经常结伴在一起玩，有时夜里还一起睡觉，形成"五人帮"，昌文哥最大，是我们的头。玩的花样可多了：上树抓小鸟、掏鸟蛋、摘楒九子（拐枣）、河胖子[①]；下河洗身子（游泳）、藏青子；河坝里透鱼子、筑梁结；水沟里拂鱼子、盘胡鳅、钓黄鳝、摸蛤子；池塘里摸螺蛳；禾坪上天井里跳格子，弹象棋赌理子（铜板）、赌狗爪豆[②]；菜园里钓蜡拐（青蛙）；钻进人家的果园里偷龙眼、洋桃、橄榄；大坝里捉丝蝉（知了）、采蘑菇，摘酸色子、棠梨子等野果；砍竹子做水淖子（水枪）相互对射；河坝里沙滩上挖沙钻子（一种长在沙子里的小虫）；秋收时在人家收获过的地里改番豆（花生）、改番薯，割过禾和麦子的田里捡谷穗、麦穗（晒干了炒麦子吃）；捉田鼠，做田鼠干；用线绳和纸壳制土"电话"、荔枝弗挖空插上芦箕棍做烟斗；捡碎玻璃和破铜烂铁卖钱买零食、拔蔗须[③]；冬天自制冰棒；夜里捉罗毕子（麻雀）、捉萤火虫、

作者（右一）与儿时的小伙伴昌文（中）、昌华（左一）

---

① 河胖子：一种缠绕生长在夜合树上的亚热带藤类植物结的果，圆形，绿色，鸭蛋大小，只能玩，不能吃。

② 狗爪豆：一种豆荚类藤爬蔬菜，结果时几个结成一串，形似狗爪，故名。果实约五、六厘米长，一厘米宽，籽稍比花生豆小，嫩时连皮带籽均可食用。入冬后皮干籽硬，小孩子们便到菜园里到处寻找，把籽剥下来当"赌资"玩耍。

③ 拔蔗须：买一截甘蔗，用刀轻轻把甘蔗皮横向刻划一个圈，割过的甘蔗两端要一长一短，然后两人双手各执一端，用力把甘蔗拔断，谁手里拿的甘蔗蔗须最长，谁就算赢家，输的一方既要掏钱买甘蔗，还只能吃短的那截甘蔗。

照鱼子、放夜钓；放风筝、打弹弓、滚铁环、踩高跷、捉蜻蜓、藏人子（捉迷藏）、养蚕……，玩的花样太多太多，说也说不完，真是丰富多彩。不用花一分钱，有的能解馋，有的还能给家里改善生活，增加营养，既满足了小孩子的好奇心，又培养了动手能力、劳动技巧和对大自然的深厚感情。那时候，每到夏天，我和小伙伴们一个个都晒得像个小黑人，两条胳膊和肩膀上、背上，脱了一层又一层皮。两个脚板也因长年光着脚不穿鞋，磨出厚厚的一层硬皮来。

桠九子（拐枣）　　　　　　棠梨子　　　　　　酸色子（雀梅）

　　在众多小孩子的玩法中，最有趣的莫过于跟小伙伴们一起抓鱼和捉田鼠了。抓鱼的方法也有很多种，拂鱼子、透鱼子、筑梁结、钓黄鳝、照鱼子、放夜钓等等，其中又以拂鱼子、透鱼子和照鱼子最为有趣。

　　所谓"拂鱼子"，就是把水沟里的水掏干后捉鱼：先到水沟边"踩点"，观察哪条沟里的鱼比较多，然后把水沟上游的水堵起来，最好是能把水引到别的地方去，下游也要堵起来，再用带来的脸盆把堵起来的水一盆一盆的泼出去，直到把水掏干。随着沟里的水愈来愈少，一条条大大小小的鱼儿便会活蹦乱跳地跑出来。这时小伙伴就跳上跳下，纷纷动手抓鱼，那股高兴劲儿和成就感就甭提了！泥面上的鱼捉光了，接着是"盘胡鳅"：踩进已经干涸的水沟，两只手并拢插进泥巴里，从水沟这头到另一头，顺序把泥巴翻转过来，一条条胡鳅、黄鳝就会跑出来，想遛也遛不掉！偶尔也会盘到泥蛇伯（一种水蛇），但不用惊，它没毒。鱼都抓光了，再把堵的水放开，恢复原状才可以走。当然也有倒霉的时候，如果水沟里的水太大，水掏到一半堵水的泥巴就突然崩塌。唉！那可就前功尽弃、白费力气了。

抓到的鱼都集中放在脸盆里，小伙伴们兴高采烈地回到村头的楂九树下，"石头、剪子、布"，按照老规矩划拳瓜分刚刚得来的"战利品"。谁划赢谁先挑大的或自己最喜欢的拿，一轮一轮的划，直到把"战利品"瓜分完为止，高高兴兴地回家！有一种在热带和亚热带才能生长的小鱼叫"彭浦鯠"（客语），水沟里很多，雄的五颜六色长得很漂亮，最大的也就三四厘米长，抓到它以后蓄在玻璃瓶里，再放些水草进去，赏心悦目，是小孩子的最爱。彭浦鯠很容易养，只要勤换水，每天喂些饭粒或苍蝇，就能活很久。两条雄的彭浦鯠蓄在同一个玻璃瓶里，还时不时会打架，好玩得很！

村里成立合作社之后，阿婆除了过段时间就要上山砍柴割草之外，还要外出参加社里派的诸如像修长潭水圳这一类的活，经常一去就是一整天，天快黑了才能收工回来。每到这时，阿婆怕我饿着，出门之前就会打好一角米，告诉我要放多少水，嘱咐我先熬好粥，等她回来再烧菜做晚饭。记得有一天，阿婆又出工去修长潭水圳了，我约好小伙伴们一起去抓鱼，回来后就按照平日看阿婆做饭时学来的方法，做了一锅鲜鱼粥，盐在锅头上我找着了，但猪油阿婆怕黄贼（蟑螂）偷食，不知道放在哪儿了，就到隔壁五叔婆家讨来一小勺猪油搅进粥里去。阿婆干了一天活又累又饿回到家，见我熬好的鲜鱼粥，香喷喷的，尝了尝咸淡正合适，高兴得合不拢嘴，逢人便夸我："阿博东真是长大了，有用了！"受到阿婆的夸奖，以后我干家务活更有积极性了。

所谓"透鱼子"，就是在河水里投毒抓鱼。但要分大人还是小孩，小孩子只会"小打小闹"——枯水季节时从河岸边夜合树上折一大捆叶子，在河坝里不再流动的浅水处，用石头把夜合树叶捣出汁来搅到水里，夜合树汁含有轻微的毒素，搅拌到水里后，像石壁子①、白哥（"白条"）、目屎郎、虾公等小鱼虾会被毒昏，就很容易徒手抓到了。

大人透鱼可就不同了。我家老屋同庆楼大门口的那条溪峰河，河面只有三四十米宽。那时候，每到雨季时溪峰河也常会发大水，隔不远的转弯处就会冲成一个个深潭（如洗衫潭、棺材潭、夜合树潭……）。深潭里的鱼很多，到了枯水季节时，常会有大人们用生石灰、茶菇水或从山上割来的一种有毒

---

① 石壁子：一种喜欢趴在浅水沙子或石头上的小鱼，浅黄色，最大的也只有四五厘米长，油炸后连肉带骨一起吃，很香。

的藤类植物——鱼藤煮成水，去水潭里透鱼。每到这时，场面十分壮观有趣：水潭的两岸站满了大人小孩，熙熙攘攘，人声鼎沸，手里各自拿着鱼网、捞箕、鱼叉、粪箕、竹篮、菜刀……各种各样能够捕鱼的工具，还有人干脆光着膀子穿着小短裤站在水里等着。鱼滕水或茶菇水、生石灰从上游倒进水里之后，顺流而下，遍染水潭。不多一会儿，潭里的鱼儿便都中了毒，先是在水里没头没脑的到处乱窜，跳来跳去，随后小一些的便鱼肚翻白、半死不活地漂到水面上来了。民间约定成俗，透鱼时有一条不成文的规矩：出钱出力透鱼的人先捞，等到他们捞得差不多了，满载而归之后，岸边看热闹的人方可动手去捞。每当听说有人透鱼，我必定前往抓鱼，但我从不带任何捕鱼工具，而是潜到深水里去捉——我早已摸到规律：大鱼被透昏之后，先是乱窜乱跳，随后就会沉入水底，鱼肚翻白，即便在能见度不高的浑水里，也很容易辨认出来。但别以为这种透昏了的鱼很容易捉，只要你的手一触碰到它，就会拼命挣扎，窜到别的地方去了。这就需要耐心，想抓住一条大鱼，往往要浮出水面好几次换气，而且还不能让别人看见，否则会来跟你抢。哈哈！真是好玩极了！每当抓住一条大鱼，看到别的小孩羡慕忌妒的眼光，格外得意！曲终人散之后，你不要急着走，在河岸边耐心等着，等周围安静下来，还没昏死的大鱼会突然跳出水面，有的还会蹦到岸上，你就赶紧跑上前去捉就对了！每次我抓到大鱼回家，阿婆都会高兴得合不拢嘴，对门的三伯公、三伯婆和隔壁的五叔婆也会把我夸赞一番哩！

因为"透鱼子"会污染河水，这种原始的捕鱼方式后来被政府明令禁止了。

所谓"照鱼子"则是夜里抓鱼的玩法。鱼儿生性胆小，白天大都会躲起来，喜欢夜里出来觅食和纳凉。"照鱼子"顾名思义就是在夜里照着亮抓鱼：用铁丝盘织成一个直径约一尺的火锅形网状圆盘，再拉三根两尺多长的铁丝绑在一根棍子上，"照鱼子"的灯罩就做好了。入夜后，铁丝圆盘上放置几块点着火的松光节（松油较多的松条），一手提着灯罩，一手拿把长刀或黄鳝夹（用三根两尺多长的竹片制成的捕鳝工具，竹片一端刻成锯齿状），腰间再挂个履公（鱼篓）便可上路照鱼了。"照鱼子"可到河坝里的浅水处，也可到水沟或水田里，大多数的鱼见到亮光后会一动也不动，任凭你拿刀砍，砍到了捡进履公里就是了。水沟或水田里黄鳝、胡鳅比较多，暑天夜里会从泥里钻出来静静地趴在水底纳凉，被亮光照到后特别老实，连刀都派不上用场，用黄鳝夹伸进水里去夹，十拿九稳，一条难逃。"照鱼子"也有用火把或用大煤油灯做灯盒的，但火把照的时间短，做灯盒又太费事。其实，夜里田坎上捉蜡拐（青蛙）也可以用同样的办法，蜡拐被亮光照到后也会一动不动，随便你抓，就跟捡地上的东西那么容易。"照鱼子"时，每当抓到一条鱼、一条黄鳝或胡鳅，都会增加一份快乐。

50年代时，乡村生活贫困，"照鱼子"不光是小孩子的玩法，也是贫苦人家改善生活甚至是谋生的一个门路，所以每到夏夜，只见河滩里，田坎上，四处灯火点点，形成了一道美丽的风景。

再说"捉田鼠"。捉田鼠的方法也很多，放老鼠局子或老鼠夹子（都是小孩子自己动手做的）是其中的一种。那时候田坎上、灌木丛里的田鼠很多，田鼠经常出没的地方都会走出一条长长的弯弯曲曲的清晰小道来，只要稍微观察一下，便可判断出田鼠是否最近还常走这条小道。放老鼠局子或老鼠夹子，诱饵一般用红薯片，但田鼠最爱吃的是猪油渣，香香的，田鼠鼻子很灵，老远便闻得到。放老鼠局子或老鼠夹，一般都是在白天事先选好地点，天黑之前去放，次日凌晨去收。白天也可以放，但白天出来觅食的老鼠比较少。鼠夹夹到的田鼠大都很快会死去，而老鼠局子捉到的田鼠都是活的，那就把老鼠局子浸到水里去，把里边的田鼠活活淹死。捉到的田鼠拿回家后立即剥皮、开膛破肚、挖去内脏，洗净之后，去掉鼠头、鼠爪和尾巴，用精盐加五香粉遍抹全身，再用芦箕棍四脚八叉地把田鼠支撑开来，拴上绳子，挂在竹竿上晾晒成田鼠干。等到蒸饭的时候，把田鼠干放进去蒸熟，吃起来那个香啊！

其实，抓田鼠最好玩的还是用水灌或用烟熏。秋收之后，种过蕃薯的地里大都有田鼠洞。田鼠洞有两个出口，先要把这两个出口都找到，然后用大量的水往其中的一个洞口灌进去，或用柴草点着火后往洞里煽烟。过不了多久，田鼠受不了水灌或烟熏，就会从另一个洞口跑出来，小伙伴们早就在这个洞口严阵以待了，只要田鼠一出来，大家伙就木棍、扁担、锄头齐上阵，围追堵截的场面那才热闹咧。

我小时候在蕉岭老家很顽皮，没少给阿婆惹麻烦，但阿婆从不舍得打我骂我。有一次，我爬到同庆楼大门口河岸边的夜合树上，想摘长在树上的河胖子玩①，不想刚爬到树半截，就捅到了一个蜜蜂窝，一大群蜜蜂"嗡、嗡、嗡"地鸣叫着围着我乱蜇。时值盛夏，我身上只穿了件蜡拐衫（背心）和一条短裤，树太高，我不敢往下跳，只能慢慢往下爬，蜇得我浑身火辣辣地疼！我连哭带喊地跑回家。阿婆一看，我头上、脖子上、两个胳膊、两条小腿，到处都是又红又肿的包。阿婆赶忙好言安慰我，马上生火煮了两个鸡蛋，然后用热鸡蛋在我的伤口上一遍一遍地滚动，口中还念念有词："好了！好了！吃了鸡蛋一会儿就好了！"嘿！这招还真灵验，过一会儿伤口就不那么痛了！长大后我才想明白：其实这就是热敷的一种治疗方法而已。

随着时间的推移，我和小伙伴们一个个长大。昌文哥比我大两岁，高我两年级，本来大家说好他故意蹲班（留级），好跟我们继续在一起玩，可是他学习太好，总也蹲不了班。那时乐群小学只有初小，于是不久之后，他就进了县城的小学读高小去了，不久之后还加入了少年先锋队，胸前戴上了鲜艳的红领巾，让我们几个小伙伴好羡慕。有个星期天，昌文哥告诉我们，他们学校的少先队要过队日，问我们要不要跟着去玩？于是我和昌华、广华、广富四个人专门进县城，跟在他们的屁股后边凑热闹。辅导员把他们分成几个小队，其中一个小队先出发，负责在路边的草丛中或石头缝里藏字条。后边的几个小队后出发，走到一个岔路口，如果看到有用粉笔留下的记号，便知附近藏有字条。哪个小队先找着这个字条，就必须按照字条上写的指令行事。字条上或写着："前进一千米，其他小队原地待命！"或写着："原地待命，其他小队前进一千米！"等等，如此反复，看哪个小队先到达远在数公里之外的目的地，就算赢。一路上，每个小队既想先找到字条，又怕先找到字条。我们觉得真好玩！后来我到北京，上高中时也当上了少先队的辅导员，我还把从家乡学来的这套搞活动的办法用上了，并根据北京的实际情况有所创新和发展。

大约一年过后，我们乐群小学也建起了少先队中队（学生少，只能建中队），我们的班主任赖长兴老师兼任少先队辅导员。那时候我已经上了初小四

---

① 河胖子：一种缠绕生长在树上的藤类植物结的果，鸭蛋大小，圆圆的，绿绿的，不能吃。

年级，大家选我当中队委，任宣传委员，不但戴上了红领巾，还戴上了有两条红杠杠的袖标，觉得挺光荣！在蕉岭县乡村小学里，乐群小学建立少先队算是比较早的，县城周围的乡间小学后来也相继建起了少先队组织。赖老师很喜欢我，时不时地带着我去那些小学出席他们的建队仪式，并指派我代表乐群小学少先队，用客家口音蹩脚的"普通话"上台宣读贺信，自己听得都觉得怪怪的；学校每天上午全校都要做课间操，赖老师也让我跟另一个我们班长得最漂亮的女生徐某某一起，到前边领操。后来小伙伴们就跟我开玩笑，说我跟徐某某是"相好"，搞得我很不好意思。

我清楚地记得，乐群小学建立少先队之后，搞过两次比较大的活动。

一次是在夜里，说是跟解放军学"打夜仗"：天还没黑时，赖老师带我们来到石窟河的沙滩上（现在宪梓大桥的下边）。赖老师把大家分成两个分队，一队充当"解放军"，作为进攻方，留在沙滩上，让我当"指挥官"；另一半人则充当逃跑的"国民党败军"，由另一个年龄大些的同学负责指挥。规则是让"国民党败军"提前五分钟向右前方的堤岸上逃跑，只要"解放军"在指定的时间内抓住了5个以上的"敌人"，就算胜利。下弦月升起来了，四周不算太黑，河面上水波粼粼，堤岸上的竹子在微风中摇曳，沙沙作响。赖老师让"国民党败军"先出发，口哨声一响，他们拼命往河堤上跑。五分钟到了，哨子再次吹响，趴在沙滩上的"解放军战士们"在我的指挥下，一跃而起，一个个呐喊着生龙活虎地扑上了堤岸，向着"敌军"逃跑的方向四面包抄过去，很快消失在夜幕之中了。哈哈！没过多久，"解放军战士们"就雄赳赳气昂昂地押着五六个"俘虏"回到了沙滩上的"指挥所"。一看，全都是女的！原来，"敌军"逃上堤岸后，女生已经是气喘吁吁跑不动了，死活不肯再跑，"当官的"拿她们没办法，只好让她们就地分散，找个草丛或灌木丛设法躲藏起来。那一段河堤上的草丛、灌木丛稀稀拉拉，并不茂密，在月色下哪里能藏得住人？于是"解放军"一到，她们大都当了"俘虏"！赖老师的哨子再次吹响，大约只过了半个钟头的光景，"战斗"就结束了，"解放军"取得胜利！

建队后的第二次重大活动，是在1956年的暑假期间，搞了一次乐群小学建校以来的"夏令营"。那时阿婆已经告诉我，说亩元叔8月底会回蕉岭老家，接我们去北京，不再回来了，所以阿婆不让我参加夏令营。我死活闹着要去，阿婆没办法，只好让我去。"夏令营"的地点选在长潭口外的一条山沟里，赖老师带着我们二十多个报名参加的男生女生一大早就出发，记得是在榕子渡坐船过的石窟河。那里的水很深，但清澈见底，连在水中游动的鱼儿都能看得清清楚楚。过了河又走了一段路才进山。山沟里长满了大树和茂密的灌木丛，遮天蔽日，许多鸟儿和丝蝉在树上"啾啾""哑哑"地鸣叫着，山路一旁的水沟里溪水潺潺，空气格外清爽，人走进来顿觉暑气全消，真是避暑的好去处！我们顺着山间蜿蜒曲折的小路走进了山沟的深处，哇！没想到这里边还隐藏着一个已经破败的寺庙。走进还算保存完好的大殿，赖老师带着几个大同学，不知从哪儿找来几捆稻草，一字排开铺在大殿中央的地面上。我们打开带来的包袱开始铺"床"，赖老师安排男生睡右边，女生睡左边。可是麻烦来了：两头和中间没人愿意睡，因为睡两头夜里怕鬼，睡中间男女生要挨着，谁也不肯。最后，赖老师和一个岁数大些胆子也比较大的男生各睡一头，让我睡中间，我心里很不情愿，但又不敢不听赖老师的话，只好乖乖地服从安排。

　　白天因为走了远路，大家都累得够呛，也管不了有没有鬼了，早早便躺下呼呼大睡起来。一夜无事，次日清早起来，只觉寒气袭人，空气格外湿润清新。赖老师喜欢打猎，有时星期天会来喊我跟着他去大坝里打鸟，但他眼睛似乎有些近视，枪法不是太准，往往空手而归。这次进山，他把鸟枪也带来了。于是早饭过后，他就带着大家到山沟里去打鸟，整整一个上午，只打到一个我叫不出名字来的山雀，掉到水沟对面的灌木丛里去了。他叫我去找，我钻进带刺的灌木丛找了好一会儿才找到。回到寺庙，他让负责烧火做饭的大同学熬了一大碗鸟粥。他说人太多，分不过来，只给我一个人喝。我哪敢一人独吞？让大家你一口我一口地很快吃了个精光，味道之鲜美，至今难忘。

当年的小山沟现已成为蕉岭人休闲避暑的好去处（徐博东摄）

次日上午，赖老师带我们进长潭里边去游玩。这是我平生第一次进长潭，那时长潭水库还没有兴建，完全是一派原始的天然风光。我们沿着潭边左岸唯一的一条狭窄的青石坂路往里走，石坂路湿漉漉的，弯弯曲曲地伸向没有尽头的密林深处。路旁生长着几十米高两个人才能抱得过来的高大乔木，遮天蔽日，树上树下长着青苔。潭水碧蓝碧蓝的，深不可测，平静地流淌着。河面并不很宽，两岸绿荫翠蔓，巍峰插汉，怪石林立，巉岩峭壁和浓密的树荫倒影在潭水中，水光一色，自近及远，形成一幅长长的天然水墨画卷。空气湿润而清新，暑气全无，林鸟"啾啾"，跳上跳下，丝蝉"知了、知了"地歌唱着，像是在欢快地迎接我们的到来……我们也像是一群出了笼的小鸟，叽叽喳喳，又蹦又跳，高兴得不得了！走了不一会儿，赖老师带我们钻进了一条狭窄的小山沟，路旁有一祠，祠名曰"林谢先烈祠"①。峰回路转，走不多远，抬头仰望，但见一条细长细长的"白线"从两峰之间挂了下来——这就是长潭著名的风景区"一线天"，果然名不虚传！赖老师说，这里就是历史上有名的林丹九的殉难处②。走出"一线天"，继续前行，隐约看见河对岸半山腰的悬崖峭壁之上有一破败的小庙。离小庙不远处，还有两块前大后小紧紧

---

① 林谢先烈祠：合祀清代殉节的林丹九和抗日战争时期牺牲的谢晋元两位蕉岭籍先贤的祠。联曰："一线天高，丹九忠心昭日月；四行仓固，晋元英气壮山河。"

② 林丹九（1590—1647），又名际亨，字一桂，长潭白马人，生于贫苦农家。他学识渊博，文思敏捷，著述颇丰，兴趣广泛，吹拉弹唱无所不能。他以授徒及卖文维生，收入微薄，仍乐善好施。清顺治二年（1645），以55岁高龄考取进士。次年，清兵入镇平（蕉岭），烧杀抢夺，林丹九义愤，率乡勇据长潭拒之。清兵久攻不下，三次修书劝降，均不为所动。顺治四年（1647），丹九自知"大厦之倾，非一木可支"，在长潭一线天顶跳崖殉节。其门生赠谥曰"文节先生"。道光三十年（1850），学政奉准建祠以祀。咸丰元年（1851），"景忠祠"落成，全县名流咸集颂之。

偎依在一起的怪石矗立在那里。赖老师说，那就是有名的"金龟挂壁高台庵"和"阿婆背孙"了。只可惜，它们都在河对岸，我们只能远远地眺望，无法近前游览和观赏。

记得那次夏令营还搞了一场爬山比赛。说是"爬山"，实际上只是在一个不算陡的山坡上自下往上跑几百米而已。结果我得了个第二名，说是开学后发奖，但还没等到开学，我跟阿婆就离开家乡随亩元叔去北京了。

长潭水库大坝（徐博东摄）　　如今的长潭水库（徐博东摄）

长潭"夏令营"，是我童年离开家乡蕉岭前最后的也是十分美好的记忆。可惜的是，经过"大跃进"大炼钢铁和人民公社的所谓"车子化"运动，70年代初当我再回到蕉岭老家时，四面的山上，包括那条长满树木、溪水潺潺、里边隐藏有寺庙的小山沟，树木早已被砍伐得精光，只剩下一座座光秃秃的山头了。又过了十多年，80年代中期长潭建起了水库，上百年的大树也被砍光，那条青石坂路淹没在水底，两岸因修筑公路，巉岩峭壁和"阿婆背孙"等许多怪石也不见了踪影，水面宽阔了很多，但昔日纯天然的美景已不复存在，面目全非。所幸自70年代末改革开放以来，大规模的植树造林，经过几十年的努力，如今蕉岭家乡的森林覆盖率已高达80%，这才又逐渐恢复了原来绿水青山的美丽风光。

我的童年时代虽然因缺乏父爱和母爱，以及兄弟姐妹的亲情而颇感孤独与无助，但乡村生活的丰富多彩，村中发小天真无邪的友情，学校老师的关爱，特别是祖母无微不至的疼爱与呵护，更让我的童年充满了幸福与欢乐。由此，也让我从小培养起了对大自然的深厚情感，对生活的热爱，较强的独立生活、独立思考的能力和活泼开朗、吃苦耐劳、诚恳善良、爱憎分明、珍惜友情、渴望家庭温暖而又倔强固执、做事急躁、容易感情冲动的多重性格。

童年的生活环境与经历，对于人的一生而言，实在是太重要了！

四、父亲——对台广播的"一支笔"

1953年2月，为躲避国民党特务的追查，组织上安排父亲撤离香港。父亲从九龙登上北行的列车，进入阔别了近七年之久的祖国大陆，到达广州。他在广州盘桓了两天时间，与他的"难兄难弟"王致远见面，竟夜长谈别后各自的工作生活情况，相聚甚欢。但当他们谈到滞留在台湾不知何时才能团聚的妻子儿女时，又十分牵挂与忧心。

父亲离别故乡蕉岭已经有八年时间了，遗憾的是，父亲从香港回到广州，离蕉岭老家已是近在咫尺，却并未抽出时间来返乡探视祖母和我，就又匆匆登上开往上海的列车，赶到上海去报到了。

火车抵达上海车站，前来接站的是父亲在香港工作时的上级万景光，此时万景光恰好到上海华东局汇报工作。万景光把父亲安置在上海饭店招待所住了下来，要他写自传和在香港从事地下工作的总结等。没过多久，自传和总结就都写好交上去了，但组织上并未很快给他安排工作，父亲在上海饭店招待所一住就是约五个月。

原因何在？为何组织上迟迟不给父亲分配工作？下面的一份档案资料或可解答这一问题：1953年4月14日，由两位我父亲在香港工作时的直接领导×××和×××，联名给中共中央华东局组织部门递交了一份题为《我们对徐森源同志的意见》的报告。其中写道："我们对他（指我父亲）在台湾数年工作情况及表现还不够了解。……1947年11月至1949年10月在台湾台中县充匪党'书记长'是否征得组织同意不得而知。"并建议："我们意见他暂时不宜在党委机关工作，拟调训练部门学习，在学习中弄清他的历史政治问题。"

这份报告，决定了我父亲的工作安排和今后的人生命运。三个月后，华东局组织部发公函给华东人民广播电台，该公函全文如下："×××同志：现在华东局统战部待分配工作之徐森源同志（中共正式党员），原在台湾地下工作，后于 1949 年 10 月撤至香港，今春又撤回上海，因他在白区工作时间较长，目前还有一些问题未弄清，故不宜留统战部门工作，该同志对台湾情况较熟悉，并有一定文化政治水平，我们意见如到你台对台湾广播科工作，如此一方面可发挥其特长，同时可由有关组织就近审查帮助其弄清问题。现将该同志材料寄上，请你们考虑并早日答复我们为盼。致以敬礼！华东局组织部，1953 年 7 月 13 日。（章）"

征得华东人民广播电台组织部门的同意后，不久华东局组织部找我父亲谈话，通知他组织上决定调他到华东人民广播电台对台湾广播科工作，征求父亲的意见。父亲表示"服从组织决定"。于是 1953 年 8 月，父亲被调往华东台对台科当编辑，负责编专稿和编新闻，同时也搞台湾情况调查研究。从此，父亲走上了对台调研与宣传工作的阵地。这一年，父亲 35 岁。

这一工作安排还算适才适所。父亲调到华东台对台科之前，已经有了 15 年的革命经历和笔耕经验。加之他在台湾工作生活了三年半时间，后来又在香港从事对台调研，对台情十分熟稔，这为他日后献身于对台广播事业奠定了坚实的基础。

大陆对台湾广播开始于 1949 年冬。新中国成立后，中共抓紧了解放台湾的军事部署，并成立了由粟裕任总指挥的前线指挥部。于是，"舆论战"作为武力解放台湾的重要一环也就提上了议事日程。

同月，在上海的华东人民广播电台成立对台湾广播科，从各个部门抽调了一批熟悉台湾情况的得力干部到对台广播科工作，其中主要有台湾省籍的台盟成员苏新、蔡子民/李玲虹夫妇、黄清旺等人①，开始用闽南话对台进行播音工作，大力开展对台舆论宣传。这是大陆对台广播的肇端。

此后，由于1950年6月朝鲜战争的爆发，美国第七舰队进驻台湾海峡，中共中央被迫暂时搁置解放台湾的计划，倾全力进行"抗美援朝"，但对台广播工作不但依然沿袭了下来，而且随着时间的推移和两岸形势的演变发展而不断加强。

1953年7月朝鲜停战协议签订，朝鲜战争正式结束，我军主力部队从朝鲜撤回国内，解放台湾再次被提到日程上来。同年9月，人民解放军两次炮击金门，以抗议美国插手台海事务，并试探台湾与美国的反应。在此后的一年多时间里，人民解放军对国民党军队占据的浙江沿海大小岛屿，主要是向台州列岛发起军事进攻，并于1955年1月攻占了一江山岛，2月不战而拿下了大陈岛，从而全部控制了台州列岛。就是在这样的时代背景之下，1953年8月，父亲来到华东台对台广播科工作。

父亲调到华东台工作后不久，新中国成立后的首次基层人民代表大会代

---

① 苏新（1907—1981），台湾台南县佳里镇人，1924年赴日本留学，入东京外国语学校学习。曾主编《台湾大众时报》，参与台湾共产党的筹建工作。1931年任台湾共产党中央宣传部部长。同年被日本侵略者逮捕入狱，关押十二年之久。1945年台湾光复后，任台湾文化协进会常务理事兼宣传组主任，先后主编《政经报》《人民导报》《中外日报》《台湾文化》等报刊。1947年参加台湾"二二八"起义。同年到香港参加组建台湾民主自治同盟，主编《新台湾》丛刊。新中国成立后，任台盟总部第二届常务理事兼研究室主任，第五届全国政协委员。先后任职于华东人民广播电台对台科、中央人民广播电台台播部。其女苏庆黎为台湾著名统派人士；蔡子民（1920—2003），原名蔡庆荣，男，汉族，台湾彰化人。1947年12月加入中国共产党，1949年7月加入台盟。毕业于早稻田大学政治系。曾任东京《中华报》总编辑、台湾《自由报》总编辑。1947年2月参加"二二八"起义，参与起草和提出《二·二八事件处理大纲》。1947年4月到上海，任台湾旅沪同乡会总干事、中共华东局台委会干事。先后任职于华东人民广播电台对台科、中央人民广播电台台播部。1960年调往中央对外文化联络委员会日本科，1962年9月后历任中央对外文化联络委员会日本科科长、中国对外友协亚洲组组长、文化部对外联络司副司长、驻日使馆文化参赞。曾历任台盟第二、三届总部理事会常务理事、台盟总部宣传部长、第四届中央委员会主席团委员、主席团执行主席、台盟第五届中央委员会主席、第六届台盟中央名誉主席。曾任第四、五届全国人大代表，第六、七、八届全国人大常委会委员。第九届全国政协常委、港澳台侨委员会副主任，海峡两岸关系协会顾问，中华海外联谊会副会长；李玲虹（1926—），台湾彰化人，台湾著名社会活动家、台湾旅沪同乡会会长李伟光（应章）之女。大陆第一代对台广播台籍闽南语播音员。曾任台盟中央妇委会委员、北京市三胞妇女联谊会副会长、名誉会长。曾随夫蔡子民赴东京常驻，从事中日文化交流。北京市"三八红旗手"；黄清旺（1927—），台湾苗栗人。1947年被国民党抓到大陆打内战，被俘后参加人民解放军，1949年毕业于华北军政大学。大陆第一代对台广播台籍闽南语播音员。

表的普选在全国范围内轰轰烈烈的开展起来了。[①]上海当然也不例外，于是父亲被抽调去搞上海黄浦区的普选工作，担任普选工作队的副队长和临时党支部书记。普选工作搞了半年多，父亲这才又回到对台广播科。在华东台工作期间，父亲主要是编写新闻，另外也写一些评论文章。

华东台对台科同志合影（前排右二为先父，1953 年）

1954 年 9 月，为回应 1953 年朝鲜战争结束后美台之间加强政治、军事关系，酝酿签订"共同防御条约"，人民解放军两次炮击金门，是为"第一次台海危机"。

在第一次台海危机即将爆发前夕，为加强对台舆论宣传，配合人民解放军的军事进攻，中央决定在中央人民广播电台建立对台湾广播部。1954 年 8 月，正在华东人民广播电台对台湾广播科工作的苏新、蔡子民 / 李玲虹夫妇、黄清旺和我父亲徐森源等人，奉调到中央人民广播电台对台湾广播部，从事

---

① 普选：从 1953 年 7 月到 1954 年 5 月，在全国范围内开展了新中国成立后的首次基层人民代表大会代表的选举。这次普选是我国历史上规模巨大的民主运动，也是人民政治生活中具有历史意义的伟大事件，大大推动了人民民主制度的发展，并为县以上各级人民代表大会奠定了基础。1953 年 2 月 11 日，中央人民政府委员会第二十二次会议通过了《中华人民共和国全国人民代表大会和地方各级人民代表大会选举法》。选举法规定：凡年满十八周岁之中华人民共和国公民，不分民族和种族、性别、职业、社会出身、宗教信仰、教育程度、财产状况和居住期限，均有选举权和被选举权；所有男女选民都在平等的基础上参加选举，每一选民只有一个投票权。选举法还规定，所有选举经费都由国库开支、在乡、镇、市辖区及不设区的市等基层政权单位实行直接选举，在县以上则实行间接选举。这次全国基层选举工作是完全按照选举法的规定进行的。通过选举，全国各族人民的政治觉悟得到进一步提高，标志着我国在实现民主政治方面迈出了重要一步，极大地激发了人民群众当家做主、管理国家的热情。

对台广播工作。

父亲到中央人民广播电台对台湾广播部后，被分配在调研组，苏新任组长，父亲任副组长，专门从事台湾情况的调查研究和撰写台湾问题评论文章。其后，父亲先后担任过台播部调研组、方言组组长，一直到1983年初离休。

那时，中央人民广播电台设在西长安街3号广播事业局院内。台播部调研组除了苏新和我父亲之外，后来又调进陆鹤年、刘凤和袁文芳三人，他们分工负责收听、整理台湾对大陆的广播和港台报刊的资料管理。袁文芳回忆说："当时的森源同志三十五六岁，一付深度白框近视镜戴在他白皙的面庞上，又常常喜欢穿一件白色的毛衣，个子不高，身材略胖，加之说话幽默风趣、待人宽厚，同志们都亲切地称他'白熊'。"①

由于在台湾和香港的工作经历，父亲对台湾情况的调研可谓轻车熟路，但他"从不因自己是个'台湾通'而有一丝半点懈怠"②，工作作风扎实严谨。"没有调查就没有发言权"，父亲深知这一点，所以苏新和他主持调研组工作，十分重视资料的收集、整理与分析。据统计，50年代末期，他参加编写了《台湾近况》174期和《蒋帮宣传动态简报》22期。另外，还编写了有关美国制造"两个中国"和《台湾文化教育状况》等专题材料。特别是后期的《台湾近况》，由于加强了综合分析，研究逐步深入，不仅对部内各组编稿起了很好的参考作用，而且发行全国，受到其他涉台工作与研究部门的欢迎，每期印数达600多份。1959年7月《台湾近况》因故下马，改为出版《蒋帮宣传动态简报》，1962年恢复出版《台湾近况》和《匪台广播简报》，两年时间"近况"又出刊65期，《匪台广播简报》100多万字，"特别是《台湾近况》的恢复发行，得到各方面的好评"。③

1959年冬苏新调往方言组由父亲主持调研组工作后，由于形势的需要，台播部有领导有组织地掀起了群众性的台情调研活动。当时调研组在父亲的

---

① 文芳：《默默的笔耕者——怀念徐森源》，《对台广播回忆录——中央人民广播电台对台广播40周年》，第281—282页，中央人民广播电台对台广播编，中国广播电视出版社发行，1995年10月。

② 文芳：《默默的笔耕者——怀念徐森源》，《对台广播回忆录——中央人民广播电台对台广播40周年》，第281—282页，中央人民广播电台对台广播编，中国广播电视出版社发行，1995年10月。

③ 徐森源：《业务工作报告》（手写稿），第6—8页，1985年10月9日。

主持下编写了《台湾基本情况》材料，组织全部同志学习并举行测验，从而掀起了群众性的台情调研高潮，"使得全台播部同志进一步系统地了解台湾基本情况，并引起大家对台情调研的重视"。1962年，围绕着反击国民党特务窜扰大陆，台情调研有了很大发展，掀起了另一波台情调研高潮。当时除了恢复发行《台湾近况》和《匪台广播简报》之外，父亲还编写了一些有关台湾斗争形势和美蒋矛盾发展的专题材料，供部内和有关单位参考。另外还给新华社、解放军报、中央台等有关单位提供了大约50篇的宣传稿件和资料。[①]

父亲说，"搞好台情调研是搞好对台广播的基础，而'活'的对象的调研又是这个基础的重要组成部分"。所以父亲主持调研组工作之后，在台情调研对象方面也做了改进。"在这之前，由于条件所限，我们台情调研主要是靠港台报刊和收听敌台广播等'死'的材料，'活'的材料很少，因此往往有很大的局限性。"

父亲主持调研组后，很重视对台湾起义回来人员和回大陆定居人员进行比较系统的调查，并将调查结果刊登在《台湾近况》上，很受读者欢迎，对搞好对台宣传也有参考价值。父亲认为，"'活'的材料能够弥补港台报刊上的'死'的材料之不足，特别是在了解国民党军政人员和台湾各阶层人民思想状况，对了解台湾各界人民对我对台广播反应方面，更是如此。"[②]

父亲文思敏捷，逻辑清晰，笔锋犀利，在编写《台湾近况》的过程中善于捕捉台湾问题的评论题材，并及时抓住不放。据不完全统计，从1954年8月中旬台播部开播到1960年初的5年多时间里，父亲先后撰写了台湾问题评论700多篇，约计100多万字，被称之为台播部的"一支笔"。[③]

父亲去世后，与父亲一起工作了近二十年的袁文芳阿姨撰文说，父亲撰写的台湾问题评论具有如下几个突出特点：

一是"针对性"。中央台对台广播开播不久，1955年初，台湾国民党空军郝隆年、王钟达、唐镜、刘若龙、朱宝荣等人先后驾机起义。在此之前，

---

① 徐森源：《业务工作报告》（手写稿），第6—8页，1985年10月9日。

② 徐森源：《业务工作报告》（手写稿），第6—8页，1985年10月9日。

③ 文芳：《默默的笔耕者——怀念徐森源》，《对台广播回忆录——中央人民广播电台对台广播40周年》，第281—282页，中央人民广播电台对台广播编，中国广播电视出版社发行，1995年10月。

还有李纯、黄永华、叶刚、陶开府、黄铁骏等十余人驾机投奔大陆。为此，父亲执笔撰写了好几篇评论，其中一篇评论中写道："只要有决心，离地三尺，就有自由。"这句话既生动形象，又颇具鼓动性，当时在国民党空军中广为流传，后来又接连有多批次国民党空军飞行员驾机起义。

二是"战斗性"。1955年6月台湾发生"孙立人事件"，[①]父亲很快写了一篇题为《蒋介石为什么搞掉孙立人》的评论文章，揭露蒋介石的专制独裁，台湾政治内幕的黑暗。这篇评论得到中宣部领导的表扬，香港《大公报》驻京记者还特地将这篇评论以"北京专电"发回香港，刊登在头版。

三是"时效性"。1957年5月24日，美国军事法庭宣判美军上士雷诺无故枪杀台湾国民党军少校刘自然无罪。当天下午，台湾数万民众走上街头，举行反美游行抗议示威。当晚，父亲撰写的评论就播出了。在此后持续一个月的时间里，父亲和苏新伯伯每天都早出晚归，围绕着"刘自然事件"[②]撰写了一系列的反美批蒋文章，展开密集凌厉的舆论宣传攻势。当时评论影响很大，台湾听众反应很好，一直到后来从台湾归来的人员还不止一次谈起这事，

---

① 孙立人（1900—1990），安徽庐江人，清华大学毕业，后赴美国普渡大学、弗吉尼亚军校学习。回国后，先后任陆海空军司令部侍卫长、税警总团特种兵团团长、三十八师师长、新一军军长、长春警备司令等职。参加过"八一三"上海抗战；曾率军远征缅甸，在仁安羌和反攻缅北战斗中立有战功，被誉为"东方的隆美尔"，获英国皇家勋章。1947年调台湾任编练司令，负责新兵训练。1949年7月任东南军政长官公署副长官兼台湾防卫司令。1950年3月升任"陆军总司令兼保安总司令"。1951年晋升为陆军二级上将。1955年6月24日，蒋介石免去了孙"陆军总司令"职，改任"总统府参军长"，随之将孙秘密拘捕。8月20日蒋以"纵容"部属武装叛乱、"窝藏共谍""密谋犯上"的罪名，革除了孙的"总统府参军长"的职务。组成"调查委员会"，对孙进行"审查"。10月31日，"调查委员会"公布"调查报告"，罗列一系列罪过。蒋随即下令将孙立人软禁。台报称，孙被革职法办的主因是，其兵权仅次于陈诚，成为蒋经国控制军权的一大障碍，加之孙与美关系密切，蒋担心他拥兵自重，在美指使下另有图谋。孙被拘禁后，部属亲信均被调离军职或逮捕入狱。蒋经国死后，在各方舆论压力下，台当局才允孙有某种自由。

② "刘自然事件"是一次台湾人民自发的反美运动。1957年3月20日深夜，美军驻台人员雷诺上士枪杀"革命实践研究院"职员刘自然，5月23日，美军军事法庭宣判杀人凶手无罪。对此，台湾人民义愤填膺，要求还以公道。在美国方面拒不认罪、台湾当局置之不理的情况下，各界民众掀起了一场规模空前的群众性反美运动。5月24日，刘自然的遗孀奥特华到"美国驻台使馆"门前静立抗议、哭诉，围观和声援的群众开始向"美国大使馆"冲击，同时，也围攻了美国新闻处和美军协防司令部。台北市警察局逮捕了一些抗议的群众，3万群众强烈要求放人，被警察打死1人，伤30多人。当晚，当局派3个师的军队进入台北，群众遭到镇压。在事件过程中，当局抓了数十名民众，事后又抓了近百人，并把其中40多人定为"有意制造事件的暴动者"。蒋介石为挽回对美方的不良影响，下令撤销"台北卫戍司令""宪兵司令""省警务处长"的职务，"内阁"总辞，并亲自出面向"美国大使"道歉。参见陈孔立主编：《台湾历史纲要》，第239页，九州出版社，2020年3月。

说这些文章"说了我们不敢说的话","长了中国人的志气,灭了美国侵略者的威风"。^①可见其影响之大。

台湾问题本质上来说是中国的内政问题,但又有复杂的国际背景,因此涉台舆论宣传工作具有很强的政治性、政策性和敏感度。而正确把握党中央的对台方针政策,是写好涉台评论稿件的关键所在。父亲深知这一点,所以他十分重视对时事政治理论的学习,深刻领会中央对台宣传政策,并以此作为他撰写评论稿件的理论基础。从1958年7、8月开始,美国加紧制造"两个中国"的阴谋。这一年的10月,美国总统艾森豪威尔派国务卿杜勒斯访台,举行"杜蒋会谈",企图逼蒋放弃金门、马祖。当时,毛主席亲自起草了四篇重要文告,揭露美国的阴谋,指挥我人民解放军"八一三"炮击金门、马祖。父亲认真学习领会毛主席这四篇文告,并抓住时机,撰写了《评杜勒斯访台》《揭露美国搞"两个中国"的阴谋》《作一个堂堂正正的大国国民》和《旧阴谋、新花招》等几十篇评论文章加以配合。父亲说,"后据台湾来人反映,当时蒋集团很重视我们的评论。另据《参考资料》反映,当时美国国务院对我写的一些评论也很注意"。^②

父亲主持调研组工作并非单打独斗,很注重调动大家的积极性。每一次的重大宣传战役都有选题计划,每个月也有选题计划,做到人人动手写评论。从1962年"反窜扰"到1966年"文革"开始,据不完全统计,这个时期调研组共写了广播评论、广播谈话、述评、综合报道等150多篇,约10多万字。编写了揭露性新闻150多条。另外还组织编写了《蒋党内幕》专稿117篇,共约26万多字。这些揭露性稿件,给国民党蒋介石企图窜扰大陆的阴谋以迎头痛击。^③

"文化大革命"中父亲因所谓"历史问题"受到冲击,靠边站了相当长一段时间,1977年落实政策后曾一度回调研组,后被调往方言组主持工作。此后父亲在方言组工作了六年多,直至1983年初离休。期间,父亲除主管编辑工作审阅稿件外,还在组内推行"编播合一"制度,发动播音员编写稿件,

①　文芳:《默默的笔耕者——怀念徐森源》,《对台广播回忆录——中央人民广播电台对台广播40周年》,第281—282页,中央人民广播电台对台广播编,中国广播电视出版社发行,1995年10月。
②　徐森源:《业务工作报告》(手写稿),第14—15页,1985年10月9日。
③　徐森源:《业务工作报告》(手写稿),第14—15页,1985年10月9日。

为后来以"主持人"形式办节目打下了基础。此外，他不顾年事已高，多病在身，亲自到福建、广东参加两省台办召开的对台工作会议，并到闽南、粤东地区调查研究、采访组稿，努力为方言组开拓稿源。①

1985 年 10 月，也即父亲去世前五个月，重病中的他，仍坚持提笔写了一篇长达 15 页 4000 多字的《业务工作报告》，全面总结了他参加革命以来从事新闻工作（主要是在台播部）将近 30 年的业务实践。报告一开头这样写道："我参加革命四十多年，回顾我的历史有两个特点：一个特点是为了台湾回归、祖国统一做了大半辈子台湾工作；另一个特点是因为工作需要，我和新闻工作结下了不解之缘。"结尾又写道："从一九五四年开办对台广播开始到一九六六年'文化大革命'开始，我在台播部调研组搞台情调研、撰写台湾问题评论、主持调研组工作共十多年，做出了一定成绩，这是可以聊以自慰的。"②

对于父亲而言，从事对台调研与宣传工作，不仅是他的"职业"，更是他的"志业"。他无时无刻不在思念滞留在台湾的爱妻和三个孩子，期盼团圆的一天早日到来。我深信，他带病没日没夜地默默工作，是带着深挚感情和强烈使命感的。

先父（中）与余清泉（左一）回梅州调研摄于母校东山中学校门口（1978 年 11 月 25 日）

离休后的父亲（1984 年）

1958 年夏我考进北京八中读初中，到 1964 年夏考上北大历史系，整个

---

① 徐森源：《业务工作报告》（手写稿），第 14—15 页，1985 年 10 月 9 日。
② 徐森源：《业务工作报告》（手写稿），第 14—15 页，1985 年 10 月 9 日。

中学时代与父亲共同生活了六年时间。我清楚地记得，那时在父亲的床底下堆放着一捆一捆铅印的《台湾近况》《蒋帮宣传动态简报》和他撰写的涉台评论广播稿件，有时我还会饶有兴趣地翻出来看。父亲去世后，深受父亲影响的我"子承父业"，也顺理成章地走上了涉台研究宣传领域，并曾想编辑出版一本父亲的涉台评论集以资学习和纪念，但十分可惜，这些珍贵的资料和广播稿件在"文革"中都全部上交被销毁，已经无从寻觅了。

五、弟弟以为父亲在"青海劳改营"

1949 年 10 月父亲撤往香港后，海峡另一边的台湾，母亲和我的三个弟弟开始在艰难中度日，更不要说母亲还要以孱弱之身，单独承受"列管户"的有形与无形的精神压力。所幸者，我的三个弟弟却被蒙在鼓里，并不知道实情。

我的好朋友、台湾著名的统派学者王晓波，在看过我母亲 50 年代写的日记后写道："读完了博东母亲的日记，一个年轻的妈妈只身在台湾抚养三个儿子，虽有一份正常的工作，但母兼父职，负担沉重，尤其是想家，想离别的丈夫，那种难以忍受的孤独、寂寞和无奈跃然纸上，令人动容。但所幸者，从日记中，似乎看不出来，博东母亲因其父亲是'共谍'而受到太大影响，是国民党当局不知其父亲具有'共谍'身份来台？或者因其父亲已回大陆无法追究？抑或有身居高位的念台先生的庇护？……我们现在已不得而知。"[1]

母亲和我三个弟弟在台的境况，确与同是"匪谍家属"的晓波一家悲惨遭遇有相当大的差异。但晓波上述三点"揣测"中的第一点并不能成立，国民党情治部门岂会如此愚蠢，连父亲的"共谍"身份都查不清？比较靠谱的是第二、三点"揣测"，但仅此两点恐怕也还难以说明问题。在我看来，原因就在于：

首先，晓波母亲是在台被情治部门长期监控下侦破被捕牺牲的，其父则受其牵连也被公开逮捕而下狱。此案不仅全家老小知悉，就连外间亦全然了

---

[1]　王晓波：《不能让两岸内战的悲剧延续下去——序徐博东编注〈卿梦思源——一个"共谍"太太在台湾的日记〉》（见附录一）。

解。在当年那种白色恐怖的社会氛围下，可想而知，王家一家人在心理上所受到的冲击与压力有多沉重！尤其是年龄尚小的晓波兄妹，打小就背负着"匪谍家属"的"原罪"，在学校里受尽欺辱。而徐家则与王家不同，父亲是在国民党台中县党部书记长任上，以"探望母病"的名义"请假"逃回大陆的。此后虽一去不归，但除了情治部门之外，外间并不清楚其真实原因，反倒以为是两岸交通断绝所至而不免心生同情。母亲当然知道实情，但她"打落牙齿往肚里咽"，守口如瓶，天大的压力她一个人扛，绝不让自己的孩子知道实情而受到伤害。所以，一直到80年代中后期两岸关系解冻之前，基东三兄弟都还误以为自己的父亲和林正杰的父亲一样，是被国民党"派去从事情报工作"，后来被"抓住送到青海劳改营里去了！"故此，基东三兄弟虽然从小失去父爱，但在成长过程中并未背负过"匪谍家属"的"原罪"而受到外间的歧视和白色恐怖社会氛围的心理冲击与压力，这在心态上与境遇上就和晓波兄妹有本质上的差别。

其次，晓波一家之所以格外悲惨，还在于他父母被捕入狱后，一家老小骤然失去了任何经济来源，完全靠台中育幼院发放的那点微薄的"院童救济金"和外婆饲养的几只老母鸡下蛋换钱，以及晓波兄妹到菜市场里捡菜叶勉强维生，其艰难困苦自不待言。而徐家则有母亲在育幼院的稳定工作和收入，还有来自香港父亲组织上拨付的专款接济，虽然也是经济拮据，入不敷出，但比起晓波一家来说毕竟还是要好很多。基东90年代初自美来京跟我首次见面时，我向他提到父亲通过香港亲友向台湾汇钱接济他们的实情时，基东说："当时我也很奇怪，妈妈怎么会有港币？那时港币是很值钱的啊！"

再次，谈到"无法追究"和念台先生的"庇护"，恐怕也是重要原因。丘念台在其1962年底首版的自传体述著《岭海微飔》（又名《我的奋斗史》）一书中说："至于民国三十八年破获的基隆中学匪谍案，那是台籍青年在我辞去省党部主委回粤后，接受共匪诱惑的，并非大陆来台的延安青年。他们的供词，也丝毫没有牵涉到我。可见，左倾青年也是有理智，有情感，可以感化的。当时，本党当局对于这一问题没有很多了解；所以，有用青年跑了很多，真是可惜！随我到台的抗日旧部，后来由于不堪风波侵扰，也都逃回大陆去了！……我的若干旧部属替我忧疑，同时亦替他们自己忧疑，于是就放弃在台岗位逃往香港了。"[1]念台先生这样说，当然不是无的放矢。文中所说的台籍"左倾青年"，是指钟浩东夫妇、萧道应夫妇、李南峰等人，而"逃往香港"的大陆籍"抗日旧部"，则是指我父亲徐森源和他的女婿王致远以及丘继英、黄炳辉、萧道藩等一批人。他老人家一向十分精明，不会不知道这些人都是"共党分子"却还这样说，既是替他们亦是替自己辩解，目的是保护他们滞留在台的亲属（包括他的独女丘应棠和我母亲两家），同时也是为了撇清自己。

　　母亲在日记中曾提到她与念台先生会面的情形："下午去民众旅社拜见念公。他忙得很，来了那么多天我都不晓得。闲谈了一些，还送我五十元给孩子买糖吃呢，真不好意思。太太也见到了，她衰老了（许）多，那么瘦，说胃痛呢，看她是懒懒的样子，也许久别了没话。"

母亲在工作（60年代）　　　　晚年的丘念台夫妇（徐基东提供）

　　1991年母亲首次来北京与我全家团聚，记得她曾满怀感恩之情地对我说："你爸走后，幸亏有念公经常关照，不然……"；"有时念公来台中，办完公事后夜里会突然到访，掀开蚊帐看到睡得正香的三个小家伙，他会很高兴哩！"或许，正是由于有"身居高位的念台先生的庇护"，加上父亲和王致远叔叔早已逃之夭夭，不知踪影，无从查缉，国民党当局考量到念台先生的特殊身份，为笼络、争取台湾人对蒋氏政权的拥护与支持，也就给念台先生一个"顺水人情"，除严密监控之外，放应棠阿姨和我母亲一马，不再多所追究，于是母

―――――――――
[1]　丘念台：《岭海微飔》，第309页，中华日报丛书，1962年12月13日初版。

亲和基东三兄弟才免遭更大的厄运，这真是不幸中之万幸。

念台公，对我们徐家真是恩重如山！

六、亩元叔——"彭大将军"的作战参谋

1954 年 8 月父亲调到北京工作，与分离了 10 年之久的亩元叔再次相聚，日后也因此改变了我的人生命运。

抗战胜利后，1946 年 7 月间，按照国共和谈达成的协议，中共华南抗日部队奉命北撤，亩元叔随东江纵队主力抵达山东烟台。经三个月的休整后，同年 11 月，亩元叔被调往华东军政大学五大队军事队学习。半年后毕业，因当时东江纵队奉命扩编为两广纵队，亩元叔又调回两广纵队三团一连任政治指导员。天有不测风云，到职后不久，亩元叔因突患肠伤寒及黑热病，到华东野战军第十后方医院医治了差不多有一年的时间，一直到 1948 年 6 月才病愈归队。

同年秋，亩元叔在两广纵队留守处时，又奉命调到石家庄华北军政大学学习。两个月后，1948 年 10 月间，被派往位于河北平山县（时称建屏县）西柏坡的中央军委一局任作战室参谋，从此开始在毛主席的身边工作，有幸亲历了解放战争三大战役毛主席运筹帷幄、中央军委指挥作战的全过程。1949 年春北平和平解放，中央军委先是驻扎在北京西郊的香山，随后进城入住中南海，亩元叔先后在中央军委作战部一科和三处任参谋，直到 1950 年 10 月间随彭副主席出国，参加抗美援朝。[①]

就这样，亩元叔一路从广东—山东—河北，跟着毛主席和中央军委进了北京城，进了中南海。

刚到中央军委改行当参谋的初期，由于对高级军事指挥机关的工作很生疏，困难很多，但亩元叔人很聪明，又肯下苦功钻研业务，很快便熟悉了参谋工作。亩元叔在"自传"中总结这一时期的工作说："在此期间，我工作上是踏实负责的，并较为细致、大胆，对学习钻研业务较重视。当时仅 5 位同志分管军务工作，自己分配掌管全军团以上部队的番号序列的变动和师以上

---

① 徐亩元:《徐亩元自传》（手写稿），1954 年。

干部的任免调配（其时总干尚未成立）。每天要办理的文电常赶至深夜，均无怨言，第二天照常上班坚持工作。对我军组织情况的掌管，当上级有所询问时，一般能当面解答，曾受到上级会议上的表扬。"[①] 我想，这大概也是亩元叔后来被挑选去志愿军总部当彭老总作战参谋的缘由吧。

中央军委在北京香山驻扎时，经领导批准，1949 年 4 月，亩元叔与在华东野战军第 10 后方医院住院期间相识相恋的护士叶思荣成婚。时年 23 岁。

叶思荣（1928—2017），广东惠阳县求水岭客家人。生于马来西亚，稍长返回祖籍。年少时即放牛、拾牛粪，帮持家务，初小毕业后因家贫辍学，下田劳作。1945 年 1 月，她年仅 17 岁就加入了东江纵队，当卫生员。次年 10 月随部队北撤山东烟台，先后在东纵司令部医院、政治部、鲁中和平医院、渤海休养所、前方收容所、两广纵队后方留守处当护士。期间，曾在东纵健康医院、鲁中卫校学习医护知识，后调两广纵队前方炮兵营任见习医务员。1947 年 4 月加入中国共产党。1949 年 4 月调往北京香山中共中央门诊部当护士，并与亩元叔结为伉俪。其后，先后在中南海门诊部、军委第一门诊部当化验员及科室负责人，并曾先后在北京大学医学院训练班、军委卫生干校学习化验。1955 年获授中尉军衔。1958 年 3 月转业到北京宣武医院任检验士。在部队时曾荣立四等功，1956 年和 2015 年先后被授予"解放奖章"和"中国人民抗日战争胜利 70 周年纪念章"等。

1950 年 6 月朝鲜战争爆发，战火很快烧到了鸭绿江边。中共中央在权衡了国际国内局势之后，决定用"志愿军"的名义，出兵援助朝鲜。

"谁敢横刀立马？惟我彭大将军！"，时任中央军委副主席的彭德怀，再次被毛主席亲自点将，任命为志愿军司令员兼政治委员。

10 月 6 日这一天，总参代总长聂荣臻指示作战部部长李涛马上从总部机关选调工作人员，为彭德怀组建一个精干的指挥所。当日，李涛就从总参作战处选调了一名处长成普和两名参谋徐亩元、龚杰，立即进驻北京饭店待命。次日，又调毛岸英为俄文翻译和机要工作。

1950 年 10 月 8 日早七点，北京南苑机场秋风萧瑟，云层低垂，彭德怀

---

① 徐亩元:《徐亩元自传》（手写稿），1954 年。

率领随行人员，其中包括秘书张养吾、警卫员郭洪亮，高岗和他的秘书，毛岸英和几位苏联顾问，总参作战处副处长成普、参谋徐亩元、龚杰，机要秘书海欧，登上了一架里–2飞机飞往沈阳，随后乘火车抵达中朝边境的安东（今丹东），作入朝前的最后准备工作。在紧张的工作之余，亩元叔和毛岸英等人专程来到丹东市郊的镇江山公园，参观位于半山腰的烈士陵园，凭吊当地革命烈士，在"辽东解放纪念塔"前合影留念。这张珍贵的照片，是毛岸英牺牲前在国内留下的最后身影，亩元叔珍藏了一生。

徐亩元（后排左一）、毛岸英（后排左二）

此时，平壤已经陷落，"联军"大举向鸭绿江逼近，与中国一江之隔的朝鲜边境城市新义州遭到美国飞机的狂轰滥炸，中国出兵已刻不容缓。

10月19日晚，中国人民志愿军在夜色掩护下，从丹东、长甸河口、辑安（今集安）兵分三路秘密渡过鸭绿江，正式出兵朝鲜。23日，成普、徐亩元、毛岸英等人随13兵团司令部一起进入朝鲜。24日早晨，他们赶往大榆洞志愿军司令部驻地，与先期抵达这里的彭德怀司令员等汇合，举行入朝后的第一次作战会议。

10月25日，刚刚进入朝鲜的志愿军就在十分仓促的情况下与敌人接上了火。首次同美国侵略者较量，志愿军就取得了重大胜利。第一次战役从这一天算起，到11月5日结束。因此，10月25日遂成为中国人民志愿军出国作战的纪念日。

第一次战役结束后，直属彭德怀领导的司令部办公室（彭总作战室）正式成立，负责作战指挥和往来电文处理。组成人员有：彭总从西安带来的张养吾、杨凤安；从北京总参来的成普、徐亩元、龚杰；13兵团的丁甘如、杨迪；俄语翻译毛岸英和朝鲜语翻译赵南起（朝鲜族），他俩也分别被任命为作战参谋和机要秘书。毛岸英还被推举为党支部书记。

战争是如此的残酷，志愿军入朝作战仅仅过了一个多月的时间，11月25日，毛岸英就壮烈牺牲在敌机对志愿军司令部的一次大轰炸中。亩元叔亲眼目睹了这一令他终生无法忘怀的悲痛场景，我曾多次亲耳听他动情地谈到毛岸英牺牲的详细经过，给我留下了十分深刻的印象。

早于1950年11月14日，敌机发现了隐蔽在大榆洞山沟里的60辆汽车，30多辆被敌机炸毁。此后，大榆洞的志愿军司令部就被敌机盯上了，四周山头上时常会有伪装成朝鲜农民的特务出没，给前来侦察骚扰的敌机发出指示暗号。中央军委一再提醒志司要注意防空。11月24日，毛主席亲自打电报给志司："请你们充分注意领导机关的安全，千万不可大意！"于是志司做出决定，25日凌晨4时早饭完毕后，作战室除值班人员留守外，其他人必须进矿洞内隐蔽。

25日早饭后，为了劝彭总离开作战室的木板房，洪学智副司令员按照毛岸英出的主意，把彭总随时都离不开的作战地图转移到防空洞内，随后彭总才被洪学智等人连拉带拽地离开了作战室。此时，在作战室值班的只剩下成普、徐亩元、毛岸英和高瑞欣（19日刚到朝鲜战场）四人。当晚，西线我军准备发动第二次战役。志司首长和参谋人员都全神贯注地紧盯着战场上敌我双方的军情变化。

刚过了两个小时，彭总急于了解前方的情况，派杨凤安去作战室询问值班参谋。刚走到作战室门口，就发现敌机飞来，连忙叫道："注意防空！"随后询问敌情有何变化？成普和徐亩元答以"一切正常！"，杨凤安便转身离开作战室去向彭总报告了。

三架美军B-29型轰炸机从志愿军司令部驻地上空掠过，没有投弹。作了防空准备的人们松了一口气。不料，敌机突然掉转头，向志司驻地投下了几十个凝固汽油弹，作战室被吞没在一片火海中，正在屋内值班的毛岸英献出了年轻的生命。

在防空洞这边，彭总听杨凤安报告说毛岸英和高瑞欣在作战室没能跑出来，顿时头晕目眩，站立不稳，良久才喃喃地说出一句话，"岸英和瑞欣同志牺牲了！牺牲了！"说着赶到现场，看到仍在燃烧的木屋就要冲进去，被身边的警卫员拼命拉住。

火被扑灭后，大家在灰烬中找到了两具被烧焦的遗体，已经难以辨认他们的面容。亩元叔说，"这时警卫排的战士说毛岸英左手腕上戴着一块苏联手表，这才确认了毛岸英的遗体。"随后，行政处的张仲三副处长让工兵赶制了两口薄木棺材，用白布将烈士遗体小心裹好后入殓。彭总带领志司首长和全体工作人员在灵前脱帽肃立，怀着极其沉痛的心情，久久默哀。两位烈士被暂时安放在大榆洞北边山上的一个自然洞里。直到 1954 年，才正式安葬在朝鲜平安南道桧仓郡的"中国人民志愿军烈士陵园"中。亩元叔说，"当时，毛岸英遗体在大榆洞的安放地点，是我跟另一位战友一起去找的。"

毛岸英牺牲的当晚，西线我军发动的第二次战役正式打响，并取得了重大胜利。此后，中国人民志愿军又连续取得了第三次、第四次战役的胜利。

朝鲜的冬天异常寒冷，气温降到零下 30 多度，滴水成冰。志愿军司令部设在朝鲜中部大榆洞的一个废弃金矿的矿洞里，条件十分艰苦。他们睡的是潮湿的地铺，吃的是炒面和饼干，喝的是融化的雪水，点的是祖国带去的蜡烛。敌机频繁地偷袭轰炸，随时都有牺牲的危险。亩元叔在自传中说，他曾两次在随同彭总乘吉普车外出的路上遭遇敌机的迎头轰击扫射，死里逃生。

亩元叔的身体原本就比较虚弱单薄，又是南方人，对朝鲜严寒潮湿的恶劣气候很不适应，不久便得了严重的慢性支气管炎，经常发烧，咳嗽不止。面对这种艰险环境，亩元叔始终坚定乐观，对斗争前途、最后战胜穷凶极恶的美帝国主义充满了信心。他带病坚持工作，出色地完成上级交代的各项任务，受到彭总和其他总部首长的好评，大家都亲切地称呼他"广佬"。

在第四次战役第一阶段结束后，1951 年 2 月 21 日，亩元叔和彭总的秘书杨凤安一起跟随彭总回到北京。当日下午，彭总饭都没顾得吃，一下飞机就带着亩元叔去见毛主席。亩元叔回忆说，毛主席听完汇报，心情沉重，拼命地抽烟，在房间里来回踱步，沉默了好一会儿才说，"打仗总是要死人的嘛，岸英为国牺牲，死得光荣！"停顿了片刻又补充说，"岸英是一个普通战士，不要因为是我的儿子，就当成一件不得了的大事"。彭德怀问岸英的遗体是否运回国内，还没等彭总说完，毛主席就摆手说，"在朝鲜战场上牺牲那么多英雄儿女，不要因为岸英是我的儿子就特殊，岸英就和在朝鲜战场上牺牲的千百万英雄儿女一起，埋在朝鲜的国土上。"

亩元叔夫妇与杨凤安（中）合影于中南海（1951 年 2 月）（徐桓提供）

亩元叔这次随彭总回国，在北京只逗留了一个星期。2 月 21 日下午他们进中南海向毛主席汇报完工作后，回到住处大吃一惊，细心的总参代总长聂荣臻，事先已经把远在陕西的彭总夫人浦安修接到了北京。我的婶婶叶思荣，当时正在北大医学院进修，也被通知到中南海报到。婶婶说，"当时丈二和尚摸不着头脑，等到进了中南海，才知道你亩元叔早就随彭总去了朝鲜战场"。婶婶和亩元叔在中南海只住了两天时间，就回北大进修去了，其间跟彭总夫妇和杨凤安等人曾合影留念。只可惜，"文革"中彭老总挨整时，为免受牵连，我亲眼看见亩元叔和婶婶在家里把当年在中南海跟彭总夫妇合照的相片从相册中挑出来撕碎烧毁了，只剩下一张和杨凤安的合照留了下来。

一周的时间很快就过去了，3 月 1 日，彭总一行人启程匆匆返回了朝鲜战场。随后，亩元叔又参与了第五次战役志愿军司令部的参谋工作。亩元叔说："跟首长工作虽首次，缺乏经验，但由于自己积极钻研业务，尚能应付自如。参谋业务水平有了较大提高。对高级司令部门如何组织、指挥大兵团作战和敌情分析研究等，有了一般体会。充实了自己各方面的见闻和感性知识。"① 然而，也正因为亩元叔在朝鲜战场当过彭总的作战参谋，后来彭老总挨整，亩元叔也因此受到无辜牵连，多年得不到信用和晋升。

由于亩元叔的病情不断发展，慢性支气管炎后来转为支气管扩张，1951年年底，亩元叔不得不遵照总部首长的命令，离朝返国治病。次年春，组织上决定留他在国内工作。初期在军委作战部军务局一科，协助审查国防军步兵师的编制。随着军务局升格为部，又在军务部编制处任参谋（正营级），担任海、空军编制组长。1955 年 5 月总参成立后，亩元叔继续在总参军务部任参谋。同年 9 月被授予少校军衔（准团级）。1956 年 4 月被授予三级独立自由勋章及三级解放勋章。1962 年 6 月晋升中校军衔。次年 9 月晋升为副团级。1964 年春，被提升为总参军务部组织处副处长。次年 5 月评为行政 13 级。两年之后，史无前例的"文化大革命"开始了。

七、我与父亲团聚在京城

亩元叔从朝鲜返国后，工作和家庭生活都转入了正常轨道，先后生下了徐玲（1952.8）、徐桓（1953.11）、徐超（1954.11）三姐弟。1954 年 8 月，父亲从上海调到北京，两兄弟阔别 10 年后再次聚首。亩元叔眼见父亲参加革命大半辈子，走南闯北，出生入死，妻离子散，如今仍孤身一人，阿婆和我还在广东老家，便张罗着要把我和阿婆接到北京来与父亲团聚。于是，就有了1956 年 8 月底我和阿婆的北京之行。

1956 年 7 月下旬，学校刚放暑假，阿婆突然告诉我，刚接到你亩元叔来信，说他 8 月下旬会回老家，这次回来是专门接我们去北京的，要我们提前做好准备。

知道要去北京，很快就能见到父亲了，我心里格外高兴，但又舍不得离开家乡，更舍不得离开从小一起玩耍的小伙伴们。北京有多远？北京是什么样子？听说北京冬天很冷？我不会说普通话怎么办？那些天我心里七上八下的，小伙伴们虽然也舍不得我走，但大家都为我高兴，在一起玩得更疯了。

暑假就要过去了，眼看学校就快开学，直到 8 月底亩元叔才回到蕉岭。

---

① 徐亩元：《徐亩元自传》（手写稿），1954 年。

他在老家只住了两三天就带着我和阿婆上路了。临行前那天早上，同庆楼里分外热闹，村里的许多族人都来送我们，这个说："黄大嫂，在北京住不惯就回来啊！"那个说："阿博东，去了北京可别忘了我们啊！"。早几天就带着她的大女儿阿芳妹前来送行的燕娇姑，更是眼泪汪汪。60多年过去了，至今我还清楚地记得小伙伴们当年送我时那一双双依依惜别的眼神，阿昌华还特意把他最心爱的一颗绿色的象棋子"将"，当作小礼物送给我，说是作纪念。我知道，这颗象棋子非比寻常，可是他平日跟我们玩弹象棋赌狗爪豆时最爱用的、可说是百发百中的"宝物"。①

那一年我已经12岁，初小刚毕业，平生第一次坐汽车，感觉特别新鲜，坐在车上东张西望欣赏着家乡的山川田野，心里在想："家乡，再见了，这一去不知道什么时候才能再回来了！"不免有点难过。那时候，从蕉岭到梅县都是黄土路，路面保养也是差强人意，坑坑洼洼的，又破又旧的客车开不快，如今走高速路只需半个多小时，当年车子却慢吞吞地颠了好几个钟头才到达梅县。当晚下榻梅城长途汽车站旁的一个小旅馆里。天刚擦黑，附近的街道上已是灯火通明，一个个路边摊开张了，炉火升腾，冒着热气，贩售着各种客家小吃，人声鼎沸，熙熙攘攘，比起蕉岭来要热闹多了。亩元叔带着我和阿婆上街，在路边摊上要了三碗鱼片粥当晚饭，滴上两滴麻油，放上一小撮芫荽，吃起来味道十分鲜美。

次日，天还没亮我们就起床，匆匆喝了碗稀粥，去赶坐开往广州的长途客车。说是"客车"，其实只是一辆带帆布篷子的仅能遮风避雨的卡车而已。亩元叔说，去广州的人太多，没买到正规的客车票，为了赶路，只好坐这辆"加班车"了。车上连个座位都没有，二十多个男男女女、老老少少就挤坐在车厢里，一路上司机还不时停车，收容了好几个挑着担子的路人，车子愈发拥挤。也是黄土路，一开始路况尚好，车行平稳，等开出梅县县境路面比蕉岭还要糟糕，车子就像喝醉了酒似的左右摇晃，剧烈颠簸，尘土飞扬，没过多久车上就有人开始呕吐。这时我的头也已经有点晕，只觉得一阵阵恶心，

---

① 弹象棋：小孩子的一种玩法，把一颗象棋放在手心上，另一只手的拇指按住中指，锚准几米开外对方放置在地上的象棋用力弹射过去，若能弹中对方象棋即算赢，对方就要输给他几个"狗爪豆"，反之就要输给对方几个"狗爪豆"。如此轮流弹射，几轮下来看谁赢得多。阿昌华弹象棋神准，几乎没人能赢过他。狗爪豆：见本章"多彩与苦涩的童年"一节。

再也没心思看风景了。

等到了博罗县境的罗浮山下，车子抛锚开不动了，我们正好下车休息。刚下得车来，我就"哇"的一声在路边呕吐起来，把早上喝的那点粥全都吐了个精光，肠子都快吐出来，别提有多难受了。阿婆的脸色也不太好看，肯定也不舒服，但不像我那么狼狈。她拍着我的后背，又给我喝了点水，我这才舒服了些。这时，宙元叔指着不远处一片茫茫耸立的高山，对我说："那就是罗浮山，你出生的地方。"我放眼望去，"啊，这就是罗浮山，我终于来到了你的跟前！"那里还埋葬着和我同时出生的双胞胎弟弟。我一下子就来了精神，吐也止住了——宙元叔转移注意力这招还真管用。

车修好后继续赶路，我们在河源下车，到路边的小饭馆里吃过午饭，车子又跑了大半天，直到天已经完全漆黑才终于到达广州。刚一下车，我倒是没事了，可这回轮到我阿婆吐了好半天。从梅县到广州，这辆破车整整走了十六七个小时，如今的高速路只需安安稳稳地跑五个小时，听说很快就要通高铁了，到那时可缩短到三个多小时，真是今非昔比，天壤之别！

进入广州闹市区后，沿途车水马龙、高楼林立、霓虹灯闪烁的街景，令我这个刚刚从山沟里出来的小乡巴佬目不暇接，大开眼界。当晚入宿珠江边上的海军招待所，一进客房，又累又困的我晚饭也不想吃，脸都懒得洗，爬上床去倒头便呼呼大睡起来。

次日吃过早饭，宙元叔带我上街。出门一看，哇，不得了！门口马路两旁行人如织，大大小小的车辆在马路上往来穿梭。马路对过便是著名的珠江，江面上比岸上还要繁忙，各种颜色的大小船只往来穿梭，溅起层层水花。岸上汽车的喇叭声和江面上轮船的汽笛声交织在一起，好不热闹，看得我眼花缭乱。

最让我感到新奇的，还是江边停泊着的一排排带篷子的小船。船上的大人都在忙碌着，或在生火做饭，或在洗衣……小孩子一个个晒得乌黑，不知道为什么，背上都绑了根尺把长的木头橛子。他们光着脚行走在不断摇摆着的小船上，却如履平地。宙元叔似乎看出了我的疑惑，告诉我说："这些水上人家长年都住在船上，以船为家，靠打鱼或帮人运送货物为生，解放前被称作'蛋户'①，是被人歧视的。"我"噢"了一声赶忙又问，"那这些小孩为什么身上都背着块木头？"亩元叔耐心地解释说，"那些小孩子如果一不小心掉到水里，木头有浮力，可以起到救生圈的作用，大人在船上拿根带钩子的竹竿就可以把他钩上船来！"十年之后，1966年"文革"大串联时，我再次来到广州，旧地重游，特意到珠江边寻访当年的"水上人家"和那些背木头橛子的小孩子，可早已不见了踪影。

我一路走一路缠着亩元叔不停地问这问那儿，就好比刘姥姥进了大观园，见什么都新奇。走过我从没见到过的当时华南的第一高楼爱群大酒店（高达64米，15层楼）之后，走不多远就到了据说是全国最大的百货大楼南方大厦。那里人头攒动，摩肩接踵，各种商品琳琅满目，应有尽有，亩元叔给我和阿婆每人都买了牙膏、牙刷、毛巾、水杯之类的不少日用品，还给我买了两套新衣服，足足装了一提包。最让我高兴的是给我买了一双小皮鞋，黄色的，穿在脚上特漂亮。为了这双皮鞋，我到北京之后，还因此闹过笑话。

我不光第一次坐汽车、第一次来到广州这样的大都市，当然也是第一次坐火车。我们在广州只待了一天两晚，第三天便登上了开往北京的列车，一路上除了睡觉，我都是扒在窗口往外看。我第一次看到滚滚长江、滔滔黄河和一望无际的华北大平原……，如果说刚到广州时我还只是感到新奇，那么坐在北行的列车上一路所看到的这一切，则令我不禁震撼了！依稀记得当年车到武昌时，所有旅客都得下车乘坐轮船过长江，换乘另一辆列车，而如今早已是"一桥飞架南北，天堑变通途"了。从广州到北京，当年火车慢吞吞足足走了三天两夜，而今坐上高铁，只需要8—11个小时。

列车抵达北京前门火车站时，已是灯火通明的晚间。亩元叔突然笑着问我："想住在什么地方，是去你爸那儿还是我那儿？"我不加思索地回答说："住我爸那儿！"——我急切地想见到父亲。后来我才知道，亩元叔是在故意

---

① 蛋户：蛋又写作疍，明嘉靖黄佐的《广东颂志》上说："蛋户者，以舟楫为宅，捕鱼为业，或编蓬濒水而居"。清雍正皇帝1729年上谕中说："粤东地方，四民之外，另有一种，名曰蛋户，即瑶蛮之类。以船为家，以捕鱼为业，通省河路，俱有蛋船。生齿繁多，不可数计"。许多研究华南的历史学家认为，珠江三角洲上的农民和蛋家是在职业、文化和血统上区分开来的不同族群，认为"蛋"的来源可追溯到古"越"族。封建时代蛋户长期受陆上汉人的歧视和压迫，明太祖更把蛋户划入贱籍，贬为贱民。清雍正帝废除蛋户的贱籍，具有进步意义。但蛋户的真正解放是在新中国成立之后才得以实现。

试探我，那时我老爸跟其他同事合住一间房子，根本就没有自己单独的住房。于是打从这天晚上开始，我跟阿婆便住进了位于景山后街西侧总参家属大楼亩元叔的家里，这一住就住了两年时间，直到读完高小。

从50年代中期开始，国家开始执行第一个五年计划，进行大规模的经济建设，而国际形势也有所缓和，大陆为因应国际国内形势的变化，对台政策也相应做出重大调整，由"武力解放台湾"调整为"和平解放台湾"，提出了"第三次国共合作"的主张。美国也调整了对华政策，中美两国开始在日内瓦（后改华沙）举行谈判。所以我和阿婆被接到北京后，听父亲跟亩元叔聊天时说，台海形势已经有所缓和，当时我心里就想：要是妈妈和三个弟弟也来北京，我们全家来个大团圆，那该有多好！

我们到达北京时已是9月上旬，学校开学上课有一周时间了。次日上午，父亲专门请假从复兴门外广播局宿舍赶到亩元叔家。阿婆见到分别整整10年的父亲，悲喜交加，一股劲地擦拭着眼泪，向父亲和亩元叔诉说着他们两兄弟离开家乡后的情形。而我则站在一旁目不转睛地悄悄看着既陌生又熟悉的父亲。

吃过午饭，父亲亲自带我到大楼北侧米粮库胡同里的一所小学报到，插班进入米粮库小学"五（1）班"读高小五年级。

米粮库小学（现为"什刹海小学"）是一所百分百的平民小学，学校规模不大，每个年级只有两个班，全校师生员工加起来也就几百人，招收的学生大都是住在学校附近的平民子弟，校风纯朴，设备虽然比较简陋，但教师工作踏实敬业，学生勤奋努力，积极向上，朝气蓬勃，完全没有当时一些学校中互相攀比、自视高人一等、脱离群众的浮躁习气。长大成人之后，我很庆幸自己能够进入这所在北京来说很不起眼的小学里读书。

我们班的班主任兼少先队辅导员是男的，姓郭，叫郭景田，30多岁，教我们语文和算术，敬业负责，对学生严厉而有爱心，深受全班同学的敬重。

我上的第一堂课是算术课。一上课郭老师就在黑板上出了一道算术题，把我叫上讲台让我做——显然是想考考我这个来自山沟里的孩子是不是能跟得上趟儿。此时全班鸦雀无声，我可以感觉得到同学们都在我的背后屏住呼吸，瞪大眼睛看着我。还好我没有慌张，很顺利地就做出来而且做对了——看来蕉岭乡村的教学水平还不算差。

班里突然来了个不会讲普通话、满口"结舌之音"的"小南蛮子"，个别调皮的同学不免欺生。我个子小，郭老师安排我坐在靠窗靠门的第一排座位上。上第一堂地理课时，坐在我后面的男生时不时用手指捅我的后背，向我挑衅，我回过头去瞪了他两次表示抗议，他还继续捅我。我终于忍耐不住，从小在家乡打架培养起来的蛮性上来了，噌地一下子站了起来，扭转身来挥起拳头就朝他脸上结结实实地打了一拳！那小子疼得"唉哟"了一声，鼻血顿时流了出来。全班同学目瞪口呆，正在黑板上写字的地理老师回过身来，见此状况，不由分说地把我们两人都轰出了教室。我心里还很不服气，指着那位男生争辩说，"是他先用手指捅我的！"我俩在教室外边被罚站了10多分钟，等老师气消了才让我俩重回教室继续听课。不过坏事变成了好事，以后全班同学谁都知道我这"南蛮子"不是那么好惹的，没有人再敢欺负我了。

当然，一味跟同学要蛮是行不通的，我生性活跃外向，待人诚恳，到北京后我一如在蕉岭家乡，喜欢交朋结友。男孩子大都爱踢足球，北京的孩子当然也不例外。当时国家刚刚发行硬币，半年之后，我用平时攒下的一大钱罐硬币到地安门体育用品商店买了个足球。记得那是个星期天，父亲陪我一起去的，硬币倒了一柜台，那时店员的服务态度都超好，看我小小年纪，用自己平日一分一分攒下的钱买足球很不容易，都交口称赞，微笑着很耐心地帮我数了好半天才数清楚，正好够买一个足球的钱。从此，我便通过踢足球跟全班的男同学打成了一片，很快融入了班集体，普通话也慢慢学会说了，自己也不再觉得与众不同，感到孤单了。

北京的教学水平比蕉岭家乡要高出许多，一开始我不太适应，学习跟不太上，但没过多久就习惯了，各科学习成绩提高很快。特别是作文，来自粤东北山沟里的我，常能写出城里长大的孩子写不出来的新鲜事，以及来到首都北京之后的所见所闻、所思所想，所以常被郭老师称赞，当作范文在全班朗读。每当这时，我便很得意，大概就因为这个缘故，后来我偏向喜欢文科。就这样，我入校第一学期还被人欺负，到了五年级第二学期就被大家推选为少先队的小队长，进入六年级之后，又当上了中队的宣传委员，成了班里的学生骨干之一。

前排左起：刘梦炎、刘嘉宜、？、徐博东、李连生
后排左起：孙立润、卢卓、李秀敏、刘英芳、谢晓仑

我们的少先队中队

61年后与孙立润（左）和刘梦炎（右）再相会
（摄于原米粮库小学校门口，2019年）

亩元叔家：景山后街总参家属大楼
（徐博东摄）

"让我们荡起双桨，小船儿推开波浪，海面上倒映着美丽的白塔，四周环绕着绿树红墙，小船儿轻轻飘荡在水中，迎面吹来凉爽的风……"这首从50年代就开始流行、唱遍大江南北的少儿歌曲，正是我们那时候课外过少先队队日时的真实写照。北海、景山、什刹海、故宫离我们学校和住家都很近，就像是我们的后花园。北海公园里的红领巾水电站和少年科技馆，景山公园的少年宫和少儿图书馆，什刹海的游泳池，我们都是常客。景山公园又叫红领巾公园，小学生随便进，不用买门票，是我们最爱去的地方。景山公园的后山古柏参天，绿树成荫，游客稀少，环境清幽，那时候除了冬天，几乎每天下午一放学，我们小队的同学都喜欢去那里，找个树荫下的长条石凳，先安安静静地做作业，学习好的帮助学习差些的。那时作业都不多，很快就能

334

做完，然后或玩丢手绢、或玩老鹰抓小鸡，男孩子或下军棋、下五子棋、或弹玻璃球，女孩子则跳格子、跳绳、或欻羊拐什么的①，有时也去少儿图书馆看书，然后尽兴而归。我还是景山少年宫口琴队的队员，记得有一年儿童节，口琴队在景山公园举行的游园活动中，几百人口琴合奏，整齐划一，气势磅礴，场面十分壮观。那两年，我们春天到颐和园或动物园春游，暑假去什刹海、陶然亭游泳，秋天去香山秋游看红叶、捉蝈蝈，冬天到北海、什刹海滑冰。买不起冰鞋，就自己动手用木板和铁丝做简易冰鞋和冰车，照样玩得很开心。1957年寒假，我和几个同学报名参加了北海少年科技馆的活动，在辅导员的指导下学做航模、做舰船、做粉笔……那时，北京城里小孩子的课余生活虽不像蕉岭山沟里的小孩子那么原始，那么亲近大自然，但也是丰富多彩，各有各的乐趣。

我到北京读书之后，最感到荣耀的事，是每年一到五一、十一，都要去天安门广场参加盛大的庆祝活动，和首都各界群众一起接受毛主席等党和国家领导人的检阅。

记得高小那两年，每到五一、十一前夕，全班同学都要在老师的带领下，用五颜六色的彩纸做成纸花束。到了五一、十一前一晚，大家穿上白衬衫、蓝裤子，戴上鲜艳的红领巾，到学校整队集合，手拿自己动手做的纸花，兴高采烈地徒步走到天安门广场，整个晚上不睡觉，却睡意全无，兴奋不已。直等到上午10点钟毛主席等党和国家领导人登上天安门城楼，庆祝大会开始。各界游行队伍陆续通过天安门广场后，庆典的压轴程序，是特许在广场上站立了一上午的上万名少先队员拥向金水桥，接受毛主席的检阅。一声令下，我们呼喊着从广场上跑步拥向天安门，到达金水桥边，我们一边拼命呼喊"毛主席万岁"，一边瞪大眼睛辨认不远处城楼上的毛主席和其他党和国家领导人，大家高兴得又蹦又跳，欢呼声震耳欲聋，那场面真是令人热血沸腾。

---

① 欻（chua）羊拐：羊拐新疆叫作阿斯克，东北叫做"嘎拉哈"（满语：gachuha），河北称骨头子儿。是羊的膝盖骨，只有后腿才有，以小羊拐为上品，共有四个面，以四个为一副。由于旧时代北京牛羊肉不多，羊拐在女孩子们的心目中便成为宝物，还常将羊拐涂成红色，也是北方（尤其东北）小女孩的玩具。这种骨头不仅在羊身上有，猪牛身上及野狍子身上也有，但羊拐作为玩具大小适中。女孩子"欻羊拐"时，桌面上放置多个羊拐，一只手将一个羊拐抛向空中，然后迅速用同一只手去抓桌面上的羊拐，再用同一只手把那个抛向空中的羊拐接住，看谁抓住的羊拐多而不掉到地上为赢，这种游戏能提高女孩子的敏捷力和手眼的协调性。

在米粮库小学读高小那两年，给我留下深刻印象的还有两件事。

一件是少先队"小五年计划"的活动。1953年我国开始实施"五年计划"，掀起了社会主义建设的新高潮，全国各地的少先队组织在共青团中央和教育部的号召下也纷纷制定"小五年计划"。米粮库小学自不例外，我刚到校不久也积极参加其中。课余时间我们小队的同学到处捡废铜烂铁，说是给解放军造出更多的枪炮好保家卫国；还在学校或自家的院子里到处寻找空地，哪怕是犄角旮旯，只要是有点土就挖个坑，种上蓖麻籽或葵花籽，说是多给国家种植油料作物。记得我也在住家大楼背后的空地上种了十几棵蓖麻，隔天就提着水桶去浇水，可是长出来后却不知被谁给拔了；另外，还到学校附近的烈军属、残疾人和孤寡老人家里，帮他们打扫院子、擦玻璃，搞环境卫生；放学后到地安门大街帮助老人、小孩、残疾人过马路，劝导行人不要随地吐痰、乱丢废纸；每个人连上学都拿个苍蝇拍，见到苍蝇就打；《北京晚报》创刊后，上街义务推销《北京晚报》……，因为我们"小五年计划"执行得好，被评选为优秀中队和优秀小队，受到学校的表彰。这些活动虽然都是些不起眼的"小事"，却让我们从小就培养起了对国家对社会的责任感和关心帮助别人的爱心。

另一件事是全北京市"围剿麻雀"的活动。记得那是1958年春，在中共中央和国务院直接领导下，在全国范围内开展的"除四害"（苍蝇、蚊子、老鼠、麻雀）群众运动已经持续了好几年，到了1958年春达到高潮。这一年的4月间，北京市专门成立了"围剿麻雀总指挥部"，从4月19日到21日，连续三天全市工、农、商、学、兵大动员，突击围剿麻雀。我们米粮库小学被分配到景山西街，配合当地西板桥街道的居民围剿麻雀。我平日打弹弓比较准，被同学们推荐到弹弓队，还特许我们弹弓队可以进入人家的院子里去射树上和房顶上的麻雀。从早上5点整开始，忽然全市鞭炮大作，锣鼓声齐鸣，街道上、公园里、学校和机关大院里，房顶上、居民院子里到处都是人，飞舞着各种旗帜，拼命呐喊，许多人还吹喇叭、唢呐、敲破脸盆什么的，发出的声音愈大愈好，参加人员分三班倒，轮流吃饭，一直到晚上10点才收兵。不光是麻雀，吓得全市所有的鸟儿到处乱飞，我们弹弓队根本无用武之地。有许多鸟儿因为受到惊吓，再加上飞得停不下来，活活被吓死、累死或渴死，飞着飞着直接从空中掉到地上。听说在天坛公园、北海公园和颐和园等地，还专门设有投毒诱捕区和火枪投放区，诱捕和射杀麻雀。据当时《人民日报》报道，全国人大常委会委员长刘少奇专门到"北京市围剿麻雀总指挥部"视察指导，全市有300万人参加了这次活动，其中包括许多著名的科学家如华罗庚、钱学森等人。据统计，三天下来有45万只麻雀死于非命、断子绝孙，战果辉煌。有人还算了一笔账：以一只麻雀每年吃掉10斤粮食计算，杀死45万只麻雀就节约了200万斤；以每只麻雀每年繁殖15只麻雀计算，则可节约1500万斤粮食，不可谓不惊人！然而这些麻雀以及其他无辜惨死的鸟儿，每年吃掉的害虫有多少？又节约了多少粮食？那就没人去计算了！不久之后，有些鸟类学家撰写文章，对"围剿麻雀"提出不同意见，才给麻雀"平反昭雪"。以后，臭虫取代了麻雀的位置，被列入了"四害"之一。这也是我到北京后参加的比较荒唐的群众运动之一。

到北京后，我从父爱中可说获益匪浅。

刚到北京时，每到周末我就盼着父亲早点到来，带着我和阿婆外出观光，或去故宫、天安门，或去天坛、天桥、大栅栏，或去北海、颐和园、香山、八大处，或去明十三陵、八达岭长城……，饱览北京的名胜古迹，领略帝都厚重的古代历史文化，感悟新中国翻天覆地、日新月异的巨大变化，使我大开眼界、大长见识。

犹记得第一次出门，我们去参观天安门和故宫，因为我穿着那双宙元叔在广州南方大厦给我买的新皮鞋，走的路大多，回来的路上脚脖子上磨破了皮，出了故宫的北门，走到景山西街时两脚实在太疼，我干脆把两只鞋脱了下来，用鞋带系在一起搭在肩膀上，光着脚走路。在蕉岭老家光脚走惯了，脚底板上有一层厚厚的硬皮，一点儿也不觉得硌得慌。路上的行人见状，指着我的光脚笑话我，但我并不觉得有啥好笑，反而心想："你们城里人少见多怪！"

与父亲摄于北海九龙壁（1957 年夏）

　　父亲知道我喜欢踢足球，还多次带我去先农坛体育场观看足球比赛。进场时父亲在胸前别上个小小的记协的徽章，不用买票就可以进场，我觉得挺新奇，心想：凭什么记者就可以不用买票？

　　父亲领着我逛遍了北京的皇家园林和其他名胜古迹，我高兴之余心中又不免隐隐作痛，更确切地说是感到遗憾——当我们父子二人漫步在颐和园的长廊，或在北海公园的湖面上泛舟之时，看见别人家父母亲带着孩子有说有笑地在一起，其乐融融，而我们却只有父子俩人，连说话都不多，就不由自主地会想到远在台湾无法见面的母亲和三个弟弟。我想，父亲肯定也跟我有同感吧？只是他不说而已。

　　刚到北京那阵子，一切都是那么陌生，我很不习惯，岂止闹过一次笑话。我很想念家乡，到北京大约半个月之后我写了两封信，一封写给乐群小学的老师和同学，另一封写给村中的小伙伴。信写好后就去大楼斜对过黄化门口的一家小杂货铺买邮票，老板是个 60 多岁的老头，问我要买 4 分还是 8 分的邮票？我心想，还是省点钱吧，于是就买了两张 4 分的邮票贴到信封上寄出去了。不想信寄出后如石沉大海，过了好长时间也不见有回信。后来我才知道，信寄到外地要贴 8 分钱的邮票，寄本市才可以用 4 分钱的，我那两封只贴有 4 分钱邮票的信，当然就不知寄到哪个爪哇国里去了。

来北京之后，父亲以他童年时代的切身体会，鼓励我多读课外书，以弥补课本上知识之不足。他先后从他任职单位的图书馆给我借来《西游记》《水浒传》《三国演义》……，从小孩子喜欢和容易读懂的中国古典名著开始读起，后来又读外国小说《鲁宾逊漂流记》《一千零一夜》《伊索寓言》《安徒生童话》等等。确实增长了许多课堂上学不到的知识，打这之后，开始培养起了良好的阅读习惯。课外书读多后，词汇量大为增加，想象力也更加丰富，作文能力增强了。这样，更引导我喜欢和偏重文科。

有一个星期天，父亲不知从哪儿搞来一部旧自行车，说是要教我骑。我们就到学校的操场上去练习，从蹬车滑行开始练起，然后是掏着车的大档骑，到最后是屁股坐到车梁上骑——我人太矮小，车太高，坐到车座上够不着脚镫子。父亲走后，我又练习了好几天，也不知摔过多少跤，终于敢到马路上骑了。那时候，北京的马路上没几辆车，不像现在。

冬去春来，花开花落，一年时间很快就过去了。我毕竟是小孩子，很快就适应了北京的气候和生活，阿婆却不然，她怎么也吃不惯棒子面做的窝窝头，就连馒头、面条这些面食也不喜欢吃，更受不了北京冬天严寒干燥的气候，常常叨念着要回老家。1957 年 6 月"反右"斗争开始，当年秋冬部队开始精减机关，动员干部家属回自己的家乡，父亲和亩元叔也就只好同意阿婆一个人回蕉岭去了。阿婆离开北京的那天晚上，我们把她送上火车。我打从一岁开始就由阿婆一把屎一把尿拉扯大，祖孙相依为命那么多年，从未离开过哪怕一天，阿婆对我的疼爱与呵护，在很大程度上弥补了我母爱的缺失，如今马上就要分开了，不知何时才能相见，阿妈又远在台湾……，我愈想心里愈难过，忍不住眼泪像断了线的珠子掉了下来，紧紧地拉着阿婆的双手不肯松开。阿婆也是眼泪汪汪的，竟一句话也说不出来，火车开动了，还伸出手来不停地向我招手，我跟着火车在月台上跑了好一段路，直到阿婆渐渐远去，消失在苍茫的夜色之中……

就这样，我的家庭又再次分成了好几摊：海的那边是母亲和三个弟弟，而海的这一头则是祖母孤身一人在蕉岭老家，我和父亲虽然同在北京，却仍然分居两处未能生活在一起。这让我更加感到孤独，更加思念台湾的母亲和弟弟们。

八、"单亲家庭"中的三兄弟

在海峡的另一边，由于有丘念台明里暗里的保护，母亲及弟弟们政治迫害是幸免了，但"单亲家庭"的艰难却是实实在在地渗透在日常的生活之中，无法避免。何况那个时候，整个台湾社会也相对贫困。看过母亲50年代写的日记，不难想见母亲带着三个年龄相近而又超级顽皮的男孩子是多么的无奈与不易：

"海儿下午同外面孩子打架，嘴巴也打得出血，真没有办法。"

"海儿真够顽皮，又好笑，每餐吃饭，不这个，就那个，总要使我生气。思儿又屙肚子，这孩子什么都乱吃，工人又不争气，伤脑筋！孩子，你们怎么知道妈妈的苦呢？！"

"这两天我又做家庭护士小姐了。做母亲，好似都要万能，什么都懂得才可以的。这个生病，那个一定生病的呢。思儿受海儿传染了，今天又发热，弄得我连天晚上睡得都不好。"

"真糟糕！这也是我可以想到的事，今天基儿又接下来发热，真不怕弄晕我了！医务室，我天天跑到医务室去拜托医生，忙个不了，好在有这医务室，不然到外面请医生，这笔药费又可观了呢！"

"晚，洗澡海儿又闹人，什么不要老工人洗身，要我洗才行，真讨厌，哭了半天，我又没空，原因（是）想教基儿写字，做算术。

"思儿下午在区公所前面的防空洞顶上玩，不注意，掉下来，小鼻子都红了。听说他自己回来没有哭，好好地告诉老工人，等我下班回来他已睡了，真睡，晚饭也不吃。这小家伙，有时满有趣，他常常要我带他去爸爸那边去，真没办法！唔！……"

"上午工作忙，家务也忘了，……我自己饿得要命，基、海、思也饿得哇哇叫，基儿又要赶着上学，只得酱油拌饭吃，真气人！"

"一早想安静地多躺一会，孩子不许可，特别是思儿，哭哭啼啼一定要我起床，那有什么办法，还不是遵从孩子的命令吗？"

"教育孩子，这真是万分、十二万分的难与苦的事情，我也只有骂我自己无能吧？脾气不好吧？海儿就伤透了我的脑筋，他什么事都不满意、不满意，总是闹闹哭哭，缠着你，唉！我有时也恨他爸爸不在这儿，没有出一份力给我帮帮忙，教教孩子。"

"昨夜、今天都在雨天中生活，使我最伤脑筋的，就是这三个孩子整天玩水，玩泥浆，不小心滑了跤，满身泥巴，不然就像落汤鸡一样，头、衣服湿淋淋地走来找我。海儿他怕我骂，自己会找衣服换，但是思儿不会换衣服，总是来找妈妈。今天我问他，怎不去找工人？他很老实地说：'亚婆要打我！'也不敢说大声些。唔，真的气我，可是又怪可怜，真够我烦！"

"孩子们都喜欢玩水，真使我在办公室里整天提心吊胆。早上思东与亚凤去看鸭子，找了半天才回来，我问他，他高兴地跟我说，去看鸭子游水。一会儿，海儿又跟人打架，弄了满身土，真伤神！海儿近来真够顽皮、坏蛋了，什么事都不满意、不高兴、闹、哭、地上打滚，打不怕。现在我不打他，也不骂他，让他要怎么就怎么样。唉！做母亲真不容易做呢！"

"海儿就给我捣蛋，每天我就受他的气，生他的气，近来都不讲三七二十一的理由，胡闹胡叫，吱吱哇哇，哭得天翻地倒。要什么时候才懂事呢？他有点近乎问题儿童？家庭，这个家庭生活与环境，我也慢慢觉得不适合孩子。尤其是海儿，在这小小的简单的小圈子里生活，根本就不够他的活动。同时特别是男孩子，父亲没有跟在一起，给他影响与管教，这也是缺点！"

"思儿一身湿，老太婆也不理，还不是麻烦了我。回来给（他）从头到足洗的洗，换的换。他今天一早就屙肚子，晚饭都没有吃就睡觉，恐怕受凉了，又不听话。"

"许久来整天连夜吃不安、坐不安，晚上睡时更不安，就是天气太闷热了。房子，这闷热的房子今年又给思儿热得没有一夜安睡，又生了满头疮、痱子，真可怜的！怎么办？我真的没法想了！"

"思儿拉肚子那么厉害，两天没有吃饭了，晚上还发热，吃开水都吐出来，真吓坏我了！药粉又不肯吃，不容易的骗他吃一包药，各种各样的方法都用尽了，真气人！一早真忙得很，基、海儿又要赶着上学去。"

"晚，下班回来正在准备吃饭，基儿跟外面孩子爬区公所屋顶去玩，真吓坏我了！这孩子越来越不怕死，竟敢爬壁登屋顶，一棵树过一棵树，多危险，他就不怕，真急坏我了！等回来我告诉他等一下才吃饭，要他自己想想，妈是不是要他好。他直等到我们吃饱了才吃，哭也不敢哭。"

"孩子三个都不懂事，也不听话，真气坏我了。做妈妈的又要做爸爸，这责任够重了，怎当得起来？！够我烦！基儿爬树，爬屋顶，还带着小弟弟去捉鱼，今天下班给我找到，急坏（我）了。结果，海、思儿先回来，很老实地告诉我，他们都去捉鱼了，哥哥还没回来。我为了要明白他们的路线，急着跟海、思儿去河边找基儿。一去看见这情形，真吓坏我了。原来是一条大河边，流水很急，多危险呢！唔，工人又不管，小鬼子又不知厉害，不得了！"

"基儿玩到不晓得回来吃（饭），连洗澡也不用，真的孩子没有人管就野了。海儿近来好玩、偷吃、懒惰、好哭，有时玩得课也不上。我每天管教这三个小鬼子就够气人了，做妈妈，真倒霉！"

"今天上午三个孩子，大闹我的办公室，你来，他来，小的走，大的来，不讲理，不说由，吃过了点心还来闹，叫我怎样做事？搞得我头晕脑痛。海东最俏皮，也让我打了一顿。"

"早饭后照顾思儿穿衣上课，我就上班。从早上八点到晚上八点我一直在忙。忙记帐，忙编报表，忙料理家务、烧饭。"

"孩子真不听话，好生气！基东玩得不亦乐乎，海儿玩得课题也叫人写，思儿好玩又好吃，闹极了。"

"九点半出街买菜，回来一心想烧一碗可口的鱼头豆腐汤来吃吃的。不料烧好了菜，孩子要让你生气。基、海儿两个直在打架，骂不听，一气只好（把他们）给罚了一顿。"

"海儿每天到办公室来吵，真伤脑筋！他的功课才让（人）担心呢！晚上老师送来一张通知，课程时间表，并写着，海儿成绩差，明早应到校补课等语。很好，让他补课，不然我做妈妈的有何办法？白天不在家，晚上他写完课题，叫他念书，有时懒相出来了，哭哭啼啼，看他又没有精力，真是！"

在母亲的日记中，连篇累牍地记叙着这些内容，年复一年，日复一日，成为母亲日记的主题，可以想见母亲在那些年月里的艰辛与无助。然而，当孩子取得好的成绩时，哪怕是只有一点点的进步，母亲都会感到十分高兴和由衷的宽慰：

"基儿写得很好，满（蛮）高兴写爸妈两个字，我心里想，你爸爸看见就高兴啦！"

"晚，教孩子写字，海儿今晚也会自动要写字了。他一会儿学会了1、2、3、4、5几个数目字，高兴得跳起来笑了。"

"中午接到基儿学校一张通知单，明天十点钟，学校里幼稚班游艺会，希莅临指导等语。基儿说，'妈妈呀，明天你去参观吧，我会跳舞给你看的'，这般高兴着。于是今晚上给他缝好一件裤子扣子，准备明天穿去舞会了。"

"准十点去参观基儿舞蹈会，一般小天使，够天真活泼了。基儿做小猫儿这场最精彩，他出场不少呀，难怪每天下午都说老师叫他去跳舞，练习了有一个星期了。今天下午又去参加舞会，真忙够他了。下午又奖了一包糖果，很高兴归来，请妈妈吃呢！"

"基儿的幼稚班毕业了，考取第六名，奖一个笔盒子，一张奖状。哈哈，真高兴呢！黄同事的孩子燕华，第十二名，他们家里都气坏了。我许多时有点遗憾的，就是森源不在这儿，不然我们孩子得学校奖，更加高兴了！"

"海儿上学去了，近来比较乖些，我希望这孩子慢慢地懂事，这样做妈妈的也就快慰了，真是！"

"晚，孩子很乖，特别是海儿，吃饱饭帮忙扫桌、洗碗，还不差，真够做个小工人。孩子长大了又懂事情，我就放心了。"

"孩子虽然顽皮，可是又好看书，是种好习惯。"

"今晚我特别把桌子摆好，给孩子们写字读书，他们真高兴。海儿今晚读书成绩很好，他进步了，我很高兴。思儿也学乖了，他好好地看画报，不闹哥哥读书。"

50年代中期前后，基东三兄弟陆续长大，先后进入小学开始读书。小有小的难带，大有大的问题，三兄弟上学读书了，更多更大的麻烦还在前头等待着可怜的母亲。

九、我的欢乐与艰辛的中学生活

再说我到北京之后的情况。

光阴荏苒，两年的高小生活在不知不觉中很快就过去了，1958年夏天，我以六年级两个毕业班近百人参加中考第二名的总成绩（94.5分，第一名95分，是个女生，考上了师大女附中）考入了北京八中。原本我是可以考上当时全北京最好的中学北京四中的（比我少5分的同班同学都考上了），志愿表都已经填好交给了郭老师，但这时父亲已经有了自己的单独住房，他跟苗元叔谈妥要我搬到复兴门外跟他一起生活。从复兴门外到位于厂桥的北京四中上学路途太远，于是父亲连夜赶到学校，征求郭老师的意见后把我的第一志愿改填复兴门内的北京八中。

就这样，我恋恋不舍地离开了景山后街苗元叔的家，离开了已经熟悉的米粮库小学和相处了两年之久的同学们，搬到复兴门外真武庙二条广播局老302宿舍，开始在北京八中读初中一年级。那一年我14岁。

（一）难忘的初中生活

50年代中期开始的国家大规模的经济建设和对台政策的战略调整，因1957年6月开始的"反右斗争"受到严重干扰，特别是"和平解放台湾"的对台战略受阻，在此背景下1958年8月大陆再次炮击金门，是为"第二次台海危机"。与此同时，大陆开始执行第二个五年计划，提出了所谓高举"总路线、大跃进、人民公社"三面红旗的施政口号，把国家经济建设引向了歧途。而在海峡那一边，台湾当局放弃了"反攻大陆"，改采"反共偏安"政策。于是，台海形势从以往的"军事对抗"转而以"政治对抗"为主"军事对抗"为辅的对峙局面。就是在这样的背景下，我考入北京八中开始读初中。

北京八中全称为北京市第八中学，1949年由1921年建立的私立四存中学和1947年建立的北平市立八中两校合并而来。校址在复兴门内的按院胡同（今"学院胡同"），是新中国成立后新盖的校舍，校园优美，设备和教学质量一流，专招男生，不招女生，所以又称北京男八中。从五十年代到六十年代中期，北京城区最好的中学都是男、女分校的，除北京男八中之外，如北京男四中、师大女附中、女一中、女三中、女八中，男校还有三中、六中、十三中、三十五中等，直到"文革"，这些学校才改为男、女合校。

按照录取通知书的规定，8月中旬我就去八中报到。报到时得知，学校少先队大队组织一年级新生去香山举办夏令营，自愿参加。我到北京后从未参加过夏令营，感到很新奇，就很高兴的报名参加了。夏令营一共举行了七天，我们住在香山上的几间老房子里，很不凑巧，那几天天天下雨，辅导员老师带着我们冒雨四出游览。雨中游览香山，虽然行动不便，倒也别有情趣。临走当天，出现了惊险的一幕，至今想来仍心有余悸：早饭过后，我们背起背包在院子里列队出发，突然听到身后一声巨响，扭头一看，我们刚刚走出的那间房子，房顶整个垮塌了下来，涌起了一片呛人的烟尘——显然因为这几天下雨，年久失修的老房子房顶不堪重负而坍塌，好在我们全都不在屋内，真是万幸！

9月1日正式到校开学上课，新校舍，新同学，新老师，新课本，一切都是新的，我们开始了新的学习生活。

八中的师资力量确实雄厚，大都是北大、清华、北师大、北外等名校毕业，就连体育老师也都是不同专项的运动员出身。他们讲课深入浅出，各有特点。给我印象最深的是英语老师，是位叫崔妙音的女老师，讲课抑扬顿挫，感情充沛，很有感染力。她毕业于北京外国语学院，听说曾在驻外使馆当过翻译，发音柔和甜美，很标准，名副其实是"妙音"，听她朗诵英语真是一种享受。大概是得益于崔老师的初教，虽然我学外语缺乏天赋，无论如何努力，一直到上大学英语都学不好，但教过我的英语老师都表扬我发音还比较标准。后来我大学毕业后在贵州农村中学任教，还担任过初中的英语教师。

八中校图书馆藏书丰富，学生阅读课外书的气氛十分浓厚，每天借阅时间一到，总是人满为患。初中三年，我在校图书馆借阅了不少中外名家小说，如《红楼梦》《西厢记》《东周列国志》《悲惨世界》《红与黑》《少年维特之烦恼》等。有时也跟同学一起，用平日省吃俭用攒下来的钱，到西单商场或菜市口的旧书店去选购一些自己喜欢的售价很便宜的旧书籍。那时我特别喜欢看革命题材的小说，如《保卫延安》《三里湾》《暴风骤雨》《李家庄变迁》《三千里江山》《林海雪原》《青春之歌》等都是那时候看的。父亲书架上摆的革命回忆录《红旗飘飘》《星火燎原》更是让我爱不释手，百读不厌。如此陶冶了我的情操，扩大了我的知识面，培养了对革命先辈的深厚情感，立志做一个"合格的革命事业的接班人"。

八中的校规很严，学习抓得奇紧，规定学生每天必须按时到校参加早自习（晚自习则自愿参加）。夏天中午饭后校门一关，在校学生必须睡午觉休息，不许在校园里随便走动。那时我没有午睡的习惯，经常跟几个同班同学溜出学校，或躲到操场上的体育器材室里去玩，或跟同是从农村长大的孙成义跑到校外护城河边用弹弓打鸟、下河摸鱼。有一次我俩在复兴门大桥底下捉到一条好大的团鱼，搞得一身泥巴。等到学校午睡结束铃声一响，校门打开，再回到学校上课，农村里长大的孩子"野性"暴露无遗。现在想来，也真够调皮的了。

入读北京八中之后不久，便碰上了史无前例的"大跃进"运动。1957年"反右"斗争时，我们这些小学生年龄尚小，没份参加，只是懵懵懂懂地当个旁观者，那时候只感觉大人们和学校的老师们突然都变得很忙，老有会要开，整个社会氛围似乎跟以往很不一样。而"大跃进"可就完全不同了，就连我们这些刚刚跨进中学校园才十三四岁的少先队员们也都被卷入其中。

当时，农村"放高产卫星"的浮夸风也刮进了校园，我们八中高中的大哥哥们在一位体育老师的带领下，也在学校搞什么"小麦实验田"。他们在西校门里厕所旁的一块空地上挖了个三米深的大坑，然而往坑里一层层地用土埋上杂草或从厕所里掏来的粪便，等坑填平之后，再装上所谓喷灌设备。这块地的面积也就有半分地的样子，居然密密麻麻地撒了300斤的麦种，声称用这种"密植"的方法亩产可以达到15万斤（算下来这半分地要收7500斤小麦），其结果是麦苗疯长。由于种得过密，通风不良，学校调集了多台鼓风机四面吹风。然后是倒伏，加上下了几场大雨，麦苗发生霉烂。收时总共才收获了150斤，只有种子的二分之一，成了一大笑话。

不过，搞得最热火朝天的还得数在校园里"大炼钢铁"。那时候提出"超英赶美"、向年产1070万吨钢进军的口号，掀起了全民"大炼钢铁"的群众运动。高中同学在老师带领下，在学校东南角的院子里垒起了炼钢炉，每天课后炉火熊熊，说是"土法炼钢"。我们初中同学的任务是给炼钢炉供应废旧钢铁。于是每天下午放学后，大家就三五成群四处出动，各显神通，去校外收集"废钢铁"，实在找不到，胆子大些的同学就钻进建筑工地里去偷人家施工用的旧钢铁。记得有一天我们班有几个同学从工地上借来一部平板三轮车，拉了整整一车的"废钢铁"，因为拉得太多太重，把车子搞坏了，工地上的人跑到学校来告状，要求学校赔偿。八中全校总动员"土法炼钢"，受到上级领导的表扬，不断有人来参观取经，而花费了大量人力物力，实际上炼出来的"钢"，只不过是一堆没有任何价值的"铁钢渣"而已。

全民"大炼钢铁"，就连我的家乡蕉岭的穷山沟里也不例外。记得有一天亩元叔收到阿婆从老家寄来一封信，说生产大队"大炼钢铁"，需要把我们同庆楼老屋窗子上的铁条拆下来拿去炼钢，征求亩元叔和我父亲两兄弟的意见。亩元叔收到信后回信说："拆东墙补西墙不是个办法，但如果他们非要拆，那就只好让他们拆吧！"最终还是被他们拆掉了。

那时就连搞校园卫生也是形式主义。记得学校分配我们班负责打扫维护校园东南角厕所的卫生。我们在班主任孟书成老师的带领下，先是清除厕所周围的垃圾和杂草，再用自来水喷头把厕所里里外外冲刷了好半天，随后是掏粪便、擦门窗、擦地板、擦挡板，用手抓着锯末擦粪坑，甚至争先恐后地跳进粪坑里清洗，就连小便池里的尿垢也被清除得一干二净，最后再点上卫生香，全班同学整整折腾了大半天。为了等上级领导来检查，硬生生地把厕所封闭起来不让用，急得下课后要上厕所的同学像热锅上的蚂蚁团团转，一直等到校领导陪着上级领导检查合格后，厕所才又重新开放。可是过不了多久，厕所还是原来的厕所。

八中所在的按院胡同，距离复兴门一带明清时期遗留下来的城墙很近，那时从上到下文物保护的意识都很差，城墙虽然还没被拆掉，但没有人负责维护和管理，谁都可以随便上城墙去玩，去把城砖搬回家。那时八中的校园里都是泥土路，一到下雨天满院子的积水，一片泥泞，行走困难，于是学校就发动全校同学到城墙上搬砖，规定每人每天搬两块，用来铺设校园里的院子。因事涉同学们的切身利益，大家热情很高，积极响应学校的号召。每天下午一放学，全校一千多名同学，纷纷出动到城墙上搬砖，有的用双手抱，有的用书包背，有的两人合作用木板或凳子抬，还有的借来平板三轮车，几个人拉上一大车，各有各的办法。那场面十分壮观，从学校到城墙脚下约两里路的胡同里，就像有一群蚂蚁在搬家，来来往往、忙忙碌碌，热闹非凡。全校师生大概忙活了有一个多星期，每人每天都超额完成任务，至少从城墙上搬来了几万块质量上好的城砖，把校园里的泥土路全都铺上了厚厚的城砖。不过后来听说，几年之后这些铺在地上的城砖风化得很厉害，地面坑坑洼洼，又被全部扒掉，不知去向了。

那时候，学校每个学期都要安排学生下乡下厂义务劳动，"接受工人师傅和贫下中农的再教育"。我们班曾先后到离学校不远的北京第二弹簧厂、西城电机厂劳动，每周半天。记得到电机厂劳动时，师傅安排我们几个小个子同学给做电机外壳的钢板除锈，这是钢板喷漆前的第一道工序，先用粗砂布擦，再用细砂布打磨，直到把钢板上的锈完全擦净为止。一开始我们干得很来劲，心想"这还不容易"！谁知真干起来后才晓得这活并不轻松：铁锈飞扬，干不多一会儿就满头大汗，手也酸了，半天下来全身沾满了铁锈，胳膊快抬不起来了，腰也直不起来了，又累又脏。

不过，要说真正体会到体力劳动的辛苦，还得数下乡劳动。春天种树、种菜，夏天拔麦子、稻田里除草，秋天掰棒子、割水稻……什么脏活累活都干过。有一年冬天，天气已经很冷，我们班去远郊区大兴县天堂河公社天宫院劳动，那里遍地是荒沙滩，自然条件恶劣，生产队安排我们全班住在一个四处透风的废弃仓库里，地上铺上一层稻草就算是床铺了。我们分成两个人一组，把带来的被子一床铺在稻草上当褥子，另一床被子晚上两人合盖。谁知有位仁兄平日有尿炕习惯，头天晚上就尿了炕，谁都不愿意再跟他睡一个被窝了，后来还是我主动要求跟他一起睡才避免了尴尬，但第二天晚上他还是尿了炕。后来我想了个办法，每晚睡到半夜就把他叫醒，催他去解手，这才解决了问题。初中毕业后，他考上一所职业技术学校，分配到外地工作，成为一名出色的吊车工，有一年他回北京探亲还专门来我家看我。

那次下乡劳动，生产队安排我们在荒滩地上翻土，说是来年要种植花生、红薯。这可是个重体力活，我们一连干了整整有十天时间，每天收工后都累得瘫在"炕上"不想起来。两只手掌头一天就磨起了水泡，一握铁锹把就钻心的疼，用针挑破水泡上点红药水，用纱布包扎好后照样坚持干，后来水泡磨成了硬膙这才不疼了。那年头冬天没有新鲜蔬菜，顿顿吃白菜萝卜熬粉条或咸菜，喝棒子面糊糊、红薯粥和窝窝头，但一开饭大家还是狼吞虎咽，吃得倍香！生产队头头表扬我们翻地比社员都快，受到表扬后我们干得更加卖力气了。那时候同学们大都思想十分单纯，一心要求进步，自觉接受艰苦劳动的考验，争取早日加入共青团。记得就在那次下乡劳动，班团支部"火线"发展了好几个同学加入了团组织。

那时能考上八中的大都是聪明过人学习拔尖的学生，我在米粮库小学读书时学习还算不错，但上了八中之后在班里可就成绩平平了，其他表现也很一般，所以尽管努力要求进步，可总也入不了团。

除了下乡下厂，1958年秋冬我们还参加过人民大会堂建设工地的义务劳动，记得那天派给我们班的活儿是抡大铁锤砸废弃的水泥地面，劳动强度很大，但大家干劲十足，觉得能为建人民大会堂出力，倍感光荣。

上中学之后和小学时有所不同，那时候北京的中学生每年一到五一、十一前的一两个月就要开始练队，准备参加天安门前的游行庆祝活动，接受毛主席的检阅。八中每年都跟四中、三十五中合组一个方阵，轮流在八中和四中的操场集中练队。每次练队，实际上都是学校之间学生组织纪律性的一次比拼，看哪个学校的队列最整齐，口号喊得最洪亮。同学们个个都不甘落后，每次练队都要在烈日下曝晒好几个钟头，全身大汗淋漓，呼喊口号喊得嗓子都哑了，仍然精神抖擞，劲头十足。除了集中练方阵，平日各校还要单独练队列，到了五一、十一前几天，各个方阵还要到天安门广场集中彩排。练队虽然很苦，也耽误了不少学习时间，倒也锻炼了我们的组织纪律性，磨炼了吃苦耐劳的精神，增强了责任心和集体荣誉感。

五一、十一游行初、高中参加的队伍各不相同，记得1958年"十一"游行我们八中初中参加的是气球大队（放气球），1959年十年大庆时是和平鸽大队（放和平鸽）。最好笑的是，不管辅导员事先如何千叮咛万嘱咐，游行的当天总有个别同学太紧张，还没等走到天安门前就把气球或鸽子给放飞了，或者等走到天安门时一放鸽子，鸽子却掉到地上，因为鸽子早就被他掐死了。

八中的学生社团十分活跃，课外文艺、体育活动开展得很好。记得学校话剧团曾多次与师大女附中合作排演话剧，其中《少年英雄刘文学》的演出，①盛况空前，扮演主角刘文学的是我们班的秦植国。那时八中的校篮球队、排球队、乒乓球队、田径队都很厉害：1957 年曾荣获北京市中学生男子篮球冠军，1959 年 10 周年校庆开校运动会，国家篮球队队长钱澄海、篮球运动健将杨伯镛、国足名宿丛者余、守门员张俊秀、打破女子跳高世界纪录的郑凤荣，还有刚刚打破百米世界纪录的短跑健将陈家全等著名运动员，应邀前来八中指导。陈家全带着我们学校高中和初中的百米冠军魏乐年、于东海进行了百米短跑示范，最后还组队跟我校篮球队举行了一场十分精彩的篮球赛。八中当时的校篮球队队长冯维忠（身高 1 米 84）后来还参加了中国青年田径队，三级跳 13 米 02，跳远 6 米 20，均打破北京市中学生纪录。排球队队长王朝宝，110 米高栏 14 秒的北京中学生纪录保持者，队中主力侯煜，高中毕业后保送到北京航空学院（那时北航和广东台山是两个非省级单位的排球甲级队）。校乒乓球队则拥有北京业余体校乒乓球联赛亚军杨伦（冠军庄则栋）、西城区青少年乒乓球冠军陈中兴以及佟明、吕崇实、刘秀峰、孙义超等一批名将。

那时根据不同的年龄段，中学生都要通过"劳卫制"规定的跑、跳、投等各项体育运动标准，②所以每当下午一放学，学校操场里都热火朝天，从事各种体育活动的同学都有。我们班文艺、体育等各方面也人才济济——中央人民广播电台少儿合唱团的领唱金守琨，至今仍活跃在音乐界的作曲家隋

---

① 刘文学（1945—1959），四川合川县（今属重庆市）渠嘉乡双江村人，双江村小学学生，中国少年先锋队队员。1959 年 11 月 18 日晚，刘文学发现地主王荣学偷摘集体的海椒，他冲上前去阻止，被王活活掐死，牺牲时年仅 14 岁。凶手王荣学作案将刘文学的尸体扔到土沟中，后觉得不安，又将刘的尸体抛到 50 米外的一堰塘，制造出刘落水被淹死的假象。案发后不久王荣学落入法网，1960 年合川县人民法院依法判处王荣学死刑，当场执行。刘文学牺牲后，合川体育场举行了万人追悼会，其事迹和名字传遍大江南北，当年全国少儿开展了"学习刘文学，做党的好孩子"的活动；1982 年 4 月、1983 年 10 月，合川县人民政府、国家民政部先后批准刘文学为革命烈士。

② "劳卫制"：创始于苏联。1931 年苏联颁布第一个《准备劳动与保卫祖国体育制度》，即通过运动项目的等级测试，促进国民特别是青少年积极参加各项体育运动，以提高身体的体力、耐力、速度、灵巧等素质，按年龄组别制定达标标准，简称"劳卫制"。新中国成立后仿效苏联的"劳卫制"，在全国中学和大学掀起了群众性体育活动的热潮。"劳卫制"的检测项目包括田径、体操、举重等，贯穿着速度、力量、耐力、灵巧，是对人的身体素质的全面锻炼。"劳卫制"的等级分为少年级、一级、二级。少年级和一级比较容易通过，二级比较困难，一个学校大约不足 50% 的学生能通过。过了二级就是运动员标准。"劳卫制"有证书、证章，凡通过一个级别检测都能获得一张精美的证书和一枚证章。20 世纪 50 年代后期，中苏关系恶化，加上三年自然灾害，学校的体育运动大多减少或停止，"劳卫制"也不了了之。1964 年中央正式废除"劳卫制"名称，取而代之的是《国家体育锻炼标准》。1974 年又改名为《国家体育锻炼试行条例》至今。

镛、歌唱家李经、足球校队队员舒培华、乒乓球高手吕培宁、郝寿发、张鸿直、范先聿等，光着脚百米短跑 12 秒几和游泳、滑冰好手伍瑞华，擅长打猴拳的王晨生，古钱币收藏家赵焕为……数也数不过来。我身体的柔韧性比较好，动作比较灵活，但肌肉不发达，力量不足，老有几项需要力量的"劳卫制"标准（如铅球、手榴弹掷远）通不过。后来我被吸收进入了学校的体操队，在杜嘉良老师的调教下练体操，加强肌肉力量的训练，身体素质才有了较大提高。可是有一次在鞍马上做动作时一不小心掉了下来，左胳膊着地肘关节受了伤，好长时间胳膊都伸不直，直到现在都还不正常。那时，受学校浓厚体育运动气氛的影响，我坚持每天上、下学都背着书包奔跑于复兴门外住家与学校之间，既节省了路上的时间，又锻炼了身体。当年，复兴门大桥还是个木桥，上坡处有点陡，经常会碰上搬运工人拉着装满货物的平板车吃力地上坡，我都会帮他们推上一把。

由于天灾人祸，从 1959 年下半年开始，国家进入了"三年困难时期"，粮食和副食品供应严重短缺，几乎所有的物资全都凭票供应。中学生正处在身体发育的关键时期，肚子却填不饱，普遍营养不良，学校连体育课都停上了，更不用说课外体育活动，昔日热火朝天的操场，逐渐冷清了下来。

当时，学校在上级部门的统一部署下，开展形势政治教育，先是全校听动员报告，然后各班在团组织和班主任的领导下，连续召开了好几天的座谈会进行讨论。同学们在会上踊跃发言，纷纷表示要"继承和发扬革命先辈的光荣传统，以当年红军长征爬雪山过草地为榜样"，坚定信心，克服眼前的暂时困难。最后，学校要求同学们回家跟家长商量，然后每个人都自报每个月的口粮定量。除了极个别人之外，我们班绝大多数同学都自觉地比原来的定量少报了 10 来斤（记得我报的是 21 斤，原来的定量好像是 31 斤）。然而最终学校公布每个人的口粮定量时，完全出乎大家的意料，不但没有减少，有些同学还比原来的有所增加。可以说，这场政治教育活动，既是对同学们政治觉悟的一次考验，同时也体现了党和国家对青少年的爱护与关怀，收到了很好的效果。

政治热情归政治热情，按现在时髦的话来说，现实生活却是"骨感"的！在当时肉、鱼、蛋、禽、油类等副食供应奇缺的情况下，主食格外吃得多，每天上学一到第四节课时大家都已饥肠辘辘，无心听课。当时我们班中午在学校食堂入伙的同学约有 10 来个人，于是上第四节课时，负责当天去食堂打饭菜的同学，便提早坐在靠近教室门口的座位上，下课铃一响，老师刚宣布"下课"，就拿起打饭的筐箩和装菜的洋铁桶飞奔出了教室，争取排队排在前面早一点把饭菜打回来。饭打回教室，要是馒头、花卷、窝头还好办，按照每人预定的量分就是了，可要是吃米饭可就麻烦了。为了分得公平起见，不知哪位仁兄居然从家里拿来一个天平，后来干脆又换了一杆中药铺里秤药用的星秤来分米饭。直到后来学校食堂改用罐头盒蒸饭，一人一盒，这才解决了问题。当时大家觉得这个办法不错，而几十年后的今天，却成了老同学们茶余饭后苦涩的笑谈了。

那年头一到冬天，同学们午饭过后就围坐在教室的炉火旁烤火，话题大都是哪里卖的火烧个儿大又好吃，哪里的豆腐脑做得最地道之类的，进行一番"精神会餐"。

俗话说，"家中没有女人不算家"。搬来跟父亲一起生活后我才真正懂得了这话的含意。那时广播局的家属住房十分紧张，除了高层领导或家庭人口实在太多能分配单独住一套房子之外，大都是两、三家人挤住在同一套房里，共用厨房、洗澡房和厕所。一开始，我和父亲就和另两家人挤住在广播局老302 宿舍一单元二层的一套四居室房里：一家是夫妇俩、两个孩子，外加一个做饭带孩子的阿姨，五口人住两间，热热闹闹；另一家是母子俩，住一间房，儿子上班，四十来岁了还没结婚，母亲负责在家做饭、照顾他的生活起居，虽然冷清，却也井井有条；而我和父亲则住另一间房，刚开始连做饭的炉子都没有，不管春夏秋冬，每天喝开水都要到单位食堂去打，洗脸洗脚都用凉水，岂止冷清，根本不像个家。每当回到"家里"看到人家一家老小和和美美、热热闹闹，又都会很自然地想起在台湾的母亲和三个从未谋面的弟弟。

后来我们家又因各种原因搬过好几次家，2 单元、9 单元、17 单元、24单元都住过，几年之中几乎在老 302 宿舍住了一圈。曾经同住一套房子或同一个单元的有好几个名人，如蔡子民（台盟主席）、马增蕙（著名单弦演唱家）、夏青（著名播音员）、王欢 / 王琪夫妇（著名播音员）、宋世雄（著名体育节目播音员）等，还跟著名相声表演艺术大师侯宝林做过隔壁邻居。几乎每一次搬家都正好碰上父亲不在北京，不是因公出差就是在外地休假，只好由我一个人操办，好在两口之家东西不多，但毕竟那时我年龄尚小，体力不足，所以每次搬家都累得贼死。

那时，除了中午在学校入伙，我早晚都和父亲一样，买饭票各自到广播局的大食堂里吃饭。后来家里买了个蜂窝煤炉，但除了每天烧烧开水、星期天偶尔做顿饭打打"牙祭"之外，平日是不做饭的。那几年也真是奇怪！口粮越是不足越是能吃，家里人口多的还可相互调剂，人口少特别是吃食堂的人可就惨了。我每个月买的食堂饭票，虽然省了又省，可到了二十几号就往往告罄，怎么计划也不够吃，好在粮店二十几号就可提前领取下个月的粮票，就只好寅吃卯粮凑合着勉强度日。有一年春天的一个星期天，我跟同班同学说要学习当年红军过草地，去玉渊潭公园的河堤上挖了一书包的野菜，拿回家来打算煮一锅棒子面野菜糊糊，不料父亲下班回家看到后，竟然把我辛辛苦苦挖来的野菜全都丢进垃圾桶里去了，让我伤心了好几天。

三年困难时期唯一还能让我吃饱肚子的地方是亩元叔家。那时部队机关虽然生活也很艰苦，但副食品的供应毕竟要比地方上好一些。他们派部队专门去内蒙古草原种土豆、打野黄羊，海军船只下海去捕鱼，然后拉到北京分发给各家各户。另外，在亩元叔家帮忙做饭、料理家务的我思荣婶婶的表姐（我们喊她"大姨"）很能干，在阳台上养了一窝家兔。所以，星期天我和父亲常到亩元叔家去蹭好吃的，聊以解馋。

还记得有一次，父亲从街上买来一只野兔，做了一大锅红烧兔肉，父子俩美美地改善了好几天的生活。当时也没觉得这有什么不对。可近年来我为撰写家史，翻阅父亲当年留下来的在党支部会议上的检讨书，偶然发现其中专门提到他三年困难时期在街上买野兔这件事，还给自己扣上了一顶"经不起艰苦生活考验"的政治大帽子，真是有点莫名其妙。

父亲打小就喜欢捕鱼捉蟹，即使参加革命后在罗浮山，在台湾时，残酷的对敌斗争环境和紧张的工作之余也不忘此道。大概是因为基因遗传，我从小也乐此不疲。于是父子俩住到一起后便"兴趣相投"。那时候玉渊潭公园不像现在，无人管理，近乎荒凉，夏天湖面上生长着大片茂密的芦苇，水草丰美，鱼虾很多，成群的野鸭和各种不知名的水鸟栖息出没其间，是我和父亲星期天经常光顾的地方——游泳、钓鱼、摸螺蛳，既在紧张工作和学习之余得到很好的休息，又在那艰苦生活的年代里改善了生活。记得有一年夏夜，我们父子俩效仿蕉岭家乡夜间到河沟、田头"照鱼子"的办法，备妥了手电筒和菜刀，去玉渊潭照鱼、捉青蛙，在湖岸边转悠了两、三个钟头，结果却很失望，一条鱼、一只青蛙也没能捉到，快快而归。

有一年夏天，我和父亲又去玉渊潭公园，只见河面和湖面上漂浮起了大量的死鱼，一条条大大小小的鱼肚子翻白，顺流而下，令人触目惊心，十分惋惜。一打听才知道，是上游的一家什么工厂排放有毒污水，造成河水污染所致。那年头，人们的环保意识真是等于零。

相比之下，三年困难时期我还算是比较好过的，最近我才听老同学说，我们班的体育运动好手伍瑞华，那才真的可怜："在困难时期挨饿的年代，记得伍瑞华家长不在北京，他一个人住。一次月初刚过几天就不来上学了。老师和同学关心他，到他家去看看，一进他家，只见他一动不动地躺在床上。问他是不是病了？他摇摇头说：'没有'，再问他'为何躺着不动？'他说：'粮食都吃光了，剩下的粮票只够每天1两的了。'父母不在，正在疯长的年岁，小孩子管不住嘴，不能计划着吃饭，发粮票后前几天大吃特吃，饿啊！后20天没吃的了。老师动员大家支援他一点粮票，他才上了几天学，又不来了。真不知那年头他是怎么熬过来的。"

父亲嗜烟如命，那年头可是苦了他了，每个月发的几张烟票哪够他抽？抽剩下的烟头那绝对是舍不得丢的，全都攒起来，等没得烟抽了，他就去找来一些干锯末或捡些干树叶来捻成碎末，再把烟头里的烟丝取出来掺进去，混搭在一起卷成假冒伪劣的烟卷来抽，只要能冒烟过过烟瘾就好，现在想来真是"斯文扫地"。

那时候，几乎各家各户都在大院里的空地上圈块地，种些蔬菜什么的。我也在住家楼下单元门口挖了一小块，四周围上捡来的木桩和树枝，种上小白菜、菠菜和几棵玉米、向日葵，还专门给父亲种了几棵烟叶，每天放学回来就从楼上用脸盆一盆一盆端水下来浇地。我种的蔬菜长势良好，邻居们看了很是羡慕，纷纷向我取经。我告诉他们，没别的绝招，除了勤浇水，每天把尿便积攒下来，冲淡后施肥即可。秋后烟叶收下来后晒干，再拿到炉子上用微火烘烤，制成香喷喷的烟末，当然，那几片烟叶无法给父亲解决根本问题。而玉米和向日葵则还没等到完全成熟，有一天半夜就不知让什么人给偷摘走了。

那年头，中学生大都十分幼稚和单纯。三年困难时期，有一件事情让我长大后一直感到内疚：忘了是哪一年的秋天，我在上学的路上碰到一个像是郊区老农模样的人，在复兴门外百货商场门口叫卖大蒜头。驱前问价，说是五块钱一头（那时学生每个月的伙食费也就十块钱）。我一听很愤怒，脑海里立即想起了学校老师号召我们要勇敢地与社会上投机倒把、哄抬物价的不良现象做斗争。于是我一边怒斥这位老农，一边抓住他的胳膊就拼命往百货商场的办公室里拽，向商场的负责人举报他哄抬物价、投机倒把，随后我就赶去上学，也不晓得商场的负责人是如何处理的。当年我还挺得意，觉得自己做了一件应该做的事情。等我长大之后，想起这件事才感到自己当年实在太冲动、做得太过分！设身处地地替那位老农想想，在那困苦的年代，他也很不容易，或许人家就靠卖大蒜头这一类的农副产品赚点辛苦钱，养家糊口。我好言相劝让他别再卖了不就得了，为何非要把他拽到商场负责人那里去为难他呢？假如他的大蒜头被没收充公，或是被……几十年过去了，每当想起此事，至今心头都不是滋味。

在八中的初中三年中，有两个同班同学的悲惨命运，堪称时代的悲剧。

一个叫金小真，他是我刚上八中时就读的初一（7）班的同班同学（初二时我和几个同学被调到初二（5）班）。因为我跟他同班，又住得很近（他家在复外总工会大楼后面的大院里，离我家广播局老302宿舍仅一步之遥），而且还在校体操队一起练体操，他学习很好，是班里的学习委员，为人稳重，忠厚诚恳，我不会做的数学题常常要去请教他，所以来往比较多，结下了深厚的友情。初中毕业后他仍然上八中，我则去了六中，以后各自忙于学业和工作，就失去了联系，不过几十年来我一直惦记着他，碰到老同学都要打听他的情况。没料到最近才得知，他早已在"文革"中不幸去世，令我十分惊讶，忙问究竟。

原来，金小真上高中后，才读了一年，初中时就得的风湿性关节炎愈来愈厉害，走路都很困难，不得不休学。两年后他插班重读，毕业时已经是1966年，正好碰上"文化大革命"，大、中学校停止招生，所有的初、高中生都要上山下乡，"到广阔天地接受贫下中农再教育"，金小真当然也不例外。

金小真的父亲叫金求真，1933年参加革命，1938年加入中国共产党。"文革"前任中国财贸工会全国委员会副主席、分党组副书记。金求真新中国成立前曾被捕入狱，"文革"中受到造反派的冲击，被停止工作靠边站，直到1968年大规模的上山下乡运动开始后，仍未得到"解放"。作为走资派的"可教子女"，金小真既不可能当兵，也不要想分配到工厂就业，按政策他有病本来是可以留城的，但继母又不愿意他留城白吃饭，于是只有上山下乡这"华山一条路"了。

八中学生下乡插队是去雁北的浑源县，金小真考虑到自己的风湿性关节炎还未治好，雁北地区天气寒冷，于是就没跟八中的同学一起去雁北，而是采取当时政策允许的"投亲靠友"方式，决定与他在"文革"期间认识的北京地质学院附中的马秀光、马秀红兄妹等人一起，去山西太谷县插队，他以为山西平原地区比雁北高寒地区对他的风湿性关节炎会好一些。屋漏偏逢连夜雨，与金小真已经交往了两年之久的女友，听说他要去山西插队，竟跟他分手了，这无疑对金小真来说是感情上的重大打击。

1968年12月初，他们一共7个人到了山西太谷之后，由于条件好一些的村子已经安置了比他们来得早的知青，县里就把他们分配到相对比较偏远、贫困的小山村——浒泊公社壁崖大队壁崖生产队。当时，前来动员他们去浒泊公社插队的公社和大队干部，一再向大家宣传浒泊和壁崖如何如何好：绿水青山、满山遍野的果树，到了秋天果子熟了随便吃……描绘得简直跟《西游记》里的花果山一样美。谁知这一番原本好意的宣传，却使这些初到农村的北京知青对后来发生的一切毫无思想准备。

第二天一大早，他们坐上了县里安排的大卡车，没走多久就到了一个山口停了下来，没有汽车路了，只能坐村里派来的马车继续前行。一开始大家还可以坐在马车上的行李上，但山路越来越陡，眼看着拉车的四匹骡子已经很吃力，他们不得不下车步行，在崎岖的山路上一路爬坡向壁崖村赶路。刚开始爬山时大家还有说有笑，兴致勃勃，可山路越来越陡，体力渐渐不支，全身冒汗，大口地喘着粗气，越走越慢。大家开始感到不对劲，进山已经挺远的了，怎么还不到村里啊？大家一再问带队的干部，总是回答"不远了"。好不容易又翻过一道山梁，到了一个村口，一打听这个村子叫田家渠，不是他们要去的壁崖村。其中一位同学干脆放声大哭起来，说："这么远以后我们怎么回家呀？！"

12月的太谷山区，寒风凛冽，被汗水渗透的棉衣已难以御寒，此时夕阳西下，天开始黑了，山路一边是悬崖峭壁，另一边是深深的沟壑，四周是荒山秃岭，一派凄凉景象。又翻过一道山梁，绕过一条深沟，又走了好几里地，天已经完全漆黑，他们才终于到达壁崖村。一路上，金小真很少跟别人说话，因为他当时只认识马秀光。当晚，四个女生被安排在生产队保管家院子里的土坯房内住下；三个男生则被安置在一间独立的石头砌的很久没人住的破房子里。

第二天，生产队长带大家去熟习周围环境，这时，大家才发现壁崖村跟以前在北京下乡劳动时的平原村庄完全不是同一个概念。全村仅有 20 户人家。这 20 户人家分成好几个小聚落；每个聚落只有两、三户或四、五户人家；聚落之间有山梁连接，从这户人家到那户人家出门都要走山路，一会儿上山梁，一会儿又下沟壑，最远的要走一里的山路。至于耕地，连梯田都很少，大都是完全靠天吃饭的山坡地，在石头之间有些土的地方种植果树，能种粮食的农地很少。看完壁崖村，生产队长又好心地带领大家去离他们最近的村子中北岭村，探望头一天刚到的另一拨地质附中的知青。两拨地质附中的同学在远离北京千里之外的太谷山村相见，又说又笑，格外高兴，这使金小真更感到孤独。

回来的路上，连续走了两天山路的金小真已经吃不消了，两条腿疼痛难忍，连那四个女生都不如，由马秀光等两个男生陪他走在最后。虽然他一句话也没有说，但从他流露出来的苦涩与无奈的表情，可以想象得出他当时的心态。

当晚大家早早就上炕休息了。睡前，金小真把捆行李的绳子随手扔到炕角，嘴里还嘟哝了一句："没准儿还有用呢！"当时大家也没在意。半夜，马秀光醒来，发现金小真来回翻身，就说了一句："小真，不早了，快睡吧！"

随后自己就睡着了。没想到第二天天刚蒙蒙亮，马秀光要上厕所，发现金小真不见了，此时突然听见村口有位老乡在大声喊叫。他赶紧出门跑过去，顺着老乡手指的方向望去，看见不远处的一棵大槟树下站着一个穿棉制服的人，像是金小真。他跑过去一看，发现金小真脖子上挂着昨晚上丢在炕角的那根绳子吊在树上……，等把他解下来时，人已经没救了。

呜呼，一个年仅21岁的年轻生命，就这样悲惨的结束了，令人不胜唏嘘！

更可悲的是，人已经死了，还给金小真的头上扣上一顶"对抗与破坏知识青年上山下乡运动""自绝于党和人民"的政治大帽子，而且在县里召开的批判会上，硬是要让赶来收尸的金小真的老父亲当众表态，承认这顶莫须有的大帽子。

相较于向命运低头屈服的金小真，我的另一位初中同学张鸿直，则是又一个传奇式的人生典型。

初一时我跟张鸿直不在一个班，上初二时我和其他几个同学一起被转到初二（5）班后，才跟鸿直同窗了两年。他记忆力超群，甚至可说是"神人"！58年过去了，初中时全班50多个同学，他居然至今仍可以一个不落的准确说出每个同学的姓名和学号。初中毕业后，张鸿直考入35中高中，后来考上建材部所属北京建筑工业学院，学习建筑材料专业。

"文革"中，来自空军的军宣队政委陈昭离开北京建筑学院后，继任者是当时的空军司令部干部任免处处长。他小人得志，32岁便高升此职，并与时任作战处处长的林立果结成盟友，在"林彪事件"后被双开。在运动中，为了邀功，大搞逼、供、信，有些人受不了折磨，便承认了自己的"反革命罪行"，为了得到"宽大处理"，还胡编乱造，把毫无关联的人（如张鸿直）扯了进来。于是一个涉及20名师生的"反革命集团"被凭空捏造出来了。在这个冤案中，揭发有功、诬陷他人的得到了宽大处理；有五个人因为"态度不好"，被戴上"现行反革命"的帽子，留校"监督改造"，而包括张鸿直在内的四个拒不认罪的"顽固分子"，则下场最为悲惨，被分别判处有期徒刑强迫劳动改造，直至1979年才得到平反。那年张鸿直才23岁，他先被送到湖南常德县的县大狱关押，后来又被判刑五年押送到位于常德地区的"湖南省第一劳动改造管教队"劳动改造，刑满后在劳改农场就业，继续改造。在隔离审查期间，他曾被押往刑场跟 14 个当场枪毙的死刑犯"对号入座"，若不是还是在校学生的身份，恐怕早就被判处死刑了。在劳改队里，他成天挨打受骂做苦工，受尽了肉体的折磨和凌辱，满腹的冤屈无处申诉，心灵上遭受了巨大的痛苦与煎熬。可是难得的是，张鸿直后来却说："我虽然在劳改队耗费了 10 年的青春年华，但也改掉了之前的浮躁自傲，能脚踏实地，这也是一种修行。"

1979 年 5 月张鸿直得到平反昭雪后，被分配到建材部人工晶体研究所工作。那时他对人造晶体一无所知，但经过短短四个月夜以继日的刻苦学习和钻研，张鸿直竟然当上了国家二级杂志《人工晶体》编辑部的主任，对所内所有的科研项目都有一定深度的了解。同年 9 月，一位中科院的晶体生长老专家在一次全国专业会议上听完了张鸿直的发言，大为赞赏，主动邀请他报考他的硕士研究生。可是三个月之后，这位老专家从晶体研究所的"好事者"那里听说张鸿直曾经被判刑劳改，因怕自己受到牵连，谎称要去日本讲学，不能招收研究生了。但张鸿直并没有因此气馁，从 1980 年 1 月起，他以常人难以想象的毅力，发奋图强，仅用了四个月的业余时间，自学了完全陌生的土木工程本科专业需要两三年才能学完的全部课程，以平均 70 分的研究所第一名成绩，考取了 1980 年北京工业大学和北京市政工程研究所联合培养的硕士生，写下了他人生旅程中浓墨重彩的一笔。他在读硕期间，首次研究了后来用于南水北调工程的 PCCP 压力管，并和导师一起申请了该研究项目的专利。1985 年 9 月，他赴美留学，进入美国弗吉尼亚州老道明大学（ODU）攻读土木工程学博士学位。张鸿直说："假如没有在劳改队磨炼出来的吃苦耐劳精神，没有 10 年修行后脚踏实地的心态，是绝不可能达成的。从这点上，我很感谢这 10 年的牢狱之灾。"

经过五年的努力，张鸿直在美国顺利攻读完博士学位，成为华盛顿州著名的公路桥梁设计、抗震专家。他参与和负责了全州所有公路桥的抗震加固工程达 15 年，其中包括著名的大型悬索桥塔科马·奈若思桥、大型钢拱桥阿罗拉大桥等 25 座大型桥梁，还设计了 10 多座新桥和对几座老桥展宽。他在桥梁加固和设计上采用新技术，新设计理念，先后节约施工费用超过两千万美元。更加可贵的是，张鸿直并没有因在"文革"中遭受过迫害而对自己的祖国有丝毫的怨恨之心，他一如既往的热爱着自己的祖国，处处维护祖国的声誉与尊严。他经常返国与国内同行进行学术交流，尽力把自己的研究心得和实践经验介绍给国内同行。他热爱生活，自己种菜和栽培果树，学习美声和意大利歌剧，并在华盛顿州和俄洛冈州表演独唱，在大学和当地中文学校教授书法和汉语，活得十分潇洒自在；在海外，他从留学起到现在，尽自己的所能帮助别的同胞，在周遭同胞中有很高的威望。

金小真和张鸿直，这两位我初中老同学完全不同的人生历程，让我们无限感慨。

（二）差点儿去了北大荒

八中三年的初中生活转眼就结束了，升学考试我没考好，第一志愿八中没录取，考上了第二志愿北京六中。从此开始了高中三年的学习生活。

和八中一样，北京六中也是个男校，位于天安门西侧、中南海东侧、人大会堂斜对过的南长街街口，从复兴门外到那里上学要比到八中远了许多。高一时我都是每天挤大一路公共汽车上下学，上高二时父亲买了辆旧自行车，我这才改骑自行车上学。既节省时间又行动自由，还可锻炼身体。

六中虽比四中、八中稍差一些，但在当时来说也是北京市数得着的历史悠久的好学校。前身是1923年创立的私立华北中学，首任校长蔡元培，校舍据说是由原来皇宫里养马的马厩改建而成，都是平房，比较破旧。但六中的师资力量很强，号称"五老"的数学老师李观博、徐春茂，英语老师陈乃甲、张少岩，语文老师邢翰臣，都是有数十年教龄教学经验十分丰富的老教师，桃李满天下，在北京教育界享有极高的声望，其中有三位给我们上过课。

六中的操场比较小，校园体育活动的开展比八中要差很多，但学校因地制宜，发展对场地要求相对不那么高的排球运动，因此，六中的排球运动水平相当高，曾被国家体委指定为排球传统校和训练基地，六中排球队曾获全国少年组冠军，为我国体育界输送了大批优秀的排球运动员。我当初中少先队辅导员时，班上有个孩子就是校排球队的主攻手，后来听说被选入北京男排，成为一名出色的副攻手。

我读高一时的 1961 年秋到 1962 年上半年，国家还处在三年经济困难时期，肚子仍然吃不饱，而且随着年龄的增长，进入了青春期，活动量增大，每个月发的粮票更不够吃了，现在想想，那几年也不知道是怎么混过来的了。

进入 1962 年后，学校又恢复了已经停止两年的劳动课，同学们除了每周在校办工厂里"学工"（如做自行车的脚镫子等）之外，每学期都要下乡劳动锻炼。每到下乡劳动的那个月，粮票就格外紧张。那年头谁都没有保护动物的概念，记得有一年秋天下乡劳动，我逮到一个足有两三斤重的大刺猬，肥墩墩的，大家都说，"何不拿回家杀了改善生活！"于是我就真的用衣服把刺猬包好带回家来，浸到水里把它活活淹死，然后用夹钳一根一根地把它身上的刺拔光，开膛破肚洗净后，做了一大锅红烧刺猬肉，我和父亲美美地享用了好几餐。

升入高中之后，五一游行已经被取消，改成了各大公园的游园庆祝活动，但十一天安门前的国庆游行活动则照例要参加，而且高中生和大学生一样，还要参加十一晚上跳集体舞和施放烟火的狂欢活动。于是每到十一前夕，紧张的练队和排练节目便开始了。1963 年的十一，我们班除了练集体舞还排演了一个新疆舞，我们七八个人花了近个把月的课余时间才把新疆舞排练好。有个同学不知从哪个文艺团体借来跳新疆舞必备的手鼓和扎巴依，没有演出服，我就把父亲在香港工作时穿的好几套西装拿来权当演出服。我会跳"新疆三步"和打扎巴依，就是那个时候学的。十一当晚演出十分成功，好多学校邀请我们去给他们表演。

那时候我思想非常单纯，受革命回忆录的影响很大，考上六中之后，我像在八中时一样，积极要求进步，争取早日加入团组织。那时北京的中学里，初中每个班的少先队辅导员都是委派高中的共青团员去担任，1962 年秋进入高二时我还没有被发展入团，校团委就委派我去初一当少先队辅导员，我知道这既是对我的信任，同时也是对我的考验。

刚接到任务时我心里没有一点底儿，不免有些畏难，但我还是知难而上，勇敢地上任了。我向班主任老师虚心请教，跟他密切配合，花了大量心血和课余时间尽力做好工作，把辅导员工作搞得风生水起。

我下到班里之后，首先第一步就是熟悉了解班里的情况，然后"抓两头、带中间"——发挥班干部和要求进步同学的积极性，鼓励他们起模范带头作用；对比较调皮捣蛋不爱学习的学生，则进行家访，找他们谈心，并针对他们好动好玩的特点，经常在课余时间跟他们混在一起，踢足球、打篮球，培养感情；六中离中山公园、北海公园很近，我常领他们去公园游玩，给他们讲革命先辈的故事。这样，再对他们讲道理效果就好得多了。

1963年3月，在毛主席的号召下全国范围内掀起了轰轰烈烈的"学习雷锋"的运动，我给班里的同学宣讲雷锋的感人故事，带着他们利用星期天时间给班集体和学校做好事，比如修桌椅板凳、打扫教室、搞环境卫生什么的。受到学校表扬后，大家更加关心和热爱班集体，更加努力表现自己了，以前调皮捣蛋不爱学习的学生都有不同程度的进步。

我自己也以身作则，以实际行动向雷锋同志学习。那几年我和父亲与著名的单弦表演艺术家马增蕙一家住在同一个单元房里。那时候马增蕙夫妇俩儿所在的中国广播说唱团经常下乡下厂到全国各地演出，家里只剩下马增蕙六十多岁的婆婆带着只有几岁大的孙女谢艺和刚出生几个月的孙子谢东，实在是辛苦。老人家身体还不太好，患有慢性肝炎病，我以雷锋为榜样，经常帮她上街买东西，干这干那的。当时谢东上广播局托儿所的日托，大约在半年左右的时间里，我每天下午放学回到家要做的第一件事，就是帮老人家去托儿所接小谢东回家，直到马增蕙夫妇演出结束回来后才终止。没料到小谢东长大后很有出息，成为全国知名的流行歌手和电视剧演员，这大概是继承了他父母的艺术细胞吧。只可惜他成名之后因吸毒被捕，被强制戒毒而轰动一时。

在我担任辅导员期间，曾经组织过几次比较大的活动。

一次记得是在春天，我带他们去玉渊潭公园玩。玉渊潭离学校比较远，几十个学生挤公共汽车去很不方便，而且也不能直接到达，于是决定让他们步行前往。为了让他们步行不感到枯燥和劳累，我事先带着班干部准备了一批小纸条，每张纸条上都写好行动指令，并自己掏钱购买了一批小礼品作为奖品。那天是星期天，以少先队小队为单位从学校出发，顺着西长安街一路向西，出复兴门，过木樨地，直奔玉渊潭公园，事先派出的先头小分队，沿途负责隔一段距离就藏匿好小礼品和写有行动指令的小纸条，比赛看哪个小队能找到纸条，并最先到达玉渊潭公园。大家都兴致很高，不知不觉就走了十多里路，按预定时间陆续到达玉渊潭公园。那天一个个都玩得很开心。这次活动，实际上是我从蕉岭家乡的少先队活动中移植来的。

再有一次是在冬天，那天正好下大雪，我带他们去紫竹院公园打雪仗，因为路程太远，是坐车去的。到达目的地时已近中午，每人吃过自带来的午餐稍事休息后，我领着大家来到一个建有亭子的小山包，把他们分成两队：一队扮演美军，负责守山头；另一队扮演中国人民志愿军，从山下攻山头。哨声一响，刹那间山上山下雪团飞舞，喊杀声震天，个个奋勇争先，半个多钟头之后，"志愿军"终于攻下"美军"防守的山头，占据了山上的亭子。大家高兴得又蹦又跳，浑身冒汗，都不知道什么是寒冷了。这次打雪仗，实际上也是我小时候在蕉岭家乡玩"打夜仗"移植过来的。

打这以后，每到下雪天学校停做课间操时，我当辅导员那个班的学生，都会跑到我们班来用雪团围攻我，我们班同学看我跟初中学生关系那么好，那么融洽，都很羡慕和忌妒。后来直到我上了北大，在好长时间里还跟这个班的个别学生有联系和来往。

第三次，是从德胜门内的北京市一家皮鞋厂里请来一位老工人，给孩子们进行"忆苦思甜"教育。那个时候学校很重视对学生的"阶级教育"。孩子们听得十分认真，不少人感动得眼含泪花，不断啜泣。

第四次是在1963年暑假，我们班和初一年级的另一个班共同搞了一次夏令营，自愿参加。那个班的辅导员叫杨惠垣，跟我是同班同学，他初中就入了团，跟我一样，喜欢文科，学习很好，很优秀。现在想来，那时候我们俩胆子也是大，居然敢带着三四十个孩子就出发去办夏令营。我们住在颐和园北门外青龙桥镇的一个大庙里，也是运气不好，出发那天天气还挺好，第二天就开始下大雨，一连下了好几天，成了涝灾。青龙桥大街上水排不出去，成了小河，满街漂着被水冲走的西瓜、茄子、西红柿什么的。可是我们既然来都来了，不甘心就这样撤退。于是只好带着孩子们冒雨到颐和园、香山游玩。三天后实在不行了，杨惠垣他们班的一个孩子受凉得了重感冒，高烧39度多，咳嗽不止，吃我们自己带来的药不管用。没辙了，只好去求助驻扎在附近的部队首长。还是解放军好，听完我们的诉说，立即派出他们的医生冒雨前来诊治，经打针服药后才见好。后来，部队又派了辆带棚子的解放牌卡车，把我们送回城里，解了我们的燃眉之急。那时，公共汽车都已经停运。

一年的辅导员工作花费了我不少精力和时间，但培养了我的组织能力、工作责任心、思考和处理问题的能力，特别是当了辅导员之后，我对自己的要求严格了许多，所以收获还是很大的。

由于我辅导员工作用心努力，认真负责，这个初中班很快在各个方面都有了显著的进步，班主任张老师十分满意，称赞我是他的"半个班主任"，是他的好助手。校团委也很满意，一再对我进行表彰，后来还上报北京市西城区团委，推荐我参加市级优秀少先队辅导员的评选（后来没能评上）。于是到了高二第二学期，我终于如愿加入了团组织，成为一名光荣的共青团员。

我跟父亲住在一起之后，初中阶段每个月往香港汇钱给台湾的母亲和弟弟，都还是由父亲亲自操办，等到我读高中，父亲觉得我已经长大，而且六中离汇款的银行很近，就开始把这件重要的事情交给我来办理。这时我才知道，往香港汇钱不是那个银行都可以办的，必须跑到指定的位于东交民巷的中国银行，到柜台出具证明后先填妥表格，然后把要汇的人民币交给业务员，再由业务员根据当天的汇率兑换成港币汇出去。父亲级别不高，那时每月的薪资大概只有120元左右，每个月都要拿出将近一半的钱汇往香港。这样，父亲每个月手头都很紧，入不敷出。于是在我读中学的六年时间里，父亲基本上只负担我的伙食费，我每个月的零用钱都是亩元叔给的。我至今还清楚地记得，上初中时，亩元叔曾经两次亲自带我上街给我买东西，一次买了双翻毛皮鞋，另一次是冬天，给我买了件厚厚的浅绿色的高领毛衣，这件毛衣我很喜欢，穿了好多年。我上高中以后，个子长高了，也没少穿亩元叔送给我的军装、鞋帽、雨衣等。

亩元叔确实对我很好，就说那次给我买翻毛皮鞋的事吧：那天天已经黑了，我刚吃过晚饭，亩元叔突然下班后从他上班的北海旃坛寺国防部大楼赶到复兴门外来，说那双当年在广州给我买的黄皮鞋早已穿不得了，要带我上街买双新皮鞋。我很高兴地跟着他坐上公共汽车先去了西单商场，试穿了几双翻毛皮鞋我都说不合脚——其实不是不合脚，是我不喜欢穿翻毛皮鞋，觉得还是那双黄皮鞋好看。亩元叔哪里晓得我的心思，又带着我坐车去前门大栅栏，后来又去王府井，一连进了几家鞋店，试穿了好多双翻毛皮鞋，我都说不合脚，亩元叔还不死心，最后又带我到隆福寺商场，简直跑了半个北京城，商店都快关门了。我实在不好意思了，才在隆福寺商场买了双翻毛皮鞋回家。由此可见，当年我多不懂事，而亩元叔对我有多耐心了。

其实亩元叔当时也很不容易，虽然他的薪资比较高，婶婶也有薪资，但他也是一大家子，负担不轻。所以那时我格外懂得节省，不像一些干部子弟，我从未养成也不可能养成大手大脚乱花钱的坏习惯。近视眼镜打篮球碰断了腿，用胶布缠好接着戴，实在没法用了才去换；小学和初中时穿的棉大衣，到高中时已经太小穿不得了，拿到制衣店改成一件小棉袄接着穿；衣服穿破了自己动手补……

那时我跟父亲的感情并不是太好，一来可能因为我打小没跟父亲在一起生活；二来在一起生活之后，总不免在一些生活细节上会产生摩擦，而我性格又比较倔强，难免会惹父亲生气；而母亲又不在父亲身边，缺乏温暖的家庭生活和夫妻生活，当工作或生活上遇到不顺心事的时候，无处排解烦恼。所以在我的记忆中，父亲虽然生性幽默风趣，但当只有我们父子俩在一起的时候，他大都不苟言笑，而且常因生活上的一点小事便对我大动肝火。每当这个时候，更让我想念远在台湾的母亲，更想有一个完整温暖的家。直到长大之后，我才对父亲逐渐理解和谅解。

我上初中时，有段时间，在地安门帮亩元叔家料理家务的大姨对我特别好，又是给我织毛衣，又是没事就向我打听父亲的一些生活情况，搞得我有点莫名其妙。过了好久我才从思荣婶那里知道，那段时间里亩元叔正在撮合大姨跟父亲成婚，那时父亲正是 40 多岁的壮年；再有就是我上高中之后，有个星期天，我正在家里做作业，有个陌生的中年妇女突然来找父亲。父亲匆忙换了一套干净的衣服就跟她出门了，半天之后才回来。那时我很敏感，心想八九不离十他们在相亲。果不其然，不久之后父亲很郑重地找我谈话，征求我对他再婚的意见。我沉思片刻后，无奈而又明确地表示："我没有意见，只要您认为合适。"可是，这两档子的事后来都没有下文了，我又不便向父亲探问，一直在我心里疑惑了几十年。直到父亲去世将近 30 年后的 2013 年，我到天津拜访父亲当年在台湾、香港一起从事地下工作时的老战友徐懋德伯伯，才算解开这个谜团。徐伯伯告诉我："你父亲当年想再婚，也谈过好几个对象，但他结婚有个条件，就是一旦台湾解放，要跟对方离婚，跟你母亲复婚。"我一听便知，这个条件又有哪个女的会愿意接受呢？

我上高中之后，亩元叔的孩子徐玲、徐桓、徐超三姐弟已经逐渐长大，陆续上了米粮库小学，巧的是徐玲的班主任就是我当年的班主任郭景田老师。我视他们三姐弟为自己的亲弟妹，每逢周末或放寒暑假，我常去地安门的亩元叔家，或带他们去景山公园爬山、捉知了，到少儿图书馆看图书，或领他们去陶然亭游泳池教他们学游泳，稍长，又教他们学骑自行车什么的，有时还从书店里选购一些适合他们看的书，送给他们阅读，因此结下了深厚的兄妹、兄弟之情。至今，徐玲还常提到她小时候我送给她阅读的书，她说，其中对她影响最大印象最深的有《渔夫和金鱼》《军队的女儿》《钢铁是怎样炼成的》《牛虻》《南方来信》等。

与徐玲三姐弟合影（1958 年）

1963 年秋进入高三之后，要准备高考，学习开始紧张起来，校团委这才不再让我当辅导员。因为我打算报考文科，再加上兴趣所好，我下功夫背了不少唐诗、宋词，对当代散文和诗歌尤为喜爱，刘白羽《长江三日》《日出》的雄沉豪放，杨朔《雪浪花》《荔枝蜜》以景喻人、以物喻情的精细巧妙，以及贺敬之的诗歌《回延安》《桂林山水歌》的格调与意境，都无不令我陶醉，百读不厌，爱不释手，至今许多段落仍能背得下来，这对丰富我的想象力，提高语言与写作能力大有裨益。记得那时候，除了认真写好语文老师作文课上布置的每一篇作文，我还向父亲单位台播部的好几位同事请教如何写好散文，他们分别是北大、复旦、武大中文系刚毕业不久的高才生。他们都很认

真地帮我批改文章，教我写作技巧等，使我获益匪浅，高三阶段写作能力有
了较大提高。

　　正当这个时候，报刊上开始接二连三报道邢燕子、董加耕、侯隽等城市
知识青年上山下乡的典型事迹，掀起了向他们学习的热潮。我当时在班团支
部担任宣传委员，自然要按照上级团组织的指示，配合学校进行宣传。到我
们高三第二学期时，这种宣传达到了白热化的程度。我开始头脑发热，打算
放弃高考，带头到"广阔天地，知识青年大有作为"的地方去发光发热，贡
献自己的青春。恰好这时西城区团委组织了一场报告，邀请了一个两年前从
北京去北大荒的女知青，讲她去北大荒雁窝岛农场之后如何艰苦奋斗、战天
斗地的感人事迹。这个女青年口才很好，报告很有鼓动性，让我听后热血沸
腾。回到学校之后，我向校团委正式表态，毕业后要去北大荒当知青，不参
加高考了。受到我的影响，我们班的团支部书记侯荣斌也表示要跟我一起去
北大荒。鉴于当时的社会氛围，父亲和亩元叔对我的决定也不便说什么，既
不表示支持也没表示反对。

　　这时候其他同学都已经开始进入紧张的总复习阶段，厉兵秣马，备战高
考，而我和侯荣斌等几个不打算参加高考的毕业生，却每天到校参加义务劳
动。我会蹬平板三轮车，就是在那时候学会的。与此同时，为迎接即将到来
的艰苦劳动，我加强了身体锻炼，每天晚上10点钟之后，都到外面长跑几千米。

　　后来听说，这种情况当时在北京各个中学普遍存在，许多品学兼优的团
干部都放弃高考，要报名上山下乡，这引起了中央的重视。于是6月中旬的
一天下午，周总理在人大会堂给首都应届高中毕业生做报告。周总理对我们
的要求，总括起来就是八个字"一颗红心，两种准备"。意思是要我们先参加
高考，接受国家的挑选，考不上再上山下乡，到广阔天地去锻炼自己，奉献
青春。

　　当晚，亩元叔特地从地安门的家里赶到复兴门外来见我和父亲，力劝我
听从周总理的指示精神，先参加高考，没考上再考虑去北大荒的事。

　　其实，听完总理的报告后我已经开始动摇，从人大会堂回家的路上一直
在进行剧烈的思想斗争，经过亩元叔和父亲的规劝，我终于松口表示愿意参
加高考。亩元叔听完我的表态后仍不放心，担心我是在应付他们。我明确表

示："说到做到，要考就是真考！"亩元叔这才放心地走了。

第二天到校后，我把自己的决定告诉了班主任徐秉伟老师，徐老师也表示支持。侯荣斌也改变了主意，决定跟我一起参加高考。

这时，离高考日期7月15日只有短短的一个月时间了，可我们俩人连复习笔记都没有。怎么办？于是就跟各科老师商量，把他们的教案借给我们，所幸文科考试的科目只有语文、政治、历史和英语四科。这时，除了解答疑难问题，老师已经不上课了，大部分时间都留给学生自己复习。我和侯荣斌仔细分析，认为语文、英语主要是靠平时学习的积累，要想在那么短的时间内通过复习有大的提高已不可能，但政治、历史这两门只要下苦功死记硬背，必能较快提高成绩，多拿分数。于是我们决定把主要精力用在复习政治、历史这两科上面。说干就干，在此后一个月的时间里，我们俩每天白天一起去中山公园，找个阴凉的地方，互相提问；回到家里则按模拟考题拼命地背标准答案，排除一切干扰，晚睡早起，每天只睡三四个钟头。6月下旬到7月中旬，正是北京最炎热的季节，那时家里不仅没有空调，就连电风扇都没有，我光着膀子，只穿个小裤衩，肩膀上搭条湿毛巾，头昏脑涨时就到水龙头那儿用凉水冲冲头，接着再背；第二天再跟侯荣斌到中山公园相互提问，检查头一天晚上在家复习的效果。经过整整一个月的下苦功夫，到高考那天可以说历史、政治两科的标准答案我已经肯得"滚瓜烂熟"。熟到这样的程度：问到哪一道题，它的标准答案在笔记本上的哪一页哪一行就能清晰地浮现在眼前。这段时间，父亲到北戴河疗养去了，恰好给我创造了比较安静的复习环境。

那时候不像现在，考前我们就要先填报志愿，一类、二类志愿只能各填报三个学校，每个学校可填三个专业。教我们语文的班主任徐秉伟老师，他根据我平时的学习成绩，鼓励我第一志愿大胆报北大，他说你一定考得上，我却心里发虚，不敢填。在老师一再鼓励之下，我抱着孤注一掷的心态，第一志愿还是填了北大，专业顺序则是中文系、历史系、西语系的法语专业（那时中法刚刚建交，觉得法语人才将来必有大用），第二、第三志愿则分别填人大和北师大，二类学校填的是哪三个学校已经记不清了。现在想来，当时也真够冒险的，三个一类志愿居然填的都是录取分数差不多的一流大学。

一个月的时间一眨眼就过去了，就要真刀真枪上考场了。大概因为我对是否能上大学并不那么太在意的缘故吧，考试那两天我很放松，该吃吃，该睡睡，进考场一点儿也不紧张。那时六中不设考场，我们六中的考生都到女一中赴考，当时除了极少数家庭比较富裕的学生之外，绝大多数考生都没有手表，为了掌握好考试时间，我从隔壁邻居家借了个小闹钟带进考场。考的结果自我感觉良好，其中历史试卷只答错了一道小小的填空题，大概只丢了一两分。可能也是因为这个缘故，瞎猫碰到死耗子——个把月后，我竟然被北大历史系录取了，而且是全校三个毕业班中唯一考上北大的（当然，理工科考上清华、中国协和医科大学、哈军工等好学校的也有好几个同学），老师和同学们包括我自己在内都感到有点意外。那时候也不像现在，每个考生的考分是不公布的，直到今天我也不知道自己当年究竟考了多少分。

那时每年到了毕业季，周总理都会给首都的应届大学毕业生作报告。这一年也不例外，高考结束后不久，7月31日晚上，周总理在可以容纳八万人的工人体育场给应届大学毕业生作报告，我们高中毕业生也有幸出席旁听。周总理足足讲了两个钟头，要求应届大学毕业生要服从国家的分配，鼓励他们到艰苦的地方去，到祖国最需要的地方去。让我们这些高中毕业生听了也大受鼓舞。

能考上心仪已久的北大，真要感谢班主任徐秉伟老师，要不是他坚持要我填报北大，我也就跟北大擦肩而过了。徐老师是北师大中文系毕业的高才生，"文革"后曾出任六中校长，他勤勉敬业，带病坚持工作，毕业后我曾多次返校看望他，令人痛惜的是，他在教育岗位辛勤耕耘了一辈子，80年代中期退休后的第二年就不幸病逝了。

我如愿考上了北大，可是很遗憾，我的好友团支书侯荣斌却没有考好，未能被录取。他履行自己的诺言，不久去了北大荒农场——尽管他患有风湿性心脏病。他到北大荒之后，农场领导照顾他，让他当了一名农场子弟学校的老师，没怎么干重活，但北大荒冬天严寒的气候使他的病发展很快，直到20世纪70年代知青大规模返城时，他才回到北京，分配了工作。再后来他结婚生子，有了个温暖幸福的小家庭，可是病情却不断加重，年仅40多岁，我的这位忠厚老实、待人诚恳善良、对党忠心耿耿的好同窗，留下孤儿寡母，就这样与世长辞了。噩耗传来，我悲恸了好多天。

作者保存了55年的周总理报告入场券　　作者去北大荒前与侯荣斌（右）合影留念

　　我考上北大，最高兴的要数亩元叔。录取通知书收到时，父亲还在北戴河没有回来，当晚我拿着录取通知书去找亩元叔，亩元叔兴奋得一夜没合眼，对我说："你是咱们家出的第一个大学生。"一再鼓励我以后要好好读书，不要辜负党和人民的培养。并说，经济上有什么困难，有我亩元叔给你兜着！让我倍感温馨。

　　高考结束后，录取通知书发放之前，正值学校放暑假期间，有一天校团委突然召集全校团员开会，说是给校党支部和学校的工作"提意见"。会议在化学试验室里一连开了两天。会上好几个其他班的高干子弟接连发难，上纲上线，说学校党组织已经"烂掉变质"，执行"资产阶级的教育路线"等等，炮火集中在校党支部书记汪××（女）。我和侯荣斌搞不清楚状况，头一天开会没有发言，后来愈听愈不对劲，我们认为学校工作确实存在许多问题，但不能全盘否定，他们说的许多情况并不符合事实，而且提意见的态度也不是与人为善，随便上纲上线乱扣政治性大帽子。于是第二天我和侯荣斌便忍不住站出来替学校讲话，跟他们展开激烈辩论。会后我们一个个都毕业走人了，也就不知下文了。

　　过了好长一段时间，我已经上了北大，突然有两个自称是北京六中"四清"工作领导小组的成员来北大找我外调，询问我当时有没有人"指使"我和侯荣斌在会上发言云云，我内心坦然，自然是如实相告。以后虽然他们没再来找我，可当时却搞得我莫名其妙，一时间无形中给我平添了不小的精神压力。直到"文革"结束之后我才知道，1964年暑假期间六中召开的会议，并非一般的会议，乃是由当年的中央领导人康生幕后直接插手搞的一场政治运动。当时确定六中为"四清"运动中全国唯一的一所中学试点单位，给六中扣上了"天安门旁的白色据点"、六中党支部是"国民党支部"等莫须有的罪名，把汪××批斗得很惨，而我这个少不更事的中学生，则糊里糊涂地在无意中被卷入了这场不大不小的政治漩涡。随之而来的史无前例的"无产阶级文化大革命"，更使六中蒙受了巨大的灾难，1966年春夏北京中学生闹起红卫兵之后，六中是"重灾区"。

六年的中学生活风风雨雨，有苦有甘，是我世界观和人生观形成的最重要最关键的阶段，它使我从一个不谙世事戴红领巾的翩翩少年，逐渐成长为心智与体魄均趋于成熟的共青团员。此后，我步入了大学的校园，翻开了人生历程新的一页。

十、我在北大的日子里

考上世界知名的中国最高学府——北京大学，让我在风景如画的北大校园里学习生活了近五年半的时间，度过了生命中最值得怀念的宝贵时光。

（一）"我们这一代"

1964年秋我考入北大时，国家早已从"三年困难时期"的阴霾中苏醒过来，神州大地重新焕发出勃勃生机，呈现出一派欣欣向荣的景象。与此同时，中苏交恶不断加剧，而台海局势却以1963年大陆出台"一纲四目"解决台湾问题的方案为契机，[①] 国共两党开始秘密接触谈判而出现了难得的转机。然而令人痛惜的是，到了1966年5月，"文化大革命"爆发，中苏两国发生"珍宝岛事件"，面临战争边缘，台海局势也因此而重新陷入军事对峙的紧张状态。

---

① "一纲四目"："一纲"即台湾必须统一于中国。"四目"即：(1)台湾统一于祖国后，除外交必须统一于中央外，台湾之军政大权、人事安排等悉委于蒋介石；(2)台湾所有军政及经济建设一切费用不足之数，悉由中央政府拨付；(3)台湾的社会改革可以从缓，俟条件成熟并尊重蒋的意见，协商决定后进行；(4)双方互不派特务，不做破坏对方团结之举。

　　1964 年 8 月底的一天，天气晴朗，我按照录取通知书上的规定，到北大报到。这天一大早，我打点好行装，捆到自行车上，从复兴门外广播局老302 宿舍出发，一个人骑上自行车上路了。那时，父亲还在北戴河度假没回来。一路上我心情舒畅，志得意满，对即将到来的大学生活充满憧憬，但又不免有些许忐忑——大学生活究竟是什么样子？会遇到什么样的老师和新同学？心中一点底儿都没有。

　　进得北大东南校门，迎面而来的是横挂在道路两侧的一幅幅"热烈欢迎新同学"之类的醒目标语，彩旗插满了校园各处，高音喇叭播放着激动人心的歌曲："我们这一代，豪情满胸怀，走在大路上，春风扑面来……"——这首歌是当时校园里最为流行的歌曲之一。校园里人来人往，热闹异常。历史系新生报到处设在大膳厅门口的小树林里，负责签到的是几个高年级的同学，他们满脸堆笑，热情周到，一下子让我消除了心头的陌生感与紧张情绪，就像到了新家。签到完毕后，就有同学领着我去宿舍。那位同学边走边告诉我：咱们历史系的男生宿舍在学校西南角 38 楼的四、五层和三层的西半边，一、二层和三层的东半边则是哲学系的男生宿舍；38 楼离小西南门很近，出校门走不远就到了海淀的大街上，买东西很方便……

　　一年级新生被安排住在 38 楼四层，一开始我住在 415，分班后改住 428。全年级 70 位新同学陆续报到，其中绝大多数是男生，女生只有 7 个。年级辅导员赵德教，河南新乡人，刚从历史系毕业，留校专任辅导员工作。开学的第一课是入学教育，先是全校新生集中听校领导作报告，接着是各系进行专业教育。随后历史系新生按照"志愿报名，个别调剂"的原则，分中国史、世界史、考古三个专业班，我如愿被分配在中国史班。再后是新生体检、写个人自传等，其中还有一个特别重要的项目，是参观校图书馆，讲解如何利用图书馆查阅书籍、资料。这个基本功终生受用，对我以后从事科研，到图书馆查找资料起了重要作用。

　　北大历史系，当时是高中文科考生心目中仅次于中文系的最好专业。历史系的前身是 1899 年京师大学堂设立的史学堂，它是近代中国最早的国立史学高等教育机构。历经 100 多年的风雨坎坷，民主科学的光荣传统代代相传，严谨求实的优良学风长盛不衰。1903 年开设中国史学门和万国史学门，民国初年增设历史地理学、考古学、史学理论与方法、专门史等课程体系。新文化运动中在陈独秀主持下，北大史学学科体系改革，与国际接轨，得风气之先。1919年五四运动后期史学门改称史学系。李大钊、马叙伦、陈翰笙、傅斯年、陈寅恪、孟森、钱穆、陈垣、顾颉刚、范文澜、张星烺、毛子水、郑天挺等史学大师先后在史学系执教。1952年院系调整后改称历史系，清华、燕京等名校的史学精英如向达、张政烺、邓广铭、齐思和、杨人楩、周一良、侯仁之、王铁崖、邵循正、苏秉琦等名师云集北大历史系。此外，还先后从校外聘请了一些著名历史学家如范文澜、裴文中、尹达、夏鼐、林耀华、李祖荫、吴晗等来系任教。

到我们入学时，历史系主任是与著名历史学家郭沫若、范文澜齐名的翦伯赞（兼任北大副校长）。师资力量依然十分雄厚：中国史专家除了翦老，古代史有邓广铭（宋史专家）、魏晋南北朝和隋唐史专家汪篯、田余庆（两人皆为陈寅恪弟子），先秦史有翦老的研究生兼助手张传玺、明清史专家商鸿逵、明史专家许大龄（燕京大学时代青年教师中的"四大才子"之一），近代史有解放初就是清华大学历史系系主任的邵循正、陈寅恪的研究生陈庆华和清华历史系毕业1952年就是讲师的张寄谦，现代史专家有荣天琳；世界史方面有日本史专家周一良（兼系副主任，同时亦是魏晋南北朝史专家）、法国史专家张芝联（曾任燕京大学政治系主任、校务委员会委员，同时亦是清史专家）、齐思和（学贯中西，曾任燕京大学历史系主任）、非洲史专家杨人楩、拉美史专家罗荣渠；考古专业有考古专家宿白、阎文儒、吕遵谔还有向达（亦是著名史学家、目录学家、两任北京大学图书馆馆长、中科院哲学社会科学学部委员、曾任中科院历史研究所第二所副所长）……真是名家荟萃，群星闪烁，是全国高校历史系中最好的一个。当时，许多党和国家领导人的子女都到历史系就读，本系一些知名教授也让自己的子女到这里深造。

我们64级中国史班共有25人，有来自北京的赵会生、徐博东、李胜利、成汉昌、杨树升、孙金雁（女）；河北的朱耀庭、王通讯、李树喜、吴长先；河南的郑振卿、苏启刚；上海的窦小平、何喜涛、张根云（女）；江苏的谢火金、朱诚如、张玉芬（女）；山东的姜耕田；浙江的韩伯仁；湖南的陈来甫；陕西的范海泉；山西的孙文平；广东的梁广中；四川的程积俊。二年级时有两个川妹子转到我们班，一个叫丁秋云，是上年级的同学，因病休学留级到我们班；另一个叫廖光玲，她原本是生物系的高才生，1963年四川高考理工科女状元，很可惜，因病"弃理从文"转到我们班。这样我们中国史班就从25人变成了27人。其中谢火金和吴长先是从部队特招来的，年龄比我们要大好几岁，社会经验和生活阅历都比我们这些应届高中毕业生要丰富许多，特招他们读大学，那时候的政策叫作"掺沙子"。全班同学真是来自天南海北，五湖四海，操着各种不同的口音，为圆共同的"大学梦"走到一起来了。分班后我们中国史班安排在四层的西侧，我和王通讯、苏启刚、陈来甫、韩伯仁、姜耕田一共六个人，住在紧对着西边楼梯口的428。

我们中国史班刚成立时，团支部书记是班里唯一的共产党员当过侦察兵的谢火金，组织委员赵会生，宣传委员朱耀庭；班长成汉昌，学习委员李胜利，生活委员朱诚如，体育委员杨树升。后来谢火金到年级当党支部书记，团支部改选，支部书记朱耀庭，宣传委员由本人接任，组织委员仍然是赵会生。这个班组织架构一直维持到"文革"前夕，朱耀庭入党后到年级党支部任职，团支部重新改选，由姜耕田接任团支书。"文革"初期工作组进校后，我担任过短时间的团支书，并被推举为系"革委会"委员。

全班25人除谢火金是中共党员外大都是共青团员，其中半数以上是来自农村的贫下中农子弟，他们大都是当地县重点中学毕业的高才生，生活简朴，学习刻苦用功，日后涌现出一批优秀人才，如元史专家朱耀庭（电视剧《成吉思汗》的编剧），曾任故宫博物院常务副院长的清史专家朱诚如，名噪一时的人才学研究专家王通讯，《光明日报》社的名记者李树喜，曾长期担任地市级的党政工作者郑振卿、姜耕田等。当然，其他同学也不遑多让，大多数都事业有成，在各自不同的平凡工作岗位上作出了贡献。

"文革"前，班上的氛围是朝气蓬勃，积极向上，团结融洽。在那个最讲"阶级感情"的年代里，同学之间互相帮助，人人争着学雷锋做好事，积极要求加入党组织。来自河南密县农村的郑振卿，几十年后还记忆犹新地回忆说："来上学时，哥哥给我买了一条新蓝斜纹制服裤子，又肥又长，穿上自我感觉很不爽。而朱诚如同学穿的一条蓝色裤子自觉瘦一点短一点，而我穿着非常合身，就提出与他换了。尽管他穿着我的裤子依然较短，仍然同意了我的请求。后来他越穿越短，只好把裤脚放开，里边贴了一圈。而放开这一圈的颜色因较新而深，与整条裤子不一致，很影响观瞻，他照样一直穿着。哥哥送给我的另一条黑条绒裤子，太肥了，北京的成汉昌同学星期天把我带到北京师范学院他们家，让人一直改到我满意为止。有一天晚上我自己去大膳厅看电影，回宿舍后发现床铺上的被子厚了也新了许多。经过详细打听，才知道是朱耀庭见我的被子较薄，而他带了两床被子，都比较厚，就把他的厚棉絮套进我的被子里了。徐博东见我冬天只穿着一双夹鞋，就自己花钱给我买了一双黑条绒深腰塑料底棉鞋，这是我有生以来拥有的最高级的一双棉鞋，关键是冬天免除了冻脚之苦。班上有一个南方省份的同学，来上学时只是身穿背心短裤，脚踏一双拖鞋。其他的衬衣衬裤、制服外套、棉衣棉裤、被子被褥及其他一切用品，全是国家及同学们帮助置备的。还有一个同学，来学校时穿的一件上衣，上面足足有几十个补丁，早已面目全非。从没有人笑话，团支部还把他作为生活作风艰苦朴素的榜样……"[①]一天晚上，我们428的五个同学睡前躺在床上闲聊，聊着聊着，不知怎么聊起了各自的家史，聊到动情处，大家干脆从床上爬起来，围坐在一起继续聊。王通讯、陈来甫、苏启刚都是贫农子弟，新中国成立前家里很穷，饭都吃不饱，更别说读书了；我的父母和叔叔则是青年时代就跟着共产党参加革命，吃过很多苦，我叔叔还参加过抗美援朝，他的许多战友包括毛主席的儿子毛岸英在内都牺牲了，我父亲也妻离子散……大家愈谈愈激动，说"没有共产党和毛主席，没有革命前辈的流血牺牲，就没有我们今天的幸福生活，我们更不可能上大学"，纷纷表示今后要相亲相爱，互相帮助等等，整整谈了大半宿才睡觉。

王通讯会画画，第二天他把大家前一晚谈的重要内容绘制了一组连环图画挂在宿舍的墙壁上，并买来大红纸写了一副对联贴在房门口。上联：胸怀祖国；下联：放眼世界；横批：革命到底。对联十分醒目，贴出后一时引起全年级乃至全系的关注。此后，我们428宿舍的六个同学更像亲兄弟一样，互相照顾。陈来甫享受国家发给的全额助学金，但他花钱不会计划，每个月不到月底就两手空空了，我就帮他管钱，还送给他衣服等日用品，其他同学也都经常送这送那帮助他，关心他。系团总支把我们宿舍的事迹汇报到校团

①　郑振卿：《北大记忆》，2002年，未刊稿。

委，恰好当年（1965年）下半年校团委要举办全校共青团的先进事迹展览，放暑假时系团总支宣传部长杨昭明，专门把我从家里叫回学校，安排我和王通讯两人负责撰写我们428宿舍先进事迹的总结材料。那时，我们中国史班的风气确实很正。但很可惜，这种良好的班风只维持了一年半左右的时间，"文革"开始后便完全变了调。

记得开学后第一学期开的课有《中国通史》《古代汉语》《写作》，当然还有《外语》《中共党史》《体育》等。《中国通史》是我们的专业基础课，使用的教材是北大历史系由翦伯赞主编、系里的教员参与编写的《中国史纲要》；《古代汉语》和《写作》课则由中文系教师讲授，与同年级的中文系同学一起上；《外语》有部分学俄语的同学被动员改学日语，而像我这样中学学英语的同学一个都没改，与中文系同年级的同学一起分配到英语班，教师由西语系老师给我们上课。《中共党史》《体育》也有专门的教研室派教师担任。除此之外，《中国通史》课老师还给我们开出课外阅读的书单，记得有《毛泽东选集》（1—4卷）、《马克思恩格斯论中国》、恩格斯的《家庭私有制和国家起源》、艾思奇主编的《辩证唯物主义和历史唯物主义》、郭沫若和范文澜的《中国通史》、胡绳的《中国革命和中国共产党》，还有黎澍、刘大年等其他历史名家的著作。

给我们上《中国通史》的第一个老师是专门教先秦史的孙淼。上课不久就带我们去北京西郊周口店的古人类遗址博物馆参观，并专门请来考古教研室的考古专家吕遵谔来给我们讲解。虽然我在北京已经生活了八年时间，但这还是第一次去周口店参观，格外感到新奇。吕遵谔老师一边领着我们参观北京猿人生活过的洞窟和博物馆内的陈列品，一边给我们讲解，耐心的回答我们提出的各种问题，通过参观和讲解，把我们带入了那古远的年代，给我们插上了想象的翅膀——原始社会的北京和现实的北京，根本不是一回事，人类与大自然的进化实在是太奇妙了！参观完周口店返程时，老师还带我们顺路去参观了著名的卢沟桥。那次参观周口店我还有一个意外收获：在猿人住过的洞窟里我捡到了一块骨头化石。这块土黄色的化石约有半尺长，中空，圆形，茶缸大小。吕遵谔老师仔细鉴定后说："这是马骨化石。"我如获至宝，悄悄带回了学校，用小刀在上面刻上"马骨化石"四个字，涂上红颜色，摆在宿舍窗台上，既是几万年前的文物陈列，又可当作笔筒使用，成了我们428宿舍的"镇室之宝"。可惜的是，这块马骨化石在"文革"动乱中丢失了。

《中国通史》整整上了三个学期的课。除孙淼上先秦史，依次给我们上过课的老师有：夏商周（属先秦史的后半部分）是张传玺、秦汉和魏晋南北朝史田余庆、隋唐史汪篯、宋史邓广铭、元明清史许大龄，到张寄谦老师给我们上近代史时已经是"文革"前奏了。这些给我们上过课的老师当中，最风趣幽默的是张传玺，最有深度和广度的当属汪篯、邓广铭、许大龄，而张寄谦则教学最为认真，跟同学们关系也最好。田余庆虽说教得也不错，但身体不太好，有点底气不足，讲课有气无力，让人昏昏欲睡。另外还有一个老教师陈仲夫，文献学专家，给我们上过《资治通鉴》解析课，他后来得了坐骨神经疼的病，一副病歪歪的样子，人却很好。到了二年级第一学期，开始上《世界通史》，任课的是魏杞文老师，他的特点是每到下课铃声一响，不论讲到哪里，即使只剩下半句话也决不再往下讲，立即下课，最受学生欢迎，特别是上第四节课。

汪篯给我们上魏晋南北朝隋唐史时，曾带我们参观中国历史博物馆。汪先生学问了得，讲课如天马行空，历史掌故信手拈来，让学生听得有滋有味。他又高又瘦，满嘴假牙，说话有很浓重的扬州口音，身体似乎不是太好。记得带我们去参观时，中午吃饭他只吃了几块饼干，而且居然还随身带着筷子，用筷子夹饼干吃。就是这样讲卫生的老教授，"文革"初期因为受不了学生和工作组对他的侮辱，竟服敌敌畏自杀了。

历史系64级中国史班合影（二排右二为汪篯教授）　　历史系64级全年级合影

一年级下学期结束之前，《中国通史》课没有考试，每人写一篇"学年论文"，题目自选，据说以前并没有这个教学环节，这是教学改革的一环，主要目的是训练我们学写论文，为将来写毕业论文预做准备，所以大家都很重视，每天除了上课，大量时间都泡在图书馆里查找史料，阅读参考书，还互相讨论，使出浑身解数，尽量发挥出水平，写得好一些，效果确实不错。不过，我一年级时写的学年论文是什么题目和内容，早就忘得一干二净了。只记得《中共党史》课结束时，很认真地写了一篇刘少奇《论共产党员修养》的读后感。

《古代汉语》用的是中文系著名语言学家王力主编的多卷本教材。通过这门课的学习，使我阅读古籍的能力大为提高，终身受益；再说《写作》课，记得第一次上《写作》课，老师布置我们每人写一篇作文，题目真是别出心裁，只有一个字《我》。我心中窃喜，关于"我"的故事实在太多了：我出生在广东博罗县罗浮山抗日游击根据地，由于革命战争年代生活条件艰苦，又是双胞胎，跟我同时出生的弟弟第二天就死了，我从小跟着父母亲颠沛流离，奶水不足，营养不良，所以小时候经常生病，长得又瘦又小，后来努力参加体育锻炼，身体才逐渐好起来。文章最后落脚到我思念海峡对岸的母亲和三个从未谋面的弟弟，盼望早日解放台湾，亲人得以团聚……我如此这般一通发挥，一篇两千来字的散文便一挥而就。老师阅后很是满意，给了个"优"，还当作范文在全班点评。刚一开学，就出了个小小的风头，着实让我得意了好一阵子。

我们班男生上体育课都是在未名湖东岸第一体育馆外的东操场。第一堂课就检测大家的体能。最先测的是臂力和身体的协调性——在双杠上做引体向上，有些同学只能勉强做一两个，多数只能做四五个，最多的也就是十来个。轮到我做了，我不像别的同学那样，先爬上或跳上双杠再做引体向上，而是双腕握住杠的两端，把身体吊在杠上，然后利用腕力硬翻上杠，随后一口气做了四十多个，大家看得目瞪口呆，连体育老师也很吃惊，问我是怎么练出来的？我解释说我在中学练过体操。体育老师当即推荐我去参加校体操队。

北大学生的文体活动十分活跃，社团活动丰富多彩，刚开学时我原本报考校话剧团，还专门精心准备了诗歌朗诵《黄山松》前往投考，结果名落孙山，人家话剧团不要我。不想"此处不留爷，自有留爷处"，体育老师推荐我去校体操队，我欣然前往。次日下午课外活动时间，我按照体育老师的指点，寻到第一体育馆内地下室的体操房。哇，好棒啊！木板铺地，至少有两三个篮球场大小的空间里安装了全套的体操器械。校体操队正在练习，教练四十多岁的样子，个子不高，但肌肉发达，人很和善，他见我来了，先让我在垫子上做个向后弯腰的动作——这是测试我腰部的柔韧性，他用手托着我的腰，我伸开双臂，毫不费劲地后仰弯腰，双手双脚稳稳地立在垫子上足有一分多钟；接着又带我来到吊环架下，双手托住我的腰把我送上吊环，示意我做一个后翻动作，我又是毫不费劲地来了个收腹后翻。这次我把他吓了一跳，赶紧把我托下吊环——他说没想到我的肩膀那么好，双肩不分开，就这样硬生生地直接往后翻，肩膀柔韧性不好的人韧带是会受伤的，我却一点事儿都没有。他当即收我为徒，打这以后我就成了校体操队的一员。后来队内高年级的同学陆续毕业离队，到二年级时还让我接替校体操队的政治队长一职。

那时候，北大各体育运动队的队员都集中在勺园的运动员小食堂吃饭。运动员食堂开饭时间长，伙食学校有补贴，吃得比其他学生食堂好，花样也多，而且保证什么时候都是热饭热菜。到 1965 年秋，历史系一起在运动员食堂用餐的，我记得的还有：五年级的一个大个子李良，校篮球队队员；二年级的除了我，还有田径队我们班的赵会生、李胜利，速滑队的成汉昌；一年级有游泳队的王复兴、田径队的余新青（女）等。余新青的百米速度十分了得！12 秒 9，女子青海省纪录、北大校纪录，据说好多年都无人能够打破。我在校体操队混了一年多，因为练得很苦，每次练完了都觉得很累，更糟的是有一次在双杠上做倒立时不小心掉下杠来，幸亏没受什么伤，但着实把我吓了一大跳，从此有了心理障碍，怕练体操了，所以在校体操队混了那么长时间也没练出个所以然来。后来历史系离校去了昌平北太平庄，我们也就此脱离了校运动队。

入学报到后不久，还没分班时，为准备庆祝国庆 15 周年，历史系由五年级的同学牵头，排练一场大型舞蹈——《社会主义好》，从各年级挑选演员进行排练。我们一年级新生中被挑去有杨树升、孙金雁（女）、张雪霞（女）和我，两男两女共四个人。分配给我的角色是扮演苗族吹芦笙的小伙。我们大约有20多个人，练了不到一个月就很熟练了。历史系排练的这个节目很成功，从北大舞蹈队借来的好多套少数民族服装和其他道具一应俱全，我们穿戴起来后载歌载舞，场面十分艳丽、欢乐。"十一"前夕先是在学校大膳厅举行的庆祝晚会上给全校师生演出，被排在最后一个节目压轴出场。随后"十一"当晚又到天安门广场演出，参加首都各界群众的庆祝狂欢活动。大概因为这个因缘，后来杨树升被校舞蹈队挑去，成了他们的骨干演员，后来还成了舞蹈队队长、校文工团副团长，杨树升在舞蹈队遇到了他此生的另一半——我的广东汕头客家老乡、生物系的美女郭月娥。

那时候北大校园里有个奇特现象：不知道是从哪一级哪一系的学生开始盛行的，几乎每个学生入校后都买条毛巾缝制一个口袋，吃饭的碗、筷、勺子全装在里边，挂在书包的背带上，人走到哪儿背到哪儿，吃饭、喝水全靠它，有时上海淀大街也背着它。于是有人打趣说：北大学生有两个校徽，一个别在身上，一个挂在书包上。我们这些刚入学的新生有样学样，后来也都有了两个"校徽"。

1964年10月国庆过后，北京的天气已逐渐转冷，燕园秋意正浓。16日（星期五）那天晚上，我正在东校门里的第二阅览室看书，突然有人从外边兴冲冲地跑了进来，大声喊道："同学们，别看书了，刚刚得到确切消息，我国第一颗原子弹在罗布泊爆炸成功，让我们到大膳厅去集会庆祝！"我们一听，赶紧收拾好东西跑了出来，这时北大校园里已经沸腾起来了，全校师生奔走相告，热泪盈眶，纷纷从宿舍里、图书馆、教室里、实验室里、家里跑了出来。这时，学校最大的礼堂——大膳厅里已经聚集了许多人，大家又蹦又跳，拥挤在一起，有人在台上发表激动人心的演讲，"毛主席万岁"的口号声此起彼伏。随后，大家干脆排成长龙，我和我们班的同学也参与其中，不管男生女生，认得不认得，后边的人双手搭在前边人的肩膀上，有节奏地呼喊着"毛主席万岁！"，从台下蹦到台上，又从台上蹦到台下，从大膳厅蹦到校园里，足足狂欢了两个多钟头，一个个嗓子都喊哑了，出了一身大汗才慢慢散去。通宵达旦，燕园南侧的整个学生宿舍区里灯火通明，歌声阵阵。

那时候我们既是大学生又都是民兵，双重身份，在学校时每个月都有半天时间到勺园练习射击或刺杀。我当了班团支部的宣传委员之后，每到训练时，我就组织几个人学习当年红军宣传队的样子，打起快板，喊着自编的口号，在一旁进行鼓动宣传。我们中国史班在班长成汉昌和体育委员杨树升的策划下，还单独搞过一次全班的拉练，时间大概是在1965年的开春，天还比较冷。这天早起天刚蒙蒙亮，我们班同学就打着背包紧急集合，由先前探过路的成汉昌、杨树升带队，穿街过村急行军，学习解放军一边跑步前进，一边传达命令，有模有样，十分认真，可命令传到后边往往都走了样。天放亮时，遇到一条约两米宽的水沟，那时冰已经解冻，满沟的污水，散发着阵阵臭味。大家正在犹豫，一个同学带头跳了下去，其他同学见状纷纷跟进，跨过了臭水沟。回到学校在38楼门口列队讲评时，大家都穿着被污水浸透了鞋子和半截裤腿的湿裤子，过路的同学看到我们班的人这副模样，都莫名其妙，而大家却挺直了腰板，面露自豪和骄傲的神色。那段时间我因踢足球右脚腕受了伤，平日上课都是赵会生用自行车驮着我去教室，上下楼梯则是李胜利负责背我，所以那次拉练活动我没能参加。但当天我就组织稿件，出了一期黑板报专栏，充分肯定了这次活动，特别表扬了带头跳进臭水沟的那位同学。不是自夸，那时候我们班的黑板报办得确实很不错，由我负责组稿，王通讯配图，窦小平、苏启刚、郑振卿等几个同学的粉笔字写得都很漂亮，我们班每期的黑板报在楼道里一摆出来，大家都围着看。

从60年代中期开始，高等学校遵照毛泽东的指示进行"教育革命"。教学方法的改革是其中的重要一环，要求学生不能只关在书斋里死读书，要"走向社会，开门办学"，安排一定比例的时间下厂下乡下部队，接触工农兵，接触社会等等。北大当然也不例外，历史系更是积极贯彻落实。1965年的初夏，按照系里的教学安排，我们一年级三个班的同学被拉到北郊的昌平县北京第二毛纺厂参加劳动，时间长达一个月之久。至于三至五年级的学生，开学之后便都不见了踪影，后来才知道他们参加"四清工作队"去农村搞"四清"了，一年多才回来。

这一年的暑假，系里又组织我们下部队锻炼，说是"志愿参加"，但那时大家都积极要求进步，岂肯失去这个宝贵的"锻炼机会"？地点记得是在河北保定地区的固城，部队的兵种和番号全忘记了，只记得营房四周全是茂密的玉米地。时值盛夏，烈日当头，头几日我们在解放军的带领下练习队列，拔正步，随后是用木头枪练刺杀，然后才发给我们真枪，按照教的要领趴在地上练瞄准，练匍匐前进、跨越障碍等等，每天摸爬滚打，一个个汗流浃背，累得够呛。

有一天夜里，大家睡得正香，紧急集合的军号声突然响了起来，全体同学赶紧爬起来打好背包到操场上集合，急行军5公里，有的同学鞋子没系好，跑不多远鞋子就掉了，只好光着脚跑，更狼狈的是有个同学背包没打牢，被子要散了，只好抱着铺盖卷跑，事后大家开总结会，纷纷找思想差距，做自我批评。以后夜里没人再敢放松睡大觉了，神经都绷得紧紧的。第二次再搞夜行军紧急拉练时，就好得多了。有一天夜里，轮到我站岗放哨，大约一点钟左右，四周一片漆黑，伸手不见五指，岗位又是在营房的大门口外，微风一吹，玉米地里沙沙作响，心里不免有些怕怕的。我生怕有人来摸哨，就躲在一棵树的后面，白天练得很累，此时却睡意全无，我竖起两只耳朵，瞪大双眼注视着四周。两点钟左右郑振卿来换岗，他找不到我，就轻轻地叫了一声我的名字，我突然从树后冒了出来，吓了他一大跳。为了检验训练成果，离开部队之前特别安排我们到靶场进行实弹射击。这是我平生以来的第一次实弹射击，成绩还算不错，戴着近视眼镜还能三发命中28环。模糊记得成绩最好的好像是世界史班的女同学张雪霞，她居然打了个30环满环。

下连当兵十几天下来，苦是很苦，但收获确实也不小，我们一个个晒得黑黑的，身体强壮了许多，思想和意志品质得到了锻炼。负责训练的解放军战士对我们很好，白天天气炎热，练到一定时间就让我们到树底下休息一会儿；行军时帮女同学或身体瘦弱的同学背背包；教我们如何打背包才能打得又快又结实；如何铺床铺才能把被子叠得四棱八角整整齐齐；有的同学受伤了或生病了，就来营房问寒问暖，亲自领你去医务室治伤看病，时间虽然不长，却结下了深厚的友谊，走的时候依依不舍，过了好长时间有些同学还跟他们有书信往来。

进入1965年之后，美国侵越战争打得正酣，我国西南边疆形势日趋紧张，美军大规模轰炸越南北方，威胁我国安全，"抗美援越"正在如火如荼地展开。

这一年秋天，我们刚升入二年级，全年级接到一个"政治任务"——搬到 28 楼给越南留学生当辅导员。说是"留学生"，实际上是越南政府跟我国政府商定，把一大批青年党政干部和高级知识分子，转移到中国境内保护起来，并趁此机会学习汉语，提高他们的汉语水平。北大接收了近百人。为此，学校专门把学生宿舍 28 楼腾出来，经过一个夏天的重新装修粉刷，购置了全套的新家具，焕然一新，接收这批越南留学生入住。可惜的是，这套新家具只用了一年多，后来在武斗中成了"防御工事"而被毁坏殆尽。

北大的外国留学生一直很多，当时主要是各个社会主义国家如朝鲜、阿尔巴尼亚等国派来的，我们经常在五四运动场跟他们一起踢足球。朝鲜留学生踢足球最野，阿尔巴尼亚有个留学生踢足球非要穿带钉子的足球鞋，朝鲜留学生不干，就跟他打架，我们还得从中调解纠纷。那时，不是随便谁都可以当外国留学生的辅导员的，政治上必须要绝对可靠，绝大部分是中共党员。所以在越南留学生来之前，我们班只有谢火金被挑选去当历史系一个阿富汗留学生的辅导员。可是当一大批越南留学生来到之后，学校还像以前那样挑选辅导员已经不可能了，于是也就不管可靠不可靠，把我们全年级的同学都安排去当这批越南留学生的辅导员。

辅导员的工作主要是帮助他们学汉语，采取的是"1 对 1"的方式，也就是一个越南留学生配一个中国学生，三个越南留学生住一屋，我们也三个人住一屋，房门对着房门，他们在学习中碰到什么困难，随时可以来问我们。分配给我的是个很文静的大学青年教师，林学专业的，30 多岁，长得白白净净，个头跟我差不多，名叫武元权，已经结婚，但还没孩子。他把他老婆的照片拿出来秀给我看，确实长得很漂亮。这批越南留学生从里到外，从上到下穿的衣服鞋袜、帽子、手套、洗漱用具，直到所有的床上用品、学习用品，包括手里提的包包，全都是由中国政府无偿提供的，每人每月还发给零用钱。所以他们一出门，成群结队穿着打扮都一样，成了北大校园里的一道新的风景线。记得那年冬天我在宿舍里养了一盆水仙，花开得很漂亮，他们在越南时可能从没见到过，很喜欢，常来我们宿舍又是闻又是看，我就干脆连盆带花送给了他们，他们高兴得不得了。可是大约只过了半年，我们去了昌平的北太平庄，也就不再当他们的辅导员了。以后他们何时回国的？回国后命运如何？后来中越关系恶化，他们表现如何？这些都无从知晓了。

从 1964 年 9 月入学到 1966 年 1 月，这将近一年半左右的大学生活，我无论在学业、思想理论修养还是体魄等各个方面都是很大提高，只可惜好景不长，时序进入 1966 年春之后，风云突变，一切都走了样！

（二）北太平庄"半工半读"

1966 年马年的春节来得格外早，1 月下旬春节就结束了。春节刚过，学校一声令下，我们历史系就来了个大搬家，全系师生（四、五年级的同学还在校外搞"四清"除外）连同系资料室，都搬到了北郊昌平县的北太平庄，美其名曰——"半工半读教改试验"。

北太平庄坐落在昌平县城西北几公里的军都山下，东面是十三陵，西面是南口镇，附近不远处就是清华、北大的分校（代号 200 号，保密专业）。北太平庄是个有几百户人家的村庄，我们就在紧临村子西侧一个山坡上的果园里安营扎寨。听说果园原属北京市园林局，周围的两三条山梁上种植了不少苹果树和沙果树，树龄至少已有十来年了。从坡下到坡上，依坡势高低建有几排简易房舍，还有个小礼堂和一个篮球场。我们到来之后，小礼堂隔出一半当系资料室，另一半是食堂，全系大会也在这个地方召开。

所谓"半工"，就是开春后挖坑种树，学习修剪果树，给果树施肥、浇水等。不久之后，因为四、五年级的同学也要到北太平庄来，房子不够住，于是我们的"半工"便转而参加盖房子。我们在坡下的干河滩里捡石头抬到工地上，给泥水师傅打下手，学砌砖等等。新房建在山坡的右下方和山坡对面的干河滩上。由于房子粗制滥造，质量不过关，一年之后我们几个同学再来时，要么因地基沉降已经倒塌，要么墙壁严重龟裂，成了危房，真是浪费民脂民膏！

所谓"半读"，则是每天上午上半天课。记得刚开始只开了三门课：张寄谦老师的《中国近代史》和《外语》《体育》。先说《体育》课，除了打篮球、排球或在饭厅打乒乓球外，就是爬住房后边的荒山。那段时间我对爬山很感兴趣，时常把我的帆布书包腾空后装满石头，背着它一个人去负重爬山，有意识地锻炼自己的体力、耐力和意志品质。记得那年春天，历史系组队返校参加学校的春季运动会，体育老师平时见我身体灵活，同学们起外号叫我

"猴子"，竟给我报了跨障碍赛跑这个项目。不想当年这个项目要求参赛者不仅要跨越鞍马、水池、沙坑、过平衡木，而且还要提着步枪跑，需要很强的体力和耐力，这根本就是我的弱项，比赛结果可想而知，小组赛我就得了个倒数第一。历史系参加此次校运动会，唯一的亮点是一年级的余新青跑了个女子百米第一名，还不至于太过丢脸。

《中国近代史》课和《外语》课则在室外向阳的空地上上，前面竖块黑板，学生一人一个马扎，坐在上边听老师讲课，自诩为继承和发扬"延安精神"，实则是历史的倒退。《外语》课没上多久，我们班同学就纷纷提意见，说我们是学中国史专业的，学外语没多大用处，还花了大量时间，得不偿失，要求取消。后来系里经过研究，居然真的就同意取消了。结果最后只剩下《中国近代史》这门专业基础课。而实际上《中国近代史》课也是上得浮皮潦草，重点放在讲述农民起义和反侵略斗争。到了后来，干脆以"大批判"代替讲课，等于被完全取消了。

冬去春来，百花盛开，北太平庄山坡上的果树也陆续开花，成群的蜜蜂飞去飞来，忙着采花酿蜜，山头上的荒草正在发芽转绿，大自然的春色的确很美，然而在人间社会，在中国广袤的大地上，却严冬将至，一场史无前例的政治风暴——"文化大革命"正在急速酝酿之中。

回首"文革"，可以毫不夸张地说，史学领域是"重灾区"，这场政治风暴实际上是从史学领域开始酝酿的。1964 年戚本禹在《历史研究》上发表批判罗尔纲的《评李秀成自述》；1965 年 11 月姚文元在上海《文汇报》上发表批判吴晗的《海瑞罢官》；1966 年四五月份，北京开始批判"三家村"（吴晗、邓拓、廖沫沙）。当时，我们在北太平庄已经不上课了，每天不是开会念报纸，就是写批判稿批判"三家村"。有段时间，系里还安排我们以小组为单位，每天晚上深入到附近村庄，"与贫下中农相结合"，发动贫下中农一起批判"三家村"。到了五月中旬，我们又下到南口机车车辆厂，"与工人阶级相结合"，发动工人师傅批判"三家村"。于是，北大历史系被北京市教工委和教育部树为高校"教学改革"的典型，市有关领导和北大校领导常来北太平庄视察、指导工作，北大各个系也纷纷派人前来蹲点，学习取经。

（三）经历四年北大"文革"

如果说"文革"是从史学领域开始酝酿，从1963年开始到1966年的以整肃城乡基层干部为重点的"社会主义教育运动"（简称"四清"），则是"文革"的预演与前奏。

北大的"四清"，直接引爆了北大乃至全国的"文革"。正当我们在南口机车车辆厂"半工半读"之时，1966年5月25日，以北大哲学系党总支书记聂元梓为首的七名共产党员联署，在北大大膳厅东墙贴出了"第一张马列主义大字报"，引起极大的震动。紧接着，6月1日晚中央人民广播电台播发了这张大字报；次日，《人民日报》全文刊发了这张大字报，"文革"燎原之火终于在北大校园里正式点燃。

6月2日，我们全系从北太平庄被紧急召回学校。此后，在长达四年（1966.6—1970.3）的时间里，历经张承先工作组进校又撤销、组织"历史系红卫兵"、外出"大串联"、校园"武斗"、军工宣队进校领导"清理阶级队伍"、"房山教改"等一系列的政治事件和运动。历历往事，一言难尽！期间，我与同是"可教子女"的同系比我低一年级的女生张明华相识相爱，此后结为连理。所幸由于"可教子女"这一身份，我俩在相当长的一段时间里成了"文革"中的"逍遥派"，并未参加"武斗"。

1966年10月8日摄于延安（前排左一俞新天，右一张明华，后排左一徐博东，右一刘海超）

1966年10月22日摄于重庆红岩

北太平庄营地已荡然无存（2013 年 6 月）

（四）毕业分配

返回学校后，军工宣队结合系里的党政干部组成了分配小组，负责我们的毕业分配工作。先是听动员报告，进行毕业教育。那时北大的理科系学制六年，还有三个年级没有毕业，我们文科系学制五年，也还有两个年级没有毕业。可这次不管你是哪一个年级，是不是到了毕业年头，统统"扫地出门"，据说是国家要招收工农兵大学生，让我们这些"末代大学生"腾出地方来，进行彻底的"教育革命"。

按照北大历史系五年的学制，我们 64 级的同学 1969 年 7 月就应该毕业分配工作。高年级的同学早于前一两年就已经毕业离开了学校，可是到 1969 年的年底，我们年级何时分配还一点动静都没有。家在农村的同学逐渐无法淡定了，他们当中许多人虽然有助学金补助，但还是需要依靠家里省吃俭用资助，所以都盼望着能早日毕业分配工作，好挣钱回报家里。

这一天终于到来，1970 年元旦过后没多久，军工宣队宣布返校进行毕业分配。

此时，其他院校都还按兵不动，北大、清华两校先进行分配"试点"。在当时极"左"思想路线的指导下，毕业分配方案几经变动才最终确定下来：听说国家计委原来考虑到北大、清华是全国数一数二的名校，分配的单位全是中央各部委，可两校工宣队领导不同意这个方案，说我们是"三门学生"（出家门进校门，出校门进机关门），没有实际革命经验，退回国家计委重做分配方案；不久又拿出第二个方案，改为各省的厅局，再次被退回；国家计委没辙了，说两个方案都不行，那你们自己挑吧，结果全部分配到各省市、自治区的地、县两级或军垦农场、三线建设军工单位，把这批大学毕业生全部分配到农村和边远地区最基层去接受再教育，经风雨、见世面，培养合格的"无产阶级革命事业接班人"。

当然，分配方案最初是严格保密的。毕业教育过后，军工宣队要同学们表态，听党的话，服从国家分配，"到基层去，到艰苦的地方去，到祖国最需要的地方去"。当时有同学提出学校应该发给我们毕业证书，工宣队领导在全校大会上说："为人民服务不需要证明"，"工人生产的机器上不刻自己的名字，农民打的粮食上也不写自己的名字，怎么你们发表篇文章还要署名，毕业了还要毕业证？这都是资产阶级名利思想在作怪"，直到1980年，改革开放后才又补发给我们毕业证书。

分配方案终于要公布了，我听说要把我和张明华分到贵州遵义，就去找分配小组的成员张××，这个成员在房山教改时跟我同班，彼此印象都还不错，我对他说："张明华有风湿性心脏病，去'天无三日晴，地无三里平'的贵州高原，那里的气候阴冷潮湿，出门就要爬坡，对她的病很不利，能不能帮我们跟军工宣队领导说说，重新考虑一下我俩的分配方案？"并向他特别强调：我父亲在台湾时是我党的地下工作者，为革命妻离子散，我母亲和弟弟现在虽然在台湾，但这恐怕不能认为我有'海外关系'吧！"谁知张××听我讲完后连看都不看我一眼，冷冷地回了我一句："那也是海外关系！"我像是被当头泼了盆冷水，知道求他没用，转身就走了。

不久，分配方案正式公布，我们班20多个同学大部分被分配到外地农村基层或军垦农场。离校前夕，3月11日，我和杨树升、李胜利、苏启刚、郑振卿、张明华、齐迎平、俞新天相约，到海淀照相馆拍了张合影，身穿绿军装，手拿红宝书，还叮嘱照相馆务必在照片上写上毛主席的一句诗词："恰同学少年，风华正茂。"每当看到这帧难得的照片，历历往事便会涌上心头。

恰同学少年，风华正茂（左图摄于武斗结束后的北大校园，右图摄于毕业离校前夕）

去遵义报到前，我专门回校找到郑振卿，送给他我考上北大后亩元叔送给我的一个小牛皮箱。我看出他嫌太小，装不了什么东西，便对他说："你不要小看这只箱子，它可是当年我亩元叔在朝鲜战场志愿军司令部给彭老总当作战参谋时，和毛主席的儿子毛岸英一起装机要文件和电报用的皮箱，也算是毛岸英烈士的遗物，我现在转送给你是作个纪念。"他听了之后才欣然收下。后来他写回忆录时还专门提到这件事："听他说了之后，当然对之另眼相看了，宝贝似的走哪带哪，并不指望它放置什么东西。别人看到这个皮箱，开始也都认为里面装的都是我的'金银细软'，我向他们解释后，大家都对之肃然起敬。"

亩元叔和毛岸英共用过的小牛皮箱

过了好多年，粉碎"四人帮"之后，有一年暑假我和明华回到北京，住在亩元叔家，恰好遇见毛主席的儿媳邵华来家采访亩元叔，亩元叔向邵华提到毛岸英用过的那只小皮箱，便问我皮箱的去向，我如实相告，结果又写信把这只小皮箱从郑振卿手里要了回来。当时郑振卿已经在河北省衡水县委宣传部工作，他让部领导给总务说明情况，专门钉了一个很结实的木头箱，把小皮箱装进去邮寄回北京。

就这样，我结束了五年半甜酸苦辣的大学生活，离开让我又爱又恨而又最值得怀念与回味的北大校园，1970 年 3 月下旬离开了首都北京，走向农村，走上社会，开始了新的人生旅程。

十一、母亲从"青丝"到"白头"

我从蕉岭家乡到北京，从高小到中学、大学一路读书成长的同时，在海峡的那一边，基东三兄弟也陆续长大成人，从 50 年代中期开始，先后进入小学读书。所不同的是：我在大陆有祖母、父亲、亩元叔，他们在台湾则没有；他们在台湾有母亲、三个亲兄弟，我在大陆则没有。更重要的是，从 20 世纪 50 年代末到 70 年代末，"大跃进，大炼钢铁""三年困难时期""开门办学，教育改革""文化大革命"，大陆政治运动和社会动荡一个接着一个，严重冲击着校园，浪费了许多宝贵的时光。而在台湾，没有政治运动冲击校园的问题，小学、初中和大学也不开设专门的政治课，不过在语文、常识与公民教育的课程中，也无不渗透着"反共抗俄""光复大陆"之类的政治思想教育，《三民主义》更是高中的必学和进入大学的联考课程。到了一定年龄，他们还要去服兵役，接受军事训练和"反共"教育。故此，我跟基东三兄弟的成长经历、所受的教育迥然不同，数十年后当我们四兄弟聚首之时，对许多政治性议题也就往往看法相左。

在台湾，最早上学的自然是我的大弟基东。他 1953 年从幼稚园毕业后进入台中市的忠孝小学就读一年级。大概是继承了父母的良好基因，基东自幼天资聪敏，读书成绩很好，经常得奖，唱歌跳舞演话剧也很不错，老师喜欢，也最让妈妈省心、放心，虽说基东偶尔也会调皮捣蛋，惹妈妈生气。

1959 年小学毕业后，基东以优异成绩考取了全台最好的中学之一台中一中的初中部，三年后再次考入该校的高中部就读。1965 年高中毕业后，基东先是考入位于台中市的私立逢甲大学土木系，但入学后没过多久，就因兴趣不合自动退学。第二年再考，如愿被私立淡江大学化学系录取。那时，台湾高中男生考上大学后，入学前都要先去训练营地"成功岭"接受军事训练两个月，锻炼体魄。到大学二年级放暑假时，还要抽签决定大学毕业后服兵役的兵种。基东抽到的是炮兵，所以 1970 年从淡江大学毕业后，就被派往与大陆隔海相望的金门岛服预备军官役，在坑道中带充员兵（士兵）。几年前他跟我讲到当年他在金门服役时的情况说，那时"我是政治课程、军歌比赛的双料冠军。军团集合时，我是喊口令的军官，声震屋瓦。……我们用八英时的巨炮操练，炮是美国制。有次美军太平洋司令来视察，我被安排（给他）介绍两海里外的大陆。前几年去大陆走'小三通'，路过金门时，特别去访查当年的驻地，发现只剩下一门炮摆在那里，供游人参观。"

让基东无法忘怀的是，在金门服役期间，他经历了一次感情上的挫折和打击——在淡江大学交往了两年的女友竟然狠心跟他分手，嫁给了一个从美国回台任教的老师。这次被基东戏称的"兵变"，让他沮丧了好一阵子。

在台湾，读私立大学学费很贵，此时海东、思东两兄弟也已先后进入初中读书。这时大陆"文革"已经开始，父亲通过香港与台湾的联系渠道已经中断，接济台湾的钱汇出后如石沉大海，不知道我母亲能否收到，加之后来父亲受到造反派冲击，自顾不暇，也就不再往台湾汇钱了。母亲失去了父亲这笔重要的经济来源，而三兄弟一个读私立大学、两个读初中，花费日剧，手头非常拮据。

所幸我的二弟海东交游甚广，朋友众多，有人介绍他假日里到位于台中市清泉岗的美军兵营里去打工，做些杂务，挣来的薪资他一毛钱都不舍得花，悉数交给母亲补贴家用。又因为海东时常帮美国大兵解决一些生活上的实际问题，跟他们混得不错，所以美国大兵也常把一些他们用不着的生活用品送给海东。而海东则把这些东西转手卖给别人，所得款项也全都交给母亲统一调度使用。在那经济上最困难的年头，海东成了全家的最大功臣。对此，基东始终铭记在心，后来跟我见面，好几次感慨地对我说："我能顺利读完私立大学，出国留学，海东是出了力的！"

1971 年基东退役后，应聘到台中县（今台中市乌日区）私立明道中学当理化教师，有了正式的职业和工作，并在那里有幸遇到了后来陪伴他一生的好太太王亦慧。

　　再来说我的二弟海东。海东与基东完全不同，从小十分好玩好动，不喜欢读书，经常翘班逃学，让母亲伤透了脑筋。母亲费了好大劲才让他读完小学和初中。不过海东也有他的强项——脑子灵活，动手能力很强，只要是他喜欢做的事情，就肯下功夫钻研。于是母亲因势利导，海东初中毕业后鼓励他报考技校，以获得一技之长，海东后来顺利考上了台中光华高级工业学校。70年代初海东从光华高工毕业后，也应征到金门服兵役，当了一名整天跟无线电打交道的电讯兵（士官），这倒蛮适合他动手能力强的特点。海东退役后从事他最喜欢也是最拿手的电子行业，业务不断扩大，干得有声有色。

　　思东则介乎于基东与海东之间，虽然小时候跟海东一样不喜欢读书，让母亲也很头疼，但长大后慢慢懂事，书也读得进去了，而且他一旦努力，学习进步很快，成绩不错。1961年从台中市"忠孝国小"毕业后，思东考入台中市立二中初中部就读。因思东从小喜欢花草鱼虫之类的农艺和园艺，他另辟蹊径没有考高中而去参加职校联招，结果很顺利的以第一志愿考取了位于台中县雾峰的高级农业学校园艺科。按照当时台湾当局的兵役制规定，1971年思东也是到金门服特种兵役（士官）。他先是在通信电子学校无线电专业受训半年，回部队后被授予无线电台台长职，跟海东在军中干的基本上属于同行。1974年思东退役后参加商业专科学校考试通过，主修会计，1977年毕业后参加工作。

初中读书时期的基东三兄弟

就这样，母亲孤身一人，以客家妇女的硬颈精神，含辛茹苦，坚忍不拔，一边工作，一边把基东三兄弟逐渐带大，培养成人。他们三兄弟在台湾像其他普通孩子一样，按部就班地由小学—中学—大学（或高级职业学校）就读，一个个学业有成，随后是到军中服役——就业工作，母亲终于可以喘一口气了。而我可怜的母亲也从一头青丝的少妇，变成了满头白霜的老妪，设身处地为她想想，这是何等的艰辛。我常常思索：在那漫长得看不到尽头的岁月里，究竟是什么力量在支撑着她日复一日、年复一年地度过艰难的人生呢？唯一的答案只有一个字——盼，她日夜盼望着与父亲团聚的那一天！

20 世纪 70 年代初，海峡两岸尚处于紧张的军事对峙状态，巧合的是，在大陆，亩元叔的大女儿徐玲、长子徐桓，此时都在解放军部队服役；而在台湾那一边，我的大弟基东、二弟海东、三弟思东，则是在金门国民党部队服役。更巧的是，徐桓在广东东莞当炮兵，而基东在金门也是当炮兵。大陆骂国民党军为"蒋匪"，台湾则反骂人民解放军为"共匪"，倘若两岸真的打起来，同一家族的兄弟姐妹岂不是要自相残杀？

十二、我的十年乡村教师生活

再说我自己。我高小从蕉岭乡村来到北京，北大毕业后又重回农村，从 1970 年 3 月开始，先后在贵州遵义县和河北涞水县当了近十年的乡村教师，度过了一生中最为宝贵的青春岁月，直到 1979 年底 35 岁时调回北京。

20 世纪 70 年代，是国内国际形势发生翻天覆地变化的年代。1971 年 9 月联合国驱逐台湾当局在联合国的代表，恢复中华人民共和国在联合国的合法席位；1972 年 2 月美国总统尼克松访华，开启了中美关系的新篇章；1975 年 4 月蒋介石去世，蒋经国接掌台湾大权，推行"革新保台"新政策；1976 年周恩来、朱德、毛泽东相继去世；以 1976 年 10 月"四人帮"倒台为标志，长达十年之久的"文化大革命"正式结束；1977 年冬，大陆恢复高考；1978 年 12 月中共召开十一届三中全会，宣布将党和国家的工作重心从"以阶级斗争为纲"转移到经济建设上来；1979 年 1 月 1 日中美宣布正式建交，美台"断交、废约、撤军"；中共对台战略做出新的重大调整，提出"和平统一、一国两制"的方针。整个 70 年代，几乎年年都有大事发生，真是目不暇接。

（一）在贵州遵义县农村

报到与二次分配 1970 年 3 月下旬，天气乍寒还暖，我和明华乘火车启程前往贵州遵义报到。此时，父亲还在河南"五七干校"劳动；明华妈妈则在湖北沙洋"五七干校"劳动；弟弟张明早就去北大荒当了"知青"。天南海北，互相牵挂，唯有鸿雁传书。

车票由学校统一购买发到每个人手里，上车后才知道，我们班的梁广中、中文系二年级的两个男同学，我们五个人的座位是挨着的，而且都是到贵州报到。于是我们商定中途在桂林一同下车游览。

列车沿京广线一路南行，望着窗外的山川田野，我思绪万千——路漫漫其修远兮，未来的工作与生活将会是什么样？

"桂林山水甲天下"，我们五个人都是平生第一次到桂林，到站时已是深夜，入住后我上街去买次日拍照用的胶卷，不想商店已经关门。"阳朔风景甲桂林"，次日一大早登船直奔阳朔，两岸风光如一幅幅水墨画，目不暇接，贺敬之的诗句不禁涌上心头："云中的神呵，雾中的仙，神姿仙态桂林的山！情一样深呵，梦一样美，如情似梦漓江的水！"那神姿仙态的山，如情似梦的水，置身其中，如入仙境，令我们陶醉。我举着手中的相机不停地拍照，不想船还没走多远，相机里的胶卷就被我不知不觉拍光了，再美的景致，也只能欣赏了，不免让我遗憾。

我们在桂林盘桓了两三天时间，饱览了名山胜水，这才心满意足地登上开往贵阳的列车。列车开上云贵高原，高山深谷，穿洞过桥，车速大为减慢，半路梁广中他们三人先后下车，我和明华抵达贵阳之后转车去遵义。

又是一天过去了，凌晨一点左右我们才抵达遵义，人生地不熟，幸亏有廖光玲在遵义工作的朋友来车站接我们。此时已经没有公共汽车，我们提着沉重的背包，步行前往十几里外他的单位落脚。夜深人静，街上只有稀稀落落几个刚下火车的夜行人，刚下过雨，空气十分潮湿，昏黄的街灯下，满街的泥浆，街道两旁的店铺多是木板房，有些店铺相当破旧，依里歪斜的似乎快要倒塌。革命历史名城遵义，给我们的最初印象相当糟糕。2014 年，当我再到遵义旧地重游时十分震惊，遵义已经发生了翻天覆地的变化，变成一个现代化的城市。

次日去遵义地区行署报到，被安排入住市中心丁字口的遵义饭店。几天之内，北大、清华两校分配到遵义地区的毕业生陆续报到，竟有40多人，什么专业的都有，大多是男生。"同是天涯沦落人"，两校同学原本并不认识，现在凑在一块却格外亲切。报到之后，听说按照规定毕业生要先下乡劳动锻炼一年，然而才正式分配工作。大家不愿意分开，商量着联名写了一份申请书递交给地委，要求把我们这批人集中在一起劳动。

当年遵义市的丁字口（1970年）　　　今日遵义市的丁字口（2014年）

我们住宿的遵义饭店，据说是当时全市最好的饭店，可卫生条件极差，夜里蚊子、跳蚤、臭虫肆虐，客房墙壁上到处印着一个个蚊子、臭虫的血迹，硕大的老鼠居然把客房当作它们的田径运动场，夜间甚至猖狂到跑上床来，隔壁的女生被吓得尖声喊叫，不敢睡觉。

地革委领导当然对我们的请求置若罔闻——岂能允许这批北大、清华的学生聚在一起生事！几天之后，二次分配方案下来了：遵义市一个都不留，我和明华运气还不错，和家在遵义市的北大生物系毕业的女生何××一起，被分到紧临遵义市郊的遵义县，是最好的安排了。其他同学分别被分配到道真、凤冈、务川、正安、桐梓、湄潭、绥阳、赤水、习水、仁怀（出茅台酒的地方）等十来个偏远县份，坐长途汽车少则半天一天，多则一两天才能到达。后来听说他们到县里后，学火箭专业的被分到县鞭炮厂、学光学的分到灯泡厂、学高能物理的分到水电站，有个老兄是北大东语系学印地语的，因为他会针灸，被分配到县医院工作。呜呼，如此"专业对口"真是令人瞠目结舌！

秦汉时期，遵义一带属夜郎国境内，至今桐梓县还有个镇子叫"夜郎镇"，据说"夜郎自大"的典故就出在这里，所以当年我们这些被分配到遵义的北大、清华两校毕业生，便戏称自己被"发配夜郎"。

返京谋调受阻 4月上旬，我和明华动身去遵义县政府所在地南白镇（现遵义市播州区）报到，入住位于县政府背后半山腰的县招待所。县里各部门听说分配来了两个北大历史系的毕业生，这是从来没有过的事情。县广播站最先表态要我们，说这两个学生既能采访编写稿件，普通话说得又标准，还可以当播音员。县重点中学南白一中也想要我们去当老师，一时间我俩成了香饽饽。谁知几天之后，风云突变，又谁都不要我们了。一打听才知道，原来我们的人事档案已经寄到县里，两人都是"可教子女"，没人愿意要！最终我们被分配到县教育局，县教育局再安排我们到新蒲区劳动锻炼。从此，我们就在县教育系统领工资（月薪42.5元），成了"教育战线"的一员。这一年我26岁，直到2008年64岁从北京联合大学退休，走南闯北，从农村到城市，从中学到大学，在教育岗位整整工作了38年。

等待分配期间，我们结识了一位北京财经学院两年前毕业分配到县银行工作的王小烈，他家也在北京，父亲是北京西单商场的职工。他乡遇同乡，格外亲切。贵州高原的四月天，春雨绵绵，阴冷潮湿，名副其实的"天无三日晴"。明华自来到遵义之后，心间区常感不适，我俩没有马上去新蒲报到，先搬到县银行宿舍跟王小烈住在一起，让明华的身体调理了一段时间。随后，我们到县教育局请假回了趟北京，想找办法调回北方。回到北京后我们去找明华父亲的老关系，想请他帮忙，但碰了一鼻子灰。

此时亩元叔被派到八机部（后并入一机部）参加"军管"，他自己因为抗战时期曾经参加过东区服务队受到审查，更因在朝鲜战场当过彭老总的作战参谋而在本单位受到排挤，因而对我们的事也爱莫能助。既然求助无门，我们也就死了心，在北京住了十来天之后，南下回了趟蕉岭老家看望老阿婆，随后老老实实回到遵义县教育局销假，再去新蒲区报到。

白沙生产队劳动 遵义县新蒲区，现属遵义市政府的所在地新蒲新区，距遵义市区以东约十公里。报到后，我们被安排到离区政府所在地最近的新文公社白沙生产队劳动锻炼。一开始我们暂住在街场上的新蒲小学，认识了在该校任教的许多老师。我们初来乍到，一切都很不熟悉很不习惯，他们对我们很好。

我们在学校食堂搭伙吃饭，白天到离小学校只有两里路的白沙生产队跟社员们一起劳动。头顶烈日，光着脚下田插秧、挑粪施肥、除草，什么活都干。中间休息时，也顾不得干净不干净，有没有臭虫、跳蚤什么的，就躺在老乡的床上歇一会儿。白沙生产队有四个家在遵义市的下乡知青，两男两女，初中毕业，还不到 20 岁。后来我俩搬到白沙生产队，跟他们同住在政府拨款新盖的知青屋里。我和两个男生住一间，明华和两个女生住一间，中间是厅堂兼厨房。打了两个灶头，他们四个用一个，我和明华单独开伙用另一个。白天一起出门参加生产队的劳动，晚饭后坐在一起或看书看报，或聊天、打扑克消磨时光，互相照顾，互相帮助，结下了深厚友情。唯一也是最主要的区别是，我们俩每个月有工资可领，他们得靠挣生产队的工分吃饭。

其中有个男生姓李，大连人，父母原在大连医学院工作，为支援三线建设①，大连医学院整体搬迁到遵义市，成立遵义医学院，是三线建设的配套医院。小李从小跟着父母一起来到遵义，初中毕业后被分配到新蒲区当知青。明华身体不好，到遵义医学院看病没少麻烦他父母；还有个女孩姓什么忘记了，她父亲在遵义市某单位的汽车队当领导，时不时会派车来给他们拉烧火做饭取暖用的煤，顺便也帮我们买一些，这可真是解决了大问题。要知道，当时云贵高原交通很不发达，出行十分困难，汽车司机格外受人尊重。我们走了之后，他们四个知青也先后回城安排了工作，以后断了联系，我和明华一直都很惦念他们。

在白沙生产队时，有件事我一直难以忘怀。一天晚上，生产队队长朱泽君和会计陈发子到我们知青点来打扑克，事先约定，谁输了脸上要贴张小纸条。朱队长总是输，几轮下来他脸上已经贴了好几张纸条。正打到兴头上，

---

① 所谓三线建设，指的是自 1964 年开始，我国在中西部地区的 13 个省、自治区进行的一场以战备为指导思想的大规模国防、科技、工业和交通基本设施建设。其背景是中苏交恶与美国在我国东南沿海的攻势。三线建设是中国经济史上又一次大规模的工业迁移过程和战略调整，其规模可与抗战时期的沿海工业内迁相提并论。由于建设地点都在偏僻山区，这种建设方式为后来的企业经营发展造成了严重的浪费和不便，但是三线建设对促进我国中西部落后地区的工业、科技、交通和文化的发展产生了重要的推动作用。

突然有个患有精神病的小伙子跑进屋里来捣乱。老朱很生气，忘记自己脸上还贴着纸条，站起身来狠狠地训斥他。我们几个人看着他脸上飘着纸条却又很严肃，样子十分滑稽，可又不敢笑出声来，直到那个精神病人被他轰走之后，我们才忍不住前仰后合地大笑起来。老朱这才发现自己脸上贴着的纸条，自己也笑了。

几十年后与当年白沙队会计陈发子（左图）、朱泽君（右图）相见欢（2014 年）

如今遵义新蒲新区街景　　　　　　　　如今的新蒲邮电局比当年宽敞漂亮多了
（徐博东摄，2017 年）　　　　　　　　　　　（2014 年）

我们接着继续打扑克，不知不觉夜已深了，天下起了瓢泼大雨，电闪雷鸣。不一会儿，突然又有个老乡头戴草帽，身披簑衣，慌慌张张地闯进屋来向朱队长报告，说陈发子家隔壁的陈××，刚才打雷时换灯泡，触电倒地不省人事了，让他赶快去看看。我们几个人赶忙扔下扑克牌，冒着大雨跑到不远处的陈××家，只见他老婆手足无措，正抱着神志不醒的老公哭哭啼啼，两个尚未成年的孩子站在旁边发呆。我赶忙上前把陈××放平，一边跪着按压胸部给他做人工呼吸，一边吩咐知青小李赶快去请区医院的医生来急救。过了一会儿我看人还不醒，又让她老婆给他做口对口人工呼吸。等了好半天区医院的医生才冒雨赶来，量了一下他的血压，摸了摸脉搏后只说了一句，"人已经没救了"就走了。此事让我沮丧了好久，眼前时不时总是浮现出那个女人和两个孩子可怜的身影，自责没有本事把陈××救活过来。

参与创建新蒲中学　不久之后，县里决定修建新蒲中学，校址选定在离新蒲街上正南一里多路的山坡上。之所以要在新蒲建中学，跟当时的三线建设有密切关系。遵义市周围是贵州省境内建设的三大工业基地之一的"061航天工业基地"，[①] 后来才知道，所谓"061基地"实际上是导弹研制基地。而离遵义市区仅有10公里的遵义县新蒲区，就建有隶属于061系统的405、407、412、419、536等为代号的重要工厂，还有市内101厂安装公司的农场也在新蒲。这些厂、场的职工子女需要上学读书，所以新蒲中学的生源除了本地农村、区属机关干部的孩子之外，还有061系统的职工子女，以及附近省蚕科所、农校的职工子女。这些学生家庭环境迥异，其中061系统的职工子女有些小时候还在上海等大城市读过小学，所以程度参差不齐，很不好教。

我们到新蒲之后，061的人给我讲过他的亲身经历。10年前他们几个人从遵义市出发，开了一辆北京吉普到山沟里选厂址，大雨过后山间田野中道路十分泥泞，车子陷进泥淖里动弹不得了。此时天已断黑，无奈之下，被迫去请附近村民前来相助。一大群衣着褴褛的村民围着吉普车议论纷纷，这个说："这头牛的眼睛好大，还会发亮！"那个说："那么大个儿一天得吃多少草啊！"司机按了一下喇叭，把这些老乡吓了一跳，赶紧后退，说："哇，它生气了！"由此可见，那时贵州的偏远山区有多落后，没有电灯更没电话，交通十分闭塞，许多人一辈子连汽车都没见过。深山沟里还有人种植罂粟花，吸食自制的鸦片烟，天高皇帝远，根本没人管。生产大队的干部，连世界知名的北京大学都不知道，问我们哪个学校毕业，我们回说"北京大学"，他们又问"是北京哪个大学？"，令人啼笑皆非。十年过后，已经大不相同，现如今更是不可同日而语了。

---

① 贵州省境内的三线建设三大基地是：以贵阳市、安顺市为中心的"011航空工业基地"；以遵义市为中心的"061航天工业基地"；以凯里市、都匀市为中心的"083电子工业基地"。

新蒲中学建校后，最先到任的教员是从新蒲小学挑选来的。有贵阳师院毕业的陈泰华、司修媛夫妇、贵州农学院毕业的王先聪、遵义师院毕业的体育老师郑本忠，还有周德品、陈纯齐、杨宗福、张忠文、杨其骧、江继伦等（后三个管后勤），校长是参加过抗美援朝的蔡长才。这批老师十分敬业，很能吃苦，校舍还没盖好就开始招生，借用小学的教室上课，课余时间带着学生上山扛木头，到附近的三线工厂找不花钱的车子拉砖瓦、石料、水泥等建材修建校舍。征得区主管教育的干部同意，我也参加了建校劳动，每天陪着从附近灯草坪101厂安装公司农场请来的许师傅，开推土机平山头，为建校舍打地基。许师傅名家枢，广东澄海人，年近40，人很老实厚道，在农场开一辆生活用的解放牌卡车，我们是广东老乡，从此成了要好的朋友。在新蒲那些年，拉生活用煤、到遵义市区办事买东西等等，经常坐他的车子，没少得到他的帮助。我们两家经常来往，像走亲戚一样，孩子也都成了好朋友，后来许师傅离开遵义到天津大港油田工作，接着我们也调回了北方，几十年来一直保持联系。许师傅已经在几年前去世，直到现在，我们跟他在广州工作的孩子"小胖"还联系密切。

新蒲中学建校初期，我还找来一个装肥皂的木制包装箱，用黄泥精心制作了一个沙盘，擘画新蒲中学未来的建设蓝图，得到大家的好评。由于参加了建校工作，跟新蒲中学的老师们有了感情，一年劳动锻炼时间即将结束，县里要给我们正式分配工作，我和明华就要求留在新蒲中学当老师。

杨医师给明华治病　在此期间，明华的风湿性心脏病有明显发展，腿部出现水肿，心间区时常感到憋闷，夜里睡不好觉，出现心衰现象，让我十分担忧。所幸者，有一天我们在遵义市大街上行走时，偶遇我在北京八中读初中时的同班同学王贵锁，他在遵义市061基地工作。通过他的引荐，我们认识了一个家住遵义市老城区的民间老中医杨医师。杨医师名瑞祥，时年60多岁，河南人，抗战时期流落到遵义定居，娶妻生女，招婿上门，生得一男两女，家庭和睦美满。杨医师给明华把脉问诊之后，开了一剂药方。我一看方子不得了，几十味的药，而且每味药的量都很大。到药房一问，有好几味药当地根本就找不到。如何是好？天无绝人之路，我写信给全国各地的老同学求援。不久之后，河北的张根云寄来决明子，内蒙古的俞新天寄来黄芪，青海的余新青寄来藏红花、冬虫夏草，还有郑振卿，只要是他能搞到的都寄来，大包小包源源不断地从数千公里之外寄到新蒲来。众人拾柴火焰高，加上我们自己的努力，还有杨医师到野外采集一些草药，终于解决了药材问题。

在杨医师家里把这些药材倒进一口大铁锅放满水大火熬，连熬一天一夜不能断火，中间要用锅铲不时翻搅，熬到一定时间后把药渣捞出来滗干，让留在锅里的药汁慢慢收干，等到药汁快要熬干时，再改用微火把它熬制成黑糊糊粘稠状的药膏。这一大锅的药，最后只能熬制成一小坨药膏，在此之前杨医师会放进一些你不知道的药粉——那是他的祖传秘方，是不告诉别人的。然后再撒些面粉在药膏和操作台上，用手工把药膏搓成一粒粒的小药丸，装进玻璃瓶里备用。熬制一次可以吃上两三个月。

杨医师（二排中）全家福（1990 年，王盛和提供）

晓东与杨医师的外孙女晓红（右）、晓玲相聚在遵义（2014 年）

明华服过这些药丸一段时间后果然有效，心衰症状有所缓解，饭量有所增加。于是信心大增，又连续熬制了几付。其间，杨医师根据明华的身体状况，配药略有变化。后来，熬药的工作就由我来承担，我们常到杨家住宿，和杨家成了通家之好。

有一次我夜里熬药，药渣都已经滗出来正在收汤，半夜时突然听到"咣当"一声响，起来一看坏了，常来杨家偷食的那只大野猫把熬药的铁锅掀翻了，药水洒了一地，把我心痛得直想哭，第二天只好重新配药熬制。

与明华成婚，在新蒲中学任教　1971 年春节前夕，我和明华回北京探亲，征得父亲和明华母亲的同意，除夕那天我们正式结婚。那时父亲已经从河南"五七干校"回到北京，明华母亲却还在湖北沙洋"五七干校"没有回来。我们就在父亲住房隔壁临时借了一间房子当作婚房，买了两床被褥、一条毛毯和若干糖果。赵胡子、郑振卿、杨树升、李大个儿、苏启刚、齐迎平等几个人专门请假从外地赶来北京参加我们的婚礼。婚礼简朴而热闹，老同学相聚，分外亲切。

我们在北京住了个把月又回到新蒲。此时，新蒲中学的校舍已经基本建成，学校给了我们一间住房。到县教育局办妥调令后，我和明华正式成为新蒲中学的老师，直到 1976 年 10 月离开贵州。

新蒲中学建在山坡上，一条土路通往新蒲街上，站在教师宿舍的房门口，放眼向南望去，右前方不远的山岗上生长着茂密的松树，四季常青。左前方的另一个山坡上是旱地，坡下是一层层的梯田。冬季，水田波光粼粼，成群的白鹤飞翔；春天油菜花盛开时，一片片金黄色的花海十分美丽；夏天是绿油油的秧苗；金秋时节，则是稻浪滚滚，微风吹来，稻香扑鼻。

在新蒲中学，我们初高中都要教，我教过语文、政治、地理、英语，教的时间比较长的是英语。明华教历史、地理两门。其实我自己的英语原本就学得不怎么样，好几年没摸了，更觉生疏，好在这时中央人民广播电台开设了教授英语的节目，我们从北京带来的牡丹牌收音机派上了用场，我托人从北京买来英语教材，每天早晚守着收音机按时收听教授英语的节目，现学现卖，反正是从 ABC 开始教，不难，至少我的英语发音是相当标准的。

那时候"文革"尚未结束，极"左"路线仍在盛行，农村中的各种政治运动和上级布置下来的名目繁多的具体工作，如"整党"、"批林批孔"、"割资本主义尾巴"、征兵、人口普查、粮食征购，高校招考工农兵学员……一个接着一个，区里和公社干部人力不足，经常要抽调学校的老师去协助工作。我常常也被抽调去，跟着区或公社干部爬山越岭，走村串寨，去搞调查、动员、检查工作等，走遍了新蒲的山山水水。新蒲地域辽阔，山高坡陡，河流纵横，林木繁茂，竹影婆娑，风景优美，但住家十分分散，一天走下来，筋疲力尽。当地农家家家养狗，路边草丛中毒蛇很多，每次下乡我手里都要拿根很结实的竹棍，既可当作爬山用的拐杖，又可用以打狗、打蛇，死在我竹棍下的毒蛇至少有几十条。不过，也有大意失荆州的时候。有一次已临近春节，我跟着公社武装部张部长下乡去搞征兵工作，走到一家农家院子里，几条恶狗围着我们狂吠。因为那天我闹肚子，进屋后就放下竹棍到这家后院去上厕所，刚脱下裤子蹲下，一条恶狗飞快地穿过堂屋突然蹿到我跟前，朝着我右屁股上狠狠地咬了一口，疼得我龇牙咧嘴"唉哟、唉哟"地叫了起来，鲜血很快就流了出来。张部长不愧为当地农村出身的干部，赶忙到野外找来一种草药，捣烂后敷在我的伤口上包扎好，不多一会伤口就没那么疼了。几天后我和明华坐火车回北京过春节，我右屁股还不能坐在座位上，只能半拉屁股坐半边，十分狼狈。直到现在，我的右屁股上还有一块狗咬留下的伤疤，成为永生的纪念了。

从北京回到新蒲后过了不到一个学期，明华就怀孕了。放暑假时，回北京去 301 医院（中国人民解放军总医院）做检查，妇科请来心内科医生会诊，医生分成两派：一派力主打掉胎儿，说明华心脏功能不好，生孩子很危险；另一派则说，夫妇俩没孩子，虽说心脏病怀孕生孩子确有危险，但只要妊娠期注意保养，还是有可能涉险成功的。两派僵持不下，会诊没有结果，让明华等待心内科主任出差回来之后再做检查。我主张不要冒险，劝明华把孩子拿掉，明华不同意。我只好写信给明华妈妈，说明情况，请她出面劝阻明华，可明华坚持要留下孩子，医院通知她去复查她也不去。拖过了三个月之后，想再拿掉胎儿已经不行了。暑假眼看就要结束，我"先斩后奏"，把明华留在亩元叔家里休养待产，自己先回新蒲上班。

我返校后说明情况，蔡校长很是通情达理，准予明华请假，我也更卖力工作。这年新蒲区发大水，公社好几个大队受灾，我响应号召，捐出了 100 斤全国粮票和 10 元人民币。那时全国粮票比人民币还值钱，10 元人民币相当于我每个月工资的四分之一了。学校和区里都表扬我，我却觉得这很平常。

明华冒险生子　1972 年元旦一过，寒假又快到了，明华的预产期是 2 月底，我打点行囊，急于赶回北京，可事先没有料到的事情发生了。这一年的 2 月下旬，美国总统尼克松访华，安保十分严密，严格控制外地人口进京，没有县公安部门的证明，根本买不到去北京的火车票。我赶紧到南白镇县公安局开证明，找熟人帮忙都不给开，说除非地区公安局同意。我又跑到遵义市找地区公安局，可地区公安局无论如何也不给开，明摆着是不让回北京。我正无计可施，想起了杨医师认识遵义市南宫山铁路部门的几个山东籍老师傅，于是就通过杨医师的关系，由他女婿王盛和带着我，冒着蒙蒙细雨连夜步行了 10 多里路赶到南宫山，找到一位老师傅请他帮忙想办法。他一听缘由，满口答应。当夜凌晨两点，恰好有一列开往贵阳的货车，他亲自把我送到车尾的押车室，连票都不用买就来到贵阳。下车后再去车站找那位师傅的朋友，帮我买到北京丰台下车的车票。就这样，我在遵义折腾了整整一天一夜，终于钻了个空子，两天之后顺利回到北京。

挺着大肚子的明华有我在她身边，情绪稳定了许多。此时，离预产期仅有十来天了，为能平安生产，我想让明华提前住院待产。可是，我们跑了好几家医院，人家根本不收外地产妇提前住院，急得我像热锅上的蚂蚁。这时亩元叔恰好在 301 医院住院，就去找他想办法。亩元叔二话没说，打了几通电话，然后让我去找医务处的一位女干部。这位女干部立马安排明华到妇产科检查。检查结果，胎儿正常，但没有床位，让回家等候通知。可还没等到通知，2 月 28 日夜间，明华感觉胎儿开始躁动，肚子不时作疼，这是临盆的先兆。29 日一大早赶到 301 医院急诊，马上收进妇产科病房。再次请来心内科医生会诊，说心脏情况不好，不宜马上生产。于是给明华打了一针吗啡，设法把产期延后，并让我签了一纸"生死状"，说必要时要剖腹产。听说济南军区司令员的女儿也是风湿性心脏病，十几天前在 301 医院妇产科生孩子，剖腹产感染后不幸去世，所以他们格外紧张。延后到 3 月 2 日一早，明华肚子疼得厉害，实在控制不住了，妇产科打电话通知我赶紧到医院。等我急匆匆赶到病房时，明华已经被推进产房。医生让我穿上白大褂、戴上口罩，破例让我进产房探视。我在床边说了几句给她加油鼓劲的话，就退了出来。我在产房外边的楼道里来回踱步，度秒如年，默默祈祷他们母子平安。煎熬了个把钟头，医生终于出了产房，告我手术产下一个男婴，母子平安。我悬在半空中的心这才算放了下来，一看手表，10 点 15 分。

由于妊娠期明华不敢服药，怕影响胎儿发育，也不敢吃得太多太好，怕胎儿太大，生产时困难，所以孩子生下来只有 5 斤 3 两，体质孱弱。明华玩命生下孩子后，身体十分虚弱，亩元叔搞来当年很难搞到的胎盘素，给明华

打了两针。医生劝她不要自己哺乳，其实她奶水也不多，只好喂牛奶。孩子
个把星期就出院了，明华却整整住了 40 多天才出院。在此期间，我和孩子住
在海淀镇前官园杨树升家里，在杨大妈和几个同院大妈、大婶的帮助下，我
既当爹又当娘，期间还专程跑到杨树升夫妇工作的河北临漳县，赶集时买了
几只老母鸡和一筐鸡蛋，带回北京给明华补身子。父亲和亩元叔当上了爷爷
都很高兴，父亲给孩子起名"晓东"。

　　"五一"过后，我和明华启程返回新蒲上班，晓东就留在北京由杨大妈帮
忙照看，也只有这位心地善良的老同学的母亲，才会愿意承担这个带有一定
风险的麻烦事。直到晓东将近一岁时，因为杨树升也有了自己的孩子，杨大
妈要照看自己的亲孙子，晓东这才改由同院的李大妈帮我们照护。一岁半之
后，我们把晓东接到新蒲自己抚养。这时已是 1973 年的秋天。

　　像明华这样已经有明显心衰症状的风湿性心脏病人，能平安怀孕生子，
实属奇迹，这不能不感激杨医师高超的医术。回到遵义后，明华又去找杨医
师看病。他说明华因妊娠期停药，产后身体虚弱，须认真调养一段时间，于
是重新给她配药。服药一段时间之后，明华身体果然逐渐见好。杨医师的医
术医德有口皆碑，遵义市慕名前来杨家求医的病人络绎不绝，但他毕竟是民
间医生，没有行医执照，按当年的说法，是"非法行医"。许多到杨家看病的
人都建议我们向中央反映情况，设法把杨医师安排到医院当正式医生，名正
言顺地给更多病人看病。于是当年暑假我们回北京探亲时，专门跑到卫生部
信访办，明华现身说法，向接待人员如实反映了杨医师的情况，并给他们留
下了一份文字上访书。那阵子恰逢中央遵照毛主席的指示，大力提倡中西医
结合、弘扬中华传统中医药学的当口，我们的上访得到卫生部的重视，发专
文责成贵州省卫生部门调查处理杨医师的事情。等到我们回到遵义时，正好
碰到省卫生部门派贵阳医学院一男一女两名医生到遵义来调查情况。他们找
到杨家，跟杨医师晤谈良久，并给明华作了心脏检查，然后又按照我们提供
的线索，登门拜访了一批杨医师治过病的人。

　　过了两三个月，省卫生部门果然发出公函，把杨医师调到遵义市人民医
院中医科上班，试用期一年。大家都很高兴，称赞我们做了件大好事。可是
杨医师只去了两三个月就辞职不干了。原来，杨医师去医院后，院领导和科

室的其他医生都排挤他，专门给他出难题：你不是有本事吗？凡是癌症晚期快死的病人都让他看，这医疗效果还能好吗？杨医师还干得下去吗？想当年我们也实在是太过天真了！

乡村教师生活点滴之一　　返回遵义后我们回到新蒲中学继续上班。那年头高考尚未恢复，不像现在要追求升学率，教学工作对我们来说压力并不大，有了孩子后大量时间和精力都用在生活上了。房子没有顶棚，只隔着一层瓦，冬天很冷，夏天很热，顶棚要自己想办法找竹子搭，用报纸糊；没厨房做饭，就在房后土坡上自己挖地基、运砖瓦、挑石灰请人来建；没有自来水要到山下水井里去挑。贵州经常下雨，田埂小路十分泥泞，挑水上山实属不易。有一次，我穿着长筒雨靴下山挑水，回来走在泥泞的田埂上滑了一跤，两只水桶掉到两米高的田埂下面去了。久而久之，我的右肩压出了一个乒乓球大小的肉疙瘩，多年之后才逐渐消退。有此生活经历，我们回北京后都很自然的节约用水。

寻访当年挑水的水井（2014 年）

带晓东去新蒲前到医院向亩元叔告别（1973 年）

那时我们的工资太低，两人的月薪加起来才 85 元，两个大学毕业生居然养不起一个孩子，晓东一岁半之前在北京，每个月的保姆费还得由我父亲负担。我们平日省吃俭用辛苦攒的钱，寒暑假都送给了铁道部——买火车票回北京。在那物资短缺的年代，为了改善生活，我们在新蒲喂养过鸡、鸭、鹅、兔子、鸽子、土狗，鸡鸭蛋自给有余，还能给灯草坪的许师傅和遵义市的杨医师家送鸭蛋。明华还学会了做咸鸭蛋、泡菜、糟海椒等。那年头在乡下，养狗不是当宠物，除了看家护院，喂大后就杀了吃。有件事给我留下的印象太深了：一个星期天，我家喂养的黄狗要杀了请客，我站在几米开外的土坡上用步枪瞄准它的头部，两手却在发抖，最终还是下狠心扣动了扳机，不料子弹没打中要害，黄狗疼得号叫着流着鲜血往家里跑，钻进了房门口我给它搭的窝。我追回家把它从窝里拖了出来，当时它看我的眼神，让我永生难忘——既恐惧又哀求又不解，没想到平日对自己那么好的主人，现在竟然要它的命。事已至此，我也不能手软，这条狗最终还是被我吊死了。不过狗肉做好之后，吃起来我一点也不觉得香。从此我再也不忍心亲自动手杀狗了。

新蒲水田里黄鳝、泥鳅很多，到了夏天，我和陈泰华、王先冲、郑本忠几个老师常常夜间打着火把，结伴去抓黄鳝、泥鳅，每年夏天少说也能抓到二三十斤，吃了对大人小孩的身体不无小补。

晓东刚从北京接到新蒲时，当地买不到鲜奶，吃的奶粉都是老同学俞新天从内蒙古寄来的。孩子没有玩具，我就自己动手用木头给晓东做了一支冲锋枪、一辆汽车，涂上漆后很漂亮，几可乱真。这辆汽车有两尺多长、一尺多宽，四个轮子用当地木质很硬的青杠木打磨而成，安在粗钢条上，可以转动，系上绳子拉得动两个孩子。学校郑本中老师的幺儿小华、陈泰华老师的幺儿小崴，跟晓东的年岁相差不多，三个小家伙经常凑在一块玩。有一天下雨过后，明华和我都在上课，晓东突然跑进明华的教室里来，浑身湿淋淋的，脸上还涂有泥巴。全班学生一看他那狼狈相，哄堂大笑。晓东不干了，竟号啕大哭，躺在地上打起滚来。明华只好暂停讲课，带他去换衣服。一问才知，几个小家伙到田埂上玩，晓东一不小心掉到田埂下的水田里了，好在没出什么事，只是搞得一身泥水。

贵州乡下人都喜欢用竹篓背孩子、背东西。我们也入乡随俗，买了个背篓用了好几年，每次赶场就把晓东放进竹篓里背着去，买了东西往背篓里一装，牵着晓东回家。这只背篓不仅结实耐用，还真见过世面哩——每年寒暑假我们回北京探亲，用它装贵州的土特产；回新蒲时又用它装贵州短缺的日用百货、食品等，立下过汗马功劳。

晓东在娘胎里就先天不足，小时候体质很弱，夜里常常尿床。后来听人说，让小孩子吃白水煮的新鲜胎盘治尿床很有效。于是我们就托人从区医院设法搞来一个胎盘，洗净后煮给晓东吃，略有效果，但并不显著。除了尿床，晓东小时候吃饭就跟打仗一样，连哄带吼才勉强吃下一小碗。回北京后，前官园的大妈、大婶都说这孩子肚子里有积，于是连续10多天从海淀镇带他去东城区宽街中医院挂号捏积；长大些后，又说这小子有"多动症"，又带他去安定医院治疗"多动症"……总之，这孩子没少折腾我们。连明华母亲都说，晓东长大后身体能那么好，真是不容易。

乡村教师生活点滴之二　遵照毛主席的指示，"教育要与生产劳动相结合"，有一年，附近的白沙生产队拨给新蒲中学两块旱地，作为学校的"教学基地"。学校决定种油菜籽榨菜油。老师们带着学生翻地播种，挑大粪施肥，夜里还要轮班去给菜苗放水。秋天收割时，我正割得起劲，一镰刀下去，只见一条好大的毒蛇盘绕在地上，差一点就碰到它，把我吓出一身冷汗。

山区农村的孩子上学很不容易，有的离学校很远，天不亮就要打着火把出门，翻山越岭，家里穷得冬天连棉袄都没有，穿着单衣单鞋来学校读书，中午啃块带来的玉米面做的铁饼子就算一餐饭，教室里又不生火，冻得他们够呛。我和明华资助过几个家里十分贫困的学生，有个姓黎的住校高中生，没钱买食堂的饭票，在我家吃了一个学期的饭。当地老乡很纯朴，对学校老师很尊重、很好，老师有什么困难都会尽力帮助。我家搭顶棚用的竹子，大都是附近农村的学生上学时一根一根给我扛来的。过年过节杀了猪，都会请老师到家里好酒好肉热情款待，唯恐不周。

说到顶棚，还有一件趣事。学校里老鼠很多，我家顶棚搭好后，每天晚上熄灯睡觉后，都会有一群老鼠跑到顶棚上来"开田径运动会"，搅得我们没法睡觉。我观察后发现，这些老鼠都是通过一根电线从地面爬到顶棚上去的。于是等到夜深人静老鼠又来折腾时，我突然打开电灯，手拿平日下乡时用的那根打狗棍，在电线旁边等着，灯一亮，老鼠很快一只接一只从顶棚上往下爬，想逃走。这时我手起棍落，下来一只打一只，一打一个准。有天晚上我一连打死了三四只好大的老鼠。第二天早上都给我们家喂的狗当点心吃了。

新蒲中学三面是旱地和稻田，不仅老鼠多，蛇也多。食堂做饭的刘师傅（女）家在坡下的水田边，他们家有四个孩子，同挤在一张大床上睡觉。有一年冬天，早上起床时掀开被子一看，吓死人了！居然有一条花斑大蛇蜷缩在被窝里，跟这几个孩子同床共眠了一个晚上。

新蒲中学的文艺活动不怎么样，但体育活动却很活跃。以陈泰华、周德品、杨宗福为主力，包括王先冲、郑本中和我组成的教师男篮，在新蒲区这个小地方，打遍各机关无敌手，但打不过061系统和蚕科所。教体育的郑本中老师调教学生女篮有方，在新蒲区范围内所向无敌。有一年学校开运动会，由陈泰华、王先冲、郑本中和我组成的400米接力队，完胜本校高中生组成的接力队。我跟学生们一起参加跳高比赛，学生们只会跳剪式，我光着脚采用俯卧式跳过1米42，得了第一名。这些学生从来没见过我这个跳法，感觉很新奇。2014年我回遵义见到他们，这些老学生还津津乐道。

当年新蒲中学师生组成的民兵在训练（左一为杨宗福老师），作者在最后一名（1973年）

说到周德品和杨宗福，新蒲中学的这两位本地老师酒量大是出了名的。特别是杨宗福，嗜酒如命，一天不喝就没法过。有一天晚上，他从外边回到学校，进屋后连灯都还没顾得上开，先从床底下摸出一瓶"酒"来，揭开瓶盖仰起脖子就往肚子里灌，刚灌进嘴里一小口，就"哇"一声赶紧吐了出来——这哪里是什么酒，原来是一瓶不知什么时候放到床底下的煤油，这糗算是出大了！我们离开新蒲后没几年，听说杨老师因喝酒过量而不幸暴毙，年仅50来岁，可惜了这位忠厚老实而又十分敬业的老教师。

爱喝酒是遵义的民风。遵义地区盛产好酒，茅台酒自不必说了，还有董酒、习水大曲、鸭溪窖酒等好酒。好酒太贵，当地一般老百姓能喝到玉米酿制的苞谷酒就不错了，最便宜的是青杠籽酿的青杠酒。每到赶场天，学校西边那条通往新蒲街上的土路上，总能看见几个喝得烂醉嘴里哼着小曲摇摇晃晃回家的酒鬼。我在新蒲工作了那么多年，酒桌上划拳倒是学会了，可就是学不会喝酒，有几次不小心喝醉了，吐得翻江倒海要死要活的。有一年学校组织教师们去仁怀县参观茅台酒厂，来到地下酒窖，酒厂的技术人员给我们介绍完茅台酒的特点之后，特许我们品尝。周德品、杨宗福等几个酒鬼可是高兴坏了，开怀痛饮，一点事儿都没有。我只品尝了一小口，真是又香又醇，于是又多喝了一口。刚喝完没什么感觉，过一会可就来劲啦，头开始发昏，脸红脖子粗，心脏像是要跳出来，路也走不稳了，赶紧坐下来大口大口喘气，过了好一阵子才缓过来。

乡村教师生活点滴之三　　还有一年，学校团委举办纪念"五四"青年节的活动，从附近061系统的工厂借来两部卡车，组织全校共青团员去娄山关过团日，由陈泰华、陈纯齐老师带队，安排我负责介绍五四运动的历史和"五四"青年节的由来。活动举办得很顺利，不料返回学校的途中，天突然下起了大雨。我们前面的那辆车上，有人把国旗和团旗裹在自己身上挡雨。回到学校后，一个都不许走，全体集合训话，那辆车上的团员被我们几个带队老师狠狠地批评了一顿。用国旗和团旗挡雨的团员和车上的团干部作了检讨之后，才解散回家。利用这件意外发生的事，对学生们进行了一次活生生的尊重爱护国旗、团旗的教育。

1976年7月，为纪念毛主席畅游长江10周年，遵义县举办横渡乌江的活动，我和几个老师带着一批学生也参加了。那天我们一大早就出发了，还没等到下水，天下起了大雨，肚子早就饿了，冷得要命，原定9点下水，一直拖延到10点半雨停了才开始横渡。大雨过后江水暴涨，黄涛滚滚，十分湍急，大大小小的漩涡打着转，水中漂着许多树杈。我从没在这样湍急的水流中游过泳，想起小时候在蕉岭老家差点被洪水淹死，不免有些心虚，但众目睽睽之下岂能退缩？于是壮着胆子还是跳下了水。急流中根本无法掌握方向，我只能随波逐流，奋力向对岸漂去。我斜着漂了好远，终于有惊无险地流到了岸边，冷得直打哆嗦。这时我已经精疲力竭，如果在水里再多待一会可能就爬不上岸了。在这样恶劣复杂的气候、水文条件下搞这种活动，主办领导也真够胆大的！

20世纪70年代上半期，我国的周边形势仍很紧张，1974年冬天，新蒲中学接到一个政治任务——参加国防工程建设，协助部队挖掘敷设通往云南的战备电缆的地沟。时间紧，任务重，学校安排我到高三毕业班，协助班主任杨宗福，负责最难挖的地段。这里有一块菜地，地下有块大石头，没有炸药炸，只好像蚂蚁啃骨头一样，用12磅的大铁锤一点点敲碎它。还有一块烂泥田，同学们站在冰冷的深至大腿的烂泥里，费了好大劲才挖出一条沟，一场大雨过后烂泥又把沟给填满了，还得重挖。后来想了个办法，从山上砍来树枝，在沟两边筑起了两道围栏，把稀泥巴挡在两侧，这才解决了问题。几公里长、一米宽、两米深的沟全线挖通验收合格后，开始扛电缆准备敷设了。几公里长的电缆每两米一个人，同时把电缆抬起扛在肩上，在沟边小心翼翼地行走，不允许随意弯曲折叠。就位后一声令下，几百人同时将电缆慢慢放到沟底，待测试合格后才能填埋。我们班的人恰好在自己挖的地段放置电缆，那块烂泥田里挖的沟已经泡满了水。跟着我们的解放军事先向我们再三强调说，如果电缆放到水里冒出气泡，说明电缆有缝隙正在进水，必须立即把电缆拉出水面，不然电缆在水里的时间越久报废越长，一米长的电缆要几百块钱，比你们老师半年的工资还多。

越担心越出事，电缆放进水里后，果然有个地方很快冒出了水泡。同学们面面相觑，不知如何是好。我一看不好，衣服都没顾得脱，"扑通"一声就跳进了冰冷的水里，把电缆捞了出来。大家把我拉上岸来，我冻得全身发抖，有人赶紧给我披了件军大衣。不久后，学校通知我说，部队给我记了个三等功，还颁发奖状给我。

1975年秋，学校安排我当初中二年级的班主任。这个班有两个调皮的农村学生，经常不来上课，来到学校也是时常打架闹事不好好上课。我读高中时当过少先队辅导员，对付调皮学生的经验这下又有用了。我利用星期天下乡走访这两个孩子的家，发现他们家里都很穷，年龄不大却都早早成了家里的主要劳动力，家庭负担比较重，根本无心上学。于是我就向学校说明情况，帮助他们申请助学金，并自掏腰包买些文具送给他们，多少给他们解决点实际困难，并对他们的家长说明读书的重要性。我还利用他们贪玩的天性，星期天跟他们一起去抓鱼、上山割草、采野果、在草地上摔跤；到学校后，课间跟他们一起打篮球，他们跟我混熟了，再也不怕老师了，也很少再旷课，有了明显进步。受到我的表扬之后，他们更知道自尊自爱了。

一般来说，工厂和机关干部的子女家庭条件比较好，学习也就比较好，农村同学往往有一种自卑感。为了发挥农村子弟的强项，消除他们的自卑感。第二年（1976）的春天，我跟白沙生产队商量，把他们在学校旁边的一块水田借给我们班当作水稻种植试验田，说好了秋收时全部收获都归生产队。他们满口答应，这下子我们班农村来的同学可就大显身手了，犁田、耙田、育秧、插秧、挑牛粪猪粪、上山割草沤绿肥、除草、除虫等等，比工厂和机关干部的子女能干多了。秧苗长势喜人，秋收时大丰收，生产队会计陈发子说，这块田比往年至少多收两成。

与当年新蒲中学部分师生欢聚在新蒲（2014年）

晓东跟当年的小伙伴小华（左）
和小崴（右）

1976年是中国的多事之秋。1月8日周总理去世，7月6日朱德委员长去世，紧接着7月28日唐山大地震，9月9日毛主席去世，10月6日"四人帮"倒台，中国的政治舞台发生了历史性的重大变化。这一年的秋天，我带的这个班升入了初三年级，刚开学不久，毛主席逝世的噩耗传来，新蒲区在新蒲中学大操场举行隆重的追悼大会，各机关、学校、公社、生产大队致送花圈。我们班做的大花圈直径一米五，中间一个"奠"字，四周插上五颜六色的鲜花，与众不同的是最外层一圈用我们班自己种的黄澄澄的谷穗环绕而成，格外引人注目，被摆放在主席台上的显要位置，受到大家的啧啧称赞。

调往河北涞水　虽说有杨医师给明华悉心调理，延缓了病情的发展，但贵州高原多雨潮湿的气候和出门就要爬坡的地理环境，毕竟不适合明华在这里继续工作、生活下去，心衰症状再次出现，病情有进一步恶化的迹象。到了1975年初，我们又动脑筋开始活动，想挪个地方。北方回不去，那我们调回广东老家好了，回去正好照顾老阿婆。没想到蕉岭县看了我俩的档案，说"可教子女"不要，就连老阿婆亲自出马到县里陈情也没用；老家回不去，那我们调到条件比较好的遵义市总可以吧？遵义会议纪念馆的蔡馆长是个老红军，听说我俩是北大历史系毕业，既可搞研究，又可当讲解员，很想要我们。遵义会议纪念馆直属省委宣传部，报告打上去，调档一看，"可教子女"也不要；后来遵义南宫山铁路部门想调我们去搞宣传工作，调档一看，也不要。那时"文革"尚未结束，"四人帮"还在兴风作浪，全国各地极"左"思想路线根深蒂固，流毒甚广，"可教子女"想调动工作，谈何容易！

　　早于1975年，明华妈妈已从"五七"干校回到北京。1976年暑假我们回到北京，跟家人商量我们调回北方的事情。北京一时回不去，决定分两步走：先进行"民主革命"，设法调到离北京比较近的河北境内；等有机会时再进行"社会主义革命"，调回北京。事后证明这是可行之策。此时，父亲抗战时期东区服务队老战友丘继英的侄子丘思聪来看望父亲。一问才知，他在河北涞水县一所农村中学里当教员。涞水县的北边与北京房山县仅一河之隔，东边则紧临京广线上的高碑店，几十分钟的火车即可到达北京。丘思聪满口答应愿意帮忙把我们调到涞水。

　　就这样，经过丘老师的活动，河北涞水县教育局同意接收我和明华去涞水工作。暑假结束后我们刚回到新蒲不久，遵义县教育局便收到了河北涞水县教育局的商调函。我们高兴得要死，以为很快就可以离开新蒲调回北方了。不料天有不测风云，县教育局说，必须学校和区里签字盖章同意才能放行。学校自然不成问题，可区领导找了几个人帮忙说项也不管用，急得我和明华团团转。原因何在？后来我们才搞明白：原来区领导干部分成两派，勾心斗角，势同水火，不久前全区干部集中开会"整风"，学校老师也参加了，有人贴出匿名大字报揭发区长的问题，让他十分恼火。他怀疑这张大字报是区里的另一派指使我写的，想利用我们急于调走的心情，用卡我们的阴招来迫使我向他坦白，说出匿名大字报的幕后指使人。明华一听急了，找到区长说："得罪你的是徐博东，跟我没关系，我现在就跟徐博东离婚，你赶快给我签字放我走，不然我死在新蒲唯你是问！"这位区长没辙了，后来由我的老同学王贵锁出面调解，区长才很不情愿地签字放人。

经过近两年的折腾，1976年10月下旬，我和明华终于调离工作生活了六年半的贵州遵义，带着已经四岁半的晓东，来到河北保定地区的涞水县，开始了新的工作与生活。

新蒲中学如今是遵义市十五中
（左为陈泰华老师）

在当年新蒲中学教师宿舍原址合影留念
（2014年）

遵义市十五中（原新蒲中学）校园（2014年）

在新蒲工作的六年半时间，可说是我和明华最美好的青春年华，我们在那相对艰苦的年代里为山区教育事业付出过心血，做出了自己微薄贡献。2014年，当我回到新蒲旧地重游时，真是令我大吃一惊，新蒲早已并入遵义市，成为遵义市新区，方圆十几公里的范围内大小山头被夷为平地，盖起了一幢幢高楼，新建的机关、学校、商店、餐馆、文化娱乐场所星罗棋布，宽阔的马路四通八达，车水马龙，十分热闹，成了现代化小城市，让我完全认不出原来的地形地貌了。这些年新蒲新建的中小学就有遵义市十四中、四十中、四十二中、北师大附小、遵义师范附校、新蒲二小、三小、文化小学、老城小学分校等十几所，原来的新蒲中学已经更名为"遵义市十五中"，校园比我们在时扩大了好几倍，老校舍早已不复存在，新盖了好几幢教学大楼、办公楼、学生和教师宿舍、食堂，宽阔的运动场，校园里遍植花草树木，一派生机勃勃的景象，令我倍感欣慰。当年建校时我精心设计的沙盘成了"小儿科"，新蒲的变化正是中国改革开放以来发展变化的一个缩影！

（二）在河北涞水县农村

调离遵义后，我们先回北京住了几天，11 月初去涞水县教育局报到。

被安排在石亭中学　涞水县隶属于保定地区西北部，约三分之二是平原，三分之一是山区。报到时方知，涞水县有个土政策，夫妇俩都是教师的话，不能在同一所中学里任教，除非愿意到山区学校。我们一听急了，找到教育局的翟局长，心平气和地对他说：第一，我们在贵州山沟里已经工作了六七年时间，刚刚下山来；第二，正因为张明华有心脏病不适宜在山区工作，我们才调到涞水的；第三，把我们俩分到不同学校，一家三口无法互相照顾，反而会影响工作。经过我们据理力争，再加上丘思聪跟翟局长关系不错，从旁极力帮我们说话，翟局长大概也觉得我们说得有道理，也就破例批准了我们的请求，同意把我们分在同一所中学，条件是不能留在县城附近，让我们去涞水县最北端的石亭中学任教。我们查看地图，石亭中学位于山脚下，与北京房山县只隔着一条拒马河，有长途汽车经张坊转车通往房山县城，再转车后一个多小时即可到达北京市区，也就欣然同意了这一安排。从此，我们在石亭中学工作了三年多，直到 1979 年 12 月调回北京。

石亭中学的校领导对我们的到来态度不冷不热，但老师们却都十分热情，问寒问暖，有求必应。校领导把校门口传达室对过的一间半空房子给我们住，几天后待我们把家安置妥当，给我们安排工作，让我教初三毕业班语文，明华教高中历史。这时是 11 月下旬，离学校放寒假已不到两个月。

到校后才知道，石亭中学的老师竟然将近一半家在北京，有的是大学毕业后直接分配来的，也有像我们一样从别的地方调来的，都是因为这个地方回家方便。他们说，我们天天都盼着能早点调回北京，你们却自投罗网调到这儿来干嘛？觉得不可理喻。我说，还不是跟你们一样，先完成"民主革命"，然后再进行"社会主义革命"！一到晚上，外地和本地的孤男寡女都喜欢凑在一起聊大天，我也常去跟他们凑热闹。他们抽的都是烟丝或烟叶，我却抽香烟，后来我发现这样不行，跟他们凑到一块，一包香烟一下子就发出去半包，所以我也改买烟丝或烟叶来抽。我学会卷烟丝、烟叶，就是在那个时候。

涞水的山区盛产核桃、苹果、柿子等水果，品质都很好，著名的旅游风景区野三坡就在涞水县境内的深山区。那时候，石亭中学的教职工中有人家在涞水山区，每年一入秋，我们学校的老师都请他们帮忙，没少买核桃、苹果、柿子等水果，保存得当，可以吃好长一段时间。

石亭中学与新蒲中学之比较　新蒲多雨潮湿，石亭虽然干燥，但冬天很冷，气温至少比北京低三四度。学校安排给我们的住房坐南朝北，三合土打的地面，三个窗户只有窗户框，连玻璃都没有，寒风猛往屋里灌，我们也顾不得屋里会不会太暗，用一层层的报纸把窗户糊得严严实实的；没有火炉取暖做饭，好在我在新蒲时学会了打灶头，于是就找来砖头，和好黄泥巴自己砌了一个；这里不像新蒲，买不到煤块，烧火做饭取暖都是用煤末加黄土做成的煤饼晒干后备用，煤末和黄土的比例若不合适，火力很弱，所以夜间我们的屋子里都冷得结冰。那年在石亭中学过冬，可把我们冻坏了，特别是晓东，感冒了好几次。于是一放寒假，我们就赶紧逃回了北京。

论生活条件和品质，石亭真比新蒲差好远。冬天冷还可以多穿衣服，晚上多盖被子，吃饭尽是粗粮可就没辙了。这里的主粮大部分供应的是玉米面，只有少量白面，大米根本就没有，除非赶集时到集市上去买高价大米。我们在学校食堂吃饭，几乎顿顿吃窝窝头，偶尔吃一次馒头、包子或烙饼、炸酱面，那就跟过年似的。我们一家三口都习惯吃大米饭，晓东更是从小没吃过窝窝头，吃窝头就像会刺嗓子似的，很难下咽，每到吃饭，一见窝头就皱眉头。所以我们只好在其他方面尽量节俭，省下钱来到集市上买些高价大米、鸡蛋、蔬菜，有时也会割点肉或买只鸡来，礼拜天自己做饭吃，改善一下生活。不过，在石亭生活上最大的好处是明华出门不用爬坡了，而我也不用下山挑水了，这里有自来水。

1976 年 10 月，"四人帮"反革命集团被粉碎，持续了十年之久的"文化大革命"结束，全国范围内掀起了揭批"四人帮"的高潮。至 1978 年 12 月两年多的时间里，我国社会主义建设在拨乱反正中进入了新的历史时期，正常的组织秩序得到恢复，各项政策得到逐步落实，并初步平反了一些冤假错案。这时，学校的教学工作也逐渐走上正轨。石亭中学的教导主任 60 来岁，姓王，抓工作很认真严谨。学校按照学科组建有教研室，经常要一起备课，互相听课，王主任也常深入到各个年级去听课。特别是 1977 年恢复高考大学开始招生后，职业技术学校也开始招生，学生们看到了奔头，学习比较努力，学习空气开始浓厚。所以，老师要想像以前那样打混，得过且过也不容易了，教学都比较认真负责。

石亭中学的课外活动开展得不好，我们在那的几年里，学校从未开过运动会，也没任何学生社团，唯一例外是有学生男女篮球队，由体育老师执教。我到校后喜欢课余时间去打打篮球，活动活动，于是第二学期，体育老师就说通了校领导，把带学生女篮的事推给了我。那时我除了教课，没当班主任，没借口推脱，只好接手。我哪里会执教篮球？真是赶鸭子上架，只好回北京时到书店买了本训练打篮球的小册子，现学现卖，冒充内行，装腔作势地乱教，执教效果可想而知。不过，体育老师很喜欢带着他执教的男女篮球队到附近的农村中学去打比赛，石亭中学毕竟是方圆 20 公里范围内老师学生最多的完全中学，学生篮球队拉出去还是能够称王称霸。有一段时间，为了锻炼身体，我每天下午课后都在学校的空地上打上一两个小时的羽毛球。有几个老师也喜欢打，可是他们大都打不过我，我一个人可以对付他们两个，打得浑身大汗淋漓才尽兴收场。

石亭中学的学生来源不像新蒲中学，绝大多数是附近村里的农民子弟，没有住校生，大部分学生每天都骑自行车来上学。自行车对他们来说是不可或缺的唯一交通工具，就像村里拉车耕地的骡马一样被十分珍惜。上课时，学校院子里、树荫下，整整齐齐地摆放着一排排自行车。多数自行车的车把上都套有五颜六色的用毛线织成的套子，车头上还系有红绸带结成的大红花，打扮得很是漂亮，成为校园里一道很特别的风景线。

第二年（1977）秋天开学后，学校让我们搬进了一套三间朝南的教师住房里，居住条件才得到改善。由于我教课用心，得到学生们的普遍好评，校领导又让我担任初二一个班的班主任，算是开始"重用"我了。

我那个班有好几个学生家在离石亭村不远的义和庄，后来我调回北京，从事中国近代史教学与研究，才知道1900年闹义和团的时候，石亭这个地方曾经发生过一次影响很大的战斗，史称"涞水之战"——当年5月，涞水县两千多义和团民在石亭村外的道沟里设下埋伏，把前来镇压义和团的清军副将杨福同率领的马步兵杀得人仰马翻，当场毙命70多人，连杨福同本人也成了义和团的"刀下鬼"。村子起名"义和庄"，应该是为了纪念义和团，那几个学生很可能就是当年义和团的后代。不过，大学里使用的《中国近代史》教材，把"涞水之战"说成是发生在"从涞水到定兴半路上石亭村外的山沟里"，还说"两岸高山耸立"云云，这显然是编书者的杜撰。石亭村位于涞水到房山县的半路上，而非定兴县；石亭村在平原上，只有雨水冲刷出来的走马车的"道沟"，何来"两岸高山耸立"的"山沟"？

全村只有一部电视机　　石亭村在这一带农村来说是最大的村子了，约有上千户人口，是公社的所在地。那时候，乡村根本谈不上有什么文化娱乐生活，县电影队偶尔来放一场电影，公社大院里真是人山人海，像赶集一样热闹，因此打架斗殴、偷盗的事也时有发生。这时候北京城里已经有彩色电视看了，可这里连一台黑白电视机都没有。后来学校领导下了狠心，决定从学校经费中省出一笔钱来，让家在北京的老师想办法到北京搞一部彩色电视机来。还是教数学的史达伟老师有办法，不久之后让他搞来一台21英寸的大彩电。彩电运到学校时，大家欢天喜地，就像迎接新娘进家门似的，还放了一串鞭炮。学校请来木工给电视机打了个漂亮的木箱子，把彩电摆放在会议室的窗台上，屏幕向外，白天电视机装进木箱锁好，关严窗户。打这之后，每到晚上学校可就热闹了，天还没黑，学校的老师和家属孩子早早就把椅子、板凳摆到电视机前，占好位置，天刚擦黑，村里的男女老少纷纷赶来，在电视机前围了黑压压一大片，来晚了的只能站在后边的凳子上，兴致勃勃地观看，时而一片寂静，只听到电视机里边的人在说话，时而全场笑声、鼓掌声、欢呼声响成一片。现在想来，那真是温馨而又苦涩的场景。

明华病急，我考硕泡汤　　转眼就到了1978年。不知明华是因为教学工作繁重，还是因为不习惯石亭乡下冬天的寒冷，抑或带孩子太过辛苦，还是因为我们离开遵义后没再服杨医师调制的药，或许四者兼而有之，总之这年开春以后，明华的风湿性心脏病又有所发展，心衰再次出现，夜间睡觉无法平躺，到了4、5月份，更发现咯血现象。这学期她给高三毕业班上历史课，准备参加高考。我几次劝她请假回北京好好检查一下，她都不肯，说等学生毕了业，放了假再说。我知道她的倔脾气，认定了的事再劝也没用，只好随她。

从1977年冬天开始，停止了11年之久的高考得到恢复，1978年夏天又恢复招收硕士研究生。在明华的鼓励下，我和学校的另外两个老师一起报了名，决定投考研究生。6月初，我请了两天假，回北京到母校北大历史系了解系里招收研究生的情况，见到的老师都鼓励支持我投考。随后我坐长途汽车经房山返石亭，张坊下车后，我打算徒步走回石亭，突然见到两个我们学校的老师，他们早就等在那里了，说是专门骑自行车来接我回学校的。我颇感意外，一问才知，我回北京之后明华就病倒了，学校老师正在等我回去拿主意呢。

我心急火燎地回到学校，进家一看，明华平躺在床上，已经一整天没吃东西，说话有气无力，她说胸口憋闷得厉害。我知道她心衰发作，请老师们帮忙抬到离学校不远的公社卫生院去给她输氧、服药。一时找不到担架，几个身强力壮的大汉竟然扛来一架手推大板车，七手八脚小心翼翼地把明华抬上了车，扛起来就往卫生院走。明华输氧、葡萄糖点滴后，病况有所好转，可是第二天早上服药后病情又突然恶化，心跳、血压都很不正常，气若游丝，连呼吸都开始感到困难。医生束手无策，拿不出治疗方案，建议我们立即转往北京大医院，越快越好。老师们在病房外围着我，让我赶快拿主意。必须转院去北京是肯定了的，史达伟已经出发到附近的驻军去找车，但走哪条路却难下决心：走房山那条路最近，但半路有很长一段正在修路，坑坑洼洼，车子颠得厉害，怕明华心脏受不了；走高碑店去坐火车，路远还要等火车费时，怕来不及。我来回踱步，沉思良久，我知道，我的决策攸关明华的生死，非同小可。此时，达伟从部队借来的一辆北京吉普已经停在卫生院门口，时间就是生命，已容不得我再犹豫不决。于是我下决心赌一把，走房山这条近路，但要求公社卫生院派医生跟车随行，以防半路不测之需。事后证明，本人的决策完全正确：把明华送到宣武医院，心内科医生检查过后，再看我们随身带来的治疗用药记录，大吃一惊，说服洋地黄（一种治疗心脏病的药）超过正常剂量的好几倍，明显的是洋地黄中毒，说你们再晚来一步，病人就没救了，于是立即采取措施施救。阿弥陀佛，有福之人大难不死，用药、输氧几个小时之后，明华的病情果然转趋平稳。

明华的病情平稳下来之后，留在北京继续住院治疗，我则把晓东带回石亭，又过起了既当爹又当娘的生活，一边上班，一边复习功课，继续准备研究生考试。可是，此时我已方寸大乱，一心惦记着医院里的明华，那还静得下心来复习功课？考试结果可想而知，考了三门，历史专业试卷考得还算马马虎虎，蒙了60多分，过了及格线，英语、政治两门，每张试卷仅得十几二十分，名落孙山，重上北大的"攻硕之梦"就此破碎。我们石亭中学三个老师报考，其中一人被中国科技大学录取，拿到硕士学位后听说到美国深造去了，再后来就不知如何了。

1979年寒假我带着晓东回到北京，通过明华妈妈老战友的帮忙，先是把晓东送进了托儿所，半年之后放暑假时晓东已经六岁半，又设法把他送进小学开始读书。当时，我们全家户口都还在涞水，晓东进托儿所和上小学都费尽了心机。

明华手术成功，全家重返京城　此前，明华经她在宣武医院胸外科当主任的表姐夫董宗俊大夫帮忙引荐，已从宣武医院转到301解放军总医院，住进胸外科病房，准备做心脏二尖瓣剥离术。这种开胸大手术必须在体外循环（心脏停止跳动，用体外循环机代替心脏功能）下进行。当时，这种手术从美国引进的时间不长，危险性较大。301总医院的胸外科主任苏鸿熙教授，是从美国留学回国的著名胸外科专家，在心血管外科学领域有多项开拓性贡献，是我国心血管外科学的开拓者之一。1979年夏天，明华的手术由苏教授亲自主刀，结果有惊无险，进行得很顺利成功。术后明华的心脏功能得到很大改善，像换了一个人似的，不过苏教授警告明华说：你必须好好保养，我只能保证你十年之内不出大问题。明华时年33岁。

经此变故，再加上早在1977年我父亲和明华母亲的所谓"历史问题"已经得到彻底平反，落实政策恢复了工作，二老在北京都孤身一人，身边没有子女。时机已经成熟，我们开始想办法调回北京，进行第二步的"社会主义革命"。为此，当年秋天，明华术后出院留在北京家里休养，负责照顾晓东上学，我则回石亭一边在学校上课，一边在北京—涞水—保定—石家庄之间来回奔跑调动的事情，跟学校请了好几次假，经过三四个月的努力，在父亲、明华妈妈和亩元叔好几个老战友的出面帮助下，终于在1979年12月从涞水调回北京。其中的甜酸苦辣，点滴在心头。据悉，自我们离开石亭之后，家在北京的老师后来也都陆续调回了北京。

就这样，我和明华结束了将近十年的乡村教师生活。在这十年中，我们虽然在山区，在农村，在社会的最底层，物资匮乏，工作和生活条件都比较艰苦，明华还险些丢了性命，但我们更了解了社会，与底层民众同甘苦共患难，精神生活是充实而富足的。我们经受住了艰苦生活的磨炼，变得更加坚强更加自信了，这为日后的工作与生活奠定了坚实的基础，我们的青春没有虚度！

十三、基东三兄弟在台事业有成

60年代中期到70年代中期，正当大陆搞"文化大革命"，国民经济面临崩溃边缘之时，在台湾，国民党当局抓住了西方资本主义经济转型掀起第三次浪潮的机会，推动台湾经济向工业化社会转变，在60年代末实现了经济起飞，70年代建立起了以加工出口工业为导向的外向型经济体制，进入了工业化快速发展时期，成为"亚洲四小龙"之首。政治是经济的集中体现，伴随着经济的转型发展，台湾的社会政治生活也发生了重大变化，"一党专政"的独裁专制体制已难以为继，"民主化"浪潮开始席卷台湾。1975年蒋介石去世后，蒋经国推行"革新保台"的"本土化"政治路线，80年代台湾政治开始步入了转型期。

正当我和明华从北京大学毕业后在贵州、河北农村当乡村教师，走南闯北，结婚生子，艰苦拼搏之时，我在台湾的三个弟弟基东、海东、思东也事业有成，结婚生子，各自寻找到了生活的坐标。母亲的辛劳终于告一段落，进入了收获期。当然，这些情况那是直到20世纪80年代末全家得以团聚之后我才知道的。

先说大弟基东。基东 1971 年在金门服完兵役后回到台中，谋得台中县（今台中市乌日区）私立明道中学的教职，担任理化教师。在此期间，基东与同校的英语老师王亦慧相识相恋。

"来来来，来台大；去去去，去美国"，那时候台湾学子赴美留学深造蔚为风潮，1974 年基东经过申请，也被美首都华盛顿特区的天主教大学化学系录取。但早于"文革"初期父亲就已停止往台湾汇款，母亲手头经济拮据，连基东赴美的机票钱都是靠基东自己教书三年省吃俭用节省下来的，不足部分从基东的干妈应棠阿姨那里借了 300 美元凑齐，这才顺利动身赴美留学。基东很珍惜留学的机会，在美学习很刻苦，仅用了两年时间就拿到化学硕士的学位。同年，基东返回台湾与亦慧成婚。婚后亦慧随基东赴美，全职照顾基东的日常生活。基东则全身心攻读博士学位，两年后又顺利获得化学博士学位。这一年 3 月，长女珍琇出生。同年 4 月，基东到威斯康星大学（麦迪逊校区）药剂系担任博士后研究员。1982 年获聘美国宾夕法尼亚州的罗门哈斯化学公司研究员职位。这时候，基东的经济状况才根本好转。同年 12 月次女珍祥出生。

基东自幼聪慧，富于钻研精神，在罗门哈斯公司任职期间，先后获专利 40 项，成为一名国际知名的应用化学家。他因工作努力、业绩突出，不断升迁，最高职位是资深高级研究员。研究项目包括农药和工业用杀菌剂的发明和开发，他仿昆虫蜕变激素发明的"环保杀虫剂"，于 1995 年获得"全美年度发明奖"，至今仍被广泛运用于农业和林业领域，特别是对防治棉铃虫、提高棉花种植产量发挥了重要作用。由于该杀虫剂系列产品有益于环境保护，1998 年又获得"总统绿色化学挑战奖"。"全美年度发明奖"和"总统绿色化学挑战奖"，这两个奖项堪比中国大陆国家级的"科技进步奖"。

基东获奖后，曾应邀至美国国会大厦领奖并发表感言，此后还常被邀请到世界各地的大学或研究机构做学术演讲或短期授课（包括美国、日本、法国、英国及中国大陆、台湾等地）。期间，基东亦曾参加并主导与中国大陆沈阳化工研究院的合作项目，直到退休返台。

基东应邀到美国国会领奖并发表感言

退休回台后的基东、亦慧夫妇

　　琼华大学毕业后即开始协助父母、长兄从事本家族的家具业，负责公司亚洲地区财务与家具贸易外销等事宜。与海东结婚后，1979年生子培耕，1982年生女梓芳。她一边忙于工作，一边抚育子女，料理家务，备极辛劳。后来陈家的家族企业转移到美国，90年代海东全家也移民到美国去了。

　　再说小弟思东。思东1974年退役后参加商业专科学校考试通过，主修会计，1977年毕业。次年参加首届农会特等考试，录取后在地区农会任职，担任水果产业推广技术指导等业务达七年半时间。因工作努力认真，负责尽职，被长官推荐到中兴大学园艺学系进修一年，修习相关农业信息。返回原单位后即升任股长，主任职。1980年与林如柑相恋结婚。如柑与思东结婚后，次年生长子敏记，1984年生次子振嘉。

　　1985年中兴大学新成立单位延聘葡萄技术专才，思东报名应考被录取。到了1999年，他又公费报考本校中兴大学的园艺研究所，带职带薪以最高分录取。四年间学习了更多的专业知识，2002年获园艺学硕士学位。2005年受聘为"农委会"农粮署葡萄技术团学者专家，负责执行全台水果产业调整计划、专司产地指导、农业栽培管理课程讲习、协助各地区改良场授课、学生实习、葡萄评鉴等工作，直至2011年退休。退休后受聘为中兴大学推广中心顾问及社团法人台湾葡萄协会秘书长兼技术组长，为葡萄果树栽培技术研究继续奉献心力。此后几年时间里，思东应邀先后到大陆广西、福建、广东等地葡萄产区参观交流，担任技术顾问。2017年还应泰国皇家邀请，赴泰北山区指导无籽葡萄栽培、协助培训相关专业技师。

60 年代的母亲

三兄弟全家在台陪母亲出游（80 年代）

思东、如柑夫妇

思东全家陪母亲出游（80 年代）

人们常说："兴趣是成功的一半"，思东自幼喜欢动手，对技术充满好奇，初中毕业后不走常人路，另辟蹊径报考职业技术学校，从此在这条路上努力学习，不断充实自己，潜心钻研，终于成为在台湾乃至海峡两岸首屈一指的葡萄果树栽培专家，其影响甚达东南亚等地。

母亲含辛茹苦抚育的三个儿子，如今一个个都已长大成人，事业有成，十分优秀，并各自结婚生子，有了幸福的家庭，对她又都十分孝顺，这是我母亲最感欣慰的事情。至此，她唯一心心念念的就是早日与大陆亲人团聚了。

十四、我走上了大学讲台

自 1976 年 10 月粉碎"四人帮"、结束了长达十年之久的"文化大革命"之后，中共中央采取了一系列的措施，在各个领域进行了卓有成效的"拨乱反正"的整顿工作。特别是 1978 年 5 月，通过"实践是检验真理的唯一标准"的大讨论，冲破了个人迷信和"两个凡是"的思想束缚。在此基础上，1978 年 12 月召开了中共十一届三中全会，果断停止使用"以阶级斗争为纲""无产阶级专政下继续革命"等"左"的口号，决定从 1979 年起把党和国家的工作重心转移到社会主义现代化建设上来。这是新中国成立以来具有深远意义的战略转移。

正是在这样的历史大背景下，我和明华结束了近十年的乡村教师生活，从河北涞水调回了京城。

回到北京后，我们一家三口没有住房，和明华母亲以及已从北大荒返城的弟弟一家三口，一同挤住在中央统战部明华母亲的一套房子里。几年之后，我们有了自己的住房才搬走。明华回京后先是在宣武区红旗业大（区政府创办）教务处当教务员，几年后调到北京图书馆（今国家图书馆）上班。而我则是调入刚成立不久的中国人民大学二分校任教。①

人大二分校的成立是粉碎"四人帮"后"拨乱反正"的产物。粉碎"四人帮"、"文革"结束的第二年（1977 年）恢复高考后，仍有大量失学青年没有机会上大学，而即将开始的大规模经济建设又急需人才，于是新上任的北京市委书记林乎加，把他在天津工作时办大学分校扩大高校招生的经验移植到北京来，1978 年冬在北京办起了 36 所大学分校，扩大招生规模，并于次年 2 月正式开学上课。最初，这些分校的教师和教学管理人员都是从北大、清华、人大、师大、北航等大学本校派来兼任的。但同时也开始从中学和外地引进少量具有大学教师资质的老教师到分校任教。就在这种情况下，1979 年 12 月我调入了位于西单北大街丰盛胡同的中国人民大学二分校，成为该校的一名历史教师。起初，按照学校教务处的计划，是要引进一名能教《中共

---

① 北京联合大学成立后，人大二分校更名为北联大文法学院，后又与北联大文理学院合并为"北联大应用文理学院"至今。

《党史》课的教员的，所以学校通知我去人大党史系面试。凑巧的是，负责面试的李安葆教授是研究红军长征史的专家，他听说我从北大历史系毕业后分配到遵义工作，就跟我大谈起红军长征、遵义会议的话题来。而我早在中学时代就阅读过诸如《星火燎原》《红旗飘飘》等大量红军长征的回忆录著作；红卫兵大串联时又去过井冈山、瑞金、长汀、上杭等革命老区参访；在遵义工作那几年，也曾多次去参观遵义会议纪念馆，到红军山、娄山关等当年红军鏖战过的地方进行实地考察，还亲身横渡过乌江天险。所以虽说谈不上我对红军长征的历史有什么研究，但至少谈起来也是头头是道而且有现场感，居然跟这位李教授谈得很投机，一聊就聊了近两个钟头。大概李教授比较满意，于是面试就很顺利通过了。

当年人大二分校校门

刚回到北京时的一家三口

本来学校安排我担任中共党史教员正合我意，但不久后人大派来的教务处长江枫找我谈话，说人大党史教师很多，不缺教员，让我改教档案班、党史班和新闻班的专业基础课《中国近代史》。开始我不太愿意，觉得中国近代史尽受洋人欺凌，教这门课程实在太憋屈，但初来乍到，又不能不服从安排，只好勉强接受。于是回到家便重新捡起已经荒废多年的《中国通史》，开始全面复习，并准备撰写《中国近代史》讲稿。

也是我运气不错，恰好这个时候，北大历史系招收本系64、65级毕业生返校"回炉"，带职进修。得到学校的批准后，1980年春我回到北大历史系脱产"回炉"进修，拜中国近代史教研室的范勷之为指导老师，一边随堂听他给历史系专业本科生讲《中国近代史》，一边大量阅读中国近代史专著，开始动笔撰写自己用的讲稿，每写出一章都要请范老师把关，提出修改意见，我再反复修改，直到他满意为止。

我知道，虽然我顶着北大历史系毕业的光环，但实际上在历史系只读了一年半，刚上完专业基础课《中国通史》就碰上了"文革"，《中国近代史》课更是学得"鸦鸦乌"，而今我自己当上了中国近代史教员，压力不可谓不大。但俗话说"压力就是动力"，只要自强不息，努力奋斗，假以时日，自见真章。

要想站稳大学讲台，写出一部高质量的讲稿是关键的关键，就像剧本是一剧之本一样。为了博采众长，写出高质量的讲稿，我除了认真听范老师的课之外，还不辞辛苦，不管刮风下雨，天冷天热，每周几次骑着自行车到处跑，分别去听北师大、人大历史系《中国近代史》的课，收获颇丰。通过听课我发现，各校历史系老师、老中青教师讲课的内容、风格各有长短，我便取各家之长而避其所短，撰写出适合自己使用的讲稿。当年下半年，我回到人大二分校给档案、党史三个班试讲了《中日甲午战争》这一章，得到任课老师和学生的肯定和好评。

一年进修的时间很快就结束了，我拿着结业证回到人大二分校，开始正式教课。从这一年（1980 年）开始算起，直到 2005 年创建北京联合大学台湾研究院为止，我从事中国近代史（后来还开设了《台湾历史文化》《台湾问题专题讲座》）的教学与研究长达 26 年之久。教过的学生有档案、党史、新闻、政治专修科、历史、中文等专业班，早期还到宣武区红旗夜大讲过几年课，后来又应邀到北大历史系给硕、博研究生讲过《中国近代史专题》选修课，受到学生们的广泛好评。

我特别注重教学法的研究，把"历史比较法"引进到《中国近代史》的课堂教学中来；[①]并利用北京地区与近代史相关的文物古迹众多、史学名家云集的优势，采用"走出去，请进来"的开门教学模式，配合课堂教学，带学生去参观圆明园、颐和园、承德避暑山庄、清东西陵等，请专家来课堂上作

---

① 所谓"历史比较法"，顾名思义，就是把发生在不同历史时期的相类似的历史事件或历史问题等进行纵向或横向对照比较，从而得出符合实际的科学结论。

专题学术报告；同时，还采用课堂辩论的教学方法，激发学生的学习热情，变死记硬背的被动学习为主动学习，收到很好的教学效果。后来，我写出了《在〈中国近代史〉教学中运用"历史比较法"的尝试》和《我从事〈中国近代史〉教学工作的几点体会》两篇教学法研究论文，[①] 发表在北师大学报上，还在学校召开的教学经验交流会上作主题发言。我的《中国近代史》课也被评选为学校的优秀课程。

在此期间，我曾协助北大老同学杨树升从河北调回北京，推荐到人大二分校任教。并曾在 1981 年夏秋跟王少庸、杨树升、任佩华、孙玉海等几位老师一起，带党史专业两个班的学生到萍乡、安源、井冈山、瑞金、抚州、南昌、九江、庐山、韶山、武汉等地进行了为期两个月的教学实习。我和孙玉海打前站，一路负责安排大队人马的车辆、食宿、景点参观等所有后勤事务，备极辛劳。

那次带党史班学生外出教学实习，至今印象仍十分深刻。我和孙玉海比大队人马提前近一个月就出发到南昌，先是跟江西省政府接洽，顺利地租借到省政府汽车队的两辆大轿车，解决了在江西省境内的交通问题。随后是联系参观"八一"南昌起义的多处纪念场馆等。那时正是三伏天，南昌气候十分炎热，我们顶着烈日，早出晚归，跑遍了南昌城，衣服被汗水浸透了干，干了又透，一天要冲二三次凉水澡。有一天，或许是中暑，或许是因为在路边摊上吃了不洁食物，我突然发起了高烧，上吐下泻，几乎脱水，老孙赶紧陪我到附近医院急诊，服药和点滴葡萄糖水后才止住呕吐和腹泻，脱离了危险。也是仗着还年轻，只住了一天医院，我就出院继续东跑西颠坚持工作了。

那次带学生实习，在庐山上还出了一次交通事故，差一点车毁人亡。那时实习已临近尾声，本来一路都很顺利，谁知上庐山之后，一天我们出发去参观中共"庐山会议"会址，天下着绵绵细雨，道路湿滑，我在第二辆车上，头一辆车开出后还好好的，我们第二辆车开到一个下坡的急转弯处，突然车轮打滑，刹车失灵，右边是山沟，左边几米处是大树，司机急忙向左打方向盘，撞上大树后车子才停了下来。车上的同学猝不及防，有的被撞得头破血

---

① 　两文均收入徐博东：《史海拾贝——徐博东历史文集》，华艺出版社，2014 年 12 月。

流，有个同学被撞掉好几颗门牙，鲜血淋漓。大轿车车头的正中间被撞凹进去一大截，好在老孙坐在车头右边的第一个座位上，只是头部重重地磕在车窗玻璃上而已，假如车头撞在左边或右边，那么不是司机就是老孙的双腿都得被截断。我则坐在司机后面第一排的座位上，车子撞上大树时，我飞出去约一米远，左肩撞在发动机的保险盖上，淤青一片，过了好几天左臂才能举起来。真是不幸中的万幸，如果车子掉进右边的山沟，全车几十号人恐怕都得呜呼哀哉了！

教学参观（摄于南昌八一纪念馆）

与杨树升摄于井冈山八面山哨口

　　鉴于我在教学工作和带学生实习时的表现，1982 年 7 月 15 日，我被所在的马列教研室党支部发展为中共预备党员，一年之后转正。我是人大二分校建校后在教职工中发展的第一个中共党员。同年我被评选为北京市教育系统先进工作者，受到学校和北京市教委的表彰。

　　1983 年，人大二分校和中共中央组织部合作，共同举办"干部政治专修科"，培训政工干部。由在京国家党政机关和北京市党政机关推荐近 300 名科级或相当于科级的干部参加考试，计划招收两个班共 80 人，并批准由学校自主出题考试录取。当年 6 月，学校挑选了我和杨树升、吕凤举、叶根祥、智石麟、郑霁、王长顺等八名文科教师组成出题小组，由教务处的干部牛志民带队，进驻香山别墅进行全封闭出考题。分两个小组，经反复讨论、修改，花了十几天的时间，出了《语文》和《政治》两份试题。别的试题都忘记了，只记得作文题是《张海迪事迹给我的启示》。试题交上去审批通过后，我们移师承德避暑山庄被"软禁"了近一个月的时间。当年夏天，北京天气出奇的炎热，我们在承德避暑山庄倒是十分凉爽惬意，优哉游哉，每天好吃好喝，早出晚归集体外出参观游览。直到考试前一晚才返回北京，参加第二天的考场监考工作。考试完毕当天，又移师位于密云水库的北京市政府招待所，进行阅卷工作。前前后后折腾了两个多月时间，直到暑期结束。在此期间，禁止外出、打电话、写信等一切对外联系，严格保密。这是我平生以来参加的首次也是唯一的一次从命题—监考—阅卷一整套的招生工作，也算是人生中一次难得的经历了。人大二分校一共办了两届"干部政治专修科"，第二届招生时北京市已经有组织成人高考的专门机构，不需要再"劳驾"我们了。这两届学生我教过他们《中国近代史》课，他们素质都相当不错，经过两年的脱产学习，毕业后回到原单位很快成为单位业务骨干，有的还成长为党和国家的栋梁之材，如担任过中共中央统战部部长的尤兰田、全国人大常委会副秘书长的师金城。

带学生去承德避暑山庄和外八庙教学参观

带学生去圆明园教学参观

我深知，"科研搞得好的老师，不一定是好老师；但不重视科研的老师，肯定不是好老师"。站稳讲台之后，我开始进行"战略转移"，把主要精力投入到中国近代史研究工作中去。在最初六七年的时间里，我配合《中国近代史》课教学，从写一些"豆腐块"的普及性小文章求着人家发表开始，再逐步向有一定学术价值的论文发展。尝到"甜头"之后，我对科研的兴趣也就愈来愈浓而一发不可收拾了。在这期间，最值得回味且可聊以自慰的研究成果主要有以下两项：

一是对蔡锷是否参加过梁启超筹组的进步党，并由此而延伸出来的蔡锷在民国初年政治立场的研究。我以新发掘出的扎实可靠的史料，先后撰写出《蔡锷参加过进步党》和《蔡锷对民初政党的态度及其与进步党的关系》两篇论文，分别发表在《学术研究》和《齐鲁学刊》上，一举推翻了此前一直认为蔡锷是"资产阶级革命派"而非"立宪派"的史学界主流看法，在近代人物研究方面做出了小小贡献，相关考证和观点在史学界至今无人可以推翻。

二是对近代台湾省籍反割台抗日爱国志士丘逢甲的研究。我和黄志平教授历时四年合作撰写的大陆第一部《丘逢甲传》，还历史本来面目，一举推翻了长期以来大陆史学界在"左"的错误路线影响下对丘逢甲的污蔑不实之词，受到史学界的高度肯定，并由此而奠定了我在史学界一定的学术地位，被称为大陆丘逢甲研究专家。从1987年至今，《丘逢甲传》在海峡两岸先后出版了六七种不同版本，产生了较大影响。更重要的是，因为《丘逢甲传》的出版，从此改变了我的学术研究兴趣和研究方向。

海峡两岸先后出版的七个版本《丘逢甲传》

由于教学与科研成绩突出，1987年我从讲师被破格提升为北京联合大学最年轻的副教授。说是"年轻"，其实那一年我已经43岁了。

十五、亩元叔和父亲先后去世

1979 年全国人大常委会发表《告台湾同胞书》后，伴随着大陆籍国民党老兵掀起的"返乡"运动，国民党当局"不接触、不谈判、不妥协"保守的"三不"两岸政策已面临崩溃，两岸关系开始出现回暖和解冻的迹象，两岸骨肉亲人团聚的曙光业已显现。然而，正是在这样的时间节点上，我的家族却连遭不幸，1981 年 11 月、1986 年 3 月亩元叔和父亲相继病逝，没能等到两岸关系解冻、亲人团聚那一天的到来，成为我们家族永远的痛。

（一）亩元叔病逝

1952 年亩元叔打从朝鲜战场因病回国后，一直带病坚持工作，70 年代中结束"军管"回到总参机关工作，病情时好时坏，年年都要进 301 医院住院治疗很长一段时间。由于服药过多，药物中毒，双眼白内障发展很快，曾一度失明，动手术后才得以复明。到了 70 年代末，他的支气管扩张病已经发展成严重的肺心病，整日咳痰不止，每天都要吸氧好几次才能过日子。就这样，拖到 1981 年病情进一步加重，到了 10 月中旬再次住进 301 医院时已经行动困难，需要经常卧床吸氧才能度日了。他自知不起，一个星期天我们一家三口去医院看望他时，他口述《遗嘱》，让我帮他做记录，并亲自提笔修改、誊抄好后郑重地签上了自己的名字。《遗嘱》全文如下：

我这次病重，自知难愈。此刻，我的思念转向于党，转向于同志们和我的亲友。一、几十年来，我在党领导的抗日救亡运动影响下，从一个普通教师走上革命道路，全靠党的培养教育和同志们的帮助。没有党和同志们便没有我的一切。二、我的病是在抗美援朝的战场上得的，感谢党组织和同志们多年来对我的关怀和照顾。万一这次身体支持不住，死而后已，我觉得对党对人民尽到了自己应尽的责任。三、我死后丧事一切从简：一不作遗体告别，二不送花圈，三不开追悼会，遗体献给有关单位作医学研究，把骨灰撒在一九四九年我人民解放军进北京城前的中央所在地——香山。四、我死之后，希望我的家属、子女要好好学习，努力工作，跟党革命到底。五、我死之后，请通知我的上级和有关亲友（名单附后）。此嘱。

公元一九八一年十月十六日签字

经过治疗亩元叔的病情稍稍稳定下来，11月上旬亩元叔闹着要回家，医生拗不过他，只好让他出院，可是回家没过几天病情又恶化了，只好再次住院，从此卧床不起。

到了11月中旬，躺在病床上的亩元叔已经时而清醒时而昏迷，直至完全处于昏迷状态，呼吸十分困难，靠吸氧、打点滴和鼻饲维持生命。医生征求婶婶的意见，婶婶含着眼泪要求切喉插管抢救。术后人是暂时清醒过来了，亩元叔醒来后知道已经切管，十分生气，但此时已经不能讲话，只能用笔把他要说的话歪歪扭扭地写在本子上，他经常无缘无故地向医生、护士和家属发脾气，几次要把那些插管拔下来，护士只好把他的双手绑在病床上。两三天后再次昏迷，他全身插着管子，口干舌燥，时不时要往他嘴里喷水雾，用吸痰器吸痰，真是痛苦万分，我看着十分难受。这次昏迷后就再也没能醒过来，11月22日凌晨6时10分，亩元叔心脏停止了跳动，永远离开了我们，终年仅55岁。

亩元叔遗照（1950年）　　　　　　亩元叔全家福（70年代末）

遵照遗嘱，亩元叔的遗体捐献给有关单位作医学解剖研究后，于1981年12月5日送八宝山殡仪馆火葬。当日下午，治丧委员会在送葬会上发表悼词，对亩元叔的一生给予高度评价。悼词中说："徐亩元同志参加革命后，经

历了抗日战争、解放战争和抗美援朝战争。在艰苦的战争年代里，他立场坚定，作战勇敢，对敌斗争顽强，坚决执行上级的指示、命令，积极完成各项任务，经受了锻炼和考验。一九四九年以来，他就一直在总部机关从事参谋工作。他热爱本职工作，努力学习，积极钻研业务，工作认真负责，勤勤恳恳，兢兢业业，埋头苦干，对革命事业作出了贡献。在抗美援朝中他身患支气管扩张病，多年来，他一直顽强地同疾病作斗争，经常带病坚持工作，直至生命的最后时刻。"几十年来忠于党，忠于革命事业，不论是艰苦的革命战争年代还是和平建设时期，他都坚信党的领导，对共产主义事业有坚强信念。""公而忘私，以身许国，鞠躬尽瘁，死而后已。"

遵照亩元叔遗嘱，部分遗骨撒往北京西郊香山公园内，其余的安放在京西八宝山革命公墓。其事迹载入 1992 年版的《蕉岭县志》。

（二）大陆来信

亩元叔病逝后，父亲很悲痛，兄弟俩虽然同父异母，但在同一个家庭里长大，后来又先后参加革命，几十年来天各一方，相互牵挂，惺惺相惜。自 1954 年父亲从上海调到北京后，两兄弟团聚，亩元叔家庭经济条件比父亲要好，对父亲多有关照，兄弟情深，如今弟弟却先哥哥而去，且年仅 55 岁，岂不痛哉！

毕竟岁数不饶人，亩元叔去世时父亲已经 63 岁，他毕生为革命走南闯北，艰苦奋斗，妻离子散数十年，其孤独与无奈不难想象。长期艰苦的斗争生活、废寝忘食的工作以及失去家庭温暖的单身生活，使他身患高血压、肾结石、肾盂肾炎、糖尿病、冠心病等多种疾病。我上中学时，他就住院动过三次大手术，切除了一个肾脏，我经常要到医院陪床，照顾术后的父亲。"文革"中父亲受到冲击，多年被不公正对待。但他依然乐观豁达，坚持体育锻炼，常年练气功、打太极拳、打乒乓球、羽毛球、跑步，与病魔抗争。他深信祖国统一大业一定会实现，热切盼望着早一天与台湾岛内的妻儿团聚，特别是从未见过面的幺子思东。

1976 年"文革"结束，父亲落实政策恢复工作之后，有一年出差到广州，顺便去探望老战友王致远，竟意外地碰到从美国回来的王叔叔的女儿燕怡。

燕怡跟我大弟基东年龄相差不多，互相熟悉。从她的口中，父亲比较详细地了解到已经失联了多年的母亲和我三个弟弟在台湾的情况，异常兴奋，这不免勾起了他对爱妻和三个儿子的无限思念，以致好几个晚上无法入眠。他写了一封家书，托燕怡带回美国，转交给当时正在美国工作的基东，期盼尽快恢复与母亲的联系。然而，燕怡返回美国后却犹如石沉大海，过了好长一段时间，父亲并未收到任何回音。

后来，父亲又托在台湾工作时的老朋友、在日本东京定居的林宪伯伯（台湾人，又名林和星，曾当过丘念台的秘书）带信给母亲，过了好长时间同样渺无音讯。父亲去世后，林伯伯来北京时约我相见，林伯伯告诉我：他收到我父亲的信后，返回台湾时曾专门去台中拜访我母亲，亲手把我父亲的信交到我母亲手里，母亲见到父亲的亲笔信当场昏厥在地，过了好半天才清醒过来——设身处地地替母亲想想，她日思夜梦的"源哥"已经失联多年，如今她最熟悉不过的父亲的亲笔书信突然展现在她眼前，是真是假？是梦非梦？是悲是喜？此刻她已经无法辨清！

母亲收到信后，知道了我们在大陆的大概情况，十分欣慰，几次提笔想给父亲回信，但写了又撕，撕了又写，天人交战了好长时间，但最终还是没敢回信。要知道，在那个特殊年代，大陆被称作"匪区"，大陆来信即是"匪区"来信，与"匪区"私下通信属"通匪"之罪，一旦被情治部门发现，轻则抓去坐牢，重则枪毙。一向谨小慎微的母亲哪敢回信，她把父亲的信珍藏了起来，连在台湾的海东、思东两兄弟都被蒙在鼓里，全然不知。直到几年之后，基东自美回台，母亲才把父亲的信取出来，悄悄交给基东带回美国，并嘱他"酌情处理"。然而为时已晚，当基东写信来跟我取得联系时，父亲已于一年前病逝，错失了与父亲通信和团聚的机会。

（三）父亲病逝

在父亲晚年最让人宽慰的是，曾与父亲同在一个单位工作的袁文芳阿姨在他暮年走进了他的生活。袁阿姨善良正直，对父亲体贴入微，在父亲的最后日子里，如果没有她的悉心照护，晚年多病的父亲的最后时光会很艰难。

1984 年 12 月，广东省举行"丘逢甲诞辰 120 周年"纪念活动，由我起草，父亲修改把关，父子俩平生第一次也是唯——次联名撰写了一篇题为《试论丘逢甲爱国思想的形成与发展》的论文，应邀出席在广州—梅州—蕉岭举行的纪念活动。活动结束后，我和父亲一起回黄田墩背老家同庆楼住了几天。这是我离开家乡后，父子俩第一次也是唯——次一同返回故乡，可把老阿婆高兴坏了。

父子俩一同出席丘逢甲纪念活动
（1984 年 12 月）

在老屋同庆楼门前合影（1984 年 12 月）

参加这次丘逢甲纪念活动，对我以后的学术研究影响深远。其中一个重要收获，是在活动期间结识了当时在安徽师大中文系任教的蕉岭同乡黄志平教授，他研究丘逢甲已有几年时间，并写出了一部七八万字的《丘逢甲传》草稿。我俩见面后相谈甚欢，一拍即合，决定合作把《丘逢甲传》写出来。他把他写的《丘逢甲传》草稿交给我，由我负责修改补充。返回北京后，我用了一年多时间，把黄志平教授起草的传稿重新改写，重定章节，增补了大量历史资料，从七八万字扩充到 20 多万字，交给父亲审阅把关。那时候父亲已经病得很厉害，但他坚持每天坐在床上，一页一页地认真阅读审改，不久就把这 20 多万字的《丘逢甲传》初稿审阅完毕。父亲此生审阅过无数涉台稿件，《丘逢甲传》是他生前审改过的最后一部书稿。很可惜，书还没出版父亲就去世了。

1985 年底，父亲病情日趋加重，腰部疼痛难忍，到几家医院检查，都查不出病因。后来医生说是腰椎长了"骨刺"，建议他每天爬楼梯锻炼，或许会有效果。不料父亲坚持每天爬楼梯的结果，病情不但没有好转，反而不断加重。到了 1986 年 2 月中旬，父亲连走路都困难了，只能卧床，好在有袁阿姨在他身边照护。

3 月上旬的一天夜里，我们一家三口已经上床睡觉，居委会的大妈突然喊我去接传呼电话，才知道父亲胃部大出血，病情危急，袁阿姨要我们赶紧过去。我骑自行车拉着明华，从西三环的苏州街小区赶往复兴门外父亲的住处，赶到时救护车已经到达，正用担架抬着父亲下楼。袁阿姨征求我的意见，问送到哪家医院？我当机立断送往宣武医院。因为明华的表姐和表姐夫、我婶婶和堂妹徐玲，都在宣武医院工作，人手多，照顾方便，更主要的是宣武医院医术我信得过，当年明华心脏病发作服过量洋地黄中毒病危时，就是在宣武医院被抢救过来的。

父亲当晚急诊住进宣武医院后，检查结果很快得出结论：胃癌晚期。由于病灶在胃的背后，靠近腰椎，所以被别的医院误诊为腰椎长了"骨刺"，真是害死人！医生和我们商量后决定，为尽量延长父亲的生命，待胃部出血止住、病情稳定些后，立即施行手术。

此时，我向前来医院探视的对台广播部领导提出，可否允许我通过对台广播节目，向台湾喊话，把父亲病危的消息通知我三个弟弟——其实，他们是否能收听得到，我一点把握都没有。台播部领导当即满口答应，3 月 11 日晚上，客家话节目主持人领我到电台播音室，我拿出事先写好的稿子，用很生疏蹩脚的客家话录好音，随即通过空中电波向台湾喊话。这档节目的稿子和录音带，至今我还保存着，内容如下：

主持人：台湾乡亲，居住在北京的徐博东先生今日有重要事情要求在话筒前同他在台湾的三个弟弟讲话。徐博东先生原籍广东省蕉岭县。现在请台湾的徐基东、徐海东、徐思东三位先生收听你们的大哥徐博东的讲话录音。（放录音）：

徐博东：基东、海东、思东：我是你们的大哥徐博东，我十分想念你们，想念阿妈潘佩卿，不知她老人家身体好不好？你们生活得怎么样？现在我告诉你们一个不好的消息：阿爸徐森源多年来身体就不好，患有冠心病、高血压、肾盂肾炎等好几种慢性病，先后动过三次大手术，切除了一个肾脏。前几天夜里，突然胃部大出血，送到医院抢救。经过医院检查，确诊为胃癌。基东、海东、思东，阿爸平日就十分想念你们，这次病重，昏迷之中都还念着你们三兄弟的名字，十分想见你们一面，见到了就是死了也瞑目。要是有可能的话，请你们设法尽快赶转来相见。如果转不来，写封信或拍个电报来问候一下，也是对他老人家的一种安慰。基东、海东、思东，你们听见了吗？我是你们的大哥徐博东，我天天盼着快点得到你们的消息！再有，基东、海东、思东，阿爸大人病重的事，你们不要告诉母亲知道，免得她老人家着急。顺便告诉你们，我在北京一所大学里教书，你们的阿嫂在北京图书馆工作，如果来信、来电报，请寄到下面的通讯地址：北京 2105 信箱转交，或者寄到香港邮政总局 11036 信箱转交。另外，收听到这次广播的乡亲当中，有识得我的三个弟弟徐基东、徐海东、徐思东的人，麻烦你们代为转告我弟弟知道。十分感激你们！大哥，徐博东，1986 年 3 月 11 日。

我含着眼泪，哽咽着把稿子念完，心情久久难以平复，一边挂念着躺在医院病床上正在与死神搏斗的父亲，一边思念着远在天边的母亲和三个弟弟，幸亏这时候还有袁阿姨在我身边，跟我一起承担这巨大的心理压力。几年后我跟母亲和弟弟们相见时，问他们是否收听到这个节目，他们说，那时他们根本不敢收听大陆广播。

父亲住进宣武医院后，明华回家去照顾晓东上学，星期天才带着晓东来探望，我和袁阿姨则轮流值班陪护。3 月 12 日晚上轮到我值夜班，一夜情况尚好，父亲病情还算稳定。大约早上 8 点过后袁阿姨来医院替换我，我回到复兴门外广播局老 302 宿舍父亲家里，随便吃了点东西刚想躺下睡觉，突然台播部的人赶到家里来找我，说父亲情况不好，要我马上去医院。等我骑着自行车急忙赶到病房时，父亲抢救无效，9 时 30 分医生已经宣布死亡。终年仅 68 岁。《死亡报告单》上写明："胃癌出血、心肌梗塞、肺部感染"。

父亲骤然去世，连份遗嘱都没有给我们留下，他没能等到与母亲和弟弟们团聚的一天，病魔就无情地夺去了他的生命。

先父徐森源遗像

我们一家三口与父亲的合影（1973 年）

1986 年 3 月 21 日上午，遗体告别仪式在北京八宝山革命公墓大礼堂举行（四年多之前，父亲正是在这间大礼堂送亩元叔最后一程）。悼词中说："徐森源同志在近半个世纪的革命生涯中，不论是在条件危难的白区，还是在新中国诞生以后的和平建设中，他都怀着一颗对党、对人民的赤胆忠心，兢兢业业，带病坚持工作，从不计较个人得失，出色地完成组织上交给的各项任务。""几十年来一贯艰苦奋斗，顾全大局，关心同志，平易近人，作风正派。在十年动乱中头脑清醒，能坚持原则，带病工作……努力钻研业务，几十年如一日地默默奋斗了一生，为民族解放，为党的新闻广播工作，特别是在为和平统一祖国的事业中做出了贡献。"

父亲去世后，遗骨先是安放在八宝山革命公墓，直到 2007 年 5 月才落叶归根，与分离近 60 载的妻子潘佩卿的灵骨一起，合葬于家乡蕉岭县城西十里堑垣村燕岌山家族墓地。其事迹载入 1992 年版的《蕉岭县志》。

父亲和亩元叔都离我们而去了，他们生长在国家民族的多难之秋，从青少年时代起，就为之奔走呼号，出生入死，奋斗拼搏，无私奉献；共和国诞生之后，又亲历了风风雨雨，饱受煎熬与磨难，却从未忘记初心，矢志不移，努力工作，直至生命的最后一刻。他们无愧于时代，无愧于党和人民，无愧于国家民族。他们是后辈的学习榜样！我们永远怀念他们！

亩元叔和父亲去世后，我都没敢告诉蕉岭家乡的老阿婆，直到 1989 年阿婆仙逝。父亲去世后不久，我写信通报在日本的林宪伯伯，并拜托他回台时转告我母亲，林伯伯后来回信说："转告了森源先生不幸逝世的消息，她非常悲痛。"

父亲去世后仅过了一年多时间，1987年春夏，基东从美国写信来跟我联系；同年7月台湾当局宣布解除戒严，11月开放台胞回大陆奔丧探亲，两岸关系开始解冻。1988年夏天，母亲在海东的陪同下跟我们一家三口在香港会亲；1989年4月，母亲又在海东的陪同下，回蕉岭家乡祭祖、探望阿婆……呜呼，父亲就差这一步之遥，未能等到与母亲和弟弟们团聚的一天，真是造化弄人！

第七章 坚冰解冻——迟来的家庭团聚

一、香江会亲

20 世纪 80 年代后半期，岛内政局和两岸关系发生了重大变化：1986 年 9 月，台湾党外人士冲破国民党的"党禁"，宣布成立民主进步党；1987 年 7 月 15 日，台湾当局被迫解除实行了 38 年的戒严体制；同年 9 月 14—27 日，台湾《自立晚报》记者李永得、徐璐"抢跑"到大陆采访，冲破了 1949 年以来两岸隔绝的状态；同年 11 月，台湾当局开放部分台胞赴大陆探亲。两岸坚冰开始解冻。在这样的大背景下，盼星星，盼月亮，分隔海峡两岸的千千万万个家庭终于盼来了骨肉团聚的一天。

1987 年初夏的一天傍晚，我正在家中备课，明华下班回来，进门后连衣服都顾不上换便兴高采烈地冲着我大声喊道，"基东从美国写信来找你了！"我不敢相信自己的耳朵，疑惑地问，"你说什么？"明华重复了一遍，"基东从美国写信来找你了！"说着把信递给了我。天哪，是真的！信是从美国宾夕法尼亚州发出的，白色的长信封，贴了张 60 美分的美国邮票，收信人用繁体字写着张明华，寄信人赫然写着"徐基東"三个字。我迫不及待地取出信来展阅，才知道几年前父亲通过林宪伯伯转交给母亲的亲笔信已经转到他手中，好在基东多了个心眼，他同时写了两封信，一封试投中国人民大学二分校我收，另一封寄到北京图书馆张明华收，明华这封收到了，寄给我的那封却始终未能收到。我怀着激动的心情，当晚便写了一封长长的回信，次日一早就到邮局把信投往美国。打这以后，通过基东又知道了母亲在台湾的地址，开始了平生以来与母亲的书信往来。这一年我已经 43 岁，母亲 66 岁，母子分离相隔已将近半个世纪。

早于 70 年代初在新蒲中学工作时，我就跟广东惠阳淡水的小舅潘齐钧开始通信，得知母亲和弟弟们的下落之后，我立即写信把喜讯告诉小舅，但"文革"中因受母亲牵连挨过整的小舅已成"惊弓之鸟"，得到消息虽然也很高兴，却一直不敢写信给我母亲，直到 1988 年初才跟我母亲恢复了通信联系。

然而，单靠书信往来已难以抚平骨肉亲人之间分离几十年来的思念之情，但此时母亲尚未做好回大陆探亲的思想准备，来信说她次年才能退休，要我们一家三口次年暑假赴香港会亲，并邀小舅夫妇一同赴港。于是 1988 年春节过后，各地亲人开始办理赴港会亲的相关手续。那年头不像现在，赴港手续十分繁杂，且有名额限制，比出国还要麻烦。

经过两个多月的奔跑，赴港手续算是跑下来了，接着就是准备行装和见面礼。明华亲自出马，专门跑到前门大栅栏选购了些同仁堂的中成药和瑞福祥绸缎庄的绸缎什么的。我又到集邮公司买了几本大陆的邮票集，也不知道他们喜不喜欢，又因为知道母亲退休后学画国画，于是又买了些宣纸和笔墨之类的东西。

台湾当局批准母亲赴港日期是 6 月下旬，而此时大陆的学校尚未放假，我和正在人大附中读高一的晓东只好请假。我们乘火车南下，6 月 18 日早上抵达深圳，通过罗湖海关进入香港。在香港工作的小舅的长子演良专程赶来迎接我们，把我们接到他在屯门的住家。此时，才知道小舅老两口早在 5 月下旬就已经来到香港等候我们了。

6 月 20 日是母亲和海东到港的日子。一大早我们就赶往启德机场，同往机场的除了我们一家三口、小舅老两口、演良，还有贵传表哥。头一天晚上我翻来覆去难以入眠，不是因为香港天气太热，也不是突然换了个环境，实在是心情太过兴奋。

机场显示屏显示，母亲乘坐的航班已平安降落。过了好一会儿，出口开始出现人群，我瞪大眼睛辨认着母亲和海东，脑海里尽是他们照片上的模样，心跳得愈来愈厉害，想象着母亲出现在我跟前的那一幕。人流中，母亲和推着行李车的海东终于进入了我们的视线，他们也很快认出了我们。母亲先是跟小舅拉手寒暄，接着来拉我的双手，我喊了一声"妈"，声音在颤抖——为喊这一声，我足足等了43年！泪珠在我眼眶里打转，但很奇怪，我和母亲并没有像电视镜头里亲人相见那样抱头痛哭，我甚至忘记了事先想好的应该给母亲下跪磕个头。此时我脑子里一片空白，人都变傻了，几十年来的梦想如今变成了现实，却好像还在做梦，而又似梦非梦。这种平生从未有过的感觉，实在太令人震撼了！

相互介绍认识在机场拍照留念后，乘车返回演良的住家，我心情仍久久难以平静。大家相互诉说着几十年来各自生活的点点滴滴，真是有说不完的话题，在极度兴奋中度过。然而高兴之余，我凝视着母亲和海东，不由地想："要是父亲也在有多好啊！"一种哀伤之情袭上心头。

此后的十多天时间里，演良带着我们去游览海洋公园、坐缆车上太平山顶、去尖沙咀海边、去旺角、港岛、进商场购物、到贵传哥家拜访……顶着烈日和酷暑，早出晚归，跑遍了整个香港，每天都沐浴在浓浓的亲情之中。那时候，大陆改革开放已有十来年了，但还相当落后，香港的繁华、街道的整洁、商场里琳琅满目的商品、交通的繁忙有序、地铁站匆匆赶路的人潮、海湾里奔驰的气垫船、特别是那时大陆还见不到的密集的霓虹灯闪烁的夜景，真是让我们大开眼界，留下了深刻印象。

1988年6月20日摄于香港启德机场

参观香港海洋公园

443

香港尖沙咀海滨

与海东摄于太平山顶

应棠阿姨赶到香港与作者会面（1988年6月23日）

　　此次赴港会亲，最让我感到意外和惊喜的是，应棠阿姨专程从台北赶来香港见我们。与话语不多、文静端庄的母亲性格完全不同，应棠阿姨高高的个子，身着旗袍，雍容大方，见到我这晚辈谈笑风生，笑容可掬，十分亲切。她和母亲年龄相当，却比我憔悴的母亲显得年轻许多。为了见我，她特意到香港金店里选购了一枚有"一帆风顺"图案的金戒指送我，还送了些法国香水、唇膏之类的化妆品给明华。她对我和黄志平教授合作为她祖父逢甲公立传表示赞赏和感谢。当她听我讲到父亲生前患着重病坚持审阅、修改《丘逢甲传》时，十分感动，当着我和母亲、海东、明华、晓东的面深情地说，"我没有交错这个朋友！"第二天，她再次请我们去港岛中环富丽华酒店顶层的旋转餐厅用餐。这家酒店十分豪华，进旋转餐厅自助餐每人一千港币，各国风味的饮食应有尽有，在里边待上一整天都可以。我就像进了大观园，只吃了几样东西喝了杯饮料肚子就填饱了，上了一趟洗手间（厕所）后就再也不敢去了——里边檀香扑鼻，地面干净如镜，一尘不染，如厕完毕，有穿着雪白工作服的年老侍者拧开水龙头请你洗手，随后点头哈腰地递给你一条热腾腾的湿毛巾让你擦脸擦手。我哪见过这个世面，搞得手足无措，很不好意思，赶忙"逃"了出来。应棠阿姨说，侍者给你服务，是要给小费的，那时我哪懂得这些，再说当时我身上一分钱都没有。"这种地方，真不是我们这种人该来的地方！"心里这样想，嘴里却没说。

阿婆与作者、晓东（左一）唯一的合照（1988 年 7 月）

几天迟来的家庭团聚结束了，在启德机场依依不舍地送别了母亲和海东之后隔了一天，我们一家三口也坐上北行的列车从罗湖口岸返回了大陆。按照事先计划，我们经广州回蕉岭老家探望当年已经 92 岁的老阿婆。自 1984 年底我和父亲回蕉岭过后，第二年阿婆就不幸跌断腿骨，虽经诊治仍行走困难，她听说我们刚在香港与母亲、海东会面回来，十分高兴，问长问短，特别是第一次看到她的重孙子晓东长得那么高大了，更是高兴得合不拢嘴。在老家的那几天，我最担心阿婆问起我父亲和宙元叔的情况，但奇怪的是，直到我们离开蕉岭，她居然一句都没问，仿佛她老人家早已知道父亲和宙元叔已经不在人世。

这次在香港会亲，母亲特意给阿婆购买了一部 18 英寸的彩电托运回蕉岭。老人家跌伤后行动困难，心情烦闷，如今有彩电可看，可把阿婆乐坏了。

结束了为期一个半月的香港、蕉岭之行，7 月底我们平安返回北京。

二、子承父志，转向当代台湾研究

人的一生真是难以意料，由于 1986 年《丘逢甲传》的出版，我的研究方向从台湾史研究开始转向台湾现状研究。

结识台湾学者王晓波 1987 年是两岸关系具有转折性意义的一年。当年秋，台大教授王晓波和辅仁大学教授尹章义等统派学者，有感于"台独"势力篡改台湾历史，成立"台湾史研究会"。他们决定 1988 年 1 月在岛内召开首届台湾史学术研讨会，并邀请大陆中国社科院台湾研究所及厦门大学台湾研究所各派一人出席，意在打破台湾当局阻挠两岸学术交流的禁忌。当时，厦大台研所决定派该所所长陈孔立教授出席，而社科院台研所那时没有从事台湾史研究的学者。其时，我和黄志平教授合作撰写的《丘逢甲传》刚刚出版，受到两岸学术界的重视与好评，因而在该所副所长李家泉教授的推荐下，我以"特约研究员"的身份代表该所出席是次研讨会。当年 11 月我刚刚晋升为副教授。

此时已是 12 月中旬，离开会日期只剩下个把月了。接到任务后我没日没夜地赶写论文，三天后赶写出了一篇题为《论台湾民主国的爱国主义性质》的文章，但台研所的几个台湾问题专家审阅后没能通过，于是我不得不再重写一篇。又过了三天三夜，赶写出另一篇题为《丘逢甲爱国思想的形成与发展》的论文[1]，这篇论文终于获审通过。为写这两篇论文，一星期之内我每晚只睡两个小时，屁股底下垫个枕头，坐得屁股和两条腿都麻木了，脑袋昏昏沉沉的，全身酸疼，疲惫不堪。如果没有撰写《丘逢甲传》的研究基础，在这样短的时间内是不可能写出这两篇学术论文来的。

离会议召开没几天时间了，社科院台研所一边替我办理入岛手续，一边打印、寄送论文。那时候两岸通讯不像现在这样便捷，论文和往来函件均要通过香港或美国、日本邮寄，旷日费时。恰在此时，1988 年 1 月 13 日蒋经国在台北病逝，李登辉接任"总统"职权，岛内政局丕变，台湾当局拒绝我

---

[1] 以上两篇论文均收入徐博东：《史海拾贝——徐博东历史文集》，第 9 页、第 161 页，华艺出版社，2014 年 12 月。首篇论文在正式发表时标题改为《台湾人民抗日保台的光辉一页——1895 年"台湾民主国"性质初析》。

和陈孔立教授入岛。此时陈孔立教授人已到了香港，台湾当局就是不让他入境。1月31日，研讨会如期在台北举行，我们只好"文到人不到"，论文在研讨会上由他人代为宣读。这两篇论文是1949年以来大陆学者首次在岛内公开发表的学术论文，在当时的时空环境下，是两岸关系发展史上的一件大事，国内外媒体纷纷报道，引起了普遍关注，被认为是"两岸关系取得突破性进展"的标志之一。

研讨会结束后，"台湾史研究会"决定当年暑假期间组团访问大陆，分别在厦大台研所和社科院台研所各举办一场学术研讨会。但"台湾史研究会"的大陆访问团却遭到台湾当局的封杀，说只准"探亲"不准"学术访问"。王晓波他们只好"化整为零"，各自申请"探亲"，到机场后再集中行动。尽管如此，王晓波教授回台后仍受到台湾当局禁止出境一年的处罚。

当年8月，学术研讨会在北京友谊宾馆举行，我刚刚从香港会亲回京就应邀出席，由此有幸认识了王晓波和尹章义两位教授，这是我结识的岛内第一批学者。会后跟王晓波聊天，才知道他的大陆祖籍正是我大学毕业后下乡劳动和工作过的贵州遵义县，他母亲则是江西南昌人，而我妻子张明华也是江西人；再往下深谈，50年代初他母亲以"匪谍罪"被国民党抓去枪毙，父亲则因"知匪不报"而坐牢，兄妹落难，到台中育幼院领院童生活补助金，恰好我母亲是台中育幼院的会计，负责发放院童补助金，我俩越谈越近，越谈越亲，以后又常在两岸学术研讨会上见面，理念相同，从此成了无话不谈的好朋友。

打这以后，我的研究兴趣就从台湾史转向台湾现状研究了。毫不夸张地说，我转而研究台湾现状，是受到李家泉教授和王晓波教授两人的影响，但从更深层次来说，则是从小受到家庭潜移默化的影响。我1958年开始便一直跟父亲住在一起。那时候家里的书架上摆着涉台方面的书籍，床底下堆着对台广播稿件，台播部的人到我家里来也大都是聊台湾问题，耳濡目染之下，我从中学时代就开始对台湾问题感兴趣。子承父志，如此家世渊源，是促使我最终走上对台研究的关键因素。

我涉入台湾现状研究的圈子之后，开始频繁出席各种相关会议，并陆续在报刊上发表文章。我公开发表的第一篇文章题目是《论祖国统一的历史必然性》，占了《人民日报》（海外版）的半个版，提交研讨会的文章和发言稿也陆续发表。

创立台湾研究室　　刚开始时我只是单打独斗，后来老师们看我慢慢搞出点名堂，就鼓励我成立研究室，学校领导也觉得对台研究能为学校打知名度，于是 1989 年 5 月 9 日，在学校和老师们的支持下成立了"北京联大文法学院台湾研究室"。聘请全国人大常委、全国台盟主席团主席蔡子民和中国社科院台湾研究所副所长李家泉为研究室顾问和特邀教授。这是北京高校成立的第一家台湾研究机构，也是全国高校第二家台湾研究机构。

研究室一开始有 10 多个人，成立时正好碰上"六四"风波，我鼓励大家说："不管风吹浪打，研究台湾问题都是需要的"。成立后要确定研究方向，当时放眼大陆，对国民党的研究已经很深很透了，而民进党则刚成立不久，没几个人看好它，研究十分薄弱。特别是观察李登辉上台之后的言行，我开始怀疑他的"台独"倾向，而那时很多人还不相信李登辉会搞"台独"。1989年 12 月，我写了一篇题为《对当前"台独"问题的几点看法》的发言稿（见拙著《台海风云见证录》"政论篇"（上），第 1 页），在内部座谈会上发表，分析比较李登辉跟蒋经国的政策，认为他从根本上调整了蒋经国的内外政策。所以我预判，"台独"有可能在李登辉的纵容下发展壮大。再者，台湾老百姓对国民党的专制独裁统治深恶痛绝，民进党有相当社会基础，一个有社会基础的政党是有可能逐渐发展壮大的。经过分析，我们认为研究民进党很有价值，于是决定另辟蹊径，把有限精力放在民进党研究方面。后来的事实证明，我们当初的决定是正确的。

当时学校给我们研究室的经费每年只有一两千块钱，给全国台研会缴纳集体会员的会费就用去了一半，研究室的经费十分困难，好几次我报名参加外地召开的研讨会，论文寄出去了，可没钱买火车票，更不要说坐飞机了，只好"文到人不到"。

作为民间研究机构，研究台湾问题资料首先是个大问题，即使有经费，订购港台图书报刊也必须经过审批。为掌握最新台情，我每天天不亮就起床，抱着收音机收听台湾的"中广新闻"。为买这部收音机，花了我将近两个月的工资。要写篇像样点的文章，只好骑着自行车，不管刮风下雨，天冷天热，跑到北京图书馆、全国台联或全国台湾研究会借阅港台图书报刊。经过艰苦努力，研究室陆续发表了一批研究成果，并先后编了两本资料集，其中《一九四九年以来台湾政治事件概览》很受全国各地涉台部门的欢迎，受到全国台研会的表扬。可是后来有人考研去了，有人调走了或出国了，有的干脆不干了，研究室名存实亡，我又重回单打独斗。

与台湾学者的交流　两岸学术交流一开始只是单向交流，岛内学者能来大陆，大陆学者入不了岛。那时全国台研会经常接待台湾学者，常邀我去参加座谈会，再有就是每年由全国台研会、社科院台研所、全国台联三家涉台单位联合召开的两岸关系学术研讨会（俗称"三台会"），几乎每届我都应邀出席，结识的台湾朋友愈来愈多。来大陆交流的台湾学者十分复杂，分"统左派"、"国统派"（国民党籍学者），还有个别支持民进党的学者。"国统派"学者又分支持李登辉的和支持大陆籍元老派的。"三台会"召开时，会场上台湾学者往往先斗起来。"统左派"在岛内没有话语权，来大陆之后和"国统派"学者进行激烈交锋，斗得不亦乐乎，成了大陆学者亲密的"同盟军"。但大陆学者与台湾"国统派"学者接触交流多了之后，慢慢也都成了好朋友，观点归观点，交情归交情，能够心平气和地坐下来交流，倾听对方的观点，不像刚开始时那么剑拔弩张了，我在跟他们的接触交流中获益匪浅。

20世纪90年代初，两岸刚刚开始进行学术交流时"国统派"学者（特别是亲李登辉的学者）十分狂妄，他们虽赞成统一，但主张"三民主义统一中国"，要国民党来主导两岸统一；认为两岸经济发展水平相差太大，现在谈统一为时尚早，台湾人民难以接受，担心生活水准会降低云云。总之，认为统一的主要障碍是两岸经济上相差悬殊，统一之后台湾会吃亏。我在小组会上反驳说："台湾现在虽是亚洲四小龙之首，但假以时日，大陆崛起之后，就是小巫见大巫了！"那时候大陆经济还比较落后，当时大陆说"如果台湾经济上有困难，大陆可以给予补助"，台湾"国统派"学者都当作笑话来听，说台湾占大陆 GDP 将近一半，还需要大陆补助？如今经过三四十年的发展，到2018 年大陆已经有七个省的 GDP 超过台湾，印证了我当年"小巫见大巫"的说法，真是三十年河东，三十年河西！

作者与杨开煌（中）、
邵宗海（右）合影

作者与张麟徵（右二）、
江珉钦（右一）、郭燕合影

作者与尹章义（左）合影

作者与郑又平（中）、周荃
（左一）合影

作者与杨宪村（中）、
林劲（右）合影

作者与李延（左）、朱显龙、
王晓波（右二）合影

90年代初，在大陆召开的我印象最深的有两次会议。

一次是1991年8月在北京香山饭店召开的首届"三台会"。会上两个姓吴的李登辉御用学者主张，"一个中国"应该"模糊化"，说"模糊最美"。我在小组会上发言说，"两岸同属一个中国，涉及国家领土主权问题，必须十分明确，不能有丝毫模糊！"我调侃说，"模糊是不是最美，那要看什么事情，有时候模糊是美，有时候模糊就不美，比如说谁是谁的太太、谁是谁的先生就不能有丝毫模糊，必须明明白白、清清楚楚"。大家哈哈大笑，气得那两个姓吴的脸红一阵白一阵的，无言以对。会下大陆学者对我竖大拇指，称赞我是反"台独"的"钢铁战士"。2000年陈水扁上台"执政"后，这两个姓吴的学者都投向了绿营，被民进党所用。我去岛内参访，其中一个还请我吃饭，以礼相待。所以我的心得是：坚持正确的原则立场，反而会受到对方的尊重，含含糊糊是不行的。那时我还只是个刚刚涉入台湾研究圈子的不知名的年轻学者，香山会议算是我在台湾研究界打响名号的第一次。

另一次是1992年8月上旬在北京新世纪饭店召开的第二届"三台会"。

参加这次研讨会差一点要了我的命。这次会议台湾方面派来的学者层级很高，有刚刚从台湾当局"新闻局局长"卸任的邵××，李登辉两岸政策的首席智囊赵××等人。会议伊始，邵就采取攻势，在大会主题发言中以回顾1949年以来两岸关系演变发展为话题，攻击大陆50年代的对台政策是所谓"血洗台湾"。到了"自由发言"时段，我反问邵先生，请他举出50年代大陆有哪个官方文件哪家媒体或哪面墙上写有"血洗台湾"的标语口号？如果举不出来那就是对大陆对台政策的恶意歪曲和污蔑。台湾学者不可以把当年台湾当局的"反共"宣传，当作研究大陆对台方针政策的依据，驳得邵××无言以对。

四次与死神擦肩而过　这届"三台会"刚开了一天，不料第二天早上分组讨论时，包括我在内的许多学者因为腹泻不止无法出席会议。我服了几颗自备的黄连素仍不管用，当晚愈发厉害，接连上吐下泻，大汗淋漓，全身打战，还发起高烧来，脱水现象严重。跟我同住一室的李延见势不妙，赶紧打电话报告会议筹备组，连夜派车把我送进附近的空军医院。到急诊室时仍在狂泻，我的意识已经有些模糊，血压降至只有四五十，心电图几乎快查不出来了，化验结果是严重食物中毒。经抢救病情稍好转后被送入病房，直到第二天上午才脱离危险。因为没有单间，我被安排跟一个70多岁的癌症晚期病人同住一室。直到第二天下午，全国台研会的肖敬、周志怀来看我，才知道与会两岸学者有20多人不同程度的食物中毒，大陆学者中最厉害的是我，台湾学者最厉害的是赵春山教授。赵春山被送往北京医院抢救，也刚脱离危险。台湾媒体报道说："李登辉的两岸政策智囊团在大陆全军覆灭"。

事情到此并未结束。明华冒着酷暑来医院照顾我，只来了两天就心脏病发作躺在床上起不来了。那时儿子晓东刚刚参加完高考，骑着自行车两头跑，既要照顾医院里的爹，又要照顾躺在家里的娘，不免内心起急。俗话说"祸不单行"，8月9日早上，晓东骑车快到医院时，不小心把一个56岁的老太太撞倒在地。老太太不依不饶，晓东带她到医院急诊，检查结果幸好没有骨折，只是轻微的表皮擦伤。10日、12日又两次陪老太太到医院检查，赔了几百元的检查费、医药费和八天休息的误工费，才摆平了这起倒霉的意外事件。

我住了半个月左右的医院才出院。卫生部门派人调查新世纪饭店发生的这起食物中毒事件，一开始饭店餐饮部不认账，说是头天晚上会议主办方组织与会学者到东华门夜市参观，可能是吃了夜市上的不洁食物造成的中毒，与饭店无关。我听说后气不打一处来——为此事我一家三口都搭上了，搞得如此狼狈，命都差点没了，他们居然没事人似的连看都不来看我一下。于是我写了封信给饭店总经理，声言若不赔偿我的损失我将诉诸新闻媒体。后来卫生部门调查后确认，那天晚上我根本就没去东华门夜市，化验结果是饭店冰库里冷藏的某道海鲜受到污染造成的食物中毒，在确凿的事实面前饭店才不得不认账。饭店收到我的信后担心我真的诉诸媒体，赶忙派餐饮部日方和中方经理到我家里来探视。谈判后双方达成谅解，除去赔偿我 2000 元人民币、到饭店高档餐厅无偿请客两次之外，还给这次食物中毒的在京 10 名学者每人发一盒高档广东月饼，以示慰问。

回想我从事涉台研究 30 多年，除了第二届"三台会"食物中毒命悬一线之外，另有三次遇险都是因为坐飞机。

一次是应邀参加社科院台研所在云南丽江举行的研讨会。会议结束从昆明乘机返京途中，一部发动机突然停转，飞机在山西太原机场紧急迫降前，空姐给每位乘客发一张纸条，留下遗嘱，以备不测。机舱内即刻骚动起来，惊恐、无助、绝望的气氛笼罩着整个机舱，结果是有惊无险，飞机在太原机场平稳着陆，到饭店稍事休息压惊后，换乘别的航班平安返回北京。

另一次是跟随全国台研会参访团赴台出席学术会议。那时两岸尚未开通直航，到香港机场转机，航班飞抵香港上空时，恰巧遇到台风将至，眼看飞机飞向跑道马上就要着陆，不少乘客已经解开保险带起身取行李，飞机突然重新拉起机头，机舱内一片惊叫声。据媒体报道，不久前韩国的一架航班，就是在类似情况下机尾撞上跑道，飞机断成两截，酿成机毁人亡的重大事故。我们这次算是命大，躲过了一劫，飞机在香港上空盘旋了好几圈后成功着陆。刚下飞机，台风已至，雷电交加，滂沱大雨倾盆而下。

还有一次是回老家梅州出席涉台研讨会。飞机从广州白云机场起飞，飞临梅县机场时，机舱里广播说梅县地区天降大雨，飞机无法降落，航班要飞回白云机场。谁知航班飞回白云机场降落后却要乘客下机，换乘另一架飞机。等我们再飞回梅州时，地面是干的，梅县地区当日根本就没下雨。后来听说，原来是前一架飞机即将飞到梅县上空准备降落时，起落架无法放下，飞机不敢在梅县小机场迫降，决定飞回救生设备比较齐全的广州白云机场再迫降。不料飞回白云机场上空时，起落架又可以放下来了，于是我又经历了一次有惊无险的旅程。

这四次遇险，我都与死神擦肩而过，差一点命丧黄泉。特别是食物中毒那次，让原本就体弱的我元气大伤，时至今日仍有后遗症，稍不注意，便会腹泻，这也算是我为两岸交流和祖国统一做出的奉献吧！

三、母亲携海东返乡探亲、祭祖

再说 1988 年香港会亲后，我们一家三口回蕉岭家乡看望阿婆。阿婆自头年跌伤后已不能行走，老人家劳碌了一辈子，突然失去了活动能力，身体衰弱得很快，我十分忧心。返回北京后我写信给母亲，建议她早日回蕉岭家乡探望阿婆，不然可能就"来不及了"。母亲回信表示将尽快办理返乡探亲手续，并嘱我给阿婆购买轮椅。那时候不像现在，不要说蕉岭县城，就是梅州市区都没有轮椅出售。于是我写信拜托在广东南海县工作的阿康哥帮忙，就近从广州购买了一部轮椅，阿康哥费了好大劲才把这部轮椅运回蕉岭。

1989 年春节过后，母亲在台中着手办理返乡探亲事宜。母亲此次返乡仍由海东陪同。3 月下旬，母亲和海东经香港转机飞抵广州，我请准假后也南下广州与他们会合，一起乘长途汽车返回蕉岭。

这是自 1945 年 9 月父母亲离开蕉岭后，44 年来母亲第一次回到大陆，回到蕉岭。一路上，母亲的心情可想而知。到达广州市区时，车子行走在大街上，母亲东张西望，一会儿指着车窗外的一幢房子说，"这幢房子我们住过！"一会儿又指着路边的一条胡同说，"我们在这条胡同里住过！"当长途班车到达罗浮山下时，母亲久久凝视着车窗外不远处的茫茫群山，一声不吭。我想，此刻她老人家必定是沉浸在对往日峥嵘岁月的追忆中，也就不忍打搅她了。到达梅县后，行走在大街上，母亲依然是东张西望，寻找着当年他们东区服务队曾经落脚打尖的地方。每当这时，我内心又是一阵痛楚，心想，"要是父亲还在，那该有多好！"

到达蕉岭时已是黄昏，黄田墩背村同庆楼即刻热闹起来。大门口披红挂彩，鞭炮"噼噼啪啪"地炸响起来，老阿婆见到母亲和海东，先是老泪纵横，随后是笑得合不拢嘴。至于燕娇姑，早在头一天就已从三圳赶来同庆楼等候了。阿三、阿辉妹两口子忙前忙后，端茶倒水；阿玉、阿春两姐妹高兴得跳上跳下，像两只欢乐的小鸟。很快，五叔婆、隆淼叔、阿仙伯、森东叔、英中哥、阿炽哥，还有昌文、昌华、金华等许多同宗族人纷纷前来相见寒暄，问长问短。

在随后的几天时间里，在族人的引领下，我陪着母亲和海东先后到徐氏十三世祠堂、六世祖堂、燕岌山蕉岭徐氏宗祠、探玄公墓地等处上香祭祖。并请隆淼叔掌勺，母亲在同庆楼设家宴，款待墩背十三世祖堂的徐氏宗亲，感谢族人多年来对阿婆和阿三、阿辉妹一家老小的悉心关照，同时捐资十三世祖堂。

蕉岭县委县政府获悉母亲返乡探亲，县台办主任林国豪两次专程来同庆楼拜访，问寒嘘暖。县委书记和县长亲自出面，由林主任等人作陪，在县城华侨大厦设宴招待母亲、海东和我。

十多天的返乡探亲，母亲和海东沉浸在浓浓的乡情之中，家乡的巨大变化给母亲留下了深刻的印象。临行前，母亲给阿三、阿辉妹夫妇留下一笔钱，嘱他们照料好阿婆，并作为修缮同庆楼老屋和大门口禾坪的用度。还一再嘱咐我尽快修撰家谱，以传后代子孙。母亲常对我们说，"人要知道饮水思源，不要忘记自己的根本"。在其后的几年时间里，母亲又不辞辛苦，千里迢迢先后数次返乡，并亲自勘察选址，出资修建家族墓地，身体力行，对晚辈言传身教。

四、祖母仙逝，返乡奔丧

看来我的直觉还是准确的，母亲和海东从蕉岭回到台湾后只过了两个月左右，阿婆就过身了。于是我在一年之内第三次返回蕉岭家乡。

阿婆过身的前几天我就有不祥预感，总觉得会出什么事情，担心小区居委会的大妈喊我去取电报或接传呼电话，这是以前从来没有过的感觉。果不其然，6月9日晚上，我正在家里看电视，居委会的大妈喊我去取加急电报，我急忙下楼，三步并作两步跑到居委会，电报上只有简短的一句话："阿婆已于今日不幸过身"。我脑子"嗡"的一声，哀伤之情再次袭上心头。这几年我接连历经了宙元叔和父亲的丧事，如今终于轮到老阿婆了。尽管早有心理准备，我仍一夜难以入眠。次日一早，我先到邮电局往老家发了份电报，告之"我将尽快赶回老家"，随即到民航售票处购买飞广州的机票。

"尽快赶回老家"谈何容易！由于当时北京正因"六四"风波实施戒严，航班锐减，到民航售票处一打听才知道，一周之内飞往广州的机票已经售罄。售票员看了我出示的报丧电报，建议我先飞杭州再转飞广州，这样可能会快一些。急于赶回老家奔丧的我，只好多花了将近一倍的票款，购买了一张当天中午飞往新加坡在杭州中转的国际航班商务机票。下午我飞抵杭州，赶到西湖边上的民航售票处，不想这里人山人海，挤得水泄不通。我费了九牛二虎之力，出了一身臭汗才挤到售票口，还算运气，出示报丧电报后买到了次日一早飞往广州的机票。我无心游览西湖美景，径直奔赴机场，在机场混了一个晚上，次日一早飞抵广州，赶乘开往梅县的长途汽车。一路心急火燎，到达梅城时天已擦黑，开往蕉岭的班车早就开走了。我只好跑到通往蕉岭的大路口拦过路货车，谁知拦了好几辆货车，要么不到蕉岭，要么根本不理睬我，急得我团团转，心想"眼看到家门口了，难道今晚我真的要滞留梅城了吗？"正当无计可施之际，还算我运气不错，碰上一个好心的货车司机，他的车开往福建武平，路过蕉岭，愿意捎上我。就这样，经过整整两天一夜的折腾，11号晚上我终于赶回了老家黄田墩背。这算是最快的速度了。

此时，同庆楼大门口悬挂着黑幔，中廊布置好了灵堂，亲友族人见我那么快就赶了回来，既悲戚又欣慰，顿时哭声一片，赶忙把我扶进停着阿婆棺木的中厅，我"扑嗵"一声跪倒在阿婆的灵前，泪水像断了线的珠子落了下来，久跪不愿起来。主持丧事的英中哥告诉我，天气太热，为了等我回来，不得不请人给阿婆的尸身打了防腐剂，并已入殓，无法让我再见阿婆最后一面了。我虽然感到十分遗憾，但知道这也是没办法的事情。在深圳工作的堂弟徐桓，也于次日赶来奔丧。

阿婆的丧事在英中哥、阿仙伯、阿炽哥、阿金华等几个族人的费心主持下，办得十分隆重而简朴。依照客家人二次葬的习俗，先是简单浅葬，几年过后由母亲亲自返乡选址，修建好家族墓地后才正式安葬。

阿婆35岁就开始守寡，把两个儿子和燕娇姑抚养长大后，父亲和宙元叔出外参加革命，燕娇姑出嫁，只剩下她一个人孤零零在乡看守老屋。把我从襁褓中抚养长大后，又送我到北京去读书，她自己则一个人回乡继续看守她的老屋。随后又把燕娇姑的女儿阿辉妹从小抱来抚养成人，结婚生子。年老了又协助阿三、阿辉妹把阿玉、阿春两姐妹抚养长大。阿婆真是辛苦劳累了一辈子，直到油干灯灭，驾鹤西去，享年93岁。

五、母亲携思东全家来京祭奠父亲

时序进入1990年，距台湾当局开放台胞赴大陆探亲已经过去整整两年，母亲却迟迟没有要来北京的意思，我不免有些纳闷，一再询问母亲的意向，直到接到3月31日母亲写来的信，才理解了母亲的心思。母亲在信中说："自从开放大陆探亲后，你甚盼妈能前往北京与你们一家团聚，又可游玩、欣赏许多名胜古迹等。其实3年前，自从知道你们父亲逝世于北京，妈的心情真无法平衡，确实难以承受，真的事实存在！！？所以迟迟未打算前往北京。时光易去，一年年地过去，而无情的时光，从未把人的亲情减退。"又说，"你们兄弟虽自立门户，各自一方，而妈又无时无刻不系在心里。尤其是你的一家，远在北方，自你婴儿时妈就离开家乡，直至大陆开放，40多年才互相见面。那次见面时又是来去匆匆。因此，今年夏天决意前往北京与你们一家团聚。"

当年7月中旬的一天晚上，天气闷热，大约九十点钟的样子，思东突然打来传呼电话，说母亲和他一家四口已经飞抵北京首都机场，让我去接他们。那时北京的公共交通还十分落后，虽然有少量出租车，但这么晚了已经很难找到。我正在犯愁，过了一会儿思东又打来电话，说机场的人听说他们是从台湾来北京探亲的台胞，人生地不熟，那么晚了又没有人来接，于是很热心地帮助他们联络好了出租车。我嘱咐他们让出租车送到我家附近的外国语学院大门口。

过了个把钟头，出租车终于到达。我和思东、如柑夫妇及两个十来岁的侄儿敏记、振嘉第一次见面，血浓于水的亲情让我们感到十分亲切。晓东突然有了两个堂弟，也很高兴。晤谈良久，洗漱完毕，直到凌晨两三点才休息。

此后两日，在我和明华的陪同下，母亲带着思东一家，到府右街中央统战部大院和新街口外大街总参家属院，分别拜访了明华的母亲和亩元叔的妻子思荣婶婶一家。母亲把从台湾带来的自己画的国画赠送给她们留念。明华母亲对送给她的那幅《秋菊》十分喜爱，后来一直悬挂在她家客厅墙上，有客人来总要向人介绍："这是我亲家母博东的母亲送给我的！"随后，亩元叔的三个孩子女儿徐玲、儿子徐桓和徐超又来我家回访。

礼节性的拜访结束之后，母亲此番来京的主要活动终于到来。

7月20日，北京的天气突然变得阴沉沉的。早饭后全家出动，直奔八宝山革命公墓。公墓里十分安静，扫墓的人不多。我领着母亲和思东一家步入存放着父亲灵骨的灵堂，小心翼翼地把覆盖着中国共产党党旗的父亲的骨灰盒取出来，端放在屋内一张小桌子上，骨灰盒前摆上供果，母亲和思东夫妇从包里取出从台湾带来的糕点、香烟之类，燃香默哀、祭拜。灵堂一片寂静，连根针掉在地上似乎都听得见。母亲掀开骨灰盒上的党旗，俯身用手指轻轻地抚摸着骨灰盒上父亲的相片，凝视片刻，终于抑制不住号啕大哭起来，边哭边喊："怎么会是这样子啊！""怎么会是这样子啊！"反反复复只有这一句话，撕心裂肺一般，心中积攒了数十年的思念、哀怨，像决堤的洪水全都宣泄了出来。思东站在一旁，神情哀恸，不停地抽泣——他生下来与父亲的第一次见面，竟是这般情景！明华见状，赶紧上前搀扶母亲。我们谁都没有劝阻母亲，让她放声痛哭了十来分钟才止息。1992年基东来北京跟我会面时说："我从小没见妈哭过！"

第二天，明华母亲从中央统战部要来一部面包车，送我们全家去登八达岭长城，游览十三陵。以后几天，我们又先后游览了天安门、故宫、天坛、香山、颐和园、圆明园、北海、景山等名胜古迹。70岁高龄的母亲，身体仍十分健朗，每天走那么多的路并不觉得劳累。她老人家的"铁脚板"，应该是年轻时在东区服务队从事抗日救亡工作时练出来的。

母亲和思东一家在北京待了两个星期左右。7月底我陪他们飞往桂林，在桂林、阳朔尽情游览了几天。8月5日，飞广州转返蕉岭老家。

这是母亲第二次回乡探亲、祭祖。上次是带海东，这次是带思东全家。老阿婆已经不在了，这次除了祭祖、探望族人，最重要的事情是勘察选址，安排修建家族墓地。在母亲亲自督促过问下，一年之后，燕岌山家族墓地修建完成，正式安葬了阿婆，并勒碑纪念阿太、阿公、坤生叔公、亩元叔等先辈的在天之灵。

8月9日，母亲和思东经深圳抵港，在演良家小住了一晚，次日返回台湾，结束了为期近两个月、内容丰富的大陆之行。

返台后不久，母亲来信说："这次我们大陆北京之行，本来没有打算去桂林的，目的不是来大陆观光，而是专程来看看你们一家，同时要去祭拜你们的父亲。那天北京的天气暗暗沉沉的，尽管公墓像是公园化的规划，美观、雅致，这一切的情景，仍然扫除不去带着沉重的无奈的气氛，一切不轻松，只有压迫感！……接着而来，你打开那红红的门，端出你父亲的灵位，红红的小盒子，上面贴着相片，当时没有勇气去看清楚，乍间心里的感受无言形容，只有自问为什么？！为什么？！竟是在这样的情景下见面？！不觉悲从中来，本来收藏已久的'悲伤'，自然而然地从心底流露！……40多年，'人事已非'矣！唯有自圆其说：'算了吧！'博东、明华，勿念，妈，仍是很坚强的。"我为有这样坚强的母亲而自豪！

赴八宝山公墓祭奠父亲（1990年7月20日）　母亲拜访亲家明华母亲（1990年7月）

母亲、思东参观北大（1990 年 7 月）

母亲与晓东、敏记、振嘉摄于十三陵

登长城（1990 年 7 月）

参观圆明园遗址（1990 年 7 月）

游览桂林（1990 年 7 月）

　　此后几年，基东和海东亦先后自美国来北京与我们相聚，祭奠父亲；母亲和小舅夫妇和演良、映娥兄妹一起来北京游览观光；基东返乡祭祖、探望族人；母亲与应棠阿姨带着我和晓东重上罗浮山，返惠阳旧地重游，再回蕉

459

岭祭祖、探望族人。随着台湾当局开放两岸双向探亲和学术交流，以及"小三通"和直航的开启，此后20多年间我先后20多次赴台参访、探亲；基东、亦慧夫妇亦数次来北京与我们团聚。特别是2006年母亲去世、次年将父母亲灵骨送回家乡合葬后，基东、亦慧夫妇、海东、琼华和思东、如柑全家，多次回蕉岭家乡扫墓祭祖、探望族人，我们四兄弟之间的往来日趋密切。

与五叔婆一家合影（1990年7月）

母亲与小舅一家在京团聚（1993年8月）

晓东与祖母摄于惠阳西湖

基东首次来京团聚

海东首次来京团聚

六、赴台参访、探亲

从20世纪90年代中期开始，台湾当局开放大陆同胞赴台探亲和大陆学者入岛参访交流，两岸双向探亲和学术交流开启。由此我终于有机会深入岛内参访，进行实地调研，更加准确地把握台湾的社会脉动，这对我的研究工作帮助很大。那时候对我帮助最大的是后来任《中国时报》执行副总编的杨宪村先生。杨宪村早年专跑民进党新闻，跟民进党的头面人物来往密切，并写有《民进党"执政"》一书，有很大影响。我时常向他请教，交流研究心得，成了好朋友。后来他为我出版的民进党研究专著作序说："徐教授的对台研究工作相当敬业，一直令我留下极为深刻的印象。作为一位研究民进党问题的先行者，徐博东多次来台从事交流访问，我看着他由'中央'到基层，由城市到农村，不厌其烦，深入其境，想方设法与民进党人士接触，从不放过任何机会。我常因代他安排而被烦得不堪其扰，但他这种治学态度和求知的精神则令我感动。"①

　　我首次入岛参访、探亲是 1996 年 1 月中旬至 4 月中旬，时值岛内首次直接选举台湾地区领导人。在长达三个月的时间里，我先是参加台湾政治大学东亚研究所的参访行程，一起去的还有北京大学国政系的两个教师。

　　第一次入岛我开始有些紧张，讲话很谨慎，后来才逐渐放松下来。东亚所的几个老师领着我们乘车沿着台湾西海岸从台北、台中、台南、高雄到垦丁转了一圈，一路上好吃好喝，招待十分热情周到，花费不小。

　　初访台湾给我的印象是台湾经济确实比大陆好，老百姓生活普遍富裕，街道和旅游景点很整洁，商店服务员服务态度都很友善，但对大陆却严重缺乏了解，少数人甚至充满敌意。有一天我们在日月潭码头等待上船，见两个船工模样的中年男子正在下象棋，我们便凑上前去围观。不一会儿其中一个下输了，大概输得并不服气，听说我们来自北京，竟莫名其妙地冲着我们发起火来，高声喊道："回去跟你们领导人说，要打就打，别吓唬人，我们台湾人不怕！"

　　那次赴台我还同时办理了探亲签证。1 月下旬东亚所的参访行程结束后，我单独留下来在台中探亲，首次与母亲和思东一家"围炉"过春节。三弟思东抽出时间来开车带着我参观风景名胜、果园农庄，拜访他的许多农友，深入台湾社会基层，了解他们的生活和所思所想，增加了不少感性认识。

　　此时，台湾"大选"气氛已愈来愈浓，城市、乡村乃至偏僻山区到处都插着五颜六色的竞选标语，挂着竞选横幅，宣传车在大街上往来穿梭，大声播放着竞选歌曲和口号。不久后我离开台中去台北观察选情，拜访台湾朋友，

　　① 杨宪村：《徐博东——一个务实的"鹰派"》，见徐博东著《大陆学者眼中的民进党》序四，第 15 页，（台北）海峡学术出版社，2003 年 5 月。

住在杨宪村家中，白天则由辅仁大学历史系的尹章义教授带着我遍访李连、林郝、陈王、彭谢四大竞选总部，收集到大量第一手资料，还曾深夜拜访民进党新潮流办公室。据说此前大陆学者从未有人去过，我的突然造访，让他们颇感意外。

作者与母亲和思东一家除夕夜"围炉"（1996 年）

作者与母亲、基东、思东夫妇合影于台北

思东带作者到休闲农庄和葡萄种植园拜访他的农友

　　3月初"大选"已经进入白热化，人民解放军在台湾海峡进行"导弹试射"，台海局势骤然紧张。负责监控我的台中情治部门找不着我，跑到母亲家里询问我的去向。我母亲没好气地对他们说："我儿子长着两条腿，他走到哪里我怎么会知道！"后来他们侦知我住在台北县（现新北市）杨宪村家中，竟上门找到杨宪村，通知我第二天到当地派出所做笔录。次日恰逢大陆向基隆外海发射"导弹"，台北气氛十分紧张，淡江大学大陆所张五岳所长打来电话，邀我出席次日由韩国瑜等两名国民党籍"立委"在"立法院"召开的公听会，我当即答应，并未理睬情治部门要我去派出所做笔录的要求。在台海局势如此敏感的时刻，大陆学者突然出现在"立法院"的公听会上，台湾媒体大感意外，纷纷报道，说大陆学者徐博东教授在公听会上"闪烁其辞"。台湾情治部门见我竟能出席"立法院"的公听会，或许以为我"来头"不小，此后再没找过我的麻烦。迄今为止，我是唯一一位出席过台湾"立法院"公听会的大陆学者，这次会议的"出席证"，至今我还保存着。投票前一晚，尹章义教授又陪我到各个竞选总部的造势现场感受"大选"气氛。

3月下旬我回到台中，又和黄志平教授一起出席了在逢甲大学召开的"丘逢甲与台湾历史文化"学术讨论会。直到"大选"结束，4月中旬才飞返北京。

作者与王拓交流　　　　作者与邱太三合影　　　　作者罗文嘉交流

作者与段宜康、梁文杰交流　　　作者与吴乃仁交流　　　作者与洪奇昌交流

七、台湾研究"更上一层楼"

20世纪90年代中后期之后，我频繁应邀到中央电视台、香港凤凰卫视、台湾TVBS、东森、中天等电视台做政论节目，美国、日本、英国、德国、澳大利亚、新加坡等国的媒体也常采访报道我，在海内外的知名度愈来愈高，原本名不见经传的"北京联合大学"在海内外的知名度也随之跃升。有人说，"我不知有北联大，只知北联大有徐博东教授"。校领导外出开会，外校的人常问"你们联大是不是有个徐博东教授？"而校领导却不认识我。后来校党委副书记孙权专门来我家，了解我的情况，问我有什么困难。我把历年来买办公用品的发票和外出开会保留下来的车票等一大堆票据搬了出来，孙书记当场指示院领导设法给我报销。他们把这堆票据拿回去一算，有好几万块钱，记得后来给我报销了2000元人民币。这些票据本想留下来做历史资料的，没想到还能报销。

李登辉破坏两岸关系亲历记　　90年代中后期，两岸关系跌宕起伏，经历了不平凡的历程，其根源就在于李登辉的蓄意破坏。我涉入台湾现状研究几乎与李登辉上台主政同步，亲历了李登辉破坏两岸关系发展的全过程，其中让我印象最为深刻的是李登辉破坏汪道涵会长访台这件事。

1992年，大陆与台湾达成了"海峡两岸同属一个中国，共同努力谋求国家统一"的共识（后来被概括为"九二共识"）。1993年4月，在"九二共识"的基础上，海协会会长汪道涵与台湾海基会董事长辜振甫，在新加坡举行"汪辜会谈"，实现了两岸走向和解的历史性突破，成为两岸关系发展的重要里程碑。但此后由于李登辉推行分裂路线，在一个中国原则立场上不断后退，两岸关系持续动荡。直至1998年10月，在大陆和两岸有识之士的积极推动下，辜振甫率团访问大陆，开启了两岸高层首次在中国人自己的土地上进行政治对话的先河，两岸关系才得以缓和。在上海"汪辜会晤"中，汪道涵接受辜振甫的邀请，拟在"适当时间"访问台湾。

1999年3月17日，海协会副秘书长李亚飞赴台，与台湾海基会进行了第一回合的磋商，达成了当年秋天汪道涵会长回访台湾、继续开展高层对话的共识。一时间，海内外舆论对汪老访台、两岸关系进一步缓和发展，充满了乐观的期待。

　　然而，7月9日李登辉在接受"德国之声"采访时公然抛出背弃一个中国原则的"两国论"。一时间掀起了轩然大波，两岸关系骤然紧张。汪老访台因此被无限期延后，直到他2005年12月辞世也未能实现。

　　李登辉的"两国论"蓄谋已久，而选择在这个时间点抛出，目的之一就是要阻止汪道涵访台，破坏两岸关系发展，继续推行其分裂中国的"台独"路线。我们几位专家学者为这次访台精心准备的汪老讲话稿也成了永久的"未完成稿"，而中华民族的统一大业则蒙受了重大损失，失去了一次宝贵的机遇。

　　从"路边摊"到"五星级大饭店"　　2000年3月，台湾首次政党轮替，主张"台独"的民进党人陈水扁当选台湾地区领导人。一时间，民进党研究成为大陆台湾研究界的热门。为适应形势发展的需要，当年12月，在北联大校领导的支持下，应用文理学院台湾研究室升格为北京联合大学台湾研究所，成为校级研究机构；2004年3月，陈水扁靠"两颗子弹"胜选连任，民进党继续"执政"，变本加厉推行"一边一国"的分裂政策，台海形势持续紧张。2005年4月，联大台湾研究所撤所建院，专职研究人员从原来的两个人陆续增加到十多人，揭牌仪式大陆有关部门领导和两岸专家学者纷纷到场祝贺。王晓波在会上发表讲话时打趣说：北联大台湾研究室"从路边摊变成了大排档，又从大排档变成了五星级大饭店"。

　　台湾研究院成立后，作为创院院长的我，肩上的担子一下子沉重了许多，除了自己每天要追踪台情，完成科研任务之外，更有大量的院务工作要做，包括引进人才，迎来送往，组织大型或小型的学术研讨会，应邀出席外单位组织的研讨会、内部咨询会议，到各单位作台情报告，频繁接受境内外媒体的采访，还要经常入岛参访调研，忙得不可开交。那时我已年过花甲，本来身体还不错，建院后工作压力太大，精神过于紧张，经常头昏脑涨，夜间难以入眠，当年秋天体检便发现患上了高血压病。至于患有严重心脏病已经从北图"病退"的老伴张明华，我更顾不上照顾，经常把她一个人丢在家里，于是病情有了较大的发展。到2005年冬，明华因心衰住进宣武医院，第二次施行开胸大手术，清除心脏内壁血栓，置换人工二尖瓣和主动脉瓣瓣膜。不料术后心脏渗血不止，刀口无法缝合，三天后血才止住，人才苏醒过来，重上手术台缝合刀口，算是捡回了一条老命。此后几年，又是电激消除心房纤颤，又是安装心脏起搏器，经常要住院。"后院"不断着火，搞得我顾此失彼，疲于奔命。所幸明华一向性格顽强，又有众多亲友和同事悉心帮助和关照，总能一次次涉险过关，让我安心从事科研和院务工作，不断做出新的成绩。

从我 1989 年 5 月创建北京高校第一个台湾研究机构算起，到 2019 年整整过去了 30 个年头。30 年来北京联合大学台湾研究机构从无到有，从小到大，从弱到强，经历了曲折的发展过程，在对台研究、宣传和两岸学术交流等方面做了大量工作，取得一定成绩。总括起来，主要有以下几个方面：

一是对民进党的研究，这是我们的特色。中国评论社社长郭伟峰说："1989 年 5 月 8 日，他（指徐博东）创办了北京联合大学的台湾研究室。他一开始就啃硬骨头，全力研究民进党这个冷门领域，这在当时是十分吃力不讨好的。须知，在上世纪 90 年代，几乎没有人会相信民进党也有"执政"的一天，同时大陆各界对'台独'深恶痛绝，对民进党也是一样，谁与民进党接触，谁就可能有问题。……但是，博东兄十足的客家人硬劲精神作怪，硬是要钻下去。后来当然很成功，博东成了知名的民进党问题专家。由我主持的《中国评论》首次称之为'南林北徐'，南林是指厦门大学的林劲教授，北徐就是指博东兄了。这么大的大陆，当时真正对民进党进行学术分析与研究的学者，就这两个人。……从 1991 年到 1999 年，他都认真地撰写民进党一年来活动言行的述评，为两岸留下了极其珍贵的分析史料。大陆系统地认识民进党，说博东兄是先行者和引路人，并不为过。"① 台湾学者尹章义教授也说，"徐博东教授的论文灿然可观，不少预测都相当精准，民进党取得政权的过程、执政后的表现和给台湾所带来的严重伤害，不幸都被徐博东这个大陆学者一一料中了"，陈水扁和他的团队"只是照着徐博东事先写好的剧本表演罢了"。②

① 郭伟峰：《博东，从一只孤鸟起飞》，见徐博东：《台海风云见证录》序五，第 14 页，九州出版社，2012 年 6 月。

② 尹章义：《积久功深自有得——推荐徐博东教授的民进党研究论文集》，见台湾《海峡评论》，2003 年 9 月 1 日。

作者与连战主席合影于博鳌

作者与吴伯雄主席在梅州会面

作者与吴敦义主席合影于台北

作者与饶颖奇先生交谈

作者在台北拜访宋楚瑜主席

作者与郁慕明主席合影于博鳌

作者与王金平先生合影于台北　　　　　作者部分涉台著作

如果说，研究室时期民进党研究主要是我一个人的"单打独斗"成果有限的话，研究所特别是研究院成立后，研究条件大为改善，研究力量大为增强，经过一段时间的努力，逐渐涌现出了李振广、陈星、朱松岭等几个有才华的年轻研究人才，近十年来陆续出版发表了一大批质量相当高的研究成果，现在他们已经成长为大陆台湾研究界（包括民进党研究）的一线专家学者了。

二是为党和政府涉台部门提供决策参考。

30年来，我校台湾研究机构不仅承担了大量国台办、教育部、商务部、北京市台办和全国台研会的内部调研课题，而且逐渐成为北京市的对台研究与交流基地，许多研究成果和政策建议得到有关部门的重视和采纳，产生了一定的影响。建院十多年来上报的内部调研报告就达数十项，承担过6项国家级研究项目，出席过400场以上学术研讨会和内部咨询会议。

仅以两岸各界耳熟能详的"九二共识"的用语为例。谁是"九二共识"用语的最早提出者？两岸社会各界普遍认定是苏起，苏起本人也自认不讳。但有人查考，实际上早在苏起之前，大陆学者许世铨、台湾民进党学者罗致政都曾使用过"九二共识"的提法，而本人也是其中之一。

2000年4月初，台湾"大选"的硝烟刚刚散去，本人承蒙淡江大学大陆研究所张五岳所长之邀，赴台进行了为期近一个月的参访。其时，国台办针对陈水扁即将上台发表的"听其言，观其行"的声明正在岛内发酵，两岸关系气氛微妙诡谲。所谓"听其言，观其行"，照当时台湾媒体的说法，是大陆给陈水扁这个主张"台独"的"坏孩子"一段宝贵的"留校察看期"，其中一个重要的观察指标，就是看陈水扁在"五二〇"就职演说中，要不要表示接受一个中国原则。

我入岛后在台北与包括民进党朋友在内的各方人士频繁接触，深切了解到此刻陈水扁根本不可能接受一个中国原则，因而对两岸关系前景深感忧虑。于是在与民进党一些重要人士的私下交流中我表示，"陈水扁刚刚在选前高喊'台独万万岁'，现在就让他马上改口接受一中原则，确有很大难度"，但如果陈水扁在就职演说中，能够提出"愿意按照'国统纲领'的精神和在两会九二年共识的基础上，与大陆恢复协商谈判"，依我的判断，"大陆虽不满意，但可勉强接受"。这样北京将结束"听其言"，而进入下一步的"观其行"阶段。我的观点得到他们的积极回应。随后在淡江大学大陆所的课堂上、座谈会上和其他一些场合，我几次公开提出了上述观点。张五岳教授等许多台湾学者也颇为肯定和重视，认为很有"创意"，不失为一种替陈水扁"解套"的提法。当时，全程陪同我在台参访的 TVBS 电视台记者李侠和复兴电台记者高大卫，还为此做了专题采访。但为避免对我的参访活动可能造成困扰，我要求他们务必在我结束访台的前一天才可以对外报道。

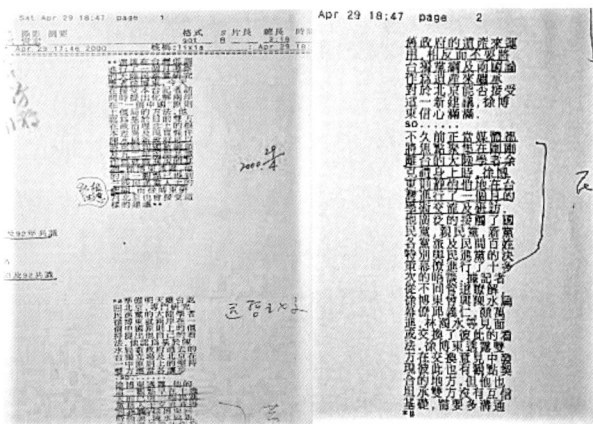

有关"九二共识"的提法当年 TVBS 采访作者的报道稿
（2000 年 4 月 29 日）

大约过了半个月左右，4 月 28 日，在我即将离台的前两天，当时尚未卸任的陆委会主委苏起在接受媒体的采访中，首次公开使用了"九二共识"的用语。紧接着第二天下午 7 点 46 分，TVBS 电视台也公开报道了对我的采访，打出的标题字幕就是《"一中"解套：回到"国统纲领"及"九二共识"》。苏起使用"九二共识"用语，与我"不谋而合"。返回北京后不久，我在5月18日、19日又分别接受"中央社"记者刘正庆和《中国时报》记者徐尚礼的采访，再次阐述了我在岛内发表的上述观点和"九二共识"的提法，当时这两家岛内重要媒体都有报道。[①]

此后，鉴于"九二共识"名词的由来众说纷纭，2011年9月5日，本人写了一篇题为《"九二共识"名词的由来及其意义》的小文，发表在中国评论新闻网上。2012年12月10日上午，在台北福华饭店举行的"台北会谈"开幕式前，我将上文影印本送交苏起先生。当晚宴会期间，苏起当面对本人表示："看了你的文章后我才知道，我俩确实是'不谋而合'！"

我之所以花这么多笔墨"旧事重提"，并非要和苏起争抢"九二共识"这个名词的"发明权"，无非是想说明：当年海峡两岸许多有识之士为了维护两会协商和两岸关系和平发展的政治基础，大家都在动脑筋，想办法，真是煞费苦心。诚如中评社在发表本人那篇小文时所加的"编者按"说："关于'九二共识'名词的来源，前'陆委会主委'苏起系正式提出的人，然而，'九二共识'一词的提出，确实是凝聚了两岸专家学者的思想结晶。"

三是在涉台宣传与两岸学术交流方面做了大量工作。研究室和研究所时期不计算在内，据不完全统计，仅建院十多年来就主办过100多场大小学术研讨会，出版了院"文库"9种（套）和本院学者撰写的100多部学术专著，发表了近2000篇学术论文和时事评论文章，接受境内外媒体采访3500次以上。多年来我院学者一直是应邀上中央电视台《海峡两岸》节目的嘉宾，仅我本人应邀上《海峡两岸》《今日关注》《中国新闻》以及香港凤凰卫视、台湾TVBS、东森、中天等电视台做节目就近千次。我院创办的"北京台研论坛"和"海峡两岸客家高峰论坛"，曾经是两岸交流知名品牌，在两岸学术交流中发挥过重要作用，产生过较大影响。此外，北京市社科规划办以我院为依托设立的市级科研机构——"京台文化交流研究中心"，多年来也为京台两地文化交流与研究做出了贡献。

---

① 见"中央社"，2000年5月18日和中国时报2000年5月20日报道。这两则报道连同TVBS电视台的报道均收入拙著《台海风云见证录》（4）"采访报道篇"第67—70页。

四是为培养涉台研究人员和培训涉台干部取得了一定成绩。2005 年 4 月建院后，不仅培养了一批年轻的涉台研究学者，而且还与本校历史系合作，以雄厚的师资力量为学校申报历史学硕士培养点发挥了重要作用，建院十多年来已培养了十届 40 余名"台湾历史文化"专业方向硕士研究生。这些研究生毕业后从事涉台工作的有 10 人左右，另有 8 人考上人大、厦大、南大等重点大学的博士生，继续深造。建院后一度设立"涉台事务研究所"，专职调研大陆涉台事务工作中的经验与教训，并在此基础上为北京市各区县台办举办了几期涉台干部培训班，收到了很好效果，得到市台办的表彰。

担任北京联大台湾研究院院长三年多后，2008 年 10 月，我于 64 岁超龄退休，转而担任院顾问。从事当代台湾研究 20 余年间，我曾 20 多次赴台参访调研，主持完成国家社科"十五"基金重点项目及有关单位和部门调研课题 40 多项，发表专业论文和时事评论文章数百篇，出版专著 10 多部。获第 22 届中国新闻奖三等奖、北京市第 8 届哲社科研成果二等奖等各种奖项 30 多项。曾兼任国台办海峡两岸关系研究中心特邀研究员、教育部政治学学科教学指导委员会委员、全国台湾研究会理事、中国社科院台湾史研究中心常务理事、中国台湾网顾问等职。党和政府给了我很多的荣誉：1983 年度被评为"北京市教育系统先进工作者"，2004 年推选为"北京市教育系统百名优秀教师"提名人、2005 年和 2006 年先后被授予"北京高校优秀共产党员""北京市先进工作者"和"北京市有突出贡献人才"称号，2008 年被推举为北京奥运会火炬手。

2012 年，我在九州出版社为我编辑出版的研究成果总集《台海风云见证录》（1—4 卷）自序中感慨地说："回顾我 30 年来的学术生涯，为推动两岸关系发展和祖国统一大业作出了自己力所能及的微薄贡献。人生一世何所求，个人的力量是渺小的，然而，我为自己能与祖国统一和中华民族复兴的伟大事业紧紧地联系在一起，发光发热，感到无尚荣光、死而无憾矣！"

北联大台研院建院揭牌仪式（2005 年 4 月 23 日）

首届海峡两岸客家高峰论坛
向北京奥运赠送台湾花莲巨石

2008 年作者传递奥运火炬

作者做台湾问题专题讲座

作者在 CCTV(4)
现场直播节目

作者与金灿荣教授一起接受台湾东森
电视台采访

作者与汪道涵会长合影　　　作者与陈云林主任合影　　　作者与孙亚夫副主任合影

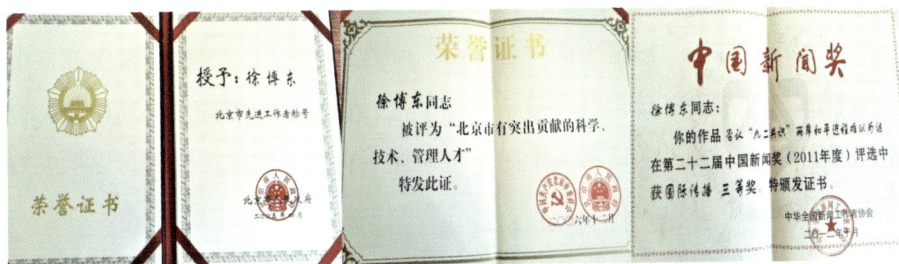

作者获奖荣誉证书（部分）

八、母亲去世，赴台奔丧

母亲自 1988 年 67 岁退休后到 2006 年 85 岁高龄去世，度过了长达 18 年的退休生活。

母亲退休后的前半段，身体还很硬朗。第一件事就是重拾她童年的画笔，报名参加"长青学苑"，拜师学画国画，专习山水和花卉，牡丹尤其画得好，作品参展多次获得好评，已成为子孙和亲友收藏的珍贵纪念品。其次是返乡祭祖、探望大陆亲人，除了数次返回蕉岭家乡之外，还两度来北京与我们团聚。再有就是四处旅游观光，除了与应棠阿姨结伴重返罗浮山、惠阳，重温青年时代从事抗日救亡工作的艰苦岁月，足迹所到之处还有深圳、广州、桂林、大连、新疆等地。此外，母亲还多次赴美看望基东、海东一家并观光旅游，到过美国东部各州和西部的加州和西雅图，甚而远至加拿大的洛矶山冰原。没有外出旅游时，母亲除了平日到"长青学苑"习画，每到礼拜天或孩子放寒暑假，海东、思东全家便会陪她老人家到户外或踏青赏花，或到溪边戏水，跑遍了台中地区各个景区。母亲兴趣广泛，豁达乐观，退休生活可谓多姿多彩。

然而自然规律毕竟无法抗拒，劳苦了一生的母亲步入暮年之后，身体渐趋衰弱，病痛缠身，经常要跑医院诊治。自1991年海东全家移民美国之后，数年间照顾母亲的重担就全都落到思东夫妇的肩上了。1999年母亲不慎在家跌倒，住院治疗了一个星期，生活无法自理，而如柑又难以请假，一时无人照顾，于是每天洗澡、上厕所、吃饭、穿衣等杂七杂八的事情全都落在思东一人身上。思东自己也要上班，2000年那年，只好请了个本地熟人白天跟母亲作伴。次年开始，母亲生病日益频繁，常要到医院看诊服药，每次都是由思东开车送母亲去医院，背着母亲上楼下楼，直到后来由医生开具证明，符合申请外籍劳工条件，请来一个印尼籍帮佣照料母亲的生活起居，思东夫妇这才算稍稍喘了口气。

思东夫妇的辛劳，基东当然知道。于是2003年基东提前退休后，为照顾病中的母亲，减轻思东的负担，夫妇二人卖掉别墅，放弃了在美国的优渥生活，毅然返台定居，把母亲接到家中，并请来印尼籍帮佣帮忙照顾坐在轮椅上生活已难以自理的母亲。直到此时，思东夫妇肩膀上压了多年的重担才卸了下来。而作为大哥的我，却"远水救不了近火"，始终未能尽人子之责，孝敬照顾生病的老母亲。

进入21世纪之后，台湾政局和两岸关系形势发生了重大变化。2000年民进党上台"执政"后，陈水扁拒绝承认一个中国原则，两岸关系倒退。2004年陈水扁连任后，更变本加厉地推行"一边一国"的分裂主张，妄图制造"法理台独"，台海濒临战争边缘。面对这种局面，作为涉台研究学者的我自然十分忧虑，于是不断写文章，参加两岸学术研讨会，接受境内外媒体采访，分析台湾政局和两岸关系发展前景，抨击陈水扁当局挑衅两岸关系、破坏台海和平的"台独"行径，于是引起了陈水扁当局对我的不满和仇视。台"内政部入出境管理局"以我"来台期间因未按行程访问及发表不当言论"为借口，从2002年11月30日至2005年11月29日，三年内禁止我入境。

2005年秋冬，母亲的病情有所发展，我急以赴台探视。当年10月24日，基东本来已经帮我办妥了赴台探亲的入境手续。不料11月23日，距离11月

29 日"解禁"仅剩下六天时间，我正在北京申办赴台手续，台"内政部入出境管理局"突然发函，通知基东说 10 月 24 日该局核发的入出境许可证，"业经注销作废，请勿持证入境"。

基东只好等"解禁"日过后，12 月上旬又重新为我办妥了赴台探亲手续。与此同时，经由我在岛内的好友郑又平教授的运作，台北大学公共行政暨政策学系邀请我院首次组团（校党委席文启书记为顾问，我为团长，团员 7 人）赴台参访的手续也已办妥。于是我手持"探亲"和"文化交流"两份入出境许可证，于 12 月 16 日入岛，先是率团进行"文化交流"，环岛参访了 12 天时间，至 12 月 27 日结束行程。

12 月 27 日上午，我在桃园机场送席书记等人登机返回大陆后，当日原本打算在机场出境后再持"探亲"入出境许可证就地入境，不料出境后再次通关时却被海关人员拦下，强令我必须登机出境，离开台湾，再折返桃园机场才能重新入境。我只好自掏腰包购买了当天往返于台北—澳门—台北的往返机票，毫无意义地飞了一趟澳门，直到傍晚才飞返桃园机场，整整折腾了一天才来到台中基东家，与坐在轮椅上生病的母亲相会。台当局显然是蓄意刁难。

我在台中与母亲共同生活了一周左右的时间，基东和思东还抽空开车陪我跑了不少地方，倾听到许多民进党"执政"后台湾基层民众的心声，深切感受到 2008 年台湾即将再次政党轮替。我急以进一步深入了解台情，便辞别母亲跑到台北去拜访几个老朋友，不料回到台中后基东告诉我，台中情治部门的人员竟然跑到基东工作的学校询问我的去向。1 月 15 日，我结束了为期 20 天的"探亲"飞返北京。未能料到，此次赴台探亲我忙于了解台情，没有好好陪伴正在重病中的母亲，竟成了我与母亲的永别。

转眼 2006 年春节已过，3 月 19 日中午，基东突然从台中打来长途电话，报告母亲不幸逝世的噩耗。此时台湾当局禁止我入境的所谓"处分"已经过去三个多月了，可是一向标榜"人权"、高唱"自由""民主"的民进党当局却言而无信，乘人之危，对为我办理入境奔丧手续的基东提出条件说："你大哥需要出具一份《保证书》，方可核准入境。"于是基东打电话来跟我商量，说"你是大哥，必须由你来亲自主持葬礼"接获基东电话后，我赶紧密集打长途电话，向好几个在台北的台湾朋友求助，时任"立法院长"王金平、"陆委会副主委"邱太三等都出面为我说项，与台有关部门沟通，直到 3 月 29 日才发文核准我入境。此时，离《讣告》上通知举行葬礼的日期只剩下六天时间了。后来有朋友向我转述，"陆委会"某位官员竟然嬉皮笑脸地说："最终是要核准的，就是要让姓徐的着着急！"

本来按照台湾当局的有关规定，大陆同胞赴台探亲奔丧允许在岛内逗留一个月，可是台湾当局"入出境管理局"却只批准我停留七天（3 月 31 日至 4 月 6 日）。3 月 29 日晚接到基东的通知时，离葬礼只剩下五天时间，我心如火燎，次日在有关部门协助下，往来奔波于广安门南街的国台办和安定门东大街的北京市公安局入出境管理局之间，一天之内就办妥了赴台奔丧手续。

3 月 31 日一早启程，于当晚赶到台中。4 月 1 日清晨，基东领我来到台中市殡仪馆。海东全家和基东的两个女儿已在几天前从美国赶回台中与思东一家汇合。他们身着黑衣，正在母亲的灵位前守护，见我到达，纷纷拥上前来，神情悲恸。我在母亲灵位前跪拜上香过后，又簇拥着我去停尸间与母亲见最后一面。我跪倒在母亲冰冷的遗体前，泪如雨下，悲恸莫名，过了好半天才被思东搀扶起来。

先母追思会暨遗体告别式
（2006 年 4 月 3 日上午）

送先母最后一程
（2006 年 4 月 3 日下午）

4 月 3 日上午 9 时，在台中市立殡仪馆怀恩厅设家祭；9 时 30 分举行母亲的生平追思暨公祭。大陆有关部门领导，我在台湾的各界朋友王金平、饶颖奇、胡志强、邱太三、郭俊铭、蔡其昌、张显耀、周荃、郑又平、王晓波、王津平、毛铸伦、吴琼恩、方守仁、曾祥铎、宋东文、杨宪村、张五岳、张仕贤、侯汉君、周育仁等，以及母亲的生前友好，基东、海东、思东的亲友、同事，或前来悼唁祭奠，或致送奠仪、花篮、花圈、挽联等。此前，应棠阿姨专程从台北赶来殡仪馆与母亲告别，对我们表示慰问。公祭结束后，随即发引遗体至台中市立火葬场火化。当日下午，将灵骨护送至大觉禅净寺存放。遵照母亲的遗愿，我和基东三兄弟商定：一年之后四兄弟把父母亲的灵骨奉还蕉岭家乡合葬，让二老落叶归根，在阴间相聚。

葬礼结束后，4月5日上午我前往台北，6日上午专程去拜访时任台"立法院长"王金平，感谢他为我此次赴台奔丧提供的帮助。当日下午经香港飞返北京，结束了为期仅七天的奔丧之行。

至此，父母双亲已相继离我而去，结束了他们曲折传奇的一生。虽然他们没有留下什么物质遗产，却给我们后代子孙留下了极其宝贵的精神财富！

尾声：叶落归根

如本书开篇所述，遵照母亲遗愿，2007年5月24日，我和基东、海东、思东三位兄弟等一行七人，分别从北京、台中启程，经长途跋涉，将父母的灵骨奉返广东蕉岭县黄田墩背祖籍，入祀祖堂，祭告列祖列宗，并择定良辰吉时举行"送别会"，将父母灵骨合葬于燕岌山家族墓地。

5月27日这一天，天空晴朗，微风拂面，黄田墩背徐氏十三世祖堂门前的禾坪上，一早就已站满了人。九点整，在英中哥的引导下，我和基东、海东、思东缓步进入祖祠内的灵堂，怀着虔诚之心，小心翼翼地捧出父母的遗照和骨灰罐，端放在禾坪上一张铺有红布的桌子上。四周簇拥着花圈、花篮、横幅和挽联。"送别会"仍由英中哥主持，在震耳欲聋的鼓乐声和鞭炮声过后，"送别会"开始，面对遗照和灵骨，"一鞠躬！二鞠躬！三鞠躬！"随后由我宣读《悼文》。文曰：

皇天后土、列祖列宗在上：

蕉岭徐氏开基祖探玄公第二十一世裔孙：徐博东、徐基东、徐海东、徐思东四兄弟，于公元2007年5月24日，分别于北京、台中两地，敬奉先考妣、探玄公第二十世裔孙徐森源及媳潘佩卿夫妇之灵骨，长途跋涉，返归广东省蕉岭县黄田墩背祖籍。宗族亲朋好友盛情迎接，并择定于今日（5月27日）良辰吉时，召开隆重送别会，祭告列祖列宗，以缅怀先考妣生前为国奉献精神，以惕励后代子孙继往开来、发扬光大，随即将先考妣灵骨护送西山，合葬于家族墓地。

据考，先考妣徐森源、潘佩卿伉俪，中学时代即积极投身于抗日救亡活动。中学毕业后，旋即加入由台湾抗日爱国志士丘逢甲公子丘念台先生所创

478

建和领导的抗日救亡团体——东区服务队，在广东梅县、博罗、惠州等地组织发动民众，从事抗日救亡工作。1943年，先考妣在博罗县罗浮山上相识相知相爱，结为连理。次年10月，长子博东出生于罗浮山上的著名道观——冲虚古观。1945年日本投降、台湾光复后，先考妣跟随丘念台先生东渡台湾，从事于台湾的接收和复兴等工作。临行，忍痛将尚在襁褓中的长子博东，托付给蕉岭家乡的祖母黄春招哺育长大。

先考妣赴台后，先是在由台湾著名反日爱国人士——蒋渭水的女婿钟浩东所主持的基隆中学任教（先考任训导长，先妣任教员）。尔后，先考经念台先生举荐，出任中国国民党台中县党部书记长。在台期间，先考妣又先后生育有三子：次子基东1946年出生于基隆中学；三子海东、四子思东，分别于1948年和1950年出生于台中。1949年10月，先考因故只身仓促返回大陆，而先妣及基东等三兄弟却滞留台湾。呜呼！从此一别竟长达四十余年，妻离子散、天人永隔！

先考返回大陆后，先是在香港工作；尔后转往上海华东人民广播电台，从事对台广播宣传；1954年8月奉调北京，参加组建中央人民广播电台对台湾广播部，继续从事对台广播宣传工作。先后任调研组、评论组、方言组组长。在从事对台宣传的30多年中，先考撰写和审定了大量的对台广播评论和专稿。1986年3月13日病逝于北京，享年68岁，骨灰入祀八宝山革命公墓。

自先考返回大陆后，先妣孤身一人，数十年含辛茹苦，将基东三兄弟哺育成人。其中之悲苦与艰辛，可谓难以言表！先妣的国族和家乡观念一向极其深厚，且对后代子孙影响甚巨。全家十数人，不论男女老少，皆主张两岸统一，坚决反对"台独"！

台湾开放大陆探亲后，先妣先后两次率子孙返回蕉岭家乡探望祖母、祭奠祖宗，并亲自勘察、择定家族墓地，嘱其身后一定要归葬家乡。1991年，先妣率思东一家，专程到北京八宝山革命公墓祭扫先考，其悲恸欲绝之情状，令博东永生难忘！2006年3月19日，先妣亦因病辞世，享年85岁高龄。先妣病逝后，台湾民进党当局竟丧尽天良，不准博东入境奔丧，后经多位台湾朋友从中斡旋奔走，方得以赴台执拂，尽人子之孝。在台奔丧期间，博东等四兄弟商定：先考妣生前为国奉献，分离两岸，无法共同生活，逝后我等后代子孙有责任完成其遗愿，让他们落叶归根，在家乡团聚。遂决定于2007年5月24日，我兄弟4人（另有基东太太亦慧和博东独子夫妇，总计7人），分别从北京、台中启程，将先考妣灵骨奉返广东蕉岭家乡，祭告列祖列宗，合葬于家族墓地。

令人欣慰的是，在先考妣的悉心呵护和着力栽培下，子孙皆苗壮成长，学有所成：长子博东，北京大学历史系毕业，现为北京联合大学台湾研究院院长、历史学二级教授，硕士生导师，北京市先进工作者、有突出贡献专家；次子基东，台湾淡江大学化学系毕业，留学美国得化学博士学位，服务于美国罗门哈斯化学公司，曾获全美年度发明人奖和美国总统颁发的《绿色化学挑战奖》，退休后回台任教于台中县朝阳科技大学；三子海东，台湾光华高工毕业，自小长于研究电器用品，现在美国西雅图从事家具贸易，业绩出众；四子思东，台湾中兴大学园艺研究所硕士毕业，现服务于中兴大学园艺实验场，是知名的葡萄栽培专家。其他孙辈7人，也个个健康成长，学有所成。古人有云：承先启后，继往开来；落叶归根，入土为安。先考妣地下有知，当含笑九泉，大可告慰也！

不孝男：徐博东、徐基东、徐海东、徐思东泣挽！

公元二〇〇七年五月二十七日

"送别会"在祖堂禾坪举行（2007年5月27日上午）　　博东宣读《悼文》

这篇1500字的《悼文》，概括了父母传奇的一生，回顾了家庭的悲欢离合，缅怀了父母生前为国奉献的精神，惕励后代子孙继往开来、发扬光大。

乡亲们认真聆听，连孩子们都不再吵闹，群山为之静默，现场一片肃穆。随后，大弟基东作了简短讲话，代表我们四兄弟，衷心感谢宗亲们多日来为父母返乡合葬所付出的辛劳和表达的深情厚谊。

基东发表讲话

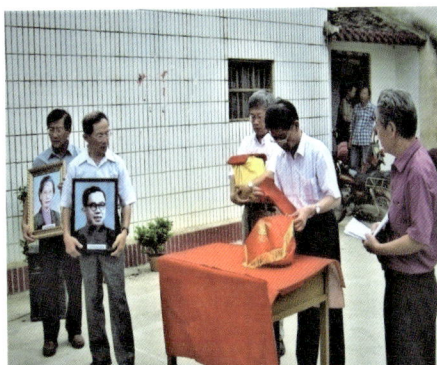

起灵

合葬10周年四兄弟返乡扫墓（2017年5月）

"送别会"结束，送葬开始。鞭炮再次炸响，鼓乐队奏起了《招魂曲》，送葬队伍出发，走在队伍最前面的是黑底白字的长条横幅，上书"徐森源、潘佩卿夫妇灵骨迁葬仪式"，和写有"英魂归故里，九泉笑开颜"的挽联。海东、思东分别捧起了父母的遗照，我和基东捧着骨灰罐紧随其后；后边是由黄田小学学生举着的数十个花圈、花篮；约200名同宗亲友，扶老携幼，人人手擎馨香，默默地跟在队伍的后边，浩浩荡荡，缓缓前行，迤逦约一公里，先是沿着长潭圳走了几百米，随后左转弯进入车水马龙的长兴路。据说如此盛大壮观的送葬场面，在蕉岭这个小县城并不多见，引起众多路人的驻足围观。

送葬队伍行进到长兴路尽头、宪梓大桥的桥头停了下来，按照客家人的习俗，举行简短的"路祭"，再次燃放鞭炮，焚香、斟茶、洒酒，感谢路神爷给予送葬队伍行走方便。随即队伍解散，留下至亲和葬礼主持人等，乘车前往墓地举行最后的下葬仪式。

家族墓地坐落在一片果园里，恰好在蕉岭八大名墓之一、徐氏开基祖探玄公"燕子伏梁"墓地右前方约 400 米处，对面远方是蕉岭八景之一的"文峰插汉"尖峰笔，背靠茫茫苍苍的铁嶂山，四周绿树环绕，环境清幽。灵车抵达后，我和基东小心翼翼地捧着骨灰罐下了车，缓步走到墓地的左侧，恭恭敬敬地放进事先挖妥的墓穴中。墓穴不大，约一米深，父母的骨灰罐放进后紧紧地依靠在一起，我心头顿觉一丝安慰——这情景不正预示着他们在地下已经得以团聚，正依偎在一起窃窃私语，倾诉别后几十年来的离情吗？！

我率至亲对着墓穴三鞠躬，做最后的道别，随后填土掩埋。此时，墓地祭坛上几对大红蜡烛和一排线香冒着青烟，燃得正旺；前置鸡鸭鱼肉、数盘鲜果、糕点；酒壶酒杯、茶壶茶杯一字排开；几十个花圈、花篮环绕在墓地四周。在英中哥主持下，家族亲人手执馨香，排成两排，"一鞠躬！二鞠躬！三鞠躬"，斟茶、斟酒、上香，祭告皇天后土、列祖列宗。香烛燃至过半，震耳欲聋的鞭炮声响起，顿时升腾起一团青烟，笼罩了整个墓地，随着清风，飘飘纱纱于林间……

光阴似箭，父母合葬家乡、叶落归根一晃已愈十载。收笔之际，恰逢新中国成立 70 周年，贫穷落后任人宰割的旧中国早已一去不返，中国人民不仅已经富起来了，而且正在强起来。祖国完全统一、中华民族伟大复兴，从来没有像今天这样接近于实现。父亲、母亲和无数革命先辈毕生奋斗并为之付出沉重代价的革命理想必将变为现实，你们在九泉之下可以安息矣！

后记

在众多亲友的鼓励和帮助下，历经六年时间，一部四十多万字的家史终于定稿即将付梓了，心头顿觉无比轻松。

我萌生撰写家史的想法早于 20 多年前的 20 世纪 90 年代中后期，但那时我正忙于当代台湾研究，无暇他顾。进入 21 世纪后，又因主持我校台湾研究所、台湾研究院的工作，忙得不亦乐乎，更没时间去想撰写家史的事了。2008 年 10 月退休之后，前几年出于"惯性"，我仍活跃在台湾研究的圈子里，忙于出席各种大大小小的会议，撰写论文、时评，接受媒体采访，在海峡两岸往来奔波，仍然无暇撰写家史。但随着年龄的增长，精力日衰，要在有生之年完成家史写作的夙愿日愈强烈。

台湾研究是我的志业，有难以割舍的强烈使命感。大陆当代台湾研究人才辈出，业已后继有人，但我们老徐家的家史，自认除了我没有谁能把它写出来。而充满传奇色彩的老徐家家史，既与 20 世纪 30 年代抗战以来大时代的疾风骤雨息息相关，更是 1949 年以来跌宕起伏的两岸关系的一个缩影，撰写出一部完整真实的徐家家史，正是从一个小小的侧面，反映大时代下国家民族的命运与拼搏和两岸关系发展的曲折历史，是台湾研究的一个重要组成部分，同样也是为祖国统一和民族复兴奉献心力。时不我待，舍我其谁？

于是从 2012 年开始，我下决心将自己的主要精力转向家史写作。先是利用外出参加学术会议的机会，广泛搜集资料，为写作做前期准备。为此，我多次赴天津、下广州、回梅州、跑汕头、去博罗、上罗浮、过台湾……，跑遍了父母亲曾经战斗和生活过的地方，探查跟父母亲有直接或间接关系的历史现场，拜访父母亲幸存的战友以及牺牲战友的后代，查阅旧报刊和历史档案。功夫不负有心人，几年之间我收集到几千万字的跟父母亲有关的各种资料，为撰写家史积累了丰富的素材。2014 年以后，我毅然退出"江湖"，转换跑道，婉拒出席各种涉台会议和媒体采访，销声匿迹，潜心家史的写作。

有得必有失，下这样大的决心并不容易，这意味着要离开我奋斗多年所熟悉的当代台湾研究领域，离开海峡两岸的众多好友，离开海内外媒体的采访和镁光灯的聚焦，自甘寂寞。不了解实情的朋友，听说我在京郊租地种菜养鸡，经营家庭农场，误以为我忘记了初衷，过起了优哉游哉、颐养天年的退休生活。如今六年时间过去了，徐家家史终于定稿，说明了一切。

这部家史的写作，虽说费时六年，实际上是时断时续。2014 年元旦过后，我刚刚动笔写出《开篇》，一次意外的热水袋破裂，造成我右腹部和右手腕严重烫伤，治疗了近四个月的时间才得以痊愈；同年 11 月，我写完第一章正在撰写第二章，却因做膀胱结石和前列腺手术住进了医院；出院后刚写完第二章，又因接手《罗福星传》的写作而不得不暂时放下家史的撰写；《罗福星传》尚未完稿，次年 4 月，我又因突发心梗再次住进医院，安装了两个心脏支架；出院后刚过了五一，却又因术后服抗凝药阿司匹林引起消化道大出血而再次住院治疗。一年半之内，竟先后四次住院，家史写作重新上路，已经是 2015 年下半年的事了。此后几年，又因忙于搬家或返乡扫墓、奔丧，或陪台湾朋友来大陆参访等各种杂务，一直无法静下心来，写写停停，拖拖拉拉。正所谓一波三折，好事多磨。

如今我们老徐家的家史终于完稿，即将奉献在广大读者的面前。我在写作过程中的心路历程、甜酸苦辣、所思所想，已经在书中各个章节中自然流露，渗透在字里行间，无须过多重复，这里我只想再补充一句发自内心的感慨："多难兴邦"，我们苦难的国家民族能有今天初步的繁荣富强，真是不易！不忘初心，坚守理想，继续奋斗，不负韶华，方能对得起先辈，对得起后代子孙，对得起生养我们的这块土地！

还需说明的是，既是家史，当是信史。本书所讲故事，皆有所本，即便是细节描写，也源自历史资料，或听长辈亲友亲口所述，或采访父母亲生前战友所得，或本人亲身经历，绝非无中生有的杜撰和演义。

本书的写作，得到众多前辈、好友的鼎力襄助。父母亲生前战友天津的徐懋德、张皆得（章中），汕头的陈仲豪，梅州大埔的张光仓，北京的陈炳基、陈耀环，几位年逾九旬的老前辈，不厌其烦地多次接受我的采访，给我讲述当年他们从事革命斗争的故事，提供他们保存多年的珍贵资料，陈仲豪老伯甚至亲自动笔为我修改稿件，订正史实。如今，除了张皆得老伯尚健在，其他都已离开我们驾鹤西去矣；好友蓝博洲，百忙中抽出宝贵时间，陪同我在岛内走遍了父母亲及其战友们曾经生活和战斗过的历史现场，提供他辛苦寻得的资料，指导写作；黄志平兄，不辞劳苦，带病陪我赴粤东各县市，深入探访当事人和有关部门，钻剑英图书馆，到东山中学查找历史资料；吴彤兄则是我写作过程中最倚重的一位，大至篇章结构，小至写作技巧、文字风格等，每写一章，他都认真审读，提供意见，让我少走了许多弯路；初稿打印成册后，众多好友如王卫星、张铭清、李振广、陈斌华、郑剑……，还有老同学张根云、俞新天、杨树升、郑振卿等，都拨冗帮我审阅，除对书稿以充分肯定，给本人予莫大鼓励之外，并提出许多十分中肯的修改意见，光是书名就反复推敲，一改再改。其中最令我感动的是陈斌华和张根云二位老友，他们把洋洋53万字的初稿从头到尾逐字逐句地仔细审读，找出错别字和病句，斌华兄甚至亲自提笔帮我删改润色，并加上批注，真是下了大功夫。再有本书在编辑过程中，曾得到过王华、刘扬、白薇、王燕等人的协助。此外，郑建邦、王卫星、辛旗、吴彤、李振广五位仁兄，欣然应邀作序，孙亚夫兄题写了书名，为本书增色不少。可以说，这部书稿是集体智慧的结晶，没有众多前辈、好友的鼓励和大力帮助，就不会有今天我们所看到的这部书稿。值此本书出版之际，特向他们表示由衷的感谢！

感谢全国台湾研究会资助出版，感谢九州出版社的领导和编辑同仁的辛苦付出！

2020年对于中华民族而言，注定是难忘的一年。环顾国际国内形势，风云变幻，诡谲严峻。长达近两年之久的中美贸易战第一回合刚刚结束，真正的考验还在后头；以民进党为代表的分裂势力在台湾岛内继续"执政"，为虎作伥，积极配合美国遏制中国的战略意图，不断掀起"台独"恶浪；从年初开始新型冠状病毒肆虐中华大地，严重影响经济民生……然而，饱经磨难的中华民族是任何力量也击不垮的，国家完全统一、民族伟大复兴势不可挡，胜利永远属于中国共产党和中国人民！

谨以本书的出版，献给我们伟大的祖国！献给这个伟大的时代！

徐博东

二〇二〇年二月八日 元宵节于北京